한국연구재단 학술명저번역총서

서양편 ● 92 ●

전기자기론 2

제임스 클러크 맥스웰 지음 | 김재영·구자현 옮김

한길사

A Treatise on Electricity and Magnetism 2
by James Clerk Maxwell

Published by Hangilsa Publishing co., Ltd., Korea, 2021

• 이 책은 (재)한국연구재단의 지원으로 (주)도서출판 한길사에서 출간·유통합니다.

전기자기론 2

전기자기론 2

전기자기론 1

빛의 본질을 밝히고 전자기 문명을 열다 | 책을 내면서 | 김재영 · 11
맥스웰의 전자기 연구와 『전기자기론』 | 구자현 · 19

제2부 전기운동학

『전기자기론』과 전자기학

김재영 KAIST 부설 한국과학영재학교

1. 서론

맥스웰의 『전기자기론』은 흔히 뉴턴의 『자연철학의 수학적 원리』(*Principia*)와 쌍벽을 이루는 것으로 묘사된다. 라틴어로 쓰인 뉴턴의 『자연철학의 수학적 원리』는 영역판을 비롯하여 많은 번역서가 나와 있지만, 『전기자기론』이 다른 언어로 번역된 것은 독일어, 프랑스어, 이탈리아어, 러시아어에 이어 한국어판이 다섯 번째이다.

그런데 『전기자기론』은 여러 가지 면에서 읽어 나가기가 상당히 힘든 책이다. 우선 전형적인 전자기학 교과서와 마찬가지로 책은 대부분 수식으로 가득 차 있다. 게다가 그 수식의 표현은 현대적인 방식이 아니라 19세기 후반 영국에서 새로 보급되기 시작한 독특한 방식으로 되어 있다. 책 전체의 논리는 대단히 일목요연하고 정갈하리만치 깔끔하지만, 세부적인 대목을 읽어 나가는 데에는 숙련된 길잡이의 도움이 많이 필요하다.

앞의 해제에서는 맥스웰의 생애와 경력, 『전기자기론』의 배경이 되는 19세기 전반의 전자기학, 맥스웰의 전자기이론 연구, 『전기자기론』의 간략한 내용, 맥스웰 이후의 전자기학 등을 다루었다. 이 해제에서는 그에 대한 상보적 내용을 서술하고자 한다. 먼저 『전기자기론』이 집필된 과정에 대한 어느 정도 상세한 뒷얘기를 담았다. 이것은 난해해 보이는 이 고전적 명저가 어떤 과정을 거쳐 세상에 나오게 되었는지를 주로 맥스웰이 주고받은 편지에서 살펴보는 것이다. 그다음으로는 이 책의 하이라이트라 할 수 있는 전자기장의 일반 방정식, 즉 이른바 맥스웰 방정식에 대한 몇 가지 논점을 정리해 본다. 이 대목은 특히 물리학자들이 관심을 가지는 문제이며, 어떤 점에서는 아직 명쾌한 답이 나와 있는 것은 아니기 때문에 이 한국어판을 읽는 이들이 새로운 대답을 내놓을 수도 있을 것이다. 다음 절에서는 『전기자기론』에서 드러나는 맥스웰 자연철학의 몇 가지 특징을 간략하게 검토할 것이다. 여기에는 물리적 유비의 방법, 모형과 메커니즘에 대한 이해, 동역학적 설명, 물리학과 기하학의 관계, 물리적 실재의 문제 등이 포함된다.

2. 『전기자기론』의 집필

『전기자기론』이 출판된 것은 1873년이며, 아마도 1867년부터 쓰기 시작했다는 것이 중론이므로, 이 세기적 걸작은 7년에 걸쳐 집필된 것이다. 이 절에서는 그러한 집필 과정을 주로 맥스웰이 주고받은 편지에서 추적해 보고자 한다.[1]

맥스웰이 타이트(Peter Guthrie Tait)와 주고받은 편지를 보면 늦어도 1867년에는 전기와 자기에 관한 논저를 쓰려는 의도가 나타나 있다.[2] 맥스웰은 1868년 2월 윌리엄 톰슨(William Thomson)에게 보낸 편지에서 처음부터 이 저작이 수학적인 문체로 서술될 것임을 강조했다. 이 편지에서는 특별히 그린의 정리나 구면조화함수 해석학과 같은 퍼텐셜 이론의 주요 개념이 언급되고 있다. 『전기자기론』의 출판계획은

---

1) 더 상세한 것은 가령 Harman, P.M.(1995). *The Scientific Letters and Papers of James Clerk Maxwell*, vol. 2(특히 pp.24-33), Fisher, H.J. (2014). *Maxwell's* Treatise on Electricity and Magnetism: *The Central Argument*, Green Lion Press 등 참조.
2) 타이트(P.G. Tait)가 맥스웰에게 보낸 편지, 1867년 11월 27일, 1867년 12월 6일.

1867년 출판된 톰슨과 타이트의 『자연철학론』(*Treatise on Natural Philosophy*)의 영향을 받았을 가능성이 높다. 그해 말에 수학의 퍼텐셜 이론을 정전기학에 응용하는 문제라든가, 구면조화함수라든가, 라플라스 연산자의 표현에 적합한 기호 체계의 개발 등에 대한 맥스웰의 관심이 이미 드러나 있다. 어쩌면 이 시기에 이미 『전기자기론』 저술을 시작했을 것이라는 추측도 가능하다.

1868년에서 1871년 사이에 맥스웰이 톰슨과 타이트(T&T')[3]와 주고받은 편지들을 통해 『전기자기론』의 저술 과정을 차례로 추적해 볼 수 있다. 이 편지들에서 다룬 주제를 보면 맥스웰은 자신의 친한 친구 톰슨과 타이트가 소유하고 있는 전문가로서의 특별한 식견과 학문적 관심을 크게 존중했던 것을 알 수 있다. 1868년 무렵 톰슨에게 보낸 편지는 정전기학과 자기론에 대한 논의로 가득 차 있는 반면, 타이트와 주고받은 편지(특히 1870년 11월 이후)는 특히 수학적 방법에 초점을 맞추고 있다. 톰슨이 맥스웰에게 보낸 편지 중 남아 있는 것이 많지 않지만, 맥스웰과 타이트가 주고받은 편지는 훨씬 더 보존이 잘되어 있어서, 이 두 사람 사이의 관계가 어떤 성격을 띠었는지 쉽게 가늠해 볼 수 있다. 타이트에게 맥스웰은 결코 줄어들지 않는 지식과 비판적 통찰의 샘과도 같았다. 반면, 맥스웰은 타이트가 지닌 구면조화함수와 사원수에 대한 전문가로서의 능력을 높이 평가했다. 이는 바로 맥스웰이 『전기자기론』에서 적용하려 애썼던 수학이다.

맥스웰은 자신의 전자기장 이론의 토대에 놓일 더 심오한 쟁점들에 대한 생각을 톰슨과 교환하곤 했다. 맥스웰의 마당이론은 유럽 대륙의 전기동역학에서 비롯한 이론들과는 차별성을 보였다. 대륙의 전기동역

---

3) 맥스웰은 같은 스코틀랜드 출신인 톰슨이나 타이트에게 편지를 쓸 때 곧잘 자신의 서명으로 $\frac{dp}{dt}$를 사용했으며, 톰슨과 타이트를 T&T'로 지칭하곤 했다. 앞의 서명은 타이트 책에 나오는 방정식 중 하나인 $\frac{dp}{dt} = J.C.M$에서 유래한 것이며, 후자의 지칭은 『자연철학론』 이외에도 이름의 이니셜이 같은 두 사람이 자주 함께 작업을 하곤 했던 데에서 유래한 것이다.

학은 대체로 점전하의 운동에 바탕을 두었다. 맥스웰의 마당이론에서 가장 결정적 특징은 전하를 전자기장의 발현으로 본다는 점이었다.『전기자기론』맨 마지막 장에서 서술되는 내용은 1860년대에 걸쳐 상당한 개념적 발전과 명료화를 거쳐 나온 산물이다. 맥스웰의 전기 전하의 마당이론은 1869년 6월 톰슨에게 보낸 편지에 이미『전기자기론』에 서술된 것의 초기 형태로 잘 서술되어 있다. 이 전기 전하의 이론은 '전기체의 변위'(displacement of electricity)라는 개념에 바탕을 두었으며, 이는 결국 '전하'(electric charge)라는 개념으로 이어진다. 이 이론의 또 다른 바탕은 전기체와 비압축성 유체의 흐름 사이에 나타나는 유비와 기전력을 유전체(절연체) 분극의 원인으로 보는 접근이다.

맥스웰은 1869년 10월 톰슨에게 보내는 편지에서 칼 노이만의 '퍼텐셜의 전달'에 관한 이론이 지니는 난점을 서술했다. 그러나 맥스웰이 자기 자신의 전자기장 이론과 독일의 물리학자들이 제안했던 다양한 원격작용 전기동역학들을 뚜렷하게 대조하여 언급한 것은 타이트에게 보낸 편지에서였다. 이 편지에는 이미 리만의 이론과 베버의 이론에 대한 헬름홀츠의 비판이 상세하게 논의되어 있다.『전기자기론』에서는 전자기장의 이론이 빌헬름 베버에서 시작하여 칼 프리드리히 가우스에 이르는 연구 프로그램을 달성하는 것으로 서술되어 있다. 이것은 곧 전자기력의 전파에 대해, 가우스가 말한 '일관된 표상'[4]을 구성하는 일이었다. 전자기력은 "순간적인 작용이 아니라 빛의 경우와 비슷한 방식으로 시간에 따라 전달되는 작용"(『전자기론』, 861절)인 것이다.

맥스웰은 출판된『전기자기론』4부 구성의 구조(제1부 총론, 제2부 전기운동학, 제3부 자기, 제4부 전자기)에 따라 차례로 집필해 나간 것

---

4) construirbare Vorstellung. 맥스웰은 이 표현을 'consistent representation' 으로 번역했다. 가우스가 이 말을 한 것은 1845년 3월 19일 베버에게 보낸 편지에서였다. P.M. Heimann, "Maxwell and the modes of consistent representation," *Archive for History of Exact Sciences*, 6(1970): 171~213 참조.

으로 보인다. 1868년 7월 타이트와 톰슨에게 보낸 편지를 보면 그 무렵 구면조화함수를 연구하고 있었다는 증거를 얻을 수 있다. 구면조화함수는『전기자기론』제1부에서 퍼텐셜 이론의 '정전기학'에 대한 응용을 다룰 때 기본이 되는 이론이었다. 1868년 9월과 10월 톰슨에게 보낸 편지에서는 퍼텐셜 이론의 문제점들과 정전기 장치의 이론을 논의하고 있다. 1869년 5월 무렵에는 톰슨에게 논저의 첫 부분을 끝마쳐 간다고 얘기했다. 여기에는 교차하는 구면에 있는 전기체의 분포를 설명하기 위해 톰슨의 전기 이미지(이미지 전하) 방법을 사용했다는 것도 서술했다. 전기화된 격자의 퍼텐셜에 대한 표현도 1869년 여름 스토크스와 톰슨에게 보낸 편지에 논의되어 있으며, 1870년 5월에는 존 윌리엄 스트럿에게 평행한 전기판 사이의 퍼텐셜에 대한 논의를 설명했다. 이 두 가지는 모두 정전기 장치의 이론에서 나타나는 주요한 문제다.

이 무렵『전기자기학』제2부, 즉 '전기운동학'의 집필도 시작된 것으로 보인다. 1868년 8월 톰슨에게 보낸 편지에는 전기 도체에 관한 장을 쓰고 있다고 되어 있으며, 1년 뒤에는 이 부분이 거의 완성되었다는 얘기가 나온다. 1869년 10월 무렵에는 제3부, 즉 '자기'에 관한 부분을 쓰고 있다는 얘기가 언급되기 시작한다. 한 달쯤 뒤가 되면, 전자기의 이론에 대해 말하기 시작한다. 이렇게 급속한 진전은 1869년 12월 타이트에게 보낸 편지에서 확인할 수 있다. 그 편지에서 맥스웰은 이제 "내 책의 4부 중 네 번째, 즉 전자기 이론"에 이르렀다고 말했다. 얼마 없는 초고 중 남아 있는『전기자기론』의 초고는 아마도 이 무렵에 쓴 것으로 추정된다. 이 초고는 책의 목차를 위한 개요였을 것이다. 이 초고에는 제1부부터 제3부까지 각 장의 제목이 상세하게 나열되어 있으며, 제4부 '전자기'에 관한 도입부 성격의 장으로 끝난다.

맥스웰은 1870년 초『열의 이론』(*Theory of Heat*)을 집필하기 위해 『전기자기론』의 작업을 잠시 멈춘 적이 있다. 1870년 11월 타이트에게 보낸 편지에서 맥스웰은『전기자기론』작업을 다시 시작했음을 알리면서 전자기이론 해설에 사원수를 도입하려 한다는 의도를 밝혔다. 그러나 이후 편지나 저작으로 판단하건대, 『열의 이론』을 집필할 무렵에도 제4부의 주요 부분에 대한 작업은 여전히 계속되었던 것으로 보인다.

『전기자기론』의 주된 특징은 논저 전체에 걸쳐 퍼져 있는 수리물리학적 스타일이다. 이 스타일에서는 역학적 모형을 통한 직접적 표상을 사용하는 대신 물리량을 수학적으로 나타내는 것이 강조된다. 당시까지 물리학 분야의 논저에는 이런 스타일이 매우 드물었고 대부분 역학적 모형을 통한 직접적 표상에 중점을 두었다. 『전기자기론』에는 논문 「물리적인 힘의 선에 관하여」(On physical lines of force, 1861)에서 다루던 물리적 역학보다는 「전자기장의 동역학 이론」(A dynamical theory of the electromagnetic field, 1864)에서 다룬 라그랑주의 해석역학의 영향이 더 강하지만, 그렇다고 해서 라그랑주의 『해석역학』(*Mécanique analytique*)의 대수적 형식을 그대로 채택한 것은 아니었다. 그 대신 라그랑주 해석학의 기호들에 대한 물리적 해석을 강조했다. 『전기자기론』의 수학적 스타일에는 논문 「패러데이의 힘의 선에 관하여」(On Faraday's lines of force, 1855)에 나오는 물리적 기하학이 많이 녹아들어 있다. 맥스웰은 이 논문에서 힘의 선에 관한 이론을 비압축성 유체의 흐름의 선과 기하학적으로 유비시킴으로써 새로운 이론의 토대를 잡으려 했다. 『전기자기론』에 나타나는 해석학적 및 기하학적 스타일은 이전의 방법들을 확충하고 결집시켰으며, 네 가지 수학적 근본 개념을 통합했다. 이는 곧 사원수(다시 말해 벡터의 개념), 적분 정리, 위상수학, 해석 동역학의 라그랑주–해밀턴 방법이다.

위상수학 논변과 적분 정리는 전자기장을 기하학적 용어로 표현하는 데에 더 엄밀한 도구가 되어 주었다.[5] 맥스웰은 '패러데이의 힘의 선에 관하여'에서 마당 방정식을 전기와 자기의 '양'(quantities)과 '세기'(intensities) 사이의 관계로 정식화했다. 여기에서 선적분을 면적분으

---

5) J.J. Cross, "Integral theorems in Cambridge mathematical physics, 1830-1855," in Harman(1985): 112-148, 특히 139-145.

로 변환하는 스토크스의 정리를 사용했지만, 수학적 형태는 아니었다. 『전기자기론』에서는 이 개념들이 해석학적 표현으로 나타난다. 맥스웰은 1871년 1월 스토크스에게 보낸 편지와 그해 4월 타이트에게 보낸 편지에서 이 정리가 어디에서 유래했는지 묻고 있다.

맥스웰은 1867년 11월과 12월 타이트에게 보낸 두 편지에서 매듭의 위상수학과 그 전자기적 유비를 논의했다. 이것은 『전기자기론』 집필을 막 시작했을 무렵이다. 맥스웰은 위상수학을 '위치의 기하학'이라 불렀는데, 이 학문 분야에 대한 그의 관심은 소용돌이 운동에 관한 톰슨의 연구에서 자극을 받아 시작된 것이다. 톰슨의 연구는 헬름홀츠의 고전적 연구를 다루었는데, 여기에서는 곡면을 위상수학의 연결 가능성을 기준으로 분류하는 리만의 이론이 사용되었다. 리만은 이를 복소함수이론의 연구를 위해 발전시켰다. 맥스웰은 곡면의 위상수학상 성질들을 표현하는 데에 적분정리들을 사용할 수 있음을 지적했다. 그러면서 이것이 전자기의 이론이나 유체 소용돌이 운동에 응용될 수 있음을 강조했다. 이를 통해 맥스웰은 헬름홀츠의 소용돌이 운동과 전자기 이론 사이의 관계를 탐구하고, 곡선과 곡면의 위상수학을 논의했다.

1869년 2월 맥스웰은 런던 수학협회에서 기하학적 도형들의 위상수학의 연구서인 리스팅(Johann Benedict Listing)의 『공간적 복잡성의 탐구』(*Der Census räumlicher Complexe*)에 대한 논의를 발표했다. 맥스웰은 『전기자기론』의 수학적 논변을 해명하는 과정에서 직선운동과 회전운동의 방향을 규정하기 위한 규약을 정의하기 위해 리스팅의 『위상수학의 기초연구』(*Vorstudien zur Topologie*)를 응용할 수 있음을 강조했다. 이 문제는 힘의 선과 전기회로 사이의 관계를 이해하는 데 매우 중요한 주제였다. 1871년 5월 타이트에게 보낸 편지에서 맥스웰은 이 문제를 런던 수학협회 모임에서 함께 논의하자는 제안을 했다. 맥스웰은 『전기자기론』 18절에서 24절에 이르는 분량을 할애하면서 물리적 기하학을 확장하여 곡선과 곡면을 위상수학으로 다루는 방법을 논의했다.

1870년 11월 타이트에게 쓴 편지에서는 사원수 개념과 방법과 기호에 대한 맥스웰의 예리한 관심이 잘 드러난다. 이 편지에는『전기자기론』집필을 재개했음을 알 수 있는 내용도 있지만, 수학적 논변을 어떻게 재구성하려 하는지에 대한 맥스웰의 의도도 잘 나타나 있다. 맥스웰은 이 무렵 사원수에 심취하기 시작했다. 이것은 벡터를 어떻게 전자기학의 수학으로 응용할 수 있을까 하는 문제였다. 해밀턴(William Rowan Hamilton)이 사원수의 해석학을 발전시킨 것은 대수학의 연구를 위한 것이었다. 해밀턴은 복소수를 연구하다가 이를 3차원으로 확장할 필요성을 느꼈고 1843년 드디어 '사원수'(四元數, quaternion)를 처음 정의하기에 이르렀다. 사원수는 1개의 실수부와 3개의 허수부로 구성되는 수$(x_0+ix_1+jx_2+kx_3)$이다. 해밀턴은 3개의 허수부를 서로 직교하는 공간의 세 축에 걸쳐 있는 '벡터'로 해석하고, 1개의 실수부를 '스칼라'로 해석했다.『전기자기론』에서 맥스웰은 벡터가 물리량을 기하학적으로 표현하는 좋은 수단이 됨을 강조했다. 맥스웰은 사원수의 방법을 전기와 자기에 관련된 여러 물리량에 물리적 의미를 덧붙이면서도 직접적 표상이 될 수 있는 것으로 보았으며, "기하학적 및 물리적 양을 고려하는 이 방식은" 데카르트 직각좌표를 사용하는 것과 같은 다른 방법들보다 "더 원초적이며 더 자연스럽다"(10절)고 말했다.

맥스웰의 사원수에 대한 열정은 타이트의 논문「그린의 정리와 관련 정리들에 관하여」를 통해 더 강화되었다.[6] 맥스웰은 이 논문을 정말 훌륭한 걸작이라고 치켜세웠는데, 타이트는 이 논문에서 그린의 정리와 스토크스의 정리를 사원수의 형태로 표현하고, 라플라스 방정식을 만족하는 해석학적 및 물리적 크기의 성질들의 상호 관계를 사원수를 씀으로써 얼마나 간단하고 명료하게 밝힐 수 있는지를 강조했다. 여기에는 해밀턴의 연산자 ∇이 물리적 응용이 얼마나 유용한가 하는 논의도 포

---

6) P.G. Tait, "On Green's and other allied theorems," Trans. Roy. Soc. Edinb., 26(1870): 69-84.

함된다. 맥스웰이 사원수의 개념을 얼마나 재빨리 습득해서 전기와 자기의 개념들에 응용할 수 있었는지는 1871년 초 타이트와 주고받은 편지에 잘 나타난다.

맥스웰은 애초부터 "사원수의 연산과 이를 사용하는 방법에서 두드러지는 개념들을 도입하는 것이 우리 주제의 모든 분야의 연구, 특히 전기역학에서 우리에게 매우 유용할 것임을 확신"(『전기자기론』, 10절)하고 있었다. "왜냐하면 전기역학에서 우리는 많은 물리량을 다루어야 하는데 그 물리량들의 상호 관계는 보통 방정식보다는 해밀턴의 사원수 계산법의 표현을 사용하면 훨씬 더 단순하게 표현할 수 있기 때문이다." (같은 곳) 켈런드(Kelland)와 타이트의 『사원수 입문』(*Introduction to Quaternions*)에 대한 서평에서도 이러한 호평은 반복되었다. 맥스웰은 타이트에게 "해밀턴의 벡터 개념의 가치는 이루 다 말할 수 없다"라고 쓰고 있다.

『전기자기론』에 쓰인 또 다른 수학적 장치는 전자기장의 일반화된 라그랑주 이론이다. 이것은 뉴턴역학을 작용량의 변분원리로부터 유도하는데 성공했던 해석역학의 성과를 전자기장의 이론으로까지 확장하려는 시도다. 전자기장의 라그랑주 이론이 처음 모습을 드러낸 것은 1864년 12월 왕립협회에서 발표했던 논문 「전자기장의 동역학적 이론」에서였다. 맥스웰은 이 논문에서 역학계의 해석학적 방정식을 써서 이론을 상술하는 데 성공했으며, 동역학의 라그랑주 형식화 이외에는 특정한 역학적 모형, 특히 에테르의 역학적 모형을 전혀 언급하지 않았다. 1867년 12월 타이트에게 보낸 편지에서 설명했듯이, 이전의 논문 「물리적 힘의 선에 관하여」에서 사용한 에테르 모형은 단지 "그 현상을 그와 같은 메커니즘으로 설명할 수 있다는 점을 보여주기 위한 것이었을 뿐"이었으며, 이것은 마치 태양계의 복잡한 운동을 보여주기 위해 기계적으로 구성한 태양계 모형(orrery)과 마찬가지라는 것이다. 『전기자기론』에서도 이와 같이 구체적인 표상보다는 추상적인 표상을 더 선호하는 태도가 견지되고 있다. 특히 역학적 설명으로 새로 제기하는 가설적 에테르

모형에 관한 주장이 전혀 없다는 것이 여러 차례 강조되고 있다.(831절 참조)

그러나 그렇다고 해서 맥스웰이 모든 논의를 추상적인 수학적 및 대수적 서술로 환원하려고 했던 것은 아니다. 1872년 5월과 6월 타이트에게 보낸 엽서를 보면, 맥스웰이 해석역학을 전자기이론에 응용하는 과제를 어느 정도 범위의 일로 생각했는지를 엿볼 수 있다. 맥스웰은 톰슨과 타이트가 『자연철학론』 제1권에서 채택했던 방법을 그대로 따라서, 충격력으로부터 일반화된 운동방정식을 유도해야 한다고 말했다. 맥스웰이 보기에, "라그랑주와 그 추종자들 대부분은 일반적으로 그 방법을 보여 주는 방식에만 집중했고, 눈앞에 놓인 기호들에 모든 관심을 기울이기 위해서 순수 양을 제외한 모든 개념을 없애느라 노력했다." (『전기자기론』, 567절) 맥스웰은 동역학의 수학적 형식화와 동역학이 그리는 물리적 실재 사이의 연결고리의 중요성을 강조했다. 그는 라그랑주가 전개한 운동방정식의 형태보다 해밀턴이 제시한 형태를 더 선호한다고 말한 적이 있다. 대수학적 논의를 강조하던 라그랑주보다는 물리적 개념에 충실한 해밀턴의 방식을 더 마음에 들어 했다는 것이다. 『전기자기론』에서 설명하듯이, 맥스웰의 주된 목표는 "수학자의 노력의 결과를 사용하여 그 결과를 해석학의 언어로부터 동역학의 언어로 다시 번역함으로써 우리 언어가 대수학적 과정이 아니라 움직이는 물체가 갖는 성질에 대한 마음속 이미지를 떠올릴 수 있도록"(554절) 하는 것이었다.

1870년 가을 『전기자기론』 본문을 개정하는 작업이 시작되고 난 뒤, 맥스웰은 옥스퍼드의 클라렌던 출판사의 대표간사였던 프라이스(Bartholomew Price)에게 작업의 진전에 대해 알리는 편지를 썼다. 1871년 1월 4일 프라이스가 맥스웰에게 보낸 답장에는 "우리가 바로 인쇄를 시작할 수 있을 만큼 작업에 큰 진전을 이루었다는 얘기를 듣게 되니 무척 기쁩니다"라는 대목이 있다. 하지만 계약이 체결된 것은 1871년 5월 10일의 일이었다. 이 날짜에 타이트에게 보낸 편지에는

"오늘 클라렌던 출판사에 갔고, 그들은 그렇게 하기로 결정했다"라는 얘기가 나오기 때문이다. 곧이어 줄 간격 등과 같은 구체적인 문제를 처리해야 하는 상황이 되자, 맥스웰은 타이트에게 원고의 23절을 재빨리 보내면서 급하게 답장을 달라고 요청한다. "이 정도면 괜찮겠나? 바로 인쇄에 들어가도록 속히 답해 주게!"

1871년 6월에는 조판 작업이 완료되어 맥스웰이 교정지를 보았으며, 8월에는 작업이 아주 순조로워서 구면조화함수에 관한 논의를 고쳐 나가던 중이었다.

톰슨과 타이트도 이 교정 작업에 기꺼이 동참했다. 『전기자기론』 서문에서도 이에 대한 감사가 나타나 있다. 이들과 의견을 나누는 과정을 통해 서로가 큰 도움을 주고받았다. 당시 톰슨은 『정전기학과 자기』에 관한 논문의 개정판을 내려고 했는데, 맥스웰은 자신의 원고를 꼼꼼하게 읽어준 톰슨에 대한 답례로 이 원고를 읽어주었다. 타이트와 구면조화함수에 관해 의견 교환을 한 여파로 타이트가 그 무렵 새로 시작했던 열전기에 관한 연구에 맥스웰이 관심을 갖게 되었고, 아라고의 회전원판을 설명하기 위한 톰슨의 전기 이미지 이론을 어떻게 새로이 응용할 수 있을지 아이디어가 모이기 시작했다. 열전기와 아라고의 회전원판은 모두 『전기자기론』에서도 상세하게 다루어지는 주제가 되었다. 베버의 칼 노이만의 이론에 있는 문제점도 이 논의 과정에서 드러났다. 드디어 본문의 마지막 교정이 끝난 것은 1873년 1월이었다. 서문을 쓴 날짜는 1873년 2월 1일이었고, 한 달 뒤인 3월 사람들은 세기의 역작을 눈에 보게 되었다.[7]

『전기자기론』의 첫 서평을 쓴 이는 타이트였다. 물론 『네이처』 (Nature)에 실린 그 서평[8]은 익명이었지만. 이 서평에서 맥스웰은 "고

---

7) 제2판의 서문은 1881년 10월 1일에 쓰였고, 제3판의 서문은 1891년 12월 5일에 쓰였다.

8) "Clerk-Maxwell's Electricity and Magnetism," *Nature*, 7(24 April 1873), 478-480.

대의 인장(stamp of antiquity)만 있으면 거의 뉴턴의 이름에 버금가는 반열에 오를 수 있는 이름"을 가진 것으로 묘사되었다. 이 익명의 서평자는 맥스웰의 수리물리학적 능력에서 나타나는 참신함을 강조했다. 평자는 맥스웰이 사원수의 개념과 기호를 사용했다는 점, 동역학의 라그랑주-해밀턴 형식이론이 전자기장의 동역학이론에서 어떤 역할을 했는가 하는 점, 그리고 정전기학의 수학적 이론을 해설할 때 구면조화함수를 능숙하게 응용했다는 점 등을 특기할 사항으로 지적했다. 그러나 타이트는 이 뛰어난 논저의 주된 목적과 중요한 성과는 물리학 이론의 가장 밑바탕에 깔려 있는 변화, 즉 "원격작용의 개념을 완전히 뒤집어엎는 것"임을 선언했다. 따라서 맥스웰은 '복사와 전기현상 사이의 관계'를 밝혀야 했다는 것이다. 그러므로 『전기자기론』의 하이라이트는 전자기장이라는 개념과 빛의 전자기이론이다.

3. 맥스웰의 방정식

『전기자기론』에서 무엇보다 주목할 만한 것 중 하나는 이른바 맥스웰의 방정식이라 불리는 일련의 방정식들이 어떤 모습으로 나타나는가 하는 점일 것이다. 뉴턴의 고전역학이 $F=ma$라는 식 하나로 요약되다시피 하는 것처럼, 전기와 자기에 관련되는 현상에 대한 이론, 즉 전자기학도 어떤 점에서는 맥스웰의 방정식으로 요약된다고 할 수 있기 때문이다.

그런데 『전기자기론』에 나타나는 방정식은 현대의 전자기학 연구자들에게 친숙한 맥스웰의 방정식과는 상당한 차이를 보인다. 이 절에서는 이 차이에 대해 간략하게 논의해 보고자 한다.

제IV부 제9장과 제10장에 있는 전자기장의 일반 방정식들을 모아보면 다음과 같다. 오른쪽에 있는 이름은 맥스웰이 직접 붙인 것도 있고, 제3판의 목차를 작성한 J.J. 톰슨이 붙인 것도 있다.

(A) $\mathbb{B}=V\cdot\nabla\mathbb{A}$ 　　　　　 동전기 운동량 $\mathbb{A}$와 자기유도 $\mathbb{B}$의 관계

(B) $\mathbb{E}=V\cdot\mathbb{GB}+\dot{\mathbb{A}}-\nabla\Psi$ 　　 기전력(기전세기)의 방정식

(C) $\mathbb{F}=V\cdot\mathbb{CB}+e\mathbb{E}-m\nabla\Omega$ 　 일반적인 전자기력의 방정식

(D) $\mathbb{B}=\mathbb{H}+4\pi\mathbb{I}$ 　　　　　　 자기화의 방정

(E) $4\pi\mathbb{C}=V\cdot\nabla\mathbb{H}$ 　　　　 전류의 방정식

(F) $\mathbb{D}=\dfrac{1}{4\pi}K\mathbb{E}$ 　　　　　 전기 변위의 방정식

(G) $\mathbb{K}=C\mathbb{E}$ 　　　　　　　　 전기 전도도의 방정식

(H) $\mathbb{C}=\mathbb{K}+\dot{\mathbb{D}}$ 　　　　　　 전체 전류의 방정식

(I) $\mathbb{C}=\left(C\dfrac{1}{4\pi}+K\dfrac{d}{dt}\right)\mathbb{E}$ 　 기전력으로 나타낸 전류

(J) $\mathbf{e}=S\cdot\nabla\mathbb{D}$ 　　　　　　 자유 전하의 부피밀도

(J*) $S\cdot\nabla\mathbb{B}=0$ 　　　　　　 자기유도의 솔레노이드 조건

(K) $-\sigma=S\cdot\mathbb{ND}+S\cdot\mathbb{N}'\mathbb{D}'$ 　 자유 전기체(전하)의 넓이밀도

(L) $\mathbb{B}=\mu\mathbb{M}$ 　　　　　　　　 투자율 방정식

여기에서 $V\cdot\nabla\mathbb{A}$나 $V\cdot\mathbb{GB}$는 사원수의 벡터곱(vector product)을 의미하며, 현대 벡터해석학의 기호로는 $\nabla\times\vec{A}$ 또는 $\vec{G}\times\vec{B}$에 해당한다. 마찬가지로 $S\cdot\nabla\mathbb{D}$나 $S\cdot\mathbb{ND}$는 두 사원수의 스칼라곱(scalar product)을 의미한다. 벡터해석학 기호로 $-\nabla\cdot\vec{D}$ 또는 $-\vec{N}\cdot\vec{D}$에 해당한다.

일반적으로 사원수 $\mathbb{A}$를 스칼라 부분 α와 벡터 부분 a로 나누어 $\mathbb{A}=(\alpha,\vec{a})$로 나타낸다면, $\mathbb{B}=(\beta,\vec{b})$라 할 때, 두 사원수의 곱은

$$\mathbb{AB}=(\alpha,\vec{a})(\beta,\vec{b})=(\alpha\beta-\vec{a}\cdot\vec{b},\vec{a}\times\vec{b}+\alpha\vec{b}+\beta\vec{a})\equiv(S\cdot\mathbb{AB},V\cdot\mathbb{AB})$$

로 정의된다. 맥스웰의 기호에서는 오일러 고딕체로 표현한 벡터들은 모두 스칼라 부분이 0인 것에 해당한다. 따라서 벡터해석학의 기호로 나타내면 $S\cdot\mathbb{AB}=-\vec{a}\cdot\vec{b}$, $V\cdot\mathbb{AB}=\vec{a}\times\vec{b}$)가 된다.

619절에는 이 식들 외에 자기의 부피밀도($\mathbf{m}=S\cdot\nabla\mathbb{I}$)와 자기퍼텐셜 방정식($\mathbb{H}=-\nabla\Omega$)이 더 언급되어 있으나, 이는 부가적인 성격을 띠므로 여기에서는 논외로 하겠다.

『전기자기론』에서 전자기장의 일반 방정식으로 정리한 이 방정식들을 그 성격에 따라 분류해 보는 것은 의미 있는 작업이다. 먼저 현대의 독자들에게 친숙한 맥스웰의 방정식은 (A), (B), (E), (H), (J), (J*)이다. 이 방정식들은 여섯 가지 마당 $\mathbb{A}$, $\mathbf{\Psi}$, $\mathbb{E}$, $\mathbb{B}$, $\mathbb{D}$, $\mathbb{H}$가 충족시키는 동역학적 방정식이다. (J*)는 원래 619절의 목록에는 포함되지 않지만, 403절과 604절에 자기유도의 솔레노이드 조건이라는 이름으로 논의되었으므로, 별도로 첨가했다. 이 중 (A)와 (B)는 벡터 퍼텐셜 및 스칼라 퍼텐셜과 $\mathbb{E}$, $\mathbb{B}$의 관계를 규정해 준다.

두 번째 부류로 (D), (F), (G), (K), (L)은 이 네 전자기마당 사이의 경험적 및 구성적 관계를 말해 주는 방정식이며, (I)는 (F), (G), (H)로부터 유도되는 식이므로 독립적인 방정식은 아니다. 세 번째 부류는 도체가 전자기장으로부터 받는 전자기력을 나타내는 방정식 (C)가 있다.

『전기자기론』의 전자기장 방정식을 이해하기 위해서는 이보다 앞서 발표된 맥스웰의 논문 「전자기장의 동역학 이론」을 살펴보는 것이 유용하다.[9] 이 논문에서 다루는 전자기장의 20개 물리량은 다음과 같다.[10]

전자기운동량	$F\ G\ H$	$\leftrightarrow$	전자기운동량	$\mathbb{A}$
자기세기	$\alpha\ \beta\ \gamma$	$\leftrightarrow$	자기력	$\mathbb{H}$
기전력	$P\ Q\ R$	$\leftrightarrow$	기전 세기	$\mathbb{E}$
전도전류	$p\ q\ r$	$\leftrightarrow$	전도전류	$\mathbb{K}$
전기변위	$f\ g\ h$	$\leftrightarrow$	전기변위	$\mathbb{D}$
전체 전류	$p'\ q'\ r'$	$\leftrightarrow$	전체 전류	$\mathbb{C}$
자유전하의 양	e	$\leftrightarrow$	전기 밀도	

---

9) 이 논문이 발표된 것은 1864년 10월 27일 런던 왕립협회에서였으며, 1년 뒤인 1865년에 *Philosophical Transaction of Royal Society*, vol. CLV로 출판되었다(155:459-512).

10) 이 목록에서 오른쪽 칸에 있는 사원수 벡터 표기는 원래 논문에는 없는데, 역자가 『전기자기론』(618절)에서 사용한 기호와 대응시켜 본 것이다.

전기 퍼텐셜 Ψ ↔ 전기 퍼텐셜

이 20개의 물리량을 결정하기 위해서는 20개의 방정식이 필요하다. 이 논문에서 맥스웰이 사원수 벡터를 도입한 것은 아니고, 모든 방정식은 데카르트 직각좌표계의 성분으로 쓰여 있다. 그러나 우리의 논의를 위해서는 다음과 같이 사원수 벡터를 이용해서 방정식을 표기하는 것이 편리하다. 다행히도 맥스웰이 이 논문에서 사용한 성분 표시는 『전기자기론』에서 사용한 것과 정확히 일치하므로 혼동의 여지는 없다. 그 20개의 방정식은 다음과 같다.

(A#) 전도전류와 전기변위 $\mathbb{C}=\mathbb{K}+\dot{\mathbb{D}}$

(B#) 자기력의 방정식 $\quad \mu\mathbb{H}=V\cdot\nabla\mathbb{A}$

(C#) 전류의 방정식 $\quad\quad V\cdot\nabla\mathbb{H}=4\pi\mathbb{C}$

(D#) 기전력의 방정식 $\quad \mathbb{E}=\mu V\cdot\mathbb{G}\mathbb{H}-\dot{\mathbb{A}}-\nabla\phi$

(E#) 전기탄성의 방정식 $\quad \mathbb{E}=k\mathbb{D}$

(F#) 전기저항의 방정식 $\quad \mathbb{E}=-\rho\mathbb{K}$

(G#) 자유전하의 방정식 $\quad e+\dfrac{df}{dx}+\dfrac{dg}{dy}+\dfrac{dh}{dz}=e-S\cdot\nabla\mathbb{D}=0$

(H#) 연속의 방정식 $\quad\quad \dfrac{de}{dt}+\dfrac{dp}{dx}+\dfrac{dq}{dy}+\dfrac{dr}{dz}=\dot{e}-S\cdot\nabla\mathbb{K}=0$

이를 『전기자기론』의 방정식들과 비교하면 다음과 같은 대응관계를 찾을 수 있다.

(A#)   ↔   (H)

(B#)   ↔   (A)   〔(L) 필요〕

(C#)   ↔   (E)

(D#)   ↔   (B)   〔(L) 필요〕

(E#)   ↔   (F)

(F#)   ↔   (G)

$$(G\#) \quad \longleftrightarrow \quad (J)$$

여기에서 (H#)만이 『전기자기론』에서 다루는 일반 방정식에 포함되지 않고 있다.

『전기자기론』의 일반 방정식을 현대의 맥스웰 방정식과 비교하면 $\dot{\mathbb{B}}=-V\cdot\nabla\mathbb{E}$에 해당하는 방정식이 눈에 바로 띄지 않는다. 이를 드러나게 보려면 다음과 같은 과정을 거쳐야 한다. 우선 (B)식이 현대의 전자기학 교과서에서처럼 벡터 퍼텐셜과 스칼라 퍼텐셜로부터 전기장 벡터를 정의하는 식이 아님을 주목하자.

(M) $\mathbb{E}*\equiv-\dot{\mathbb{A}}-\nabla\psi$

와 같이 새로운 벡터를 정의하면, (B)식은

(B*) $\mathbb{E}=V\cdot\mathbb{G}\mathbb{B}+\mathbb{E}*$

으로 쓰인다. 이제 (M)식으로부터

$\dot{\mathbb{A}}=-\mathbb{E}*-\nabla\psi$

이며, (A)식으로부터

$\dot{\mathbb{B}}=V\cdot\nabla\dot{\mathbb{A}}$

이므로, (A)식과 (M)식을 결합하면

$\dot{\mathbb{B}}=-V\cdot\nabla\mathbb{E}*-V\cdot\nabla\nabla\psi$

를 얻게 되는데, 사원수의 벡터곱의 정의에 따라 $V\cdot\nabla\nabla\psi\equiv0$이므로, 결국

(N) $\dot{\mathbb{B}}=-V\cdot\nabla\mathbb{E}*$

$=-V\cdot\nabla\mathbb{E}+V\cdot\nabla(V\cdot\mathbb{G}\mathbb{B})$

를 얻는다. 이것은 곧 자기장의 시간적 변화로부터 기전력을 얻을 수 있음을 의미하며, (N)식은 패러데이의 자기유도를 표현하고 있다.

『전기자기론』에서 (N)식에 해당하는 것이 드러나게 서술되지 않은 것은 다소 의외이다. 왜냐하면 이보다 앞서 발표된 두 편의 논문, 「패러데이의 힘의 선」(1857)과 「물리적인 힘의 선에 관하여」(1861)에는 명시적으로

(N^*) $\left(\dfrac{dP}{dx}-\dfrac{dQ}{dx}\right)=\mu\,\dfrac{d\gamma}{dt}$ 즉, $-V\cdot\nabla\mathbb{E}=\mu\dot{\mathbb{H}}$

가 나타나 있기 때문이다.[11]

이러한 분류를 바탕으로 전자기장의 일반적 방정식을 현대 독자들의 구미에 맞게 다시 쓰면 다음과 같은 다섯 가지 방정식을 얻는다.

(가) $\mathbb{B}=V\cdot\nabla\mathbb{A}$, $\mathbb{E}^*=-\dot{\mathbb{A}}-\nabla\Psi$, $\mathbb{E}=V\cdot\mathbb{GB}+\mathbb{E}^*$

(나) $\mathbb{C}=\mathbb{K}+\dot{\mathbb{D}}=\dfrac{1}{4\pi}V\cdot\nabla\mathbb{H}$, $\dot{\mathbb{B}}=V\cdot\nabla\mathbb{E}^*$

(다) $\mathbf{e}=S\cdot\nabla\mathbb{D}$, $S\cdot\nabla\mathbb{B}=0$

(라) $\mathbb{D}=\dfrac{1}{4\pi}K\mathbb{E}$, $\mathbb{B}=\mathbb{H}+4\pi\mathbb{I}=\mu\mathbb{H}$

(마) $\mathbb{F}=V\cdot\mathbb{CB}+e\mathbb{E}-m\nabla\Omega=V\cdot\mathbb{CB}+e\mathbb{E}'+eV\cdot\mathbb{GB}-m\nabla\Omega$

이제 (가)는 벡터 퍼텐셜과 스칼라 퍼텐셜로부터 두 개의 마당 $\mathbb{B}$, $\mathbb{E}'$ 을 얻기 위한 방정식이며, (나)와 (다)는 다름 아니라 맥스웰 방정식이고, (라)는 $\mathbb{D}$, $\mathbb{H}$와 $\mathbb{E}$, $\mathbb{B}$를 서로 관련시키는 경험적 구성관계이며, (마)는 전자기력의 방정식이다.

이를 현대 전자기학 교과서에 나타나는 표준적인 맥스웰 방정식과 비교해 보자. 표준적인 맥스웰 방정식은 다음과 같다.

(가*) $\vec{E}=-\nabla\Psi-\dfrac{1}{c}\dfrac{\partial\vec{A}}{\partial t}$ $\qquad\qquad$ $\vec{B}=\nabla\times\vec{A}$

(나*) $\nabla\times\vec{E}+\dfrac{1}{c}\dfrac{\partial\vec{B}}{\partial t}=0$ $\qquad$ $\nabla\times\vec{H}-\dfrac{1}{c}\dfrac{\partial\vec{D}}{\partial t}=\dfrac{4\pi}{c}\vec{J}$

(다*) $\nabla\cdot\vec{D}=4\pi\rho_e$ $\qquad\qquad\quad$ $\nabla\cdot\vec{B}=0$

---

11) Simpson(1997), pp.160~161, pp.199~201 참조. 수학적 방정식으로 보면 이 식은 분명히 맥스웰의 방정식 중 하나이지만, 이 두 논문의 맥락에서는 자기장의 시간적 변화가 전기장의 미분과 같다는 내용을 직접 담고 있는 것은 아니다. 이는 비압축성 유체의 소용돌이에 관한 방정식을 그대로 가져온 것이며, 뒤에서 서술하는 '물리적 유비'의 방법이 적용된 것이다.

(라*) $\vec{D}=\vec{E}+4\pi\vec{P}=\epsilon\vec{E}$ $\vec{B}=\vec{H}+4\pi\vec{M}=\mu\vec{H}$

(마*) $\vec{F}=q\vec{E}+q\dfrac{\vec{v}}{c}\times\vec{B}$

여기에서는 가우스 단위계(cgs)로 나타냈지만, 헤비사이드-로렌츠 단위계나 정전기 단위계, 전자기 단위계, SI 단위계(MKSA)를 써서 나타낼 수도 있다. 다음은 SI 단위계로 나타낸 전자기장의 기본 방정식이다.

(가*) $\vec{E}=-\nabla\Psi-\dfrac{\partial\vec{A}}{\partial t}$ $\vec{B}=\nabla\times\vec{A}$

(나*) $\nabla\times\vec{E}+\dfrac{\partial\vec{B}}{\partial t}=0$ $\nabla\times\vec{H}-\dfrac{\partial\vec{D}}{\partial t}=\vec{J}$

(다*) $\nabla\cdot\vec{D}=\rho_e$ $\nabla\cdot\vec{B}=0$

(라*) $\vec{D}=\epsilon_0\vec{E}+\vec{P}=\epsilon\vec{E}$ $\vec{B}=\mu_0(\vec{H}+\vec{M})=\mu\vec{H}$

(마*) $\vec{F}=q(\vec{E}+\vec{v}\times\vec{B})$

『전기자기론』에 나오는 전자기장의 일반 방정식과 현대적인 전자기학에 나오는 맥스웰 방정식의 가장 큰 차이점은 (가) 부류의 방정식이다. 현대 전자기학에서 전기장과 자기장은 스칼라 퍼텐셜과 벡터 퍼텐셜이 이론 내의 위치가 전혀 다르다. 즉, 전자기 이론 전체에서 두 퍼텐셜을 사용하지 않고 전기장과 자기장만으로 이론을 구성할 수도 있고, 반대로 전기장과 자기장을 언급하지 않은 채 스칼라 퍼텐셜과 벡터 퍼텐셜만으로 이론을 구성할 수도 있다. 전기장과 자기장은 두 퍼텐셜에서 유도되는 것으로 보기 때문이다. 따라서 맥스웰의 (B)식에서처럼 전기장과 자기장이 벡터 퍼텐셜과 함께 나타나는 방정식은 기본 방정식이 아닌 것으로 보인다. (A)식에 버금가는 것은 (B)식이 아니라 (M)식이어야 한다.

요컨대 『전기자기론』의 맥스웰 방정식과 현대 전자기학의 맥스웰 방정식의 가장 큰 차이점은 (B*)식으로 요약된다. 그러면 $V\cdot\mathbb{GB}$라는 항을 어떻게 이해해야 할까. (N)식을 얻는 과정을 보면, 실질적으로 이 항은 패러데이의 전자기유도 법칙을 표현하는 방정식을 얻는 데 전혀 역할을 하지 않는다. 그러나 (마)와 (마*)를 비교해 보면, 이 항은 이른바 로렌츠의 힘을 나타내서 반드시 있어야 하는 항이 된다. 그렇다면 (F), (G), (I)에 있는 $\mathbb{E}$는 $V \cdot \mathbb{GB}$가 포함된 것일까, 아니면 이것이 빠진 $\mathbb{E}'$이어야 할까? 이 질문은 아직 학계에서 충실하게 논의되지 않고 있지만, 이 문제에 대한 대답이야말로 아인슈타인이 상대성 이론으로 나아가게 된 결정적 계기 중 하나가 되었다는 것은 분명하다.[12]

4. 맥스웰의 자연철학

『전기자기론』은 맥스웰의 자연철학과 관련하여 여러 가지 흥미로운 쟁점을 제기하고 있다. 이 논저가 톰슨과 타이트의 『자연철학론』 제1권에 직접 또는 간접으로 영향을 받고 집필된 것임은 앞에서도 말했지만, 톰슨과 타이트가 애초에 기획했던 『자연철학론』 제2권을 끝내 출판하지 않았던 까닭 중 하나는 맥스웰의 『전기자기론』이 자신들이 생각하던 제2권의 역할을 충분히 한다고 보았기 때문이다. 그런 맥락에서 보면, '자연철학'이라는 표현은 뉴턴의 명저 『자연철학의 수학적 원리』(1687)에서 다소 모호하게 지칭한 '자연철학'과 유사한 개념으로 볼 수 있다. 그러나 동시에 이것은 자연을 바라보는 일반적인 방식에 대한 맥스웰의 특수성이기도 하므로, 여기에서 말하는 '자연철학'은 현대 과학철학의 측면에서 맥스웰의 물리학에 나타나는 독특한 면모를 보겠다는 것이기도 하다. 다만, 맥스웰의 자연철학을 상세하게 다루는 것은 매우 폭넓고

---

12) 아인슈타인은 맥스웰의 전자기 이론을 푀플(August Föppl)의 책을 통해 학습했으며, 푀플의 책에서는 움직이는 물체의 전기역학에 나타나는 주요 문제들이 잘 서술되어 있다. A. Föppl (1894). *Einführung in die Maxwell'sche Theorie der Elektrizität; mit einem einleitenden Abschnitt über den Rechnen mit Vektorgrößen in der Physik.* B. G. Teubner.

난해한 작업이므로, 이 절에서는 단지 『전기자기론』에 나타나는 맥스웰의 자연철학과 관련된 몇 가지 주제를 간략하게 살펴보고자 한다.[13]

(1) 물리적 유비의 방법과 모형

맥스웰의 연구에서 두드러진 연구 방법 중 하나는 '물리적 유비'(physical analogy)이다. 물리적 유비의 방법은 "한 과학의 법칙들과 다른 과학의 법칙들 사이에 나타나는 부분적인 유사성으로부터 둘 중 어느 한쪽이 다른 한쪽을 설명하게 하는 방법"을 가리킨다. 이는 "마음 속에서 단계마다 명료한 물리적 개념을 견지할 수 있게 해주는 연구 방법"이며, "그 개념을 빌려오는 물리과학에 바탕을 둔 어떤 이론에도 구속되지 않음으로써 해석학적 미묘함을 추구하는 과정에서 주제를 벗어나지도 않고, 선호하는 가설 때문에 진리에서 비껴가지도 않게" 하는 방법이다.[14]

'물리적 유비'의 방법을 잘 드러내주는 것이 마당의 개념이다. 마당의 개념은 패러데이의 전기긴장 상태에서 출발한 것이다. 패러데이는 『전기의 실험적 연구』(*Experimental Researches in Electricity*, 1839~55)〔특히 §3269〕와 1852년의 「자기력선의 물리적 특성에 관하여」(On the physical character of the lines of magnetic force)에서 전기력의 전달을 설명하기 위해 이 개념을 도입했다. 전류로부터 전

---

13) 더 상세한 것은 가령 Harman, P.M. (2001). *The Natural Philosophy of James Clerk Maxwell*. Cambridge University Press; Buchwald, J. (1985). *From Maxwell to Microphysics: Aspects of Electromagnetic Theory in the Last Quarter of the Nineteenth Century*, University of Chicago Press; Kargon, R. (1969). "Model and Analogy in Victorian Science: Maxwell's Critique of the French Physicists", J. His. Ideas, vol. 30 pp. 423-436; Klein, M. (1972). "Mechanical Explanation at the end of the Nineteenth Century" Centaurus 17: 58-81. Doncel, M.G. & J.A. Lorenzo, (1996). "The electrotonic state, a metaphysical device for Maxwell too?" European Journal of Physics, 17:6-10. 등 참조.

14) *The Scientific Papers of James Clark Maxwell*(1890), vol. 1, pp.155~156.

기적인 '장력'(tension)이 생겨나며, 이 '장력'은 다시 물질분자의 분극 또는 '전기긴장 상태'(electro-tonic state)를 만들어낸다는 것이다.

맥스웰이 처음 패러데이의 '전기긴장 상태'라는 개념을 자신의 논문에 도입한 것은 1856년에 발표한 「패러데이의 힘의 선에 관하여」에서였다. 이 논문은 맥스웰이 1855년 12월 10일과 1856년 2월 11일에 케임브리지 철학협회(Cambridge Philosophical Society)에서 전자기장 방정식에 관해 강의했던 내용을 담았다. 맥스웰은 이 논문을 1856년 2월 중 『철학지』(Philosophical Magazine)에 발표하려고 애썼지만, 이 학술지에 싣기에는 논문이 너무 길었다. 그해 4월 25일에 톰슨에게 보낸 편지를 보면, 이 논문의 제II부가 아직 편집 중이었음을 알 수 있다. 논문이 늦어진 까닭은 무엇보다도 4월 3일에 맥스웰이 부친상을 당했기 때문일 것이다. 맥스웰이 『케임브리지 철학연보』(Transactions of the Cambridge Philosophical Society)에 보낸 편지로 볼 때, 1856년 12월에도 출판을 위한 교정 작업이 진행 중이었고, 1857년 3월에야 논문의 별쇄본을 잘 받았다는 내용이 나타난다.

그런데 흥미롭게도 첫째 강의에서는 '전기긴장 상태'에 대한 언급이 전혀 없이 전자기장의 방정식만을 추상적인 형태로 제시했고, 둘째 강의에 와서야 '패러데이의 전기긴장 상태에 관한' 논의를 전개한다. 출판된 논문에 있는 "우리는 이제 A라는 함수를 통해, 회로 속을 지나가는 자기유도의 양을 생각하지 않아도 되는 수단을 얻게 되었다. 이런 인위적인 방법 대신에, 전류 자체와 함께 동일한 공간 속에 존재하는 양을 기준으로 한 전류를 고찰하는 자연스러운 방법을 갖게 되었다. 나는 여기에 전기긴장 함수 또는 전기긴장 세기의 성분이라는 이름을 부여한다"라는 구절을 통해 판단한다면, 맥스웰이 패러데이의 '전기긴장 상태'라는 개념에 주목한 가장 중요한 까닭은 원격작용을 가정하지 않으면서 자기유도를 설명할 수 있는 방법이 될 수 있기 때문이었다고 할 수 있다. 따라서 맥스웰에게는 벡터 퍼텐셜 $\mathbb{A}$는 단순히 자기유도 $\mathbb{B}$를 단순화하는 수학적 도구가 아니라, 마당 개념으로 나아가는 길목에서 가장

핵심적인 길잡이 역할을 한 개념의 수학화였다고 할 수 있다.[15]

사실 물리적 유비의 방법은 맥스웰이 톰슨에게서 배운 것이라 할 수 있다. 톰슨은 1840년대에 전기력을 후리에의 열 이론과의 유비로 연구했다. 입자에서 입자로 열이 전달되는 것과 비슷하게 전기력도 중간에 있는 매질들을 구성하는 입자들의 작용으로 보자는 것이었다. 1847년의 논문「전기, 자기, 생체전기의 역학적 표현」(Mechanical representation of electric, magnetic, and galvanic forces)에서 전기력과 자기력의 전파를 각각 탄성체의 평행한 퍼짐(linear strain)과 회전변형(rotational strain)으로 설명하려는 시도를 했다. 1849년 6월 톰슨이 패러데이에게 보낸 편지에서 자기마당을 힘의 선으로 나타내려는 시도를 처음 했고, 이를 일컬어 '힘의 마당[場]'이라 했다. 1851년에 출판된『자기의 수학적 이론』(A mathematical theory of magnetism)에서 톰슨은 자기마당을 '가상의 자기 물질'이 공간에 연속적으로 분포되어 있는 것으로 나타냈다. 이것은 일종의 자기적 충만(magnetic plenum)이었다. 그러나 톰슨의 모형은 마당의 기본 구성 성분에 대한 물리적 모형으로 제안된 것이 아니라, 마당의 수학적 이론을 해설하기 위해 비유나 도해로 도입된 것이다.

톰슨은 18세기 베르누이의 유체 에테르뿐 아니라 맥큘러의 '회전하는 탄성 에테르'의 이론(1839년)이나 랭킨(Rankine)의 열역학에 대한 논문들을 잘 소화하고 있었다. 1858년 헬름홀츠(Hermann von Helmholtz)는 완전 유체(균질하고, 압축되지 않으며, 마찰이 없는 유체)의 미분 방정식을 이론적으로 풀어냄으로써 소용돌이선(Wirbellinien)의 개념을 얻었다.

1867년 1월 중순에 타이트는 연기고리(smoke rings)의 여러 가지 성질을 실험적으로 밝혀냈다. 톰슨은 이전부터 전기와 자기와 빛과 같이 연관된 현상들의 정확한 관계를 얻어내고자 했다. 1867년 2월

---

15) Doncel&Lorenzo(1996) 참조.

18일에 톰슨은 에든버러 왕립학회에서 「소용돌이 원자에 관하여」(On vortex atoms)라는 제목의 논문을 읽었다. 이에 따르면, 원자는 다름 아니라 공간과 물질 속에 균질하게 퍼져 있는 에테르 속에서의 특정 형태의 회전운동의 궤적이다. 간단히 말하면 '운동의 양태'이다.[16] 톰슨은 "헬름홀츠의 고리야말로 진정한 원자"라고 생각했고, 원자는 에테르의 충만 속에 있는 불연속점으로 보았다. 이렇게 하여 톰슨은 물질과 에테르의 정확한 관계와 물리적 마당 속에서의 작용 양식에 대한 문제에 명료한 답을 줄 수 있었다.[17]

톰슨의 마당 이론은 에테르의 역학적 이론이었고, 자기-광학적 회전에 관한 논문에서 가정된 동역학적 모형은 소용돌이 이론의 물리적 이론으로 정당화되었다. 톰슨은 대전된 도체가 있는 영역에서의 정전기력 분포와 고체 안의 열의 흐름 분포 사이의 유비 및 전기현상과 탄성현상의 유비로부터, 전자기력의 퍼져나가는 방식이 탄성체 안에서 탄성파가 퍼져나가는 방식과 같지 않겠는가 하는 질문을 논구했다.[18]

『전기자기론』이전의 본격적 전자기 이론의 연구 논문인 「물리적인 힘의 선에 관하여」(1861~62)에서는 「패러데이의 힘의 선에 관하여」(1856)에서 논의되었던 힘의 선에 대한 물리적 기하학의 논의가 마당[場]에 대한 물리적 역학으로 발전해 있었다. 여기에서 자기력선은 비압축성 유체의 흐름의 선(lines of flow)과 유비되었다. 그러나 이런 모형과 유비는 설명(explanation)을 위한 것이 아니라 예시(illustration)를 위한 것이었다.

(2) 메커니즘과 동역학적 설명

『전기자기론』제4부 제7장에 J.J. 톰슨이 편집자의 주로 덧붙인 그림

---

16) 이에 대한 더 상세한 논의는 Silliman(1963) 참조.
17) 톰슨의 이론과 패러데이의 정전기학의 수학화에 관하여 Buchwald(1977) 참조.
18) Camb. and Dub. Math. Jour. ii(1847), p.61

34a를 보면 맥스웰이 생각하는 메커니즘이 요약적으로 드러난다. 이 그림은 맥스웰이 전류의 유도법칙을 예시하기 위해 직접 고안한 기계적인 모형으로서 지금도 케임브리지에 있는 캐번디시 연구소에 보존되어 있다. 두 원형도선이 있을 때, 한쪽 도선에 전류가 흐르고, 이 전류가 달라지면 다른 쪽 도선에 유도전류가 생기는 현상은 어떤 면에서는 매우 신비한 현상으로 여길 수도 있고, 그에 대한 수학적 법칙을 찾아냈다면 그 추상적인 수학적 법칙만으로 이 현상을 이해했다고 말할 수도 있다. 그러나 맥스웰이 택한 방법은 두 개의 원판과 속도 조절 바퀴를 써서 이러한 눈에 직접 보이지 않는 현상을 예시할 수 있는 기계적 모형을 만드는 것이었다.

그러나 맥스웰이 이런 메커니즘을 곧이곧대로 현상의 배후라고 믿었던 것은 결코 아니다. 맥스웰은 『전기자기론』831절에서 톰슨이 1856년 6월 『왕립협회보』(*Proceedings of the Royal Society*)에 발표했던 분자 소용돌이에 관한 논문을 상당히 길게 인용하고 난 뒤 자신도 1861년 다섯 차례에 걸쳐 『철학지』(*Philosophical Magazine*)에 관련된 논문을 발표했음을 상기시키고 있다. 그러나 이와 같이 빛의 자기현상을 분자 소용돌이라는 메커니즘을 통해 설명하는 것에 대해 다음과 같이 말한다.

"내가 이 메커니즘의 작동 모형을 상상하기 위해 기울였던 노력은 노력 이상으로 받아들여져서는 안 된다. 이는 전자기마당의 부분들의 실제 연결과 역학적으로 동등한 연결을 만들어낼 수 있는 메커니즘을 상상해 볼 수 있다는 예시일 뿐이다. 아무 계의 부분들의 운동 사이에 특정 종류의 연결을 수립하기 위해 필요한 메커니즘을 결정하는 문제에는 언제나 무한한 수의 해결책이 가능하다."(『전기자기론』, 831절)

맥스웰이 제시하는 메커니즘, 예를 들어 벌집 모양의 방들이 있고 여기에 유동바퀴(idle wheel)가 있는 에테르 모형 같은 메커니즘은 단순히 무한한 수의 가능한 메커니즘 중 하나일 뿐이며, 그나마도 "다른 것보다 더 엉성하거나 더 복잡"하다. 따라서 『전기자기론』, 791절의 그림 67에 나오는 전자기파의 모형도는 "빛이 전자기 흔들림의 일종이며, 다른 전자기 작용이 전달되는 매질과 같은 매질을 통해 전달된다는" 맥스웰의 빛의 전자기이론을 아주 잘 예시해 주지만, 그렇다고 해서 이러한 메커니즘이 곧 빛이 전자기파의 일종임을 '설명'해 주는 것은 아니다.

헨드리(Hendry, 1986)에 따르면, 이러한 맥스웰의 태도는 이마누엘 칸트까지 거슬러 올라간다. 칸트는 "물질의 특정적인 다양성을 기계와 마찬가지로 가장 작은 부분들의 구성을 통해 설명하는 양식은 **기계론적 자연철학**이지만, 물질마다 다른 특정적 다양성을 기계로서의 물질로부터, 즉 단순히 외부의 동력으로 작동하는 도구로부터 유도해 내는 것이 아니라, 그 물질에 속해 있는 인력과 척력으로부터 유도해 내는 양식은 **동역학적 자연철학**이라 부를 수 있다"고 말하며, 스코틀랜드의 상식철학에서는 이와 같이 가설적인 실체를 회피하려는 전통이 강했는데, 맥스웰은 이러한 전통을 잇는 것으로 평가된다. 맥스웰의 스승 중 두 사람, 해밀턴과 휴웰(William Whewell)은 명백하게 칸트의 영향을 강하게 받고 있었다.

동역학적 자연철학의 경향은 자연스럽게 동역학적 설명으로 이어진다. 앞에서도 지적한 바 있지만, 『전기자기론』 제4부 제5장 "연결된 계의 운동방정식에 관하여"를 보면, 실질적으로 톰슨과 타이트의 『자연철학론』에서 전개되는 동역학적 방법, 즉 일반화된 운동방정식을 충격력으로부터 유도하는 방법이 서술되고 있다.

"우리는 여기에서 연결된 계의 동역학에 대한 기본 원리들을 개괄하면서, 계의 부분들이 연결되는 메커니즘은 염두에 두지 않으려 했다. … 우리는 위치변수와 그 속도와 운동량 및 변수들이 나타내는 조각들에 작용하는 힘에만 주목했다. 우리가 가정한 것은 계의 연결에 대하여 시간이 조건 방정식들에 명시적으로 들어 있지 않고 에너지

보존의 원리를 계에 적용할 수 있게끔 되어 있다는 것뿐이다."(『전기
자기론』, 567절)

(3) 기하학과 물리학의 관계

『전기자기론』에서 본격적으로 사원수 벡터가 사용된 것이라든가, 위
상수학의 여러 개념이 본격적으로 원용된 것은 맥스웰에게서 기하학이
얼마나 중요한 도구였는지를 잘 말해 준다.

맥스웰이 사원수의 방법에 심취해 있었다는 점은 앞에서도 말했거니
와, 이것이 가장 두드러지게 나타나는 저작이 바로 『전기자기론』이다.
맥스웰에 따르면, "기하학적 및 물리적 양을 고려하는 〔사원수 벡터의〕
방식은 다른 것보다 더 원초적이며 더 자연스럽다."(『전기자기론』, 10
절) 맥스웰은 이러한 기하학적 도구가 "모든 분야의 연구, 특히 전기역
학에서 우리에게 매우 유용할 것임을 확신한다. 왜냐하면 전기역학에서
우리는 많은 물리량을 다루어야 하는데 그 물리량들의 상호 관계는 보
통 방정식보다는 해밀턴의 사원수 계산법의 표현을 사용하면 훨씬 더
단순하게 표현할 수 있기 때문이다."(같은 책)

사원수론뿐 아니라 스토크스 정리를 비롯한 여러 기하학적 적분 정리
도 맥스웰에게는 전자기이론에 원용할 수 있는 훌륭한 도구였다. 『전기
자기론』 제1부 제1장에서 증명한 스토크스의 정리, 즉 "어느 폐곡선을
따라 계산한 선적분은 그 곡선을 경계로 하는 곡면에 걸쳐 계산한 면적
분으로 표현할 수 있다"(24절)는 정리는 그대로 405절, 590절, 592절
에서 전기와 자기의 이론에 직접 원용되었다. 다시 말해 "폐곡선에 대한
$\mathbb{A}$의 선적분이 그 폐곡선이 둘러싸고 있는 곡면에 대한 $\mathbb{B}$의 면적분과
같아야" 하고, "벡터 $\mathbb{B}$는 표면적분에서 나타나기 때문에 다발(플럭스)
의 범주에 속하"며, "벡터 $\mathbb{A}$는 선적분에서 나타나기 때문에 힘의 범주
에 속한다."

나아가 전자기이론을 전개하는 데에는 가장 최신의 위상수학까지 도
입된다.

"이 적분은 닫힌 전류가 있는 곳에서 자극이 폐곡선을 그리면서 움직이는 동안 받는 일을 나타내며, 두 폐곡선 사이의 기하학적 연관을 보여 준다. 가우스가 라이프니츠와 오일러와 방데몽드의 시대 이후로 공간기하학에서 거의 발전이 이루어지지 않았다고 한탄한 것은 바로 이 적분을 발견했기 때문이었다. 그러나 이제는 주로 리만과 헬름홀츠와 리스팅 덕분에 상당한 진전이 있었다고 말해야 할 것이다."(『전기자기론』, 421절)

여기에서 공간기하학(geometry of position)이란 곧 위상수학 (topology)을 가리킨다. 리스팅의 『위상수학 기초연구』가 출판된 것이 1847년임을 감안하면, 당시의 최첨단 수학을 거리낌 없이 배워서 자신의 이론적 고찰에 사용하는 맥스웰의 태도는 인상적이다.

그러나 맥스웰이 물리학적 개념을 희생하면서까지 기하학적 도구를 선호한 것은 아니다. 빛의 자기작용, 즉 패러데이의 자기광학효과에 대한 논의에서는 편광을 위상수학의 방법으로 다루면서도 동역학적 개념을 유효적절하게 결합시키는 것을 잊지 않는다.

"그러므로 나선이 어느 한 방식으로 돌아나갈 때가 다른 방식으로 돌아나갈 때보다 더 많은 힘이 필요하게 된다. 따라서 그 힘은 광선의 배열 모양에만 의존하는 게 아니라 개별적인 부분의 운동 방향에도 의존한다."(『전기자기론』, 815절)

이와 같이 우리는 기하학적 접근과 동역학적 접근이 균형 있게 만나 최적의 모습으로 어우러져 있는 것을 맥스웰의 『전기자기론』에서 볼 수 있다.

(4) 에테르와 물질과 마당

다음으로 맥스웰이 물리적 실재를 어떻게 보았으며, 에테르와 물질 사이의 관계를 어떻게 생각했는지, 맥스웰에게 마당 개념은 어떤 것이었는지 등에 대해 살펴보자. 『전기자기론』 이전에 출판된 다른 논문들에서 특히 패러데이의 '전기긴장 상태'가 어떻게 '마당' 개념으로 발전했는지는 앞에서 언급했지만, 『전기자기론』에 서술되어 있는 전기와 자기의 동역학이론에서 가장 핵심이 되는 개념이 바로 이 '마당'의 개념이라 할 것이다.

『전기자기론』 결론부에 해당하는 마지막 장은 원격작용을 허용하는 전자기이론에 대한 검토와 이에 대한 적극적 대안으로서 전자기장이론이 제시되어 있다. 861절에서 맥스웰은 가우스가 1845년 3월 19일에 베버에게 보낸 편지를 인용하면서, "전기동역학의 참된 초석은 곧 전기입자들 사이의 작용(순간적인 작용이 아니라 빛의 경우와 비슷한 방식으로 시간에 따라 전달되는 작용)을 고찰하여 이로부터 움직이는 전기입자들 사이에 작용하는 힘을 연역하는 것"임을 피력한다. 따라서 전기와 자기 이론에서 가장 중요한 과제는 다름 아니라 "퍼져나감(전달)이 일어나는 방식에 대한 '일관된 표현'을 구성하는 것"이었다.

이를 위해 맥스웰은 리만, 노이만, 베버의 이론을 하나씩 검토해 나간다. 그러나 이러한 유럽대륙의 원격작용 이론들은 맥스웰을 만족시키지 못했다. 맥스웰의 의문은 다음과 같은 것이었다. "한 입자로부터 거리를 두고 떨어져 있는 다른 입자로 무엇인가가 전달된다면, 그것이 한 입자를 떠난 후 다른 입자에 다다르기 이전까지 그 사이에서는 어떤 상태일까?" 원격작용을 허용하는 이론에서는 그 중간의 상태에 대해 아무런 말도 하지 않는다. 그렇기 때문에 맥스웰이 이 전기와 자기에 관한 논저의 마지막을 장식하는 말은 다음과 같은 것이 되어야 했다.

"따라서 이 모든 이론은 퍼져나감이 일어나는 매질의 개념에 이르게 된다. 이 매질을 하나의 가설로 받아들인다면, 우리의 연구에서 두드러진 위치를 차지해야 한다고 나는 생각한다. 또한 그 작용의 모든 구체적인 부분을 논리적 표현으로 구성하려고 노력해야 한다고 생각

한다. 이것이 이 논저에서 내가 줄곧 견지했던 목표였다."(『전기자기론』, 866절)

결국 맥스웰의 전기와 자기에 관한 이론은 전자기마당의 이론이었으며, 이 논저가 시종일관 추구해 온 것은 바로 이 전자기마당의 여러 가지 측면에 대한 '논리적 표현'(mental representation)으로 구성하는 것이었다.

5. 결어

과학사학자들 사이에서도 아직 『전기자기론』의 세세한 내용을 모두 검토하면서 논의를 전개하는 연구는 많지 않다. 이는 『전기자기론』이 새로운 내용을 담고 있다기보다는 그전에 발표한 다른 논문들과 다른 연구자들의 성과를 체계적으로 정리해 놓은 책이라는 성격이 강하기 때문일 것이다. 따라서 맥스웰의 전자기이론, 나아가 19세기의 전자기학에 대한 과학사학자들의 연구는 주로 이 방대한 논저보다는 대체로 그 이전 또는 그 이후에 맥스웰이나 다른 사람들이 발표했던 논문 중심으로 이루어져 왔다.

따라서 『전기자기론』한국어판은 이 중요한 논저에 대한 상세한 세부적 고찰이 가능해졌음을 의미하며, 그만큼 19세기 전자기학의 전개를 더 잘 볼 수 있는 도구가 갖추어졌다고 말할 수 있다. 이와 비슷한 성격의 연구로, 예를 들어 혼돈이론의 기원 격으로 간주되곤 하는 푸앵카레(Henri Poincaré)의 『천체역학의 새로운 방법』(Les Méthodes nouvelles de la Mécanique céleste)의 영문 번역을 들 수 있다. 하버드 대학의 고로프(Daniel L. Goroff)는 미국 물리학회의 지원을 받아서 이 고전적 명저를 『New Methods of Celestial Mechanics』라는 제목으로 완역했다. 그 덕분에 프랑스어를 읽지 못하는 많은 과학사학자가 푸앵카레의 명저를 읽고 연구할 수 있는 기회가 열린 것이다.

『전기자기론』한국어판이 비단 과학사학자에게만 희소식인 것은 아니다. 물리학을 비롯하여 화학, 지구환경과학, 전자공학, 전기공학 등과 같이 전자기학이 전공과목에서 매우 중요한 위치를 차지하는 분야뿐 아니라 사실상 거의 모든 이공계 학생과 연구자들이 전자기학을 필수적으로 배우고 연구하는 실정으로부터 판단할 때, 대단히 많은 사람이 말로만 듣던 맥스웰의『전기자기론』을 실제로 접하게 되는 것을 반가워할 것이다.『전기자기론』원전이 영어로 되어 있긴 하지만, 익숙하지 않은 19세기 물리학의 용어와 덜 친숙한 수식들을 읽는 것은 쉽지 않은 일이기 때문에, 모어로 된 번역서가 존재한다는 것은 학문의 바탕 지식이라는 측면에서도 매우 중요한 의미를 지닌다.

참고문헌

Buchwald, J. 1985. *From Maxwell to Microphysics: Aspects of Electromagnetic Theory in the Last Quarter of the Nineteenth Century*, University of Chicago Press.

———. 1989. *The Rise of the Wave Theory of Light*, University of Chicago Press.

———. 1994. *The Creation of Scientific Effects: Heinrich Hertz and Electric Waves*, University of Chicago Press.

Campbell, L. & W. Garnett 1882. *The Life of James Clerk Maxwell*, Macmillan & Co.

Chalmers, A.F. 1986. "The Heuristic Role of Maxwell's Mechanical Model of Electromagnetic Phenomena," *Stud. Hist. Phil. Sci.* 17(4): 415-427.

Doncel, M.G. & Lorenzo, J.A. 1996. "The electrotonic state, a metaphysical device for Maxwell too?" *European Journal of Physics*,

17:6-10.

Doran, B.G. 1975. "Origins and Consolidation of Field Theory in
Nineteenth Century Britain: From the Mechanical to the
Electromagnetic View of Nature," *British Journal for the
Philosophy of Science*, vol. 6, pp.133~260.

Goldman, M. 1983. *The Demon in the Aether*, Paul Harris.

Fisher, H.J. 2014. *Maxwell's* Treatise on Electricity and Magnetism: *The
Central Argument*, Green Lion Press.

Harman, P.M. (ed.). 1990, 1995. *The Scientific Letters and Papers of
James Clerk Maxwell*, Cambridge University Press.

————. (ed.). 1985. *Wranglers and Physicists: Studies on Cambridge
Physics in the Nineteenth Century*, Manchester University
Press.

Harman, P.M. 1982. *Energy, Force and Matter: The Conceptual
Development of 19th Century Physics*, Cambridge University
Press; 김동원 · 김재영 옮김, 2000, 『에너지, 힘, 물질: 19세기의 물
리학』, 학술진흥재단번역총서 v.236, 성우출판사.

————. 2001. *The Natural Philosophy of James Clerk Maxwell*,
Cambridge University Press.

Hendry, J. 1986. *James Clerk Maxwell and the Theory of the
Electromagnetic Field*, Adam Hilger.

Hesse, Mary. 1965. *Forces and Fields*, Totowa.

Hunt, B.J. 1991. *The Maxwellians*, Cornell University Press.

Jackson, J.D. 1999. *Classical Electrodynamics*, Wiley.

Jungnickel, Christa and Russell McCormmach. 1986. *The Intellectual
Mastery of Nature: Theoretical Physics from Ohm to Einstein*, 2
vols. University of Chicago Press.

Kargon, R. 1969. "Model and Analogy in Victorian Science: Maxwell's

Critique of the French Physicists," *J. His. Ideas*, vol. 30
pp.423~436.

Klein, M. 1972. "Mechanical Explanation at the end of the Nineteenth
Century," *Centaurus* 17: 58-81.

Niven, W.D. (ed.). 1890. *The Scientific Papers of James Clark Maxwell*,
Cambridge University Press.

Purington, R.D. 1997. *Physics in the Nineteenth Century*, Rutgers
University Press.

Siegel, D.M. 1991. *Innovation in Maxwell's Electromagnetic Theory*,
Cambridge University Press.

Silliman, R.H. 1963. "William Thomson: Smoke Rings and Nineteenth-
Century Atomism," *Isis*, 54(4), 461 – 474.

Simpson, T.K. 1997. *Maxwell on the Electromagnetic Field: A Guided
Study*, Rutgers University Press.

Smith, C. 1998. *The science of energy: a cultural history of energy
physics in Britain*, University of Chicago Press.

Turner, J. 1955, "Maxwell on the Method of Physical Analogy," *British
Journal for the Philosophy of Science*, vol. 6, pp.226~238.

Whittaker, E.T. 1910. *A History of the Theories of Aether and
Electricity: From the Age of Descartes to the Close of the
Nineteenth Century*, 2 vols. Dublin University Press.

Wilson, D.B. 1982. "Experimentalists among the Mathematicians:
Physics in the Cambridge Natural Sciences Tripos 1851-
1900," *Historical Studies in the Physical Sciences*, vol. 12,
pp.325~371.

제3부 자기

제1장 자기의 기초이론

371] 어떤 물체들은 (예를 들어 천연자석이라 부르는 철광석이나 지구 자체나 적당한 처리를 해준 금속조각 등) 다음과 같은 성질을 지니고 있음이 알려져 있고, 이를 자석이라 부른다.

자극을 제외한 지구 표면의 한곳에서 자석을 수직축을 중심으로 자유롭게 돌 수 있게 매달아 놓으면 대개 그 자석은 특정의 방향을 향하려 할 것이다. 이 위치에서 자석을 건드리면 그 위치를 중심으로 왔다 갔다 할 것이다. 자기화되지 않은 물체에는 그런 경향이 없고, 어느 방향으로든 똑같이 평형 상태에 있다.

372] 물체에 작용하는 힘은 그 물체의 특정 방향(이를 '자석의 축'이라 부른다)을 공간상의 특정 방향(이를 '자기력의 방향'이라 부른다)과 나란하게 만드는 경향이 있음이 알려져 있다.

이 자석을 고정된 한 점을 중심으로 모든 방향으로 자유롭게 돌 수 있도록 매달아 보자. 이 점을 무게중심으로 잡으면 무게의 작용을 없앨 수 있다. 자석이 평형 위치에 이를 때까지 기다린다. 자석에 점 두 개를 표시하고 공간상의 위치를 기록해 놓는다. 그 뒤에 자석을 새로운 평형 위치에 두고 자석 위에 표시했던 두 점의 공간상의 위치를 기록한다. 두 위치 모두에서 자석의 축은 자기력의 방향과 일치하기 때문에, 자석은 운동 전후에 공간상에서 같은 위치에 놓이게 될 것임에 틀림없다. 모양이 변하지 않는 물체의 운동에 관한 이론에 따르면, 그런 방향은 언제나 존재하며, 이 축에 대한 단순한 회전으로 실제의 운동과 동등한 운동이 일어난 것인 듯이 보인다.

그 방향을 찾으려면 표시된 점들의 처음과 나중의 위치를 연결하여 이 직선을 수직이등분하는 평면을 그린다. 이 평면들의 교선이 찾으려던 방향일 것이다. 이는 자석의 축의 방향과 공간상에서 자기력의 방향을 나타낸다.

방금 말한 방법은 이 방향을 실제적으로 결정하는 데에는 편리하지 않다. 뒤에 '자기 측정'을 다룰 때 이 문제로 되돌아가겠다.

자기력의 방향은 지표면상의 여러 위치에 따라 다르게 나타난다. 자석의 축에서 북쪽 방향을 가리키는 한쪽 끝을 표시하면, 그 끝이 향하는 방향은 일반적으로 진자오선으로부터 상당한 정도로 벗어나며, 표시된 끝점들은 대체로 북반구에서는 아래쪽으로, 남반구에서는 위쪽을 향한다는 사실이 알려져 있다.

자기력의 방향의 방위각은 '편차'(variation) 또는 '자기 편각'(magnetic declination)이라고 부르며, 진북으로부터 서쪽 방향으로 잰다. 자기력의 방향과 수평면 사이의 각은 '복각'(magnetic dip)이라고 부른다. 이 두 각으로부터 자기력의 방향이 결정되며, 여기에 덧붙여 자기력의 세기도 알 수 있으면, 자기력이 완전히 정해진다. 지표면상의 여러 위치에서 이 세 요소의 값을 결정한다거나, 측정의 위치나 시간에 따라 이 값들이 달라지는 방식을 논의한다거나, 자기력과 그 편차의 원인들을 연구하는 과학이 지자기학이다.

373] 이제 자석의 축이 몇 개 결정되었다고 하고, 자석마다 북쪽을 가리키는 끝부분에 표시를 해둔다. 이 중 자석 하나를 자유롭게 매달아 두고 다른 자석을 그 근처에 갖다 대면, 표시를 해둔 끝부분이 서로 밀치며, 표시를 해둔 끝부분과 표시가 없는 끝부분은 서로 끌어당기며, 표시가 없는 끝부분끼리는 서로 밀친다는 것을 알 수 있다.

만일 자석의 모양이 긴 막대나 줄 모양이고, 균일하게 길이 방향으로 자기화[1]되어 있다면(384절 참조), 자석 하나의 끝부분이 다른 자석의 끝부분에 가까이 놓였을 때 힘이 가장 크게 나타난다. 이 현상을 설명하기 위해서는 자석의 같은 끝부분끼리는 서로 밀치며, 같지 않은 끝부분끼리는 서로 끌어당기며, 자석의 중간부분은 감지할 만한 상호작용이 없다고 가정하면 된다.

길고 가느다란 자석의 끝부분은 보통 자석의 '극'이라고 부른다. 길이 방향을 따라 균일하게 자기화되어 있는 아주 얇은 자석의 경우에는 맨 끝부분이 힘의 중심으로 작용하며 자석의 나머지 부분은 자기 작용이 없는 것처럼 보인다. 실제의 자석들은 모두 균일한 자기화에서 벗어나 있기 때문에 점 하나를 극으로 볼 수는 없다. 그러나 쿨롱은 길고 가느다란 자기화 막대를 조심스럽게 사용하여 같은 두 자극 사이의 힘에 대한 법칙을 정립하는 데 성공했다.[2] {두 자극 사이의 매질은 공기이다.}[3]

같은 종류의 두 자극 사이의 서로 밀치는 힘은 두 자극을 잇는 직선 방향이며, 크기상으로는 두 극의 세기를 곱하여 둘 사이의 거리의 제곱으로 나눈 값과 같다.

374] 물론 이 법칙은 각각의 극의 세기가 특정의 단위로 측정된다고

---

1) 일반적으로 magnetization은 '자화'(磁化)로 번역한다. 그러나 맥스웰 당시에는 아직 이 용어가 널리 사용되고 있지는 않았으며, 특히 이 책의 제2권에서 이 용어는 electrification과 대비되는 개념으로 사용되곤 한다. 이를 '전화'(電化)로 번역할 수는 없다. 왜냐하면 전화(電化)는 오래전부터 "전력을 이용하여 열, 빛, 동력 따위를 얻도록 함"이란 의미로 사용해 온 용어이기 때문이다. 따라서 이를 '전기화'(電氣化)로 번역했고, 이를 고려하여 magnetization에 대하여 '자기화'라는 번역어를 채택했다. 그러나 혼동의 여지가 없고 문맥상 더 적합하다고 판단되는 경우에는 이를 '자화'(磁化)로 번역했다. 마찬가지로 electrified와 magnetized는 각각 '전기화된'과 '자기화된'으로 번역했다—옮긴이.

2) Coulomb, *Mém.de l'Acad*. 1785, p.603, and in Biot's *Traité de Physique*, tome iii.

3) 상권에서와 마찬가지로 각주 중 〔 〕로 싸인 부분은 제2판의 편집자인 니벤의 편집자 주이고, { }로 싸인 부분은 제3판의 편집자인 J.J. 톰슨의 주이다. 한국어판에서도 이 약속을 그대로 따른다. 다만, 혼동의 여지가 있는 곳에서는 이 사실을 상기시키기 위해 "(톰슨의 주) { .... }"와 같이 표기했다. 톰슨은 각주뿐 아니라 본문 중에도 틈틈이 본문의 내용을 명료하게 하기 위해 구절을 삽입했다. 별도 표시가 없는 것은 제1판에 있던 맥스웰의 원주이다—옮긴이.

가정하고 있다. 그 단위의 크기는 이 법칙을 써서 연역될 수 있다.

홀극 또는 단위극[4]은 북쪽을 가리키는 극이며, 공기 중에서 다른 홀극을 단위 거리만큼 떨어진 곳에 두었을 때 단위힘으로 밀친다. 여기에서 힘의 단위는 6절에서 정의된 대로이다. 남쪽을 가리키는 극은 음극으로 간주한다.

두 자극의 세기를 m_1, m_2라 하고, 둘 사이의 거리를 l이라고 하고, 밀치는 힘을 f라 하면, 모든 값을 수치로 나타냈을 때,

$$f = \frac{m_1 m_2}{l^2}$$

가 된다.

자극, 길이, 힘의 구체적인 단위를 각각 [m], [L], [F]라 하면,

$$f[F] = [\frac{m}{L}]^2 \frac{m_1 m_2}{l^2}$$

가 되고, 이로부터

$$[m^2] = [L^2 F] = \left[L^2 \frac{ML}{T^2} \right]$$

또는

$$[m] = [L^{\frac{3}{2}} T^{-1} M^{\frac{1}{2}}]$$

을 얻는다. 따라서 단위극의 차원은 길이에 대해서는 $\frac{3}{2}$, 시간에 대해서는 (-1), 질량에 대해서는 $\frac{1}{2}$이다. 이 차원은 41절과 42절에서와 똑같은 방식으로 규정된 전기량(electricity)[5]의 정전단위의 차원과 같다.

---

4) 이는 unit-pole의 번역이다. 현대에서는 이를 monopole이라 하고, 이에 대한 공식적인 한국어 번역은 '홀극'이지만, 원문을 살리기 위해 여기에 '단위극'이라는 용어를 덧붙였다―옮긴이.

5) electricity는 때로 성질로서의 '전하'(electric charge)라는 의미로 쓰이기도 하고, 때로는 '전하를 지니고 있는 존재'(carrier of charge)라는 의미로 쓰이기도 한다. 명확하게 앞의 의미로 쓰일 때에는 이를 '전기량'으로 번역하고, 명확하게 뒤의 의미로 쓰일 때에는 '전기체'로 번역했다. 두 가지 의미를 모두 포

375] 이 법칙의 정확성은 비틀림 저울을 사용한 쿨롱의 실험에서 확립된 것으로 여겨도 좋다. 가우스와 베버의 실험에서도 이 법칙이 확인되었다. 또한 만일 이 힘의 법칙이 잘못 가정된 것이었다면 일상적으로 여러 자기량을 측정하고 있는 자기관측소의 관찰자들이 얻은 결과들도 상충되었을 것이다. 게다가 이 법칙은 전자기현상의 다른 법칙들과도 잘 맞아떨어진다는 점에서 또 다른 근거를 갖는다.

376] 이제까지 우리가 극의 세기라고 불렀던 양은 '자기'의 양이라고 불러도 좋다. 이것은 '자기'에 자석의 두 극에서 관찰되는 것 외에는 다른 성질을 부여하지 않는 조건 아래 그러하다.

주어진 '자기'의 양들 사이의 힘의 법칙은 같은 크기의 '전기'의 양들 사이에 작용하는 힘의 법칙과 수학적인 형태가 정확히 같기 때문에 자기의 수학적 고찰의 상당 부분은 전기의 경우와 비슷해야 한다. 그러나 자석에는 따로 염두에 두어야 하는 다른 성질들이 있으며, 이것은 물체의 전기적 성질을 새로 밝혀줄 것이다.

자석의 극들 사이의 관계

377] 자석의 한 극에서 자기의 양은 언제나 다른 쪽 극에서의 자기의 양과 크기는 같고 종류는 반대이다. 더 일반적으로 말해서

"모든 자석에서 자기의 양의 총합은 (대수적으로 계산했을 때) 0이다."

따라서 힘의 마당이 자석이 놓여 있는 공간 전체에 걸쳐 균일하고 평행하다면, 자석에 (N극으로)[6] 표시된 끝부분에 작용하는 힘은 표시되지 않은 끝부분(즉, S극[7])에 작용하는 힘과 크기는 정확히 같고 종류는

괄하기 때문에 굳이 이 두 개념을 구분하지 않은 것으로 판단될 때에는 그냥 '전기'로 번역했다. 다만, '자기'에 대비되는 개념으로 사용될 때에도 '전기'로 번역했다—옮긴이.

6) 옮긴이의 추가임.

7) 옮긴이의 추가임.

반대이며 평행하다. 따라서 합력은 정지 짝힘(statical couple)이 될 것이다. 다시 말해서 자석의 축은 특정의 방향으로 놓이려 할 것이지만, 자석 자체가 어느 방향으로든 움직이지는 않을 것이다.

이것은 자석을 작은 그릇에 넣고 이 그릇을 물에 띄워보면 쉽게 증명할 수 있을 것이다. 그릇은 자석의 축이 지구의 자기력의 방향에 최대한 가까운 방향이 되게끔 특정의 방향으로 돌겠지만, 그릇 자체는 어떤 방향으로도 움직이지 않을 것이다. 따라서 북쪽으로 작용하는 힘이 남쪽으로 작용하는 힘보다 더하지도 덜하지도 않을 것이다. 이것은 금속조각을 자기화하더라도 그 무게가 달라지지 않는다는 사실로부터도 확인할 수 있을 것이다. 겉보기에는 무게중심의 위치가 변해서 그 위도에서 북쪽을 향하는 축을 따라 이동하긴 할 것이다. 그러나 회전현상을 통해 정해지는 관성의 중심은 달라지지 않는다.

378] 얇고 긴 자석의 한가운데를 살펴보면, 아무런 자기적 성질을 갖고 있지 않음이 밝혀진다. 그러나 자석 한가운데를 부러뜨리면, 두 조각 모두 부러진 위치에 자극이 있음이 드러난다. 이 새로운 극은 그 조각에 속해 있는 다른 극과 크기는 정확히 같고 종류는 반대이다. 자기화하든지 자석을 부러뜨리든지 그 어떤 방법으로도 두 극의 크기가 다른 자석을 만들어낼 수는 없다.

얇고 긴 자석을 여러 조각으로 부러뜨리면 일련의 짧은 자석들을 얻을 것이며, 그 각각에는 원래의 긴 자석의 극들이 지니고 있던 세기와 거의 같은 극들이 생겨난다. 이렇게 극을 배가시킨다고 해서 반드시 에너지를 만들어내는 것은 아니다. 그 까닭은 부러진 조각들은 서로 끌어당기므로, 그 결과 자석을 쪼개어 부분으로 나누기 위해서는 외부에서 일을 가해 주어야 하기 때문이다.

379] 이제 자석 조각들을 모두 한데 붙여 원래의 자석이 되게 만들어 보자. 조각들이 이어지는 각각의 점들에는 정확히 크기는 같고 종류는 반대인 두 개의 극이 있으며 서로 붙어 있기 때문에, 그 두 극이 다른 극들에 미치는 작용은 0이 될 것이다. 따라서 이렇게 만들어진 자석은 원

래의 자석과 똑같은 성질을 갖는다. 즉, 각각의 끝부분에 있는 두 극은 서로 크기는 같고 종류는 반대이며 이 극 사이의 부분에는 자기 작용이 나타나지 않는다.

이 경우에 긴 자석이 작고 짧은 자석들로 이루어져 있음을 알고 있으며, 나타나는 현상들이 부러뜨리지 않은 자석의 경우와 같기 때문에, 자석은 부러뜨리기 전이라 하더라도 작은 입자들로 이루어져 있으며 그 입자들은 크기는 같고 종류는 반대인 두 극을 갖고 있다고 간주해도 좋다. 모든 자석이 이런 입자들로 이루어져 있다고 가정하면 각각의 입자들에서 자기의 대수적인 양은 0이기 때문에 자석 전체의 자기의 양도 0일 것이다. 다시 말해서 두 극은 크기는 같고 종류는 반대일 것이다.

'자기물질'의 이론[8]

380] 자기 작용의 법칙의 형태가 전기 작용의 경우와 똑같기 때문에, 전기현상에 결부시키는 '유체'가 한 종류인지 아니면 두 종류인지 판가름하는 이유를 똑같이 적용하여 자기물질(또는 유체)이 한 가지로만 존재하는지 아니면 두 종류가 있는지 판가름할 수 있다. 사실 자기물질의 이론이 순전히 수학적인 의미로 사용된다면, 실제의 사실을 설명하기 위해 새로운 법칙을 도입한다고 할 때, 현상들을 설명하지 못할 리가 없다.

이러한 새로운 법칙 중 하나는 자기물질이 자석의 분자나 입자 하나에서 다른 분자나 입자로 옮겨갈 수 없고, 자기화의 과정은 각각의 입자 안에서 두 유체를 얼마 정도 분리시키는 것으로 되어 있으며, 하나의 유체는 입자의 한쪽 끝에 더 집중되어 있고 입자의 다른 끝에는 다른 유체

---

8) '자기물질'은 magnetic matter의 번역으로서, 자기를 일종의 가상적 유체로 설명하려는 시도에서 제안된 것이다. 이와 달리 저자가 실제로 자성을 띤 물질이라는 의미로 쓰고 있는 용어는 magnetic substance이다. 한국어 번역에서는 이를 '자성물질'이라 했다. 혼동의 여지가 있을 때에는 '자기물질' 앞에 '가상적'이라는 말을 넣어 '가상적 자기물질'이라 했다―옮긴이.

가 더 집중되어 있다는 것이 되어야 한다. 이것이 푸아송의 이론이다.

이 이론에서 자기화시킬 수 있는 물체의 입자는 전하를 띠고 있지 않은 절연된 작은 도체와 비슷하다. 전기의 두 유체 이론에 따르면 절연된 도체에 있는 두 전기체(electricities)[9]의 양은 크기가 아무리 크더라도 정확히 같다. 도체에 기전력이 작용하면 두 전기체가 분리되어 각각 도체의 반대쪽 끝에 나타나게 된다. 마찬가지로 자기화시키는 힘이 작용하면 원래는 중화된 상태에 있던 두 종류의 자기가 분리되어 자화된 입자의 반대쪽 끝에 나타난다는 것을 이 이론은 말해 준다.

연철이나 영구자석으로 만들 수 없는 자성물질과 같은 몇몇 물질에서는 자기를 유발하는 힘을 없애서 이러한 자기 상태가 사라지면, 이는 도체의 전기화(electrification)[10]의 경우와 마찬가지이다.[11] 강철과 같은 몇몇 물질에서는 자기 상태를 만들기가 힘들지만, 일단 만들어지면 자기를 유발하는 힘을 없애더라도 자기 상태를 유지한다.

후자의 경우에는 자기화가 바뀌지 않도록 방해하는 강제력이 있으며, 자석의 성능을 증가시키거나 감소시키기 위해서는 이 강제력을 넘어서야 한다고 말할 수 있다. 전기화된 물체의 경우에는 이것이 일종의 전기저항에 해당한다. 금속에서 볼 수 있는 저항과 달리 전기저항은 특정값보다 작은 기전력에 대하여 완전히 절연되어 있는 것과 동등하다.[12]

자기에 대한 이 이론은 대응되는 전기의 이론과 마찬가지로 사실을

---

9) 각주 5의 옮긴이주 참조―옮긴이.

10) '전기화'는 electrification의 번역으로서, 현대적인 의미에서는 전기전하(electric charge)에 해당한다. 맥스웰은 종종 엄밀한 의미에서는 '전기체'(electricity)라고 써야 할 것으로 판단되는 부분에서 '전기화'라는 표현을 쓴다. (예를 들어 386절의 '전기화'는 '전기체'가 더 적합하다.) 맥스웰이 '전기화'라는 용어를 쓰는 대목은 대체로 '자기화'와 대비시켜 논의를 전개할 때이다. 앞의 '전기체'에 대한 각주 참조―옮긴이.

11) {424절에 있는 톰슨의 각주 참조―톰슨.

12) 전기저항은 기전력의 크기가 특정한 값보다 작으면 전혀 영향을 받지 않는다는 것과 동등하다―옮긴이.

설명하기에 너무 외연이 크다는 것이 분명하며, 인위적인 조건을 써서 축소시켜야 한다. 왜냐하면 이 이론은 어느 물체가 두 가지 유체 모두를 더 많이 갖고 있다고 해서 다른 물체와 마찬가지일 수 있는 이유가 무엇인지에 대한 아무런 설명도 해주지 못할 뿐 아니라, 한 가지 자기 유체가 더 많이 들어 있는 물체의 성질이 무엇인지 설명할 수 있도록 해주기 때문이다. 그런 물체가 왜 존재할 수 없는지 그 이유가 알려져 있는 것은 사실이지만, 그렇게 제시된 이유는 이러한 특정의 사실을 설명하기 위한 사후약방문 같은 방안에 지나지 않는다. 그것은 이론에서 도출된 것이 아니다.

381] 그러므로 너무 많은 것을 나타내지 않으면서도 새로운 사실에서 이끌어낸 새로운 개념들을 적용할 수 있는 여지가 충분한 표현양식을 찾아야 한다. 내 생각에 이것을 얻기 위해서는 자석의 입자들은 편극되었다(polarized)라는 용어에서 시작해야 한다.

'편극'이라는 용어의 의미

물체 속의 입자가 물체의 어떤 선이나 방향과 관련된 성질을 가지고 있으며, 이 성질을 계속 지니고 있게 하면서 이 방향이 반대가 되도록 이 물체를 뒤집는다고 할 때, 다른 물체들에 대하여 이 물체의 성질이 반대가 된다면, 이 입자는 이 성질을 기준으로 편극되었다고 말하며, 이 성질이 특정한 종류의 편극을 구성한다고 말한다.

어떤 축을 기준으로 물체를 회전시키는 것도 일종의 편극이라고 말할 수 있다. 왜냐하면 회전이 계속되는 동안 축의 방향을 이 끝에서 저 끝으로 뒤집는다면 물체는 공간에 대하여 반대방향으로 회전할 것이기 때문이다.

전기체의 흐름[13]이 있는 전도성 입자는 편극되었다고 말할 수 있다. 왜냐하면 입자를 한 바퀴 뒤집더라도 입자에 대하여 그 흐름이 계속 같

---

13) 즉 전류─옮긴이.

은 방향으로 흐른다면, 그 입자의 공간 속의 방향은 반대방향이 될 것이기 때문이다.

요컨대, 어떤 물리적인 양이나 수학적인 양이 11절에서 정의된 벡터의 성질을 갖는다면, 이 방향이 있는 양 또는 벡터가 속해 있는 물체나 입자는 편극되었다고 말할 수 있다.[14] 왜냐하면 방향이 있는 양의 두 반대방향 혹은 두 극에 대해 반대의 성질을 갖기 때문이다.

예를 들어 지구의 두 극은 자전을 기준으로 하며, 그렇기 때문에 이름이 다르다.

'자기 편극'이라는 용어의 의미

382] 자석을 이루는 입자들의 상태를 자기 편극이라고 말한다는 것은 자석을 나눌 수 있는 최소부분이 모두 그 입자를 지나가는 특정의 방향에 관련된 성질을 갖고 있다는 의미이다. 이 특정의 방향을 자기화의 축이라고 부르며, 이 축의 한쪽 끝에 관련된 성질들은 다른 쪽 끝에 관련된 성질들과 반대이다.

입자가 갖고 있다고 말할 수 있는 성질들은 완전한 자석에서 볼 수 있

---

14) '편극'(polarization)이라는 용어는 광학에서 사용하는 용어와 양립하지는 않는 의미로 사용되었다. 광학에서는 한쪽 면에만 연관되는 성질을 지니고 있는 광선이 다른 쪽 면에서도 똑같은 성질을 지니고 있을 때 편극되어(polarized) 있다고 말한다.(한국어 번역에서는 빛의 경우에는 '편광'이라는 용어를 쓰기 때문에 광학 이외의 분야에서 쓰이는 '편극'이라는 용어와 혼동되지 않지만, 영어에서는 이 두 개념이 곧잘 혼동된다—옮긴이) 이런 종류의 편극은 방향이 있는 양(directed quantity)의 한 종류이며, 이전의 것을 델타 단극성(δ unipolar quantity)이라 부르는 것에 대립시켜서 쌍극성 양(dipolar quantity)이라 불러도 좋다.

쌍극성 양은 양쪽 끝이 바뀌도록 돌려놓아도 이전과 똑같다. 고체의 장력, 압력을 비롯하여 결정으로 된 물체의 늘어나기, 압축, 뒤틀리기 및 대부분의 광학적·전기적·자기적 성질들은 쌍극성 양이다.

입사광선의 편광면을 회전시킬 때 투명한 물체에 자기가 만들어내는 성질은 자기 그 자체와 마찬가지로 단극성 양이다. 303절에서 말한 회전성 성질도 단극성이다.

는 성질과 같은 종류이다. 또한 입자가 이러한 성질들을 지니고 있다고 가정할 때, 우리는 자석을 작은 조각들로 잘게 쪼개어 증명할 수 있는 것만을 확실히 말할 수 있다. 왜냐하면 그 하나하나의 조각들 역시 또 하나의 자석이기 때문이다.

자기화된 입자의 성질

383] 자석의 입자를 부피요소 $dxdydz$라 하고, 그 자기적 성질이 양극의 세기가 m이고 길이가 ds인 자석의 성질과 같다고 가정하자. 점 P가 양극으로부터 거리 r만큼 떨어져 있고, 음극으로부터 r'만큼 떨어져 있다고 하면, 점 P에서의 자기퍼텐셜은 양극에서 비롯된 것이 $\frac{m}{r}$ 이고, 음극에서 비롯된 것이 $-\frac{m}{r'}$ 이므로

$$V = \frac{m}{rr'}(r'-r) \tag{1}$$

가 된다.

두 극 사이의 거리 ds가 매우 작으면

$$r'-r = ds\cos\varepsilon \tag{2}$$

라 할 수 있다. 여기에서 ε은 자석으로부터 점 P로 그은 벡터와 자석의 축 사이의 각이다.[15]

이 극한에서

$$V = \frac{m\,ds}{r^2}\cos\varepsilon \tag{3}$$

이 된다.

자기 모멘트

384] 균일하게 축방향으로 자기화된 막대자석의 길이와 그 양극의

---

15) {축의 양의 방향은 음극으로부터 양극으로 향하는 방향이다}―톰슨.

세기를 곱한 값을 자석의 자기 모멘트라 한다.

자기화의 세기

자기 입자의 자기화의 세기는 자기 모멘트를 그 부피로 나눈 값이다. 이를 I로 표시하겠다.

자석의 어느 한 점에서 자기화는 그 세기와 방향으로 정의할 수 있다. 그 방향은 방향코사인 λ, u, v로 정의할 수 있다.

자기화의 성분들

자석의 한 점에서 자기화는 벡터량, 즉 방향이 있는 양이기 때문에 좌표축을 기준으로 한 세 성분으로 나타낼 수 있다. 이 세 성분을 A, B, C라 하면

$$A = I\lambda, \ B = I\mu, \ C = Iv \tag{4}$$

이며, I의 값은 다음 식으로 주어진다.

$$I^2 = A^2 + B^2 + C^2 \tag{5}$$

385] 우리가 고찰하고 있는 자석의 부분이 부피가 $dxdydz$인 미분요소라면, 이 요소의 자기화의 세기를 I라 나타낼 때, 그 자기 모멘트는 $Idxdydz$이다. 이를 (3)식의 mds에 대입해 보자. 이때

$$r\cos\varepsilon = \lambda(\xi - x) + \mu(\eta - y) + v(\zeta - z) \tag{6}$$

임을 기억하라. 여기에서 ξ, η, ζ는 점 (x, y, z)에서 그은 벡터 r의 끄트머리의 좌표이다. 그러면, 점 (x, y, z)에 있는 자기화된 요소에서 비롯된 점 (ξ, η, ζ)에서의 퍼텐셜은

$$\{A(\xi - x) + B(\eta - y) + C(\zeta - z)\}\frac{1}{r^3}dxdydz \tag{7}$$

이 된다.

유한한 크기의 자석에서 비롯된 점 (ξ, η, ζ)에서의 퍼텐셜을 구하려면 이 식을 자석이 차지하고 있는 공간 안에 포함된 모든 부피요소에 대하여 적분해야 한다. 즉,

$$V = \iiint \{A(\xi - x) + B(\eta - y) + C(\zeta - z)\} \frac{1}{r^3} dxdydz \qquad (8)$$

이다. 이는 부분적분하면 다음과 같이 된다.

$$V = \iint A \frac{1}{r} dydz + \iint B \frac{1}{r} dzdx + \iint C \frac{1}{r} dxdy$$
$$- \iiint \frac{1}{r} \left(\frac{dA}{dx} + \frac{dB}{dy} + \frac{dC}{dz}\right) dxdydz$$

여기에서 앞의 세 항에 있는 이중적분은 자석의 표면에 대한 적분이며, 넷째 항에 있는 삼중적분은 자석 안의 공간에 대한 적분이다.

넓이 요소 dS로부터 밖으로 그린 법선의 방향코사인을 l, m, n으로 나타내면, 21절에서처럼 앞의 세 항의 합을

$$\iint (lA + mB + nC) \frac{1}{r} dS$$

라 쓸 수 있으며, 적분은 자석의 표면 전체에 대한 적분이다.

이제 다음의 두 식으로 정의된 새로운 기호 σ와 ρ를 도입하자.

$$\sigma = lA + mB + nC$$

$$\rho = -\left(\frac{dA}{dx} + \frac{dB}{dy} + \frac{dC}{dz}\right)$$

그러면, 퍼텐셜에 대한 표현은 다음과 같이 쓸 수 있다.

$$V = \iint \frac{\sigma}{r} dS + \iiint \frac{\rho}{r} dxdydz$$

386] 이 표현은 그 표면에 넓이밀도가 σ인 전기화가 퍼져 있고 물질 전체에 걸쳐 부피밀도 ρ인 전기화가 퍼져 있는 물체에서 비롯된 전기 퍼텐셜의 식과 똑같다. 따라서 이 σ와 ρ가 바로 앞에서 우리가 '자기물

질'이라고 불렀던 가상의 물질의 분포에 대한 넓이밀도 및 부피밀도라고 가정하면, 이 가상의 분포에서 비롯된 퍼텐셜은 자석의 모든 요소의 실제 자기화에서 비롯된 퍼텐셜과 같다.

넓이밀도 σ는 자석의 표면에서 바깥쪽으로 그린 법선의 방향으로 분해한 자기화 I의 성분이며, 부피밀도 ρ는 자석 안의 주어진 한 점에서 자기화의 '수렴'(25절 참조)이다.

자석의 작용을 이렇게 '자기물질'의 분포에서 비롯된 것처럼 나타내는 방법은 매우 편리하다. 그러나 이것은 편극된 입자들의 계가 어떻게 작용하는지를 나타내는 인위적인 방법일 뿐임을 항상 기억해야 한다.

자기 분자가 다른 자기 분자에 작용하는 것에 대하여

387] 구면조화 함수에 관한 장(129b절)에서처럼, 축 h의 방향코사인을 l, m, n이라 하고

$$\frac{d}{dh} = l \frac{d}{dx} + m \frac{d}{dy} + n \frac{d}{dz} \tag{1}$$

이라 하면, 원점에 있는 자기 분자의 축이 h_1에 평행하고 자기 모멘트가 m_1일 때, 그 자기 분자에서 비롯된 퍼텐셜은

$$V_1 = -\frac{d}{dh_1}\frac{m_1}{r} = \frac{m_1}{r^2}\lambda_1 \tag{2}$$

이다. 여기에서 λ_1은 h_1과 r 사이의 각의 코사인이다.

모멘트가 m_2이고 그 축이 h_2에 평행한 두 번째 자기 분자가 위치 벡터 r의 끄트머리에 놓여 있다면, 한 자석이 다른 자석에 작용하는 것에 따른 퍼텐셜 에너지는

$$W = m_2 \frac{dV_1}{dh_2} = -m_1 m_2 \frac{d^2}{dh_1 dh_2}\left(\frac{1}{r}\right) \tag{3}$$

$$= \frac{m_1 m_2}{r^3}(\mu_{12} - 3\lambda_1 \lambda_2) \tag{4}$$

가 된다. 여기에서 u_{12}는 두 축이 이루는 각의 코사인이며, λ_1과 λ_2는

두 축이 r와 이루는 각의 코사인이다.

이번에는 첫 번째 자석이 두 번째 자석을 그 중심을 기준으로 돌게 만드는 짝힘의 모멘트를 구하자.

두 번째 자석이 세 번째 축 h_3에 수직한 평면 위에서 $d\phi$만큼의 각으로 회전했다고 해보자. 그러면 자기력에 거슬러 하는 일은 $\dfrac{dW}{d\phi}\,d\phi$가 되며, 이 평면에서 자석의 힘의 모멘트는

$$-\frac{dW}{d\phi} = -\frac{m_1 m_2}{r^3}\left(\frac{d\mu_{12}}{d\phi} - 3\lambda_1\frac{d\lambda_2}{d\phi}\right) \tag{5}$$

가 된다.

따라서 두 번째 자석에 작용하는 실제의 모멘트는 두 짝힘의 합력으로 볼 수 있다. 하나는 두 자석의 축 모두와 평행한 평면에서 작용하며, 이 두 방향 사이의 각이 늘어나게 하는 짝힘(couple)의 모멘트는

$$\frac{m_1 m_2}{r^3}\sin\left(h_1 h_2\right) \tag{6}$$

이다. 한편, 다른 짝힘은 r와 두 번째 자석의 축을 지나는 평면 위에서 작용하는데, 이 두 방향 사이의 각이 줄어들게 하며, 그 모멘트는

$$\frac{3m_1 m_2}{r^3}\cos\left(rh_1\right)\sin\left(rh_2\right) \tag{7}$$

이다. 여기에서 (rh_1), (rh_2), (h_1h_2)는 세 직선 r, h_1, h_2 사이의 각을 가리킨다.[16]

---

16) {두 자석의 축이 r와 이루는 각을 θ_1, θ_2라 하고, r가 있는 평면과 첫째 및 둘째 자석의 축이 있는 평면 사이의 각을 ψ라 하면 다음이 성립한다.

$$\mu_{12} - 3\lambda_1\lambda_2 = -2\cos\theta_1\cos\theta_2 + \sin\theta_1\sin\theta_2\cos\psi$$

따라서 둘째 자석에 작용하는 짝힘은 축이 r이고 ψ를 증가시키는 모멘트 $-dW/d\psi$가

$$\frac{m_1 m_2}{r^3}\sin\theta_1\sin\theta_2\sin\psi$$

와 같은 짝힘과 동등하다. r와 둘째 자석의 축이 있는 평면 위에 있는 짝힘으로서 θ_2를 증가시키는 모멘트 $-dW/d\theta_2$는

직선 h_3와 나란한 방향에 있는 두 번째 자석에 작용하는 힘을 구하기 위해서는 다음과 같은 계산을 해야 한다.

$$-\frac{dW}{dh_3} = m_1 m_2 \frac{d^3}{dh_1\,dh_2\,dh_3}\left(\frac{1}{r}\right)$$

$$= -m_1 m_2 \frac{3!\,Y_3}{r^4} \quad (\text{129c절에 따라}) \tag{8}$$

$$= 3\frac{m_1 m_2}{r^4}\{\lambda_1\mu_{23} + \lambda_2\mu_{31} + \lambda_3\mu_{12}$$
$$-5\lambda_1\lambda_2\lambda_3\} \quad (\text{133절에 따라}) \tag{9}$$

$$= 3\lambda_3\frac{m_1 m_2}{r^4}(\mu_{12} - 5\lambda_1\lambda_2)$$
$$+ 3\mu_{13}\frac{m_1 m_2}{r^4}\lambda_2 + 3\mu_{23}\frac{m_1 m_2}{r^4}\lambda_1 \tag{10}$$

실제의 힘이 r, h_1, h_2의 세 방향의 성분이 되는 세 힘 R, H_1, H_2의 합력이라면, h_3 방향의 힘은

$$\lambda_3 R + \mu_{13} H_1 + \mu_{23} H_2 \tag{11}$$

이 된다. h_3의 방향은 임의적이므로

$$R = \frac{3m_1 m_2}{r^4}(\mu_{12} - 5\lambda_1\lambda_2) \quad H_1 = \frac{3m_1 m_2}{r^4}\lambda_2 \quad H_2 = \frac{3m_1 m_2}{r^4}\lambda_1 \tag{12}$$

이어야 한다.

힘 R는 밀치는 힘으로서 r가 늘어나게 하며, H_1과 H_2는 각각 첫 번째 자석과 두 번째 자석의 축 방향에서 두 번째 자석에 작용한다.

작은 자석 둘 사이에 작용하는 힘에 대한 분석은 처음에 *Quaterly Math. Journ.*(1860년 1월)에 실린 테이트 교수의 사원수 해석학(quaternion analysis)으로 발표되었다. 테이트 교수의 저작 『사원수』

$$-\frac{m_1 m_2}{r^3}(2\cos\theta_1\sin\theta_2 + \sin\theta_1\cos\theta_2\cos\psi)$$

이다. 이 짝힘들은 (6)식과 (7)식에 제시한 짝힘들과 동등하다.—톰슨.

(*Quaternions*) 제2판의 442절과 443절을 참조할 것.

특정 위치들

388] (1) λ_1과 λ_2가 각각 1이라면, 즉 자석의 축이 하나의 직선 위에 있고 같은 방향이라면, $\mu_{12}=1$이고 자석들 사이에 작용하는 힘은

$$R + H_1 + H_2 = -\frac{6m_1 m_2}{r^4} \tag{13}$$

와 같이 밀치는 힘이 된다. 음의 부호는 이 힘이 끌어당기는 힘(인력)임을 나타낸다.

(2) λ_1과 λ_2가 각각 0이고 μ_{12}가 1이라면, 자석들의 축은 서로 평행하며 r에 수직한 것이고, 힘은

$$\frac{3m_1 m_2}{r^4} \tag{14}$$

와 같은 밀치는 힘이 된다.

이 두 경우 모두에서 짝힘은 없다.

(3) $\lambda_1=1$이고 $\lambda_2=0$이라면 $\mu_{12}=0$이다. $\tag{15}$

두 번째 자석에 작용하는 힘은 그 자석의 축 방향으로 $\frac{3m_1 m_2}{r^4}$가 될 것이며, 짝힘은 $\frac{2m_1 m_2}{r^3}$가 될 것이고, 이 짝힘은 두 번째 자석이 돌아서 첫 번째 자석에 나란하게 만들 것이다. 이것은 단일한 힘 $\frac{3m_1 m_2}{r^4}$가 두 번째 자석의 축 방향에 나란하게 작용하며 r를 m_2로부터 그 길이의 $\frac{2}{3}$가 되는 점에서 잘라낸 것과 동등하다.[17]

---

17) {(3)의 경우에는 첫 번째 자석이 두 번째 자석의 '꽁무니에 있다'(end on) 라고 말하고, 두 번째 자석은 첫 번째 자석의 '뱃전에 있다'(broadside on) 고 말한다. (6)식과 (7)식을 이용하여, 첫 번째 자석이 두 번째 자석의 '뱃전에 있'다면, 두 번째 자석에 미치는 짝힘이 $m_1 m_2 / r^3$이 될 것임을 쉽게 증명할 수 있다. 따라서 편향 자석이 '꽁무니에 있을' 때의 짝힘은 '뱃전에 있을' 때의 짝힘의 두 배이다. 가우스는 힘의 법칙이 두 극 사이의 거리의 p제곱에 반비례한다면, 편향 자석이 '꽁무니에 있을' 때의 짝힘이 '뱃전에 있을' 때의 짝힘의 p배가 됨을 증명한 바 있다. 이 위치에 있는 짝힘들을 비교함으로써 뒤

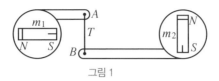

그림 1

따라서 그림 1처럼 두 자석을 물 위에 띄워 놓으면, m_2는 m_1의 축 방향 위에 있지만 m_2의 축 자체는 m_1의 축과 직각이 된다. 두 점 A와 B를 각각 m_1과 m_2와 상대적 위치가 달라지지 않게 연결되어 있는 점이라 할 때, 이 두 점을 끈 T를 써서 연결하면, 전체 계가 평형 상태에 있을 조건은 T가 직선 m_1m_2와 직교하며 m_1로부터 m_2까지의 거리의 $\frac{1}{3}$이 되는 점에서 만나는 것이다.

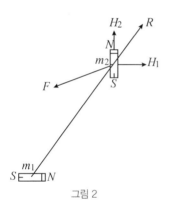

그림 2

(4) 두 번째 자석이 그 중심을 기준으로 자유롭게 돌아서 안정된 평형 위치에 이를 수 있게 한다면, W는 h_2에 대하여 최소가 될 것이며, 따라서 m_2에서 비롯된 힘을 h_1 방향으로 취한 성분은 최대가 될 것이다. 따라서 자석들을 써서 주어진 위치와 주어진 방향에서 최대의 자기력을 얻고자 한다면, 자석들의 중심의 위치가 주어져 있어서

이러한 효과를 만들어내는 자석들의 축의 고유한 방향을 결정할 수 있다고 할 때, 자석 하나를 주어진 점에서 주어진 방향으로 놓고, 또 다른 주어진 점에 중심이 놓여 있는 두 번째 자석의 축이 안정한 평형이 되는 방향을 관찰하기만 하면 된다.

물론 이 실험을 할 때에는 지자기가 있다면 그 영향도 고려해야 한다.

틀림 저울을 써서 할 수 있는 것보다 더 정확하게 역제곱 법칙을 확인할 수 있다—톰슨.

두 번째 자석이 그 방향에 대하여 안정한 평형의 위치에 있다고 하자. 그러면 그 자석에 작용하는 짝힘은 사라져야 하므로, 두 번째 자석의 축은 첫 번째 자석의 축과 같은 평면 위에 놓여 있어야 한다. 따라서

$$(h_1 h_2) = (h_1 r) + (r h_2) \tag{16}$$

이고, 짝힘은

$$\frac{m_1 m_2}{r^3}\left(\sin(h_1 h_2) - 3\cos(h_1 r)\sin(r h_2) \right) \tag{17}$$

이므로, 짝힘이 0이 될 때에는

$$\tan(h_1 r) = 2\tan(r h_2) \tag{18}$$

또는

$$\tan H_1 m_2 R = 2\tan R m_2' H_2 \tag{19}$$

가 된다.

두 번째 자석이 이 위치를 차지하고 있다면 W의 값은 $m_2\dfrac{dV_1}{dh_2}$ 이 된다. 여기에서 h_2는 m_1에서 비롯된 힘이 m_2에서 작용할 때 그 역선의 방향이다.

따라서

$$W = -m_2\sqrt{\overline{\frac{dV_1}{dx}}^2 + \overline{\frac{dV_1}{dy}}^2 + \overline{\frac{dV_1}{dz}}^2} \tag{20}$$

이 된다. 따라서 두 번째 자석은 합력이 더 큰 곳으로 움직여 가려 할 것이다.

두 번째 자석에 작용하는 힘은 다음과 같이 주어지는 힘 R와 힘 H_1로 분해할 수 있다.

$$R = 3\frac{m_1 m_2}{r^4}\frac{4\lambda_1^2 + 1}{\sqrt{3\lambda_1^2 + 1}}, \quad H_1 = 3\frac{m_1 m_2}{r^4}\frac{\lambda_1}{\sqrt{3\lambda_1^2 + 1}} \qquad (21)$$

이 경우에 힘 R는 첫 번째 자석을 향해 언제나 끌리는 힘이며, 힘 H_1은 첫 번째 자석의 축에 나란하다.

제2권 뒷부분에 있는 그림 XIV에는 2차원에서 역선과 등전위면이 그려져 있다. 이런 것을 만들어내는 자석들은 긴 원통 모양의 막대로 가정되었으며, 그 단면은 동그란 빈 영역으로 나타내었다. 이 막대들은 그림에 있는 화살표의 방향으로 원통축에 수직한 방향으로 자기화되어 있다.

역선을 따라 장력이 있다는 점을 상기한다면, 각각의 자석이 시계방향으로 회전하려 할 것임을 쉽게 알 수 있다.

여기에 덧붙여 오른쪽에 있는 자석은 전체적으로 위쪽으로 움직이려 할 것이며, 왼쪽에 있는 자석은 아래쪽으로 움직이려 할 것이다.

자기마당에 놓인 자석의 퍼텐셜 에너지에 관하여

389] 여러 개의 자석에서 비롯된 자기 퍼텐셜이 어떤 자석에 작용한다고 할 때, 그 자기 퍼텐셜을 V라 하자. V는 외부 자기력의 퍼텐셜이라 부른다.

세기가 m이고 길이가 ds인 작은 자석을 놓되, 양극은 퍼텐셜이 V인 곳에 놓고 음극은 퍼텐셜이 V'인 곳에 놓이게끔 하면, 이 자석의 퍼텐셜 에너지는 $m(V-V')$이 될 것이다. ds가 음극으로부터 양극으로 향한다면, 이는

$$m\frac{dV}{ds}ds \qquad (1)$$

와 같다.

자기화의 세기를 I라 하고, 그 방향코사인을 λ, μ, ν라 하면,

$$mds = Idxdydz$$

$$\frac{dV}{ds} = \lambda \frac{dV}{dx} + \mu \frac{dV}{dy} + \nu \frac{dV}{dz}$$

라 쓸 수 있으며, 자기화의 성분을 A, B, C라 하면

$$A = \lambda I, \quad B = \mu I, \quad C = \nu I$$

이므로 자석 요소의 퍼텐셜 에너지에 대한 (1)식의 표현은 다음과 같이 된다.

$$\left(A \frac{dV}{dx} + B \frac{dV}{dy} + C \frac{dV}{dz} \right) dxdydz \qquad (2)$$

크기가 유한한 자석의 퍼텐셜 에너지를 얻으려면 이 표현을 자석의 모든 요소에 대해 적분하면 된다. 이와 같이 자석이 놓여 있는 자기마당에 대한 자석의 퍼텐셜 에너지값으로

$$W = \iiint \left(A \frac{dV}{dx} + B \frac{dV}{dy} + C \frac{dV}{dz} \right) dxdydz \qquad (3)$$

를 얻는다.

여기에서 퍼텐셜 에너지는 자기화의 성분들과 외부 원인에서 생겨난 자기력의 성분들로 표현되었다.

이 표현은 부분적분하면 자기물질의 분포와 자기 퍼텐셜로 표현할 수 있다. 즉

$$W = \iint \left(Al + Bm + Cn \right) VdS - \iiint V \left(\frac{dA}{dx} + \frac{dB}{dy} + \frac{dC}{dz} \right) dxdydz \qquad (4)$$

여기에서 l, m, n은 넓이요소 dS에 수직한 법선의 방향코사인이다. 이 방정식에 385절에서 논의한 자기물질의 넓이밀도와 부피밀도에 대한 식을 대입하면, 다음의 식이 된다.

$$W = \iint V\sigma dS - \iiint V\rho dxdydz \qquad (5)$$

(3)식은 다음의 꼴로 쓸 수 있다.

$$W = -\iiint (A\alpha + B\beta + C\gamma)\, dxdydz \tag{6}$$

여기에서 α, β, γ는 외부 자기력의 성분들이다.

자기 모멘트와 자석의 축에 관하여

390] 자석이 차지하고 있는 모든 공간에 걸쳐 외부 자기력의 방향과 크기가 일정하다면, 성분 α, β, γ는 상수의 양이 될 것이며,

$$\iiint A\,dxdydz = lK, \quad \iiint B\,dxdydz = mK, \quad \iiint C\,dxdydz = nK \tag{7}$$

라고 쓰면(적분은 자석이 있는 영역 전체에 대한 것임), W의 값은 다음과 같이 쓰인다.

$$W = -K(l\alpha + m\beta + n\gamma) \tag{8}$$

이 표현에서 l, m, n은 자석의 축의 방향코사인이며, K는 자석의 자기 모멘트이다. 자석의 축이 자기력 $\mathbb{H}$의 방향과 이루는 각을 ε이라 하면, W의 값은 다음과 같이 쓸 수 있다.

$$W = -K\mathbb{H}\cos\varepsilon \tag{9}$$

평범한 나침반 바늘의 경우처럼 자석이 수직축을 기준으로 자유롭게 돌 수 있도록 매달려 있다고 하자. 자석의 축의 방위각을 ϕ라 하고, 자석이 수평면보다 더 기울어 있는 각을 θ라 하자. 지자기력의 방위각이 δ이고 복각이 ζ라면

$$\alpha = \mathbb{H}\cos\zeta\cos\delta, \quad \beta = \mathbb{H}\cos\zeta\sin\delta, \quad \gamma = \mathbb{H}\sin\zeta \tag{10}$$

$$l = \cos\theta\cos\phi, \quad m = \cos\theta\sin\phi, \quad n = \sin\theta \tag{11}$$

이므로

$$W = -K\mathbb{H}\{\cos\zeta\cos\theta\cos(\phi - \delta) + \sin\zeta\sin\theta\} \tag{12}$$

이다.

자석이 수직축 주위로 돌아 각 ϕ가 커지게 하는 힘의 모멘트는

$$-\frac{dW}{d\phi} = -K\mathbb{H}\cos\zeta\cos\theta\sin(\phi - \delta) \tag{13}$$

이다.

자석의 퍼텐셜을 조화 함수로 전개하는 것에 관하여

391] 점 (ξ, η, ζ)에 있는 단위극에서 비롯된 퍼텐셜을 V라 하자. 점 x, y, z에서 V의 값은

$$V = \{(\xi - x)^2 + (\eta - y)^2 + (\zeta - z)^2\}^{\frac{1}{2}} \tag{1}$$

이다.

이 표현은 중심이 원점에 있는 구면조화 함수로 전개할 수 있다. 즉 원점으로부터 점 (ξ, η, ζ)까지의 거리를 r라 할 때,

$$V = V_0 + V_1 + V_2 + \&\text{c.} \tag{2}$$

$$V_0 = \frac{1}{r} \tag{3}$$

$$V_1 = \frac{\xi x + \eta y + \zeta z}{r^3} \tag{4}$$

$$V_2 = \frac{3(\xi x + \eta y + \zeta z)^2 - (x^2 + y^2 + z^2)(\xi^2 + \eta^2 + \zeta^2)}{2r^5} \tag{5}$$

등등이다.

자석이 이 퍼텐셜로 표현된 힘의 선 위에 놓여 있을 때 퍼텐셜 에너지의 값을 구하려면 389절의 (3)식의 W에 대한 표현을 x, y, z에 대해 적분해야 한다. 이때 ξ, η, ζ, r는 상수로 간주한다.

그 결과는 V_0, V_1, V_2로부터 도입되는 항들만 생각하면 다음의 부피 적분에 따라 달라진다.

$$lK = \iiint A \, dxdydz, \; mK = \iiint B \, dxdydz, \; nK = \iiint C \, dxdydz \quad (6)$$

$$L = \iiint Ax \, dxdydz, \; M = \iiint By \, dxdydz, \; N = \iiint Cz \, dxdydz \quad (7)$$

$$P = \iiint (Bz + Cy) \, dxdydz, \quad Q = \iiint (Cx + Az) \, dxdydz$$

$$R = \iiint (Ay + Bx) \, dxdydz \tag{8}$$

이렇게 해서 점 (ξ, η, ζ)에 단위극(홀극)이 있을 때, 거기에 놓여 있는 자석의 퍼텐셜 에너지의 값은 다음과 같이 주어진다.

$$W = K \frac{l\xi + m\eta + n\zeta}{r^3}$$

$$+ \frac{\xi^2(2L-M-N) + \eta^2(2M-N-L) + \zeta^2(2N-L-M) + 3(P\eta\xi + Q\zeta\xi + R\xi\eta)}{r^5} + \&c.$$

$$(9)$$

이 표현은 자석이 있는 곳에 놓여 있는 단위극의 퍼텐셜 에너지로 보아도 좋다. 또는 더 간단히 말해서 자석에서 비롯된 점 (ξ, η, ζ)에서의 퍼텐셜로 보아도 좋다.

자석의 중심과 자석의 으뜸축 및 버금축

392] 좌표의 방향과 원점의 위치를 바꾸면 이 표현을 더 간단하게 할 수 있다. 먼저 x축의 방향을 자석의 축의 방향과 나란하게 선택한다. 이 것은

$$l = 1, \quad m = 1, \quad n = 1 \tag{10}$$

라 놓는 것과 동등하다.

좌표의 원점을 (x', y', z')으로 바꾸면, 세 축의 방향과 부피적분 lK, mK, nK의 값은 달라지지 않고 그대로이지만, 나머지는 다음과 같이 바뀔 것이다.

$$L' = L - lKx', \qquad M' = M - mKy', \qquad N' = N - nKz' \qquad (11)$$

$$\left.\begin{array}{c} P' = P - K(mz' + ny'), \quad Q' = Q - K(nx' + lz'), \\[2mm] R' = R - K(ly' + mx') \end{array}\right\} \qquad (12)$$

이제 x축의 방향을 자석의 축에 나란하게 선택하고

$$x' = \frac{2L - M - N}{2K}, \qquad y' = \frac{R}{K}, \qquad z' = \frac{Q}{K} \qquad (13)$$

라 하면 새로운 축에 대하여 M과 N의 값은 바뀌지 않으며, L'의 값은 $\frac{1}{2}(M+N)$이 된다. P의 값은 그대로이며, Q와 R는 0이 된다. 따라서 퍼텐셜을 다음과 같이 쓸 수 있다.

$$K\frac{\xi}{r^3} + \frac{\frac{3}{2}(\eta^2 - \zeta^2)(M-N) + 3P\eta\zeta}{r^5} + \cdots \qquad (14)$$

이렇게 해서 우리는 자석에 대해 고정되어 있는 한 점이 있어서 그 점을 원점으로 삼으면 퍼텐셜의 둘째 항이 가장 간단한 꼴이 된다는 것을 알았다. 따라서 이 점을 자석의 중심으로 정의하고, 앞에서 자석의 축이라고 정의한 방향으로 이 점을 지나는 축을 그리면, 이 축을 자석의 으뜸축(주축, principal axis)으로 정의할 수 있다.

x축을 중심으로 y축과 z축을 탄젠트값이 $\frac{P}{M-N}$ 이 되는 각의 절반만큼 회전시키면 더 간단한 결과를 얻을 수 있다. 그 경우에 P는 0이 되며, 퍼텐셜의 최종적인 꼴은 다음과 같이 쓸 수 있다.

$$K\frac{\xi}{r^3} + \frac{3}{2}\frac{(\eta^2 - \zeta^2)(M-N)}{r^5} + \&c. \qquad (15)$$

이것은 자석의 퍼텐셜의 처음 두 항에 대해 가장 간단한 꼴이다. y축과 z축을 이렇게 놓을 때 이를 자석의 버금축(secondary axes)이라 부를 수 있다.

퍼텐셜의 둘째 항에서 제곱의 넓이적분은 반지름이 1인 구의 표면 전체에 대한 적분인데, 이 값이 최소가 되도록 좌표의 원점의 위치를 선정하면, 자석의 중심을 구할 수 있다.

최소로 만들어야 하는 양은 141절에 따르면

$$4(L^2 + M^2 + N^2 - MN - NL - LM) + 3(P^2 + Q^2 + R^2) \quad (16)$$

이다. 이 양의 값이 원점의 위치를 바꿈에 따라 어떻게 달라지는지는 (11)식과 (12)식으로부터 유도할 수 있다. 따라서 최소가 될 조건은

$$\left. \begin{array}{l} 2l(2L - M - N) \ + 3nQ + 3mR = 0 \\ 2m(2M - N - L) + 3lR \ + 3nP = 0 \\ 2n(2N - L - M) \ + 3mP + 3lQ = \ 0 \end{array} \right\} \quad (17)$$

이 된다.

$l=1, m=0, n=0$이라 가정하면 이 조건은

$$2L - M - N = 0, \quad Q = 0, \quad R = 0 \quad (18)$$

이 되며, 이는 앞의 고찰에서 사용한 조건과 같다.

이 고찰은 중력을 만들어내는 물질계의 퍼텐셜을 전개할 때와 비교할 수 있다. 후자의 경우에는 원점으로 삼기에 가장 편리한 점은 계의 무게중심이며 가장 편리한 축은 무게중심을 지나가는 관성 주축이다.

자석의 경우에는 무게중심에 해당하는 점인 축 방향으로 무한히 멀리 있는 거리에 있으며, 자석의 중심이라 부르는 점은 무게중심의 성질과는 다른 성질을 나타낸다. L, M, N이라는 양은 관성 모멘트에 해당하며, P, Q, R는 물체의 관성의 곱에 해당한다. 다만, L, M, N은 반드시 양수이어야 하는 것은 아니다.

자석의 중심을 원점으로 삼으면 2차 구면조화 함수는 그 축이 자석의

축과 일치하는 부채꼴에 관련된 모양이 된다. 이것은 다른 점의 경우에는 해당되지 않는다.

자석이 회전도형의 경우처럼 이 축을 기준으로 모든 면에 대해 대칭적이라면, 2차 구면조화 함수와 연관된 항이 모두 사라진다.

393] 지표면 어디에서든 극지방을 제외하면 자석의 한쪽 끝은 북쪽을 향한다. 아니 적어도 북쪽 방향 비슷한 쪽을 향한다. 다른 쪽 끝은 남쪽을 가리킨다. 자석의 끝이라고 말할 때에는 보통의 용법을 따라 북쪽을 가리키는 끝부분을 자석의 북극이라 부를 것이다. 그러나 자기유체의 이론의 언어로 말할 때에는 **북성**(北性, boreal) 또는 **남성**(南性, austral)이라는 단어를 쓸 것이다. 북성 자기는 지구의 북쪽에 가장 많이 있다고 가정되는 가상적인 종류의 물질이며, 남성 자기는 지구의 남쪽에 퍼져 있는 가상의 자기물질이다. 자석의 북극의 자기는 남성이며, 남극의 자기는 북성이다. 따라서 자석의 북극이나 남극을 거론할 때에는 그 자석을 지구라는 거대한 자석과 비교하는 것이 아니라 단지 자유롭게 움직일 수 있는 자석이 향하려 하는 위치를 나타내는 것이다. 한편, 자석 속에 가상적인 자기물질이 어떻게 분포되어 있는지를 지구 속의 분포와 비교할 때에는 북성 또는 남성 자기라는 웅장해 보이는 용어를 사용할 것이다.

394] 자기력의 마당을 말할 때에는 나침반을 그 힘의 마당 안에 두었을 때 나침반 바늘의 북극이 향하게 될 방향을 나타내기 위해 '자북'(magnetic north)이라는 용어를 사용할 것이다.

자기력선은 언제나 자남으로부터 자북을 향한다고 가정하고 이를 양의 방향이라 부를 것이다. 마찬가지로 자석의 자기화의 방향은 자석의 남극에서 북극 쪽으로 그은 선으로 표시하며, 북쪽을 가리키는 자석의 끝을 양극으로 간주한다.

남성 자기, 즉 북쪽을 향하는 자석의 끝부분에 있는 자기를 양이라고 여기겠다. 그 수치를 m이라 하면 자기 퍼텐셜은 $V = \sum \left(\dfrac{m}{r} \right)$이 되며, 힘의 선[力線]의 양의 방향은 V가 감속하는 방향을 가리킨다.

제2장 자기력과 자기유도

395] 우리는 앞에서(385절) 자석이 차지하는 공간의 모든 점에서 자석의 자기화가 주어졌을 때 자석에서 비롯된 자기 퍼텐셜을 위치의 함수로 구했으며, 수학적인 결과는 자석의 모든 요소의 실제 자기화를 써서 표현되든지 아니면 '자기물질'의 가상적인 분포(부분적으로는 자석의 표면에 몰려 있고, 부분적으로는 자석의 부피 속에 퍼져 있는)를 써서 표현할 수 있음을 보았다.

이렇게 정의된 자기 퍼텐셜은 그 값을 구하려 하는 점이 자석 바깥에 있든 안에 있든 마찬가지로 똑같은 수학적 과정을 통해 구해진다. 자석 바깥의 어느 한 점에 놓여 있는 단위자극에 작용하는 힘은 상응하는 전기 문제에서와 마찬가지로 퍼텐셜을 미분하는 과정을 통해 유도된다. 이 힘의 성분을 α, β, γ라 하면

$$\alpha = -\frac{dV}{dx}, \quad \beta = -\frac{dV}{dy}, \quad \gamma = -\frac{dV}{dz} \tag{1}$$

가 된다.

실험을 통해 자석 안의 한 점에서 자기력을 정하려면 맨 먼저 자기화된 물질의 일부분을 파내어 자극을 놓을 수 있는 텅 빈 구멍을 만들어야 한다. 극에 작용하는 힘은 일반적으로 이 구멍의 모양에 따라, 그리고 구멍의 벽과 자기화의 방향이 이루는 각에 따라 달라질 것이다. 따라서 모호함을 피하기 위해 자석 안의 자기력에 대해 말할 때에는 그 속에서 힘을 측정하는 구멍의 모양과 위치를 명시해 주어야 한다. 구멍의 모양

과 위치가 명시되면 자극이 놓이게 되는 점은 자석의 일부분이 아니라고 보아야 함은 분명하며, 따라서 힘을 구하는 보통의 방법을 곧바로 적용할 수 있다.

396] 이제 자석 속에서 자기화의 방향과 세기가 일정한 부분을 생각해 보자. 이 부분에 원통 모양의 구멍을 파내자. 원통의 축은 자기화와 같은 방향으로 하고 축 한가운데에 세기가 1인 자극을 놓는다.

원통의 모선(옆면)은 자기화와 같은 방향이므로 둥근 옆면 위에는 자기화의 표면 분포가 없을 것이며, 원통의 양끝에 있는 원 모양의 면은 자기화와 수직인 방향이므로 균일한 표면 분포가 있을 것이다. 음극에 대한 (자기물질의)[1] 넓이밀도를 I라 하고, 양극에 대한 넓이밀도를 $-I$라 하자.

원통의 축의 길이가 $2b$이고 반지름이 a라 하자. 자기화의 표면 분포에서 비롯된 힘이 축의 한가운데에 있는 점에 있는 자극에 작용할 때, 양극 부분의 원판은 끄는 힘으로, 음극 부분의 원판은 밀치는 힘으로 작용한다. 이 두 힘은 크기는 같고 방향은 반대이며, 그 합은

$$R = 4\pi I \left(1 - \frac{b}{\sqrt{a^2 + b^2}} \right) \tag{2}$$

이다.

이 식을 보면, 힘이 구멍의 절대적인 크기가 아니라 원통의 길이와 지름의 비에 따라 달라진다는 것을 알 수 있다. 그러므로 구멍을 아무리 작게 잡더라도 구멍의 벽에 있는 표면 분포에서 생겨나는 힘은 일반적으로 유한한 크기로 남을 것이다.

397] 이제까지 우리는 원통 모양을 파내는 자석의 전체 부분에 걸쳐 자기화의 크기와 방향이 일정하다고 가정했다. 자기화가 그렇게 특수하지 않다면, 가상적인 자기물질이 일반적으로 자석 전체에 걸쳐 분포할 것이다. 원통 모양을 파내면 원통 모양에 있던 자기물질의 분포가 사라

---

1) 옮긴이의 첨가임.

지겠지만, 닮은꼴의 도형에서 해당되는 점들에서 작용하는 힘은 도형의 크기에 비례하기 때문에, 구멍의 크기를 줄여나간다면 자기물질의 부피밀도에서 비롯하여 자극에 작용하는 힘이 변하는 것을 얼마든지 작게 만들 수 있다. 하지만 구멍의 벽에 있는 넓이밀도에서 비롯된 효과는 일반적으로 여전히 유한하다.

따라서 원통의 크기가 매우 작아서 제거된 부분의 자기화가 어디에서나 원통 축과 나란하다고 가정할 수 있다면, 그 일정한 크기를 I라 할 때, 원통 구멍의 축 한가운데에 놓아둔 자극에 작용하는 힘은 두 성분으로 나뉜다. 하나는 자석의 바깥 면과 파낸 부분을 제외한 내부에 있는 자기물질의 분포에서 비롯된 것이다. 이 힘의 성분은 (1)식과 같이 퍼텐셜에서 유도되는 α, β, γ이다. 둘째 성분은 원통의 축을 따라 자기화의 방향으로 작용하는 힘 R이다. 이 힘의 값은 원통 구멍의 길이와 지름의 비에 따라 달라진다.

398] 첫 번째 경우. 원통 구멍의 길이와 지름의 비가 매우 크면, 다시 말해서 원통의 지름이 그 길이에 비해 매우 짧다면, R에 대한 표현을 $\frac{a}{b}$로 전개하여 다음을 얻는다.

$$R = 4\pi I \left\{ \frac{1}{2}\frac{a^2}{b^2} - \frac{3}{8}\frac{a^4}{b^4} + \&c. \right\} \tag{3}$$

a에 비해 b가 무한히 크다면 이 양은 0이 된다. 따라서 자기화의 방향이 원통의 축에 나란할 때, 그 구멍이 매우 가느다란 원통이라면 구멍 속의 자기력은 원통 끝면의 표면 분포로부터 영향을 받지 않으며, 이 힘의 세 성분은 단순히 α, β, γ이다. 여기에서

$$\alpha = -\frac{dV}{dx}, \qquad \beta = -\frac{dV}{dy}, \qquad \gamma = -\frac{dV}{dz} \tag{4}$$

이다.

이런 모양의 구멍 속의 힘을 자석 속의 자기력이라 정의할 것이다. W. 톰슨 경은 이를 자기력의 극 정의(polar definition)라고 불렀다. 이 힘을 벡터로 생각하는 상황에서는 이를 $\mathbb{H}$($\mathcal{H}$, gothic H)로 나타낼

것이다.[2]

399] 두 번째 경우. 원통의 길이가 지름에 비해 매우 짧아서 원통이 얇은 원판처럼 된다고 하자. R에 대한 표현을 $\frac{b}{a}$로 전개하면

$$R = 4\pi I \left\{ 1 - \frac{a}{b} + \frac{1}{2}\frac{b^3}{a^3} - \&c. \right\} \tag{5}$$

이 된다. b에 비해 a가 무한히 클 때의 극한값은 $4\pi I$가 된다.

그러므로 구멍이 얇은 원판 모양이고 원판 면이 자기화의 방향과 수직일 때에는 축 중앙에 있는 단위 자극이 받는 힘은 자기화의 방향으로 $4\pi I$이며, 이는 원판의 원 모양의 표면에 있는 표면 자기에서 생겨난 것이다.[3]

I의 성분은 A, B, C이므로, 이 힘의 성분은 $4\pi A, 4\pi B, 4\pi C$가 된다. 이는 (다음 절에서 보듯이)[4] 성분이 α, β, γ인 힘과 합성되어야 한다.

400] 단위극(홑극)에 작용하는 실제의 힘을 벡터 $\mathbb{B}$($\mathcal{B}$, *gothic B*)로 나타내고, 그 성분을 a, b, c라 하면,

$$\left. \begin{array}{l} a = \alpha + 4\pi A \\ b = \beta + 4\pi B \\ c = \gamma + 4\pi C \end{array} \right\} \tag{6}$$

---

2) 원문에서는 사원수 벡터를 오일러 고딕체로 나타내고 있으며, 상권에서는 이를 모두 굵은 글씨로 대신 나타냈다.(상권 11절 각주 14 참조) 하권에서는 이를 모두 $\mathbb{H}$ 등과 같이 이중알파벳으로 나타내기로 한다. 618절의 옮긴이주 참조—옮긴이.

3) 다른 형태의 구멍 안의 힘에 관하여

1. 좁은 틈새. 표면 자기로부터 생겨나는 힘은 틈새의 평면에 수직한 방향으로 $4\pi I\cos\varepsilon$이다. 여기에서 ε은 이 법선 방향과 자기화의 방향 사이의 각이다. 틈새가 자기화의 방향과 평행하면, 그 힘은 자기력 $\mathbb{H}$이다. 또한 틈새가 자기화의 방향과 수직하면, 그 힘은 자기유도 $\mathbb{B}$이다.

2. 무한히 긴 원통. 원통의 축이 자기화의 방향과 ε의 각을 이루고 있으면, 표면 자기에서 생겨나는 힘은 $2\pi I\sin\varepsilon$이며, 축과 자기화의 방향을 품고 있는 평면에 있는 축과 수직한 방향이다.

3. 구에서는 표면 자기에서 생겨나는 힘이 자기화의 방향으로 $\frac{4}{3}\pi I$이다.

4) 옮긴이의 첨가임.

가 된다.

원판의 면이 자기화의 방향에 수직일 때, 원판 구멍 속의 힘을 자석 속의 자기유도(magnetic induction)라 정의한다. W. 톰슨 경은 이를 자기력의 전자기적 정의(electromagnetic definition)라 불렀다.

세 개의 벡터, 즉 자기화 $\mathbb{I}$, 자기력 $\mathbb{H}$, 자기유도 $\mathbb{B}$는 다음과 같은 벡터 방정식으로 연결되어 있다.

$$\mathbb{B} = \mathbb{H} + 4r\mathbb{I} \tag{7}$$

자기력의 선적분

401] 398절에서 정의된 자기력은 자석의 표면과 내부에 걸쳐 있는 자유로운 자기의 분포에서 비롯된 것이며, 구멍의 표면 자기에서 나온 것이 아니므로, 자석의 퍼텐셜에 대한 일반적인 표현으로부터 직접 유도할 수 있다. 점 A로부터 점 B까지의 임의의 곡선을 따라 자기력을 선적분하면

$$\int_A^B \left(\alpha \frac{dx}{ds} + \beta \frac{dy}{ds} + \gamma \frac{dz}{ds} \right) ds = V_A - V_B \tag{8}$$

가 된다. 여기에서 V_A와 V_B는 각각 A와 B에서의 퍼텐셜을 가리킨다.

자기유도의 면적분

402] 곡면 S에 걸친 자기유도는

$$Q = \iint \mathbb{B} \cos \varepsilon \, dS \tag{9}$$

라는 적분의 값으로 정의한다. 여기에서 $\mathbb{B}$(gothic B)는 곡면요소 dS에서 자기유도의 크기를 가리키며, ε은 자기유도의 방향과 곡면요소의 법선 사이의 각을 가리킨다. 적분은 곡면 전체에 걸친 것이며, 곡면은 닫혀 있거나 그 경계가 폐곡선이다.

자기유도의 세 성분을 a, b, c라 하고, 곡면의 법선의 방향코사인을 l,

m, n이라 하면, 앞의 면적분은

$$Q = \iint (la + mb + nc)\, dS \qquad (10)$$

라 쓸 수 있다.

자기유도의 성분 대신 400절에서 주어진 자기력과 자기화의 성분으로 나타낸 값을 대입하면,

$$Q = \iint (l\alpha + m\beta + n\gamma)\, dS + 4\pi \iint (lA + mB + nC)\, dS \qquad (11)$$

이 된다.

이제 적분이 정의된 곡면이 폐곡면이라 가정하고 이 식의 오른쪽 변의 두 항의 값을 살펴보자.

자기력과 자유자기의 관계에 대한 수학적 형식은 전기력과 자유전기 사이의 경우와 같으므로, 77절의 결과를 적용하여, 77절의 X, Y, Z 대신 자기력의 세 성분 α, β, γ를 대입하고, 자유전기의 대수합 e 대신 폐곡면 안의 자유 자기의 대수합 M을 대입하면, Q값의 첫째 항을 구할 수 있다.

이렇게 해서 다음 식을 얻는다.

$$\iint (l\alpha + m\beta + n\gamma)\, dS = 4\pi M \qquad (12)$$

모든 자기 입자에는 두 개의 극이 있고, 이 두 극은 숫자의 크기가 같고 부호는 반대이므로, 입자의 자기의 대수합은 0이다. 따라서 이 입자들이 모두 폐곡면 S 안에 있다면 S 안의 자기의 대수합에 덧붙여지는 것이 전혀 없다. 그러므로 M의 값은 곡면 S가 잘라내는 자기입자에 따라 달라진다.

길이가 s이고 횡단면적이 k^2인 작은 자석 요소가 길이 방향으로 자기화되어 있으며 그 극의 세기가 m이라고 하자. 이 작은 자석의 모멘트는 ms가 될 것이며, 그 자기화의 세기는 자기 모멘트와 부피의 비이므로

$$I = \frac{m}{k^2} \tag{13}$$

이 된다.

곡면 S로 이 작은 자석을 잘라낸다고 하자. 자기화의 방향과 곡면에서 바깥쪽으로 그린 법석이 이루는 각을 ε'이라 하고, 단면의 넓이를 dS라 하면,

$$k^2 = dS \cos \varepsilon' \tag{14}$$

이다. 이 자석의 음극 $-m$은 곡면 S 안에 있다.

따라서 이 작은 자석이 곡면 S 안의 자유자기 부분에 기여하는 것을 dM이라 하면

$$\begin{aligned} dM &= -m = -Ik^2 \\ &= -I\cos\varepsilon' dS \end{aligned} \tag{15)}$$

이다. 폐곡면 S 안에 있는 자유자기의 대수합 M을 구하려면, 폐곡면 전체에 걸쳐 이 표현을 적분해야 한다. 따라서

$$M = -\iint I \cos\varepsilon' dS$$

이며, 자기화의 성분을 A, B, C라 쓰고 바깥쪽으로 그린 법선의 방향코사인을 l, m, n이라 하면

$$M = -\iint (lA + mB + nC) dS \tag{16}$$

이다. 이로부터 (11)식의 우변의 둘째 항에 있는 적분의 값을 얻는다. 그러므로 Q의 값은 (12)식과 (16)식으로부터

$$Q = 4\pi M - 4\pi M = 0 \tag{17}$$

임을 알 수 있다. 다시 말해서, "임의의 폐곡면에 대한 자기유도의 면적분은 0이다."

403] 폐곡면이 부피가 *dxdydz*인 미분요소의 표면이라고 가정하면 다음과 같은 식을 얻는다.

$$\frac{da}{dx} + \frac{db}{dy} + \frac{dc}{dz} = 0 \tag{18}$$

이것은 솔레노이드 조건이며, 자기유도의 성분은 항상 이 조건을 충족시켜야 한다.

자기유도의 분포가 솔레노이드이기 때문에, 폐곡선으로 둘러싸인 임의의 곡면을 지나는 자기유도는 폐곡선의 모양과 위치에 따라 달라지지만 곡면 자체와는 무관하다.

404] 어떤 곡면 위의 모든 점에서

$$la + mb + nc = 0 \tag{19}$$

이면, 이 곡면을 자기유도가 없는 면(surface of no induction)이라고 부르며, 이런 곡면들의 교선을 자기유도선(line of induction)이라 부른다. 어떤 곡선 *s*가 자기유도선이 될 조건은

$$\frac{1}{a}\frac{dx}{ds} = \frac{1}{b}\frac{dy}{ds} = \frac{1}{c}\frac{dz}{ds} \tag{20}$$

이다.

어느 폐곡선 위의 모든 점을 지나게 그린 자기유도선들의 모임은 관모양의 곡면을 이루며, 이를 자기유도관(tube of induction)이라 한다.

자기유도관의 임의의 단면에서 자기유도는 모두 같다. 자기유도가 1이면, 이 관을 자기유도의 단위관(unit tube of induction)이라 부른다.

패러데이[5]가 자기력선과 자기 스폰딜로이드(sphondyloid)에 관해 말했던 것은 자기유도선과 자기유도관으로 이해하면 모두 수학적으로 참이다.

자기력과 자기유도는 자석 바깥에서는 똑같지만, 자성물질 안에서는

---

5) *Exp.Res.*, series xxviii.

조심스럽게 구분해야 한다.

반듯하고 균일하게 자기화된 막대자석에서 자석 자체에서 비롯된 자기력은 북쪽을 가리키는 끝부분(양극이라 함)으로부터 남극 또는 음극을 향한다. 이는 자석 내부와 자석이 없는 공간 모두에서 마찬가지이다.

한편 자기유도는 자석의 바깥에서는 양극으로부터 음극으로 향하며, 자석의 내부에서는 음극으로부터 양극으로 향한다. 따라서 자기유도선과 자기유도관은 순환적인 즉 이어진 도형이 된다.

자기유도가 물리량으로서 갖는 중요성은 전자기현상을 연구할 때 더 분명하게 드러날 것이다. 패러데이의 『실험연구』 3076에 나와 있듯이, 움직이는 전선이 자기마당을 훑고 지나갈 때 직접 측정되는 것은 자기력이 아니라 자기유도이다.

자기유도의 벡터 퍼텐셜

405] 403절에서 보였듯이, 폐곡선으로 둘러싸인 곡면을 지나는 자기유도는 폐곡선에 따라 달라지지만 폐곡선이 둘러싸고 있는 곡면의 모양과는 무관하기 때문에, 임의의 폐곡면을 지나는 자기유도를 구하는 과정은 그 곡선의 성질에만 의존하고 곡선의 막을 이루는 곡면의 형성에는 연관되지 않을 수 있어야 한다.

이를 위해서는 자기유도 $\mathbb{B}$에 관련된 벡터 $\mathbb{A}$를 구하되, 폐곡선에 대한 A의 선적분이 그 폐곡선이 둘러싸고 있는 곡면에 대한 $\mathbb{B}$의 면적분과 같아야 한다.

24절에서 $\mathbb{A}$의 성분을 F, G, H라 쓰고 $\mathbb{B}$의 성분을 a, b, c라 쓰면, 이 성분들 사이의 관계는 다음과 같다.

$$a = \frac{dH}{dy} - \frac{dG}{dz}, \quad b = \frac{dF}{dz} - \frac{dH}{dx}, \quad c = \frac{dG}{dx} - \frac{dF}{dy} \quad (21)$$

성분이 F, G, H인 벡터 $\mathbb{A}$를 자기유도의 벡터 퍼텐셜이라 한다.

자기모멘트가 m이고 자기화의 축이 (λ, μ, ν)인 자기분자가 좌표의 원점에 있다고 하면, 원점에서 거리 r만큼 떨어져 있는 점 (x, y, z)에서

퍼텐셜은 387절에서처럼

$$-m\left(\lambda\frac{d}{dx}+\mu\frac{d}{dy}+\nu\frac{d}{dz}\right)\frac{1}{r}$$

$$\therefore\quad c=m\left(\lambda\frac{d^2}{dxdz}+\mu\frac{d^2}{dydz}+\nu\frac{d^2}{dz^2}\right)\frac{1}{r}$$

이며, 라플라스 방정식을 이용하면 다음과 같은 꼴로 쓸 수 있다.

$$m\frac{d}{dx}\left(\lambda\frac{d}{dz}-\nu\frac{d}{dx}\right)\frac{1}{r}-m\frac{d}{dy}\left(\nu\frac{d}{dy}-\mu\frac{d}{dz}\right)\frac{1}{r}$$

a와 b도 마찬가지 방법으로 다룰 수 있다. 따라서

$$F=m\left(\nu\frac{d}{dy}-\mu\frac{d}{dz}\right)\frac{1}{r}$$

$$=\frac{m(\mu z-\nu y)}{r^3}$$

이다.

이 표현으로부터 대칭성을 써서 G와 H를 구할 수 있다. 따라서 원점에 놓여 있는 자기화된 입자에서 비롯된 주어진 한 점에서의 벡터 퍼텐셜은 입자의 자기 모멘트를 길이 벡터의 제곱으로 나누고 여기에 자기화의 축과 길이 벡터 사이의 각에 대한 사인값을 곱하여 얻을 수 있다. 벡터 퍼텐셜의 방향은 자기화 축과 길이 벡터가 있는 평면에 수직이며, 자기화 축의 양의 방향으로 볼 때 벡터 퍼텐셜은 시계방향으로 그려진다.

그러므로 어떤 모양의 자석이든 점 (x, y, z)에서 자기화의 성분이 A, B, C라면, 점 (ξ, η, ζ)에서 벡터 퍼텐셜의 성분은 다음과 같다.

$$\left.\begin{aligned}F&=\iiint\left(B\frac{dp}{dz}-C\frac{dp}{dy}\right)dxdydz\\[4pt]G&=\iiint\left(C\frac{dp}{dx}-A\frac{dp}{dz}\right)dxdydz\\[4pt]H&=\iiint\left(A\frac{dp}{dy}-B\frac{dp}{dx}\right)dxdydz\end{aligned}\right\}\qquad(22)$$

여기에서 p는 점 (ξ, η, ζ)와 점 (x, y, z) 사이의 거리의 역수를 간단히 나타낸 것이며, 적분은 자석이 차지하고 있는 공간 전체에 대한 것이다.

406] 385절에서 다루었던 자기력에 대한 보통의 퍼텐셜, 즉 스칼라 퍼텐셜도 같은 기호로 나타내면 다음과 같다.

$$V = \iiint \left(A \frac{dp}{dx} + B \frac{dp}{dy} + C \frac{dp}{dz} \right) dxdydz \tag{23}$$

자기유도의 x성분의 값을 구하기 위해서는 $\dfrac{dp}{dx} = -\dfrac{dp}{d\xi}$ 이고

$$\iiint A \left(\frac{d^2 p}{dx^2} + \frac{d^2 p}{dy^2} + \frac{d^2 p}{dz^2} \right) dxdydz$$

라는 적분의 값이 점 (ξ, η, ζ)가 적분 영역에 포함되어 있으면 이고 그렇지 않으면 0임을 이용하면 된다. 여기에서 (A)는 점 (ξ, η, ζ)에서 계산한 A의 값이다. 이렇게 해서 구한 자기유도의 x성분은

$$a = \frac{dH}{d\eta} - \frac{dG}{d\zeta}$$

$$= \iiint \left\{ A \left(\frac{d^2 p}{dyd\eta} + \frac{d^2 p}{dzd\zeta} \right) - B \frac{d^2 p}{dxd\eta} - C \frac{d^2 p}{dxd\zeta} \right\} dxdydz$$

$$= -\frac{d}{d\xi} \iiint \left\{ A \frac{dp}{dx} + B \frac{dp}{dy} + C \frac{dp}{dz} \right\} dxdydz$$

$$- \iiint A \left(\frac{d^2 p}{dx^2} + \frac{d^2 p}{dy^2} + \frac{d^2 p}{dz^2} \right) dxdydz \tag{24}$$

이다.

이 표현의 첫째 항은 명백하게 $-\dfrac{dV}{d\xi}$ 이다. 다시 말해서 자기력의 성분 이다.

둘째 항에서 적분 기호 안에 있는 양은 점 (ξ, η, ζ)가 포함되어 있는 부분을 제외하면 모든 부피요소에 대해 0이다. 점 (ξ, η, ζ)에서 계산한 A의 값을 (A)라 하면, 둘째 항의 값은 $4\pi (A)$임이 쉽게 증명된다. (A)는

명백하게 자석 바깥의 모든 점에서 0이다.

이제 자기유도의 x성분을

$$a = a + 4\pi \, (A) \tag{25}$$

라 쓸 수 있다. 이 식은 400절에 주어진 식들의 첫 번째 식과 똑같다. b 와 c에 대한 식도 400절의 식들과 일치한다.

우리는 17절에서처럼 자기력 $\mathbb{H}$를 스칼라 자기 퍼텐셜 V에 해밀턴의 연산자 ∇을 작용하여 유도할 수 있음을 보았다. 즉

$$\mathbb{H} = -\nabla V \tag{26}$$

이며, 이 식은 자석 바깥쪽과 안쪽 모두에서 성립한다.

지금의 고찰에서 분명한 것은 자기 유도 $\mathbb{B}$가 벡터 퍼텐셜 A로부터 같은 연산자를 작용하여 유도되며, 그 결과는 자석이 없는 곳에서뿐 아니라 자석 안에서도 참이라는 점이다.

이 연산자를 벡터 함수에 작용하면 일반적으로 벡터뿐 아니라 스칼라 양도 얻는다. 그러나 벡터 함수가 솔레노이드 조건

$$\frac{F}{d\xi} + \frac{G}{d\eta} + \frac{H}{d\zeta} = 0 \tag{27}$$

을 충족시킨다면, 벡터 함수의 수렴이라 불렀던 스칼라 부분은 0이 된다. (22)식의 F, G, H에 대한 표현을 미분하면 이 양들이 솔레노이드 조건을 충족시킴을 알 수 있다.

따라서 자기유도와 벡터 퍼텐셜의 관계를

$$\mathbb{B} = -\nabla A$$

와 같이 쓸 수 있다.[6] 이 식을 말로 표현하면 자기유도가 벡터 퍼텐셜의

---

6) 17절, 25절 등에서는 스칼라 연산자를 $S\nabla$로, 벡터 연산자를 $V\nabla$로 나타내고 있다. 현대적인 벡터해석학에서는 스칼라곱(내적 또는 안쪽곱)과 벡터곱(외적 또

컬(curl)이라는 것이 된다. 25절 참조.

는 바깥곱)을 구분하기 때문에 ∇·(또는 div)와 ∇×(또는 curl 또는 rot) 두 가지로 구분하고 있지만, 맥스웰은 이를 한 가지 기호로 나타내고 있다. 그런데 이 절에서는 유독 vector를 나타내는 앞의 V를 적지 않고 있으며, 619절에서는 동일한 식을

$$\mathbb{B}=V.\nabla A$$

와 같이 적고 있다. 여기에서 · 을 product로 읽으면 이 식은 그대로 vector product of ∇ and A가 될 것이다. 이후에는 모두 가운데에 점을 찍는 것으로 통일되어 있다—옮긴이.

제3장 자기 솔레노이드와 자기껍질[1]

자석의 특정 모양에 대하여

407] 자기물질이 전선처럼 길고 가느다란 필라멘트로 되어 있고 어디에서나 축 방향으로 자기화되어 있다고 할 때, 필라멘트의 횡단면의 넓이와 그 횡단면을 지나는 자기화의 평균세기를 곱한 값을 그 단면에서 자석의 세기라 한다. 필라멘트를 자기화를 바꾸지 않으면서 단면에서 두 조각으로 자르면, 두 조각을 분리시켜 놓았을 때 두 곡면의 표면 자기화는 크기는 같고 방향은 반대인 양이 될 것이다. 두 자기화 모두 수치상으로 그 단면에서 자석의 세기와 같다.

자기물질의 필라멘트를 모든 단면에서 (길이 중 어느 부분에서 단면을 잡더라도) 세기가 같도록 자기화시킨 것을 자기 솔레노이드라 한다.

솔레노이드의 세기를 m이라 하고, 그 길이요소를 ds라 하고(s는 자석의 음극으로부터 양극 쪽으로 잰 것으로 함), 주어진 점으로부터 그 요소까지의 거리를 r라 하고, r와 그 요소의 자기화축이 이루는 각을 ε이라 하면, 그 요소에서 비롯된 주어진 점에서의 퍼텐셜은

$$\frac{mds\cos\varepsilon}{r^2} = -\frac{m}{r^2}\frac{dr}{ds}ds$$

가 된다.

---

1) W. Thomson경의 "Mathematical Theory of magnetism", *Phil. Trans.*, June 1849 and June 1850, 또는 *Reprint of Papers on Electrostatics and Magnetism*, p.340 참조.

이 표현을 s에 대해 적분하여 솔레노이드의 모든 요소를 다 고려해 넣으면, 퍼텐셜은

$$V = m \left(\frac{1}{r^1} - \frac{1}{r^2} \right)$$

이 된다. 여기에서 r_1은 V를 측정하는 점으로부터 솔레노이드의 양극까지의 거리이며, r_2는 음극까지의 거리이다.

따라서 솔레노이드에서 비롯된 퍼텐셜과 그 모든 자기효과는 두 극의 세기와 위치에만 의존하며 솔레노이드가 반듯하든 휘어졌든 두 극 사이의 모양과는 무관하다.

따라서 솔레노이드의 두 끝부분은 엄밀한 의미에서 극이라 할 수 있다.

솔레노이드가 폐곡선이 되면 거기에서 비롯되는 퍼텐셜은 모든 점에서 0이라서, 그런 솔레노이드는 자기 작용을 전혀 할 수 없고, 어느 한 곳을 잘라내어 끝부분을 분리시키지 않고서는 자기화도 찾아낼 수 없다.

자석을 폐곡선을 이루거나 아니면 끝부분이 자석 표면 밖에 있는 솔레노이드로 나눌 수 있다면, 자기화가 솔레노이드라고 한다. 자석의 작용은 전적으로 솔레노이드의 끝부분에 따라 달라지기 때문에 가상적인 자기물질의 분포는 전적으로 표면에만 있게 된다.

따라서 자기화가 솔레노이드가 될 조건은

$$\frac{dA}{dx} + \frac{dB}{dy} + \frac{dC}{dz} = 0$$

이다. 여기에서 A, B, C는 자석의 임의의 점에서 자기화의 성분들이다.

408] 축 방향으로 자기화된 필라멘트의 세기가 어느 부분인가에 따라 달라진다면, 이를 여러 가지 길이의 솔레노이드들이 연결되어 있는 것으로 간주할 수 있다. 어느 한 단면을 지나는 솔레노이드들의 세기를 모두 합한 값은 그 단면에서 필라멘트의 자기 세기와 같다. 따라서 축 방향으로 자기화된 필라멘트는 복합 솔레노이드라고 부를 수 있다.

어느 단면에서 복합 솔레노이드의 세기가 m이라면, 그 작용에서 비롯된 퍼텐셜은

$$V = -\int \frac{m}{r^2} \frac{dr}{ds} ds \quad \text{(여기에서 m은 변수임)}$$

$$= \frac{m_1}{r_1} - \frac{m_2}{r_2} - \int \frac{1}{r} \frac{dm}{ds} ds$$

이다.

이로부터 양 끝의 작용(이 경우에는 세기가 다를 수 있음) 외에도 필라멘트를 따라 분포하는 가상적인 자기물질에서 비롯된 작용도 있음을 알 수 있다. 후자의 자기물질의 길이밀도는

$$\lambda = -\frac{dm}{ds}$$

이다.

자기껍질

409] 자기물질이 얇은 껍질 모양에 곡면의 모든 점에서 자기화의 방향이 곡면에 수직이 되도록 분포해 있을 때, 임의의 위치에서 그곳의 자기화의 세기와 그 위치에서 껍질의 두께를 곱한 값을 그 위치에서 자기껍질의 세기라 한다.

껍질의 세기가 어디에서나 똑같으면 단순한 자기껍질(simple magnetic shell)이라 한다. 껍질의 세기가 위치마다 달라진다면 이를 여러 개의 단순한 자기껍질들이 서로 겹쳐 있는 것으로 볼 수 있다. 이를 복합 자기껍질이라 한다.

점 Q에서 껍질의 넓이요소를 dS라 하고, 껍질의 세기를 Φ라 하면, 임의의 점 P에서 이 껍질의 요소에서 비롯된 퍼텐셜은

$$dV = \Phi \frac{1}{r^2} dS \cos\varepsilon$$

이다. 여기에서 ε은 벡터 QP, 즉 r과 양의 껍질의 바깥쪽으로 그린 법

선이 이루는 각이다.

점 P에서 dS가 이루는 입체각을 $d\omega$라 하면

$$r^2 d\omega = dS \cos\varepsilon$$

이며, 따라서

$$dV = \Phi d\omega$$

이고, 결국 단순한 자기껍질의 경우에는

$$V = \Phi\omega$$

가 된다. 다시 말해서 "자기껍질에서 비롯한 퍼텐셜은 어느 점에서나 껍질의 세기에다 그 점에서 껍질의 가장자리가 둘러싸고 있는 입체각의 크기를 곱한 값과 같다."[2]

410] 다른 방법으로도 같은 결과를 얻을 수 있다. 자기껍질이 임의의 자기력의 마당 안에 놓여 있다고 가정하고 껍질의 위치에 따른 퍼텐셜에너지를 구하는 것이 그 방법이다.

요소 dS에서 퍼텐셜을 V라 하면 이 요소에서 비롯된 에너지는

$$\Phi\left(l\frac{dV}{dx} + m\frac{dV}{dy} + n\frac{dV}{dz} \right) dS$$

이다. 다시 말해서 "껍질의 세기와 껍질의 요소 dS에서 비롯된 dV/dv의 면적분 부분을 곱한 값"과 같다.

따라서 이러한 요소 전체에 대해 적분하면 마당 안에 껍질을 놓아서 생기는 에너지는 껍질의 표면에 걸쳐 자기유도를 면적분한 값을 껍질의 세기에 곱한 값과 같다.

두 곡면의 경계선이 같고 그 사이에 어떤 힘의 중심도 포함되어 있지 않다면 이 면적분의 값도 같기 때문에 자기껍질의 작용은 그 경계선의

---

2) 이 정리는 Gauss, *General Theory of Terrestrial Magnetism*, §38에 나온 것임.

모양에만 의존한다.

이제 힘의 마당이 세기가 m인 자극에서 비롯된 것이라 하자. 주어진 경계선으로 둘러싸인 곡면에 대한 면적분은 극의 세기와 극에서 경계선이 차지하는 입체각의 곱과 같다는 것을 앞에서(76절의 따름정리) 보았다. 따라서 극과 껍질의 상호적인 작용에 의한 에너지는

$$\Phi m \varpi$$

가 되며, 이것은 그린의 정리로부터 극의 세기에다 껍질에서 비롯된 퍼텐셜을 극의 위치에서 계산한 값을 곱한 것과 같다. 그러므로 껍질에 의한 퍼텐셜은 $\Phi \varpi$이다.

411] 자극이 자기껍질의 음의 곡면 위의 한 점에서 출발하여 공간 속의 임의의 길을 따라 움직여 경계선을 따라 돌아다니다가 처음에 출발했던 곳에 가까운 점(하지만 이번에는 양의 곡면 위에 있는 점)으로 되돌아간다고 하면, 입체각은 연속적으로 변할 것이고 이 과정 동안 4π만큼 늘어날 것이다. 자극이 한 일은 $4\pi \Phi m$일 것이며, 껍질의 양의 곡면 위에 있는 임의의 점에서 구한 퍼텐셜은 바로 옆에 있는 음의 곡면 위의 점에서 구한 퍼텐셜보다 $4\pi \Phi$만큼 더 클 것이다.

자기껍질이 폐곡면을 이룬다면 퍼텐셜은 껍질 바깥에서는 어디에서나 0이며, 곡면 안쪽의 공간에서는 어디에서나 $4\pi \Phi$이다. 껍질의 양의 면이 안쪽을 향해 있으면 후자의 값은 양수이다. 따라서 그런 껍질은 껍질 안쪽이나 바깥쪽에 있는 자석에 아무런 작용을 미치지 않는다.

412] 자석을 단순한 자기껍질로 나눌 수 있다면, 이러한 자기의 분포를 라멜라(편평하고 얇다, lamellar)라고 한다.[3] 여기에서 자기껍질들

---

3) lamella는 사전에서 "(세포 등의) 얇은 판, 박막(薄膜), 얇은 층[조각]; (버섯의) 주름"으로 주석되어 있다. 따라서 이를 '박막성' 또는 '박판성' 등으로 번역할 수도 있다. 그러나 그 의미는 단지 "라멜라 조건을 충족시키는"이라는 것이기 때문에, solenoid를 그냥 '솔레노이드'로 음역하듯이, 이 또한 그대로 '라멜라'로 음역하는 것이 더 좋을 것이다. 현대 전자기학에서는 이 용어를 거의 사용하

은 닫혀 있거나, 아니면 그 가장자리가 자석의 표면 위에 있다고 하자. 주어진 점으로부터 점 (x, y, z)까지 자석 안에 그려진 직선을 따라 한 점이 움직여 나가면서 만나는 모든 껍질들의 세기를 모두 합하여 이를 ϕ라 하면, 자기화가 라멜라가 될 조건은

$$A = \frac{d\phi}{dx}, \qquad B = \frac{d\phi}{dy}, \qquad C = \frac{d\phi}{dz}$$

이다.[4)]

이와 같이 ϕ라는 양을 알면 임의의 점에서 자기화를 완전히 구할 수 있고, 이 ϕ라는 양을 자기화의 퍼텐셜(potential of magnetization)이라고 부를 수 있다. 이것은 자기 퍼텐셜(magnetic potential)과는 구별하려고 유의해야 한다.

413] 복합 자기껍질로 나눌 수 있는 자석은 자기화의 분포가 복합 라멜라라고 말한다. 그런 분포의 조건은 자기화의 선들이 곡면들의 모임과 모두 직각으로 서로 교차하게 그려질 수 있어야 한다는 것이다. 이 조건은 다음의 유명한 식으로 표현된다.

$$A\left(\frac{dC}{dy} - \frac{dB}{dz}\right) + B\left(\frac{dA}{dz} - \frac{dC}{dx}\right) + C\left(\frac{dB}{dx} - \frac{dA}{dy}\right) = 0$$

솔레노이드 자석과 라멜라 자석의 퍼텐셜의 꼴

414] 자석의 스칼라 퍼텐셜에 대한 일반적인 표현은 다음과 같다.

지 않는데, 최근에 광물학의 한 분야에서 '라멜라 자기 가설'(lamellar magnetism hypothesis, LMH)이라는 새로운 개념이 제안되면서(*Nature*. 2002 Aug 1;418(6897):517~520), 이 오래된 용어가 다시 과학 학술지에 빈번하게 오르내리기 시작했다―옮긴이.

4) 여기에서 (A, B, C)는 자기화의 세 성분이며, 사원수 벡터로는 자기화가 $\mathbb{I}$이므로, 라멜라 자기화의 조건을 사원수 벡터로 쓰면

$$\mathbb{I} = \nabla\phi$$

와 같다―옮긴이.

$$V = \iiint \left(A \frac{dp}{dx} + B \frac{dp}{dy} + C \frac{dp}{dz} \right) dxdydz$$

여기에서 p는 점 (ξ, η, ζ)에 있는 단위 자극에 의한 점 (x, y, z)에서의 퍼텐셜을 가리킨다. 또는 달리 말하면, p는 퍼텐셜을 측정하는 점 (ξ, η, ζ)과 퍼텐셜을 만드는 자석의 요소가 있는 위치 (x, y, z) 사이의 거리의 역수이다.

이 양을 96절이나 386절에서처럼 부분적분하면

$$V = \iint p (Al + Bm + Cn) \, dS - \iiint p \left(\frac{dA}{dx} + \frac{dB}{dy} + \frac{dC}{dz} \right) dxdydz$$

가 된다. 여기에서 l, m, n은 자석 표면의 요소 dS에서 바깥쪽으로 그은 법선의 방향코사인이다.

자석이 솔레노이드이면 둘째 항의 적분기호 안에 있는 표현은 자석 안의 모든 점에서 0이므로 삼중적분도 0이며, 임의의 점에서 스칼라 퍼텐셜은 자석 안이든 밖이든 첫째 항의 면적분으로 주어진다.

따라서 솔레노이드 자석의 스칼라 퍼텐셜은 자석 표면의 모든 점에서 자기화의 법선 성분을 알면 완전히 정해지며, 이는 자석 안의 솔레노이드의 모양과 무관하다.

415] 라멜라 자석의 경우에는 자기화가 자기화의 퍼텐셜 ϕ로부터 정해진다. 즉

$$A = \frac{d\phi}{dx}, \qquad B = \frac{d\phi}{dy}, \qquad C = \frac{d\phi}{dz}$$

이다.

따라서 V에 대한 표현은 다음과 같이 쓸 수 있다.

$$V = \iiint \left(\frac{d\phi}{dx} \frac{dp}{dx} + \frac{d\phi}{dy} \frac{dp}{dy} + \frac{d\phi}{dz} \frac{dp}{dz} \right) dxdydz$$

이 표현을 부분적분하면 다음을 얻는다.

$$V = \iint \phi \left(l\frac{dp}{dx} + m\frac{dp}{dy} + n\frac{dp}{dz} \right) dS$$
$$- \iiint \phi \left(\frac{d^2p}{dx^2} + \frac{d^2p}{dy^2} + \frac{d^2p}{dz^2} \right) dxdydz$$

둘째 항은 점 (ξ, η, ζ)가 자석 안에 포함되지 않는다면 0이 되고, 포함된다면 $4\pi(\phi)$가 된다. 여기에서 (ϕ)는 점 (ξ, η, ζ)에서 구한 ϕ의 값을 나타낸다. 면적분은 점 (x, y, z)에서 점 (ξ, η, ζ)로 그은 직선 r와 이 직선이 dS에서 바깥으로 그은 법선벡터와 이루는 각 θ로 나타낼 수 있다. 그래서 퍼텐셜은

$$V = \iint \frac{1}{r^2}\phi\cos\theta dS + 4\pi(\phi)$$

로 쓸 수 있다. 이때 물론 둘째 항은 (ξ, η, ζ)가 자석 안에 포함되지 않는다면 0이 된다.

ϕ는 자석 표면에 있는 점에서 갑자기 0이 되지만, 이 식으로 표현된 퍼텐셜 V는 자석의 표면에서도 연속이다. 왜냐하면

$$\Omega = \iint \frac{1}{r^2}\phi\cos\theta dS$$

라 쓰고, 자석의 표면 바로 안에 있는 점에서 Ω의 값을 Ω_1이라 하고, 이 점과 매우 가깝지만 바로 바깥에 있는 점에서 Ω의 값을 Ω_2라 하면

$$\Omega_2 = \Omega_1 + 4\pi(\phi)$$

또는

$$V_2 = V_1$$

이다. Ω라는 양은 자석의 면에서 불연속이다.

자기유도의 성분은 Ω와 다음 식으로 연결된다.

$$a = -\frac{d\Omega}{dx}, \qquad b = -\frac{d\Omega}{dy}, \qquad c = -\frac{d\Omega}{dz}$$

416] 자기화가 라멜라 분포인 경우에는 자기유도의 벡터 퍼텐셜도 간단히 할 수 있다.

그 x성분은 다음과 같이 쓸 수 있다.

$$F = \iiint \left(\frac{d\phi}{dy}\frac{dp}{dz} - \frac{d\phi}{dz}\frac{dp}{dy} \right) dxdydz$$

이를 부분적분하면 다음과 같은 면적분의 꼴로 쓸 수 있다.

$$F = \iint \phi \left(m\frac{dp}{dz} - n\frac{dp}{dy} \right) dS$$

또는

$$F = -\iint p \left(m\frac{d\phi}{dz} - n\frac{d\phi}{dy} \right) dS$$

벡터 퍼텐셜의 다른 성분들도 적절하게 치환하면 이 표현으로부터 모두 얻을 수 있다.

입체각에 대하여

417] 우리는 이미 임의의 점 P에서 자기껍질에서 비롯되는 퍼텐셜이 껍질의 가장자리에 대응되는 입체각에 껍질의 세기를 곱한 값으로 주어짐을 증명했다. 앞으로도 전류의 이론에서 입체각에 대해 얘기할 기회가 있을 터이므로 여기에서 입체각을 어떻게 측정할지에 대해 설명하겠다.

정의. 주어진 한 점에서 폐곡선에 대응되는 입체각은 그 점을 중심으로 하고 반지름이 1인 구의 구면의 넓이로 측정한다. 구의 외곽선은 반지름 벡터가 폐곡선을 따라 움직여 가는 동안 구면과 반지름 벡터가 만나는 교점들의 자취이다. 이 넓이는 그 주어진 점에서 보았을 때 반지름 벡터의 길에서 왼편에 있는가 아니면 오른편에 있는가에 따라 양 또는 음의 값을 부여한다.[5]

---

5) {우리가 주어진 한 곡선에 대한 입체각을 구하려 하는 점이 움직이고 있을 때,

그 주어진 점을 (ξ, η, ζ)라 하고 폐곡선 위의 한 점을 (x, y, z)라 하자. 세 좌표 x, y, z는 어느 주어진 점으로부터 계산한 곡선의 길이 s의 함수이다. 이 함수는 s의 주기함수이며, s가 폐곡선의 전체 길이만큼 증가할 때마다 함수값이 반복된다.

위의 정의로부터 입체각 ω를 직접 계산할 수 있다. 점 (ξ, η, ζ)를 중심으로 하는 구면좌표계를 쓰면,

$$x - \xi = r\sin\theta\cos\phi, \quad y - \eta = r\sin\theta\sin\phi, \quad z - \zeta = r\cos\theta$$

라 할 때, 구면 위의 임의의 곡선의 넓이는 다음과 같은 적분으로 주어진다.

$$\omega = \int (1 - \cos\theta)\, d\phi$$

또는 직각좌표계를 쓰면

$$\omega = \int d\phi - \int_0^s \frac{z - \zeta}{r\{(x-\xi)^2 + (y-\eta)^2\}}\left[(x-\xi)\frac{dy}{ds} - (y-\eta)\frac{dx}{ds}\right] ds$$

가 된다. 여기에서 적분은 곡선 s를 한 바퀴 돌아가는 것에 해당한다.

축이 폐곡선을 단 한 번 지나간다면 첫째 항은 2π가 된다. 축이 폐곡선을 지나가지 않는다면 이 항은 0이다.

418] 이렇게 입체각을 계산하는 방법은 다소 임의적인 축의 선택과 연관되며, 폐곡선에만 의존하지 않게 된다. 따라서 기하학적 성질 자체를 위해서 곡면을 전혀 그리지 않는 다음의 방법을 설명하겠다.

주어진 점으로부터 반지름 벡터가 폐곡선을 따라 움직일 때 그 점을 지나는 평면이 그 폐곡선 위에서 그 곡선의 각 점에서 계속해서 접평면이 되도록 움직여 간다고 하자. 단위 길이의 직선을 주어진 점으로부터

만일 반지름 벡터의 끝이 언제나 같은 방향으로 곡선 주위를 돌아 움직인다고 가정하자. 만일 그 구가 반지름 벡터 끝의 운동이 일어나는 쪽에 있으면 그 구의 넓이를 양으로 택하고, 그 반대편에 있으면 구의 넓이를 음으로 택할 수 있다—톰슨.

이 평면에 수직하게 그린다. 평면이 폐곡선 위를 움직여 가는 동안 수선의 발은 두 번째 폐곡선의 자취를 그릴 것이다. 이 두 번째 폐곡선의 길이를 σ라 하면, 첫 번째 폐곡선에 대응하는 입체각은

$$\omega = 2\pi - \sigma$$

가 된다.

이것은 반지름이 1인 구면 위에서 폐곡선의 넓이와 극 곡선의 둘레는 수치상으로 구의 대원의 둘레와 같다는 유명한 정리 때문이다.

이 방법은 네모난 도형으로 둘러싸인 입체각을 계산하는 데에 가끔 편리하다. 물리현상에 대한 깔끔한 개념을 얻으려는 우리의 목적을 위해서는 다음에 제시하는 방법이 더 훌륭하다. 왜냐하면 문제의 물리적 자료 때문에 틀릴 수도 있는 방법을 전혀 사용하지 않기 때문이다.

419] 폐곡선 s가 공간 속에 주어지고 어떤 주어진 점 P에서 s로 둘러싸인 입체각을 구해야 한다.

입체각을 세기가 1이고 그 가장자리가 주어진 폐곡선과 일치하는 자기껍질의 퍼텐셜과 같다고 보면, 이를 단위 자극이 무한히 먼 점으로부터 점 P까지 움직이는 동안 자기력에 대항하여 하는 일로 정의해야 한다. 따라서 자극이 점 P에 이르기까지 거치는 길을 σ라 하면 퍼텐셜은 이 길을 따라 선적분한 결과와 같아야 한다. 이는 폐곡선 s를 따라 선적분한 결과와도 같아야 한다. 따라서 입체각에 대한 고유한 표현은 두 곡선 s와 σ에 대한 이중적분의 꼴이 되어야 한다.

점 P가 무한히 먼 점에 있다면 입체각은 분명히 0이다. 움직이는 점에서 보았을 때 점 P가 가까이 다가오면 폐곡선은 사라지는 듯이 보이고, 전체 입체각은 그 움직이는 점이 다가오면서 폐곡선의 여러 요소들의 겉보기 운동으로부터 생겨나는 것처럼 보일 수도 있다.

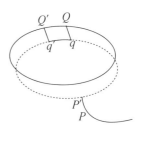

그림 3

점 P가 요소 $d\sigma$를 따라 P에서 P'으로 옮겨가는 동안 폐곡선의 요소 QQ'(이를 ds라 쓸 수 있다)은 그 위치가 P에 상대적으로 바뀔 것이다. 그리고 QQ'에 해당하는 단위구에 있는 직선은 구면 위의 어느 넓이를 쓸고 지나갈 것이다. 이를 다음과 같이 쓸 수 있다.

$$d\omega = \Pi ds d\sigma \qquad (1)$$

Π를 구하기 위해 폐곡선이 평행이동하는 동안 점 P가 고정되어 있다고 가정하자. 평행이동은 PP'와 같은 거리 $d\sigma$만큼이지만 반대방향이다. 점 P의 상대운동은 실제 경우와 같을 것이다.

이렇게 운동하는 동안 요소 QQ'은 평행사변형의 모양으로 넓이를 만들어낼 것이다. 이 평행사변형은 마주 보는 변들이 평행하고 변의 길이가 각각 QQ'과 PP'과 같을 것이다. 이 평행사변형을 밑면으로 하여 그 위에 꼭지점이 P에 오도록 피라미드를 만들면, 이 피라미드의 입체각이 우리가 구하려 하는 증가분 $d\omega$가 될 것이다.

이 입체각의 값을 구하기 위해 ds와 $d\sigma$가 PQ와 이루는 각을 각각 θ와 θ'이라 하고, 이 두 각이 있는 평면 사이의 각을 ϕ라 하면, 평행사변형 $ds\,d\sigma$를 PQ 또는 r에 수직한 평면에 비친 그림자의 넓이는

$$ds d\sigma \sin\theta \sin\theta' \sin\phi$$

가 되며 이 값은 $r^2 d\omega$와 같으므로

$$d\omega = \Pi ds d\sigma = \frac{1}{r^2}\sin\theta\sin\theta'\sin\phi ds d\sigma \qquad (2)$$

를 얻는다.

그러므로

$$\Pi = \frac{1}{r^2}\sin\theta\sin\theta'\sin\phi \qquad (3)$$

420] 세 각 θ, θ', ϕ를 r과 r의 s와 σ에 대한 미분계수로 표현할 수 있다. 왜냐하면

$$\cos\theta = \frac{dr}{ds}, \quad \cos\theta' = \frac{dr}{d\sigma}, \quad \sin\theta\sin\theta'\cos\theta = r\frac{d^2r}{dsd\sigma} \quad (4)$$

이기 때문이다.

따라서 Π^2에 대해 다음 값을 얻는다.

$$\Pi^2 = \frac{1}{r^4}\left[1 - (\frac{dr}{ds})^2\right]\left[1 - (\frac{dr}{d\sigma})^2\right] - \frac{1}{r^2}\left(\frac{d^2r}{dsd\sigma}\right)^2 \quad (5)$$

Π에 대한 세 번째 표현은 직각좌표계로 나타낸 것으로서 입체각이 $d\omega$이고 그 변이 r인 피라미드의 부피가

$$\frac{1}{3}r^3 d\omega = \frac{1}{3}r^3\Pi ds d\sigma$$

라는 점을 살펴봄으로써 유도할 수 있다.

그런데 이 피라미드의 부피는 r, ds, $d\sigma$를 x, y, z축에 사영한 값으로 표현할 수도 있다. 즉 그 부피는 이 9개의 사영으로 만들어지는 행렬식으로 주어지며, 우리는 세 번째 부분을 취해야 한다. 따라서 Π의 값은[6)

$$\Pi = -\frac{1}{r^3}\begin{vmatrix} \xi - x, & \eta - y, & \zeta - z \\ \dfrac{d\xi}{d\sigma}, & \dfrac{d\eta}{d\sigma}, & \dfrac{d\zeta}{d\sigma} \\ \dfrac{dx}{ds}, & \dfrac{dy}{ds}, & \dfrac{dz}{ds} \end{vmatrix} \quad (6)$$

이 된다. 이 표현으로부터 (5)식에 도입된 부호의 모호함이 없이 Π의 값을 구할 수 있다.

421] 점 P에서 폐곡선으로 둘러싸인 입체각 ω의 값은 다음과 같이 쓸 수 있다.

$$\omega = \iint \Pi ds d\sigma + \omega_0 \quad (7)$$

---

6) {Π의 부호를 가장 쉽게 찾는 방법은 간단한 경우를 생각해 보는 것이다. 원판이 그 평면에 직각 방향으로 자화되어 있는 경우가 이런 목적에 매우 편리하다─톰슨.

여기에서 s의 적분은 폐곡선을 완전히 한 바퀴 도는 적분이며 σ의 적분은 곡선 위의 고정된 점 A로부터 점 P까지이다. 상수 ω_0은 점 A에서 입체각의 값이다. 점 A가 폐곡선으로부터 무한히 멀리 떨어진 곳에 있으면 그 값은 0이다.

임의의 점 P에서 ω의 값은 A에서 P까지의 곡선이 자기껍질 자체를 뚫고 지나가지 않는 한, 곡선의 모양과는 무관하다. 껍질이 무한히 얇다고 가정하면, 그리고 껍질의 양의 표면에 있는 점 P와 음의 표면에 있는 점 P'이 매우 가까이 있다면, 곡선 AP와 곡선 AP'은 껍질 가장자리에서 서로 반대쪽에 놓이게 되며, 따라서 선 PAP'은 가장자리를 포함하는 닫힌 길을 이루게 된다. PP'은 무한히 짧은 선분이다. 점 P에서 ω의 값은 점 P'에서 ω의 값보다 4π만큼 더 크다. 즉 반지름이 1인 구의 넓이만큼 더 크다.

따라서 폐곡선이 껍질을 한 번 지나가게 그리면, 다시 말해서 껍질의 가장자리와 한 번 만난다면, 두 곡선 둘레에서 계산한 적분 $\iint \Pi \, ds \, d\sigma$의 값은 4π가 될 것이다.

그러므로 이 적분은 폐곡선 s와 임의의 곡선 AP을 어떻게 잡는가에 따라서만 달라진다고 볼 수 있으며, 일종의 다중값 함수가 된다. 왜냐하면 점 A에서 점 P까지의 길을 다르게 잡으면 곡선 AP가 곡선 s 주위에서 몇 번이나 꼬였는가에 따라 그 값이 달라지기 때문이다.

점 A에서 점 P까지의 곡선의 모양을 곡선 s와 만나지 않도록 연속적으로 움직여 변형할 수 있다면, 적분의 값은 달라지지 않을 것이다. 그러나 이렇게 변형하는 과정에서 폐곡선과 n번 만난다면 적분의 값은 $4\pi n$만큼 달라질 것이다.

공간 안의 두 폐곡선 s와 σ가 서로 매듭지어 묶여 있지 않다면 이 두 곡선을 한 바퀴씩 훑는 적분은 0이다.

두 곡선이 같은 방향으로 n번 서로 꼬여 있다면 적분의 값은 $4\pi n$이다. 그러나 두 곡선이 교대로 반대방향으로 꼬여 있을 수도 있으므로, 적분의 값은 0이지만 두 곡선이 서로 분리할 수 없도록 묶여 있기도 하다. 그림 4 참조.

　이 적분은 닫힌 전류가 있는 곳에서 자극이 폐곡선을 그리면서 움직이는 동안 받는 일을 나타내며, 두 폐곡선 사이의 기하학적 연관을 보여 준다. 가우스가 라이프니츠와 오일러[7]와 방데몽드[8]의 시대 이후로 공간기하학(geometry of position)[9]에서 거의 발전이

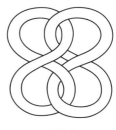

그림 4

---

7) 스위스의 수학자 오일러(Leonhard Euler, 1707~83)는 800여 편이라는 엄청난 양의 논문을 발표했다. 수학 분야에서는 e, i 등의 기호라든가 함수를 $f(x)$로 표기하는 것, 오일러 공식 $e^{ix}=\cos x+i\sin x$, 미분방정식, 복소수의 지수함수, 베타함수, 감마함수, 오일러 함수 등의 연구, 오일러-매클로린 덧셈공식, 리만제타함수의 계산, 다섯 번째 페르마 수를 소인수분해해서 페르마의 추측을 반증한 것, 정수론에서 오일러 정리, e가 무리수임을 증명한 것, 유리수 지수의 이항정리 등 헤아릴 수 없이 많은 업적이 있다. 특히 3체문제에서 중요한 기여를 했으며, 가우스가 나중에 발굴해 낸 미발표 논문에서는 미분기하학과 관련하여 다각형의 오일러 지수 등 위상수학의 중요한 연구가 많다. 그뿐만 아니라 광학, 역학, 전기, 자기 등의 분야에서도 깊이 있는 연구를 했다. 라플라스가 제자들에게 늘 Liesez Euler, Liesez Euler, c'est notre maitre a tous("오일러를 읽어라, 오일러를 읽어라. 그가 모든 것에서 우리의 스승이다")라고 말했다는 것은 유명한 일화이다─옮긴이.

8) 프랑스의 수학자인 방데몽드(Alexandre-Theophile Vandermonde, 1735~96)는 주로 대수학을 연구했다. 음악이론에도 조예가 깊었으며, 수학에서 4편의 논문을 남겼다. 1789년 발발한 프랑스혁명의 열렬한 지지자였다. 그의 이름이 붙은 방데몽드 행렬식은 실제로는 그의 논문에서는 나타나지 않지만, 여러 가지 의미에서 현대 대수학의 기초를 닦았다고 평가되며, 특히 행렬식에 대해 깊이 있는 논의를 한 것으로 잘 알려져 있다. 그밖에 계승 함수와 이항정리 등에서도 중요한 기여를 했다. 1771년에 발표된 두 번째 수학 논문 「위치의 문제에 관한 논의」(Remarques sur des problèmes de situation)에서는 체스판에서 기사가 누비는 길에 대한 수학적 논의를 전개했는데, 이후에 가우스와 맥스웰이 전기회로의 맥락에서 이 논의를 발전시켰으며, 현대 위상수학의 출발점 중 하나가 되었다─옮긴이.

9) 맥스웰이 '공간의 기하학'이라고 부르는 것은 현대의 위상수학(topology)이다. 맥스웰 당시의 수학계에서 사영기하학(projective geometry)을 '공간의 기하학'이라고 부르기도 했으나, 맥스웰이 의도하고 있는 것은 명백하게 위상수학

이루어지지 않았다고 한탄한 것은 바로 이 적분을 발견했기 때문이었다. 그러나 이제는 주로 리만[10]과 헬름홀츠와 리스팅[11] 덕분에 상당한 진전이 있었다고 말해야 할 것이다.

422] 이제 폐곡선 주위로 s에 대해 적분한 결과를 살펴보자.

(7)식에서 Π가 있는 항은

이다. 유럽어(Topologie, topologie, topique, topology)에서 이 용어를 처음 도입한 것은 리스팅이다. 옮긴이주 34) 참조─옮긴이.

10) 리만(Georg Friedrich Bernhard Riemann, 1826~66)은 하노버 출신의 수학자로서, 비유클리드 기하학을 일반화한 리만 기하학으로 널리 알려져 있다. 1847년 괴팅겐 대학으로부터 베를린 대학으로 옮겨간 리만은 슈타이너, 야코비, 디리클레, 아이젠슈타인 등의 쟁쟁한 수학자들을 만나면서 수학의 가장 최신의 문제들에 골몰하기 시작했다. 1849년에는 1846년에 잠시 몸담았던 괴팅겐 대학으로 돌아가서 가우스의 지도 아래 「복소변수함수론의 기초」로 박사학위를 받게 된다. 당시 괴팅겐에는 베버와 리스팅이 있었으며, 이들을 통해 리만은 이론물리학의 지식을 튼튼히 쌓을 수 있었다. 1850년에 발표된 교수인정학위논문 「기하학의 기초에 놓여 있는 가설들에 관하여」는 수학사의 고전이 되었으며, 여기에서 리만 적분의 개념이 상세하게 전개되었다. 디리클레와 리스팅의 영향을 크게 받아, 복소함수론과 위상수학에서 리만 제타 함수, 리만 곡면, 리만 가설, 리만 합 등의 업적을 남겼다. 라이프니츠가 설립한 베를린 과학아카데미의 회원으로서 이론물리학의 문제에 깊은 관심을 가졌으며, 특히 원격작용이 있는 전기동역학의 편미분방정식을 심도 있게 논의한 바 있다─옮긴이.

11) 리스팅(Johann Benedict Listing, 1808~82)은 독일의 수학자로서, 위상수학의 개척자 중 한 사람으로 널리 알려져 있다. 1830년 괴팅겐 대학에 들어간 리스팅은 전공인 수학과 건축학뿐 아니라 천문학, 해부학, 생리학, 식물학, 광물학, 지질학, 화학 등 대단히 광범위한 수업을 들었다. 그러다가 강의를 통해 가우스를 만나게 되면서, 두 사람의 평생의 사제지간과 우정이 시작된다. 리스팅이 특히 가우스에게서 크게 영향을 받은 것은 위상수학의 개념에 관련된 것이다. 리스팅은 1839년 베버의 후임으로 괴팅겐 대학의 물리학 교수가 된다. 「생리학적 광학에 관한 논문」을 비롯하여 「위상수학 기초연구」(Vorstudien zur Topologie, 1847) 등은 이 분야의 고전이 되었다. 그의 방대한 학문적 관심과도 통하지만, 리스팅은 새로운 용어를 잘 만드는 사람으로도 유명하다. 위상수학(topology)을 비롯하여 지오이드(geoid)나 1미터의 백만분의 1을 뜻하는 미크론(micron)도 그가 처음 이름붙인 것이다─옮긴이.

$$-\frac{\xi-x}{r^3}\frac{d\eta}{d\sigma}\frac{dz}{ds} = \frac{d\eta}{d\sigma}\frac{d}{d\xi}\left(\frac{1}{r}\frac{dz}{ds}\right) \tag{8}$$

와 같다.

간단히 하기 위해

$$F = \int \frac{1}{r}\frac{dx}{ds}\,ds, \quad G = \int \frac{1}{r}\frac{dy}{ds}\,ds, \quad H = \int \frac{1}{r}\frac{dz}{ds}\,ds \tag{9}$$

라 쓰자. 여기에서 적분은 폐곡선 s를 한 바퀴 훑는 것이므로 Π가 있는 항은

$$\frac{d\eta}{d\sigma}\frac{d^2H}{d\xi ds}$$

와 같이 쓸 수 있으며, $\int \Pi\,ds$에 해당하는 항은 다음과 같이 될 것이다.

$$\frac{d\eta}{d\sigma}\frac{dH}{d\xi}$$

가 있는 항을 모두 모으면

$$-\frac{d\omega}{d\sigma} = -\int \Pi\,ds$$

$$= \left(\frac{dH}{d\eta} - \frac{dG}{d\zeta}\right)\frac{d\xi}{d\sigma} + \left(\frac{dF}{d\zeta} - \frac{dH}{d\xi}\right)\frac{d\eta}{d\sigma} + \left(\frac{dG}{d\xi} - \frac{dF}{d\eta}\right)\frac{d\zeta}{d\sigma} \tag{10}$$

라 쓸 수 있다.

이 양은 분명히 곡선 σ를 지나는 동안 자기 퍼텐셜 ω가 증가하는 비율이며, 달리 말해서 $d\sigma$ 방향의 자기력이다.

$d\sigma$가 차례로 x축, y축, z축 방향이라 가정하면 자기력의 세 성분의 값은 다음과 같다.

$$\alpha = -\frac{d\omega}{d\xi} = \frac{dH}{d\eta} - \frac{dG}{d\zeta}$$

$$\beta = -\frac{d\omega}{d\eta} = \frac{dF}{d\zeta} - \frac{dH}{d\xi}$$

$$\gamma = -\frac{d\omega}{d\zeta} = \frac{dG}{d\xi} - \frac{dF}{d\zeta} \qquad (11)$$

F, G, H라는 양은 세기가 1이고 그 가장자리가 곡선 s인 자기껍질의 벡터 퍼텐셜의 성분들이다. 스칼라 퍼텐셜 ω처럼 여러 개의 값을 갖는 함수가 아니라 공간의 모든 점에서 완벽하게 확정되는 함수이다.

폐곡선을 경계로 하는 자기껍질에서 비롯되는 점 P에서의 벡터퍼텐셜은 다음과 같은 기하학적인 구성을 통해 구할 수 있다.

점 Q가 폐곡선 주위를 움직인다고 하고 그 속도의 값이 점 P로부터의 거리와 같다고 하자. 두 번째 점 R가 고정된 점 A에서 출발하여 움직이는데, 그 속도의 방향은 Q의 속도와 언제나 나란하고 크기는 1이라고 하자. 점 Q가 폐곡선 결합(join) AR 주위를 한 바퀴 움직인다면 직선 AR는 방향과 수치상의 크기 모두에서 폐곡선에서 비롯되는 점 P에서의 벡터퍼텐셜을 나타낸다.

자기장에 놓인 자기껍질의 퍼텐셜 에너지

423] 이미 410절에서 보인 것처럼 세기가 ϕ인 자기껍질이 퍼텐셜이 V인 자기장에 놓여 있을 때의 퍼텐셜 에너지는

$$M = \phi \iint \left(l\frac{dV}{dx} + m\frac{dV}{dy} + n\frac{dV}{dz} \right) dS \qquad (12)$$

이다. 여기에서 l, m, n은 껍질의 양의 면에서 바깥쪽으로 그린 법선의 방향코사인이며, 면적분은 껍질 전체에 대한 것이다.

이 면적분은 자기장의 벡터퍼텐셜을 써서 선적분으로 바꿀 수 있으며,

$$M = -\phi \int \left(F\frac{dx}{ds} + G\frac{dy}{ds} + H\frac{dz}{ds} \right) ds \qquad (13)$$

와 같이 된다. 여기에서 적분은 자기껍질의 가장자리를 이루는 곡선 s 의 둘레를 한 바퀴 훑는 적분이며, ds의 방향은 껍질의 양의 면에서 볼 때 시계반대방향으로 잡은 것이다.

이제 이 자기장이 세기가 ϕ'인 두 번째 자기껍질에서 생겨난 것이라 가정하면, F의 값을 416절이나 405절의 결과를 써서 곧바로 구할 수 있다. 두 번째 자기껍질의 요소 dS'의 법선의 방향코사인이 l', m', n'이라면,

$$F = \phi' \iint \left(m'\frac{d}{dz'}\frac{1}{r} - n'\frac{d}{dy'}\frac{1}{r} \right) dS'$$

이다. 여기에서 r는 요소 dS'와 첫 번째 자기껍질의 가장자리에 있는 한 점 사이의 거리이다.

이제 면적분은 두 번째 자기껍질의 가장자리 둘레에 대한 선적분으로 바꿀 수 있다. 즉

$$\phi' \int \frac{1}{r}\frac{dx'}{ds'} ds' \qquad (14)$$

이다.

마찬가지로

$$G = \phi' \int \frac{1}{r}\frac{dx'}{ds'} ds'$$

$$H = \phi' \int \frac{1}{r}\frac{dz'}{ds'} ds'$$

이다.

이 값들을 M에 대한 표현에 대입하면

$$M = -\phi\phi' \iint \frac{1}{r}\left(\frac{dx}{ds}\frac{dx'}{ds'} + \frac{dy}{ds}\frac{dy'}{ds'} + \frac{dz}{ds}\frac{dz'}{ds'} \right) dsds' \qquad (15)$$

을 얻는다. 여기에서 적분은 s둘레에서 한 바퀴, s'둘레에서 한 바퀴 훑

는 적분이다. 이 표현은 두 껍질 사이의 상호작용에서 비롯되는 퍼텐셜 에너지를 나타내며, s와 s'을 서로 바꾸더라도 똑같아야 하는데, 실제로 그러하다. 두 자기껍질의 세기가 1일 때, 이 식에서 부호를 바꾼 표현을 두 폐곡선 s와 s'의 퍼텐셜이라 부른다. 이는 전류이론에서 매우 중요한 양이다. 두 요소 ds와 ds'의 방향 사이의 각을 이라 하면 s와 s'의 퍼텐셜은 다음과 같이 쓸 수 있다.

$$\iint \frac{\cos\varepsilon}{r}\, ds\, ds' \tag{16}$$

이 양의 차원은 명백하게 길이의 차원과 같다.

제4장 유도된 자기

424] 이제까지 우리는 자석 속에 자기화가 실제로 어떻게 분포되어 있는지 살펴보았으며, 연구자료 속에 분명하게 드러난 것만을 고찰했다. 이 자기화가 영구적인 것인지 또는 일시적인 것인지에 대해 어떤 가정도 하지 않았으며, 자석을 작은 부분으로 쪼갠다고 가정한다든지, 자석에서 다른 부분의 자기화가 바뀌지 않도록 작은 부분을 제거한다든지 하는 식으로 논증을 전개할 때 그 일부분으로 이를 가정했을 뿐이다.

이제 물체의 자기화를 그것이 생겨나거나 달라지는 방식에 관해 살펴보아야 한다. 철 막대를 지구의 자기력 방향에 평행하게 놓아두면 자성을 띨 수 있음이 알려져 있다. 이때 그 두 극은 지구의 두 극과 반대 방향 혹은 안정한 평형 상태에 있는 나침반 바늘의 두 극과 같은 방향으로 돈다.

자기장 안에 연철 조각을 놓아두면 자성을 띠게 됨이 알려져 있다. 이를 말굽자석의 두 극 사이처럼 자기력이 큰 마당의 부분 속에 놓아두면, 철의 자기도 강해진다. 자기장에서 철을 빼 내면, 그 자기적 성질은 현저하게 약해지거나 완전히 사라진다. 만일 철의 자성이 철이 놓여 있는 마당의 자기력에만 전적으로 의존하며, 철을 마당에서 빼 낼 때 자성이 사라진다면, 이를 **연철**이라 부른다. 자기가 약하다는 의미의 연철은 실제로도 무르다. 연철은 쉽게 휘어지고 소성이 있으며 잘 부러지지 않는다.

자기장에서 빼 낸 뒤에도 자기적 성질을 지니고 있는 철을 **강철**이라 한다. 그런 철은 연철만큼 그렇게 쉽게 자기적 상태를 띠지 않는다. 강철을 망치로 두드리거나 다른 진동을 가한 뒤에, 자기력의 영향을 받게 하면 더 쉽게 자기적 상태를 띠게 되며, 자기화하는 힘을 제거하면 더 쉽게 자성을 잃게 된다.[1] 자기적으로 굳은 철, 즉 강철은 실제로도 굳은 철이어서, 더 구부러뜨리기 힘들고 더 잘 부러진다.

망치로 두드리거나 압연하거나 늘려서 철사로 만들거나 담금질하는 과정은 철을 더 굳게 만들며, 벼리는 과정은 철을 더 무르게 만든다.

담금질해서 만든 강철강과 연철강의 자기적 및 역학적 차이는 강철과 연철의 차이보다 훨씬 더 크다. 연철강은 철만큼이나 쉽게 자기화하거나 자기를 제거할 수 있는 반면, 최고 강철강은 영구자석을 만들려고 할 때 가장 적합한 물질이다.

주철은 강철보다 탄소 함유량이 높지만 자기화에는 그다지 좋지 않다.

자석에 어떤 자기력이 작용하더라도 그 자기화의 분포가 달라지지 않도록 자석을 만들 수 있다면, 이를 균일하게 자화된 물체라 할 수 있다. 이 조건을 충족시키는 유일하게 알려진 물체는 그 둘레로 일정한 전류가 흐르게 만든 전도회로이다.

그런 회로는 자성을 나타내기 때문에 전자석이라 부르지만, 이 자기적 성질들은 마당 안의 다른 자기력에 영향을 받지 않는다. 이 주제는 제4부에서 다시 다루겠다.

실제의 자석은 모두, 굳게 만든 강철로 만들든지 천연자석으로 만들든지, 거기에 작용시키는 자기력에 영향을 받는다는 점이 알려져 있다.

과학적인 목적을 위해 영구적 자기화와 일시적 자기화를 구분하는 것이 편리하다. 영구적 자기화는 자기력과 무관하게 존재하는 것으로 정의되며, 일시적 자기화는 이 힘에 따라 달라지는 것으로 정의된다. 그런

---

1) Ewing(*Phil. Trasn.*, Part ii. 1885)은 진동과 자기화를 없애는 힘이 없는 연철이 강철보다 자기를 더 많이 갖고 있음을 입증했다.

데 이러한 구분은 자화될 수 있는 물질의 본질적인 성질에 대한 지식에 바탕을 둔 것이 아님을 상기해야 한다. 이는 단지 계산을 현상에 걸맞게 하기 위한 목적으로 도입된 일종의 가설에 대한 표현일 뿐이다. 자기화의 물리적 이론에 대해서는 제6장에서 다시 다루겠다.

425] 지금은 물질을 이루는 입자의 자기화가 순전히 그 입자에 작용하는 자기력에만 의존한다고 가정하고 일시적 자기화에 대해 살펴보고자 한다. 이 자기력은 일부는 외부 원인으로부터 생겨날 수도 있고, 또 일부는 옆에 있는 입자들의 일시적 자기화에서 생겨날 수도 있다.

이렇게 자기력의 작용 때문에 자화되는 물체는 유도에 의해 자화되었다고 하며, 그 자기화는 자기화력에 의해 유도되었다고 말한다.

주어진 자기화력에 의해 유도된 자기화는 물질마다 다르다. 이는 가장 순수하고 가장 무른 철에서 최대가 되며, 이때 자기력에 대한 자기화의 비는 32 또는 심지어 45의 값까지 이를 수 있다.[2]

금속 니켈이나 금속 코발트와 같은 물질에서 비롯되는 자기화의 정도는 더 작으며, 모든 물질은 충분히 큰 자기력을 받을 때 극성을 나타내는 것으로 알려져 있다.

철, 니켈, 코발트 등처럼 자기력과 같은 방향으로 자기화가 생기는 물질을 상자성 물질이나 강자성 물질이나 더 간단히 자성 물질이라 한다. 비스무트 등처럼 자기력과 반대방향으로 자기화가 유도되는 물질은 반자성 물질이라 한다.

반자성 물질에서는 자기화와 이를 만들어내는 자기력의 비가 대단히 작아서, 비스무트의 경우에는 겨우 $-\dfrac{1}{400000}$ 밖에 되지 않는다. 비스무트는 알려진 것 중에서 가장 반자성이 강한 물질이다.

결정으로 되어 있거나 뒤틀려 있거나 규칙화된 물질에서는 자기화의

---

2) {Thalén, *Nova Acta, Reg. Soc. Sc.*, Upsal, 1863.—원주.
   Ewing(*loc. cit.*)은 이 값이 최대 279까지 커질 수도 있으며, 자기화력이 작동하는 동안 도선이 흔들릴 경우 이 값이 1600까지 증가할 수도 있음을 보여 주었다—톰슨.

방향과 이를 만들어내는 자기력의 방향이 일치하지 않을 수도 있다. 물체에 고정된 축을 기준으로 한 자기화의 성분들과 자기력의 성분들 사이의 관계는 세 개의 연립방정식으로 나타낼 수 있다. 이 방정식에 나타나는 9개의 계수들 중에서 6개만 독립임을 보일 수 있다. 이런 종류의 물체에 대한 현상은 자기결정현상(magnecrystallic phenomena)이라는 이름으로 분류된다.[3]

결정을 자기력의 마당에 놓으면, 결정들이 정렬하여 상자성 유도가 최대가 되는 축, 또는 반자성 유도가 최소가 되는 축이 자기력선과 평행하게 된다. 436절 참조.

연철에서는 자기화의 방향이 그 점에서 자기력의 방향과 일치하며, 자기력의 값이 작을 때에는 자기화가 거의 자기력에 비례한다.[4] 그러나 자기력이 커지면 자화는 더 천천히 늘어나며, 제6장에 서술한 실험에 따르면 자기화의 극한값이 존재하는 것으로 보인다. 자기력의 값이 얼마가 되더라도 그 값 이상으로는 자기화가 더 커지지 않는다.

유도자기화의 이론에 대한 다음 개요에서는 우선 자기화가 자기력에 비례하며 같은 선 위에 있다고 가정하겠다.

유도자기화 계수의 정의

426] 물체의 여느 점에서의 자기력을 398절에서 정의한 대로 $\mathbb{H}$라 하고, 그 점에서 자기화를 $\mathbb{I}$라 하면, $\mathbb{I}$와 $\mathbb{H}$의 비를 유도자기화 계수라 한다.

이 계수를 k로 표시하면 유도자기의 기본방정식은

$$\mathbb{B} = k\mathbb{H} \tag{1}$$

---

3) 현대적인 용어로는 자기결정 이방성(magnetocrystalline anisotropy)이라 한다—옮긴이.

4) {Lord Rayleigh, Phil. Mag. 23, p.225, 1887은 자기화력이 지구의 수평자기력의 1/10보다 작을 때 자기화는 자기력에 비례하며, 자기화력이 커지면서 이런 현상은 더 이상 나타나지 않음을 보여 주었다}—톰슨.

가 된다.

계수 k는 철이나 상자성 물질에서는 양수이며, 비스무트나 반자성 물질에서는 음수이다. 이 계수의 값은 철의 경우에 1600에 이르며, 니켈과 코발트의 경우에 큰 값이라고 한다. 하지만 다른 모든 경우에 이것은 0.00001을 넘지 않는 작은 값이다.

자기력 $\mathbb{H}$는 일부가 유도로 자화되는 물체 외부에 있는 자석에서 일어나며, 일부는 물체 자체의 유도자기화에서 일어난다. 두 부분 모두 퍼텐셜이 존재한다는 조건을 충족시킨다.

427] 물체 외부의 자기에서 비롯되는 퍼텐셜을 V라 하고, 유도자기화에서 비롯되는 퍼텐셜을 Ω라 하자. 이 두 가지 원인에서 비롯되는 실제 퍼텐셜을 U라 하면,

$$U = V + \Omega \tag{2}$$

이다.

자기력 $\mathbb{H}$의 성분들을 x, y, z 방향으로 분해하면 α, β, γ가 된다고 하고, 자기화 $\mathbb{I}$의 성분들을 A, B, C라 하면, (1)식으로부터

$$\left. \begin{aligned} A &= \kappa\alpha \\ B &= \kappa\beta \\ C &= \kappa\gamma \end{aligned} \right\} \tag{3}$$

이다.

이 식들에 각각 dx, dy, dz를 곱하고 더하면 다음을 얻는다.

$$Adx + Bdy + Cdz = \kappa\,(\alpha dx + \beta dy + \gamma dz)$$

그런데 α, β, γ는 퍼텐셜 U에서 유도되므로, 이 식의 우변을 $-kdU$라고 쓸 수 있다.

따라서 물질 전체에 걸쳐 k가 일정하면, 이 식의 좌변도 x, y, z의 함수의 전미분이 되어야 한다. 이 함수를 ϕ라 하면, 방정식은

$$d\phi = -\kappa dU \tag{4}$$

가 된다. 여기에서

$$A = \frac{d\phi}{dx}, \quad B = \frac{d\phi}{dy}, \quad C = \frac{d\phi}{dz} \tag{5}$$

이다. 따라서 자기화는 412절에서 정의된 대로 라멜라이다.

385절에서는 자유 자기의 부피밀도를 ρ라 하면

$$\rho = -(\frac{dA}{dx} + \frac{dB}{dy} + \frac{dC}{dz})$$

임을 보였으며, 이는 (3)식을 이용하여

$$\rho = -\kappa(\frac{d\alpha}{dx} + \frac{d\beta}{dy} + \frac{d\gamma}{dz})$$

가 된다.

그런데 77절에 따라

$$\frac{d\alpha}{dx} + \frac{d\beta}{dy} + \frac{d\gamma}{dz} = -4\pi\rho$$

이다.

따라서

$$(1 + 4\pi\kappa)\rho = 0$$

이며, 그러므로 물질 전체에 걸쳐

$$\rho = 0 \tag{6}$$

이며, 따라서 자기화는 라멜라일 뿐 아니라 솔레노이드이다. 407절 참조.

그러므로 물체의 경계면 위가 아니면 자유 자기화는 있을 수 없다. 그 면에서 안쪽으로 그린 법선을 ν라 하면, 자기 넓이밀도는

$$\sigma = -\frac{d\phi}{d\nu} \tag{7}$$

이다.

따라서 여느 점에서 이 자기화에서 비롯되는 퍼텐셜 Ω는 다음 이중 적분으로 구할 수 있다.

$$\Omega = \iint \frac{\sigma}{r} \, dS \tag{8}$$

Ω의 값은 유한하며 어디에서나 연속적이고, 표면의 안쪽과 바깥쪽 모두의 모든 점에서 라플라스의 방정식을 만족한다. 표면 바깥쪽에서 Ω의 값을 프라임(악센트) 기호를 붙여 구별하면, 바깥쪽으로 그린 법선을 v'이라 할 때, 표면에서 다음이 성립한다.

$$\Omega' = \Omega \tag{9}$$

$$\frac{d\Omega}{dv} + \frac{d\Omega'}{dv'} = -4\pi\sigma \qquad \text{78b절에 따라}$$

$$= 4\pi \frac{d\phi}{dv} \qquad \text{(7)식으로부터}$$

$$= -4\pi\kappa \frac{dU}{dv} \qquad \text{(4)식으로부터}$$

$$= -4\pi\kappa \left(\frac{dV}{dv} + \frac{d\Omega}{dv} \right) \qquad \text{(2)식으로부터}$$

따라서 두 번째 표면 조건을 다음과 같이 쓸 수 있다.

$$(1 + 4\pi\kappa) \frac{d\Omega}{dv} + \frac{d\Omega'}{dv'} + 4\pi\kappa \frac{dV}{dv} = 0 \tag{10}$$

이렇게 해서 균질한 등방성 물질이 표면 S로 둘러싸여 있고, 퍼텐셜이 V인 외부 자기력의 작용을 받고 있을 때, 유도되는 자기를 구하는 문제는 다음과 같은 수학적 문제로 환원할 수 있다.

다음 조건들을 충족시키는 두 개의 함수 Ω와 Ω'을 찾아야 한다.

표면 S의 안에서는 Ω가 유한하고 연속적이며, 라플라스의 방정식을 만족해야 한다.

표면 S의 밖에서는 Ω'이 유한하고 연속적이며, 무한히 먼 곳에서 0이 되어야 하며, 라플라스의 방정식을 만족해야 한다.

표면 자체의 모든 점에서는 $\Omega=\Omega'$이며, 법선에 대한 Ω와 Ω'과 V의 도함수는 (10)식을 만족해야 한다.

유도자기의 문제를 이렇게 다루는 방법은 푸아송이 찾은 것이다. 푸아송이 자신의 저작에서 사용한 k라는 양은 k와 다른 양이지만, 다음의 식으로 연결되어 있다.

$$4\pi\kappa(k-1) + 3k = 0 \tag{11}$$

이제까지 우리가 사용한 k라는 계수는 노이만(F.E. Neumann)이 도입한 것이다.

428] 유도자기화의 문제는 우리가 패러데이를 따라 자기유도라 부른 양을 도입함으로써 다른 방식으로 다룰 수도 있다.

자기유도 $\mathbb{B}$와 자기력 $\mathbb{H}$와 자기화 $\mathbb{I}$의 관계는 다음 방정식으로 표현된다.

$$\mathbb{B} = \mathbb{H} + 4\pi\mathbb{I} \tag{12}$$

유도자기화를 자기력으로 나타내는 방정식은

$$\mathbb{I} = \kappa\mathbb{H} \tag{13}$$

이다.

따라서 $\mathbb{I}$를 소거하면, 다음을 얻는다.

$$\mathbb{B} = (1 + 4\pi\kappa)\mathbb{H} \tag{14}$$

이것은 자기유도와 물질 속의 자기력 사이의 관계이며, 물질의 자기화는 자기력에 의해 유도되는 것이다.

가장 일반적인 경우에 k는 물질 속의 점들의 위치에 대한 함수일 수도 있지만, 또한 벡터 $\mathbb{H}$의 방향의 함수일 수도 있다. 우리가 지금 고찰하는 경우에는 k가 숫자상의 양이다.

다음으로

$$\mu = 1 + 4\pi\kappa \qquad (15)$$

라 쓰면, μ를 자기유도와 자기력의 비로 정의할 수 있다. 이 비를 물질의 자기유도계수라 하여, 유도자기화 상수 k와 구별할 수 있다.

이제 외부 요인에서 비롯되는 퍼텐셜 V와 유도자기화에서 비롯되는 퍼텐셜 Ω로 구성되는 전체 자기퍼텐셜을 U라 하면, 자기유도의 성분 a, b, c와 자기력의 성분 α, β, γ를 다음과 같이 나타낼 수 있다.

$$\left. \begin{aligned} a = \mu\alpha = -\mu\,\frac{dU}{dx} \\ b = \mu\beta = -\mu\,\frac{dU}{dy} \\ c = \mu\gamma = -\mu\,\frac{dU}{dz} \end{aligned} \right\} \qquad (16)$$

세 성분 a, b, c는 다음과 같은 솔레노이드 조건을 충족시킨다.

$$\frac{da}{dx} + \frac{db}{dy} + \frac{dc}{dz} = 0 \qquad (17)$$

따라서 퍼텐셜 U는 μ가 일정한 모든 점에서, 즉 균질한 물질 안이나 빈 공간 안의 모든 점에서 라플라스 방정식

$$\frac{d^2 U}{dx^2} + \frac{d^2 U}{dy^2} + \frac{d^2 U}{dz^2} = 0 \qquad (18)$$

을 충족시킨다.

표면 위에서는 자기물질을 향하게 그려진 법선을 v라 하고, 바깥쪽을 향하는 법선을 v'이라 하고, 물질의 바깥쪽에 있는 양들에 대한 기호는 모두 악센트(프라임)로 표시하여 구별하면, 자기유도의 연속성 조건은 다음과 같다.

$$a\,\frac{dx}{dv} + b\,\frac{dy}{dv} + c\,\frac{dz}{dv} + a'\,\frac{dx}{dv'} + b'\,\frac{dy}{dv'} + c'\,\frac{dz}{dv'} = 0 \qquad (19)$$

또는 (16)식에 의하여

$$\mu \frac{dU}{dv} + \mu' \frac{dU'}{dv'} = 0 \qquad (20)$$

이다.

자석을 둘러싸고 있는 매질이 자성물질이거나 반자성물질이 아니라면, 자석 바깥 부분에서의 유도계수 μ'은 1이 될 것이다.

U 대신에 V와 Ω로 나타낸 값을 대입하고, μ 대신에 k로 나타낸 값을 대입하면, 푸아송의 방법을 써서 얻었던 (10)식과 똑같은 방정식이 된다.

유도자기의 문제는 자기유도와 자기력의 관계에 대하여 볼 때에는 310절에서 서술한 바, 균질하지 않은 매질을 통해 흐르는 전류의 전도 문제와 정확히 대응한다.

자기력은 전기력을 전기 퍼텐셜로부터 유도할 때와 정확히 같은 방식으로 자기 퍼텐셜로부터 유도된다.

자기유도는 플럭스(다발)의 성질을 지니는 양이며, 전류가 충족시키는 것과 똑같은 연속성 조건을 충족시킨다.

등방성 물질에서는 자기유도가 자기력에 따라 달라지는 방식이 전류가 기전력에 따라 달라지는 방식과 정확히 대응한다.

앞의 문제에서 특성 자기유도용량은 뒤의 문제에서 특성 전도도에 대응한다. 따라서 톰슨은 「유도자기의 이론」(1872, p.484)에서 이 양을 매질의 투자율(透磁率, permeability)이라 불렀다.

이제 우리는 유도자기의 이론을 패러데이의 관점이라 볼 수 있는 관점으로 살펴볼 준비가 되었다.

자기력이 어느 매질에 작용하면, 그 매질이 자성물질이든, 반자성물질이든, 중성물질이든 상관없이 그 속에 자기유도라 하는 현상을 만들어낸다.

자기유도는 플럭스(다발)의 성질을 지니는 방향 있는 양이며, 전류나 다른 플럭스(다발)와 마찬가지로 연속성 조건을 충족시킨다.

등방성 물질에서는 자기력과 자기유도가 같은 방향이며, 자기유도는 자기력에다 유도계수라 부르는 양(앞에서 μ로 나타낸 양)을 곱한 값으로 주어진다.

텅 빈 공간에서는 유도계수가 1이다. 자기화가 유도될 수 있는 물체에서는 유도계수가 $1+4\pi\kappa=\mu$이며, 여기에서 k는 앞에서 유도자기화의 계수로 정의된 양이다.

429] 두 매질을 갈라놓고 있는 곡면의 반대쪽에서 μ의 값을 각각 μ, μ'이라 하자. 두 매질에서 퍼텐셜을 V, V'이라 하면, 두 매질에서 그 곡면을 향하는 자기력은 $\dfrac{dV}{d\nu}$와 $\dfrac{dV'}{d\nu'}$이 된다.

넓이요소 dS를 지나는 자기유도의 양은 두 매질에서 (dS를 향하는 것으로 계산했을 때) 각각 $\mu\dfrac{dV}{d\nu}\,dS$와 $\mu'\dfrac{dV'}{d\nu'}\,dS$이다.

dS를 향하는 전체 플럭스(다발)는 0이므로

$$\mu\frac{dV}{d\nu} + \mu'\frac{dV'}{d\nu'} = 0$$

이다.

그런데 넓이밀도 σ 주변의 퍼텐셜에 대한 이론에 따르면

$$\frac{dV}{d\nu} + \frac{dV'}{d\nu'} + 4\pi\sigma = 0$$

이다.

따라서

$$\frac{dV}{d\nu}\left(1 - \frac{\mu}{\mu'}\right) + 4\pi\sigma = 0$$

이다.

표면의 자기화와 법선 방향의 힘 사이의 비가 첫 번째 매질(유도계수가 μ)에서 k_1이라면,

$$4\pi\kappa_1 = \frac{\mu - \mu'}{\mu'}$$

가 된다.

따라서 k_1은 μ가 μ'보다 큰지 작은지에 따라 양수 또는 음수가 된다. $\mu=4\pi\kappa+1$, $\mu'=4\pi\kappa'+1$이라 하면,

$$\kappa_1 = \frac{\kappa - \kappa'}{4\pi\kappa' + 1}$$

이다.

이 표현에서 k와 k'은 각각 첫째 매질과 둘째 매질의 유도자기화 계수이며, 공기 중의 실험으로부터 연역된다. k_1은 첫째 매질이 둘째 매질로 둘러싸여 있을 때의 유도자기화 계수이다.

k'이 k보다 크면 k_1은 음수가 된다. 즉, 첫째 매질의 겉보기 자기화는 자기력과 반대방향이 된다.

따라서 상자성 철 화합물의 묽은 수성 용액이 담겨 있는 그릇을 그 화합물의 더 진한 용액에 띄워놓고 자석을 작용시키면, 그 그릇은 마치 자화된 것처럼 움직일 것이며, 그 움직이는 방향은 똑같은 위치에 띄워놓은 자석이 움직이는 것과 반대 방향이 될 것이다.

이것은 다음과 같이 가정함으로써 설명할 수 있다. 즉 그릇 속의 용액은 실제로는 자기력과 같은 방향으로 자화되어 있지만, 그릇을 둘러싸고 있는 용액이 같은 방향으로 더 강하게 자화되어 있다고 가정하는 것이다. 따라서 그릇은 같은 방향으로 자화되어 있는 두 개의 강력한 자석 사이에 놓인 약한 자석과 같아져서, 반대의 극이 마주치게 되는 것이다. 약한 자석의 북극은 두 강한 자석의 북극과 같은 방향을 가리키고 있지만, 더 강한 자석의 남극과 접촉해 있기 때문에, 약한 자석의 북극 주변에 남극의 자기가 더 많이 있게 되며, 결국 약한 자석이 반대 방향으로 자화되어 있는 것처럼 보이게 되는 것이다.

그러나 어떤 물질의 경우에는 소위 진공 속에 떠 있을 때에도 겉보기 자기화가 음수가 되기도 한다.

진공에 대해 $k=0$이라 가정하면, 이 물질들에 대해서는 k의 값이 음수가 된다. 그러나 아직까지는 k가 음수이고 그 절댓값이 $\frac{1}{4\pi}$ 보다 큰 경우는 발견된 적이 없기 때문에, 모든 알려진 물질에 대하여 μ는 양수이다.

k가 음수인, 즉 μ가 1보다 작은 물질은 반자성 물질이라 한다. k가 양

수인, 즉 μ가 1보다 큰 물질은 상자성 물질 또는 강자성 물질 또는 단순히 자성 물질이라 한다.

앞으로 832절~845절에서 전자기 문제를 다룰 때 반자성과 상자성의 물리적 이론을 살펴볼 것이다.

430] 자기유도의 수학적 이론을 처음 제시한 이는 푸아송이다.[5] 푸아송의 이론에 바탕이 된 물리적 가설은 두 자기유체의 가설이었다. 이 가설은 두 전기유체의 이론과 마찬가지로 수학적인 이점과 물리적인 난점을 지닌다. 그러나 푸아송은 자기유도를 통해 연철조각을 자화시킬 수는 있지만 두 가지 종류의 자기의 양을 다르게 대전시킬 수 없다는 사실을 설명하기 위해 다음과 같은 가정을 도입하고 있다. 즉 대개의 물질은 이 유체에 대해 부도체이며, 유체에 작용하는 힘에 따라 자유로이 움직이는 것은 물질의 일부분에 국한된다는 것이다. 물질 속의 이 작은 자기요소들에는 정확히 똑같은 양의 두 유체가 들어 있고 각각의 요소 내에서 유체는 완벽하게 자유로이 움직이지만, 그 유체는 결코 하나의 자기 요소에서 다른 자기 요소로 전달되지 않는다.

따라서 이 문제는 절연 부도체 물질의 여기저기에 흩어져 있는 많은 수의 작은 전기도체들에 관한 문제와 같은 종류이다. 도체들은 매우 작고 서로 접촉하는 일이 없으며, 모양은 아무래도 좋다.

도체들이 모두 임의의 똑같은 방향으로 향해 있는 길쭉한 물체라면, 또는 다른 방향보다 특정의 한 방향에 더 많이 몰려 있다면, 매질은 등방적이지 않을 것이며, 이는 푸아송이 증명한 바와 같다. 따라서 푸아송은 불필요한 복잡성을 피하기 위해, 모든 자기 요소가 구형이며, 요소들이 축과 무관하게 흩어져 있는 경우를 고찰하고 있다. 푸아송은 모든 자기 요소들의 전체 부피를 물질의 부피로 나눈 값이 k라고 했다.

우리는 314절에서 이미 매질 속에 구형의 다른 작은 매질들이 분포되어 있을 때 매질의 전기 전도도에 대해 살펴보았다.

---

5) Poisson, *Mèmoires de l'Institut*, 1824, p.247.

매질의 전도도가 μ_1이고 구 모양의 전도도가 μ_2일 때, 복합계의 전도도는 다음과 같음을 알아냈다.

$$\mu = \mu_1 \frac{2\mu_1 + \mu_2 + 2k(\mu_2 - \mu_1)}{2\mu_1 + \mu_2 - k(\mu_2 - \mu_1)}$$

여기에 $\mu_1 = 1$, $\mu_2 = \infty$를 대입하면

$$\mu = \frac{1 + 2k}{1 - k}$$

가 된다.

이 양 μ는 구형의 완전 도체들이 전도도가 1인 매질 속에 띄엄띄엄 떨어져 있는 매질의 전기전도도이며, k는 구들의 전체 부피를 단위부피로 나타낸 값이다.

기호 μ는 매질이 투자율이 무한대인 구들로 이루어져 있고 구들이 투자율이 1인 매질 속에 띄어띄엄 떨어져 있는 매질의 자기유도계수를 나타내기도 한다.

기호 k는 푸아송의 자기계수(Poisson's Magnetic Coefficient)라 하며, 자기요소들의 부피와 물질의 전체 부피의 비를 나타낸다.

기호 k는 유도에 의한 자기화의 노이만 계수로 알려져 있다. 노이만의 계수가 푸아송의 계수보다 편리하다.

기호 μ는 자기유도계수라 부를 것이다. 이 기호의 이점은 자기의 문제를 전기와 열과 관련된 문제로 변형할 수 있게 해준다는 점이다.

이 세 기호 사이의 관계는 다음과 같다.

$$k = \frac{4\pi\kappa}{4\pi\kappa + 3}, \qquad k = \frac{\mu - 1}{\mu + 2}$$

$$\kappa = \frac{\mu - 1}{4\pi}, \qquad \kappa = \frac{3k}{4\pi(1 - k)}$$

$$\mu = \frac{1 + 2k}{1 - k}, \qquad \mu = 4\pi\kappa + 1$$

만일 연철에 대한 탈렌[6]의 실험결과에 맞추어 $k=32$를 넣으면, $k = \dfrac{134}{135}$ 를 얻는다. 푸아송의 이론에 따르면, 이 값은 자기분자들의 부피와 철의 전체 부피 사이의 비이다. 똑같은 구로 공간을 채워서 구들의 부피와 전체 공간의 부피 사이의 비가 거의 1이 되게 만드는 것은 불가능하다. 또한 철의 부피의 대부분을 속이 차 있는 분자들(그 모양은 어떤 것이라도 좋다)이 차지하게 하는 일은 거의 있기 힘들다. 이것이 푸아송의 가설을 버려야 하는 한 가지 이유이다. 제6장에서 다른 이유들도 거론할 것이다. 물론 푸아송의 수학적 탐구의 가치는 온전히 남는다. 왜냐하면 그것은 가설에 의존하는 것이 아니라 유도된 자기화에 대한 실험적 사실에 따른 것이기 때문이다.

---

6) Thalén, *Recherches sur les proprietes du fer, Nova Acta*, Upsal, 1863.

제5장 자기유도에 대한 몇 가지 문제들

속이 빈 구 껍질

431] 자기유도 문제에 대한 완전한 풀이의 첫 번째 예는 속이 비어 있는 구 껍질에 아무 자기력이든 작용하는 경우이며, 푸아송이 풀었다.

간단하게 하기 위해 자기력의 근원이 껍질의 바깥 공간에 있다고 가정하겠다.

외부 자기계에서 비롯된 퍼텐셜을 V로 나타내면, V를 다음과 같은 꼴의 입체 조화 함수의 급수로 전개할 수 있다.

$$V = C_0 S_0 + C_1 S_1 r + \&c. + C_i S_i r^i + \cdots \tag{1}$$

여기에서 r는 껍질의 중심으로부터의 거리이며, S_i는 i차 표면 조화 함수이고, C_i는 계수이다.

이 퍼텐셜을 만들어내는 계의 자석들 중 가장 가까운 것까지의 거리보다 r가 작다면 이 급수는 수렴할 것이다. 따라서 속이 빈 구 껍질과 그 안의 공간에 대하여 이 전개는 수렴한다.

구 껍질의 바깥쪽 반지름을 a_2라 하고, 안쪽 반지름을 a_1이라 하고, 구 껍질의 유도 자기에서 비롯되는 퍼텐셜을 Ω라 하자. 함수 Ω의 모양은 일반적으로 구 껍질 안쪽의 빈 공간과 껍질을 이루는 물질 속에서와 바깥쪽 공간에서 각각 다를 것이다. 이 함수들을 조화급수로 전개하되, 표면 조화 함수 Si와 연관된 항에만 주목하면, 다음과 같은 사실을 알게 될 것이다. 즉, 구 껍질 안쪽의 빈 공간에 해당하는 함수를 Ω_1이라 하면, Ω_1의 전개는 $A_1 S_i r^i$의 꼴이 되는 양의 조화 함수가 되어야 한다. 왜냐하면 퍼텐셜은 반지름이 a_1인 구의 안쪽에서 무한대가 되어서는 안 되기 때문이다.

껍질을 이루는 물질에서, 즉 a_1과 a_2 사이에서는 급수에 r의 양의 지수와 음의 지수가 모두 있을 수 있으며,

$$A_2 S_i r^i + B_2 S_i r^{-(i+1)}$$

의 꼴이 된다.

껍질 바깥에서는 r가 a_2보다 크며, 아무리 r가 크더라도 급수가 수렴해야 하므로, r의 음의 지수만 가능하며, 다음과 같은 꼴이 된다.

$$B_3 S_i r^{-(i+1)}$$

함수 Ω가 충족시켜야 하는 조건은 다음과 같다. (1) 유한해야 하며, (2) 연속이어야 하며, (3) 무한히 먼 곳에서 0이 되어야 하며, (4) 어디에서나 라플라스 방정식을 만족해야 한다.

조건 (1)에 따라, $B_1=0$이다.

조건 (2)에 따라, $r=a_1$에서

$$(A_1 - A_2) a_1^{2i+1} - B_2 = 0 \tag{2}$$

이며, $r=a_2$에서

$$(A_2 - A_3) a_2^{2i+1} + B_2 - B_3 = 0 \tag{3}$$

이다.

조건 (3)에 따라, $A_3=0$이며, 함수들이 조화 함수이므로 조건 (4)는 어디에서나 충족된다.

그런데 이밖에도 427절의 (10)식에 따라 안쪽 면과 바깥쪽 면에서 다른 조건이 충족되어야 한다.

안쪽 면에서, 즉 $r=a_1$일 때

$$(1 + 4\pi\kappa)\frac{d\Omega_2}{dr} - \frac{d\Omega_1}{dr} + 4\pi\kappa\frac{dV}{dr} = 0 \tag{4}$$

이며, 바깥 면에서, 즉 $r = a_2$일 때

$$-(1 + 4\pi\kappa)\frac{d\Omega_2}{dr} + \frac{d\Omega_3}{dr} - 4\pi\kappa\frac{dV}{dr} = 0 \tag{5}$$

이다.

이 조건들로부터 다음 방정식을 얻는다.

$$(1+4\pi\kappa)\{iA_2 a_1^{2i+1} - (i+1)B_2\} - iA_1 a_1^{2i+1} + 4\pi\kappa i C_i a_1^{2i+1} = 0 \tag{6}$$

$$(1+4\pi\kappa)\{iA_2 a_2^{2i+1} - (i+1)B_2\} + (i+1)B_3 + 4\pi\kappa i C_i a_2^{2i+1} = 0 \tag{7}$$

또한

$$N_1 = \frac{1}{(1+4\pi\kappa)(2i+1)^2 + (4\pi\kappa)^2 i(i+1)\left(1 - \left(\frac{a_1}{a_2}\right)^{2i+1}\right)} \tag{8}$$

이라 하면, 다음을 얻는다.

$$A_1 = -(4\pi\kappa)^2 i(i+1)\left(1 - (\frac{a_1}{a_2})^{2i+1}\right)N_i C_i \tag{9}$$

$$A_2 = -4\pi\kappa i\left[2i+1+4\pi\kappa(i+1)\left(1 - (\frac{a_1}{a_2})^{2i+1}\right)\right]N_i C_i \tag{10}$$

$$B_2 = 4\pi\kappa i(2i+1)a_1^{2i+1}N_i C_i \tag{11}$$

$$B_3 = -4\pi\kappa i\{2i+1+4\pi\kappa(i+1)\}\left(a_2^{2i+1} - a_1^{2i+1}\right)N_i C_i \tag{12}$$

이 양들을 조화 함수 전개에 대입하면 구 껍질의 자기화에서 비롯된 퍼텐셜 부분을 얻는다. N_i라는 양은 언제나 양수이다. 왜냐하면 $1+4\pi\kappa$ 는 음수가 될 수 없기 때문이다. 따라서 A_1은 언제나 음수이며, 다른 말로 하면 자화된 껍질의 작용은 그 속의 점에서 언제나 외부 자기력의 작

용과 반대가 된다. 이는 껍질이 상자성이든 반자성이든 마찬가지이다. 껍질 안쪽에서 합성 퍼텐셜의 실제 값은

$$(C_i + A_1) S_i r^i$$

$$\text{또는} \qquad (1 + 4\pi\kappa)(2i+1)^2 N_i C_i S_i r^i \qquad (13)$$

이다.

432] 연철의 경우에서처럼 k가 큰 수이면, 껍질이 매우 얇지 않은 한, 껍질 속의 자기력은 외부 힘에 비해 아주 작다.

톰슨 경은 이를 이용하여 해상 검류계를 연철 관 속에 집어넣음으로써 검류계가 외부 자기력에 영향을 받지 않도록 했다.

433] 가장 실용적으로 중요한 경우는 $i=1$일 때이다. 이 경우에는

$$N_1 = \frac{1}{9(1+4\pi\kappa) + 2(4\pi\kappa)^2 \left(1 - \left(\frac{a_1}{a_2}\right)^3\right)} \qquad (14)$$

$$\left.\begin{aligned}
A_1 &= -2(4\pi\kappa)^2 \left(1 - \left(\frac{a_1}{a_2}\right)^3\right) N_1 C_1 \\
A_2 &= -4\pi\kappa i \left[3 + 8\pi\kappa \left(-1\left(\frac{a_1}{a_2}\right)^3\right)\right] N_1 C_1 \\
B_2 &= 12\pi\kappa\, a_1^3 N_1 C_1 \\
B_3 &= -4\pi\kappa(3 + 8\pi\kappa)(a_2^3 - a_1^3) N_1 C_1
\end{aligned}\right\} \qquad (15)$$

이다.

텅 빈 껍질 속의 자기력은 이 경우에 균일하며 크기는 다음과 같다.

$$C_1 + A_1 = \frac{9(1+4\pi\kappa)}{9(1+4\pi\kappa) + 2(4\pi\kappa)^2 \left(1 - \left(\frac{a_1}{a_2}\right)^3\right)} C_1 \qquad (16)$$

만일 텅 빈 껍질 속의 자기력을 측정하고 이를 외부 자기력과 비교하는 방법으로 k를 정하려고 하면, 껍질의 두께로서 가장 좋은 값은 다음의 방정식으로부터 얻을 수 있다.

$$1 - \frac{a_1^3}{a_2^3} = \frac{9}{2} \frac{1 + 4\pi\kappa}{(4\pi\kappa)^2} \tag{17}$$

{이 $\frac{a_1}{a_2}$값은 $\frac{d}{d\kappa}\left\{1 + \frac{A_1}{C_1}\right\}$을 최대로 만드는 값이며, 따라서 $\frac{(C_1 + A_1)}{C_1}$값에 대한 오차에 대하여 해당하는 k의 오차는 되도록 작게 되어 있다.}[1] 껍질 내부의 자기력은 외부 값의 절반이 된다.

철의 경우에 k는 20과 30 사이의 수이므로, 껍질의 두께는 그 반지름의 200분의 1 정도가 되어야 한다. 이 방법은 k의 값이 큰 경우에만 적용할 수 있다. k의 값이 매우 작으면, A_1은 감지할 수 없을 만큼 작아진다. 왜냐하면 그 값은 k의 제곱에 비례하기 때문이다.

거의 꽉 차 있는 구에서는 텅 빈 구가 매우 작으며,

$$\left.\begin{array}{l} A_1 = -\dfrac{2(4\pi\kappa)^2}{(3 + 4\pi\kappa)(3 + 8\pi\kappa)} C_1 \\[2em] A_2 = -\dfrac{4\pi\kappa}{3 + 4\pi\kappa} C_1 \\[2em] B_3 = -\dfrac{4\pi\kappa}{3 + 4\pi\kappa} C_1 a_2^3 \end{array}\right\} \tag{18}$$

이 된다.

여기에서 살펴본 내용 전체는 312절에 서술한바, 구 껍질을 통한 전도[2]에 대한 고찰로부터 직접 연역할 수도 있다. 거기에서 주어진 표현에 $k_1 = (1 + 4\pi\kappa)k_2$를 대입하고, 전도 문제에서 A_1과 A_2가 자기유도 문제에서는 $C_1 + A_1$과 $C_1 + A_2$와 같다고 하면 된다.

---

1) 톰슨의 첨가임—옮긴이.
2) 원문에는 '전도'만 나와 있으나, 문맥상 '전도전류'가 더 적합할 것이다—옮긴이.

434] 2차원에서 해당 풀이를 이 책 맨 끝에 있는 그림 XV에 그래프로 나타냈다. 유도선은 그림의 중앙 부분에서 상당히 떨어져 있는 지점에서는 거의 수평 방향이지만, 횡단면으로 자화된 원통형 막대가 안정한 평형 위치에 놓이게 되면, 유도선이 이 막대의 방해를 받아 달라지는 것을 볼 수 있다. 이 유도선 전체를 직각으로 절단하는 선은 등퍼텐셜면을 나타내며, 그중 하나는 원통 모양이다. 점선으로 그린 큰 원은 상자성 물질로 이루어진 원통단면을 나타내며, 그 속에 있는 수평 방향의 점선으로 된 직선들은 외부 유도선과 연속되어 있고, 물질 안의 유도선을 나타낸다. 점선으로 된 수직선들은 내부의 등퍼텐셜면을 나타내며 외부의 등퍼텐셜면과 연속되어 있다. 유도선들은 물질 안에서는 더 촘촘히 그려져 있으며, 등전위면들은 상자성 물질의 원통 때문에 더 멀어져 있음을 볼 수 있을 것이다. 이것을 패러데이의 용어로 말하자면, 상자성 물질의 원통이 유도선들을 만들어내는(conduct) 것이 주변의 매질보다 더 많다는 것이 된다.

먼저, 수직선들 전체를 유도선으로 보고, 수평선들 전체를 등퍼텐셜면으로 본다면, 이것은 힘의 선들 사이에 불안정한 평형 위치에 횡단면으로 자화된 원통형 막대가 놓여 있고, 자화된 원통 때문에 힘의 선들은 사방으로 퍼져나가는 경우에 해당한다. 둘째로, 점선으로 된 큰 원을 반자성 물질로 이루어진 원통의 단면으로 본다면, 원통 속의 점선으로 된 직선들과 그 외부의 선들은 반자성 물질이 유도선들을 멀어지게 하고 등퍼텐셜면들을 촘촘하게 만드는 효과를 나타낸다. 왜냐하면 그런 물질은 주변 매질보다 자기유도를 덜 만들어내기(conduct) 때문이다.

자기화 계수들이 방향마다 다른 구면의 경우

435] 각 점에서 자기력의 성분들을 α, β, γ라 하고, 자기화의 성분들을 A, B, C라 하면, 이 양들 사이의 가장 일반적인 선형관계식은 다음 방정식으로 주어진다.

$$A = r_1 \alpha + p_3 \beta + q_2 \gamma$$
$$B = q_3 \alpha + r_2 \beta + p_1 \gamma \quad (1)$$
$$C = p_2 \alpha + q_1 \beta + r_3 \gamma$$

여기에서 계수 r, p, q는 자기화의 계수 9개이다.

이제 이 방정식이 반지름이 a인 구면 안의 자기화가 충족시키는 조건식이고, 물질의 모든 점에서 자기화가 균일하며 같은 방향이고, 그 성분이 A, B, C라 가정하자.

또한 외부의 자기화하는 힘도 균일하며 한 방향에 평행하고 그 성분이 X, Y, Z라 가정하자.

따라서 V의 값은

$$V = - (Xx + Yy + Zz) \quad (2)$$

가 되며, 구면 바깥에서 자기화의 퍼텐셜 Ω'의 값은

$$\Omega' = \frac{4\pi}{3} \frac{a^3}{r^3} (Ax + By + Cz) \quad (3)$$

가 된다.

구면 안에서 자기화의 퍼텐셜 Ω의 값은

$$\Omega = \frac{4\pi}{3} (Ax + By + Cz) \quad (4)$$

이다.

구면 안에서 실제의 퍼텐셜은 $V+\Omega$이므로, 구면 안에서 자기력의 성분들은 다음 식으로 주어진다.

$$\alpha = X - \frac{4}{3}\pi A$$
$$\beta = Y - \frac{4}{3}\pi B \quad (5)$$
$$\gamma = Z - \frac{4}{3}\pi C$$

따라서 다음이 성립한다.

$$\left.\begin{aligned}
(1+\frac{4}{3}\pi r_1)A + \frac{4}{3}\pi p_3 B + \frac{4}{3}\pi q_2 C &= r_1 X + p_3 Y + q_2 Z \\
\frac{4}{3}\pi q_3 A + (1+\frac{4}{3}\pi r_2)B + \frac{4}{3}\pi p_1 C &= q_3 X + r_2 Y + p_1 Z \\
\frac{4}{3}\pi p_2 A + \frac{4}{3}\pi q_1 B + (1+\frac{4}{3}\pi r_3)C &= p_2 X + q_1 Y + r_3 Z
\end{aligned}\right\} \quad (6)$$

이 방정식들을 풀면 다음을 얻는다.

$$\left.\begin{aligned}
A &= r'_1 X + p'_3 Y + q'_2 Z \\
B &= q'_3 X + r'_2 Y + p'_1 Z \\
C &= p'_2 X + q'_1 Y + r'_3 Z
\end{aligned}\right\} \quad (7)$$

여기에서

$$\left.\begin{aligned}
D'r'_1 &= r_1 + \frac{4}{3}\pi (r_3 r_1 - p_2 q_2 + r_1 r_2 - p_3 q_3) + (\frac{4}{3}\pi)^2 D \\
D'p'_1 &= p_1 - \frac{4}{3}\pi (p_2 q_3 - p_1 r_1) \\
D'q'_1 &= q_1 - \frac{4}{3}\pi (p_2 q_3 - p_1 r_1)\&c.
\end{aligned}\right\} \quad (8)$$

이며, D는 (6)식의 우변에 있는 계수들의 행렬식이고, D'은 (6)식의 좌변에 있는 계수들의 행렬식이다.

새로운 계수들 p', q', r'은 대칭이려면 계수들 p, q, r가 대칭이어야 한다. 즉 p 모양의 계수들이 해당하는 q 모양의 계수들과 같아야 한다.[3]

436][4] 구면이 x축을 중심으로 y 쪽으로부터 쪽으로 회전하게 만드는

---

3) 즉, $p_1 = q_1$, $p_2 = q_2$, $p_3 = q_3$ — 옮긴이

4) 〔계수 p와 q가 같은 것은 다음과 같이 보일 수 있다. 구에 힘이 작용하여, 구가 한 지름을 중심으로 $\delta\theta$의 각만큼 회전한다고 하자. 그 지름의 방향코사인을 λ, μ, ν라 하자. 구의 에너지를 W로 나타내면, 436절에 따라 다음을 얻는다.

$$-\delta W = \frac{4}{3}\pi a^3 \{(ZB - YC)\lambda + (XC - ZA)\mu + (YA - XB)\nu\}\delta\theta$$

그런데 좌표축이 구에 고정되어 있다면, 회전의 결과로 다음과 같이 된다.

$$\delta X = (Y\nu - Z\mu)\delta\theta \ \text{등}$$

따라서 $\qquad -\delta W = \frac{4}{3}\pi a^3 (A\delta X + b\delta Y + C\delta Z)$

짝힘의 모멘트는 다음과 같다.

$$L = \frac{4}{3}\pi a^3 (\gamma B - \beta C)$$
$$= \frac{4}{3}\pi a^3 \left\{ p'_1 Z^2 - q'_1 Y^2 + (r'_2 - r'_3) YZ + X(q'_3 Z - p'_2 Y) \right\} \tag{9}$$

여기에서

$$X = 0, \qquad Y = F\cos\theta, \qquad Z = F\sin\theta$$

라 하면, 이것은 yz 평면에 있고 y축 쪽으로 θ의 각을 이루고 있는 자기력 F에 해당한다. 이 힘을 일정하게 유지하면서 구면을 회전시키면, 그러는 데에 드는 일이 한 바퀴를 온전히 회전할 때마다 $\int_0^{2\pi} L d\theta$가 된다. 그런데 이것은

$$\frac{4}{3}\pi^2 a^3 F^2 (p'_1 - q'_1) \tag{10}$$

과 같다.

따라서 회전하는 구면이 한없는 에너지의 원천이 되지 않으려면 $p'_1 = q'_1$이어야 하며, 마찬가지로, $p'_2 = q'_2$, $p'_3 = q'_3$이어야 한다.

이 조건들은 원래의 방정식에서 셋째 방정식의 B의 계수가 둘째 방정식의 C의 계수와 같아야 함을 말해 준다. 따라서 연립방정식은 대칭이며, 자기화의 주축에 대한 방정식은 다음과 같이 된다.

라 놓을 수 있다. 회전하는 구가 에너지의 원천이 될 수는 없기 때문에, 마지막 식의 오른편에 있는 표현은 전미분이 되어야 한다. A, B, C는 X, Y, Z의 일차함수이므로, 따라서 W는 X, Y, Z의 이차함수이다. 이로부터 요구되는 결과가 바로 연역된다. W. 톰슨 경의 *Papers on Electrostatics and Magnetism*에 실린 논문, pp.480~481 참조]—니벤.

$$A = \frac{r_1}{1 + \frac{4}{3}\pi r_1} X$$
$$B = \frac{r_2}{1 + \frac{4}{3}\pi r_2} Y$$
$$C = \frac{r_3}{1 + \frac{4}{3}\pi r_3} Z \qquad (11)$$

구면을 x축을 중심으로 회전하게 만드는 짝힘의 모멘트는 다음과 같다.

$$L = \frac{4}{3}\pi a^3 \frac{r_2 - r_3}{\left(1 + \frac{4}{3}\pi r_2\right)\left(1 + \frac{4}{3}\pi r_3\right)} YZ \qquad (12)$$

대부분의 경우에 서로 다른 방향의 자기화 계수들 사이의 차이는 매우 작으므로,

$$L = \frac{2}{3}\pi a^3 \frac{r_2 - r_3}{\left(1 + \frac{4}{3}\pi r\right)^2} F^2 \sin 2\theta \qquad (13)$$

라 놓아도 좋다.

이것은 결정체 구면이 x축을 중심으로 y쪽으로부터 z쪽으로 회전하게 만드는 힘이다. 이는 언제나 최대 자기계수(또는 최소반자성 자기계수)의 축이 자기력선 방향과 평행하게 만드는 경향이 있다.

2차원에서 해당하는 경우를 그림 XVI에 나타냈다.

그림의 윗부분이 북쪽을 향하고 있다고 가정하면, 이 그림은 횡단면으로 놓인 원통의 북극이 동쪽을 향하게 놓여 있을 때 이 원통 때문에 자기력선들과 등퍼텐셜면들이 어떤 영향을 받는지를 나타내고 있다. 합력은 원통이 동쪽으로부터 북쪽으로 회전하게 만든다. 점선으로 된 큰 원은 결정체 물질의 원통 모양 단면을 나타낸다. 이 물질은 북서쪽으로부터 남동쪽으로 놓인 축 방향의 유도계수보다 북동쪽으로부터 남서쪽으로 놓인 축 방향의 유도계수가 더 크다. 원 안의 점선들은 유도선과

등퍼텐셜면을 나타낸다. 이 경우에 이 두 선은 서로 수직이 아니다. 원통에 작용하는 합력은 원통을 동쪽으로부터 북쪽으로 회전시킨다는 것이 분명하다.

437] 균일하고 평행한 자기력의 마당 안에 타원체를 둔 경우는 푸아송이 대단히 명민한 방식으로 풀어낸 바 있다.

밀도 ρ가 균일한 아무런 모양의 물체의 중력에서 비롯하는 퍼텐셜이 점 (x, y, z)에서 V라 할 때, 그 물체가 세기가 $I=\rho$이고 방향은 x축 방향으로 자화되어 있다면, 그 물체의 자기 퍼텐셜은 $-\dfrac{dV}{dx}$와 같다.

아무 점에서 $-\dfrac{dV}{dx}\delta x$의 값은 물체를 x축 방향으로 $-\delta x$만큼 움직였을 때의 퍼텐셜의 값 V'이 원래의 퍼텐셜의 값보다 늘어난 값과 같다.

만일 물체를 거리 $-\delta x$만큼 옆으로 이동시키면서 그 밀도를 ρ에서 $-\rho$로 바꾼다면(즉 끄는 힘 대신에 미는 힘이 되게 한다면), $-\dfrac{dV}{dx}\delta x$의 값은 그 두 물체[5]에서 비롯하는 퍼텐셜이 될 것이다.

물체의 요소부분에서 부피가 δv인 부분을 생각해 보자. 그 물질의 양은 $\rho\delta x$이며, 그에 대응하여 거리는 $-\delta x$만큼 떨어져 있고 물질의 양은 $-\rho\delta x$인 요소가 옆으로 이동시킨 물체에 있게 된다. 이 두 요소의 효과는 세기가 $\rho\delta x$이고 길이가 δx인 자석의 효과와 동등하다. 자기화의 세기는 요소의 자기 모멘트를 그 부피로 나눈 값으로 구할 수 있다. 그 결과는 $\rho\delta x$이다.

따라서 $-\dfrac{dV}{dx}\delta x$는 세기가 $\rho\delta x$이고 x축 방향으로 자화된 물체의 자기퍼텐셜이며, $-\dfrac{dV}{dx}$는 세기가 ρ가 되게 자화된 물체의 자기퍼텐셜이다.

이 퍼텐셜은 다른 관점에서 살펴볼 수도 있다. 앞에서는 물체를 거리 $-\delta x$만큼 이동시키고 밀도를 $-\rho$로 바꾸었다. 그 두 위치가 모두 포함되는 공간의 부분에 대한 밀도는 0이다. 왜냐하면, 끄는 힘만 생각한다면, 크기는 같고 방향은 반대인 두 밀도는 서로 상쇄되기 때문이다. 따라서

---

5) 즉, 원래의 물체와 옆으로 이동한 물체—옮긴이.

한쪽 끝에는 양의 물질이 있고 다른 쪽 끝에는 음의 물질이 있는 구 껍질만 남게 되며, 전체 퍼텐셜은 이 구 껍질에서 비롯하는 것으로 볼 수 있다. 아무 점에서 바깥 방향으로 그은 법선이 x축과 이루는 각을 ε이라 하면, 그 점에서 구 껍질의 두께는 $\delta x \cos\varepsilon$이며 그 밀도는 ρ가 된다. 따라서 표면밀도는 $\rho\delta x \cos\varepsilon$이고, 퍼텐셜이 $-\dfrac{dV}{dx}$인 경우에는 표면밀도가 $\rho\cos\varepsilon$이 된다.

이런 식으로, 특정 방향에 평행한 방향으로 균일하게 자화된 어떤 물체의 자기 퍼텐셜이라도 구할 수 있다. 이 균일한 자기화가 자기유도에서 비롯된 것이라면, 물체 속의 모든 점에서 자화시키는 힘도 균일하고 한쪽 방향으로 평행해야 한다.

이 힘은 두 부분으로 이루어져 있다. 하나는 외부원인에서 비롯한 것이고, 다른 하나는 물체의 자기화에서 비롯한 것이다. 따라서 외부의 자기력이 균일하고 평행하면 자기화에서 비롯한 자기력도 물체 안의 모든 점에서 균일하고 평행해야 한다.

그러므로 이 방법을 써서 자기유도 문제의 풀이를 구할 수 있기 위해서는 $\dfrac{dV}{dx}$가 물체 안의 좌표 x, y, z의 일차함수이어야 하며, 따라서 V는 좌표의 이차함수이어야 한다.

우리에게 익숙한 경우 중에 V가 물체 안의 좌표의 이차함수인 것은 물체가 완전이차곡면으로 둘러싸여 있는 경우뿐이다. 그중 물체의 크기가 유한한 경우는 타원체일 때뿐이다. 따라서 앞의 방법은 타원체의 경우에 적용할 것이다.

타원체의 식을

$$\frac{x^2}{a^2} + \frac{y^2}{b^2} + \frac{z^2}{c^2} = 1 \tag{1}$$

라 하고, 정적분[6)]

---

6) Thomson과 Tait의 *Natural Philosophy*, §525, 제2판 참조.

$$\int_0^\infty \frac{d(\phi^2)}{\sqrt{(a^2+\phi^2)(b^2+\phi^2)(c^2+\phi^2)}} \tag{2}$$

를 Φ_0으로 나타내자.

그러면

$$L = 4\pi abc \frac{d\Phi_0}{d(a^2)}, \quad M = 4\pi abc \frac{d\Phi_0}{d(b^2)}, \quad N = 4\pi abc \frac{d\Phi_0}{d(c^2)} \tag{3}$$

이라 할 때, 타원체 속에서 퍼텐셜의 값은 다음과 같이 될 것이다.

$$V_0 = -\frac{\rho}{2}(Lx^2 + My^2 + Nz^2) + \text{const} \tag{4}$$

타원체가 균일한 세기 I로 자화되어 있고, 자화의 방향이 x, y, z축과 방향코사인이 l, m, n인 방향으로 되어 있다면, 자기화의 성분은

$$A = Il, \qquad B = Im, \qquad C = In$$

이 되고, 이 자기화에서 비롯하는 퍼텐셜은 타원체 안에서 다음과 같이 될 것이다.

$$\Omega = -I(Llx + Mmy + Nnz) \tag{5}$$

외부의 자기화하는 힘이 $\mathbb{H}$이고 그 성분이 α, β, γ라면, 그 퍼텐셜은

$$V = -(Xx + Yy + Zz) \tag{6}$$

가 될 것이다.

따라서 물체 안의 아무 점에서 실제의 자기화하는 힘의 성분은

$$X + AL, \qquad Y + BM, \qquad Z + CN \tag{7}$$

이 된다.[7]

---

7) 2판에는 +가 아니라 −로 되어 있는데, 3판에서는 이 오류가 수정되어 있다—옮긴이.

자기화와 자기화하는 힘 사이의 가장 일반적인 관계식은 세 개의 일차방정식으로 주어지며 계수는 아홉 개이다. 그러나 에너지 보존의 조건을 충족시키기 위해서는 반드시 자기유도의 경우에 아홉 개 중 셋이 다른 셋과 각각 같아야만 한다. 따라서 다음을 얻는다.

$$
\left.
\begin{aligned}
A &= \kappa_1(X + AL) + \kappa'_3(Y + BM) + \kappa'_2(Z + CN) \\
B &= \kappa'_3(X + AL) + \kappa_2(Y + BM) + \kappa'_1(Z + CN) \\
C &= \kappa'_2(X + AL) + \kappa'_1(Y + BM) + \kappa_3(Z + CN)
\end{aligned}
\right\} \tag{8}
$$

이 방정식들로부터 A, B, C를 X, Y, Z로 구할 수 있으며, 이는 문제에 대한 가장 일반적인 풀이가 될 것이다.

타원체 바깥의 퍼텐셜은 타원체의 자기화에서 비롯된 것과 외부 자기력에서 비롯된 것을 합한 것이 될 것이다.

438] 실제적으로 중요한 유일한 경우는

$$
\kappa'_1 = \kappa'_2 = \kappa'_3 = 0 \tag{9}
$$

일 때이다.

그러면 다음을 얻는다.

$$
\left.
\begin{aligned}
A &= \frac{\kappa_1}{1 - \kappa_1 L} X \\
B &= \frac{\kappa_2}{1 - \kappa_2 M} Y \\
C &= \frac{\kappa_3}{1 - \kappa_3 N} Z
\end{aligned}
\right\} \tag{10}
$$

타원체의 두 축의 길이가 같고, 그 모양이 행성 모양 또는 납작한 모양이라면, 다음이 성립한다.

$$
b = c = \frac{a}{\sqrt{1 - e^2}} \tag{11}
$$

$$L = -4\pi \left(\frac{1}{e^2} - \frac{\sqrt{1-e^2}}{e^3} \sin^{-1} e \right)$$

$$M = N = -2\pi \left(\frac{\sqrt{1-e^2}}{e^3} \sin^{-1} e - \frac{1-e^2}{e^2} \right) \qquad (12)$$

타원체가 달걀 모양 또는 길쭉한 모양이라면 다음이 성립한다.

$$a = b = \sqrt{1-e^2}\, c \qquad (13)$$

$$L = M = -2\pi \left(\frac{1}{e^2} - \frac{1-e^2}{2e^3} \log \frac{1+e}{1-e} \right)$$

$$N = -4\pi \left(\frac{1}{e^2} - 1 \right)\left(\frac{1}{2e} \log \frac{1+e}{1-e} - 1 \right) \qquad (14)$$

구의 경우에는 $e=0$이며 다음이 성립한다.

$$L = M = N = -\frac{4}{3}\pi \qquad (15)$$

매우 납작한 행성 모양의 타원체(planetoid)인 경우에는 극한에서 L이 -4π와 같고, M과 N은 $-\pi^2 \frac{a}{c}$가 된다.[8]

매우 길쭉한 달걀 모양의 타원체(ovoid)인 경우에는 극한에서 L과 M은 어림값이 -2π가 되고, N은 어림의 꼴이

$$-4\pi \frac{a^2}{c^2}\left(\log \frac{2c}{a} - 1 \right)$$

---

8) 저자가 '행성형 타원체'(planetoid)라 이름붙인바, 행성이나 바둑알을 닮은 납작한 타원체를 현대의 용어로는 '납작한 타원체'(oblate ellipsoid)라 한다. 또한 저자가 '달걀형 타원체'(ovoid)라는 이름을 붙인 달걀이나 럭비공을 닮은 길쭉한 타원체를 '길쭉한 타원체'(prolate ellipsoid)라 한다. 본문에서 매우 납작한 타원체나 매우 길쭉한 타원체의 극한은 $e \rightarrow 1$의 극한과 동등하다―옮긴이.

이 되며 $e=1$일 때에는 0이 된다.

이 결과로부터 다음을 알 수 있다.

(1) 자기화의 계수 k가 매우 작으면, 그 값이 양이든 음이든 유도자기화는 자기화하는 힘에 k를 곱한 값에 매우 가까워지며, 물체의 모양과 거의 무관하다.

(2) k가 매우 큰 양의 값이면, 자기화는 주로 물체의 모양에 따라 달라지며, k의 정확한 값과 거의 무관하다. 예외의 경우는 종축 방향의 힘이 달걀 모양의 타원체에 작용하여 k가 크더라도 Nk가 작은 양이 되게끔 길쭉해진 경우이다.

(3) 만일 k의 값이 음수이고 그 크기가 $\frac{1}{4\pi}$와 같을 수 있다면, 자기화의 값이 무한대가 될 수 있으며, 이는 자기화하는 힘이 편평한 판이나 원판에 수직으로 작용하는 경우이다. 이렇게 엉터리 같은 결과가 나온다는 점으로 미루어 볼 때, 우리가 428절에서 말했던 것이 옳다는 것을 확인할 수 있다.

따라서 k의 값을 구하기 위한 실험은 k가 매우 작기만 하다면 어떤 모양의 물체를 써서라도 할 수 있다. 이는 모든 반자성 물체의 경우와 철, 니켈, 코발트를 제외한 모든 자성 물체의 경우에 성립한다.

그런데 철의 경우처럼 k가 큰 값이 된다면 공 모양이나 편평한 모양을 써서 하는 실험은 k를 구하는 데에 부적합하다. 예를 들어 공 모양의 경우에 자기화와 자화시키는 힘 사이의 비는 어떤 종류의 철에서처럼 $k=30$이라면 1 대 4.22가 되지만, k가 무한대라면 그 비는 1 대 4.19가 될 것이다. 따라서 자기화를 구하는 과정에서 매우 작은 오차로도 k의 값에는 매우 큰 오차가 생길 것이다.

그러나 매우 길쭉한 달걀형 타원체 모양의 철 조각을 쓴다면, Nk의 값이 1과 비슷한 적당한 값일 때, 자기화를 구해서 k의 값을 연역할 수 있고, N의 값이 작으면 작을수록 더 정확하게 k의 값을 정할 수 있다.

실제로 Nk의 값을 충분히 작게 만들 수 있다면, N의 값 자체의 작은 오차가 더 큰 오차를 유발하지는 않기 때문에, 달걀 모양이 아니라 도선

이나 긴 막대 따위의 아무 모양이라도 길쭉한 물체를 쓸 수 있다.[9]

그런데 곱 Nk의 값이 1에 비해 작을 때에만 이렇게 대치할 수 있다는 점을 기억해야 한다. 실제로 양끝이 평평한 원통 모양의 자기 분포는 길쭉한 달걀 모양의 자기 분포와 비슷하지 않다. 왜냐하면 자유롭게 움직이는 자기는 원통 끝을 향해 매우 많이 집중되지만, 달걀형 타원체에서는 한 가운데(적도)로부터의 거리에 비례하여 자기가 달라지기 때문이다.

그러나 원통 위의 전기 분포는 실질적으로 달걀형 타원체 위의 전기 분포와 맞먹는다. 이에 대해서는 152절에서 이미 살펴보았다.

이 결과를 통해 영구자석을 길쭉한 모양으로 만들면 영구자석의 자기 모멘트가 훨씬 더 커질 수 있는 까닭을 이해할 수 있다. 원판을 그 표면에 수직한 방향으로 세기가 I가 되도록 자화시킨 뒤에 그대로 놓아두면, 원판 안의 알갱이들은 $4\pi I$와 같은 크기의 탈자기화력(demagnetizing force)을 계속 받게 될 것이다. 이는 자화된 부분을 파괴할 수 있을 만큼 크지는 않겠지만, 온도의 변화라든가 진동 등의 도움을 받으면 그렇게 할 수도 있을 것이다.[10]

원통을 횡의 방향으로 자화시키는 경우에는 탈자기화력이 에 불과할 것이다.

자석이 공 모양이라면 탈자기화력은 $\frac{4}{3}\pi I$가 될 것이다.

원판을 횡 방향으로 자화시킨다면 탈자기화력은 $\pi^2 \frac{a}{c} I$이며, 길쭉한 달걀 모양의 타원체가 종 방향으로 자화되어 있다면 탈자기화력은

---

9) {도선을 사용할 경우 그 길이가 지름보다 최소한 300배는 더 커야 한다}—톰슨.

10) {원판 안의 자기력= $X + AL = \dfrac{X}{1 - \kappa L}$

또한 이 경우에는 이므로 자기력은

$$\frac{X}{1 + 4\pi\kappa}$$

가 된다. 따라서 원판 전체에 걸친 자기유도는 X이며, 이 값은 원판을 제거했을 때에 공기 속에서 원판이 나타낼 값과 같다}—톰슨.

$4\pi\dfrac{a^2}{c^2} I\log\dfrac{2c}{a}$ 로서 가장 작은 값이 된다.

그러므로 길쭉한 자석이 짧고 굵은 자석보다 더 오랫동안 자기를 잃지 않는다.

타원체의 세 축에 대한 자기계수가 다른 경우에, 타원체에 작용하여 x축을 중심으로 회전하게 만드는 힘의 모멘트는 다음과 같다.

$$\frac{4}{3}\pi abc\,(BZ-CY)=\frac{4}{3}\pi abc YZ\,\frac{\kappa_2-\kappa_3+\kappa_2\kappa_3(M-N)}{(1-\kappa_2 M)(1-\kappa_3 N)}$$

따라서 k_2와 k_3이 작으면, 물체의 크기가 각 방향으로 그리 많이 다르지 않을 경우에, 이 힘은 주로 물체의 결정구조의 질에 따라 달라지며 그 모양과는 무관하다. 그러나 철의 경우처럼 k_2와 k_3이 상당한 크기가 된다면, 그 힘은 주로 물체의 모양에 따라 달라지며, 그 힘 때문에 물체는 더 긴 축이 힘의 선과 평행하게 되도록 회전할 것이다.

균일하지만 충분히 강한 자기력의 마당을 얻을 수 있다면, 길쭉한 등방성 반자성 물체도 가장 긴 방향이 자기력선의 방향에 평행하게 되도록 움직일 것이다.[11]

439] 타원체 회전체에 자기력이 작용할 때 자기화의 분포가 어떻게 될 것인가 하는 문제를 연구한 것은 노이만[12]이다. 키르히호프[13]는 그 방법을 임의의 자기력이 작용할 때 무한히 긴 원통의 경우로 확장한 바 있다.

그린은 그 논고 제17절에서 유한한 길이의 원통에 균일한 외부 힘 X가 원통의 축 방향으로 작용할 때 자기화의 분포를 고찰한 바 있다. 이 고찰의 단계 중 일부는 아주 면밀하지는 않지만, 가장 중요한 이 경우에 그 결과가 실제의 자기화를 대략이나마 나타내고 있다고 볼 수 있을 것

---

11) {이 효과는 k의 제곱에 비례하며, 440절에서 다루어진 힘들은 k에 정비례한다. 따라서 k는 반자성물체에서 매우 작기 때문에 예외적인 경우를 제외한다면 후자의 힘이 이 절에서 다루어진 경향을 압도할 것이다}—톰슨.

12) J. Neumann, *Crelle*, bd. xxxvii(1848).

13) Kirchhoff, *Crelle*, bd. xlviii(1854).

이다. 이는 틀림없이 k가 큰 수인 원통의 경우로부터 그 값이 매우 작은 경우로의 전이를 매우 잘 나타내고 있지만, 반자성 물질에서처럼 k가 음수인 경우에는 완전히 틀린다.

그런은 원통의 반지름이 a이고 그 길이가 $2l$일 때, 원통의 중심으로부터 거리가 x만큼 떨어진 곳에서 자유 자기의 단위길이당 밀도는

$$\lambda = \pi \kappa X p a \, \frac{e^{\frac{px}{a}} - e^{-\frac{px}{a}}}{e^{\frac{pl}{a}} + e^{-\frac{pl}{a}}}$$

가 됨을 보였다. 여기에서 p는 다음 방정식에서 얻을 수 있는 수치상의 양이다.

$$0.231863 - 2\log_e p + 2p = \frac{1}{\pi \kappa p^2}$$

다음은 p와 k의 대응되는 값 중 몇 개이다.

k	∞	336.4	62.02	48.416	29.475	20.185	14.794	11.802	9.137	7.517	6.319	0.1427	0.0002	0.000	음수
p	0	0.01	0.02	0.03	0.04	0.05	0.06	0.07	0.08	0.09	0.10	1.00	10.00	∞	허수

원통의 길이가 반지름에 비해 매우 크면, 원통의 중심의 어느 쪽에서든 자유 자기의 총량은 당연히

$$M = \pi a^2 \kappa X$$

가 된다.

이 중에서 $\frac{1}{2} pM$은 원통의 평평한 끝에서이며,[14] 원통의 한쪽 끝으로

---

14) {곡면의 경우에 원통의 양의 방향에서 자유자기의 양은

$$= \int_0^l \lambda dx = \pi a^2 \kappa X (1 - \mathrm{sech}\, \frac{pl}{a})$$

이다. 평평한 끝에서의 양은 밀도가 $x=l$일 때 곡면에서와 같다고 가정하면 다음과 같이 된다.

부터 총량 M의 무게중심까지의 거리는 $\frac{a}{p}$이다.

k가 매우 작으면 p는 클 것이며 전체 자유자기의 대부분이 원통의 양 끝에 있을 것이다. k가 커지면 p는 작아지며, 자유자기는 양 끝으로부터 더 멀리 떨어진 곳까지 퍼진다. k가 무한히 크면 자유자기는 원통의 어느 점에서도 중심으로부터의 거리에 비례하며, 그 분포는 균일한 힘의 마당에 놓인 전도체의 자유전기의 분포와 비슷할 것이다.

440] 철, 니켈, 코발트를 제외한 모든 물질에서 자기화 계수는 매우 작기 때문에 물체의 유도자기화는 자기장 안의 힘을 아주 조금만 변화시킨다. 따라서 일차 어림으로서 물체 안의 실제 자기력은 물체가 거기에 없는 경우의 자기력과 같다고 가정할 수 있다. 따라서 일차 어림으로서 물체의 표면 자기화는 $\kappa \frac{dV}{dv}$이다. 여기에서 $\frac{dV}{dv}$는 외부 자석에서 비롯되는 자기퍼텐셜이 표면의 법선 방향(표면 안쪽으로 향함)으로 증가하는 비율이다. 이 표면 분포에서 비롯되는 퍼텐셜을 계산하고 나면, 이를 이용하여 다시 이차 어림으로 진행할 수 있다.

이 일차 어림에 따라 자기의 분포에서 비롯되는 역학적 에너지를 구하려면 다음 이중적분을 구해야 한다.

$$E = \tfrac{1}{2} \iint \kappa V \frac{dV}{dv}\, dS$$

여기에서 적분은 물체의 표면 전체에 대한 적분이다. 100절에서 보인 것처럼 이것은 다음 삼중적분과 같다.

$$\frac{\pi \kappa X p a}{2\pi a} \tanh \frac{pl}{a} \cdot \pi a^2$$

따라서 자유자기의 총량은 다음과 같다.

$$\pi a^2 \kappa X \left(1 - \operatorname{sech} \frac{pl}{a} + \frac{p}{2} \tanh \frac{pl}{a} \right)$$

만일 pl/a가 크면 이 양은 다음과 같다.

$$M(1 + \tfrac{p}{2})\ \} \text{—톰슨.}$$

$$E = -\tfrac{1}{2} \iiint \kappa \left(\overline{\frac{dV}{dx}}\Big|^2 + \overline{\frac{dV}{dy}}\Big|^2 + \overline{\frac{dV}{dz}}\Big|^2 \right) dxdydz$$

여기에서 적분은 물체가 차지하고 있는 공간 전체에 대한 적분이다. 자기력의 합력을 R이라 하면, 이는

$$E = -\tfrac{1}{2} \iiint \kappa R^2 dxdydz$$

와 같다.

변위가 δx만큼 있을 때 자기력이 물체에 주는 일은 $X\delta x$이다. 여기에서 X는 x방향의 역학적 힘이다. 그리고

$$\int X\delta x + E = \text{constant}$$

이므로,

$$X = -\frac{dE}{dx} = \frac{1}{2}\frac{d}{dx}\iiint \kappa R^2 dxdydz = \frac{1}{2}\iiint \kappa \frac{d.R^2}{dx} dxdydz$$

이다. 이로부터 물체에 작용하는 힘은 마치 물체의 모든 부분이 R^2이 더 작은 곳에서 더 큰 곳으로 움직이려 하는 것처럼 작용하며, 그 힘의 단위 부피당 크기는

$$\frac{1}{2}\kappa\frac{d.R^2}{dx}$$

임을 알 수 있다.

패러데이가 처음 밝혔듯이, 반자성 물체에서처럼 k가 음수이면, 그 힘은 자기장이 더 강한 부분으로부터 더 약한 부분으로 작용한다. 반자성 물체의 경우에 볼 수 있는 대부분의 작용은 이 성질에 따라 달라진다.

배의 자기

441] 자기학의 거의 모든 부분이 항해에 이용된다. 지자기가 나침반 바늘에 작용하여 방향을 나타내는 것은 태양과 별들이 보이지 않을 때 배(선박)의 경로를 확인할 수 있는 유일한 방법이다. 나침반 바늘이 진

자오선에서 벗어나는 편차가 처음에는 나침반을 항해에 응용하는 데에 장애로 보였지만, 자기지도를 구성함으로써 이 어려움이 극복된 이후에는 편차 자체가 오히려 선원들이 배의 위치를 결정하는 데에 도움이 되는 듯이 보였다.

항해에서 가장 큰 어려움은 언제나 경도를 확인하는 것이었다. 그런데 자기 편차는 위도가 같은 곳이라 하더라도 지역마다 모두 다르기 때문에, 위도를 알고 자기편차를 관측하면 선원들이 자기지도 위에서 어디에 있는지 찾아낼 수 있다.

그런데 최근에는 배를 만드는 데에 철이 광범위하게 사용되고 있어서 배가 일종의 자기물체로서 나침반 바늘에 미치는 작용을 고려하지 않고서는 나침반을 사용하는 것이 불가능하게 되었다.

지구의 자기력의 영향을 받고 있는 임의의 모양의 철 한 덩어리 안에서 자기의 분포를 결정하는 일은, 설혹 다른 역학적 변형력이나 다른 교란을 받지 않는다 하더라도, 앞에서 보았듯이 매우 어려운 문제이다.

그러나 이 경우에 다음과 같이 고찰한다면 문제가 단순해진다.

나침반은 그 중심이 배의 고정된 점에 놓여 있으며, 주변에 철이 모두 멀리 떨어져 있어서 나침반 바늘의 자기가 배 안에서 감지할 수 있을 만큼의 자기를 만들어내지 않는다고 가정한다. 나침반 바늘의 크기는 바늘의 각 부분에서 자기력이 모두 같다고 보아도 좋을 만큼 작다고 가정한다.

배의 철은 다음의 두 종류만 있다고 가정한다.

(1) 강철. 일정한 방식으로 자화되어 있음.

(2) 연철. 연철의 자기화는 지구나 다른 자석에서 유도된 것임.

엄격하게 하자면, 가장 강한 철에서 자기가 유도될 수 있을 뿐 아니라 여러 가지 방식으로 이른바 영구 자기화의 일부를 잃을 수도 있다는 가능성까지도 고려해야 한다.

가장 연한 철에는 잔류 자기화라 부르는 것이 남아 있을 수 있다. 철의 실제 성질들은 위에서 정의된 강철과 연철로 구성되어 있다고 가정하는 것만으로는 정확하게 표현될 수 없다. 그러나 배에 지구의 자기력만 작용하고 있고 다른 특이한 날씨의 영향 아래 있지 않을 때에는 배의 자기가 일부는 영구 자기화에서 비롯되고 일부는 자기 유도에서 비롯된다는 가정으로부터 나침반의 보정에 적용되는 결과를 충분히 정확하게 얻을 수 있다.

나침반의 변차에 대한 이론이 바탕에 두고 있는 방정식들은 푸아송, 프랑스 학술원보 제5권 533쪽(1824)에 주어져 있다.[15]

이 방정식들에 관련된 유도자기에 연관되는 유일한 가정은 다음과 같다. 즉, 외부자기에서 비롯된 자기력 X가 배를 이루는 철에 유도자기화를 만들어낸다면, 그리고 이 유도자기화가 나침반 바늘에 작용하는 교란력(disturbing force)의 세 성분이 X', Y', Z'이라면, 외부 자기력이 특정의 비로 달라질 때, 교란력의 성분들도 같은 비로 달라질 것이라는 가정이다.

철에 작용하는 자기력이 매우 클 때에는 유도자기화가 외부 자기력에 비례하지 않지만, 지구의 작용에서 비롯되는 힘 정도의 크기가 되는 자기력에 대해서는 이 점이 두드러진 결과로 이어지지 않는다는 것은 사실이다.

따라서 실제적으로, 크기가 1인 자기력이 배를 이루는 철의 개입을 통해 나침반 바늘에 만들어내는 교란력의 성분이 x축 방향으로 a, y축 방향으로 d, z축 방향으로 g라 하면, x축 방향의 힘 X에서 비롯되는 교란력의 성분들은 aX, dX, gX가 될 것이다.

그러므로 세 축이 배 안에서 고정되어 있는데, x축 방향이 뱃머리를 향하는 방향이고, y축 방향이 우현을 향하는 방향이고, z축 방향이 용골을 향하는 방향이 된다고 가정하고, 이 방향에 대한 지구의 자기력의 성

---

15) 프랑스 학술원보(Mémoires de l'Académie des sciences de l'Institut de France)는 프랑스 학술원(왕립학술원 또는 왕립아카데미)에서 발간한 학술지로 1878년에 창간되었으며, 과학 분야뿐 아니라 예술 분야의 논문도 실렸다—옮긴이.

분들을 X, Y, Z로 나타내고, 지구의 자기력과 배의 자기력이 결합하여 나침반 바늘에 작용하는 힘의 성분들을 X', Y', Z'로 나타내면, 다음이 성립한다.

$$\left.\begin{array}{l} X' = X + aX + bY + cZ + P \\ Y' = Y + dX + eY + fZ + Q \\ Z' = Z + gX + hY + kZ + R \end{array}\right\} \tag{1}$$

이 방정식에서 a, b, c, d, e, f, g, h, k는 배의 연철에 유도되는 자기의 크기와 배치와 용량에 따라 달라지는 9개의 상수 계수이다.

P, Q, R는 배의 영구 자기화에 따라 달라지는 일정한 양이다.

자기유도가 자기력의 일차함수라면, 이 방정식은 충분히 일반적임이 분명하다. 왜냐하면 이것은 더도 덜도 아니고 한 벡터를 다른 벡터의 일차함수로 나타낸 가장 일반적인 표현이기 때문이다.

또한 이 방정식이 너무 일반적인 것이 아님을 보일 수 있다. 왜냐하면 철을 적절하게 배치함으로써 9개의 계수 중 어느 것도 다른 것들과 독립적으로 변화하게끔 만들 수 있기 때문이다.

따라서 자기력이 길고 가느다란 철 막대에 길이 방향으로 작용하면 막대에 두 극이 생겨나며, 각 극의 세기는 수치상으로 막대의 단면적에 다 자기력을 곱하고 다시 여기에 유도자기화의 계수를 곱한 값과 같다. 막대의 횡 방향으로 작용하는 자기력은 훨씬 더 약한 자기화를 만들어내며, 그 효과는 막대 지름의 수 배만큼 떨어진 거리에서는 거의 감지할 수 없을 만큼 작다.

길고 가느다란 막대를 이물에서 고물로 세로로 놓으면, 그 한쪽 끝이 나침반 바늘로부터 배의 이물 방향으로 쟀을 때만큼 떨어진 거리에 있고, 막대의 단면적을 A라 하고, 막대의 자기화 계수를 k라 할 때, 극의 세기는 AkX가 될 것이며, $A = \dfrac{ax^2}{k}$ 라면, 이 극이 나침반 바늘에 작용하는 힘은 aX가 될 것이다. 막대는 충분히 길어서 다른 쪽 극이 나침반에 미치는 효과는 무시할 만하다고 가정해도 좋다.

이렇게 해서 계수 a에 대해 요구되는 값을 찾아내는 수단을 얻게 되었다.

단면적이 B인 다른 막대를 취해 한쪽 끝을 같은 위치, 즉 나침반에서 뱃머리를 향해 x만큼 떨어진 점에 놓고, 이를 먼 극이 나침반에 감지할 만한 효과를 생성하지 않을 만한 거리에 우현 쪽으로 뻗치면, 이 막대에서 비롯되는 교란력은 x축 방향이고 크기가 $\dfrac{B\kappa Y}{x^2}$가 될 것이다. 만일 $B = \dfrac{bx^2}{\kappa}$라면, 그 힘은 bY가 될 것이다.

따라서 이 막대를 써서 계수 b를 구할 수 있다.

세 번째 막대를 같은 위치에서 아래쪽으로 뻗치면 계수 c를 구할 수 있다.

세 개의 막대를 나침반의 우현 쪽에 있는 점으로부터 앞쪽과 우현쪽과 아래쪽으로 뻗치면 계수 d, e, f를 구할 수 있으며, 나침반 아래의 점으로부터 세 방향으로 세 개의 막대를 뻗치면 계수 g, h, k를 구할 수 있다.

그러므로 아홉 개의 계수 모두를 철 막대들을 적절하게 놓음으로써 각각 변화시킬 수 있다.

P, Q, R라는 양은 단순히 나침반에 작용하는 힘의 성분들로서, 배의 영구 자기화와 더불어 유도자기화 중에서 이 영구 자기화의 작용에서 비롯되는 부분에서 생겨나는 것이다.

(1)식과 배의 자기 경로와 나침반으로 지시되는 경로에 대한 완벽한 논의는 스미스(Archibald Smith)가 해군 본부의 『나침반 편차 교본』 (*Manual of the Deviation of the Compass*)에서 다루었다.

거기에는 이 문제를 다루는 유용한 그래프 방법이 나와 있다. 고정된 점을 원점으로 삼고, 이 점으로부터 나침반에 작용하는 실제 자기력의 수평부분의 방향과 크기를 나타내는 직선을 그린다. 배가 빙빙 돌면서 그 뱃머리가 계속해서 다른 방위각을 향하게 될 때, 이 직선의 끝점은 일종의 곡선을 그리는데, 이 곡선의 각 점은 특정한 방위각에 대응한다.

그런 곡선은 다이고그램(dygogram)이라 하며, 이를 써서 나침반에 작용하는 힘의 방향과 크기가 배의 자기 경로에 따라 주어진다.

다이고그램에는 두 종류가 있다. 하나는 배가 한 바퀴를 돌 때 공간에 고정된 평면 위에서 궤적을 그리는 곡선이다. 둘째 종류에서는 곡선이 배에 고정된 평면 위에서 궤적을 그린다.

첫째 종류의 다이고그램은 파스칼의 리마송(Limacon of Pascal)이며, 둘째 종류의 다이고그램은 타원이다. 이런 곡선들을 작도하고 사용하는 것이나 항해자에게 중요한 만큼이나 수학자들에게 흥미로운 많은 정리들에 대해서는 독자들이 해군본부의 『나침반 편차 교본』을 참조하기 바란다.

제6장 유도자기에 대한 베버의 이론

442] 앞에서 보았듯이, 푸아송은 철의 자기화라는 것을 각각의 자기 분자 속에 자기유체들이 띄엄띄엄 떨어져 있는 것이라고 상정했다. 만일 자기유체의 존재를 가정하고 싶지 않다면, 같은 이론을 다음과 같이 다른 형태로 서술할 수도 있다. 즉, 철의 분자는 모두 거기에 자기화하는 힘이 작용할 때 비로소 자석이 된다고 말하는 것이다.

베버의 이론은 철의 분자들이 언제나 즉 자기화하는 힘이 적용되기 이전에도 자석이라고 가정한다는 점에서 이것과 다르다. 단지 분자들의 자기축이 모든 방향으로 제각기 향해 있어서, 철 전체는 자성을 띠지 않는다는 것이다.

자기력이 철에 작용하면 분자들의 축을 모두 한 방향으로 정렬시키며, 따라서 철이 전체적으로 자석이 되게 만든다.

모든 분자들의 축이 서로 평행하게 놓이면 철은 가능한 자기화의 최대 세기를 나타낼 것이다. 따라서 베버의 이론은 자기화의 세기에 한계가 존재한다는 함축을 가지며, 따라서 그런 한계가 존재한다는 실험상의 증거가 그 이론에 필수적이다. 자기화의 한계값에 가까워짐을 보이는 실험은 줄,[1] 뮐러,[2] 이윙과 로우[3] 등이 수행한 바 있다.

베츠[4]는 철로 된 전기판(electrotype)에 자기력을 작용시키는 실험

---

1) J.P. Joule, *Annals of Electricity*, iv. p.131, 1839; *Phil. Mag.* 〔4〕 iii. p.32.

2) J. Muller, Pogg., *Ann.* lxxix. p.337, 1850.

3) Ewing, Low, *Phil. Trans.* 1889. A. p.221.

을 통해, 자기화의 한계가 존재한다는 가장 완벽한 증거를 얻었다

은으로 만든 도선을 절연체로 코팅한 다음 코팅한 부위를 미세한 세로 줄 모양으로 긁어 코팅을 벗겨내면, 금속 위에 얇은 선이 그려진다. 다음으로 이 도선을 철을 포함한 염이 녹아 있는 수용액에 담그고 자기장을 걸어서 표면에 그은 선이 자기력선의 방향이 나란하도록 해준다. 이 도선에 전기의 음극을 걸어주어 수용액을 통해 전류가 흐를 수 있도록 해주면, 도선의 코팅을 벗긴 얇은 부분의 표면 위에 철 분자가 하나씩 차곡차곡 쌓이게 된다. 이렇게 만든 철 필라멘트에 대해 자기적인 특성을 조사한다. 철로 만든 필라멘트는 아주 작은 양만 있어도 자기 모멘트가 대단히 크게 나타난다. 자기화하는 힘을 본래의 자기화와 같은 방향으로 대단히 강하게 가해 주어도 일시적인 자기화의 증가는 아주 미미해서 영구적인 자기화가 변하지 않는다. 본래의 자기화와 반대 방향으로 자기화하는 힘을 걸어주면, 한순간에 필라멘트의 자기화 상태는 보통의 자화되지 않은 수준까지 떨어진다.

베버의 이론에서는 자기화하는 힘이 분자가 쌓이는 순간 분자의 축을 모두 나란하게 정렬시킨다고 가정한다. 이 가정은 관찰의 결과에 잘 부합한다.

베츠는 위의 실험과 같이 자기력을 걸어놓고 전기분해를 지속할 경우, 나중에 쌓이게 되는 철의 경우는 자기화의 세기가 감소한다는 것을 발견했다. 그 이유는 분자의 축이 자기력의 방향과 어긋나는 방향으로 쌓이기 때문인 듯하며, 어긋나는 이유는 먼저 쌓인 분자들에 이웃하여 다음 분자들이 쌓이면서 서로 뒤틀리기 때문인 것으로 보인다. 그래서 대략 분자의 축이 서로 나란하게 형성되는 경우는 아주 얇은 철 필라멘트의 경우뿐이다.

만일 베버가 가정한 것처럼 철 분자들이 이미 자석이라고 한다면, 조그만 자기력을 가지고도 충분히 분자의 축을 모두 나란하게 정렬할 수

---

4) Beetz, Pogg. cxi. 1860.

있다. 그래서 철을 전기분해하여 쌓기만 하면 그렇게 쌓인 철이 만드는 필라멘트의 자기화 크기는 최대가 된다.

다른 한편, 철 분자가 자기화할 수는 있지만 자석이 아니라면, 쌓아서 만든 필라멘트의 자기화는 자기화하는 힘에 따라 달라질 것이다. 이것은 연성이 있는 철이 보통 자기화하는 힘에 따라 다른 자기화를 보이는 것과 같은 방식이다. 베츠의 실험은 이런 후자의 가설이 성립할 여지를 전혀 남겨주지 않는다.

443] 이제 우리도 베버의 가정을 따라, 철의 단위 부피당 들어 있는 분자의 개수는 n이라 하고, 각 분자의 자기 모멘트는 m이라고 하자. 분자의 축이 모두 나란히 정렬해 있을 때 단위 부피당 자기모멘트는

$$M = nm$$

이 되고, 이것은 철이 가질 수 있는 가장 큰 자기화의 세기가 된다.

자기화되지 않은 보통 철의 경우에, 각 분자의 축은 서로 모두 제 각각의 방향을 가리키고 있다고 베버는 가정했다.

이 상황을 시각적으로 표현하기 위하여, 다음과 같은 모양의 구를 상정해 보자. 중앙에서부터 시작하여 n개의 모든 분자의 축과 나란한 반지름을 모두 그린다. 이렇게 분포한 반지름의 끝 부분은 분자의 축을 나타낸다. 자기화되지 않은 보통 철의 경우에 이 점들은 구 표면 각 부분에 고르게 분포한다. 따라서 분자의 축이 좌표의 x축과 이루는 각이 α보다 작은 분자의 개수는

$$\frac{n}{2}(1 - \cos\alpha)$$

가 되고, 따라서 x축과 이루는 각이 α와 $\alpha + d\alpha$ 사이에 있는 분자의 개수는

$$\frac{n}{2}\sin\alpha \, d\alpha$$

가 된다. 이 식은 전혀 자기화된 적이 없는 철 조각의 분자의 배열에 대

한 것이다.

이제 x축과 나란한 방향의 자기력 X가 철에 작용한다고 하자. 그리고 자기력이 작용하기 전에 축이 x축과 α의 각을 이루고 있는 분자를 생각해 보자.

이 분자가 완전히 자유롭게 회전할 수 있다면, 분자의 축은 x축과 나란하게 될 것이다. 만일 다른 분자들도 모두 이렇게 자유롭게 회전하게 되면, 아주 작은 자기력만으로도 충분히 자기화의 값이 최대가 되도록 할 수 있다. 하지만 실제로는 그렇지 않다.

분자는 x축과 나란한 방향으로 회전하지 않는다. 그 이유는 각 분자가 원래의 방향을 보전하려는 힘을 받거나, 혹은 효과가 분자 전체 시스템의 상호작용에 의해 이런 힘에 해당하는 효과가 나타나기 때문이다.

베버는 훨씬 단순한 전자의 가정을 받아들여서, 각 분자들이 자기력을 받아 원래의 축에서 휘어지게 될 때 다른 힘을 받아 본래의 위치로 되돌아오려 한다고 가정했다. 그 힘은 자기력 D와 크기가 같고 본래의 축 방향으로 작용한다.

따라서 실제로 축이 위치하리라 생각되는 곳은 X와 D의 합력의 방향이다.

APB는 구와 반지름의 교차점이다. 힘의 단위를 알맞게 정하면 반지름은 힘 D가 된다.

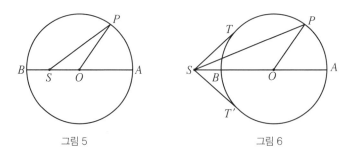

그림 5   그림 6

반지름 OP를 어떤 분자가 원래의 위치에 있을 때 축이 위치하는 방향으로 놓자.

SO는 위와 같은 크기 단위에서 자기력 X를 나타내며, S에서 O 쪽으로 작용한다. 그러면 분자에 힘 X가 SO 방향으로 작용하고, 힘 D가 분자 축이 원래 향하고 있던 OP 방향으로 작용하면, 분자의 축은 SP 방향이 된다. SP 방향은 힘 X와 힘 D의 합력이 가리키는 방향이다.

분자의 축이 본래 모든 방향으로 다 향하고 있으므로, P는 구의 표면에 있는 어떤 점을 잡아도 무방하다. 그림 5에서 보면 힘 X는 힘 D보다 작다. 분자 축의 최종적인 방향, SP는 어느 쪽으로든 향할 수 있으나 각 방향으로 균일하게 분포하지는 않는다. B를 중심으로 돌아가며 분포하는 분자의 수보다 A를 중심으로 하고 둘레에 분포하는 분자의 수가 더 많다. 그림 6은 X가 D보다 더 큰 경우를 나타내는데, 이때 분자의 축은 구의 표면에 접하는 TST' 원뿔 안에만 분포하게 된다.

따라서 X가 D보다 큰가, 작은가에 따라 두 개의 서로 다른 경우를 나누어 볼 수 있다.

> $\alpha = AOP$, x축에 대한 분자 축 본래의 기울기
>
> $\theta = ASP$, 힘 X에 의해 휘어질 때 축의 기울기
>
> $\beta = SPO$, 휘어진 각도
>
> $SO = X$, 자기화하는 힘[5]
>
> $OP = D$, 본래의 위치로 돌아가게 하는 힘
>
> $SP = R$, X와 D의 합력
>
> $m = $ 분자의 자기 모멘트

---

5) {자석 내부의 자극에 작용하는 힘은 무한하며, 그 자극이 위치한 구멍의 모양에 따라 달라진다. 따라서 힘 X는 무한하다. 왜냐하면 이 문자 자석의 모양이나 성질에 관해 아는 것이 없으므로, 이 힘이 구멍 안에서 어느 하나의 모양이고 다른 모양이 아니라고 가정할 아무런 이유가 없는 것으로 보이기 때문이다. 따라서 별도의 가정을 내세우지 않는다면, $X=X_0+pI$라고 놓아야 할 것으로 보인다. 여기에서 X_0은 외부 자기력이고, p는 상수로서 이에 대해 우리가 말할 수 있는 것은 0과 4π 사이에 있다는 것뿐이다. 철에서 I가 X_0보다 훨씬 더 크다는 사실로 보자면, 이와 같은 X의 값에 대한 불확실성은 더 당혹스럽다. 불확실성이 있는 항이 둘 중에 훨씬 더 중요할 수 있기 때문이다}─톰슨.

라고 하자.

그러면 힘 X로부터 비롯되는 평형 짝힘은 각 θ를 감소시키려 하는데 그 모멘트는

$$mL = mX \sin \theta$$

이다. 힘 D로부터 비롯되는 짝힘은 θ를 증가시키려 하며 모멘트는

$$mL = mD \sin \beta$$

이다.

이 값들을 식에 넣고 $\beta = \alpha - \theta$라는 관계식을 대입하면, 분자 축이 처음 위치에서 휘어진 후의 방향을 다음과 같이 결정할 수 있다.

$$\tan \theta = \frac{D \sin \alpha}{X + D \cos \alpha} \tag{1}$$

다음으로 우리가 해야 할 것은 힘 X에 의해 물질 전체에 발생한 자기화의 세기를 구하는 것이다. 전체 자기화의 세기를 구하기 위해서는 각 분자의 x방향 자기 모멘트를 하나씩 분리해서 구하고, 그렇게 구해진 값을 모두 더하면 된다.

분자 하나가 가지는 자기 모멘트의 x방향 성분은

$$m \cos \theta$$

이다.

원래의 기울어짐이 α와 $\alpha + d\alpha$ 사이에 있는 분자들의 개수는 다음과 같다.

$$\frac{n}{2} \sin \alpha \, d\alpha$$

따라서 우리는 다음 식을 θ가 α의 함수임을 염두에 두면서 적분해야 한다.

$$I = \int_0^{\frac{\pi}{2}} \frac{mn}{2} \cos\theta \sin\alpha \, da \qquad (2)$$

θ가 α는 모두 R로 바꾸어 표현할 수 있다. 두 값을 R로 바꾸어 표현한 다음에 피적분 함수는 다음과 같이 나타낼 수 있다.

$$-\frac{mn}{4X^2 D}(R^2 + X^2 - D^2) \, dR \qquad (3)$$

위의 식을 일반적으로 적분하면 다음과 같이 된다.

$$-\frac{mnR}{12X^2 D}(R^2 + 3X^2 - 3D^2) + C \qquad (4)$$

첫 번째 경우, X의 값이 R의 값보다 작다. 적분의 범위는 $R=D+X$에서부터 $R=D-X$까지가 된다. 두 번째 경우, X의 값이 R의 값보다 크므로, 적분의 범위는 $R=X+D$에서부터 $R=X-D$까지가 된다.

X가 D보다 작을 때 $\qquad\qquad I = \frac{2}{3}\frac{mn}{D} X \qquad\qquad (5)$

X가 D와 같을 때 $\qquad\qquad I = \frac{2}{3} mn \qquad\qquad (6)$

X가 D보다 클 때 $\qquad\qquad I = mn\left(1 - \frac{1}{3}\frac{D^2}{X^2}\right) \qquad (7)$

X가 무한대가 될 때 $\qquad\qquad I = mn \qquad\qquad (8)$

베버가 채택한 이러한 형태의 이론에 따르면,[6] 자기화하는 힘이 0에

---

[6] 베버가 Abhandulungen der Kg. Sächs-Gesellschaft der Wissens. i. p.572 (1852), 또는 Pogg., *Ann.*, lxxxvii. p.167(1852)에서 제시한 공식에는 약간의 실수가 있다. 왜냐하면 이 적분 결과의 몇 단계는 베버가 제시한 것이 아니기 때문이다. 베버의 공식은 다음과 같다.

$$I = mn \, \frac{X}{\sqrt{X^2 + D^2}} \, \frac{X^4 + \frac{7}{6} X^2 D^2 + \frac{2}{3} D^4}{X^4 + X^2 D^2 + D^4}$$

서 D까지 증가하는 동안 물체의 자기화도 이 힘과 같은 비율로 증가한다. 자기화하는 힘이 D와 같은 값을 가지게 되는 순간, 자기화는 한계값의 3분이 2가 된다. 자기화하는 힘이 계속해서 더 증가하면, 자기화는 무한히 증가하지 않고, 일정한 한계값을 향해 간다.

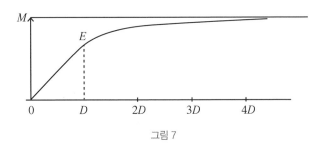

그림 7

그림 7은 자기화를 법칙을 보여 주고 있다. 자기화하는 힘은 O에서 오른쪽으로 가면서 증가한다. 자기화는 수직 좌표축으로 표시한다. 베버의 실험 결과는 만족할 만큼 이 법칙에 잘 부합한다. 하지만 D값이 같은 철 조각을 이루고 있는 모든 분자에 대해 다 똑같지 않을 수도 있다. 그래서 O에서 E로 향하는 직선이 E점을 벗어나 휘어진다 하더라도 이것은 여기서 말하는 것처럼 그리 갑작스러운 일은 아니다.

444] 이 형태의 이론은 잔류 자기화에 대한 설명이 없다. 잔류자기화는 자기화하는 힘이 사라진 다음에도 존재하는 자기화이다. 따라서 분자의 위치가 바뀌고 나서 계속 그대로 머물 수 있는 평형 위치에 대한 조건과 관련한 가정들을 만들고, 그 결과를 조사해 보는 것이 바람직하다고 나는 생각했다.

자기 분자의 축에 대해서 다음과 같이 가정해 보자. 분자 축이 β_0보다 작은 각 β만큼 편향되었다고 하자. 그 뒤에 축을 편향시키는 힘이 제거되면 분자의 축은 본래의 위치로 돌아올 것이다. 하지만 편향각 β가 β_0보다 크다면, 편향시키는 힘이 없어져도 축이 원래의 위치로 돌아오지 않고 $\beta-\beta_0$만큼 계속해서 편향되어 있게 된다. 이것을 가리켜 분자

들의 영구 집합이라 부를 수 있다.[7)]

분자 편향의 법칙에 대한 이 가정은 물체의 자세한 구조에 대한 정확한 지식에 바탕을 두고 있다고 볼 수 없다. 하지만 그 참된 상태를 알지 못하더라도, 베버가 제안한 추측의 내용을 추적해 가는 데 있어서 상상력을 돕기 위해 이 가정을 받아들이고 있다.

이제

$$L = D \sin \beta_0 \tag{9}$$

이라 하자. 분자에 작용하는 짝힘의 모멘트가 mL보다 작다면, 영구 편향이 생겨나지 않는다. 하지만 모멘트가 m보다 커지는 경우에는 평형 위치의 영구적인 변화가 일어날 것이다.

이 가정의 결과를 추적하기 위해 중심이 O이고 반지름이 $OL=L$인 구를 그려보자.

X가 L보다 작다면 모든 것이 이미 앞에서 살펴본 바와 같다. 하지만 X가 L보다 커지자마자 분자의 분자들 중의 일부에 영구 편향이 생겨난다.

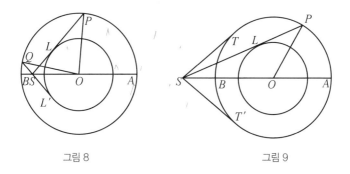

그림 8   그림 9

그림 8의 경우를 살펴보자. 이 경우에 X가 L보다 크고 D보다 작다. 정점 S를 지나는 두 개의 원뿔이 구 L과 접하도록 그린다. 이 원뿔은 구

---

7) {실제 맥스웰이 세운 가설은 이 단락에 있는 가설이 아니라, 445절의 각주에 서 술되어 있는 가설인 것으로 보인다}—톰슨.

D와 점 P, Q에서 만난다. 이렇게 놓을 때 원래의 위치에 있는 분자의 축이 OA와 OP 사이에 있거나, OB와 OQ 사이에 있다면, 각 β_0보다 적게 편향되는데, 측이 지속적으로 휘어져 있지는 않는다. 하지만 분자의 축이 본래 OP와 OQ 사이에 있다면, 모멘트가 L보다 큰 짝힘이 작용하고, 그 때문에 축이 SP로 휘어진다. 이때 힘 X가 더 이상 작용하지 않게 되어도 분자 축은 그 본래의 위치를 회복하지 못하고 영원히 OP 방향에 머물러 있게 된다.

다음과 같이 놓자.

$$L = X \sin \theta_0 \qquad \text{(단, } PSA \text{ 또는 } QSB)$$

그러면 앞의 가설에 따라, 그 축이 θ의 값이 θ_0과 $\pi - \theta_0$ 사이에 있는 모든 분자들이 힘 X가 작용하는 동안 θ_0의 값을 갖게 될 것이다.

따라서 그 분자들이 축이 편향될 때 꼭지각의 절반이 θ_0인 이중 원뿔 중 하나의 면 안쪽으로 위치하게 되는 분자들은 힘 X가 작용하는 동안 앞의 경우처럼 정렬할 것이다. 그러나 앞의 이론에 의해 축이 바깥쪽에 위치하게 되는 그 외의 분자들은 영구편향 상태로 있게 된다. 그래서 그 축은 A방향이 내부에 있는 원뿔 면 둘레 끝 쪽에 주로 밀집한다.

X가 증가하면서 B를 내부에 두고 있는 원뿔에 위치하고 있는 분자의 개수는 계속 줄어든다. 그리고 X가 D와 같아질 때 모든 분자들은 그들의 원래 평형 위치에서 비틀어져서, A 주변의 원뿔의 끝부분으로 올 때까지 힘을 받는다. 그래서 X가 D보다 커지면 모든 분자들은 A 주변의 원뿔면이나 그 가장자리 부분을 형성한다.

힘 X가 사라지면 X가 L보다 작은 경우는 모든 분자들이 다 처음의 상태로 되돌아온다. X가 L과 D 사이에 있으면, A를 중심으로 중심각이

$$AOP = \theta_0 + \beta_0$$

인 원뿔과 B를 중심으로 중심각이

$$BOQ = \theta_0 - \beta_0$$

인 원뿔이 생긴다. 이 원뿔 안에 분자의 축이 균일하게 분포한다. 하지만 원래의 축 방향이 이 원뿔들의 외곽에 있었던 분자들은 모두 그들의 처음 위치로부터 벗어나 A를 내부에 둔 원뿔의 끝 부분을 형성한다.

X가 D보다 크면, B를 내부에 두고 있는 원뿔은 완전히 흩어져서 이 원뿔을 형성하고 있던 모든 분자들이 A를 내부로 하는 원뿔의 가장자리 쪽으로 옮겨가서 $\theta_0 + \beta_0$의 각을 이룬다.

445] 앞에서와 같은 방식으로[8] 이 경우를 다루어 보자. 이때 X가 작용하는 동안 순간적인 자기화의 세기를 구하면 다음과 같다. 이 자기력

---

8) 〔본문에 주어진 결과는 약간의 예외를 제외하면 아래에 주어진 과정을 통해 얻을 수 있다. 444절의 수정된 이론은 다음과 같이 말할 수 있다. 편향각 β가 β_0보다 작을 때에는 편향시키는 힘을 제거하면 자기분자의 축이 원래의 위치로 되돌아올 것이다. 그러나 편향각이 β_0보다 작을 때에는 편향에 반대되는 힘이 더 약해서 분자가 편향되어 버릴 수 있으며, 그 방향은 편향이 β_0인 분자의 편향 방향과 같다. 편향시키는 힘을 제거하면 분자는 편향이 β_0인 분자들의 방향과 나란한 방향을 취하게 된다. 이 방향을 분자의 영구집합이라 부를 수 있다. $L < X < D$인 경우에는 자기모멘트에 대한 표현 I가 두 부분으로 구성된다. 하나는 원뿔 AOP, BOQ 안에 있는 분자들에서 비롯되는 것으로서, 적분구간에 유념하면, 443절에서처럼 정확히 구할 수 있다. 그림 8을 참조하면, 두 번째 부분은 앞에서 서술한 이론에 따라

$$\frac{1}{2} mn \cos ASP \times \frac{BA\text{에 드리운 } QP\text{의 그림자}}{OP}$$

가 된다. 두 부분을 합하여 환산하면 본문에 있는 결과를 얻는다. $X > D$일 때에도 적분은 두 부분으로 구성된다. 하나는 443절에서처럼 원뿔 AOP 위에 있는 것이고, 두 번째 부분은

$$\frac{1}{2} mn \cos ASP \times \frac{BA\text{에 드리운 } BP\text{의 그림자}}{OP}$$

이다(그림 9). 이 경우에 I의 값은 환산했을 때 본문에 있는 값과 세 번째 항에서 다르다. 즉, $-\frac{1}{6}\frac{D}{X}$ 대신 $-\frac{1}{6}\frac{D^2}{X^2}$을 얻는다. 이 변화가 본문에 있는 수치값의 표에 미치는 영향은 $X = 6, 7, 8$일 때 해당하는 I의 값이 887, 917, 936으로 달라진다는 것이다. 그러나 그림 10에 주어진 임시 자기화의 곡선의 일반적 특성을 달라지게 하지는 않는다. 그림 8의 경우에 I'의 값은 다음과 같다.

X는 자기화가 진행되기 전에 철에 작용한 적이 없다.

X가 L보다 작을 때 $\qquad\qquad\qquad I = \dfrac{2}{3} M \dfrac{X}{D}$

X가 L과 같을 때 $\qquad\qquad\qquad I = \dfrac{2}{3} M \dfrac{L}{D}$

X가 L과 D 사이에 있을 때

$$I = M \left\{ \frac{2}{3} \frac{X}{D} + \left(1 - \frac{L^2}{X^2}\right) \left[\sqrt{1 - \frac{L^2}{D^2}} - \frac{2}{3} \sqrt{\frac{X^2}{D^2} - \frac{L^2}{D^2}} \right] \right\}$$

X가 D와 같을 때

$$I = M \left\{ \frac{2}{3} + \frac{1}{3} \left(1 - \frac{L^2}{D^2}\right)^{\frac{3}{2}} \right\}$$

X가 D보다 클 때

$$I = M \left\{ \frac{1}{3} \frac{X}{D} + \frac{1}{2} - \frac{1}{6} \frac{D}{X} + \frac{(D^2 - L^2)^{\frac{3}{2}}}{6X^2 D} - \frac{\sqrt{X^2 - L^2}}{6X^2 D} (2X^2 - 3XD + L^2) \right\}$$

X가 무한대일 때 $\qquad\qquad I = M$

X가 L보다 작을 때, 자기화는 앞의 법칙을 따르며, 자기화하는 힘에 비례한다. X가 L을 초과하자마자 자기화는 훨씬 빠른 비율로 증가할 것으로 추측된다. 이는 분자들이 처음 원뿔에서 다른 원뿔로 이동하기 시작하기 때문이다.

하지만 이런 빠른 증가는 음의 방향 쪽에서 원뿔을 형성하고 있던 분자들이 줄어들면서 곧 끝난다. 그리고 마침내 자기화의 한계값 M에 도

$$\frac{1}{2} mn \left\{ \int_0^{AOP} \sin\alpha \cos\alpha \, d\alpha + \int_{AOQ}^{\pi} \sin\alpha \cos\alpha \, d\alpha + \cos AOP \right.$$

$$\left. \times \frac{BA\text{에 드리운 } BP\text{의 그림자}}{OP} \right\}$$

그림 9의 경우에 I'의 값도 같은 방식으로 구할 수 있다] — 니벤.

달하게 된다.

만일 L과 D값을 분자마다 서로 다르다고 가정하게 되면, 우리는 자기화에서 볼 수 있는 서로 다른 단계들이 그렇게 눈에 뜨이게 두드러지지 않을 것이라는 결과를 얻게 될 것이다.

잔류 자기화 I'은 자기화하는 힘 X에 의해 생성되고, 힘 X가 사라진 다음에도 관찰할 수 있다. 그 크기는 다음과 같다.

X가 L보다 작을 때   잔류 자기화가 없음

X가 L과 D 사이에 있을 때

$$I' = M \left(1 - \frac{L^2}{D^2} \right)\left(1 - \frac{L^2}{X^2} \right)$$

X가 D와 같을 때

$$I' = M \left(1 - \frac{L^2}{D^2} \right)^2$$

X가 D보다 클 때

$$I' = \frac{1}{4} M \left\{ 1 - \frac{L^2}{XD} + \sqrt{1 - \frac{L^2}{D^2}} \sqrt{1 - \frac{L^2}{X^2}} \right\}^2$$

X가 무한대일 때

$$I' = \frac{1}{4} M \left\{ 1 + \sqrt{1 - \frac{L^2}{D^2}} \right\}^2$$

만일

$$M = 1000, \qquad L = 3, \qquad D = 5$$

라고 두면 일시적인 자기화와 잔류 자기화의 값은 다음과 같다.

자기화하는 힘	일시적인 자기화	잔류 자기화
X	*I*	*Il*
0	0	0
1	133	0
2	267	0
3	400	0
4	729	280
5	837	410
6	864	485
7	882	537
8	897	575
∞	1000	810

이 결과는 그림 10에 그려 놓았다.

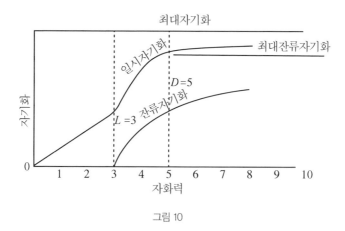

그림 10

일시적인 자기화 그래프는 $X=0$에서 $X=L$까지 초반에는 직선으로 나타난다. 다음에 $X=D$가 될 때까지 더욱 빠르게 증가한다. 그 뒤에 X가 증가하면서 수평한 점근선에 다가간다.

잔류 자기화 그래프는 $X=L$에서 시작해서 좌표 값이 $0.81M$인 접근선에 접근한다.

이렇게 얻은 잔류 자기화의 값은, 외부에서 가해 주는 힘을 제거했을 때 물질 그 자체의 자기화 분포로부터 생겨나는 탈자기화력 없는 경우에 해당한다는 점을 기억해야 한다. 따라서 이 계산이 적용 가능한 경우는 아주 가늘고 긴 물체가 그 길이 방향으로 자화되었을 때뿐이다. 짧고 굵은 물체의 경우에 잔류 자기화는 자유 자기화의 반작용에 의해 감소한다. 그것은 마치 외부에서 반대 방향으로 자기화하는 힘을 물체에 가하는 것과 같은 방식이다.[9]

446] 이렇게 그 안에 수많은 가정과 그 값을 바꿀 수 있는 수많은 상수들을 포함하고 있는 이런 종류의 이론이 가치는 과학적인 가치는 단순히 특정 실험의 결과와 계산 수치가 잘 부합하고 있다는 것만으로 평가할 수 없다. 만일 그것이 어떤 가치를 가진다면, 그것은 이런 이론이 우리가 자화가 일어나는 동안 철 조각에서 일어나는 일을 그릴 수 있는 상으로 만들 수 있도록 해주기 때문이다. 이 이론을 검증하기 위해 우리는 철 조각의 경우에 이론을 적용할 수 있다. 이 철 조각에 자기화하는 힘 X_0을 가한 뒤에 다시 자기화하는 힘 X_1을 가한다.

---

9) {철 조각이 양의 방향으로 자기력을 받고 있는 경우를 생각해 보자. 이 힘은 0에서 시작하여 영구 자기화를 만들어내기에 충분할 만큼의 값인 X_0까지 증가했다가, 다시 0으로 감소한다. 그러면 앞의 이론으로부터 다음과 같은 사실이 분명하다. 분자 자석들이 가지는 영구적인 자기쌍 때문에 발생하는 자기화하는 힘의 세기가 주어질 때, 이 힘에 의한 자기화의 세기는 힘이 증가할 때보다 감소할 때 더 클 것이다. 따라서 자기장 속에서 철이 나타내는 현상은 그 이전에 철을 어떻게 처리했는가에 따라 달라진다. 이윙(Ewing)은 이 효과를 '자기이력현상'(hysteresis)이라고 부르고, 이에 대해 깊이 연구했다(*Phil. Trans.* Part II, 1885). 하지만 445절에 있는 이 이론이 이윙이 발견한 모든 현상을 설명하지는 못한다. 위의 경우, 자기력이 감소했다가 다시 증가하면 자기력 $X_1<X_0$에 의한 자기화의 세기값은 처음에 자기력이 X_1로 감소했을 때와 같아야 한다. 하지만 이윙의 연구는 그렇게 되지 않는다는 것을 보여 주었다. 이 연구와 그리고 유사한 연구들에 대해서는 부록에서 짤막하게 언급하겠다} — 톰슨.

새로운 힘 X_1이 X_0과 같은 방향으로 작용한다고 하자. 이 힘의 방향을 양의 방향으로 놓자. X_1이 X_0보다 작으면, 분자의 영구 집합이 생겨나지 못한다. X_1을 제거한 뒤의 잔류 자기는 X_0이 만들어낸 잔류자기와 같을 것이다. X_1이 X_0보다 크다면, X_0이 작용하지 않았을 때와 똑같은 효과를 만들어낼 것이다.

그런데 X_1이 음의 방향으로 작용한다고 하고,

$$X_0 = L \operatorname{cosec} \theta_0 \text{이고} \quad X_1 = -L \operatorname{cosec} \theta_1$$

이라 하자.

X_1의 값이 증가하면, 각 θ_1은 줄어든다. X_1이 영구적으로 휘어지게 만든 첫 번째 분자들은 A를 중심으로 하는 원뿔의 가장자리를 이룬다.[10] 이 분자들이 편향되지 않을 때 이루는 각은 $\theta_0 + \beta_0$이다.

각 $\theta_1 - \beta_0$이 각 $\theta_0 + \beta_0$보다 작아지면 바로 탈자기화의 과정이 시작된다. 이 순간 $\theta_1 = \theta_0 + 2\beta_0$이므로, 탈자기화에 필요한 힘 X_1은 자기화를 만들어내는 힘 X_0보다 작아야 한다.

만일 D와 L의 값이 모든 분자의 경우에 똑같다면, X_1이 약간만 늘어나도 중심각이 $\theta_0 + \beta_0$인 원뿔 가장자리에 있는 분자들 전체를 비틀어버려서 분자들이 모두 음의 축 OB와 $\theta_1 + \beta_0$만큼의 각을 이루게 될 것이다.

탈자기화가 이렇게 갑작스럽게 일어나지는 않지만, 상당히 빠르게 일어나기 때문에 그 과정이 확실히 이런 방식으로 일어난다고 말할 수 있다.

이제 반대 방향의 힘 X_1에 적당한 값을 주어서, X_1이 사라지면 정확히 철 조각의 탈자기화가 일어난다고 하자.

분자의 축이 이제 모든 방향으로 고루 정렬해 있다고 하자. 이전에 자

---

10) 〔여기에는 그림 8과 그림 9에서 P가 C의 오른쪽에 있다는 가정이 깔려 있다〕 —톰슨.

기화가 된 적이 없는 철 조각 안에서 분자는 세 개의 그룹을 형성한다.

(1) 양의 극을 둘러싸고 있는 꼭지각의 절반이 $\theta_1-\beta_0$인 원뿔 안에서, 분자의 축은 본래의 위치에 그대로 남게 된다.

(2) 음의 극을 둘러싸고 있는 꼭지각의 절반이 $\theta_0-\beta_0$인 원뿔 안에서도 마찬가지로 분자는 본래의 위치에 그대로 머물러 있게 된다.

(3) 그외의 분자들의 축은 음의 방향과 $\theta_1+\beta_0$의 각을 이루는 원뿔 모양의 면을 형성한다.

X_0이 D보다 크면, 두 번째 그룹은 없다. X_1이 D보다 크면 첫 번째 그룹도 없다.

따라서 철은 분명히 탈자기화 상태가 되지만, 전혀 자기화된 적이 없는 철 조각과는 다르다.

이것을 보이기 위해, 양의 방향으로 작용하거나 음의 방향으로 작용하는 자기화하는 힘 X_2가 미치는 영향을 생각해 보자. 이런 힘의 첫 번째 영구적인 효과는 세 번째 그룹의 분자들에서 나타난다. 그 분자들의 축은 음의 방향 축과 $\theta_1+\beta_0$각을 이룬다.

만일 힘 X_2가 음의 방향으로 작용한다면, 각 $\theta_2+\beta_0$이 각 $\theta_1+\beta_0$보다 작아지는 순간, 즉 X_2가 X_1보다 작아지는 순간, 영구적인 영향을 만들어내기 시작할 것이다. 하지만 X_2가 양의 방향으로 작용한다면, 각 $\theta_2-\beta_0$이 각 $\theta_1+\beta_0$보다 작아지는 순간, 그 힘에 의해 철이 다시 자기화하기 시작할 것이다. 이때 각 $\theta_2=\theta_1+2\beta_0$이고 X_2가 X_1보다 훨씬 작다.

따라서 우리의 가설로부터 다음을 알 수 있다.

철 조각이 힘 X_0에 의해 자기화되었을 때, 잔류 자기는 X_0보다 더 큰 자기력이 가해지지 않으면 증가하지 않는다. X_0보다 작은 역 방향의 힘이 가해지면 잔류 자기화가 감소한다.

만일 철이 반대 방향의 힘 X_1에 의해 제대로 탈자기화되었다면, 그다음에는 X_1보다 더 큰 힘을 작용해야만 비소로 반대 방향으로 자기화될 수 있다. 하지만 양의 방향으로 힘을 가하면 그 힘이 X_1보다 작더라도

X_1과 반대인 원래의 방향으로 자기화하기 시작한다.

이 결과는 리치,[11] 야코비,[12] 마리아니니,[13] 줄[14] 등이 실제로 관찰한 것과 일치한다.

철과 강철의 자기화가 자기력 및 역학적 변형과 어떤 관계에 있는지 매우 완전한 설명을 제시한 것이 비데만(Wiedemann)의 저서 『생체전기』(*Galvanismus*)이다. 비데만은 물질을 비트는 힘과 자기화의 영향을 자세히 비교하여, 도선의 일시적인 비틀림 힘과 영구적인 비틀림 힘에 대한 실험에서 우리가 얻어낸 탄성과 가소성에 대한 개념을 철과 강철의 일시적인 자기화와 영구적인 자기화에 적용하는 것이 타당함을 보였다.

447] 마테우치(Matteucci)[15]는 단단한 철 막대에 자기화하는 힘이 작용하는 동안 막대의 길이가 늘어나면 일시적인 자기화가 증가한다는 것을 발견했다.[16] 이는 베르트하임(Wertheim)에 의해 확증되었다. 연철 막대의 경우, 자기화는 길이가 늘어나면 감소한다.

철 막대기에 대한 영구 자기는 길이가 늘어나면 증가하고 줄어들면 감소한다.

따라서 철 조각이 한 방향으로 일단 자기화되고 다른 방향으로 길이가 늘어나면 자기화의 방향은 길이가 늘어나는 방향으로 접근할 것이다. 만일 수축된다면 자기화의 방향은 수축 방향에 수직을 이루려 할 것이다.

---

11) Ritchie, *Phil. Mag.* 3, 1883.

12) Jacobi, Pogg., *Ann.* 31, 367, 1834.

13) Marianini, *Ann. de Chimie et de Physique*, 16, p.436, p.448, 1846.

14) Joule, *Phil. Trans.*, 1856, p.287.

15) *Ann. de Chimie et de Physique*, 53, p.385, 1858.

16) {빌라리(*Villari*)는 자기화하는 힘이 어떤 임계값보다 작을 때에만 이것이 참이며, 그 값을 넘어서면 그 초과분만큼이 자기화의 세기에 감소를 가져옴을 밝혔다. Pogg. *Ann.* 126, p.87, 1865. 연철 막대와 관련되는 본문의 서술은 변형이 작고 자기장이 약한 경우에는 성립하지 않는다} —톰슨.

이것은 베르트하임의 실험 결과를 설명해 준다. 전류가 수직 도선을 따라 아래 방향으로 지나고 있다. 전류가 지나고 있는 동안 혹은 전류가 다 지난 다음에 만일 도선이 오른 나사의 방향으로 비틀어지면 도선의 아래 쪽 축은 북극이 된다.

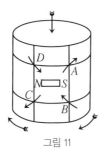

그림 11

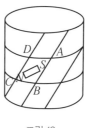

그림 12

여기서 아래 쪽 방향의 전류는 도선의 모든 부분을 접선 방향(이는 문자 *NS*로 표시한다)으로 자기화한다.

도선을 오른 나사의 방향으로 비틀면 *ABCD* 부분이 대각선 *AC* 쪽으로 늘어나며 *BD* 쪽 방향으로는 길이가 줄어든다. 따라서 자기화의 방향은 *BD*로부터 이탈하여 *AC* 쪽으로 접근한다. 그래서 아래쪽 끝이 북극이 되고 위쪽 끝이 남극이 된다.

자석의 부피에 대한 자기화의 영향

448] 1842년, 줄[17]은 철 막대가 길어지는 것을 발견했다. 이 현상은 막대를 둘러싼 코일에 흐르는 전류에 의해 막대가 자석이 될 때 일어난다. 그는 그 뒤에[18] 막대를 유리 튜브에 담긴 물 안에 넣고 앞에서와 같이 자기화를 시켜도 철의 부피가 변하지 않는 것을 보이고, 그 가로 방향의 부피가 줄었다는 결론을 내렸다.

---

17) Joule, Sturgeon's *Annals of Electricity*, vol. viii. p.219.
18) *Phil. Mag.* xxx. 1847.

마지막으로 그는 전류를 철로 만든 튜브의 축을 따라 통과하게 시키고 다시 튜브의 바깥에는 반대 방향의 전류가 흐르게 했다. 이렇게 하면 튜브 그 자체로 전자석이 되도록 할 수 있다. 이 경우 튜브 축의 길이는 짧아졌다.

그는 또한 철 막대에 길이 방향으로 압력을 가하면 막대가 자화되었을 때 길이가 팽창한다는 것도 발견했다.[19] 하지만 막대에 가하는 길이 방향의 장력이 상당히 크면 자기화의 영향으로 길이가 줄어든다.

이것은 4분의 1인치 길이의 전선이 600파운드가 넘는 무게의 장력을 받는 경우의 이야기다.

단단한 강철 도선의 경우에는 자기화하는 힘을 받으면 그 영향에 의해 모든 경우에 다 도선의 길이가 짧아진다. 이것은 도선이 장력을 받는 경우나 압력을 받는 경우나 모두 마찬가지이다. 길이의 변화는 자기화하는 힘이 작용하고 있는 동안에 지속된다. 강철이 영구 자기화하는 경우는 길이의 변화를 관찰할 수 없다.

줄은 철로 된 도선의 길이 증가율이 거의 실재 자기화의 제곱에 비례한다는 것을 발견했다. 그래서 탈자기화를 일으키는 전류가 미치는 첫 번째 영향은 도선의 길이를 짧아지도록 하는 것이다.

비데만이 발견한 바에 따르면, 수직 도선이 자기화되어 제일 위부분이 자기의 남극이 되고, 전류가 도선을 통해 아래로 흐른다면, 자유롭게 움직일 수 있는 상태인 아래쪽 끝은 위에서 보았던 것과 같이 시계의 팔이 돌아가는 방향으로 비틀어진다. 달리 말하면 도선이 오른 나사처럼 비틀어진다. 이때 수직 전류와 자기화하는 전류가 오른손 좌표 방향 순으로 배열되어 있어야 한다.

이 경우 전류가 작용한 결과로 일어나는 자기화와 이미 그전부터 존재하는 자기화는 도선 주변에 오른 나사의 방향을 향한다. 여기에서 비

---

19) 셸퍼드 비드웰은 자화력이 매우 클때, 자화력의 크기가 커짐에 따라 자석의 길이가 줄어든다는 것을 증명했다. *Proc. Roy. Soc.* 40. p.109.

틀어지는 현상은 자기화되면서 철은 자기화의 방향으로는 팽창하고, 자기화의 직각 방향으로는 수축한다는 사실을 나타낸다고 할 수 있다. 이것은 줄의 결과와 일치한다.

자기화 이론에 대한 더 상세한 고찰은 832~845절을 참조하라.

제7장 자기의 측정

449] 자기 측정의 주요한 부분은 자석의 자기축과 자기 모멘트 그리고 주어진 위치에서 자기력의 세기와 방향을 결정하는 것이다.

자기 측정은 지표면 부근에서 이루어지기 때문에, 자석은 항상 중력과 지구 자기력의 영향을 받는다. 또한 강철로 만들어지는 자석이 가지는 전체 자성 중에 일부분은 영구적인 것이고, 또 일부분은 일시적 유도에 의한 것으로, 온도가 변하거나 강한 유도 작용이 발생하거나 격렬한 타격을 가하면 자석의 영구적인 자성도 바뀌어버린다. 일시적으로 자석에 유도되는 자성은 외부 자기력이 변할 때마다 함께 바뀐다.

자석에 작용하는 힘을 측정할 때 가장 편리한 방법은 자석이 수직축에 대해 자유롭게 회전할 수 있도록 놓아두는 것이다. 이것은 보통의 나침반에서 수직축 위에 놓인 자석의 균형을 맞출 때 사용하는 방법이다. 회전축이 되는 점을 더욱 미세하게 만들어줄수록 자기력의 작용을 방해하는 마찰력의 모멘트는 점점 더 작아진다. 더욱 세밀하게 관찰하려면 자석을 꼬임이 없는 실크 섬유로 만든 명주실에 매단다. 실크 섬유 한 줄 또는 충분한 횟수만큼 섬유를 겹쳐서 나란한 섬유로 이루어진 명주실을 만든다. 실을 이루는 각 섬유들의 무게는 최대한 서로 비슷하도록 한다. 이렇게 만든 명주실에서 발생하는 비틀림 힘은 같은 강도의 금속 도선에서 발생하는 비틀림 힘보다 훨씬 작다. 비틀림 힘은 자석의 수평 회전각을 관찰하여, 그 측정값으로부터 계산해낼 수 있다. 이 경우에는 중심축의 마찰 때문에 생기는 힘이 없다.

수평 방향의 나사가 고정된 너트를 지나도록 회전시키면 매다는 실은 위로 올라갈 수도 있고 아래로 내려갈 수도 있다. 섬유는 나삿니 둘레에 감겨 있어서 나사가 회전하는 동안에도 매다는 실은 언제나 같은 수직 선상에 있다.

수직으로 늘어져 있는 섬유 아래쪽에는 눈금을 그어 놓은 작은 고리가 있는데, 이를 비틀림 고리(torsion circle)라 한다. 비틀림 고리와 함께 등자(鐙子, stirrup, 물건을 끼워 넣을 수 있는 장치)라 부르는 지침을 가진 장치도 부착되어 있다. 등자는 막대자석의 네 면 중 어느 쪽이 위로 오더라도 자석의 축이 수평이 되도록 끼워 넣을 수 있는 형태로 되어 있다.

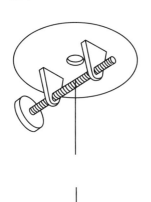

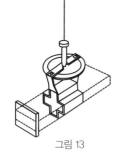

그림 13

비틀림 힘이 0이 되는 위치를 확정하려면 자석과 무게가 같고 자성이 없는 물체를 등자 속에 집어넣고 비틀림 고리가 평형을 이루는 위치를 찾아 영점을 정하면 된다.

자석 그 자체는 단단하게 제련한 강철이다. 가우스와 베버는 자석의 길이가 최대 횡단면의 최소 8배가 되어야 한다고 했다. 이것은 자석 내부에 있는 자기축이 가지는 방향의 영구성이 가장 중요한 고려 대상일 때 필요한 조건이다. 운동의 신속성이 요구될 때 자석은 그보다 더 짧아야 한다. 그리고 자기력의 갑작스러운 변화를 관찰할 때는 횡단 방향으로 자화되고 가장 긴 길이 방향 쪽이 수직으로 향하는 막대자석을 사용할 것을 권장한다.[1]

---

1) Joule, *Proc. Phil. Soc.*, Manchester, Nov. 29, 1864.

450] 자석이 힘의 평형을 이루는 위치에 오도록 장치한다. 보통의 목적을 위해서는 자석의 끝이 한 점을 가리킬 때, 눈금이 있는 고리가 자석의 끝에 오도록 놓고 자석의 위치를 눈으로 읽어낸다. 눈은 매다는 실을 관통하는 수평면과 바늘이 위치한 곳을 지나는 수직선의 교차점에 오도록 한다.

더 정확한 관찰을 하고 싶으면 평면거울을 자석에 붙인다. 그러면 거울의 법선이 자기화의 축과 최대한 가까이 겹쳐지게 된다. 이것이 가우스와 베버가 택한 방법이다.

다른 방법은 자석의 한쪽 끝에 렌즈를 붙이고 다른 쪽 끝에 유리 위에 눈금을 새긴 자를 붙이는 것이다. 렌즈에서 자까지의 거리는 렌즈의 주초점 거리와 같다. 자의 영점과 렌즈의 광학 중심을 잇는 직선을, 자축과 최대한 가깝게 놓아 두 선이 일치하도록 해야 한다.

매단 장치의 각도를 확정하기 위한 이런 광학적 방법은 많은 물리학 연구에서 대단히 중요하므로, 여기서 한번 광학적 방법에 관한 모든 수학적 이론을 살펴보려고 한다.

거울을 쓰는 방법의 이론

우리는 위의 장치가 수직축에 대해 회전할 수 있다고 가정할 것이다. 물론 이 장치의 영점은 확정해 주어야 한다. 일반적으로 장치의 축은 섬유나 금속 도선을 매달아 만든다. 사용하는 거울은 완전한 평면이어야 한다. 그래서 거울로부터 수 미터 떨어져 있어도 반사에 의해 밀리미터 단위의 크기까지 분명하게 볼 수 있어야 한다.

거울의 중심을 가로지르는 법선은 매단 도선의 축을 지나야 하고 또 정확히 수평이 되어야 한다. 우리는 이 법선을 장치의 조준선〔校准線〕이라고 부르겠다.

앞으로 하게 될 실험을 수행하는 동안 (장치의) 조준선(collimation line)이 가리키게 되는 평균적인 방향을 대충 정한 다음, 거울 앞쪽에 거울보다 약간 높은 곳으로 위치를 잡고 관찰에 편리한 거리에 망원경을 세운다.

망원경은 수직 면 위에서 움직일 수 있고, 거울 바로 위 부분의 매단 실을 향해 세워져 있다. 그리고 고정된 표지가 시선 방향 쪽에 서 있는데, 이 표지와 대물렌즈 사이의 거리는 대물렌즈로부터 거울과의 거리의 두 배이다. 이 장치에서 표지는 가능하면 벽이나 다른 고정된 물체에 붙어 있도록 배치해야 한다. 망원경을 통해 이 표지와 매다는 실을 동시에 보기 위해서 대물렌즈에 덮개를 씌워 지름의 수직 방향 슬릿을 만들어야 한다. 덮개는 다른 관찰을 할 때는 제거해야 한다. 그리고 난 뒤에 망원경의 초점에서 표지와 도선의 늘어진 부분이 일치하면서 분명하게 보이도록 망원경을 맞춘다. 다음에 수직방향을 나타내주는 연직선이 대물렌즈의 광학 중심 앞을 가까이 지나서 망원경의 아래로 늘어지도록 맞춘다. 망원경의 아래 그리고 연직선의 바로 뒤쪽에 좌우 부분의 크기가 같도록 자의 중심을 위치시킨다. 그렇게 하면 표시와 매다는 실, 연직선을 지나는 평면에 의해 자가 직각을 이루며 양분된다. 마룻바닥으로부터 자의 높이와 대물렌즈의 높이를 더하면 거울 높이의 두 배가 된다. 이제 망원경을 거울을 향해 놓으면, 관찰자는 그 속에서 자가 반사된 것을 볼 수 있다. 연직선이 자를 지나는 부분이 망원경의 수직 도선과 일치하면, 거울의 조준선은, 표지를 지나고 대물렌즈의 중심을 지나는 평면과 일치한다. 수직축이 자의 다른 눈금과 일치하면, 조준선의 각

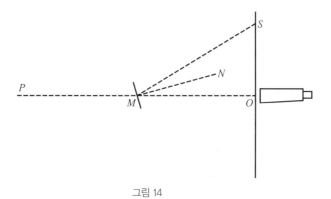

그림 14

은 다음과 같이 찾을 수 있다.

종이가 있는 면을 수평하다고 하자. 이 평면 위에 여러 개의 점들을 투영하자. 망원경 대물렌즈의 중심을 O로, 고정된 표지를 P로 놓자. P와 망원경의 수직 도선은 대물렌즈의 켤레 초점이다. 직선 OP와 거울의 평면이 만나는 점을 M이라 하자. NM은 거울 평면에 수직이다. $OMN=\theta$는 고정된 평면이 조준선과 이루는 각이다. MS는 OM 평면과 MN 평면 위에 있는 선이고, $NMS=OMN$이다. S는 자 위에 있으며, 이 부분이 반사되면 망원경의 수직선과 일치한다. 이제 MN이 수평이므로, 그림에서 보면 투영된 각 OMN과 NMS는 같고 $OMS=2\theta$이다. 따라서 $OS=OM\tan 2\theta$가 된다.

그러므로 우리는 자의 눈금으로 OM을 측정해야 한다. 그러면 s_0의 눈금이 수직선과 일치하고 의 눈금을 관찰하면

$$s - s_0 = OM \tan 2\theta$$

이며, 이로부터 θ를 구할 수 있다. OM을 측정할 때 명심해야 할 것은 거울이 은이 뒤에 붙은 유리로 되어 있다면, 최종적인 반사면이 유리의 가장 앞 표면에서 뒤쪽으로 거리 $=\dfrac{t}{\mu}$만큼 떨어진 곳이라는 점이다. t는 유리의 두께이고 μ는 유리의 굴절률이다.

우리는 또한 다음을 기억해야 한다. 만일 매다는 선이 반사점을 통과하지 않으면, M의 위치는 θ만큼 변한다는 것이다. 그래서 매다는 선이 반사점을 통과하기 위해서는, 이 선이 거울의 중심과 일치하도록 해야

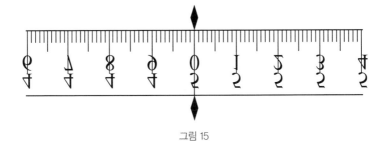

그림 15

한다는 것은 명심해 두자.

머릿속에 또 새겨두어야 할 것은 특별히 큰 각운동을 관찰할 때, 자의 축을 매다는 선의 축과 나란한 원통 모양으로 하고, 눈금은 안으로 홈이 파서 만들라는 점이다. 그러면 삼각함수표에서 탄젠트값을 찾아보지 않아도 회전한 양을 측정함으로써 즉시 각도로 된 관찰값을 얻을 수 있다. 자는 세심하게 맞추어야 하고, 원통의 축은 매다는 섬유와 일치하도록 해야 한다. 자의 눈금 수자들은 항상 한쪽 끝에서 다른 쪽으로 향하며 같은 방향으로 기입해야 반대로 읽는 경우가 발생하지 않는다. 그림 15는 자의 중간 부분을 나타낸다. 이것은 거울과 도립상망원경을 사용하여 관찰한 모습이다. 관찰할 때 가장 좋은 방법은 천천히 움직이는 것이다. 관찰자는 망원경 앞에 앉아서 망원경의 수직 도선을 지나 좌우로 움직이는 자(scale)의 상을 본다. 시계를 옆에 두고 자의 주어진 눈금이 선을 지나는 시간을 기록하거나, 주어진 시간이 되었을 때 자가 위치한 곳의 눈금을 기록한다.

운동이 빨라지면 진동의 극점에서 순간적으로 정지할 때를 제외하고는 자의 눈금을 기록하는 것이 불가능해진다. 눈에 분명하게 들어오는 표지를 알고 있는 자의 눈금에 놓고 이 표지가 통과하는 시간을 기록할 수도 있다.

장비가 아주 가볍고 힘이 변할 때 운동은 아주 신속하고 빠를 때는 망원경을 통한 관찰이 쓸모없어질 것이다. 이런 경우에 관찰자는 직접 자를 보고 조명에 의해 자 위에 드리워지는 수직선의 상이 운동하는 것을 관찰한다.

명백한 것은 거울에 의해 반사되고 대물렌즈에 의해 굴절된 거울의 상이 수직 도선과 일치하므로, 조명을 충분히 밝게 해주면, 수직 도선의 상이 자와 일치한다는 점이다. 이것을 관찰하기 위해 방을 어둡게 하고, 조명 빛을 대물렌즈를 향해 수직 도선위에 집중적으로 비춘다. 자 위에서 작은 조각 같은 밝은 빛을 도선의 그림자가 가로지르는 것을 볼 수 있다. 눈도 장치를 따라서 움직이다가, 장치가 멈추는 곳에서 자의 눈금을 고정하고 그 틈에 육안으로 눈금의 값을 읽어낸다. 밝은 점이 자의 특정 위치를 지나는 순간을 기록하는 좋은 방법은 핀이나 밝은 금속 도선을 그 자리에 두어서 통과 지점이 밝게 빛나도록 하는 것이다.

조리개의 작은 구멍을 십자형 도선으로 바꾸면 상은 자 위에서 좌우로 움직이는 반짝이는 점이 된다. 자를 수평축에 대해 시계 방향으로 회전하는 원통 모양으로 바꾸고, 인화지로 덮으면 빛이 나타내는 점이 곡선을 그려서 운동하는 모양을 계속 눈으로 볼 수 있게 된다. 이 곡선의 모든 수평 좌표는 각 시간에 해당하고, 세로 좌표는 시간마다 거울이 회전한 위치가 된다. 이런 방법으로 큐 관측소(Kew Observatory)[2]와 다른 관측소에서 지구 자기의 모든 요소들을 연속적으로 기록하는 자동 시스템을 만들었다.

어떤 경우에는 망원경을 떼어버리고 그 뒤에 등을 놓아 수직 도선이 빛나게 한 다음에, 오목 거울을 사용한다. 그러면 도선의 상은, 빛이 자 위에 만드는 점을 가로지르는 검은 선으로 나타난다.

451] 들고 다닐 수 있는 큐(Kew) 장비의 자석은 한쪽 끝에는 렌즈를, 다른 쪽 끝에는 자가 달려 있는 튜브 모양이다. 이때 자는 렌즈의 주 초점에 있다. 빛은 자 뒤편에서 나오며, 렌즈를 통과한 후에 망원경을 통해서 볼 수 있다.

자가 렌즈의 주 초점 위치에 있으므로 자의 눈금 어느 곳에서 나온 빛이건 모두 렌즈에서 나란하게 나온다. 만일 망원경이 천체에 맞추어져

---

2) 큐 관측소(Kew Observatory)는 영국 리치몬드(Richmond)와 큐(Kew) 사이의 올드 리치몬드 파크에 있는 기상학 관측소이다. 1769년에 천문학에 관심이 많던 조지 3세의 후원으로 이곳에 있던 왕립식물원 안에 왕립 천문대(King's Observatory)가 설립되었다. 1842년부터 영국 과학진흥협회(British Associat-ion)의 관리에 들어가면서 큐 관측소로 이름을 바꾸었다. 영국협회의 관리를 벗어나던 1872년부터 본격적으로 기상학 관련 관측의 중심이 되었다. 특히 대기 중의 전기를 세밀하게 측정한 것으로 유명하며, 기상학사에서 중요한 관측소 중 하나로 자리매김하고 있다. 예를 들어, J.F.P. Galvin, "Kew Observ-atory", *Weather*, 58:478~484(2003) 참조—옮긴이.

있다면, 자가 망원경의 십자 도선과 광학적으로 일치하는 것을 볼 수 있다. 만일 자의 주어진 눈금이 십자 도선의 교차점과 일치한다면, 렌즈의 광학 중심과 눈금을 잇는 선은 망원경의 조준선과 나란해야만 한다. 자석의 고정하고 망원경을 움직이면, 자가 회전한 양에 해당하는 눈금값을 확정할 수 있다. 자석을 매달고 망원경의 위치를 알고 있을 경우, 각 순간에 십자 도선과 일치하는 자의 눈금을 읽어서 자석의 위치를 정할 수 있다.

망원경은 매다는 섬유가 만드는 선의 중심에 위치한 팔로 지탱하고 있다. 망원경의 위치는 장비의 방위권 위에 있는 보조자를 읽어서 찾는다.

이런 설정은 휴대가능한 자기 측정 장치의 경우에 적당하다. 이런 측정 장치는 전체를 삼각대로 받칠 수 있다. 이 경우에 우발적인 교란으로 인한 진동은 순식간에 사라진다.

자석 축의 방향과 지자기 방향의 결정

452] 자석에 좌표축을 세우는데, z축은 자석의 길이 방향으로, x축과 zy축은 평행육면체가 되게끔 막대의 옆면에 수직하게 잡자.

자석의 축과 조준선이 이 좌표축들과 이루는 각을 각각 l, m, n과 λ, μ, ν라 하자.

자석의 자기모멘트를 M이라 하고, 지자기의 수평성분을 H, 수직성분을 Z라 하고, H가 작용하는 방위각을 δ라 하자. 방위각은 북쪽으로부터 서쪽으로 잰다고 하자.

조준선의 관측된 방위각을 ζ라 하고, 등자(stirrup)의 방위각을 α, 비틀림 고리의 눈금을 β라 하면, $\alpha-\beta$는 현가섬유의 아래쪽 끝의 방위각이다.

비틀림이 없을 때 $\alpha-\beta$의 값을 γ라 하자. 그러면 α를 줄어들게 하는 비틀림 힘의 모멘트는

$$\tau(\alpha - \beta - \gamma)$$

가 될 것이다. 여기에서 τ는 섬유의 성질에 따라 달라지는 뒤틀림계수이다.

x축과 조준선을 xz평면에 사영한 그림자 사이의 각 λ_x를 구하려면, 등자를 고정하여 y가 연직 위로 향하게 하고 z를 북쪽으로, x를 서쪽으로 향하게 한 뒤 조준선의 방위각 ζ를 관측한다. 그다음에 자석을 제거하고 z축을 중심으로 각 π만큼 회전시켜 그것을 이 뒤집어진 위치에 바꾸어 넣은 뒤, y가 연직 아래로 향하고 x가 동쪽을 향할 때의 조준선의 방위각 ζ를 관측한다.

$$\zeta = a + \frac{\pi}{2} - \lambda_x \tag{1}$$

$$\zeta' = a - \frac{\pi}{2} + \lambda_x \tag{2}$$

따라서

$$\lambda_x = \frac{\pi}{2} + \frac{1}{2}(\zeta' - \zeta) \tag{3}$$

다음으로 등자를 현가섬유에 매달고 그 안에 자석을 넣는다. 이를 조심스럽게 조정하여 y가 연직 위로 향할 수 있게 만든다. 그러면 α를 늘어나게 하는 힘의 모멘트는 다음 식으로 주어진다.

$$MH\sin m \sin\left(\delta - a - \frac{\pi}{2} + l_x\right) - \tau(\alpha - \beta - \gamma) \tag{4}$$

여기에서 l_x는 x축과 자축을 xz평면에 사영한 그림자 사이의 각이다.

그런데 조준선의 관찰된 방위각을 ζ라 하면,

$$\zeta = a + \frac{\pi}{2} - \lambda_x \tag{5}$$

이므로 그 힘은 다음과 같이 쓸 수 있다.

$$MH \sin m \sin (\delta - \zeta + l_x - \lambda_x) - \tau \left(\zeta + \lambda_x - \frac{\pi}{2} - \beta - \gamma\right) \quad (6)$$

장치가 평형을 이루고 있다면, 이 양은 특정한 ζ의 값에 대해 0이다.

장치가 도무지 멈추지 않고 진동상태에 있음이 관찰되어야 할 때, 평형 위치에 대응하는 ζ의 값을 계산하는 방법은 735절에서 서술할 것이다.

비틀림 힘이 자기력의 모멘트에 비해 작다면, 각 $\delta - \zeta + l_x - \lambda_x$의 사인 값 대신에 그냥 이 각을 대입해도 좋다.

비틀림 고리의 눈금 β에 두 개의 다른 값 β_1, β_2가 있고, 대응하는 ζ의 값을 ζ_1, ζ_2라 하면

$$MH(\zeta_2 - \zeta_1)\sin m = \tau(\zeta_1 - \zeta_2 - \beta_1 + \beta_2) \quad (7)$$

이다. 또는

$$\frac{\zeta_2 - \zeta_1}{\zeta_1 - \zeta_2 - \beta_1 + \beta_2} = \tau' \quad (8)$$

라 놓으면

$$\tau = \tau' MH \sin m$$

이다. 또한 $MH\sin m$으로 나누면 (6)식은 다음과 같이 된다.

$$\delta - \zeta + l_x - \lambda_x - \tau'\left(\zeta + \lambda_x - \frac{\pi}{2} - \beta - \gamma\right) = 0 \quad (9)$$

자석을 뒤집어서 y가 아래로 향하게 만든 뒤, y가 정확히 연직방향이 될 때까지 장치를 조정하면, 새로운 방위각의 새로운 값을 ζ', 대응하는 편차를 δ'라 할 때,

$$\delta' - \zeta' - l_x + \lambda_x - \tau'\left(\zeta' - \lambda_x + \frac{\pi}{2} - \beta - \gamma\right) = 0 \quad (10)$$

이며, 따라서

$$\frac{\delta + \delta'}{2} = \frac{1}{2}(\zeta + \zeta') + \frac{1}{2}\tau'\{\zeta + \zeta' - 2(\beta + \gamma)\} \quad (11)$$

이다.

이제 τ'의 계수가 될수록 0에 가깝게 되도록 비틀림 고리의 눈금을 조정해야 한다. 이를 위해, 비틀림이 없을 때 $\alpha-\beta$의 값인 γ를 구해야 한다. 이는 자석과 무게가 같고 자성이 없는 막대를 등자 속에 넣고, 평형이 될 때 $\alpha-\beta$의 값을 정하면 된다. τ'이 작기 때문에 아주 정밀할 필요는 없다. 또 다른 방법은 자석과 무게가 같은 비틀림 막대를 쓰는 것이다. 그 안에 자기모멘트가 으뜸 자석의 자기모멘트의 $\frac{1}{n}$인 매우 작은 자석을 넣는다. τ는 같을 터이므로, τ'는 $n\tau'$가 될 것이다. 비틀림 막대를 써서 찾아낸 ζ의 값을 ζ_1, ζ'_1이라 하면,

$$\frac{\delta+\delta'}{2} = \frac{1}{2}(\zeta+\zeta') + \frac{1}{2}n\,\tau'\{\zeta+\zeta'-2(\beta+\gamma)\} \tag{12}$$

이 성립한다.

이 방정식을 (11)식에서 빼면

$$2(n-1)(\beta+\gamma) = (n+\frac{1}{\tau'})(\zeta_1+\zeta'_1) - (1+\frac{1}{\tau'})(\zeta+\zeta') \tag{13}$$

이 된다.

이런 식으로 $\beta+\gamma$의 값을 구한 뒤에, 장치의 보통 위치에서 될수록

$$\zeta+\zeta'-2(\beta+\gamma)=0 \tag{14}$$

에 가깝게 될 때까지 비틀림 고리의 눈금 β를 고쳐야 한다.

그러면 τ'는 매우 작은 수이고, 그 계수도 매우 작으므로, δ에 대한 표현에서 둘째 항의 값은 τ'와 γ의 값에 있는 작은 오차에 대해 많이 달라지지는 않을 것이다. τ'와 γ의 값은 가장 덜 정확하게 알려져 있다.

자기편향 δ의 값은 이런 식으로 상당히 정확하게 구할 수 있다. 단, 그 값은 실험하는 동안 일정해서 $\delta'=\delta$라고 가정할 수 있어야 한다.

아주 정확해야 할 때에는 실험하는 동안 δ의 변차를 고려할 필요가 있다. 이를 위해, ζ의 다른 값이 관측될 때와 동시에 다른 자석을 매달아 관측해야 한다. 그리고 ζ와 ζ'에 대응하는 두 번째 자석의 관측된 방

위각을 η, η'이라 하고, 해당하는 δ의 값들을 δ, δ'이라 하면,

$$\delta' - \delta = \eta' - \eta \tag{15}$$

이 된다.

따라서 δ의 값을 구하려면 (11)식에 다음의 보정항을 더해 주어야 한다.

$$\frac{1}{2}(\eta - \eta')$$

따라서 첫 번째 관측의 시점에서 편차는

$$\delta = \frac{1}{2}(\zeta + \zeta' + \eta - \eta') + \frac{1}{2}\tau'(\zeta + \zeta' - 2\beta - 2\gamma) \tag{16}$$

이다.

자석 안에서 자축의 방향을 구하려면, (9)식에서 (10)식을 빼고 다시 (15)식을 더하여,

$$l_x = \lambda_x + \frac{1}{2}(\zeta - \zeta') - \frac{1}{2}(\eta - \eta') + \frac{1}{2}\tau'(\zeta - \zeta' + 2\lambda_x - \pi) \tag{17}$$

를 얻는다.

막대를 두 모서리에 두어, x축이 연직 상하방향이 되게 한 채로 실험을 반복하면, m의 값을 구할 수 있다. 조준선의 축을 조정할 수 있으면, 이를 가능한 한 자축과 가깝게 일치하도록 만들어야 한다. 그래야 자석을 정확하게 뒤집지 않은 데에서 생겨나는 오차를 가능한 한 작게 만들 수 있다.[3]

자기력의 측정에 관하여

453] 자기력의 측정 중 가장 중요한 것은 자석의 자기모멘트 M과 지자기의 수평성분의 세기 H를 정하는 측정이다. 이는 일반적으로 두 실

---

[3] W. Swan의 'Imperfect Inversion'에 관한 논문 참조. *Trans. R.S. Edin.*, vol. xxi(1855), p.349.

험의 결과를 조합하여 이루어진다. 하나는 이 두 양의 비를 결정하는 실험이고, 다른 실험은 이 두 양의 곱을 결정하는 실험이다.

자기모멘트가 M인 무한히 작은 자석에서 비롯하는 자기력의 세기는 자석의 중심으로부터 자석의 축방향으로 거리가 r인 점에서

$$R = 2\frac{M}{r^3} \tag{1}$$

이며, r의 방향이다. 자석의 크기가 유한하더라도, 구형이고 축 방향으로 균일하게 자화되어 있다면, 이 힘의 값은 여전히 엄밀한 값이 될 것이다. 자석이 길이가 $2L$인 솔레노이드 막대자석이라면

$$R = 2\frac{M}{r^3}\left(1 + 2\frac{L^2}{r^2} + 3\frac{L^4}{r^4} + \&c.\right) \tag{2}$$

이다.

자석의 크기가 r에 비해 작다면, 어떤 종류이든지 상관없이

$$R = 2\frac{M}{r^3}\left(1 + A_1\frac{1}{r} + A_2\frac{1}{r^2} + \&c.\right) \tag{3}$$

이다. 여기에서 A_1, A_2, $\&c.$는 막대의 자화의 분포에 따라 달라지는 계수들이다.

아무 장소에서 지자기의 수평성분의 세기를 H라 하자. H는 자북(磁北)을 향한다. r를 자서(磁西) 방향으로 잰다고 하자. 그러면 r가 아주 큰 곳에서 자기력이 북쪽으로는 H이고 서쪽으로는 R가 될 것이다. 합성력은 서쪽으로 잰 자기자오선과 θ의 각을 이룰 것이며, 다음의 식이 성립한다.

$$R = H\tan\theta \tag{4}$$

따라서 $\frac{R}{H}$ 를 구하기 위해 다음과 같이 한다.

자북의 방향을 확인한 뒤에 크기가 너무 크지 않은 자석을 앞에서 다룬 실험에서처럼 매달아 놓는다. 매달려 있는 자석의 중심으로부터 거리가 r 되는 곳에 그 중심이 오도록 편향 자석 M을 동일 수평면에 자동

(磁束)을 향하도록 놓는다.

M의 축을 조심스럽게 조정하여 수평이 되게 하고 r방향이 되게 맞춘다.

M을 갖다 놓기 전과 M이 위치를 차지한 후에 매달린 자석을 관측한다. 관찰된 편차가 θ라면, 어림공식 (1)식을 써서 다음을 얻는다.

$$\frac{M}{H} = \frac{r^3}{2}\tan\theta \qquad (5)$$

또는 (3)식을 쓰면

$$\frac{1}{2}\frac{H}{M} r^3 \tan\theta = 1 + A_1\frac{1}{r} + A_2\frac{1}{r^2} + \&c. \qquad (6)$$

이다.

여기에서 우리는 편차 θ는 매우 정확하게 관측할 수 있지만, 두 자석을 고정시켜 놓고 그 중심을 잘 표시하지 않으면, 두 자석의 중심 사이의 거리 r는 정확하게 정할 수 없는 양임을 염두에 두어야 한다.

이 어려움은 다음과 같이 극복된다.

눈금이 있는 자를 매달려 있는 자석의 양편에 동쪽과 서쪽을 향하도록 펼쳐놓은 뒤에, 그 위에 자석 M을 놓는다. M의 양 끝 사이의 중점을 자석의 중심으로 본다. 이 점을 자석 위에 표시한 뒤에 자의 눈금과 비교하여 그 위치를 측정할 수도 있고, 자석의 양 끝의 위치를 관측한 뒤에 산술평균을 내도 좋다. 이를 s_1이라 부르자. 매달린 자석을 매다는 섬유의 선이 눈금자의 s_0에 있다고 하자. 그러면 $r_1 = s_1 - s_0$이다. 여기에서 s_1은 정확히 알 수 있고, s_0은 대략 알 수 있다. M이 이 위치에 있을 때 관측한 편차를 θ_1이라 하자.

이제 M을 뒤집자. 즉 M의 양 끝이 눈금자 위에서 반대가 되게 놓자. 그러면 r_1은 그대로겠지만, M, A_1 A_3 등의 부호는 반대가 될 터이므로, 서쪽으로의 편차를 θ_2라 하면

$$-\frac{1}{2}\frac{H}{M} r_1^3 \tan\theta_2 = 1 - A_1\frac{1}{r_1} + A_2\frac{1}{r_1^2} - \&c. \qquad (7)$$

이다.

(6)식과 (7)식의 산술평균을 구하면

$$\frac{1}{4}\frac{H}{M}r_1^3(\tan\theta_1 - \tan\theta_2) = 1 + A_2\frac{1}{r_1^2} + A_4\frac{1}{r_1^4} + \&c. \tag{8}$$

이 된다.

이제 매달려 있는 자석의 서쪽 편으로 M을 이동시켜, 눈금자에 $2s_0-s_1$으로 표시되는 점에 그 중심이 놓이게끔 놓는다. 축이 처음 위치에 있을 때 편차를 θ_3이라 하고, 둘째 위치에 있을 때 편차를 θ_4라 하자. 그러면, 앞에서처럼 다음이 성립한다.

$$\frac{1}{4}\frac{H}{M}r_2^3(\tan\theta_3 - \tan\theta_4) = 1 + A_2\frac{1}{r_2^2} + A_4\frac{1}{r_2^4} + \&c. \tag{9}$$

매달린 자석의 중심의 진짜 위치가 s_0이 아니라 $s_0+\sigma$라 해보자. 그러면

$$r_1 = r - \sigma, \qquad r_2 = r + \sigma \tag{10}$$

이고

$$\frac{1}{2}(r_1^n + r_2^n) = r^n\left\{1 + \frac{n(n-1)}{2}\frac{\sigma^2}{r^2} + \&c.\right\} \tag{11}$$

이며, 조심스럽게 측정을 하면 $\dfrac{\sigma^2}{r^2}$항을 무시할 수 있으므로, r^n을 r_1^n과 r_2^n의 산술평균으로 택할 수 있다.

따라서 (8)식과 (9)식의 산술평균을 취하면

$$\frac{1}{8}\frac{H}{M}r^3(\tan\theta_1 - \tan\theta_2 + \tan\theta_3 - \tan\theta_4) = 1 + A_2\frac{1}{r^2} + \&c. \tag{12}$$

또는

$$\frac{1}{4}(\tan\theta_1 - \tan\theta_2 + \tan\theta_3 - \tan\theta_4) = D \tag{13}$$

라 하면

$$\frac{1}{2}\frac{H}{M}Dr^3 = 1 + A_2\frac{1}{r^2} + \&c.$$

이다.

454] 이제 D와 r를 엄밀하게 정할 수 있다고 간주해도 좋다.

A_2라는 양은 어떤 경우에도 $2L^2$을 넘을 수 없다. 여기에서 L은 자석의 길이의 절반이다. 따라서 r의 값이 L에 비해 상당하면, A_2에 있는 항을 무시하고 H와 M의 비를 바로 구할 수 있다. 그러나 A_2가 $2L^2$이라고 가정할 수는 없다. 왜냐하면 더 작을 수 있고, 심지어 최대 길이가 자석의 횡방향인 자석에 대해서는 이 값이 음수가 되기 때문이다. A_4에 있는 항과 그보다 더 고차인 항은 무시해도 안전하다.

A_2를 없애기 위해서는 여러 거리에 대해 실험을 반복해야 한다. 거리 r_1, r_2, r_3 등에 대한 D의 값을 D_1, D_2, D_3 등이라 하면,

$$D_1 = \frac{2M}{H}\left(\frac{1}{r_1^3} + \frac{A_2}{r_1^5}\right), \quad D_2 = \frac{2M}{H}\left(\frac{1}{r_2^3} + \frac{A_2}{r_2^5}\right) \cdots$$

이다.

이 식에서 가능한 오차가 같다고 가정하면, 그리고 r의 값에 불확실한 것이 없다면, 각 방정식에 r^{-3}을 곱하여 더하여 한 식을 얻고, 각 방정식에 r^{-5}을 곱하여 또 한 식을 얻는다. 이는 오류가능측정의 조합에 대한 이론[4]의 일반규칙에 따른 것이고, 각 방정식의 가능한 오차는 똑같다고 가정한다.

이제

$$D_1 r_1^{-3} + D_2 r_2^{-3} + D_3 r_3^{-3} + \&c.$$

대신

$$\Sigma(Dr^{-3})$$

---

4) '오류가능측정의 조합에 대한 이론'이란 theory of the combination of fallible measurements의 번역이다―옮긴이.

으로 쓰고, 다른 무리의 기호의 합에 대해서도 비슷한 표현을 쓰자. 그러면 두 연립방정식은 다음과 같이 쓸 수 있다.

$$\Sigma(Dr^{-3}) = \frac{2M}{H}\left\{\Sigma(r^{-6}) + A_2\,\Sigma(r^{-8})\right\}$$

$$\Sigma(Dr^{-5}) = \frac{2M}{H}\left\{\Sigma(r^{-8}) + A_2\,\Sigma(r^{-10})\right\}$$

이로부터

$$\frac{2M}{H}\left\{\Sigma(r^{-6})\,\Sigma(r^{-10}) - [\Sigma(r^{-8})]^2\right\}$$
$$= \Sigma(Dr^{-3})\,\Sigma(r^{-10}) - \Sigma(Dr^{-5})\,\Sigma(r^{-8})$$

와

$$A_2\left\{\Sigma(Dr^{-3})\,\Sigma(r^{-10}) - \Sigma(Dr^{-5})\,\Sigma(r^{-8})\right\}$$
$$= \Sigma(Dr^{-5})\,\Sigma(r^{-6}) - \Sigma(Dr^{-3})\,\Sigma(r^{-8})$$

을 얻는다.

이 방정식으로부터 유도되는 A_2의 값은 자석 M의 길이의 제곱의 절반보다 작아야 한다. 그렇지 않다면 관측상에 어떤 오류가 있었다고 의심할 수 있다. 이 관측 및 환산의 방법은 가우스가 '자기협회 제1차 보고'에서 발표한 것이다.

관찰자가 거리 r_1과 r_2에서 두 계열의 실험만 할 수 있다면, 이 실험에서 유도된 $\dfrac{2M}{H}$과 A_2의 값은 다음과 같다.

$$Q = \frac{2M}{H} = \frac{D_1 r_1^5 - D_2 r_2^5}{r_1^2 - r_2^2}, \qquad A_2 = \frac{D_2 r_2^3 - D_1 r_1^3}{D_1 r_1^5 - D^2 r_2^5}\, r_1^2 r_2^2$$

관측된 편향 D_1과 D_2의 실제 오차를 δD_1, δD_2라 하면, 계산된 결과 Q의 실제 오차는 다음과 같이 될 것이다.

$$\delta D = \frac{r_1^5\,\delta D_1 - r_2^5\,\delta D_2}{r_1^2 - r_2^2}$$

오차 δD_1과 δD_2가 독립적이라고 가정하면, 그리고 둘 중의 더 가능성이 높은 값을 δD라 하면, 계산된 결과 Q의 오차에 대한 가능한 값

δQ는 다음과 같이 주어질 것이다.

$$(\delta Q)^2 = \frac{r_1^{10} + r_2^{10}}{(r_1^2 - r_2^2)^2}(\delta D)^2$$

이 거리 중 하나(가령 더 작은 쪽)가 주어진다고 가정하면, 더 큰 거리의 값은 δQ를 최소로 만들게끔 정할 수 있다. 이 조건은 r_1^2의 5차 방정식으로 이어지며, r_2^2보다 큰 실수근은 오직 하나뿐이다. 이로부터 구한 r_1의 가장 좋은 값은

$$r_1 = 1.3189\, r_2$$

임이 알려져 있다.[5]

관측을 한 번밖에 하지 않을 때 가장 좋은 거리는

$$\frac{\delta D}{D} = \sqrt{3}\,\frac{\delta r}{r}$$

일 때이다.[6] 여기에서 δD는 편향의 측정에서 가능한 오차이며, δr은 거리의 측정에서 가능한 오차이다.

사인함수 방법

455] 방금 앞에서 기술한 방법은 탄젠트함수 방법이라 할 수 있다. 굴절된 탄젠트가 자기력의 측정값이기 때문이다.

선 r_1을 동서로 측정하는 대신에 굴절된 자선의 축과 이루는 각이 직각이 될 때까지 맞추면 선 R가 앞에서와 같아진다. 하지만 매단 자석이

---

5) Airy의 *Magnetism* 참조.

6) {이 경우에 A_2가 있는 항을 무시하면

$$(\delta Q)^2 = (\delta D)^2\, r^6 + 9\frac{Q^2}{r^2}(\delta r)^2$$

이 되며, 이것이 최소가 될 때는

$$\frac{\delta D}{D} = \sqrt{3}\,\frac{\delta r}{r}$$

일 때이다}―톰슨.

r에 수직이 되도록 하려면, 힘 H의 r방향 성분은 R와 크기는 같고 방향은 반대가 되어야 한다. 그러면 굴절각이 θ일 때 $R=H\sin\theta$이다.

이 방법을 사인함수 방법이라고 한다. 이 방법은 R가 H보다 작을 때만 적용할 수 있다.

들고 다닐 수 있는 큐(Kew) 장비에 이 방법을 도입한다. 매단 자석이 장비의 한 부분에 달려 늘어져 있고 이 장비는 망원경 그리고 편향 자석 쪽으로 뻗은 팔과 함께 회전하며 전체 회전량은 방위권 위에서 측정한다.

처음에 망원경의 조준선이 교란되지 않은 상태의 평균적인 위치와 일치하도록 장비를 맞춘다. 만일 자석이 흔들리고 있다면 자기 북극의 진짜 방위각은 투명한 자의 진동 극점을 관찰하여, 방위권을 읽어 적당한 보정을 해서 얻는다.

다음에 편향 자석을 회전하는 장치의 축을 지나는 곧은 막대 위에 놓는다. 이 축은 망원경 축과 수직을 이루고 편향 자석의 축은 매단 자석의 중심을 지나는 선 위에 있다.

회전하는 장치 전체를 매단 자석의 조준선이 망원경의 축과 다시 일치할 때까지 움직인다. 그리고 새로운 방위각을 읽어서 보정한다. 필요하다면 진동 극점의 위치를 자의 눈금을 통해 읽으면 된다.

보정된 각의 차이에서 편향된 양을 알 수 있다. 그 뒤에 탄젠트 함수 방법을 진행한 후에 D에 대한 표현만 제외하고 $\tan\theta$ 대신 $\sin\theta$를 넣는다.

이 방법을 사용하면 매단 실의 비틀림을 보정하지 않아도 된다. 그 이유는 섬유와 망원경, 자석의 상대적인 위치가 관찰할 때마다 항상 똑같기 때문이다.

이 방법을 사용할 때 두 자석의 축은 항상 수직이고, 따라서 길이에 대한 보정을 좀더 정확하게 할 수 있다.

456] 편향 자석의 모멘트와 지구자기의 수평성분 비율을 측정한 다음, 축이 자기적인 경선에서 벗어났을 때 지구 자기가 같은 자석을 돌리려는 것에 대한 같은 짝 힘의 모멘트를 결정하여 이 두 양들에 의한 결

과를 알 수 있다.

이런 측정을 하는 데는 두 가지 방법이 있다. 하나는 동역학적인 방법으로 지구 자기의 영향하에 있는 자석이 진동하는 시간을 관찰한다. 다른 하나는 통계적인 방법으로 자석에 작용하는 측정 가능한 통계적 짝힘과 자기력이 평형을 이루고 있다.

동역학적인 방법은 훨씬 단순한 장비를 필요로 하고 절대적인 측정값이 더 정확하지만, 측정에 상당한 시간이 걸린다. 통계적인 방법은 거의 모든 순간적 측정을 할 수 있다. 따라서 자기력의 세기가 변하는 것을 따라가며 측정하기에 유용하지만, 훨씬 정교한 장치가 필요하고 절대적인 측정의 값이 그리 정확하지 않다.

진동 방법

자석을 자축이 수평 방향이 되도록 매달아놓자. 그리고 작은 호를 그리며 진동하게 만든다. 진동은 이미 서술한 방법으로 관찰한다.

저울 위의 점은 진동하는 호의 중간에 해당하는 점으로 정한다. 저울의 이 점을 양의 방향으로 지나는 순간을 관찰한다. 자석이 같은 위치로 돌아오기 전에 시간이 충분하다면, 음의 방향으로 그 점을 지나는 순간을 관찰한다. 이 과정을 양의 방향으로 $n+1$번, 음의 방향으로 n번 계속해서 관찰한다. 진동이 너무 빨라서 지나는 순간을 모두 연속적으로 관찰하기 어려우면 세 번째 혹은 다섯 번째 통과할 때를 골라 관찰한다. 좌로 통과하는 것과 우로 통과하는 것을 교대로 관찰하도록 주의해라. 통과하는 것을 관찰한 시간을 T_1, T_2, T_{2n+1}이라고 하자. 그러면,

$$\frac{1}{n}\left(\frac{1}{2}T_1 + T_3 + T_5 + \&c. + T_{2n-1} + \frac{1}{2}T_{2n+1}\right) = T_{n+1}$$

$$\frac{1}{n}\left(T_2 + T_4 + \&c. + T_{2n-2} + T_{2n}\right) = T'_{n+1}$$

과 같이 놓을 때, T_{n+1}이 양의 방향으로 지나는 시간의 평균이고, 이 값은 T'_{n+1}과 일치해야 한다.

진동이 많이 일어난 후에, 하지만 진동이 분명하게 규칙적으로 일어나는 것이 중지하기 전에, 관찰자는 일련의 다른 관찰을 수행한다. 이 관찰에서는 이차적으로 행하는 관찰에서 중심을 지나는 시간의 평균을 끌어낸다.

첫 번째 측정이나 두 번째 측정의 진동 주기를 계산하여, 정체 진동이 일어나는 정확한 횟수를 구해야 한다. 이 진동은 두 단계의 측정에서 중심을 지나는 시간 사이의 간격 안에서 일어난다. 두 단계의 측정에서 중심을 지나는 평균 시간 사이의 간격을 진동의 횟수로 나누면, 진동의 평균 시간이 나온다. 그러면 진동을 관찰하는 시간은 진자 관찰에 사용하는 것과 같은 종류의 공식을 이용하여 아주 작은 작은 진자의 진동 시간으로 환원할 수 있다. 그리고 진동의 진폭이 급격히 감소하면 저항에 대한 또 다른 보정이 있다. 740절 참조. 하지만 이 보정은 자석이 섬유에 매달려 있을 때와 진동하는 호가 아주 작은 각을 가지고 있을 때는 매우 작다.

자석의 운동 방정식은 다음과 같다.

$$A \frac{d^2\theta}{dt^2} + MH\sin\theta + HM\tau'(\theta - \gamma) = 0$$

여기에서 θ는 자기축과 힘 H가 이루는 각이다. A는 매단 장치와 자석의 관성 모멘트이다. M은 자석의 자기 모멘트이다. H는 자기력의 수평 방향 세기이고, $MH\tau'$은 비틀림 계수이다. τ'은 452절에서처럼 정하며, 아주 작은 양이다. 평형점에서 θ값은 아주 작은 각으로 다음과 같다.

$$\theta_0 = \frac{\tau'\gamma}{1 + \tau'}$$

진폭이 작은 경우 방정식에 대한 해는 다음과 같다.

$$\theta = C\cos\left(2\pi \frac{t}{T} + a\right) + \theta_0$$

여기에서 T는 주기이다. a는 상수이고, C는 진폭이며,

$$T^2 = \frac{4\pi^2 A}{MH(1 + \tau')}$$

이다. 이로부터 MH값을 구하면 다음과 같다.

$$MH = \frac{4\pi^2 A}{T^2(1 + \tau')}$$

여기에서 T는 관찰로 구한 완전한 진동의 주기이다. 자석의 관성 모멘트 A는 보통의 형태일 경우에는 무게를 달아 직접 측정을 하거나, 아니면 관성 모멘트가 알려진 물체와 비교하는 동역학적 과정으로 모두 구할 수 있다.

이 MH의 값과 앞에서 얻은 $\dfrac{M}{H}$ 값을 조합하여 다음 값을 얻는다.

$$M^2 = (MH)\left(\frac{M}{H}\right) = \frac{2\pi^2 A}{T^2(1 + \tau')}Dr^3$$

$$H^2 = (MH)\left(\frac{H}{M}\right) = \frac{8\pi^2 A}{T^2(1 + \tau')Dr^3}$$

457] 우리는 H와 M이 두 단계의 실험을 하는 동안 계속해서 상수라고 가정했다. H값의 변동이 이제 기술할 이중선으로 된 자기 측정기의 동시 관찰로 확인되었다. 자석을 잠시 사용하고 실험을 하는 동안 온도 변화나 충격에 노출되지 않았다면 영구 자기에 의존하는 자기화 M부분은 상수로 간주할 수 있다. 하지만 모든 강철 자석은 외부의 자기력의 작용에 따라 자기를 유도할 수 있다. 이제 굴절 실험에 사용하는 자석의 축을 동서 방향으로 놓았다. 그리고 자기화 M이 증가하거나 감소하지 않도록 지자기가 자석을 가로질러 작용하도록 했다. 자석이 진동하도록 만들었을 때, 축은 남북을 가리킨다. 그것은 지구 자기의 작용이 축의 방향 쪽으로 자기화시키기 때문이다. 그래서 자기 모멘트를 kH만큼 증가시킨다. k는 자석 실험에서 찾아내는 계수이다.

k를 계산하지 않고도 이런 오차의 요인을 피할 수 있는 두 가지 방법이 있다. 실험은 자석이 흔들리거나 다른 자석에 의해 편향될 때도 같은

조건을 가질 수 있도록 조정한다.

우리는 편향자석의 축이 북쪽을 가리키도록 하고, 매단 자석 중심에서 거리가 r 되는 곳에 놓는다. r가 그리는 선은 자기의 중심과 이루는 각의 코사인값이 $\sqrt{\frac{1}{3}}$ 이다. 매단 자석에 대한 편향 자석의 작용은 자석의 방향과 수직인 위치에서 다음과 같다.

$$R = \sqrt{2}\,\frac{M}{r^3}$$

여기서 M은 축이 북쪽을 가리킬 때의 자기 모멘트이다. 진동 실험에서처럼 유도에 대한 보정은 하지 않아야 한다. 하지만 이 방법은 아주 어렵다. 편향 자석을 약간만 움직여도 큰 오차가 발생하기 때문이다. 편향 자석을 뒤집어서 보정을 해주는 것은 여기에는 적용할 수 없다. 이 방법은 물체의 유도 계수가 결정될 때를 빼면 사용하지 않는다.

다음의 방법은 줄 박사[7)]에 의한 것으로 진동하는 동안 자석은 지구자기의 유도 작용에서 자유롭게 하는 것이다.

자기 모멘트가 거의 같은 두 개의 자석을 준비한다. 굴절 실험에서는 이 자석들을 분리해서 사용한다. 아니면 더 큰 편향을 만들어내기 위해 두 개의 자석을 매단 자석의 서로 반대편에 동시에 놓는다. 이 실험에서 지구 자기의 유도력은 축을 가로지른다.

이 자석 중의 하나를 매단다. 다른 하나를 그 중앙이 매단 자석의 중앙 바로 아래에 오게 나란하게 위치시킨다. 고정된 자석이 매단 자석에 미치는 힘은 지구 자기의 방향과 정반대의 방향이다. 만일 고정된 자석이 천천히 매단 자석의 근처로 온다면 진동 시간이 증가할 것이다. 어떤 평형점에 도달하면 이 진동은 멈추어 안정화되고, 이 점에서 멀어지면 매단 자석은 반대 위치로 진동할 것이다. 이런 방법으로 실험하여 고정된 자석은 매단 자석에 미치는 지구 자기의 영향을 정확히 중화하는 점을 찾을 것이다. 두 개의 자석은 같이 나란히 있도록 단단히 고정한다.

---

7) J.P. Joule, *Proc. Phil. S., Manchester*, March 19, 1867.

그 축은 같은 방식으로 회전한다. 그리고 두 자석은 실험에서 측정한 거리 그대로 떨어져 있다. 그 뒤에 두 작은 자석을 보통의 방식으로 매달고 작은 호 위를 함께 진동하도록 한다.

아래쪽 자석은 위쪽 자석에 미치는 지구 자기의 영향을 정확히 중화한다. 그리고 두 자석의 모멘트가 같으므로 위쪽 자석은 아래쪽 자석에 미치는 지구의 유도 작용을 중화한다.

따라서 M값은 편향 실험에서의 값과 진동 실험에서의 값이 서로 같고 유도에 대한 보정은 필요 없다.

458] 수평자기력의 세기를 결정하는 가장 정확한 방법은 우리가 방금 기술한 것과 같다. 하지만, 실험의 전체 단계를 정확하게 완수하는 데는 한 시간 이상이 걸린다. 그래서 몇 분의 주기 동안 세기에 작은 변화라도 일어나면 계속 그대로 관찰을 할 수 없게 된다. 따라서 어떤 순간에라도 자기의 세기를 관찰하기 위해서는 다른 방법이 필요하다.

통계적인 방법은 수평면상에서 작용하는 정적인 짝힘으로 자석을 편향시키는 것이다. 만일 짝힘의 모멘트가 L, 자석의 모멘트가 M, 지구 자기의 수평성분이 H이고, 편향각이 θ라면,

$$MH \sin \theta = L$$

이다. 그러므로 L을 θ로 표현할 수 있으면, MH를 찾을 수 있다.

짝힘의 모멘트 L은 다음과 같은 두 가지 방식에 의해 형성될 수 있다. 하나는 보통의 비틀림 균형점에서 도선의 비틀림 전기에 인해로, 또 하나는 쌍줄로 매달았을 때 매단 장치의 무게에 의해 나타낸다.

비틀림 균형점에서 자석은 수직 도선의 끝에 단단히 고정되어 있고, 자석의 위쪽 끝은 회전할 수 있다. 그 회전은 비틀림 고리(torsion circle)를 써서 측정한다.

그러면 다음과 같이 나타낼 수 있다.

$$L = \tau (\alpha - \alpha_0 - \theta) = MH \sin\theta$$

여기서 α_0은 자기의 중심이 자석의 축과 일치할 때 비틀림 고리의 값을 읽은 것이고 α는 실제의 눈금이다. 비틀림 고리가 회전하여 자석이 자기경도선과 거의 수직에 이르러

$$\theta = \frac{\pi}{2} - \theta'$$

가 되면

$$\tau \left(a - a_0 - \frac{\pi}{2} + \theta' \right) = MH \left(1 - \frac{1}{2}\theta'^2 \right)$$

또는

$$MH = \tau (1 + \frac{1}{2}\theta'^2)(a - a_0 - \frac{\pi}{2} + \theta')$$

가 성립하게 된다.

평형 상태에서 자석의 편향을 나타내는 각 θ'을 측정하면, τ의 값이 주어질 때 MH의 값을 계산할 수 있다. 모든 시간에서 H의 상대적인 값을 알기 위해서 M이나 τ를 반드시 알아야 하는 것은 아니다.

같은 비자성체를 매달고 진동 시간을 측정하여 τ를 쉽게 결정할 수 있다. 이 물체의 관성 모멘트가 A이고, 진동의 주기가 T이면 다음과 같이 쓸 수 있다.

$$\tau = \frac{4\pi^2 A}{T^2}$$

비틀림 균형의 사용에 대한 가장 큰 어려움은 우리가 영점으로 읽은 비틀림 균형점 α_0의 값이 변할 수 있다는 점이다. 자석이 북쪽으로 돌아가려는 경향에 의해 일정한 비틀림 힘이 작용할 때, 도선에는 점차적으로 영구적인 비틀림이 생긴다. 그래서 짧은 시간 안에 비틀림 고리의 영점을 결정하는 일이 필요하게 된다.

겹실 매달림 장치

459] 자석을 두 겹의 도선 또는 섬유에 매다는 방법을 도입한 것은

가우스와 베버이다. 겹실 매달림 장치는 많은 전기장치에서 사용되며, 이에 대하여 더 상세하게 살펴볼 것이다. 매달림 장치의 일반적인 외형은 그림 16과 같다. 그림 17은 수평면에 드리운 도선의 그림자(투영)를 나타내고 있다.

AB와 $A'B'$은 두 도선의 그림자(투영)이다.

AA'과 BB'은 도선의 위 끝과 아래 끝을 잇는 두 직선이다.

a와 b는 두 직선 AA'과 BB'의 길이이다.

α와 β는 그 두 직선의 방위각이다.

W와 W'은 도선의 장력의 수직성분이다.

Q와 Q'은 그 수평성분이다.

h는 AA'과 BB' 사이의 수직거리이다.

자석에 작용하는 힘은 그 자체의 무게, 지구 자기에서 생기는 짝힘, 도선의 비틀림(있다면)과 그 장력이다. 이 중에서 자기의 효과와 장력의 효과는 수직력으로 이루어져 있음에 틀림없으며, 자석의 무게에 짝힘을 더한 것과 같다. 따라서 장력의 수직 성분의 합력은 그 그림자가 AA'과 BB'의 교점 O인 선을 따라 작용한다. AA'과 BB' 중 하나는 O에서 W와 W'의 비로 분할된다.

장력의 두 수평성분은 짝힘을 이루며, 따라서 크기는 같고 방향은 나란하다. 이 중 하나를 Q라 하면, 장력의 두 수평성분이 이루는 짝힘의 모멘트는

$$L = Q.PP' \tag{1}$$

가 된다. 여기에서 PP'은 평행한 두 직선 AB와 $A'B'$ 사이의 거리이다.

L의 값을 구하려면, 모멘트의 방정식

$$Qh = W.AB = W'.A'B' \tag{2}$$

과 기하학적 방정식

$$(AB + A'B')PP' = ab\sin(\alpha - \beta) \tag{3}$$

를 풀어야 한다. 이를 풀면 다음을 얻는다.

$$L = Q.PP' = \frac{ab}{h}\frac{WW'}{W + W'}\sin(\alpha - \beta) \tag{4}$$

매달린 장치의 질량을 m이라 하고, 중력의 세기를 g라 하면

$$W + W' = mg \tag{5}$$

이다.

또 다음과 같이 쓸 수 있다.

$$W - W' = nmg \tag{6}$$

이로부터 다음을 얻는다.

$$L = \frac{1}{4}(1 - n^2)mg\frac{ab}{h}\sin(\alpha - \beta) \tag{7}$$

따라서 L의 값은 n이 0일 때, n에 대하여 최대가 된다. 즉, 매달린 전체의 중량을 두 줄이 똑같이 나누어 매달고 있을 때이다.

진동하는 시간(주기)을 잘 관찰하여 이를 최소로 만들면, 두 줄의 장력이 똑같아지도록 조정할 수 있다. 또는 그림 16에 있는 것처럼, 두 줄의 장력이 똑같아질 때까지 그 축상에서 회전하는 도르래를 두 줄의 끝에 붙여서 자동 조정 장치를 만들 수도 있다.

매다는 두 줄의 위쪽 끝 사이의 거리는 다른 도르래를 써서 조절한다. 아래쪽 끝 사이의 거리도 조정할 수 있다.

장력을 이렇게 조절하면, 두 줄의 장력에서 생겨나는 짝힘은

$$L = \frac{1}{4}\frac{ab}{h}mg\sin(\alpha - \beta)$$

가 된다.

두 줄의 비틀림에서 생겨나는 짝힘의 모멘트는

$$\tau(\gamma - \beta)$$

의 꼴이다. 여기에서 τ는 두 줄의 비틀림 계수의 합이다.

$\alpha = \beta$일 때에는 줄에 비틀림이 없어야 하므로, $\gamma = \alpha$라 놓을 수 있다.

수평자기력에서 생겨나는 짝힘의 모멘트는 다음과 같은 꼴이다.

$$MH\sin(\delta - \theta)$$

여기에서 δ는 자기 편차이고, θ는 자석축의 방위각이다. 자석축이 BB'에 평행하다고 가정하면, 즉 $\beta = \theta$라고 가정하면, 일반성을 잃지 않고도 불필요한 기호들을 도입하지 않을 수 있다.

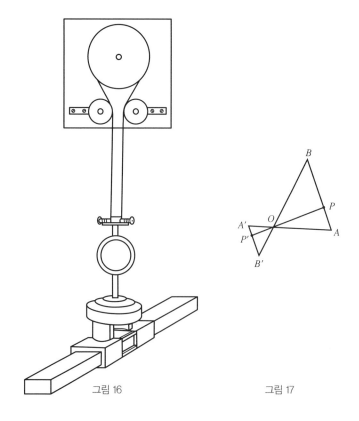

그림 16　　　　　　그림 17

그러면 운동방정식은 다음과 같이 된다.

$$A \frac{d^2\theta}{dt^2} = MH \sin(\delta - \theta) + \frac{1}{4}\frac{ab}{h} mg \sin(a - \theta) + \tau(a - \theta) \qquad (8)$$

이 장치의 주요한 위치는 다음 세 가지가 있다.

(1) α가 δ와 거의 같을 때. 이 위치에서의 주기를 T_1이라 하면, 다음이 성립한다.

$$\frac{4\pi^2 A}{T_1{}^2} = \frac{1}{4}\frac{ab}{h} mg + \tau + MH \qquad (9)$$

(2) α가 $\delta + \pi$와 거의 같을 때. 이 위치에서의 주기를 T_2라 하면, 자석의 북쪽 끝이 이번에는 남쪽을 향하게 되므로, 다음이 성립한다.

$$\frac{4\pi^2 A}{T_2{}^2} = \frac{1}{4}\frac{ab}{h} mg + \tau - MH \qquad (10)$$

이 방정식의 오른편에 있는 양의 a나 b를 줄여나감으로써 원하는 만큼 될수록 작아지게 할 수 있다. 그러나 음수가 되어서는 안 된다. 자석의 평형이 불안정해질 터이기 때문이다. 이 위치에서 자석은 자기력 방향의 아주 작은 변차도 쉽게 감지할 수 있는 장치가 될 것이다.

$\theta - \delta$가 거의 π와 같다면, $\sin(\delta - \theta)$가 거의 $\theta - \delta - \pi$와 같을 것이므로, 다음을 얻는다.

$$\theta = a - \frac{MH}{\frac{1}{4}\frac{ab}{h} mg + \tau - MH}(\delta + \pi - a) \qquad (11)$$

마지막 항의 분수에서 모음을 줄여나가면, δ의 변차에 비해 θ의 변차가 매우 커지도록 할 수 있다. 이 표현에서 δ의 계수가 음수이기 때문에, 자기력의 방향이 어느 한 방향에서 돌아가면, 자석은 그 반대 방향으로 돌아간다는 점에 주목해야 한다.

(3) 세 번째 위치에서는 매달려 있는 장치의 윗부분이 돌아가서 자석축이 자기자오선과 거의 수직에 가깝게 된다.

$$\theta - \delta = \frac{\pi}{2} + \theta', \quad a - \theta = \beta - \theta' \qquad (12)$$

라 하면, 운동방정식은 다음과 같이 쓸 수 있다.

$$A\frac{d^2\theta}{dt^2} = -MH\cos\theta' + \frac{1}{4}\frac{ab}{h}mg\sin(\beta-\theta') + \tau(\beta-\theta') \qquad (13)$$

$H=H_0$이고 $\theta'=0$일 때 평형이 있다면,

$$-MH_0 + \frac{1}{4}\frac{ab}{h}mg\sin\beta + \beta\tau = 0 \qquad (14)$$

이며, 작은 각 θ'에 대응하는 수평자기력의 값 H는 다음과 같이 된다.

$$H = H_0\left(1 - \frac{\frac{1}{4}\frac{ab}{h}mg\cos\beta + \tau}{\frac{1}{4}\frac{ab}{h}mg\sin\beta + \tau\beta}\theta'\right) \qquad (15)$$

자석이 안정한 평형에 있기 위해서는 둘째 항에 있는 분수의 분자가 양수가 되어야 한다. 하지만 그 값이 0에 가까워지면 가까워질수록, 지자기의 수평성분의 세기의 값에서 나타나는 변화를 지시하는 장치는 더 정교해질 것이다.

힘의 세기를 추측하는 정위방법은 힘의 값이 달라질 때마다 장치 자체가 다른 평형위치에 놓이는 장치의 작용에 의존하고 있다. 따라서 자석에 거울을 붙이고 한 줄기의 빛을 사진면에 비추면서 시계태엽장치로 움직이는 방법을 쓰면, 곡선의 자취를 얻을 것이다. 이 곡선으로부터 아무 순간에 힘의 세기를 눈금자를 이용하여 정할 수 있으며, 눈금자는 현재로서는 아무 것이나 무방하다.

460] 눈으로 직접 관찰하든 아니면 자동으로 사진을 찍어두든, 어쨌든 편차와 강도를 연속적으로 기록하는 체계가 유지되고 있는 실험실에서는 편차와 강도의 절댓값 그리고 자석의 자기축의 위치와 모멘트를 고도로 정밀하게 결정할 수 있다.

편향계(declinometer)에서 읽는 편향에는 매 순간마다 일정한 오차가 영향을 주며, 겹실 자력계(bifilar magnetometer)로 읽는 자기력의 세기에는 매 순간마다 상수계수가 곱해지기 때문이다. 실험에서는 δ 대신 $\delta+\delta_0$을 넣는다. 여기에서 δ'은 특정 순간에 편향계의 눈금이고, δ_0

은 미지의 오차(하지만 상수임)이다. 따라서 $\delta'+\delta_0$은 그 순간의 실제 편향이 된다.

마찬가지로 H 대신 CH'을 넣는다. 여기에서 H'은 임의의 스케일에서 읽는 자력계의 눈금이고, C는 이렇게 읽은 값을 절대적인 단위로 변환시켜주는 미지의 인수(하지만 상수임)이다. 따라서 CH'은 어느 특정 순간의 수평자기력이 된다.

물리량들의 절댓값을 결정하는 실험을 할 때는 편향계와 자력계로부터 충분히 멀리 떨어진 곳에서 실행하여, 서로 다른 자석들끼리 눈에 띌 만한 간섭이 일어나지 않도록 해주어야 한다. 매번 관찰한 시간을 적어 두고 그에 해당하는 δ'과 H'의 값을 기록해야 한다. 그다음, 편향계의 상수오차 δ_0과 편향계의 값을 읽을 때 적용해야 하는 상수인 C를 알아내기 위해 방정식을 다루어야 한다. 이들을 알아내고 나면 두 장치에서 읽은 값을 절대측정으로 나타낼 수 있다. 그러나 자축과 자석의 자기적 모멘트에서 발생할 수 있는 변화를 설명하기 위해서는, 이러한 절대측정을 자주 되풀이해 주어야 한다.

461] 지자기력의 수직분력을 결정하는 방법은 이와 비슷한 수준의 정밀함을 달성하지 못했다. 수직력은 수평축 둘레를 도는 자석에 작용하는 힘이어야 한다. 이제 수평축 둘레를 도는 물체를, 섬유에 매달려 수직축 둘레를 돌아가는 물체만큼 그렇게 작은 힘의 작용에 너무 민감하도록 만들 수 없다. 이밖에도 자석의 무게가 그에 작용하는 자기력에 비해 너무 커서, 불균등한 팽창 등에 의해 일어나는 관성의 중심의 작은 변위가, 자기력의 상당한 변화에 미치는 것보다 더 큰 효과를 자석의 위치에 일으킨다.

따라서 수직자기력의 측정은, 또는 수직력과 수평력의 비교는, 자기 측정계에서 가장 덜 완벽한 부분이다.

만일 총력과 수평분력이 이루는 각을 i라 하자. i를 자기복각 혹은 자기경각이라 부른다. 그리고 만일 H가 이미 구한 수평력이라면, 수직력은 $H\tan i$이고, 전체 힘은 $H\sec i$이다.

자기복각은 복각계(dip needle)를 써서 알아낸다.

이론상으로 볼 때, 복각계는 자석에 축이 달린 것으로, 그 축은 바늘의 자기축에 수직 방향인 관성의 중심을 통과한다. 그 축의 양끝은 반지름이 작은 길쭉한 원통 모양이고, 이 양끝의 축은 관성의 중심을 통과하는 선에 해당한다. 이 원통 모양 끝은 두 개의 수평면에 놓여 있고 그 위를 자유롭게 움직인다.

복각계의 축을 자기 동쪽과 서쪽에 놓아두면, 그 바늘이 자기경선의 평면에서 자유롭게 회전하고, 만일 이 장치를 완벽하게 조절하면, 자축은 자기총력의 방향으로 고정될 것이다.

그러나 복각계의 무게가 평형위치에 영향을 주지 못할 만큼 복각계를 조절하는 것은 실제적으로 불가능하다. 왜냐하면 비록 원래는 원통 모양 양끝의 굴러가는 부분이 만나는 선 위에 관성중심이 있었다 하더라도, 바늘이 미세하게 구부러지거나 불규칙하게 팽창할 경우, 그 관성중심은 더 이상 이 선 위에 있게 되지 않을 것이기 때문이다. 게다가 자석의 진정한 관성중심을 결정한다는 것은 매우 어려운 작업인데, 자기력과 중력 사이의 간섭 때문이다.

바늘의 한 끝과 회전축의 한 끝을 표시해 두었다고 하자. 실제이든 가상이든 바늘에 선을 그어 조준선이라 부르기로 하자. 이 선의 위치는 연직으로 놓인 원 위에서 읽는다. 이 선이 반지름과 함께 이루는 각을 θ라 하고 이를 0이 되게 하여, 수평이라고 가정하자. 자기축이 조준선과 함께 만들어내는 각을 λ이라 하고, 바늘이 이 위치에 있을 EO 자축은 수평방향으로 $\theta+\lambda$만큼 기울어지게 하자.

p를 축이 구르는 평면 위에 있는 관성의 중심과 수직으로 놓자. 그러면 p는 구르는 면의 모양이 어떠하건 관계없이 θ의 함수가 된다. 만일 축의 양 끝에서 구르는 부분이 원형이라면, 우리는 다음과 같은 방정식을 얻는다.

$$p = c - a\sin(\theta + a) \tag{1}$$

여기에서 a는 회전하는 부분의 중앙을 잇는 선으로부터 관성의 중앙에 이르는 거리이고, α는 이 선과 조준선이 이루는 각이다.

M이 자기모멘트이고 m은 자석의 질량, g는 중력, I는 전체 자기력, i는 복각이라면 에너지 보존 법칙에 의해 안정 균형 상태에 있을 때

$$MI\cos(\theta + \lambda - i) - mgp \tag{2}$$

이 θ에 대해 반드시 최대값을 가져야 한다. 혹은 축의 양 끝이 원통 모양이라면, 다음과 같은 식이 성립해야 한다.

$$MI\sin(\theta + \lambda - i) = - mg\frac{dp}{d\theta}$$
$$= mga\cos(\theta + a) \tag{3}$$

또한, 평형위치에 대한 진동의 주기가 T라면 다음과 같이 된다.

$$MI + mga\sin(\theta + a) = \frac{4\pi^2 A}{T^2} \tag{4}$$

여기에서 A는 회전축에 대한 바늘의 관성 모멘트이고 θ는 (3)식에서 결정할 수 있다.

복각을 결정하기 위해 읽어야 하는 것은 자기중심에서 복각계와 서쪽 방향의 눈금이다.

이렇게 읽은 눈금을 θ_1이라 하면 다음 식을 얻는다.

$$MI\sin(\theta_1 + \lambda - i) = mga\cos(\theta_1 + a) \tag{5}$$

이제 장비를 수직축에 대해 $180°$ 돌렸다고 하자. 그러면 눈금이 동쪽으로 치우치고, 새로 읽은 눈금을 θ_2라 하면 다음과 같이 식을 쓸 수 있다.

$$MI\sin(\theta_2 + \lambda - \pi + i) = mga\cos(\theta_2 + a) \tag{6}$$

θ_1은 i와 거의 같고, θ_2는 $\pi - i$와 거의 같고, λ는 작은 각이어서

$mga\lambda$는 MI에 비해 무시할 수 있음을 기억하면서, (5)식에서 (6)식을 빼면 다음을 얻는다.

$$MI(\theta_1 - \theta_2 + \pi - 2i) = 2mga\cos i\cos a \qquad (7)$$

이제 자석을 원래 있던 방향에서 위치에서 꺼내 453절에서 기술한 편향 실험장치에 놓는다. 이렇게 하는 것은 매달린 자석의 편향에 의해 자석이 본래의 자기 모멘트 방향을 가리키게 하기 위해서이다. 그러면, D가 편향의 탄젠트값일 때 다음과 같이 된다.

$$M = \frac{1}{2}r^3 HD \qquad (8)$$

다음에, 바늘의 자기 방향을 반대로 하고 새로운 자기 모멘트 M'의 값을 결정한다. 새로운 편향을 관측하여 그 탄젠트값을 D'이라 하면, 거리는 앞의 경우와 같을 때

$$M' = \frac{1}{2}r^3 HD' \qquad (9)$$

가 된다. 따라서

$$MD' = M'D \qquad (10)$$

를 얻는다.

이 후에 자석을 그 향하는 방향과 위치에 두고, θ_3, θ_4의 두 값을 읽는다. 이 두 값은 각각 $\pi+i$, $-i$에 거의 가깝다.

$$M'I\sin(\theta_3 + \lambda' - \pi - i) = mga\cos(\theta_3 + a) \qquad (11)$$

$$M'I\sin(\theta_4 + \lambda' + i) = mga\cos(\theta_4 + a) \qquad (12)$$

따라서 앞에서와 마찬가지로,

$$M'I(\theta_3 - \theta_4 - \pi - 2i) = -2mga\cos i\cos a \qquad (13)$$

가 되며, 여기에 (7)식을 더하면

$$MI(\theta_1 - \theta_2 + \pi - 2i) + M'I(\theta_3 - \theta_4 - \pi - 2i) = 0 \qquad (14)$$

또는

$$D(\theta_1 - \theta_2 + \pi - 2i) + D'(\theta_3 - \theta_4 - \pi - 2i) = 0 \qquad (15)$$

을 얻는다. 따라서 복각은 다음과 같이 구할 수 있다.

$$i = \frac{D(\theta_1 - \theta_2 + \pi) + D'(\theta_3 - \theta_4 - \pi)}{2D + 2D'} \qquad (16)$$

여기에서 D와 D'은 바늘에 생기는 편향의 탄젠트로서, 각각 첫째 자기화와 둘째 자기화에서 생기는 것을 나타낸다.

복각계를 가지고 관찰할 때 수직축을 조심스럽게 맞추어 주어서 자석의 축이 위치한 면이 모든 방향에 대해서 수평으로 머물러 있도록 한다. 끝이 A의 복각을 가지도록 자기화된 자석을 그 축이 평면 방향 쪽으로 향하도록 놓는다. 관찰은 자기 중심에 있는 원의 면 위에서 한다. 그리고 원이 기울어진 면이 동쪽이 되도록 한다. 자석의 양쪽 끝은 팔에 달린 현미경을 읽어서 관찰한다. 이 팔은 복각계와 나란한 동심원을 그리면서 움직인다. 현미경의 십자 도선은 자석 위에 있는 표시가 만드는 상과 일치하도록 한다. 그러고 난 다음에 팔의 위치는 보조자를 이용하여 복각계를 읽는 방법으로 구하면 된다.

이렇게 우리는 동쪽으로 기울어 있을 때 자석의 한쪽 끝 A와 자석의 다른 끝 B를 관찰해 보았다. 자석의 축이 복각권의 중심과 일치하지 않는 데서 발생하는 오차를 없애기 위해서 우리는 양쪽 끝을 관찰할 필요가 있다.

다음에 기울어진 면이 서쪽을 향하게 하고 두 번 더 관찰을 한다.

축의 끝을 반대 방향으로 바꾸기 위해 자석을 돌리고, 자석의 다른 면을 보면서 네 번의 관찰을 더 한다.

자석의 자기와 방향을 바꾸면 B의 끝 쪽이 복각 방향으로 기울어진다. 자기 모멘트를 확정하고 그 상태에서 8회의 관찰을 더한다. 진짜 복각을 정하기 위해 16번의 관찰을 더 한다.

462] 최대한 주의를 기울여도 한 복각계에서 관찰한 값이 같은 위치에 있는 다른 복각계에서 얻은 관찰값과 차이가 나는 것을 볼 수 있다. 브라운은 이 효과를 축의 위치의 타원형 때문이라고 지적하면서, 보정하려면 자기화하는 다른 힘을 자석에 가해준 다음 관찰해야 한다고 했다.

이 방법의 주된 내용은 다음과 같이 말할 수 있다. 어떤 관찰에서라도 오차는 일정 정도를 넘지 않는 작은 양이라고 가정하기로 하자. 또한 알려지지는 않았지만 어떤 일정한 힘이 자석에 작용해서 원래 위치를 교란시킨다고 가정하자. 이 힘의 모멘트를 L이라 하고, 실제 복각을 θ_0, 관찰된 복각을 θ라고 하면, $\theta - \theta_0$이 작기 때문에

$$L = MI \sin(\theta - \theta_0) \tag{17}$$

$$= MI(\theta - \theta_0) \tag{18}$$

이 된다.

M의 값이 커질수록 바늘이 그 고유의 위치에 더 가까이 접근할 것은 명백하다. 이제 복각을 두 차례 측정해 보자. 첫 번째는 자기화값이 M_1이고, 이 값은 바늘이 가리킬 수 있는 가장 큰 값이다. 다음에는 자기와의 값이 M_2이고, 이 값은 훨씬 작은 값이지만 관찰값을 구별하여 읽고 오차를 거의 없는 것처럼 줄이기에는 충분하다. 이 두 번의 관찰을 통해 연역되는 복각의 값을 θ_1, θ_2이라 하고, 결정된 각 여덟 개의 위치에서 작용하는 교란을 일으키는 알려지지 않은 힘의 평균값을 L이라 하자. 그러면 다음과 같이 쓸 수 있다.

$$L = M_1 I(\theta_1 - \theta_0) = M_2 I(\theta_2 - \theta_0) \tag{19}$$

따라서

$$\theta_0 = \frac{M_1\theta_1 - M_2\theta_2}{M_1 - M_2}, \qquad L = M_1 M_2 I \frac{\theta_1 - \theta_2}{M_2 - M_1} \qquad (20)$$

이다.

만일 여러 실험에서 얻은 L값이 거의 비슷했다면, θ_0이 틀림없이 원래의 복각에 아주 가까울 것이라고 생각해도 좋을 것이다.

463] 줄 박사는 최근에 새로운 복각계를 만들었다. 이 복각계에서 바늘의 축이 수평 돌 위에 놓이는 대신 두 가닥의 실크 필라멘트나 거미줄 위에 걸쳐져 있다. 필라멘트의 양 끝은 정교하게 균형을 맞춘 팔 위에 부착한다. 바늘의 축은 두 줄의 실크 섬유 위에서 구른다. 줄은 돌로 만든 평면 위에서 회전할 때보다 이 경우에 축이 더 자유롭게 움직인다는 것을 발견했다.

그림 18에서 NS는 바늘, CC'은 바늘의 축으로 곧은 원통 모양이다. PCQ, $P'C'Q'$은 그 위에서 축이 구르는 필라멘트이다. POQ는 균형을 이루고 있으며 두 개의 굽은 지레로 되어 있고, 이 지레는 도선 $O'O'$으로 지탱하고 있다. 지레는 갈라진 날 사이에 수평으로 뻗어 있다. 나사 모양의 평형추 R를 올렸다 내렸다 하면서 균형이 $O'O'$에 대해 치우치지 않고 평형을 이루도록 한다.

바늘이 필라멘트 위를 구르는 동안 치우침 없이 평형 상태에 있도록 하려면 중력의 줌심이 올라가거나 내려가거나 하지 않아야 된다. 따라서 거리 OC는 바늘이 구르는 동안에도 항상 일정한 값이 되어야 한다. 이 조건은 균형을 맞추는 팔 OP와 OQ의 크기가 같고, 이 두 팔에

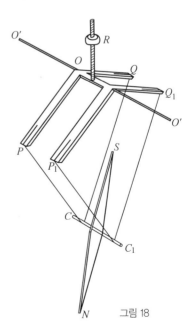

그림 18

대한 필라멘트의 각이 수직이라면 충분히 만족한다.

줄은 바늘이 5인치 이상 길면 안 된다는 것을 발견했다. 바늘의 길이가 8인치가 될 때, 바늘이 휘어서 복각이 조금 감소하는 것처럼 보인다. 바늘의 축은 원래 강철 도선이다. 뻘건 불에 달구어서 곧게 펴고 무게를 달아 늘려서 도선을 만든다. 하지만 줄은 이렇게 매단 새로운 장치에서는 반드시 강철을 쓸 필요가 없이 백금이나 심지어 금을 사용하여도 강도가 충분하다는 것을 발견했다.

균형 장치는 쇠고랑의 날 사이에 길게 수평으로 뻗은 다리 부근에 도선 $O'O'$에 부착한다. 이 쇠고랑은 전체를 떠받치는 삼각대의 꼭대기에 있는 원에 의해 방위각 방향으로 회전시킨다. 한 시간에 여섯 번의 완전한 복각 관찰값을 얻을 수 있고, 한 번 관찰에서의 평균 오차는 호에 비해 아주 작은 크기의 각이다.

케임브리지 물리학 실험실에서 복각 바늘을 이중상 장치로 관찰할 것을 제안했다. 이 장치는 그림 19에서와 같이 위치시킨 완전 반사하는 프리즘 두 개로 이루어져 있다. 그리고 이 프리즘들은 수직으로 기울어진 원 위에 있다. 그래서 반사면이 수평축을 따라 회전하게 되고, 매단 복각 바늘축의 연장선과 거의 일치한다. 바늘은 프리즘 뒤에 위치한 망원경을 통해서 본다. 바늘의 두 끝은 그림 20과 같이 동시에 보게 된다. 수직원의 축에 대해 프리즘을 회전하면 바늘 위에 생기는 두 선의 상이 겹치게 할 수 있다. 바늘의 기울기는 수직원을 읽어서 결정한다.

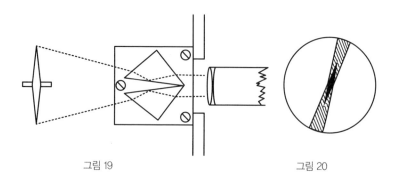

그림 19 · 그림 20

복각선에서 자기력의 전체 세기 I는 이미 앞에서 기술한 네 위치에서 진동 시간인 T_1, T_2, T_3, T_4를 읽어서 다음과 같이 계산하여 얻는다.

$$I = \frac{4\pi^2 A}{2M + 2M'}\left\{\frac{1}{T_1^2} + \frac{1}{T_2^2} + \frac{1}{T_3^2} + \frac{1}{T_4^2}\right\}$$

M과 M'의 값은 앞에서 기술한 회절과 진동의 방법으로 찾아야 하고, A는 그 자신의 축에 대한 자석의 관성 모멘트이다.

섬유로 자석을 매달고 실험하는 것이 훨씬 더 정확하기 때문에, 보통 다음과 같은 식을 써서 수평 방향의 힘으로부터 전체 힘을 구한다.

$$I = H \sec\theta$$

여기에서 I는 전체 힘, H는 수평 방향의 힘, θ는 복각이다.

464] 복각을 결정하는 과정이 상당히 오래 걸리기 때문에 계속해서 자기력이 변할 때는 이 결정 방법이 적당하지 않다. 연속적인 관찰을 하기에 가장 편리한 장치는 수직힘자기측정계이다. 이 장치는 칼날 위에서 균형을 이루고 있는 단순한 자석이다. 이 자석은 거의 수평인 자기축과 안정한 평형을 이루고 있다.

자기력의 수평성분을 Z라 하고, 자기 모멘트를 M이라 하고, 자기축이 수평과 이루는 작은 각을 θ라 하면, 다음과 같은 관계식이 성립한다.

$$MZ\cos\theta = mga\cos(\alpha - \theta)$$

여기에서 m은 자석의 질량, g는 중력의 세기, a는 무게중심에서 매단 줄까지의 거리, α는 축과 무게중심을 지나는 평면이 자기축과 이루는 각이다.

따라서 수직 힘의 작은 변차 δZ에 대해서, θ가 아주 작기 때문에, 자석의 각이 가지는 위치에 다음과 같이 아주 작은 $\delta\theta$만큼의 변차가 생길 것이다.

$$M\delta Z = mga\sin(a - \theta)\delta\theta$$

실제에서는 이 장치를 수직 힘의 절댓값을 결정하는 데 사용하지 않고, 작은 진동을 기록하는 데만 사용한다.

이 목적을 위해서는 θ가 0일 때 Z의 절댓값과 $\frac{dZ}{d\theta}$의 값을 아는 것으로 충분하다.

수평 방향의 힘과 복각을 알고 있을 때 Z값은 $Z = H\tan i_0$으로부터 구한다. 여기에서 θ_0은 복각이고 H는 수평 방향의 힘이다.

Z의 주어진 변차에서 비롯하는 편향을 구하기 위해, 자석을 들어서 그 축을 동서로 향하게 놓는다. 그리고 그 중앙의 위치를 편향 실험에서와 같이 경사계로부터 동쪽이나 서쪽 거리는 알려진 거리 r_1로 놓고, 편향의 탄젠트값은 D_1로 놓는다.

다음에 자석의 축이 수직이 되도록 하고, 수직자기력 자력계의 중심과 위나 아래로 떨어진 거리를 r_2라 하고, 자력계에서 나오는 편향의 탄젠트값을 D_2라 하자. 그러면 편향 자석의 모멘트가 M일 때 다음과 같이 된다.

$$2M = Hr_1^3 D_1 = \frac{Z}{d\theta} r_2^3 D_2$$

따라서

$$\frac{dZ}{d\theta} = H \frac{r_1^3}{r_2^3} \frac{D_1}{D_2}$$

이다.

아무 순간이든 수직 힘의 실제 값은 다음과 같다.

$$Z = Z_0 + \theta \frac{dZ}{d\theta}$$

여기에서 Z_0은 $\theta = 0$일 때 Z의 값이다.

고정된 측정 장치에서 자기력이 변할 때 연속적으로 측정을 하려면 외실 편향계(unifilar declinometer), 겹실 수평자력계(bifilar hori-

zontal force magnetometer), 천칭 수직자기력 자력계(balance verti-
cal force magnetometer)가 가장 유용한 장치이다.

여러 차례의 측정에서 사진으로 찍은 궤적은 준비한 종이 위에 시계
가 운동하는 모양으로 찍혀 나온다. 그래서 각 순간 세 개의 장치가 가
리키는 연속적인 기록을 형성한다. 이 궤적들이 가리키는 것은 직교 좌
표축에서 힘의 세 방향 성분이 각 표준값으로부터 변한 양이다. 편향계
는 서쪽 방향의 평균적인 자기력 값을 알려준다. 겹실 자력계는 북쪽 방
향의 자기력의 변화량을 알려준다. 저울 자력계는 수직 방향 자기력의
변화량을 알려준다. 이 세 힘의 표준값 혹은 이 장비들이 각각 0점 상태
에 있을 때의 값은 경사의 절댓값, 수평 방향의 힘, 복각을 여러번 관찰
해서 얻는다.

제8장 지자기에 관하여

465] 지구자기에 대한 우리의 지식은 특정 시간에 지구 표면 위의 자기력의 분포의 연구와 여러 시간에서 그 분포의 변화에 대한 연구에서 도출된다.

아무 때, 아무 곳에서 자기력을 알려면 그 세 좌표를 알아야 한다. 이 좌표는 힘의 편차나 방위각, 수평방향에 대한 복각, 전체 세기의 형태로 주어질 수 있다.

그러나 지표면에서 자기력의 일반적인 분포를 연구하기 위한 가장 편리한 방법은 힘의 세 성분의 크기를 고찰하는 것이다. 즉

$$X = H\cos\delta \quad \text{(북쪽 방향)}$$
$$Y = H\sin\delta \quad \text{(서쪽 방향)} \tag{1}$$
$$Z = H\tan\theta \quad \text{(연직 아래 방향)}$$

여기에서 H는 수평자기력을, δ는 편차를, θ는 복각을 가리킨다.

지표면에서 자기퍼텐셜을 V라 하고, 지구를 반지름이 a인 구라고 보면,

$$X = -\frac{1}{a}\frac{dV}{dl}, \quad Y = -\frac{1}{a\cos l}\frac{dV}{d\lambda}, \quad Z = \frac{dV}{dr} \tag{2}$$

이다. 여기에서 l은 위도이고, λ는 경도이며, r는 지구 중심으로부터의 거리이다.

다음과 같이, 수평자기력의 관측만으로도 지표면 전체에서 V를 알 수 있다.

진북극에서 V의 값을 V_0이라 하고, 아무 자오선을 따라 선적분하면, 위도 l에서 그 자오선 위의 퍼텐셜의 값에 대하여 다음을 얻는다.

$$V = -a \int_{\frac{\pi}{2}}^{l} X dl + V_0 \qquad (3)$$

따라서 지표면 위의 아무 점에서 그 북쪽 방향의 성분 X의 값과 극에서 V의 값 V_0을 알기만 하면, 그 점에서 퍼텐셜을 구할 수 있다.

힘은 V의 절댓값에 따라 달라지는 것이 아니라 그 도함수에 따라 달라지기 때문에 V_0의 특정값을 정할 필요는 없다.

아무 점에서 V의 값을 확인하기 위해서는 주어진 자오선을 따라 X의 값과 면 전체에 걸쳐 Y의 값을 알면 된다.

$$V_2 = -a \int_{\frac{\pi}{2}}^{l} X dl + V_0 \qquad (4)$$

라 하자. 여기에서 적분은 주어진 자오선을 따라 극으로부터 위도선 l까지 계산하는 것이다. 그러면

$$V = V_l - a \int_{\lambda_0}^{\lambda} Y \cos l d\lambda \qquad (5)$$

이다. 여기에서 적분은 위도선 l을 따라 주어진 자오선 λ_0으로부터 요구되는 점까지 계산하는 것이다.

이 방법은 지표면에서 완전한 자기 측량이 이루어졌음을 의미한다. 특정 시대에 지표면의 모든 점에서 X의 값 혹은 Y의 값 혹은 두 값 모두를 알 수 있다. 우리가 실제로 아는 것은 일정한 수의 관측소에서 측정한 자기성분들이다. 지구에서 문명화된 지역에서는 이런 관측소가 상당히 많다. 하지만 다른 곳에는 아무런 데이터도 없는 영역이 지표면의 큰 영역이 있다.

자기 측량[1]

466] 적당한 크기(가장 큰 길이가 수백 마일 정도 되는)의 나라에서 나라 안에 골고루 분포해 있는 상당수의 관측소에서 편차와 수평자기력을 관측했다고 하자.

이 영역 안에서 V의 값이 충분한 정밀도로 다음 공식으로 나타내진다고 가정해도 된다.

$$V = \text{const.} - a \left(A_1 l + A_2 \lambda + \frac{1}{2} B_1 l^2 + B_2 l \lambda + \frac{1}{2} B_3 \lambda^2 + \&c. \right) \quad (6)$$

여기에서

$$X = A_1 + B_1 l + B_2 \lambda \quad (7)$$

$$Y \cos l = A_2 + B_2 l + B_3 \lambda \quad (8)$$

이다.

위도가 l_1, l_2, $\cdots \&c.$이고 경도가 λ_1, λ_2, $\cdots \&c.$인 관측소가 n개 있다고 하고, 각 관측소에서 X와 Y를 구했다고 하자.

$$l_0 = \frac{1}{n} \Sigma (l), \qquad \lambda_0 = \frac{1}{n} \Sigma (\lambda) \quad (9)$$

라 하자. l_0과 λ_0은 중앙관측소의 위도와 경도라 부를 수 있다.

$$X_0 = \frac{1}{n} \Sigma (X), \text{ and } Y_0 \cos l_0 = \frac{1}{n} \Sigma (Y \cos l) \quad (10)$$

이라 하면, X_0과 Y_0은 가상의 중앙관측소에서의 X와 Y의 값이다. 그러면

$$X = X_0 + B_1 (l - l_0) + B_2 (\lambda - \lambda_0) \quad (11)$$

---

1) {뤼커(Rücker)와 소프(Thorpe)가 쓴 논문 "A Magnetic Survery of the British Isles," *Phil. Trans.*, 1890, A, pp.53~328을 꼭 참고하기 바란다}— 톰슨.

$$Y \cos l = Y_0 \cos l_0 + B_2(l - l_0) + B_3(\lambda - \lambda_0) \qquad (12)$$

이다.

(11)식 꼴의 방정식이 n개 있고, (12)식 꼴의 방정식이 n개 있다. X를 구할 때의 가능한 오차를 ξ로 나타내고, $Y \cos l$을 구할 때의 가능한 오차를 η로 나타내자. 그러면 이 오차는 H와 δ의 관측오차에서 생겨난다는 가정 아래 ξ와 η를 구할 수 있다.

H의 가능한 오차를 h라 하고, δ의 가능한 오차를 $\varDelta$라 하자. 그러면

$$dX = \cos\delta.dH - H\sin\delta.d\delta$$

이므로

$$\xi^2 = h^2\cos^2\delta + \varDelta^2 H^2\sin^2\delta$$

이며, 마찬가지로

$$\eta^2 = h^2\sin^2\delta + \varDelta^2 H^2\cos^2\delta$$

이다.

(11)식과 (12)식 꼴의 방정식으로 주어지는 X와 Y의 값으로부터 벗어나는 변차가 관측오차를 상당히 넘어선다면, 이것이 국소적인 인력 때문이라고 결론지을 수 있으며, 그렇게 되면 ξ와 η의 비가 1 외에 다른 값이라고 할 이유가 없게 된다.

최소자승법에 따르면, (11)식 꼴의 방정식에 η를 곱하고, (12)식 꼴의 방정식에 ξ를 곱하여, 가능한 한 오차를 같아지게 만들 수 있다. 각식에 미지의 양 B_1, B_2, B_3 중 하나의 계수를 곱하여 그 결과를 더하면, B_1, B_2, B_3을 구할 수 있는 세 개의 방정식을 얻게 된다. 즉,

$$P_1 = B_1 b_1 + B_2 b_2$$

$$\eta^2 P_2 + \xi^2 Q_1 = B_1\eta^2 b_2 + B_2(\xi^2 b_1 + \eta^2 b_3) + B_3\xi^2 b_2$$

$$Q_2 = B_2\, b_2 + B_3\, b_3$$

여기에서 간결하게 나타내기 위해 다음과 같이 약호를 도입했다.

$$b_1 = \Sigma\,(l^2) - n l_0{}^2 \quad b_2 = \Sigma\,(l\lambda) - n l_0\,\lambda_0, \quad b_3 = \Sigma\,(\lambda^2) - n\lambda_0{}^2$$

$$P_1 = \Sigma\,(lX) - n l_0\,X_0, \qquad Q_1 = \Sigma\,(lY\cos l) - n l_0\,Y_0\cos l_0$$

$$P_2 = \Sigma\,(\lambda X) - n\lambda_0\,X_0, \qquad Q_2 = \Sigma\,(\lambda Y\cos l) - n\lambda_0\,Y_0\cos l_0$$

B_1, B_2, B_3을 계산하여 (11)식과 (12)식에 대입하면, 아무 점에서 X와 Y의 값을 국소적 교란이 없는 조사의 한계 안에서 얻을 수 있다. 국소적 교란은 관측소 근처의 바위가 자철석이거나 화강암인 경우에 존재하는 것이 알려져 있다.

이런 종류의 측량은 자기 장치들을 매우 많은 관측소에 가지고 가서 세울 수 있는 나라에서만 가능하다. 세계의 다른 부분에 대해서는 서로 멀리 떨어져 있는 몇몇 관측소에서 자기요소들의 값을 측량하고 그 중간값을 보강하여 그 분포를 구하는 것으로 만족해야 한다.

467] 이제 이런 종류의 과정이나 자기요소들의 값이 같은 곳을 선으로 이어 지도처럼 구성하는 그래프를 쓰는 마찬가지의 과정을 통해 X와 Y의 값과 퍼텐셜 V의 값을 지구의 모든 표면에 걸쳐 알게 되었다고 하자. 다음 단계는 V를 구면조화 함수의 급수의 형태로 전개하는 것이다.

지구가 그 내부 전체에 걸쳐 같은 방향으로 균일하게 자화되어 있다면, V는 1차 조화 함수였을 것이며, 자기 자오선은 지름의 반대쪽에 있는 두 자극을 지나는 대원이었을 것이다. 자기 적도는 하나의 대원이며, 수평력은 그 자기 적도의 어느 지점에서나 모두 똑같았을 것이다. 이 이 상수의 값을 H_0이라 하면, 다른 모든 지점에서의 값은 $H = H\cos l'$이다. 여기에서 l'은 그 지점의 자기 위도이다. 어느 지점에서나 수직력은 $Z = 2H_0\sin l'$이 될 것이고, 복각을 θ라 하면 $\tan\theta = 2\tan l'$이 될 것이다.

지구의 경우에 자기적도는 복각이 없는 선으로 정의된다. 이는 구의 대원이 아니다.

자극은 수평자기력이 없는, 즉 복각이 $90°$인 점으로 정의한다. 그런 점은 두 개가 있다. 하나는 북반구에, 하나는 남반구에 있다. 그러나 이 둘은 서로 지름의 반대쪽에 있지 않다. 이 두 점을 잇는 직선은 지구의 자축과 평행하지 않다.

468] 자극은 V의 값이 최대 혹은 최소가 되거나 변화가 없는 점이다.

퍼텐셜이 최소가 되는 아무 점에서 복각침의 북쪽 끝은 연직 아래 방향을 가리킨다. 나침반 바늘을 그런 점 근처에 어디에나 놓아둔다면, 나침반 바늘의 북쪽 끝이 그 점을 향할 것이다.

퍼텐셜이 최대가 되는 점에서는 복각침의 남쪽 끝이 아래 방향을 가리킨다. 그 주변에서는 나침반 바늘의 남쪽 끝이 그 점을 향할 것이다.

지표면에 V의 최솟값이 p개 있다면, 복각침의 북쪽 끝이 아래를 향하게 되는 다른 점이 $p-1$개 있어야 한다. 그 점들을 중심으로 원을 그리며 나침반 바늘을 들고 움직이면, 나침반 바늘의 북쪽 끝이 항시적으로 중심을 가리키도록 나침반 바늘이 회전하는 게 아니라 반대방향으로 회전하여, 어떨 때는 북쪽 끝이 그리고 어떨 때는 남쪽 끝이 그 점을 향한다.

퍼텐셜이 최소가 되는 점을 진북극이라 부르면, 이 다른 점들은 가북극(假北極, false north pole)이라 부를 수 있다. 왜냐하면 나침반 바늘이 그 점을 정확히 겨냥하지 않기 때문이다. 진북극이 p개 있다면 가북극은 $p-1$개 있어야 하며, 마찬가지로 진남극이 q개 있다면 가남극은 $q-1$개 있어야 한다. 같은 이름의 극이 몇 개 있는지는 그때그때 다를 것이며, 한때 풍미하던 견해, 즉 북극과 남극은 모두 두 개씩 존재한다는 견해는 잘못된 것이다. 가우스에 따르면, 실제로 지표면에는 진북극과 진남극이 오직 하나씩밖에 없다. 따라서 가북극이나 가남극은 존재하지 않는다. 이들을 잇는 직선은 지구의 지름도 아니고 지구의 자축에 평행하지도 않다.

469] 지자기의 성질을 초기에 연구하던 대부분의 사람들은 지자기를 하나 또는 몇 개의 막대자석이 작용한 결과로 나타내고, 그 막대자석의 극의 위치를 찾아내고자 애썼다. 지자기의 퍼텐셜을 입체조화 함수의 급수로 전개하여 지자기의 분포를 완벽하게 일반적인 방식으로 표현한 것은 가우스가 처음이다. 가우스는 처음 4차까지에 대해 조화 함수의 계수를 구했다. 이 계수는 모두 24개로서, 1차가 3개, 2차가 5개, 3차가 7개, 4차가 9개이다. 지자기의 실제 상태를 꽤 정확하게 표상하기 위해서는 이 모든 항이 다 필요하다.

관찰된 자기력에서 외부원인에서 비롯된 부분과 내부원인에서 비롯된 부분을 구하기

470] 이제 지구의 자기퍼텐셜의 구면조화 함수 전개를 얻었고, 지표면의 모든 점에서 수평자기력의 실제 방향 및 크기와 잘 들어맞는다고 가정하자. 가우스는 관찰된 수직자기력으로부터, 자기력이 지표면 내부의 원인(자화나 전류 따위)에서 비롯한 것인지, 아니면 지표면 외부의 원인에서 직접 비롯된 것인지를 결정하는 법을 보여 주었다.

구면조화 함수의 이중급수로 전개한 실제의 퍼텐셜을 V라 하자.

$$V = A_1\frac{r}{a} + \&c. + A_i\left(\frac{r}{a}\right)^i + \cdots$$

$$+B_1\left(\frac{r}{a}\right)^{-2} + \&c. + B_i\left(\frac{r}{a}\right)^{-(i+1)} + \cdots$$

첫 번째 급수는 지구 밖의 원인에서 비롯한 퍼텐셜 부분을 나타내며, 두 번째 급수는 지구 내부의 원인에서 비롯한 부분을 나타낸다.

수평자기력을 관측하면 $r=a$(지구의 반지름)일 때 이 급수의 합을 구할 수 있다. i차 항은

$$V_i = A_i + B_i$$

이다.

수직자기력을 관측하면

$$Z = \frac{dV}{dr}$$

를 얻는다. aZ에서 i차 항은

$$aZ_i = iA_i - (i + 1)B_i$$

이다.

따라서 외부 원인에서 비롯한 부분은

$$A_i = \frac{(i + 1)V_i + aZ_i}{2i + 1}$$

이며, 지구 내부의 원인에서 비롯한 부분은

$$B_i = \frac{iV_i - aZ_i}{2i + 1}$$

이다.

이제까지의 전개는 어떤 시대의 또는 그 시대 부근의 평균값에 대해서만 계산되었다. 이 평균값 중에서 지구의 외부에 있는 원인에서 비롯한 주목할 만한 부분은 없는 것으로 보인다.

471] V의 변차 중 태양이나 달과 관련된 부분의 전개 형태에 대해서 우리는 아직 충분히 알지 못하기 때문에, 앞의 방법을 써서 이 변차의 일부가 외부로부터 작용하는 자기력에서 생겨나는지 여부를 결정할 수 없다. 그러나 스토니(MM. Stoney)와 체임버즈(Chambers)의 계산에서 볼 수 있듯이, 태양이나 달과 같은 천체가 자성을 띤다고 가정하더라도, 이 변차의 주요 부분은 태양이나 달의 직접적인 자기 작용에서 생겨날 수는 없다는 것이 확실하다.[2]

---

2) 프라하의 호른슈타인(Hornstein) 교수는 자기 요소의 주기적인 변화를 발견했는데, 그 주기는 26.33일이며, 이는 태양 적도 근처의 흑점을 관찰해서 연역한

472] 사람들이 주목해 왔던 자기력의 주요한 변차로는 다음과 같은 것이 있다.

I. 더 규칙적인 변차

(1) 태양 변차는 하루가 몇 시간인지, 그리고 한 해 중 어느 때인지에 따라 다르다.

(2) 달의 별차는 달의 시각(時角)과 달의 위치를 나타내는 다른 요소들에 따라 다르다.

(3) 이 변차들은 매년 반복되는 것이 아니지만, 11년쯤 되는 더 긴 주기의 변차에 부속되어 있는 것으로 보인다.

(4) 그밖에 지자기의 상태에 영년변화(永年變化)가 있다. 이는 자기관측이 수행된 이래 줄곧 계속되어 왔으며, 작은 주기의 변차 중 그 어떤 것보다도 훨씬 더 큰 크기로 자기요소의 변화를 초래하고 있다.

II. 교란

473] 더 규칙적인 변화 외에도 자기요소는 크고 작은 양의 갑작스러운 교란을 받는다. 이런 교란이 더 강력하고 빈번할 때도 있고 안 그럴 때도 있으며, 교란이 큰 시대에는 규칙적인 변차의 법칙이 무색해진다는 것이 밝혀졌다. 교란이 작은 시대에는 규칙적인 변차의 법칙이 매우 분명하다. 따라서 이 교란에 큰 관심이 집중되었다. 그래서 개별적인 교란은 매우 불규칙한 것처럼 보이지만, 특정 종류의 교란은 하루 중 특정 시간에 그리고 특정 계절과 특정 시간대에 더 많이 일어난다는 것이 밝혀졌다. 이렇게 좀더 평범한 교란 외에도 가끔 심각한 교란의 시기가 있다. 그럴 때에는 하루나 이틀 동안 자기가 엄청나게 교란된다. 이를 자기

태양의 천체 자전주기와 정확히 똑같다. 태양이 자기바늘에 미치는 영향을 살펴봄으로써 보이지 않는 태양이라는 고체의 자전 시간을 발견하는 이 방법은, 자기가 천문학에 진 빚을 되갚는 첫 이자라 하겠다. *Anzeiger der k. Akad.*, Wien, June 15, 1871. *Proc. R.S.*, Nov. 16, 1871 참조.

폭풍(magnetic storm)이라 부른다. 개별적인 교란이 곧잘 멀리 떨어져 있는 관측소에서 동시에 관측되곤 했다.

에어리(Airy)는 그리니치에서 관측된 교란의 상당 부분이 근처의 땅속에 묻어놓은 전극에 모아 놓은 전류에 대응하며, 이것이 지구-전류가 실제의 방향을 유지하면서 자석 바로 밑에 묻어놓은 도선을 통해 전도된다면 자석에서 직접 생겨나게 될 교란과 같다는 것을 밝혔다.

11년마다 교란이 최대가 되는 시기가 있으며, 이 시기는 태양의 흑점이 최대가 되는 시기와 일치한다는 것이 잘 알려져 있다.

474] 지자기의 탐구를 통해 우리에게 열린 연구영역은 광대한 만큼 심오하다.

우리는 태양과 달이 지구의 자기에 작용한다는 것을 알고 있다. 이 작용은 이 천체들이 자석이라는 가정으로 설명될 수 없음이 증명되었다. 따라서 그 작용은 간접적이다.

태양의 경우에는 그중 일부가 열작용일 것이지만, 달의 경우에는 이와 같은 원인을 할당할 수 없다. 이 천체들의 인력 때문에 지구 내부에 변형이 생겨서 지구 내에 이미 존재하던 자기에 변화를 일으키는 것일까?(447절) 그래서 일종의 조수작용에 의해 하루 두 번의 변차가 생겨나는 것일까?

그런데 이 모든 변화의 크기는 지자기의 거대한 영년변화에 비하면 매우 작다.

지구의 자기에 그렇게 엄청난 변화를 일으켜서 지국의 자극이 지구의 한 부분으로부터 다른 부분으로 천천히 옮겨가게 만드는 원인은 (그것이 지구 바깥의 것이든, 아니면 지구 속 깊은 곳에 있든) 무엇일까? 지구만큼 큰 구의 자화의 세기가 우리가 금속자석에서 아주 힘들게 만들어내는 자화의 세기와 상당히 비슷하다는 점을 염두에 두면, 그렇게 큰 물체에서 일어나는 이 막대한 변화로 보건대, 우리가 자연의 가장 강력한 동인 중 하나를 아직도 잘 모르고 있으며, 그 활동의 무대는 지구 속 깊은 안쪽에 놓여 있기 때문에, 우리가 그에 대한 지식에 접근할 수 있

는 방법이 거의 없다는 결론에 이르지 않을 수 없다.[3]

---

3) {스튜어트(Balfour Stewart)는 대기 윗부분의 희박해진 공기가 지구의 힘의 선을 가로질러 움직여 갈 때 여기에 유도전류가 생기기 때문에 이와 같은 일주 변화가 일어나는 것이라고 제안했다. 최근에 슈스터(Schuster)는 가우스의 방법을 적용하여, 이러한 교란의 상당 부분이 지구 표면보다 높은 곳에서 일어나는 것임을 보였다. *Phil. Trans.* A, 1889, p.467}—톰슨.

제4부 전자기

제1장 전자기력

475] 나침반 바늘의 속이나 그 근처에 전기 방전이 있으면, 어떤 경우에 나침반 바늘이 자성을 띠기도 하고 자성이 없어지기도 한다는 사실을 여러 많은 사람들이 관찰하고 여기에 주목해 왔다. 자기와 전기 사이의 관계에 대해 온갖 종류의 추측이 있었지만, 이러한 현상에 대한 법칙과 그 관계의 형태는 외르스테드[1] 이전에는 전혀 알려져 있지 않았다.[2] 외르스테드는 코펜하겐의 몇몇 연구자에게 개인적인 강의를 하던 중에 볼타 전지의 양끝을 연결시킨 전선이 그 주변에 있는 자석에 영향을 미칠 수 있음을 발견했다. 그는 이 발견을 「점 자기에 대한 전기충돌의 효과에 관한 실험」(Experimenta circa effectum Conflictûs Electrici

---

1) 외르스테드(Hans Christian Oersted, 1777~1851)는 덴마크의 물리학자이자 화학자이다. 1806년부터 코펜하겐(쾨븐하븐) 대학의 교수로 있었다. 셸링의 자연철학에 심취하여 자연에 존재하는 힘의 통일성을 믿었고, 그에 따라 자기와 전기가 동일한 근원에서 나온 것임을 밝히려 했다. 1819년에 전류가 흐르는 도선 주변에서 나침반의 바늘이 편향됨을 발견함으로써, 전기와 자기의 관계에 대한 새로운 연구 주제를 열었으며, 결국 전자기이론의 효시가 되었다. 외르스테드는 유체의 압축성과 반자성의 연구에서도 업적을 남겼다. 자기장의 세기를 나타내는 단위로 그의 이름, 에르스텟(oersted, Oe)을 사용한다. 에르스텟은 cgs 단위이며, SI단위인 미터당 암페어(A/m)으로 나타내면 $1Oe$ A/m=79.5775A/m이다—옮긴이.

2) Dr. Bence Jones의 *Life of Faraday*, vol. ii. p.395에 수록된 Professor Hansteen의 편지에서 Orsted의 발견에 대해 설명하고 있는 부분 참조.

in Acum Magneticam)이란 제목의 소논문을 통해 발표했다.[3] 1820년 7월 21일의 일이었다.

자석과 전기를 대전시킨 물체 사이의 관계에 관한 실험은 외르스테드가 전류로 가열된 전선의 효과를 확인하기 위해 애쓰기 전까지 아무런 결과를 얻지 못했다. 외르스테드는 전선의 열이 아니라 전류 그 자체가 그와 같은 작용의 원인이며 "전기충돌이 회전하는 방식으로 작용한다"는 것, 즉 전류가 흐르고 있는 전선 근처에 놓인 자석은 전선에 수직하게 놓이려는 경향을 보이며, 자석을 전선 주위로 돌아가며 놓을 때 같은 끝이 항상 같은 방향을 가리킨다는 것을 발견했다.

476] 그러므로 전류가 흐르는 전선 주위의 공간에서는, 자석에 전선의 위치와 전류의 세기에 따라 달라지는 힘이 작용하는 것으로 보인다. 따라서 이러한 힘이 작용하는 공간은 일종의 자기장으로 볼 수 있으며 이를 보통의 자석 주변의 자기장을 연구하던 것과 똑같은 방식, 즉 자기력선의 진로를 쫓아가며 각 점에서 작용하는 힘의 세기를 측정하는 방식으로 연구할 수 있다.

477] 먼저 전류가 흐르는 무한히 긴 도선의 경우를 살펴보자. 그 도선이 있는 곳에 대신 사람이 서 있고 전류가 그의 머리로부터 발끝을 향해 흐른다고 상상하면, 그 사람 앞에 자유롭게 매달려 있는 자석은 전류의 작용을 받아서 북쪽을 가리키는 자석 끝이 그 사람의 오른손 방향을 가리키도록 움직일 것이다.

자기력선은 어디에서나 전류가 놓여 있는 평면에 직각이며, 따라서 전선에 수직한 평면에 있는 원 모양이 되고, 전선은 그 원의 중심을 지난다. 자석을 이 동심원 중 하나를 따라 왼쪽에서 오른쪽으로 움직여 가면, 북쪽을 가리키는 자석의 극은 언제나 움직이는 방향으로 작용하는

---

3) 이 무렵에는 전류를 지칭하는 표현으로 'electric current'와 'electric conflict'가 모두 쓰였다. 즉 '전기충돌'이란 곧 '전류'를 의미한다. 231절 참조―옮긴이.

힘을 받게 될 것이다. 그 자석의 다른 극은 반대 방향의 힘을 받을 것이다.

478] 이런 힘들을 비교하기 위해 전선이 수직하게 있고 전류는 아래쪽으로 흐른다고 하고, 전선과 일치하는 수직축을 중심으로 자유롭게 회전할 수 있는 기구 위에 자석이 놓여 있다고 하자. 이런 상황에서는 전류 때문에 기구 전체가 그 축을 중심으로 회전하지는 않는다는 것이 알려져 있다. 따라서 그 수직방향의 전류가 자석의 두 극에 작용을 하면, 전류

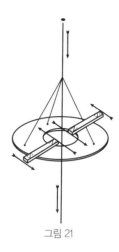

그림 21

를 축으로 하는 두 힘의 정적인 모멘트들은 크기는 같고 방향은 반대이다. 두 극의 세기를 각각 m_1, m_2라 하고, 전선축으로부터의 거리를 각각 r_1, r_2라 하고, 두 극에 전류로 인해 생기는 자기력의 세기를 각각 T_1, T_2라 하자. 그러면 m_1에 작용하는 힘은 $m_1 T_1$이며 힘이 축에 직각방향이므로, 그 힘의 모멘트는 $m_1 T_1 r_1$이 된다. 마찬가지로 다른 극에 작용하는 힘의 모멘트는 $m_2 T_2 r_2$이고, 관찰된 운동이 없으므로

$$m_1 T_1 r_1 + m_2 T_2 r_2 = 0$$

이 된다.

그런데 모든 자석에서

$$m_1 + m_2 = 0$$

이다.

그러므로

$$T_1 r_1 = T_2 r_2$$

이다. 즉 무한한 길이의 직선 전류에서 비롯된 전자기력은 전류에 수직하며 그 세기는 전류로부터의 거리에 반비례하여 달라진다.

479] 곱 Tr가 전류의 세기에 따라 달라지기 때문에 이것을 전류의 척도로 채택할 수 있다. 이러한 측정방법은 정전기현상에서 확립된 방법과 다르며, 이것은 전류가 만들어내는 자기 현상에 따라 달라지기 때문에, 전자기 단위계라 부른다. 전자기 단위계에서는 전류를 i라 하면

$$Tr = 2i$$

가 된다.

480] 전류를 z축으로 잡으면 T의 수직성분은

$$X = -2i\frac{y}{r^2}, \qquad Y = 2i\frac{x}{r^2}, \qquad Z = 0$$

이 된다.

여기에서 $Xdx + Ydy + Zdz$는 전미분이다. 즉

$$2i\tan^{-1}\frac{y}{x} + C$$

의 전미분이다.

따라서 앞에서 다룬 여러 경우에서처럼, 자기장 속의 자기력을 퍼텐셜 함수로부터 유도할 수 있다. 다만, 이 경우에는 퍼텐셜이 무한히 많은 값을 가지는 함수이며, 그 값은 공차가 $4\pi i$인 등차수열이 된다. 그러나 퍼텐셜의 좌표에 대한 미분계수의 값은 모든 점에서 확정적이며 단일한 값이다.

전류 주위의 자기장에 퍼텐셜 함수가 존재한다는 것은 에너지 보존의 원리에서 나오는 자명한 결과가 아니다. 왜냐하면 모든 실제의 전류에서는 전선의 저항을 이겨내기 위해 계속 전지의 전기에너지를 소모하며, 따라서 이 소모되는 양을 정확히 알지 못한다면, 전지의 에너지 일부가 원을 그리며 움직이는 자석에 일을 하는 데 사용되었다고 추측할 수도 있기 때문이다. 실제로 자극 m이 전선을 한 바퀴 휘돌아 있는 폐곡선을 따라 움직인다면 가해지는 일의 양은 $4\pi mi$가 된다. 힘의 선적분이 0이 되는 것은 폐곡선이 전선 주위를 휘돌아 있지 않은 경우뿐이

다. 그러므로 당분간은 힘의 법칙과 퍼텐셜의 존재가 앞에서 서술한 실험의 증거에 따라 달라지는 것으로 보아야 한다.

481] 무한 직선 주위의 공간을 생각해 보면, 이것이 순환공간(cyclic space)임을 알 수 있다.[4] 항상 제자리로 돌아오기 때문이다. 이제 한쪽 끝이 그 직선과 일치하고 다른 쪽은 무한히 먼 곳까지 이어져 있는 평면이나 다른 곡면을 생각해 보면, 이 곡면은 순환공간을 비순환공간(acyclic space)으로 바꾸어 주는 막과 같은 것으로 볼 수 있다. 임의의 고정점에서 이 막을 지나지 않도록 임의의 다른 점으로 직선들을 그으면, 퍼텐셜을 이 직선들 중 하나를 따라 취한 힘의 선적으로 정의할 때, 임의의 점에서 퍼텐셜은 확정된 단일 값을 가질 것이다.

그 자기장은 모든 점에서 이 곡면과 일치하는 자기껍질(그 세기가 i인)에서 비롯된 자기장과 동일하다. 이 자기껍질의 한쪽 모서리는 무한 직선을 경계로 하고 있다. 껍질의 다른 쪽 경계 부분은 지금 살펴보고 있는 자기장 부분으로부터 무한히 먼 곳에 놓여 있다.

482] 실제의 모든 실험에서 전선은 유한한 크기의 닫힌회로를 이루고 있다. 따라서 우리는 유한한 회로의 자기 작용을, 그 회로를 가장자리로 하고 있는 자기껍질의 자기 작용과 비교해야 할 것이다.

수많은 실험을 통해 다음과 같은 사실이 밝혀졌다. 그중 최초의 것은 앙페르[5]의 실험이며 가장 정확한 것은 베버의 실험이다. 즉, 작은 평면 회로의 자기 작용은 그 회로의 크기에 비해 훨씬 큰 거리에서는 자석의 축이 회로가 놓인 면에 수직한 자석의 자기 작용과 같으며, 그 자기 모

---

4) 제1권 제4장의 '함환성' 참조 — 옮긴이.

5) 앙페르(Andre Marie Ampere, 1775~1836). 프랑스의 수학자. 맥스웰은 앙페르를 '전기 분야의 뉴턴'이라고 극찬하고 있다. "그 모든 것이, 이론이든 실험이든, 이 '전기 분야의 뉴턴'의 두뇌 속에서 갑자기 뛰어나온 것처럼 보인다. 그것도 완전히 숙성되고 완전히 갖추어져서. 이는 형태에서 완벽하며, 정확도에서 타의 추종을 불허하며, 하나의 공식에 모두 요약되어서, 이 공식으로부터 모든 현상을 연역할 수 있고, 이 공식은 전기동역학에서 극히 중요한 공식으로 언제까지나 남아 있을 것임에 틀림없다."(이 책의 528절 참조) — 옮긴이.

멘트는 회로의 넓이와 전류의 세기를 곱한 값과 같다.[6]

회로가 그 회로를 경계로 하는 곡면으로 채워져 있는 것으로 보고, 이 곡면과 일치하는 세기인 자기껍질로 전류를 대치하면, 멀리 있는 모든 점에서 자기껍질의 작용은 전류의 작용과 동일할 것이다.

483] 이제까지 우리는 회로와 자기장 사이의 거리에 비해 회로의 크기가 크다고 가정했다. 이제 회로의 모양과 크기가 어떠하든 괜찮다고 하고, 전선 밖에 있는 임의의 점 P에서 회로의 작용을 살펴보자. 다음 방법은 중요한 기하학적인 응용이며 이러한 목적으로 처음 앙페르가 도입한 것이다.

회로를 경계로 하고 점 P를 지나지 않는 임의의 곡면 S를 생각하자. 이 곡면 위에 서로 교차하는 두 부류의 직선들을 그려서 곡면을 요소 부분으로 나눈다. 요소 부분들의 크기는 점 P로부터의 거리와 곡면의 곡률반지름에 비해 매우 작다고 하자.

각 요소 둘레에 세기가 i인 전류가 흐른다고 생각하자. 전류가 돌아나가는 방향은 모두 원래의 회로에서와 똑같다고 하자.

이웃하는 두 요소들을 나누는 모든 선에는 세기가 i인 두 개의 전류가 서로 반대 방향으로 흐르고 있다.

크기는 같고 방향은 반대인 두 곡선의 효과는 같은 위치에서 정확히 0이 되며, 전류를 어떤 측면에서도 보더라도 그러하다. 이와 같은 식으로 중성화하지 않는 요소회로의 부분은 원래의 회로와 일치하는 부분뿐이다. 따라서 요소회로들의 전체 효과는 원래 회로의 효과와 똑같다.

484] 이제 요소회로들은 점 P로부터의 거리가 회로의 크기에 비해 훨씬 큰 작은 평면회로들로 볼 수 있으므로 이를 세기가 i이고 그 가장자리가 요소회로와 일치하는 자기껍질요소로 대치할 수 있다. 점 P에서

---

6) {Ampère, *Théorie des phénomènes électrodynamiques*, 1826; Weber, *Elektrodynamische Maasbestimmungen*(Abhandlungen der königlich Sächs. Gesellschaft zu Leipzig, 1850~52}—톰슨.

자기껍질의 자기 효과는 요소회로의 효과와 똑같다. 자기껍질요소 전체는 세기가 i인 자기껍질로 대치할 수 있으며, 그 자기껍질은 표면 S와 일치하고 그 가장자리가 원래의 회로와 같다. 점 P에서 자기껍질 전체의 자기 작용은 회로의 자기 작용과 똑같다.

회로의 작용이 표면 S의 모양과 무관함은 분명하므로, 표면을 모두 채우기만 한다면 그 모양은 완전히 임의의 형태로 그릴 수 있다. 따라서 자기껍질의 작용은 가장자리의 모양에 따라서만 달라지며 자기껍질 자체의 모양과는 무관함을 알 수 있다. 이 결과는 이미 410절에서 얻은 것이지만, 이것이 어떻게 전자기적인 고찰에서 유도되는지 살펴보는 것이 유익하다.

그러므로 회로에서 비롯되는 자기력의 크기와 방향은 임의의 점에서 회로로 둘러싸인 자기껍질에서 비롯되는 자기력의 크기와 방향과 똑같다. 단, 자기껍질은 그 점을 지나지 않아야 하며, 자기껍질의 세기는 전류의 세기와 수치상으로 같아야 한다. 회로에서 전류의 방향은 자기껍질의 자화의 방향과 관련되므로, 누군가 자기껍질의 한쪽(이를 양의 방향이라 하고 그 점이 북극 방향이라고 하자)에 발을 딛고 서 있다면, 그 사람이 보는 전류는 오른쪽으로부터 왼쪽으로 흐르게 될 것이다.

485] 그러나 자기 작용을 관찰하고자 하는 점이 자기껍질을 이루는 부분에 속해 있다면, 회로의 자기퍼텐셜은 자기껍질의 자기퍼텐셜과 일치하지 않는다.

점 P에서 자기껍질이 이루는 입체각을 ω라 하고, 자기껍질의 양의 방향 내지 남극 방향이 점 P 옆에 있을 때 입체각이 양의 값이 되도록 정한다면, 자기껍질에 속하지 않는 임의의 점에서 자기퍼텐셜은 $\omega\phi$가 된다. 이때 ϕ는 자기껍질의 세기이다. 자기껍질을 이루는 부분에 속한 임의의 점에서는 자기껍질이 그 세기가 각각 ϕ_1, ϕ_2인 두 부분으로 나뉘어 있다고 볼 수 있다. 여기에서 $\phi_1+\phi_2=\phi$이고, 그 점은 ϕ_1에 대해서는 양의 방향에, ϕ_2에 대해서는 음의 방향에 있다. 이 점에서 퍼텐셜은

$$\omega(\phi_1+\phi_2)-4\pi\phi_2$$

이다.

자기껍질의 음의 방향에서는 퍼텐셜이 $\phi(\omega-4\pi)$가 된다. 따라서 이 경우에 퍼텐셜은 연속이며, 모든 점에서 단일한 확정값을 갖는다. 한편 전류의 경우에는 도체 전선 자체에 있지 않은 모든 점에서 자기퍼텐셜이 $i\omega$와 같다. 여기에서 i는 전류의 세기이고 ω는 그 점에서 회로가 이루는 입체각이며, 입체각은 점 P에서 볼 때 시계반대방향으로 전류가 흐르는 쪽을 양의 방향으로 한 것이다.

$i\omega$라는 양은 무한히 많은 값을 치역으로 하는 함수이며 그 값들은 $4\pi i$씩 차이가 날 것이다. 그러나 좌표에 대한 $i\omega$의 미분계수는 공간의 모든 점에서 단일하고 확정된 값을 갖는다.

486] 구부릴 수 있는 길고 가느다란 솔레노이드 자석을 전기회로 옆에 놓는다면, 솔레노이드의 북극과 남극은 전선 주위에서 반대방향으로 움직이려 할 것이며, 자석이 자기력만을 받고 있다면 결국 닫힌 코일 안에서 전선 주위로 감기게 될 것이다. 만일 극이 하나뿐인 자석이나, 두 극의 세기가 같지 않은 자석이 있다면, 그런 자석은 전선 주위를 계속 같은 방향으로만 돌아 움직일 것이다. 그러나 모든 자석의 극은 크기가 같고 방향이 반대이기 때문에 그런 일은 결코 일어나지 않는다. 하지만 패러데이는 한쪽 극은 계속 전류 주위를 돌게 하고 다른 극은 돌지 않게 함으로써, 자석의 한 극이 계속해서 전류 주위를 회전할 수 있게 만들 수 있음을 보여 주었다. 이 과정이 무한히 반복될 수 있기 때문에, 매 회전마다 한 번씩 자석의 몸체가 전류의 이쪽에서 저쪽으로 옮겨가야만 한다. 전기체(electricity)의 흐름을 가로막지 않으면서 이런 일이 일어날 수 있게 하려면, 전류를 두 갈래로 갈라지게 만든 뒤, 자석이 지나갈 수 있도록 한쪽 갈래를 끊어 놓더라도 다른 쪽 갈래로는 전류가 계속 흐르게 해주어야 한다. 패러데이는 이런 목적으로 491절의 그림 23과 같은 원형의 수은 홈통을 사용했다. 전류는 전선토막 AB를 지나 홈통으로

들어가며, B에서 나뉘어 호 BQP와 호 BRP를 지나 흐른 뒤에 P에서 다시 합해져서, 전선토막 PO, 수은컵 O, 그리고 아래로 전류가 흐르는 O 밑의 수직선을 통해 홈통을 벗어난다.

자석(그림에는 나와 있지 않음)은 O를 지나는 수직축을 중심으로 회전할 수 있게끔 고정되어 있고, 전선토막 OP가 자석과 함께 회전한다. 자석의 몸체는 홈통의 열린 구멍을 통해 지나가며, 한쪽 극(가령 북극)은 홈통면 바로 아래에 놓이고 다른 쪽 극은 홈통면 위에 놓인다. 자석과 전선토막 OP가 수직축을 중심으로 회전하는 동안 전류는 점점 자석 앞에 놓인 홈통의 갈래로부터 자석 뒤에 놓인 갈래로 옮겨가며, 그래서 한 바퀴 회전할 때마다 자석이 전류의 한쪽 방향에서 다른 쪽 방향으로 옮겨지게 된다. 자석의 북극은 북-동-남-서 방향으로 내려가는 전류를 중심으로 회전하며, 두 극에서 원형의 홈통이 이루는 입체각을 각각 ω, ω' 이라 하면(부호는 무시한다), 한 바퀴 회전할 때 전자기력이 하는 일은

$$mi(4\pi - \omega - \omega')$$

이 된다. 여기에서 m은 극의 세기이며, i는 전류의 세기이다.[7]

---

[7] 〔이 문제는 다음과 같이 논의할 수 있다. 491절의 그림 23을 참조하여, OP를 적당한 위치에서 택한 뒤, BO를 따라 가상의 전류 i와 OB를 따라가는 전류 x, y 가 균형을 이루고 있다고 하자. OP에 매달려 있는 자석이 한 바퀴 회전하는 동안, $ABOZ$를 따라 지나간다고 가정한 전류 i가 남극에 해주는 일은 없다. 왜냐하면 남극이 그리는 폐곡선에는 전류가 포함되지 않기 때문이다. 그러나 북극이 그리는 폐곡선은 전류와 만나게 되며, 전류가 북극에 해주는 일은 $4\pi mi$이다. 이제 우리는 회로 $BPOB$의 전류 x와 회로 $BRPOB$의 전류 y의 효과를 추정해야 한다. 북극은 이 두 회로가 있는 면보다 아래에 있으며, 그 퍼텐셜은

$$-mx\omega_\theta + my(\omega - \omega_\theta)$$

가 되며, 남극의 퍼텐셜은

$$-mx\omega'_\theta - my(-\omega' - \omega'_\theta)$$

가 된다. 여기에서 ω_θ와 ω'_θ는 두 극에서 BOP가 덮고 있는 입체각을 가리키며, ω와 ω'은 원형 홈통의 입체각을 가리킨다. 합성 퍼텐셜은

487] 이제 직선 전류 근처에서 자기장의 상태에 대한 개념을 만들어 보자.

회로가 이루는 입체각 ω의 값을 공간의 모든 점에서 안다고 하고, ω가 일정한 값이 되는 곡면을 찾아보자. 이 곡면은 등전위면이 될 것이다. 그런 곡면들의 가장자리는 회로로 둘러싸여 있을 것이며, 임의의 두 곡면 ω_1, ω_2가 회로에서 만나는 각은 $\frac{1}{2}(\omega_1 - \omega_2)$가 될 것이다.[8]

$$my(\omega + \omega') - mi(\omega_\theta + \omega_\theta')$$

이 된다. 따라서 OP가 $NESW$ 방향의 OP로부터 다시 OP까지 한 바퀴 회전하면, 퍼텐셜이 만큼 변할 것이다. 그러므로 전류가 하는 일은 본문에 주어진 것처럼 된다]—니벤.

{다음은 이 결과를 약간 다른 방식으로 얻는 과정이다. 도선들과 수은 홈통을 지나는 전류는 홈통 둘레의 원형전류 $i-x$, 회로 POB 둘레의 전류 i, AB와 BO와 연직 도선 OZ를 지나는 전류 i와 동등하다. 전류의 회로와 축이 같은 원 둘레로 두 극 중 하나가 움직이게 하는 힘이 원형전류로부터 생성되지 않는다는 것은 분명하다. 북극은 회로 AB, 회로 BO, 연직 도선 OZ를 차례로 한 번에 한 바퀴씩 누비게 되며, 따라서 북극에 가해지는 일은 $4\pi im$이다. 자석의 북극과 남극에서 회로 POB가 차지하는 입체각의 수치적인 값을 각각 Ω, Ω'이라 하면, 자석과 회로의 퍼텐셜 에너지는 $-mi(\Omega+\Omega')$이다. 따라서 각 POB를 θ라 하면, 한 바퀴 회전에서 자석에 가해지는 일은

$$-\int_0^{2\pi} mi\,\frac{d}{d\theta}(\Omega + \Omega')\,d\theta = -mi(\omega + \omega')$$

이 된다. 따라서 자석에 가해지는 전체 일은

$$mi\{4\pi - (\omega + \omega')\}$$

이다}—톰슨.

8) {이는 다음과 같이 연역할 수 있다. 두 등퍼텐셜면의 교선 가까이에 곡면 ω_1에 있는 점 P를 생각하자. P 근처의 교서에 있는 점을 O라 하고, O를 중심으로 하여 반지름 1인 구를 그린다. 점 P에서 회로가 차지하는 입체각은 O에서 곡면 ω_1까지의 접평면이 단위 구를 잘라내는 넓이가 될 것이다. 또한 점 P에서 아무 불규칙한 모양의 원뿔이 차지하는 입체각은 O로부터 어느 정도 거리에 있는 회로의 모양으로 정해지기도 한다. 이제 O 근처에서 둘째 곡면 ω_2에 있는 점 Q를 생각하자. 이 점에서 회로가 차지하는 입체각은 중심을 O로 하는 단위 구를 O에서 곡면 ω_2까지의 접평면이 잘라내는 넓이와 불규칙한 모양의 원뿔로 정해질 것이다. 이 원뿔은 P와 Q가 매우 가까이 있다면, 전과 동일한 원뿔이다.

이 책의 맨 끝에 있는 그림 XVIII은 원형 전류에 의한 등전위면의 단면을 나타낸다. 작은 원은 전선의 단면을 나타내며, 그림 아랫부분에 있는 수평선은 그 중심을 지나는 원형전류가 있는 평면과 수직하다. 등전위면은 ω의 값이 $\frac{\pi}{6}$ 씩 차이가 나는 값들에 해당하게 24개를 그린 것으로서, 이 수평을 공통의 축으로 한다. 등전위면은 분명히 찌그러진 모양이며 축 방향에서는 평평하다. 등전위면들은 서로 회로의 선에서 $15°$ 의 각으로 만난다.

등전위면의 임의의 점에 놓인 자극에 작용하는 힘은 이 면에 수직하며, 이웃한 등전위면들 사이의 거리에 반비례한다. 그림 XVIII에 있는 전선의 단면을 둘러싸고 있는 폐곡선들은 힘의 선이다. 이것은 톰슨 경의 논문 「소용돌이 운동」에서 전재한 것이다.[9] 702절을 볼 것.

자기계에 미치는 전류의 작용

488] 이제 우리는 자기껍질의 이론으로부터 전류가 그 주변에 있는 아무 자기계에 미치는 작용을 연역할 수 있다. 자기껍질을 구성하되, 그 세기가 수치상으로 전류의 세기와 같고, 그 가장자리가 위치상으로 전류와 일치하게 만든다. 한편 자기껍질 자체는 자기계의 어떤 부분도 지나지 않는다. 그러면, 자기껍질이 자기계에 미치는 작용은 전류의 작용과 동일할 것이다.

자기계가 전류에 미치는 반작용

489] 작용과 반작용은 크기는 같고 방향은 반대라는 원리를 적용하면, 앞의 논의로부터 자기계가 전류에 미치는 역학적 작용은 그 전류를 가장자리가 하는 자기껍질에 자기계가 미치는 작용과 동일하다고 결론

따라서 입체각 사이의 차는 접평면 사이의 활꼴의 넓이이며, 이 넓이는 접평면 사이의 각의 두 배이다. 즉 ω_1과 ω_2가 교차하는 각의 두 배이다. 그러므로 두 곡면 사이의 각은 $\frac{1}{2}(\omega_1 - \omega_2)$이다.—톰슨.

9) Trans. *R.S. Edin.*, vol. xxv. p.217(1869).

지을 수 있다.

세기가 ϕ인 자기껍질이 그 퍼텐셜이 V인 자기력의 마당 안에 놓여 있다면, 자기껍질의 퍼텐셜은 410절에 따라

$$= \phi \iint \left(l \frac{dV}{dx} + m \frac{dV}{dy} + n \frac{dV}{dz} \right) dS$$

가 된다. 여기에서 l, m, n은 껍질의 요소 dS의 양의 면으로부터 그은 법선의 방향코사인이며, 적분은 껍질의 면 전체에 걸친 것이다.

이제, 자기유도의 성분을 a, b, c라 할 때, 면적분

$$N = \iint (la + mb + nc)\, dS$$

는 껍질을 지나는 자기유도의 양을 나타낸다. 또는 패러데이의 언어로 말하면, 이는 껍질을 음의 면으로부터 양의 면으로 지나가는 자기유도 선을 대수적으로 센 개수이다. 껍질을 반대방향으로(즉 양의 면으로부터 음의 면으로) 지나는 선은 음수로 센다.

껍질이 퍼텐셜 V가 비롯하는 자기계에 속하지 않으며, 그래서 자기력이 자기유도와 같다는 점을 기억한다면, 다음을 얻는다.

$$a = -\frac{dV}{dx}, \qquad b = -\frac{dV}{dy}, \qquad c = -\frac{dV}{dz}$$

또한 M의 값을

$$M = -\phi N$$

으로 쓸 수 있다.

껍질의 변위를 δx_1로 나타내고, 이 변위의 방향으로 껍질에 작용하는 힘을 X_1로 나타내면, 에너지 보존의 원리로부터

$$X_1 \delta x_1 + \delta M = 0$$

또는

$$X_1 = \phi \frac{dN}{dx_1}$$

이다.

이제 껍질의 아무 변위에 대응하는 힘의 성질을 구했다. 그 힘은 변위가 N을 증가시키는지 아니면 감소시키는지에 따라, 변위와 같은 방향이거나 아니면 다른 방향이 된다. 여기에서 N은 껍질을 지나는 유도선의 개수이다.

동등한 전기회로에도 같은 얘기가 성립한다. 전류의 변위는 회로를 양의 방향으로 지나는 유도선의 개수가 증가하는지 아니면 감소하는지에 따라, 그에 대응하는 힘이 같은 방향 아니면 다른 방향이 된다.

자기유도선의 양의 방향은 북쪽을 향하는 자석의 극이 선을 따라 움직이게 될 방향임을 기억해야 한다. 또한 유도선이 회로를 양의 방향으로 지난다는 것은 유도선의 방향이 회로의 유리질 전기체의 흐름의 방향 사이에 성립하는 관계는 오른나사의 길이방향 운동과 회전운동 사이에 성립하는 관계와 같다. 23절 참조.

490] 회로 전체의 변위에 해당하는 힘은 자기껍질의 이론으로부터 곧바로 연역할 수 있음은 분명하다. 그러나 이것이 전부가 아니다. 회로의 일부분을 구부릴 수 있어서 나머지 부분과 무관하게 변위시킬 수 있다면, 껍질의 가장자리에 대해서도 같은 종류의 변위를 만들어낼 수도 있을 것이다. 즉 껍질 표면을 잘라내어 구부릴 수 있는 이음매로 여러 개의 조각을 이으면 된다. 따라서 회로의 일부분을 어떤 주어진 방향으로 변위시켜서 그 회로를 지나가는 유도선의 개수가 늘어나게 할 수 있다면, 이 변위는 회로에 작용하는 전자기력과 같은 방향이 될 것이라는 결론을 얻는다.

그러므로 회로의 모든 부분에는 그 회로가 감싸고 있는 영역 안에 더 많은 수의 자기유도선을 포함하게끔 강제하는 힘이 작용한다. 또한 이러한 변위를 통해 그 힘이 하는 일은 수치상으로 추가된 유도선의 개수에다 전류의 세기를 곱한 값과 같다.

회로의 요소를 ds라 하고, 그 안에 세기가 i인 전류가 흐른다고 하자. 회로 요소 ds가 그 자체에 나란히 공간 속으로 δx만큼 움직인다고 하면, 두 변이 각각 ds와 δx와 같은 평행사변형 모양의 넓이를 쓸고 지나갈 것이다.

자기유도를 $\mathbb{B}$로 나타내고, 자기유도의 방향이 그 평행사변형의 법선과 ε의 각을 이룬다고 하자면, 변위에 대응하는 N의 증가분의 값은 평행사변형의 넓이에 $\mathbb{B}\cos\varepsilon$을 곱한 값으로 구할 수 있다. 이 연산의 결과는 기하학적으로 세 변의 길이와 방향이 δx, ds, $\mathbb{B}$인 평행육면체의 부피로 나타낼 수 있으며, 이 세 방향을 여기 주어진 순서대로 가리킬 때 화살표가 평행사변형의 대각선 주위를 시계바늘방향으로 움직이면 그 값을 양수가 되게 한다.[10] 이 평행육면체의 부피는 $X\delta x$와 같다.

ds와 $\mathbb{B}$ 사이의 각을 θ라 하면, 두 변이 ds와 $\mathbb{B}$인 평행사변형의 넓이는 $ds.\mathbb{B}\sin\theta$이다. 또한 변위 δx가 이 평행사변형의 법선과 이루는 각을 η라 하면, 평행육면체의 부피는

$$ds.\mathbb{B}\sin\theta.\delta x\cos\eta = \delta N$$

이다.

이제

$$X\delta x = i\delta N = ids.\mathbb{B}\sin\theta\delta x\cos\eta$$

이며,

$$X = ids.\mathbb{B}\sin\theta\cos\eta$$

는 ds를 δx의 방향으로 회전하도록 강제하는 힘이다.

따라서 이 힘의 방향은 평행사변형에 수직하며, 그 크기는 $ids.\mathbb{B}\sin\theta$

---

10) {이 규칙에서 ds는 i의 방향으로 그리며, 관찰자는 dx, ds, $\mathbb{B}$를 그리기 시작하는 평행사변형의 꼭지점에 있다고 가정한다}—톰슨.

와 같다.

　이것은 두 변이 크기와 방향에서 ids와 $\mathbb{B}$를 나타내는 평행사변형의 넓이이다. 따라서 ds에 작용하는 힘은 크기로는 이 평행사변형의 넓이로 표현되고, 방향으로는 오른나사의 손잡이를 길이 방향으로 그린 평면에 수직한 것으로 표현된다. 이때 나사의 손잡이는 전류 ids의 방향으로부터 전자기 유도 $\mathbb{B}$의 방향으로 돌아간다.

　사원수의 언어로 이 힘의 방향과 세기를 표현할 수도 있는데, 전류의 요소인 벡터 ids에 전자기 유도인 벡터 $\mathbb{B}$를 곱한 결과의 벡터 부분이라고 말할 수 있다.

　491] 이로써 우리는 자기 마당 안에 놓인 전기 회로의 모든 부분에 작용하는 힘을 모두 구했다. 만일 여러 가지 형태와 위치를 가정한 이후에

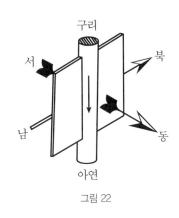

그림 22

회로가 어떤 식으로든 움직여서 다시 그 원래의 위치로 돌아가게 된다면, 그 회로가 움직이는 동안 변하지 않고 남아 있는 전류의 세기, 즉 전자기력이 만들어낸 일의 총량은 0이 된다. 이는 회로의 아무 주기적 운동에서나 사실이기 때문에, 마찰 저항 등등에 대항하여 세기가 일정한 선 모양의 회로 어느 부분에서라도, 전자기력이 연속 회전 운동을 계속 유지한다는 것은 불가능하게 된다.

　그러나 전류가 흐르는 경로의 아무 지점에서든지, 미끄러지는 도체에서 다른 도체로 전류가 흐른다는 조건이 충족되면, 연속 회전을 만들어 내는 것이 가능하다.

　회로에서 도체가 부드러운 고체나 유체 표면 위를 미끄러지며 접촉한다면, 이제 그 회로는 세기가 일정한 단일한 선 모양의 회로로 볼 수 없다. 그 대신 세기가 변할 수 있는 회로가 두 개 또는 그 이상 있는 계로 보아야 한다. 여기서 전류는 N이 증가하는 회로에서는 전류가 양의 방

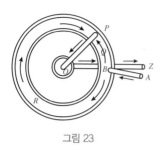

그림 23

향이 되고 N이 감소하는 회로에서는 전류가 음의 방향이 되게끔 그 회로들 속에 분포하게 된다.

따라서 그림 23에 나타나 있는 장치에서 OP는 움직이는 도체이며, 그 한 쪽 끝은 수은컵 O에 놓여 있고, 다른 한 끝은 수은컵 O와 동심원을 이루고 있는 원형 홈통 속에 담겨 있다.

전류 i는 AB를 따라 들어간 후 원형 홈통 안에서 두 부분으로 나뉜다. 하나는 원호 BQP를 따라 흐르는 x이고 다른 하나는 원호 BRP를 따라 흐르는 y이다. 이 두 전류는 P에서 다시 합해져서 움직일 수 있는 도체 PO와 전극 OZ를 따라 흘러 전지의 아연극에 이른다. PO와 OZ를 따라 흐르는 이 전류의 힘은 $x+y$ 또는 i이다.

두 개의 회로가 있다고 하자. 하나는 그 안에서 양의 방향으로 흐르는 전류의 세기가 x인 $ABQPZ$이고, 다른 하나는 그 안에서 음의 방향으로 흐르는 전류의 세기가 y인 $ABRPOZ$이다.

자기 유도를 $\mathbb{B}$라 하고, 회전 평면에 직각이 되는 위쪽 방향이 되게 하자.

OP가 각 θ를 시계바늘 반대 방향으로 지나는 동안 첫 번째 회로의 넓이는 $\frac{1}{2}OP^2.\theta$만큼 증가하고, 두 번째 회로의 넓이는 그만큼 감소한다. 첫 번째 회로의 전류의 세기가 x이므로, 그 전류가 하는 일은 $\frac{1}{2}xOP^2.\theta.\mathbb{B}$이며, 두 번째 회로의 전류의 세기가 $-y$이므로, 그 전류가 하는 일은 $\frac{1}{2}yOP^2.\theta.\mathbb{B}$이다. 따라서 일의 총량은

$$\frac{1}{2}(x+y)OP^2.\theta\mathbb{B} \qquad \text{또는} \qquad \frac{1}{2}i.OP^2.\theta\mathbb{B}$$

가 되며, PO에서의 전류의 세기에만 의존한다. 따라서 i가 일정한 값으로 유지된다면, 활 OP는 일정한 힘으로 원 둘레를 돌게 될 것이며 그 힘의 모멘트는 $\frac{1}{2}i.OP^2.\mathbb{B}$가 될 것이다. 만일 북위에서 $\mathbb{B}$가 아래 방향

으로 작용하고 전류가 안쪽으로 흐르면, 회전은 음의 방향, 즉 *PQBR*의 방향이 될 것이다.

492] 이제 우리는 자석과 전류의 상호작용을 지나, 한 회로가 다른 회로에 미치는 작용으로 갈 수 있게 되었다. 왜냐하면 자기적 계 M_2에 관련된 전기회로 C_1의 자기적 성질이 자기껍질 S_1의 자기적 성질과 똑같음을 알기 때문이다. 자기껍질 S_1의 끝부분은 회로와 일치하며, 그 세기는 전류의 세기와 수적으로 같다. 자기계 M_2를 자기껍질 S_2라 하면, S_1과 S_2 사이의 상호작용은 S_1과 회로 C_2 사이의 상호작용과 똑같아서, S_2의 껍질과 일치하고 수적인 힘 면에서 같게 된다. 그리고 S_1과 C_2 사이의 상호작용은 C_1과 C_2 사이의 상호작용과 똑같다.

따라서 두 개의 회로 C_1과 C_2 사이의 상호작용은 그에 해당하는 자기껍질 S_1과 S_2 사이의 상호작용과 일치한다.

이미 앞의 423절에서 두 자기껍질의 가장자리가 각각 폐곡선 S_1과 S_2일 때, 이 두 자기껍질 사이에 일어나는 상호작용을 고찰해 본 바 있다.

요소 ds_1의 방향과 요소 ds_2의 방향 사이의 각을 이라 하고, 두 요소 사이의 거리를 r라고 할 때,

$$M = \int_0^{s_2} \int_0^{s_1} \frac{\cos\varepsilon}{r} ds_1 ds_2$$

라 하자. 여기에서 적분은 s_2를 한 바퀴 돌고 s_1을 한 바퀴 돌면서 계산한다. (M을 두 닫힌곡선 s_1과 s_2의 퍼텐셜이라 부른다.) 그러면, 두 회로로 둘러싸인 두 자기껍질의 세기가 각각 i_1, i_2일 때, 두 자기껍질 사이의 상호작용에서 비롯하는 퍼텐셜 에너지는

$$-i_1 i_2 M$$

이고, 아무 변위 δx와 같은 방향으로 작용하는 힘 X는

$$i_1 i_2 \frac{dM}{dx}$$

이다.

한 전기회로의 작용 때문에 다른 전기회로의 어느 일부분에라도 힘이 작용한다는 이론이 이 결과로부터 연역될 수 있다.

493] 우리가 이 장에서 따르고 있는 방법은 패러데이의 것이다. 다음 장에서는 앙페르의 방법을 따를 것이다. 그러나 일단 여기서는 하나의 회로 일부분이 다른 회로의 일부분에 미치는 직접적인 작용에 관한 앙페르의 방법으로 시작하는 대신, 회로가 자석에서 만들어내는 효과는 자기껍질의 경우와 같다는 것을 살펴본다. 다시 말해서 회로 때문에 생기는 자기마당의 성질을 결정한다. 그다음에는, 어떠한 자기마당에 놓인 회로가 자기껍질과 마찬가지의 힘을 경험한다는 것을 보이겠다. 이를 통해서 어떠한 자기마당에 놓인 회로에 작용하는 힘을 결정하게 된다. 마지막으로, 자기마당이 두 번째 전기회로 때문이라는 것을 가정함으로써, 하나의 회로가 다른 회로의 전체 혹은 일부분에 미치는 작용이 무엇인지 결정한다.

494] 무한한 길이의 직렬전류가 이와 평행하게 놓인 직렬도체의 일부분에 작용하는 경우에다가 이 방법을 적용해 보자.

첫 번째 도체의 전류 i가 연직 아래로 흐른다고 가정하자. 이 경우 북쪽을 가리키는 자석의 끝은 전류의 축으로부터 자석의 끝을 보고 있는 사람(발은 아래쪽을 향한다)의 오른쪽 방향을 가리키게 될 것이다.

따라서 자기유도선들은 전류의 축에 중심을 둔 수평한 원을 그리며, 그 양의 방향은 북, 동, 남, 서이다.

연직 아래로 흐르는 두 번째 전류를 첫 번째 전류의 서쪽에 놓는다. 여기서 첫 번째 전류에서 비롯되는 자기유도선들은 북쪽 방향을 가리킨다. 두 번째 회로에 작용하는 힘의 방향은 시계방향으로 돌아가는 나사 손잡이를 바닥 방향(즉 전류의 방향)으로부터 북쪽 방향(자기유도의 방향)으로 돌림으로써 결정된다. 그러면 나사는 동쪽을 향해 움직이는데, 즉 두 번째 회로에 작용하는 힘이 첫 번째 전류를 향해서 움직이게 될 것이다. 혹은 일반적으로 이 현상이 전류의 상대적 위치에 따라서만 달라지므로, 같은 방향으로 전류가 흐르는 두 회로를 평행하게 놓으면 서로 끌어당긴다.

마찬가지로, 반대 방향으로 전류가 흐르는 회로 둘이 평행하게 있으면 서로 밀쳐냄을 보일 수 있다.

495] 세기가 i인 직선전류로부터 거리 r만큼 떨어진 곳에서 자기유도의 세기는 제479절에서 보인 것처럼

$$2\frac{i}{r}$$

이다.

따라서 첫 번째 직선전류와 나란하게 놓여 있는 다른 직선전류에 같은 방향으로 전류 i'이 흐를 때, 이 전선토막이 첫 번째 전류 쪽으로 끌리는 힘은

$$F = 2ii'\frac{a}{r}$$

가 된다. 여기에서 a는 지금 보고 있는 전선토막의 길이이며, r는 첫 번째 전선으로부터 전선토막까지의 거리이다.

a와 r의 비는 이 두 전선의 절대적인 크기와 무관한 수치에 지나지 않기 때문에 전자기 단위계에서 측정한 두 전류의 곱은 힘의 차원과 같아야 한다. 따라서 단위 전류의 차원은 다음과 같다.

$$[i] = [F^{\frac{1}{2}}] = [M^{\frac{1}{2}} L^{\frac{1}{2}} T^{-1}]$$

496] 전류에 작용하는 힘의 방향을 찾아내는 다른 방법은 전류의 자기 작용과 다른 전류 및 자석의 작용이 어떤 관계에 있는지 살펴보는 것이다.

전류가 흐르는 전선의 한쪽에서 전류에 의한 자기 작용이 다른 전류들에 의한 자기 작용과 거의 같은 방향이라면, 전선의 다른 쪽에서는 그 힘이 반대 방향이거나 거의 반대의 방향일 것이며, 전선에 작용하는 힘은 두 힘이 서로 보강하는 쪽으로부터 두 힘이 서로 반대 방향이 되는 쪽으로 작용할 것이다.

그러므로 북쪽을 향한 자기력의 마당에 아래쪽으로 흐르는 전류가 놓여 있다면, 그 자기 작용은 서쪽 부분에서는 북쪽을 향할 것이고 동쪽 부분에서는 남쪽을 향할 것이다. 따라서 서쪽 부분에서는 두 힘이 서로 보강하게 되고 동쪽 부분에서는 서로 반대 방향이 되며, 그렇기 때문에 회로 전체에 서쪽으로부터 동쪽으로 향하는 힘이 작용하게 될 것이다. 그림 22 참조.

이 책의 맨 끝에 있는 그림 XVII에서 작은 원은 아래쪽으로 전류가 흐르는 전선의 단면을 나타낸다. 이 전선은 그림의 왼쪽을 향해 작용하는 자기력의 균일한 마당에 놓여 있다. 전선 아래쪽에 작용하는 자기력은 위쪽에 작용하는 자기력보다 크다. 따라서 전선은 그림의 아랫부분으로부터 윗부분으로 들어 올려지게 될 것이다.

497] 두 전류가 같은 평면 위에 있지만 평행하지 않은 경우에도 이 원리를 적용할 수 있다. 지면의 방향을 수평방향이라 하자. 그중 한 도체가 지면 위에 있는 무한한 직선 도선이라 하자. 전류의 오른편[11]에서는 자기력이 아래쪽으로 작용하고 왼편에서는 위쪽으로 작용한다. 두 번째 전류가 동일한 평면이 있다면, 그중 아무 짧은 부분에서 비롯되는 자기력의 경우에도 이것은 마찬가지이다. 두 번째 전류가 첫 번째 전류의 오른편에 놓여 있다면 자기력은 전선의 오른편에서는 서로 보강하는 방향이 되고 왼편에서는 서로 반대 방향이 될 것이다. 따라서 두 번째 전류가 흐르는 회로에는 오른편으로부터 왼편으로 움직이게 만드는 힘이 작용할 것이다. 이 힘의 크기는 두 번째 전류가 있는 위치에 따라 달라지지만 그 방향과는 무관하다. 두 번째 회로가 첫 번째 회로의 왼편에 놓여 있다면, 두 번째 회로는 왼편으로부터 오른편으로 움직이게 될 것이다.

그러므로 두 번째 전류가 첫 번째 전류와 같은 방향이라면 두 전류는

---

11) [전류의 오른편이란 종이면에 등을 돌리고 서서 전류가 머리 쪽으로 들어가 발에서 나오도록 서 있는 관찰자의 오른쪽을 말한다—톰슨.

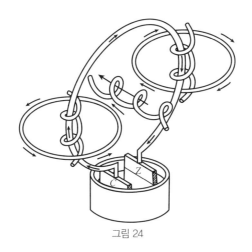

그림 24

서로 끌어당길 것이고, 이 두 전류가 다른 방향이라면 서로 밀칠 것이다. 두 번째 전류가 첫 번째 전류와 직각 방향이고 첫 번째 전류로부터 멀어지는 방향이라면, 두 번째 전류가 첫 번째 전류의 방향으로 힘을 받을 것이다. 또한 두 번째 전류가 첫 번째 전류를 향해 흐른다면 첫 번째 전류가 흐르는 방향과 반대의 방향으로 힘을 받을 것이다.

두 전류의 상호작용을 생각할 때에는 앞에서 오른나사규칙으로 설명했던 전기와 자기의 관계를 염두에 둘 필요가 없다. 이 관계를 잊어버린다 하더라도, 가능한 두 가지 관계 중 하나를 일관되게 유지하기만 한다면, 제대로 된 결과를 얻어낼 수 있을 것이다.

498] 이제까지 살펴본 것을 바탕으로 전기회로의 자기현상을 정리해보자.

전기회로는 일종의 볼타전지와 볼타전지의 양극을 잇는 전선으로 이루어져 있다고 볼 수 있다. 아니면 열전기 장치(thermo-electric arrangement)라든가, 대전된 라이덴병의 양극과 음극이 전선으로 이어져 있는 것이라든가, 특정의 길을 따라 흐르는 전류를 만들어내는 배치로 볼 수 있다.

전류는 그 주변에 자기효과를 만들어낸다.

폐곡선을 하나 그린 뒤에 이 곡선 주변으로 한 바퀴를 완전히 돌아가면서 자기력의 선적분을 구해 보자. 그 폐곡선이 회로와 매듭을 이루고 있지 않다면 선적분의 값은 0이 될 테지만, 회로와 매듭을 이루고 있고 폐곡선을 통해 흐르는 전류가 i라면 선적분의 값이 $4\pi i$가 되고, 전류가 흐르는 방향으로 지나가는 사람이 볼 때 폐곡선 주변의 적분 방향이 시계반대방향이 될 때 양의 값이 된다.

적분 방향으로 폐곡선을 따라 움직여 전기회로를 통과하는 사람에게는 전류의 방향이 시계바늘 방향처럼 보일 것이다. 전기회로 주위를 시계바늘 방향으로 도는 나사와 폐곡선 주위를 시계바늘 방향으로 도는 나사를 이용하여, 두 폐곡선의 방향 사이의 관계를 다른 식으로 표현할 수도 있다. 만일 나사를 돌릴 때 두 나삿니 중 어느 하나의 회전 방향이 나머지 나삿니의 방향과 양의 값으로 일치한다면 그 선적분의 값은 양이 될 것이고, 그 반대의 경우에 선적분의 값은 음이 될 것이다.

499] 주: 선적분 $4\pi i$는 전류의 크기에 따라서만 달라지며, 그외에 다른 것과는 무관하다. 선적분의 값은 전류가 지나가는 도선의 성질에 따라, 즉 도선이 금속인가 전해질인가 또는 불완전도체인가에 따라 달라지지 않는다. 심지어 적절한 도체가 없고 전기변위와 비슷한 것만 있는 경우(예를 들어 충전 또는 방전 중인 라이덴병의 유리에서처럼)에도 전기적인 운동의 자기효과는 정확히 마찬가지라고 믿을 만한 이유가 있다.

또한 선적분 $4\pi i$의 값은 폐곡선이 그려지는 매질의 성질에 따라 달라지지 않는다. 폐곡선이 모두 공기 안에 그려지든, 자석을 지나가든 연철이나 다른 상자성 물질이나 반자성 물질을 지나더라도 마찬가지이다.

500] 회로가 자기장 속에 놓여 있을 때 전류와 자기장의 다른 구성요소들 사이의 상호작용은 그 회로를 경계선으로 하는 임의의 곡면에 대한 자기유도의 면적분에 따라 달라진다. 회로나 그 부분의 주어진 운동에 의해 이 면적분의 값이 늘어날 수 있다면 도선이나 도선의 부분이 주어진 방식으로 움직이게끔 역학적인 힘이 작용할 것이다.

면적분의 값을 증가시키는 도선의 운동으로는 전류의 방향에 수직하

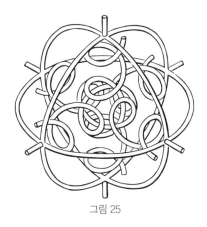

그림 25

며 자기유도선을 지나는 운동 등이 있다.

만일 평행사변형을 그리는데, 그 평행사변형의 한 변의 길이가 각 점에서 전류의 세기에 비례하고 다른 변의 길이가 같은 점에서 자기유도에 비례한다면, 도선이 단위길이당 받는 힘은 수치상으로 이 평행사변형의 넓이와 같으며, 그 면에 수직하고, 그 작용방향은 전류의 방향에서 지기유도의 방향으로 오른나사의 손잡이를 돌릴 때 나사가 나아가게 될 방향이 된다.

따라서 우리는 자기유도선의 새로운 전자기적 정의를 얻게 된다. 자기유도선은 도선에 작용하는 힘이 언제나 수직하게 되는 선이다.

자기유도선은 전류를 흘려보낼 때 전류를 나르는 도선이 전혀 힘을 받지 않게 될 방향을 따라 그은 선으로 정의할 수도 있다.

501] 자기력선을 가로질러 전류를 운반하는 도선을 움직이는 역학적 힘은 전류가 아니라 전류를 운반하는 도선 자체에 작용한다는 것을 주의 깊게 기억해야 한다. 만일 도선이 회전 원판이거나 유체라면 이 힘을 따라 움직이게 될 것이고, 이 움직임은 그 도선이 운반하는 전류의 위치 변화에 따라 함께 일어날 수도 그렇지 않을 수도 있다. 〔그러나 만일 전류 자체가 고정된 딱딱한 도체나 전선 연결망을 통과하는 경로 중 어느 것을 자유롭게 선택할 수 있는 상황이라면, 그 계에 작용하는 일정한 자기력이 만들어질 때 도선을 통과하는 전류의 경로가 영구적으로 변화하

지는 않지만, 유도전류라 부르는 어떤 순간적 현상이 감소한 이후에는 전류의 분포가 마치 어떤 자기력도 작용하지 않은 것처럼 그 상태를 그대로 유지함을 알 수 있게 될 것이다.][12]

전류에 작용하는 유일한 힘은 기전력인데, 이는 이 장에서 다룬 역학적 힘과는 구분해야 한다.

---

12) {홀(Hall)은 대부분의 도체에서 정상적인 자기장이 전류분포를 약간 변화시킬 수 있음을 발견했다(*Phil. Mag.* ix. p.225, x. p.301, 1880). 따라서 이 꺾은 괄호 안에 있는 니벤의 주석은 근사적으로만 참인 것으로 보아야 한다}— 톰슨.

제2장 전류의 상호작용에 대한 앙페르의 연구

502] 우리는 앞 장에서 전류가 만드는 자기장의 성질과 전류가 흐르는 도선이 자기장에 놓여 있을 때 받는 역학적 작용을 살펴보았다. 어떤 전기회로가 다른 전기회로에 작용하는 것을 살펴보기 위해, 두 번째 전기회로가 만들어내는 자기장에 의하여 첫 번째 전기회로가 받는 작용을 구하려 했다. 그런데 한 전기회로가 다른 전기회로에 미치는 작용은 원래 앙페르가 직접적인 방식으로 연구했으며, 이는 외르스테드의 발견이 발표된 직후의 일이다. 그러므로 우리는 앙페르의 방법을 개괄하고 다음 장에서 이 방법을 다시 검토할 것이다.

앙페르를 이끌었던 개념들은 직접적인 원격작용을 허용하는 체계에 속한다. 앞으로 보겠지만, 가우스, 베버, F.E. 노이만, 리만, 베티, C. 노이만, 로렌츠 등은 이 개념들에 바탕을 두고 사색과 연구를 훌륭하게 진행시켰으며, 새로운 사실들을 발견하는 과정이나 전기의 이론을 만들어가는 과정 모두에서 훌륭한 결과를 얻었다. 846~866절 참조.

여기에서 추적하려 하는 개념은 매질의 한 부분에서 인접한 다른 부분을 통해 일어나는 작용에 관한 개념들이다. 이 개념을 대폭 수용한 것은 패러데이였으며, 이를 수학적인 형식으로 발전시키고 알려진 사실들과 비교하는 것이 이제까지 내가 발표한 여러 논문에서의 목표였다. 철학적인 관점에서 볼 때, 기본원리에서부터 완전히 반대가 되는 두 방법의 결과를 비교하는 것은 과학적 논변의 조건을 연구하는 데에 매우 중요한 자료가 될 것임에 틀림없다.

503] 전류들의 상호작용에 관한 앙페르의 이론은 네 가지의 실험적 사실과 한 가지 가정에 바탕을 두고 있다.

앙페르의 기본실험들은 모두 힘들의 영점 비교(null method of comparing forces)라고 불리는 것의 예가 된다. 214절 참조. 영점 방법에서는 어떤 물체에 운동을 전달하는 동역학적 효과를 측정하거나, 그 물체를 분동이나 탄성이 있는 끈과 평형을 이루도록 만드는 정역학적 방법 대신에, 같은 근원에서 비롯된 두 힘을 이미 평형상태에 있는 물체에 동시에 작용하게끔 하여 아무런 효과가 만들어지지 않을 때 두 힘이 평형이라고 보는 방법이다. 이 방법은 전류가 여러 가지 다른 모양의 회로를 흐를 때 전류의 효과를 비교하는 데에 특히 중요하다. 모든 도선을 직렬로 연속되게 연결하면 전류의 세기가 이 회로의 어디에서나 같다는 것을 확신할 수 있다. 전류는 이 회로의 모든 곳에서 거의 동시에 흐르기 시작하므로, 물체가 전류의 새로 흘리거나 끊을 때 전혀 영향을 받지 않음을 관찰함으로써 물체에 작용하는 전류 때문에 생긴 힘이 평형을 이루고 있음을 증명할 수 있다.

504] 앙페르의 비틀림저울은 수직축을 중심으로 회전할 수 있는 가벼운 틀로 이루어져 있다. 여기에는 넓이가 같은 두 회로를 구성하는 도선이 달려 있고, 도선들은 동일 평면 또는 서로 평행한 평면 위에 놓여 있으며, 전류는 반대방향으로 흐르고 있다. 이러한 배치의 목적은 도선에 작용하는 지자기의 영향을 제거하려는 것이다. 전류가 자유롭게 움직이게 내버려두면, 전류는 될수록 많은 수의 자기유도선을 포함하게끔 스스로 움직일 것이다. 자기유도선들이 지자기에서 비롯된 것이라면, 이러한 위치는 수직면 위에 있는 회로에 대해 회로가 놓여 있는 평면이 자기의 동쪽과 자기의 서쪽으로 놓여 있을 때와 전류의 방향이 태양의 겉보기 경로의 반대방향일 때의 위치가 될 것이다.

동일한 넓이의 두 회로가 평행한 평면 위에 놓여 있고, 동일한 전류가 반대방향으로 흐르고 있고, 이 둘이 상대적인 위치가 달라지지 않도록 연결되어 있다면, 지자기에 영향을 받지 않는 조합이 만들어진다. 따라서 이를 무정위 조합(astatic combination)이라 부른다. 그림 26을 볼 것. 그러나 이러한 배치는 그 근처에 매우 가까이 있어서 두 회로에 다르게 작용할 수 있는 전류나 자기에서 생겨나는 힘의 작용을 받는다.

505] 앙페르의 첫 번째 실험은 동일한 두 전류를 반대방향으로 가까이 놓았을 때의 영향에 관한 것이다. 절연물질로 싸여 있는 도선 둘을 붙여서 무정위 저울의 한쪽 회로 가까이에 놓는다. 전류가 도선과 저울을 지나도록 하면, 저울의 평형은 달라지지 않는다. 이는 동일한 두 전류가 가까이 붙어 있으면서 방향이 반대여서 서로 중화시키고 있음을 말해 준다. 두 도선을 옆에 붙여 놓는 대신에 도선 하나만 금속관 속에 절연시켜 놓아두면, 전류가 도선을 지나 관으로 되돌아나올 때 관 바깥에 작용하는 힘은 근사적으로 0인 것이 아니라 정확히 0이다. 이 원리는 전기장치를 구성할 때 대단히 중요하다. 왜냐하면 이것은 전류가 미소전류계나 다른 장치 속으로 흘렀다가 다시 나오는 과정에서 전류가 흐르는 경로 어디에서나 전류가 만들어내는 전자기효과가 전혀 없게 만들기 때문이다. 실제상으로는 도선을 서로 묶어 놓기만 하면 일반적으로 충분하다. 다만 두 도선이 서로 완전히 절연되게끔 유의해야 하며, 도선이 장치의 민감한 부분 가까이를 지나갈 때에는 도체 중 하나는 관으로 하고 다른 도체는 관 속의 도선을 하는 것이 좋다. 683절 참조.

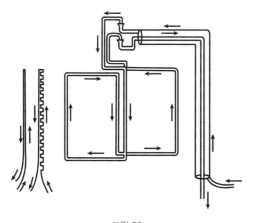

그림 26

506] 앙페르의 두 번째 실험에서는 도선 중 하나를 구불구불한 곳이 여러 개 생기도록 구부리되, 구부러지지 않은 부분은 직선에 아주 가까운 모양으로 남겨둔다. 구불구불한 도선을 따라 흘러들어가 똑바른 도선으로 되돌아나오는 전류는 무정위 저울에 전혀 영향을 미치지 않음을 알 수 있다. 이로부터 도선의 구부러진 부분으로 지나는 전류의 효과는 양 끝점을 잇는 똑바른 도선으로 흐르는 전류의 효과와 똑같음이 증명된다. 단, 구불구불한 도선은 어디에서건 똑바른 도선에서 멀리 떨어져 있으면 안 된다. 따라서 임의의 회로에서 어떤 작은 부분이라도 둘 또는 그 이상의 성분요소와 동등하며, 성분요소들과 합해진 요소 사이의 관계는 성분과 전체 변위 내지 속도 사이의 관계와 마찬가지이다.

507] 세 번째 실험에서는 무정위 저울 대신 길이 방향으로만 움직일 수 있는 도선을 사용한다. 전류가 도선으로 들어가고 나오는 곳은 공간의 특정 점에서이며, 주위에 놓인 닫힌회로로 인해 도선이 움직이는 일은 없음을 알 수 있다.

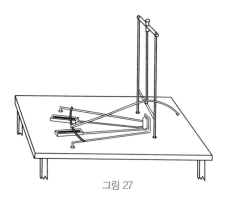

그림 27

이 실험에서 사용된 도선은 틀에 매달려 있는 원호 모양의 전선으로서, 수직축을 중심으로 회전할 수 있게 되어 있다. 원호는 수평 방향이 되게 하고 원호의 중심이 수직축과 일치하게 만든다. 작은 전해조(電解槽) 두 개에 수은을 채우되, 수은의 볼록한 표면이 전해조와 같은 높이가 될 때까지 채운다. 이 두 전해조를 원호 밑에 두고 수은이 구리 아말

감으로 된 전선에 닿도록 조정한다. 전류는 한쪽 전해조로 들어가서 전해조 사이에 있는 원호 부분을 횡으로 지나간 뒤에 다른 쪽 전해조로 나오게 되어 있다. 따라서 원호 부분에는 전류가 가로질러 흐르며, 동시에 원호는 길이 방향으로 상당히 자유롭게 움직일 수 있게 되어 있다. 닫힌 회로나 자석을 움직일 수 있는 도선에 가까이 가져가더라도 길이 방향으로 조금이라도 움직이려는 기미는 볼 수 없다.

508] 네 번째 실험은 무정위 저울과 함께 두 개의 회로가 사용된다. 이 두 회로는 무정위 저울에 있는 회로와 닮은꼴인데, 그중 하나(C)는 무정위 저울에 있는 것보다 n배 더 크고, 다른 하나(A)는 무정위 저울에 있는 것보다 n배 더 작다. 이 두 회로를 저울 회로(B)의 반대쪽 위치에 놓되, 저울 회로에서 떨어져 있는 거리가 같은 비가 되도록 한다. 즉

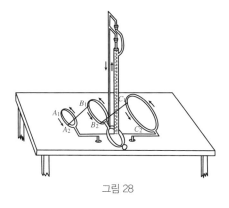

그림 28

B에서 C까지의 거리는 A에서 B까지의 거리보다 n배 더 크다. 전류의 방향과 세기는 A와 C에서 같다. B에서는 방향이 같거나 반대일 수 있다. 이러한 조건에서는 B가 A와 C의 작용에 대해 평형을 이룸을 알 수 있으며, 이것은 앞의 관계가 충족되기만 한다면, 회로의 모양이나 거리가 어떤 것이든 무관하게 성립한다.

완전한 회로들 사이의 작용은 회로의 요소들 사이의 작용에서 비롯되는 것으로 볼 수 있으므로, 이런 작용의 법칙을 찾아내기 위해 다음과 같은 방법을 사용할 수 있다.

그림 28에서 A_1, B_1, C_1은 세 회로의 해당 요소이며, A_2, B_2, C_2는 회로의 다른 부분에서의 해당 요소이다. 그러면 A_2에 대한 B_1의 상황은 B_2에 대한 C_1의 상황과 마찬가지이다. 다만 B_2에 대한 C_1의 거리와 크기는 A_2에 대한 B_1의 거리와 크기의 n배이다. 전자기 작용의 법칙이 거리의 함수라면 B_1과 A_2 사이의 작용은 그 모양이나 질이 어떤 것이든 상관없이 다음과 같이 쓸 수 있다.

$$F = B_1 {\cdot} A_2 \, f(\overline{B_1 A_2}) \, ab$$

C_1과 B_2 사이의 작용은

$$F' = C_1 {\cdot} B_2 \, f(\overline{C_1 B_2}) \, bc$$

로 쓸 수 있다. 여기에서 a, b, c는 A, B, C에서 전류의 세기이다. 그런데 $nB_1 = C_1$, $nA_2 = B_2$, $n\overline{B_1 A_2} = \overline{C_1 B_2}$, $a = c$이다. 따라서

$$F' = n^2 \, B_1 . A_2 \, f(n\overline{B_1 A_2}) \, ab$$

이며, 이는 실험으로부터 F와 같아야 하므로,

$$n^2 \, f(n\overline{A_2 B_1}) = f(\overline{A_2 B_1})$$

이 된다. 다시 말하면 "작용하는 힘은 거리의 제곱에 반비례하여 달라진다."[1]

509] 이 실험들과 관련하여 모든 전류는 닫힌회로를 이루고 있음을 눈여겨볼 수 있다. 앙페르가 사용한 전류는 볼타전지에서 만들어지는 것이었기 때문에 당연히 닫힌회로를 이루고 있었다. 도체가 불꽃으로 방전하는 전류의 경우에는 전류가 열린회로를 이룬다고 할 수 있을 것

---

1) {이 실험으로부터 역제곱법칙을 얻을 수 있다는 다른 증명이 523절에 있다. 독자는 523절의 논의가 이 절의 논의보다 더 간단하고 더 설득력 있음을 알게 될 것이다}—톰슨.

같지만, 이 책의 관점에 따르면 이 경우도 닫힌회로이다. 닫혀 있지 않은 전류들의 상호작용에 관한 실험이 이루어진 적은 없다. 따라서 두 회로요소의 상호작용에 관한 명제가 순전히 실험만을 바탕으로 하고 있다고 말할 수는 없다. 움직일 수 있는 회로의 일부분만 가지고 그에 대한 다른 전류의 작용을 확인할 수도 있는 것은 사실이지만, 이 전류들도 움직일 수 있는 부분에 있는 전류와 마찬가지로 반드시 닫힌회로를 이루고 있어야 하며, 따라서 궁극적인 실험결과는 몇 개의 닫힌회로가 닫힌 전류의 전체 혹은 부분에 미치는 작용에 대한 것이 된다.

510] 그러나 현상을 분석할 때에는, 닫힌회로가 그 요소나 다른 회로에 미치는 작용을 여러 개의 분리된 힘의 합력으로 보아도 좋다. 이 분리된 힘들은 첫 번째 회로가 수학적인 목적을 위해 쪼개져 있다고 가정할 때의 그 분리된 부분들에 따라 달라지는 힘이다.

이것은 순전히 작용에 대한 수학적 분석이며, 따라서 이 힘들이 실제로 분리되어 작용하는지 아닌지와 무관하게 완벽하게 성립한다.

511] 먼저, 회로를 나타내는 공간상의 두 곡선 사이 및 곡선의 요소적인 부분들 사이의 순전히 기하학적인 관계에 주목하겠다.

공간상에 두 곡선이 있다고 하고, 각각의 곡선에서 고정된 점 하나씩을 택하여, 이 두 점으로부터 곡선을 따라 특정의 방향으로 호의 길이를 잴 수 있다고 하자. 이 두 점을 A, A'이라 하자. 두 곡선의 요소를 각각 PQ, $P'Q'$이라 하자.

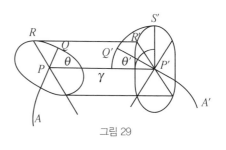

그림 29

$$AP = s, \quad A'P' = s', \quad PQ = ds, \quad P'Q' = ds' \tag{1}$$

이라 하고, 거리 PP'을 r로 나타내자. 각 $P'PQ$를 θ로, $PP'Q'$을 θ'으로, 이 두 각이 들어 있는 두 평면 사이의 각을 η라 하자.

두 요소의 상대적인 위치는 둘 사이의 거리 r와 세 각 θ, θ', η로 충분히 정의된다. 왜냐하면 이 값들이 주어지면 그 상대적인 위치는 두 곡선이 같은 강체의 일부분이라도 되는 양 완전하게 결정되기 때문이다.

512] 직각좌표계를 사용하고 P의 좌표를 x, y, z로, P'의 좌표를 x', y', z'로 나타내고, PQ와 $P'Q'$의 방향코사인을 각각 l, m, n과 l', m', n'으로 나타내면

$$\left. \begin{aligned} \frac{dx}{ds} = l, \qquad \frac{dy}{ds} = m, \qquad \frac{dz}{ds} = n \\ \frac{dx'}{ds'} = l', \qquad \frac{dy'}{ds'} = m', \qquad \frac{dz'}{ds'} = n' \end{aligned} \right\} \tag{2}$$

이고

$$\left. \begin{aligned} l'(x'-x) + m'(y'-y) + n'(z'-z) = r\cos\theta \\ l'(x'-x) + m'(y'-y) + n'(z'-z) = -r\cos\theta' \\ ll' + mm' + nn' = \cos\varepsilon \end{aligned} \right\} \tag{3}$$

이다. 여기에서 ε은 요소들의 방향 사이의 각이며

$$\cos\varepsilon = -\cos\theta\cos\theta' + \sin\theta\sin\theta'\cos\eta \tag{4}$$

이다.

또한

$$r^2 = (x'-x)^2 + (y'-y)^2 + (z'-z)^2 \tag{5}$$

이고, 따라서

$$r\frac{dr}{ds} = -(x'-x)\frac{dx}{ds} - (y'-y)\frac{dy}{ds} - (z'-z)\frac{dz}{ds} = -r\cos\theta \tag{6a}$$

이다.

마찬가지로

$$r\frac{dr}{ds'} = (x'-x)\frac{dx'}{ds'} + (y'-y)\frac{dy'}{ds'} + (z'-z)\frac{dz'}{ds'} = -r\cos\theta' \quad (6b)$$

이며, $r\dfrac{dr}{ds}$ 를 s'으로 미분하면 다음과 같이 된다.

$$\left.\begin{aligned}r\frac{d^2r}{dsds'} + \frac{dr}{ds}\frac{dr}{ds'} &= -\frac{dx}{ds}\frac{dx'}{ds'} - \frac{dy}{ds}\frac{dy'}{ds'} - \frac{dz}{ds}\frac{dz'}{ds'}\\ &= -(ll'+mm'+nn')\\ &= -\cos\varepsilon\end{aligned}\right\} \quad (7)$$

그러므로 세 각 θ, θ', η 와 보조각 ε 을 다음과 같이 r의 s와 s'에 대한 미분계수로 표현할 수 있다.

$$\left.\begin{aligned}\cos\theta &= -\frac{dr}{ds}\\[2mm] \cos\theta' &= -\frac{dr}{ds'}\\[2mm] \cos\varepsilon &= -r\frac{d^2r}{dsds'} - \frac{dr}{ds}\frac{dr}{ds'}\\[2mm] \sin\theta\sin\theta'\cos\eta &= -r\frac{d^2r}{dsds'}\end{aligned}\right\} \quad (8)$$

513] 다음으로 요소 PQ와 요소 $P'Q'$이 상대방에 작용한다는 것이 수학적으로 가능한 것은 어떤 방식으로인지 살펴볼 것이며, 그럼으로써 그 상호작용이 반드시 그 둘을 잇는 선 위에 있다고 처음부터 가정하지는 않을 것이다.

각각의 요소를 다른 요소에 대하여 성분으로 분해할 수 있으려면, 이 성분들을 벡터의 덧셈규칙에 따라 합성했을 때 원래의 요소가 그 합력으로 산출되어야 한다는 것을 알고 있다.

따라서 ds가 r방향으로는 $\cos\theta ds = \alpha$로, 평면 $P'PQ$에서 r에 수직한 방향으로는 $\sin\theta ds = \beta$로

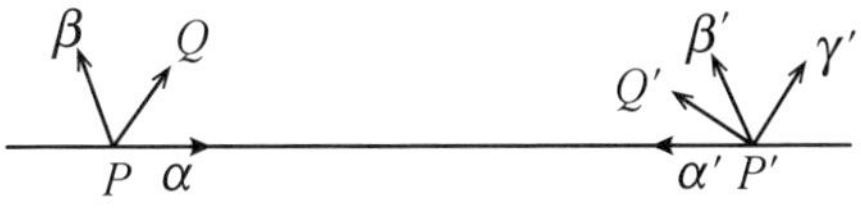

그림 30

분해된다고 보겠다.

또한 ds'이 r방향의 반대방향으로는 $\cos\theta' ds' = \alpha'$으로 분해되며, β를 재는 방향에 평행한 방향으로는 $\sin\theta' \cos\eta ds' = \beta'$으로 분해되고 α'과 β'에 수직한 방향으로는 $\sin\theta' \sin\eta ds' = \gamma'$으로 분해된다고 보겠다.

성분 α, β와 성분 α', β', γ' 사이의 작용을 살펴보자.

(1) α와 α'이 같은 직선상에 있을 때: 이 둘 사이의 힘은 이 직선상에 있어야 한다. 이 힘이 인력이고

$$= A\alpha\alpha' ii'$$

이라고 가정하자. 여기에서 A는 r의 함수이고, i와 i'은 각각 ds와 ds'에 흐르는 전류의 세기이다. 이 표현은 i와 i'의 부호를 바꿀 때의 조건을 충족시킨다.

(2) β와 β'이 서로 평행하고 이 둘을 잇는 직선에 수직할 때: 이들 사이의 작용은

$$B\beta\beta' ii'$$

으로 쓸 수 있다.

이 힘은 분명히 β와 β'을 잇는 직선상에 있다. 왜냐하면 이 힘은 β와 β'이 둘 다 놓여 있는 평면 위에 있어야 하기 때문이다. 그리고 β와 β'을 반대방향으로 재기로 하더라도 앞의 표현의 값은 똑같을 것이다. 그 사실은 이것이 힘을 나타낸다면 그 힘은 β의 방향으로는 성분이 없으며, 따라서 r과 같은 방향이어야 함을 가리킨다. 이 표현이 양의 값이 될 때 인력을 나타낸다고 가정하자.

(3) β와 γ'이 서로 수직하고 그 둘을 잇는 직선과도 수직할 때: 그런 관계에 있는 요소들 사이에서 가능한 작용은 오로지 축이 r에 평행한 짝힘뿐이다. 지금은 짝힘을 다루고 있지 않으므로, 이 경우는 고려의 대상으로 삼지 않겠다.[2]

(4) α와 β'이 서로 상대방에 작용한다면, 그 작용은

$$C\alpha\beta'ii'$$

으로 표현되어야 한다.

만일 β'을 재는 방향을 반대로 하면, 이 표현의 부호는 반대가 된다. 따라서 이것은 β'방향의 힘을 나타내거나, 아니면 α와 β'의 평면 위에 있는 짝힘을 나타내야 한다. 우리는 짝힘을 다루고 있지 않으므로, 이 표현을 β'방향으로 α에 작용하는 힘으로 볼 것이다.

물론 똑같은 힘이 반대방향으로 β'에 작용한다.

같은 이유로, γ'방향으로 α에 작용하는 힘은

$$C\alpha\gamma'ii'$$

이며, β를 재는 방향과 반대방향으로 β에 작용하는 힘은

$$C\beta\alpha'ii'$$

이다.

514] 앞의 결과를 모두 모으면 ds에 미치는 작용은 다음과 같은 힘들을 성분으로 가짐을 알 수 있다.

$$
\left.
\begin{aligned}
X &= (A\alpha\alpha' + B\beta\beta')\,ii' &&(\,r\text{ 방향}) \\
Y &= C(\alpha\beta' - \alpha'\beta)\,ii' &&(\beta\text{ 방향}) \\
Z &= C\alpha\gamma'ii' &&(\gamma'\text{ 방향})
\end{aligned}
\right\}
\tag{9}
$$

---

2) {이 경우에 힘이 없다고 가정할 권리는 없다고 반대할지 모른다. 그 근거는 다음과 같다. β와 γ'에 모두 수직한 힘이 β에 작용하며, 이 힘의 방향은 γ'이 β를 중심으로 오른나사처럼 $90°$ 돌게 만드는 방향이라는 규칙이 있다. 이 규칙으로 미루어 볼 때, 두 성분 중 어느 하나만 뒤집을 때 힘의 방향도 뒤집힌다는 조건을 만족하는 힘이 존재한다는 것이다. 그러나 이런 힘이 존재하지 않는다고 가정하는 이유는 힘의 방향이 그들 사이의 상대적인 위치에 의해서가 아니라 전류의 방향에 의해서만 결정되기 때문이다. 그러므로 가령 그림 30에서 P'이 P의 오른쪽이 아니고 왼쪽에 있다면, 요소들 사이에 작용하는 힘은 척력에서 인력으로 바뀔 것이다}―톰슨.

ds에 미치는 작용이 다음과 같은 세 힘, 즉 r방향으로 작용하는 $Rii'dsds'$, ds방향으로 작용하는 $Sii'dsds'$, ds'방향으로 작용하는 $S'ii'dsds'$의 합력이라고 가정해 보자. 그러면 θ, θ', η로 나타내면

$$\left. \begin{array}{l} R = A + 2C\cos\theta\cos\theta' + B\sin\theta\sin\theta'\cos\eta \\[6pt] S = -\,C\cos\theta' \\[6pt] S' = C\cos\theta \end{array} \right\} \qquad (10)$$

이 된다.

r의 미분계수로 나타내면 다음과 같다.

$$\left. \begin{array}{l} R = A + 2C\,\dfrac{dr}{ds}\dfrac{dr}{ds'} - Br\,\dfrac{d^2r}{dsds'} \\[12pt] S = C\,\dfrac{dr}{ds'} \\[12pt] S' = -\,C\,\dfrac{dr}{ds} \end{array} \right\} \qquad (11)$$

방향코사인 l, m, n과 l', m', n'으로 나타내면 다음과 같다.

$$\left. \begin{array}{l} R = -\,(A+2C+B)\,\dfrac{1}{r^2}\,(l\xi+m\eta+n\zeta)(l'\xi+m'\eta+n'\zeta) \\[6pt] \qquad\qquad\qquad\qquad\qquad\quad + B\,(ll'+mm'+nn') \\[12pt] S = C\,\dfrac{1}{r}\,(l'\xi+m'\eta+n'\zeta) \\[12pt] S' = C\,\dfrac{1}{r}\,(l\xi+m\eta+n\zeta) \end{array} \right\} \qquad (12)$$

여기에서 ξ, η, ζ는 각각 $x'-x, y'-y, z'-z$를 가리킨다.

515] 다음으로 유한한 전류 s'이 유한한 전류 s에 작용하는 힘을 계산해야 한다. 전류 s는 A에서 P까지 걸쳐 있으며, A에서 $s=0$이고, P에서 그 값은 s가 된다. 전류 s'은 A'에서 P'까지 걸쳐 있으며, A'에서 $s'=0$이고, P'에서 그 값은 s'이 된다. 각각의 전류에서 위치의 좌표는 s나 s'의

함수이다.

만일 F가 어떤 점의 위치의 함수라면, 아래 첨자 $_{(s,0)}$을 써서 A에서의 값에 대한 P에서의 값의 초과량을 나타낸다. 즉

$$F_{(s,0)} = F_P - F_A$$

이다. 그런 함수는 회로가 닫혀 있을 때에는 반드시 0이 되어야 한다.

$A'P'$이 AP에 작용하는 전체 힘의 성분을 $ii'X, ii'Y, ii'Z$라 하자. 그러면 ds'이 ds에 작용하는 힘의 성분 중 X에 평행한 것은 $ii'\dfrac{d^2X}{ds\,ds'}ds\,ds'$이 될 것이다.

따라서

$$\frac{d^2X}{ds\,ds'} = R\frac{\xi}{r} + Sl + S'l' \tag{13}$$

이다.

(12)식의 R, S, S'의 값을 대입한 뒤,

$$l'\xi + m'\eta + n'\zeta = r\frac{dr}{ds'} \tag{14}$$

임을 이용하여 항들을 l, m, n에 대해 배열하면, 다음 식을 얻는다.

$$\frac{d^2X}{ds\,ds'} = l\left\{ -(A+2C+B)\frac{1}{r^2}\frac{dr}{ds'}\xi^2 + C\frac{dr}{ds'} + (B+C)\frac{l'\xi}{r} \right\}$$

$$+ m\left\{ -(A+2C+B)\frac{1}{r^2}\frac{dr}{ds'}\xi\eta + C\frac{l'\eta}{r} + B\frac{m'\xi}{r} \right\}$$

$$+ n\left\{ -(A+2C+B)\frac{1}{r^2}\frac{dr}{ds'}\xi\zeta + C\frac{l'\zeta}{r} + B\frac{n'\xi}{r} \right\} \tag{15}$$

A, B, C는 r의 함수이므로

$$P = \int_r^\infty (A+2C+B)\frac{1}{r^2}\,dr, \qquad Q = \int_r^\infty C\,dr \tag{16}$$

로 쓸 수 있다. 여기에서 적분 구간이 r에서 ∞까지가 되는 까닭은 $A, B,$

C가 $r=\infty$에서 0이 되기 때문이다.

그러므로

$$(A+B)\frac{1}{r^2}=-\frac{dP}{dr}, \qquad\qquad C=-\frac{dQ}{dr} \qquad (17)$$

이 된다.

516] 평형에 대한 앙페르의 세 번째 예로부터 다음의 사실을 알 수 있다. 즉, s'이 닫힌회로일 때, ds에 작용하는 힘은 ds의 방향에 수직이다. 다시 말해서 ds의 힘의 방향의 성분은 0이다. 따라서 x축 방향이 ds에 평행해서 $l=1$, $m=0$, $n=0$이라고 가정해 보자. 그러면 (15)식은 다음과 같이 된다.

$$\frac{d^2X}{dsds'}=\frac{dP}{ds'}\xi^2-\frac{dQ}{ds'}+(B+C)\frac{l'\xi}{r} \qquad (18)$$

ds에 작용하는 단위 길이당 힘 $\dfrac{dX}{ds}$ 를 구하려면, 이 식을 s'에 대하여 적분해야 한다. 첫째 항을 부분적분하면 다음을 얻는다.

$$\frac{dX}{ds}=(P\xi^2-Q)_{(s',0)}-\int_0^{s'}(2Pr-B-C)\frac{l'\xi}{r}ds' \qquad (19)$$

s'이 닫힌회로일 때에는 이 식이 0이 되어야 한다. 첫째 항은 이미 0이다. 그러나 닫힌회로의 경우에 둘째 항은 일반적으로 0이 아니며, 적분기호 안에 있는 양이 언제나 0이 되어야 한다. 따라서 앙페르의 조건을 충족시키려면

$$P=\frac{1}{2r}(B+C) \qquad (20)$$

라 놓아야 한다.

517] 이제 P를 소거하여 $\dfrac{dX}{ds}$ 의 일반적인 값을 구할 수 있다.

$$\frac{dX}{ds}=\left\{\frac{B+C}{2}\frac{\xi}{r}(l\xi+m\eta+n\zeta)+Q\right\}_{(s',0)}$$

$$+m\int_0^{s'}\frac{B-C}{2}\frac{m'\xi-l'\eta}{r}ds'-n\int_0^{s'}\frac{B-C}{2}\frac{l'\zeta-n'\xi}{r}ds' \qquad (21)$$

s'이 닫힌회로일 때에는 이 표현의 첫째 항이 0이 되며,

$$\left.\begin{aligned}
\alpha' &= \int_0^{s'} \frac{B-C}{2} \frac{n'\eta - m'\zeta}{r}\, ds' \\[1em]
\beta' &= \int_0^{s'} \frac{B-C}{2} \frac{l'\zeta - n'\xi}{r}\, ds' \\[1em]
\gamma' &= \int_0^{s'} \frac{B-C}{2} \frac{m'\xi - l'\eta}{r}\, ds'
\end{aligned}\right\} \tag{22}$$

이라 하면(여기에서 적분은 닫힌회로 s'을 한 바퀴 돌아가며 계산한다),

$$\frac{dX}{ds} = m\gamma' - n\beta' \tag{23a}$$

라 쓸 수 있다.

마찬가지로

$$\left.\begin{aligned}
\frac{dY}{ds} &= n\alpha' - l\gamma' \\[1em]
\frac{dX}{ds} &= l\beta' - m\alpha'
\end{aligned}\right\} \tag{23b}$$

이다.

때때로 α', β', γ'이라는 양은 점 P를 기준으로 하는 회로 s'의 결정항(determinant)이라 부른다. 앙페르는 그 합성을 전기역학적 작용의 기준선(directrix)이라 불렀다.

이 식으로부터 성분이 $\frac{dX}{ds}\, ds$, $\frac{dY}{ds}\, ds$, $\frac{dZ}{ds}\, ds$인 힘은 ds에도 수직하고 이 기준선에도 수직함이 분명하며, 수치상으로는 변의 길이가 ds와 기준선인 평행사변형의 넓이로 나타내진다.

사원수의 용어로 말하면, ds에 작용하는 합력은 기준선에 ds를 곱한 값의 벡터 부분이다.

기준선은 회로 i'에서 단위전류에 의한 자기력과 같은 것임을 이미 알고 있기 때문에, 앞으로는 기준선을 회로에 의한 자기력이라 말하겠다.

518] 이제 두 유한한 전류 사이에 작용하는 힘의 성분들을 닫힌 전류

와 열린 전류에 대해 모두 계산하겠다.

ρ를 다음과 같은 r의 새로운 함수라 하자.

$$\rho = \frac{1}{2}\int_r^\infty (B - C)\, dr \tag{24}$$

그러면 (17)식과 (20)식으로부터

$$A + B = r\,\frac{d^2}{dr^2}(Q + \rho) - \frac{d}{dr}(Q + \rho) \tag{25}$$

이며 (11)식은 다음과 같이 된다.

$$R = -\frac{d\rho}{dr}\cos\varepsilon + r\,\frac{d^2}{ds\,ds'}(Q + \rho), \quad S = -\frac{dQ}{ds'}, \quad S' = \frac{dQ}{ds} \tag{26}$$

힘의 성분들에 대한 이 값들을 쓰면 (13)식은 다음과 같이 된다.

$$\frac{d^2 X}{ds\,ds'} = -\cos\varepsilon\,\frac{d\rho}{dr}\frac{\xi}{r} + \xi\,\frac{d^2}{ds\,ds'}(Q + \rho) - l\,\frac{dQ}{ds'} + l'\,\frac{dQ}{ds}$$

$$= \cos\varepsilon\,\frac{d\rho}{dx} + \frac{d^2\{(Q + \rho)\xi\}}{ds\,ds'} + l\,\frac{d\rho}{ds'} - l'\,\frac{d\rho}{ds} \tag{27}$$

519] 이제

$$F = \int_0^s l\rho\, ds, \quad G = \int_0^s m\rho\, ds, \quad H = \int_0^s n\rho\, ds \tag{28}$$

$$F' = \int_0^{s'} l'\rho\, ds', \quad G' = \int_0^{s'} m'\rho\, ds', \quad H' = \int_0^{s'} n'\rho\, ds' \tag{29}$$

이라 하자.

이 양들은 공간의 주어진 점에 대하여 확정된 값을 갖는다. 회로가 닫혀 있을 때에는 이 양들이 회로의 벡터 퍼텐셜의 성분에 해당한다.

L을

$$L = \int_0^r r(Q + \rho)\, dr \tag{30}$$

과 같은 r의 새로운 함수라 하고, M을 다음의 이중적분이라 하자.

$$\int_0^{s'}\int_0^s \rho\cos\varepsilon\,ds\,ds' \tag{31}$$

이 적분은 회로가 닫혀 있을 때에는 회로의 상호 퍼텐셜이 되며, (27)식은 다음과 같이 쓸 수 있다.

$$\frac{d^2 X}{dsds'} = \frac{d^2}{dsds'}\left\{\frac{dM}{dx} - \frac{dL}{dx} + F - F'\right\} \tag{32}$$

520] 주어진 적분구간에서 s와 s'에 대해 적분하면 다음 식을 얻는다.

$$X = \frac{dM}{dx} - \frac{d}{dx}(L_{PP'} - L_{AP'} - L_{A'P} + L_{AA'})$$
$$+F_{P'} - F_{A'} - F'_P + F'_A \tag{33}$$

여기에서 L의 아래첨자들은 L이라는 함수의 독립변수가 되는 거리 r를 가리키며, F와 F''의 아래첨자들은 그 값이 계산되는 점을 가리킨다.

Y와 Z에 대한 표현도 이 식으로부터 적을 수 있다. 이 세 성분에 각각 dx, dy, dz를 곱하면 다음 식을 얻는다.

$$Xdx + Ydy + Zdz = DM - D(L_{PP'} - L_{AP'} - L_{A'P} + L_{AA'})$$
$$-(F'dx + G'dy + H'dz)_{(P-A)}$$
$$+(Fdx + Gdy + Hdz)_{(P'-A')} \tag{34}$$

여기에서 D는 전미분의 기호이다.

$Fdx+Gdy+Hdz$는 일반적으로 x, y, z의 어떤 함수의 완전미분이 아니기 때문에, $Xdx+Ydy+Zdz$는 일반적으로 어느 것도 닫혀 있지 않은 전류들에 대한 완전미분이 아니다.

521] 그런데 두 전류가 모두 닫혀 있으면, L, F, G, H, F', G', H'이 있는 항이 모두 0이 되므로

$$Xdx + Ydy + Zdz = DM \tag{35}$$

이 되며, 여기에서 M은 단위전류가 흐르는 두 닫힌회로의 상호 퍼텐셜이다. M이라는 양은 두 전도회로 중 어느 하나가 무한히 먼 곳으로부터 지금의 위치로 그 자체에 평행하게 움직일 때 거기에 작용하는 전자기력이 하는 일을 나타낸다. 그 위치가 달라지면 M이 증가하므로 전자기력이 도움이 되게끔 작용한다.

490절과 596절에서처럼 회로의 운동이 그 자체에 평행하지 않은 경우에 거기에 작용하는 힘도 M의 변화로부터 구할 수 있다. M은 한 회로에 대한 다른 회로의 퍼텐셜이다.

522] 이 고찰에서 우리가 사용한 실험적 사실은 앙페르가 확립한 사실, 즉 그것은 어느 닫힌회로가 다른 회로의 임의의 부분에 작용하는 것은 후자의 방향에 수직하다는 사실뿐이다. 그외의 다른 부분은 순전히 수학적인 고찰에만 의존하며, 이는 공간 속의 곡선의 성질에 따라 달라지는 것이다. 따라서 그런 기하학적 관계의 표현에 특히 잘 맞는 수학적 방법의 개념과 언어를 사용한다면 훨씬 더 압축적이고 적절한 형태로 이를 제시할 수 있다. 그것은 해밀턴의 사원수이다.

앙페르의 원래의 연구에 대해 이를 적용한 것은 타이트 교수이다 (*Quarterly Journal of Mathematics*, 1866)과 그의 논저 「사원수」. 연구자는 같은 방법을 여기에서 제시한 더 일반적인 고찰에 쉽게 적용할 수 있을 것이다.

523] 이제까지 우리는 A, B, C라는 양에 대하여 r의 함수라는 점 외에는 아무런 가정도 하지 않았다. r는 요소들 사이의 거리이다. 다음으로 이 함수들의 모양을 찾아내야 하며, 이를 위해 평형에 대한 앙페르의 네 번째 예(508절)를 이용한다. 거기에서는 두 회로로 이루어진 계에 대하여, 전류는 그대로 두고 크기와 거리를 모두 같은 비율로 바꾸면, 두 전류 사이의 힘이 그대로일 것임을 밝혔다.

단위 전류가 흐르는 두 회로 사이의 힘은 $\frac{dM}{dx}$ 이며, 이것은 계의 크기와 무관하기 때문에 단위가 없는 수치상의 양이어야 한다. 따라서 회로들의 상호 퍼텐셜의 계수인 M 자체는 길이의 차원이 되는 양이어야 한다. (31)식으로부터 ρ는 길이의 역수가 되어야 하며, 따라서 (24)식으로부터 $B-C$는 길이의 역제곱이 되어야 한다. 그런데 B와 C는 r의 함수이므로, $B-C$는 r의 역제곱이거나 역제곱에 적당한 숫자를 곱한 것이 되어야 한다.

524] 그 숫자는 측정의 단위계를 어떤 것으로 채택하는가에 따라 달라진다. 만일 전자기 단위계를 채택하면 M의 값은 그 가장자리가 각각 두 회로와 일치하는 두 자기껍질(세기가 1)의 퍼텐셜의 값과 일치해야 한다. (전자기 단위계라는 이름이 붙은 까닭은 자기측정에 대하여 이미 확립한 단위계와 일치하기 때문이다.) 그 경우에 M의 값은 423절로부터

$$M = \iint \frac{\cos\varepsilon}{r}\, ds\, ds' \tag{36}$$

이며, 적분은 양의 방향으로 두 회로를 모두 돌아가며 계산된다. M의 값으로 이것을 채택하면 (31)식과 비교하여 다음의 식을 얻는다.

$$\rho = \frac{1}{r}, \qquad B - C = \frac{2}{r^2} \tag{37}$$

525] 이제 ds'이 작용하여 생겨나는 ds에 대한 힘의 성분들을 실험적 사실과 일치하는 가장 일반적인 형태로 나타낼 수 있다.

ds에 작용하는 힘은 다음의 성분으로 이루어진 인력이다.

r방향:

$$Rii'dsds' = \frac{1}{r^2}\left(\frac{dr}{ds}\frac{dr}{ds'} - 2r\frac{d^2r}{ds\,ds'} \right)ii'ds\,ds' + r\frac{d^2Q}{ds\,ds'}ii'ds\,ds' \tag{38}$$

ds방향: $\quad Sii'ds\,ds' = -\dfrac{dQ}{ds'}ii'ds\,ds'$

ds'방향: $\quad S'ii'ds\,ds' = \dfrac{dQ}{ds}ii'ds\,ds'$

여기에서 $Q = \int_r^\infty C\, dr$이며, C는 r의 모르는 함수이기 때문에 Q가 r의 어떤 함수라는 것만 알려져 있다.

526] Q라는 양을 실제의 전류가 닫힌회로를 이루고 있는 실험으로부

터 결정할 수 있으려면 어떤 종류의 가정이 있어야 한다. 앙페르를 따라 두 요소 ds와 ds' 사이의 작용이 이 둘을 잇는 직선 위에 있다고 가정하면, S와 S'은 0이 되어야 하며, Q는 상수이거나 0이 되어야 한다. 그러면 힘은 그 값이 다음과 같은 인력으로 축소된다.

$$Rii'ds\,ds' = \frac{1}{r^2}\left(\frac{dr}{ds}\frac{dr}{ds'} - 2r\frac{d^2r}{ds\,ds'}\right)ii'ds\,ds' \qquad (39)$$

앙페르는 자기단위계가 확립되기 훨씬 이전에 이 연구를 수행했기 때문에, 수치상으로 이 식의 절반이 되는 공식을 사용하고 있다. 즉[3]

$$jj'ds\,ds' = \frac{1}{r^2}\left(\frac{1}{2}\frac{dr}{ds}\frac{dr}{ds'} - r\frac{d^2r}{ds\,ds'}\right)ii'ds\,ds' \qquad (40)$$

여기에서 전류의 세기는 전기동역학 단위(electrodynamic measure)라 부르는 방식으로 측정된다. 전자기 척도에서 전류의 세기가 i, i'이고, 전기동역학 단위에서는 이것이 j, j'이라면

$$jj' = 2ii' \qquad \text{또는} \qquad j = \sqrt{2}\,i \qquad (41)$$

임이 분명하다.

따라서 전자기 척도에서 채택된 단위전류는 전기동역학 척도에서 채택된 것보다 $\sqrt{2}$ 대 1의 비만큼 더 크다.

전기동역학 단위가 고려의 대상이 되는 경우는 전류 사이의 작용에 대한 법칙을 발견한 앙페르가 원래 채택한 경우뿐이다. 그에 바탕을 둘 때 계산에서 가 계속 나타나는 것은 불편한 일이며, 전자기 단위계는 자기에 관한 공식들이 모두 수치상으로 일치한다는 큰 장점이 있다. 연구자가 $\sqrt{2}$를 곱하거나 나누어야 하는지 늘 염두에 두는 것은 힘든 일이므로, 앞으로는 베버나 다른 대부분의 저자들이 채택하고 있는 것처럼 전자기 단위계만을 사용하도록 하겠다.

---

3) 원문에는 (40)식의 왼편이 '$jj'dds'$'으로 되어 있으나 문맥상 $jj'dsds'$이어야 한다—옮긴이.

제까지 이루어진 실험에서는 적어도 작용 전류가 언제나 닫힌 전류이며, Q의 형태와 값은 어떤 실험에도 영향을 미치지 않기 때문에, 우리가 원한다면 공식을 간단하게 만들 수 있는 Q의 값을 골라도 좋다.

따라서 앙페르는 두 요소 사이의 힘이 그 둘을 잇는 직선 위에 있다고 가정한다. 그러면 다음과 같은 결과를 얻는다.

$$\left. \begin{array}{l} Q=0, \quad Rii'dsds' = \dfrac{1}{r^2}\left(\dfrac{dr}{ds}\dfrac{dr}{ds'} - 2r\dfrac{d^2r}{dsds'}\right)ii'dsds' \\[4mm] \qquad\qquad\qquad\qquad S=0, \quad S'=0 \end{array} \right\} \quad (42)$$

그라스만[4]은 같은 직선 위에 있는 두 요소는 상호의 작용이 전혀 없다고 가정한다. 그러면 다음과 같이 된다.

$$Q=-\frac{1}{2r}, \quad R=-\frac{3}{2r}\frac{d^2r}{dsds'}, \quad S=-\frac{1}{2r^2}\frac{dr}{ds'}, \quad S'=\frac{1}{2r^2}\frac{dr}{ds} \quad (43)$$

우리가 원한다면, 특정의 주어진 거리에서 두 요소 사이의 인력이 그 사이의 각의 코사인값에 비례한다고 가정해도 좋다. 이 경우에는

$$Q=-\frac{1}{r}, \quad R=\frac{1}{r^2}\cos\epsilon, \quad S=-\frac{1}{r^2}\frac{dr}{ds'}, \quad S'=\frac{1}{r^2}\frac{dr}{ds} \quad (44)$$

가 된다.

끝으로, 인력 및 어긋난 방향의 힘이 두 요소가 그 둘을 잇는 직선과 이루는 각에 따라 달라진다고 가정해도 좋다. 그러면 다음의 식을 얻게 된다.

$$Q=-\frac{2}{r}, \quad R=-3\frac{1}{r^2}\frac{dr}{ds}\frac{dr}{ds'}, \quad S=-\frac{2}{r^2}\frac{dr}{ds'}, \quad S'=\frac{2}{r^2}\frac{dr}{ds} \quad (45)$$

527] 이 네 가지 다른 가정들 중에서 앙페르의 가정이 틀림없이 가장 우수하다. 왜냐하면 그 경우에만 두 요소에 작용하는 힘이 크기는 같고 방향이 반대일 뿐 아니라 그 둘을 잇는 직선 위에 있기 때문이다.

---

4) Grassmann, Pogg., *Ann.* 64, p.1(1845).

제3장 전류의 유도에 관하여

528] 외르스테드가 전류에 대한 자기의 작용을 발견한 뒤에, 전류가 자기화에 미치는 작용과 전류 사이의 역학적 작용을 직접 탐구하려는 노력이 이어졌다. 그러나 1831년에야 비로소 패러데이가 자기-전기 유도의 조건을 발견했다. 패러데이는 오랫동안 자기 작용이나 전기 작용을 통해 전류를 만들어내려 애써 왔다. 패러데이가 그 연구에서 택한 방법은 그 개념이 옳은지 시험하는 수단으로서 언제나 실험에 의존하고, 개념을 발전시키는 데에도 언제나 직접적인 실험을 염두에 두는 식이었다. 패러데이가 발표한 연구에서는 이 개념들이 미숙한 과학에 더 어울릴 법한 언어로 표현되어 있음을 볼 수 있다. 왜냐하면 그 언어가 물리학자들의 방식, 즉 생각을 수학적 형식으로 풀어내는 데에 익숙해져 있던 물리학자들의 방식과는 다소 동떨어진 것이었기 때문이다.

앙페르가 전류 사이의 역학적 작용에 관한 법칙을 확립하기 위해 사용한 실험적 연구는 과학에서 가장 뛰어난 성취 중 하나이다.

그 이론과 실험 모두가 이 '전기 분야의 뉴턴'[1]의 머릿속에서 완전히 자라나고 갖추어진 채로 갑자기 튀어나온 것처럼 보인다. 이는 형태에서 완벽하며, 정확도에서 타의 추종을 불허하며, 하나의 공식에 모두 요약되어서, 이 공식으로부터 모든 현상을 연역할 수 있고, 이 공식은 전기동역학에서 극히 중요한 공식으로 언제까지나 남아 있을 것임에 틀림

---

1) 'Newton of electricity.' 앙페르를 가리킴. 482절의 옮긴이주 참조—옮긴이.

없다.

그러나 앙페르의 방법은 귀납적인 형태로 주어져 있지만, 그로부터 그 방법을 이끈 개념의 형성과정을 추적할 수는 없다. 앙페르가 실제로 그 작용법칙을 그가 서술하고 있는 실험을 통해 발견했으리라고는 도무지 믿을 수 없다. 우리는 그가 우리에게 보여 주지 않은 모종의 과정을 통해 그 법칙을 발견했으며, 그 뒤에 완벽한 증명을 구축하고 나서는 자신이 발판으로 삼았던 토대의 모든 흔적을 제거했을 것이라고 추측한다. 그도 사실상 이렇게 얘기하고 있다.[2]

이와는 반대로, 패러데이는 자신의 성공적인 실험뿐 아니라 실패한 실험도 모두 우리에게 보여 준다. 발전된 개념뿐 아니라 미숙한 개념도 모두 보여 준다. 패러데이의 독자는 귀납적 능력에서 패러데이보다 열등하더라도, 패러데이에게 찬양보다는 공감을 느낀다. 그리고 기회만 있었다면 자신도 발견자가 될 수 있었으리라고 믿는 유혹에 빠진다. 따라서 모든 연구자가 발견을 발표하는 과학적 문제의 위대한 사례로서 앙페르의 연구를 읽어야 하지만, 또한 과학적 정신의 배양을 위해 패러데이도 연구해야 한다. 그 과학적 정신은 패러데이가 소개해 준 새로 발견된 사실과 연구자 자신의 마음속에 떠오르는 미숙한 개념들 사이에서 일어나는 작용과 반작용을 통해 배양되는 것이다.

패러데이가 공간과 시간과 힘의 근본적인 형태를 완전하게 알고 있었으면서도 전문적인 수학자가 아니었다는 점은 어쩌면 과학계의 이익이었다. 패러데이의 발견이 수학적 형태로 발표되었더라면 순수수학의 여러 흥미로운 주제가 되었겠지만, 패러데이는 그런 연구에 뛰어들고 싶어 하지 않았으며, 자신의 결과를 당시의 수학적 취미에서 받아들일 만한 모습으로 가공하거나, 아니면 수학자들이 공격할 만한 형태로 표현할 필요성을 전혀 느끼지 않았다. 그래서 그는 아주 즐겁게 자신의 고유한 연구를 계속하고, 자신이 발견한 사실에 자신의 개념을 대응시키고,

---

2) *Théorie des phénomènes Électrodynamiques*, p.9.

이를 자연스럽고 까다롭지 않은 언어로 표현할 수 있었다.

내가 이 논저에 착수하게 된 주된 동기는 이 개념들을 수학적 방법의 토대 위에 놓고자 하는 바람이다.

529] 우리는 우주가 부분으로 이루어져 있다고 보는 데에 익숙하다. 수학자들은 대체로 단 하나의 입자를 고찰하는 것으로 시작하여, 이 입자가 다른 입자와 어떤 관계를 갖는지 생각하고, 그렇게 계속해 나간다. 이것은 일반적으로 가장 자연스러운 방법으로 여겨져 왔다. 그러나 입자라는 것을 인지하기 위해서는 추상화의 과정이 필요한데, 그 까닭은 우리의 모든 지각은 부피가 있는 물체와 관련되기 때문이다. 우리의 의식 속에 있는 모든 것이라는 개념은 아마도 낱개라는 개념만큼이나 근본적인 개념일 것이다. 따라서 부분으로부터 전체로 나아가는 대신에 전체로부터 부분으로 나아가는 수학적 방법이 있을 수 있다. 가령 에우클레이데스는 『원론』의 제1권에서 직선이란 점의 궤적이며, 면이란 직선이 쓸고 지나가는 것이고, 입체란 면으로부터 생겨나는 것이라고 보고 있다. 그러나 그는 면을 입체의 경계로, 선을 곡면의 가장자리로, 점을 선의 양 끝으로 정의하기도 한다.

마찬가지로 우리는 한 물질계의 퍼텐셜을 마당 안에 있는 물체들의 질량에 대해 일련의 적분과정을 통해 구할 수 있는 함수로 볼 수도 있지만, 또한 이 질량 자체가 $\frac{1}{4\pi}\nabla^2\Psi$(여기에서 Ψ는 퍼텐셜이다)의 공간 적분이라는 수학적 의미에 지나지 않는 것으로 가정할 수도 있다.

전기의 연구에서는 어떤 물체들의 거리라든가, 이 물체들의 전기화나 전류 따위의 양이 연관되는 공식을 사용할 수도 있지만, 또한 공간 전체에 걸쳐 연속적인 양이 연관되는 공식을 사용할 수도 있다.

앞의 방법에서 선택되는 수학적 과정이 직선이나 곡면이나 유한한 공간영역에 대한 적분이라면, 뒤의 방법에서 선택되는 수학적 과정은 편미분방정식이나 공간 전체에 걸친 적분이다.

패러데이의 방법은 이러한 조작의 양식 중 후자의 것에 깊이 연관되어 있는 것으로 보인다. 패러데이는 물체들이 그 사이에 아무것도 없이 거리만 있는 것으로 존재하면서 그 거리의 어떤 함수에 따라 서로 작용한다고 생각한 적이 전혀 없다. 그에게 모든 공간은 힘의 마당이었으며, 힘의 선은 일반적으로 곡선이었고, 아무 물체에서 나온 힘의 선은 사방팔방으로 퍼져나가는 것이었으며, 다른 물체가 있으면 그 방향이 변경되는 것이었다. 패러데이는 물체에 속한 힘의 선이 어떤 의미에서는 물체의 일부라고 말하기도 했다.[3] 그렇기 때문에 한 물체가 멀리 있는 다른 물체들에 작용할 때에는 그 물체가 없는 곳에서 작용한다고 말할 수 없다는 것이다. 그러나 이 생각이 패러데이의 주된 생각은 아니다. 내 생각에 패러데이는 다음과 같이 말하고 싶었을 것이다. 즉, 공간의 마당은 힘의 선으로 가득 차 있으며, 힘의 선들의 배치는 마당 안에 있는 물체들의 배치에 따라 달라진다. 그리고 각 물체에 작용하는 역학적 및 전기적 작용은 그 물체에 바로 인접해 있는 선들로부터 결정된다.

자기–전기 유도의 현상[4]

530] 1. 일차전류의 변화에 의한 유도

두 개의 전도 회로가 있다고 하고, 이를 일차회로 및 이차회로라 하자. 일차회로에는 볼타전지가 연결되어 있으며, 이를 통해 일차전류가 생성되고 유지되고 멈춰지고 역전될 수 있다. 이차회로에는 그 안에 형성될 수 있는 어떤 전류라도 표시해 줄 수 있는 검류계가 포함되어 있다. 이 검류계는 일차회로의 모든 부분으로부터 충분히 멀리 떨어져 있어서, 일차회로가 그 작동에 감지할 만한 직접적 영향을 미칠 수 없다.

일차회로의 일부가 직선으로 되어 있다고 하고, 이차회로의 일부가 그 직선에 가까이 평행하게 있는 직선이라고 하자. 두 회로의 나머지 부분은 서로 더 멀리 떨어져 있다.

일차회로의 직선 도선을 통해 전류를 흘려보내는 순간에, 이차회로

---

3) *Exp. Res.*, vol. ii. p.293; vol. iii. p.447.
4) Faraday의 *Experimental Researches*, Series i and ii 참조.

의 검류계에는 이차 직선 도선에 전류가 반대 방향으로 나타난다는 것이 발견되었다. 이를 유도전류라 한다. 일차전류가 일정하게 유지되면 유도전류는 곧 사라지며, 일차전류는 이차회로에 아무런 영향도 미치지 못하는 것으로 보인다. 이제 일차전류를 끊으면, 다시 이차전류가 관찰되는데, 이번에는 일차전류와 같은 방향이다. 일차전류의 어떤 변화라도 이차회로에 기전력을 만들어낸다.[5] 일차전류가 증가하면, 기전력이 전류의 반대 방향이다. 일차전류가 감소하면, 기전력은 전류와 같은 방향이다. 일차전류가 일정하면 기전력은 없다.

이러한 유도 효과는 두 도선을 더 가까이 가져다놓으면 증가한다. 또한 두 도선을 원형 코일이나 나선 코일 모양으로 만들어 서로 가까이 놓아도 유도 효과가 증가한다. 코일 안에 쇠막대나 철선 꾸러미를 넣으면 더욱더 증가한다.

2. 일차회로의 운동에 의한 유도

일차전류가 일정하게 유지되고 멈춰 있으면 일차전류가 급격하게 사라지는 것을 보았다.

이제 일차전류가 일정하게 유지되게 하되, 일차 직선 도선을 이차 직선 도선에 접근하게 만든다. 그러면 접근하는 동안 일차전류와 반대 방향으로 일차전류가 생겨날 것이다.

일차회로를 이차회로로부터 멀어지게 하면, 이차전류가 일차전류와 같은 방향이 될 것이다.

3. 이차회로의 운동에 의한 유도

이차회로를 움직이면, 이차 도선이 일차 도선에 가까워질 때에는 이차전류가 일차전류와 반대이고, 멀어질 때에는 같은 방향이다.

모든 경우에 이차전류의 방향은 두 도체 사이의 역학적 작용이 운동

---

5) 이 기전력은 이차회로에 유도되는 것이므로, 유도기전력임 ―옮긴이.

의 방향과 반대가 되게 한다. 도선들이 가까워지면 밀치는 힘이고, 멀어지면 끌어당기는 힘이다. 이 매우 중요한 사실을 확립한 것은 렌츠이다.[6]

4. 자석과 이차회로의 상대운동에 의한 유도

일차회로를 그 가장자리가 회로와 일치하는 자기껍질로 대치해 보자. 이 자기껍질의 세기는 수치상으로 회로에 흐르는 전류의 세기와 같고, 그 남극이 회로의 양의 면에 해당한다. 그러면, 이 자기껍질과 이차회로의 상대운동으로부터 생겨나는 현상은 일차회로의 경우에서 관찰되는 것과 똑같다.

531] 이 모든 현상들은 하나의 법칙으로 요약할 수 있다. 이차회로를 양의 방향으로 지나가는 자기유도선의 개수가 달라지면, 회로의 둘레로 기전력이 작용하는데, 이 기전력은 회로를 지나는 자기유도의 감소율로 잴 수 있다.

532] 가령 철도의 레일을 지구로부터 절연되어 있고 한쪽 끝이 검류계를 통해 이어져 있다고 하자. 그 끝점으로부터 거리가 x인 곳에 철도 객차의 바퀴와 굴대가 있어서, 이를 통해 회로가 만들어진다고 하자. 철로의 높이와 굴대의 높이가 다르다는 점을 무시하면, 이차회로를 통한 유도는 지자기력의 수직성분에서 비롯된다. 지자기력은 지구의 북반구에서는 아래쪽을 향한다. 따라서 레일 사이의 거리가 b라면, 회로의 수평 넓이는 bx이고, 이 회로를 지나는 자기유도의 표면적분은 Zbx이다. 여기에서 Z는 지자기력의 연직 성분이다. Z가 아래를 향하기 때문에 회로의 아래쪽을 양으로 생각해야 하며, 회로의 양의 방향은 북, 동, 남, 서, 즉 태양의 겉보기 일주방향과 같다.

이제 차량이 움직이면, x가 달라질 것이고, 회로에는 그 값이 $-Zb\dfrac{dx}{dt}$인 기전력이 있을 것이다.

---

6) Pogg., *Ann*. xxxi. p.483(1834).

x가 증가하면, 즉 객차가 기점으로부터 멀어지는 쪽으로 움직이면, 이 기전력은 음의 방향, 즉 북, 서, 남, 동의 방향이다. 따라서 굴대를 지나는 이 힘의 방향은 우측으로부터 좌측으로 향한다. x가 감소하면, 힘의 절대적인 방향이 반대가 될 것이다. 그러나 객차의 운동방향도 반대가 되므로, 굴대에 작용하는 기전력은 여전히 우측으로부터 좌측으로 향하는 방향이 된다. 단, 객차 안에 있는 관찰자는 언제나 객차의 진행방향을 향해 앞쪽을 보고 있다고 가정한다. 남반구에서는 나침반 바늘의 남극이 아래쪽을 향하므로, 움직이는 물체에 작용하는 기전력은 좌측으로부터 우측으로 향한다.

따라서 자기력의 마당 안에서 움직이고 있는 도선에 작용하는 기전력을 구하기 위한 규칙을 다음과 같이 얻는다. 상상 속에서, 나침반 바늘의 두 끝이 있게 되는 위치에 머리와 다리를 둔다. 나침반 바늘의 두 끝은 각각 북과 남을 가리킨다. 이제 얼굴을 운동의 앞쪽 방향으로 향하면, 운동에서 비롯되는 기전력은 좌측에서 우측으로 향하게 될 것이다.

533] 이 방향의 관계는 중요하기 때문에 다른 예를 들기로 하자. 지구의 적도 둘레로 금속 띠를 두르고, 그리니치 천문대의 자오선을 따라 적도로부터 북극까지 금속 도선을 둘렀다고 하자.

아주 큰 사분원 모양의 금속 아치 모양을 세우는데, 한쪽 끝은 북극에 고정시키고, 다른 쪽 끝은 적도 둘레에 두고, 태양의 일주운동을 따라 지구의 거대한 띠를 따라 미끄러지게 하자. 그러면 움직이는 사분원을 따라 기전력이 극으로부터 적도를 향해 작용할 것이다.

지구가 멈춰 있고 사분원이 동에서 서로 움직인다고 가정하든지, 아니면 사분원이 멈춰 있고 지구가 서에서 동으로 회전하고 있다고 가정하든지 기전력은 똑같다. 지구가 회전한다고 가정하면, 한쪽 끝이 두 극 중 하나에 닿아 있고 다른 끝이 적도에 있도록 공간 속에 고정된 회로의 부분의 모양이 어떠하든, 기전력은 똑같다.

회로의 다른 부분, 즉 지구를 기준으로 고정되어 있는 부분도 아무 모양이어도 좋다. 지구 안쪽에 있거나 바깥에 있거나 마찬가지이다. 이 부

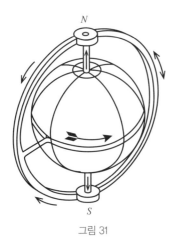

그림 31

분에서는 전류가 적도로부터 극 쪽으로 흐른다.

534] 자기-전기 유도의 기전력의 세기는 그것이 작용하는 도체의 물성과 완전히 무관하며, 유도하는 전류를 나르는 도체의 성질과도 무관하다.

패러데이는 이를 보이기 위해 두 다른 금속 도선으로 된 도체를 만들어, 이 두 금속을 비단 피복을 써서 서로 절연시키고, 서로 꼬아서 한쪽 끝은 붙여 놓았다.[7] 두 도선의 다른 쪽 끝에는 검류계를 연결해 놓았다. 이런 식으로 두 도선은 일차회로에 대해 비슷한 상황에 처해 있다. 그러나 어느 한 도선에서 기전력이 다른 쪽보다 더 강하다면 검류계로 검출될 수 있는 전류가 생겨날 것이다. 그런데 그런 조합을 유도에 의한 가장 강력한 기전력에 노출시켰는데도 검류계가 영향을 받지 않음을 발견했다. 또한 그 합성 도체의 두 가지가 두 금속으로 되어 있든지, 아니면 금속과 전해액으로 되어 있든지 상관없이 검류계가 영향을 받지 않음을 발견했다.[8]

따라서 아무 도체에 작용하는 기전력은 마당 안의 전류들의 세기와 모양과 운동 이외에는 그 도체의 모양과 운동에만 의존한다.

535] 기전력의 다른 부정적인 성질은 그 자체로는 물체의 역학적 운동을 일으키지 않고 그 안에 있는 전기체의 흐름에만 영향을 준다는 점이다.

만일 기전력이 물체 안에 실제로 전류를 만들어내는 것이라면 그 전류에서 비롯되는 역학적 작용이 있을 것이다. 그러나 전류가 생성되지

---

7) *Exp. Res.*, 195.

8) Ib., 200.

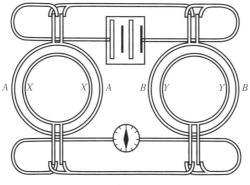

그림 32

못하게 한다면, 물체 자체에는 역학적 작용이 없을 것이다. 그러나 물체가 전기를 띠고 있다면 기전력 때문에 물체가 움직일 것이다. 이는 제1권의 정전기학에서 서술한 바와 같다.

536] 고정된 회로에서 전류의 유도법칙을 실험적으로 연구하려면, 검류계 회로의 기전력(따라서 전류)이 0이 되게 만드는 방법을 써서 매우 정밀하게 해야 한다.

가령 코일 X에 코일 A가 일으키는 유도가 코일 Y에 코일 B가 일으키는 유도와 같다는 것을 보이려 한다면, 코일 A와 X의 쌍을 코일 B와 Y의 쌍으로부터 충분히 멀리 떨어져 있게 둔다. 그리고 나서 A와 B에 볼타 전지를 연결하면, A를 지나 양의 방향으로 흐르는 일차전류와 B를 지나 음의 방향으로 흐르는 일차전류를 같게 만들 수 있다. X와 Y를 검류계로 연결하여, 이차전류가 있으면 그 이차전류가 직렬로 X와 Y를 지나 같은 방향으로 흐르게 할 수도 있다.

A가 X에 일으키는 유도와 B가 Y에 일으키는 유도가 같다면, 전지회로를 잇거나 끊을 때 검류계에 아무런 유도전류가 나타나지 않을 것이다.

이 방법의 정확도는 일차회로의 세기에 따라, 그리고 검류계가 순간전류에 얼마나 민감한가에 따라 늘어난다. 이 실험은 전자기 인력과 관계된 실험보다 더 쉽게 할 수 있다. 왜냐하면 후자에서는 도체 자체를 아주 정교하게 매달아야 하기 때문이다.

피사의 펠리치(Felici) 교수는 이런 종류의 잘 고안된 실험에 대한 매우 교육적인 시리즈를 냈다.[9]

이런 방식으로 증명할 수 있는 법칙 몇 가지만을 간략하게 지적하고자 한다.

(1) 한 회로가 다른 회로에 일으키는 유도의 기전력은 도체의 단면적이나 그 도체의 재질과 무관하다.

두 회로 중 하나를 단면적이나 재질이 다른 것으로 바꾸어도 모양이 똑같으면 결과가 달라지지 않기 때문이다.

(2) 회로 A가 회로 X에 일으키는 유도는 X가 A에 일으키는 유도와 같다.

검류계 회로에 A를 넣고 전지 회로에 X를 넣더라도 기전력의 평형이 방해받지 않기 때문이다.

(3) 유도는 유도하는 전류에 비례한다.

A가 X에 일으키는 유도가 B가 Y에 일으키는 유도와 같으며, 또한 C가 Z에 일으키는 유도와 같다는 것을 확신한다면, 전지전류를 처음에 A를 통해 흐르게 하고, 그다음에 적당한 비율로 B와 C로 나뉘게 만들 수 있다. X를 반대방향으로 연결하고, Y와 Z를 모두 검류계와 직렬이 되게 직접 연결하면, X에 작용하는 기전력이 Y와 Z에 작용하는 기전력의 합과 평형을 이루기 때문이다.

(4) 둘씩 쌍을 이루는 회로들이 기하학적으로 닮은 계를 이룰 때, 유도는 그 크기에 비례한다.

앞에서 언급한 세 쌍의 회로가 모두 닮아 있다고 하고, 첫째 쌍의 크기가 둘째와 셋째 쌍의 크기의 합과 같다고 하자. A, B, C가 전지와 직렬로 연결되어 있고, X의 방향을 반대로 하고, Y와 Z는 검류계와 직렬

---

9) Felici, *Annales de Chimie*, xxxiv. p.64(1852), and *Nuovo Cimento*, ix. p.345(1859).

이라면, 평형이 될 것이다.

(5) m번 감긴 코일의 전류로부터 n번 감긴 코일에 만들어지는 기전력은 곱 mn에 비례한다.

537] 이제까지 우리가 살펴본 종류의 실험에서는 검류계가 될수록 민감해야 하며, 그 바늘은 될수록 가벼워야 한다. 그래야 아주 작은 순간 전류라도 민감하게 포착할 수 있기 때문이다. 운동에서 비롯되는 유도에 관한 실험에서는 바늘의 진동 주기가 조금 더 길어야 한다. 그래야만 바늘이 평형위치에서 멀리 떨어져 있지 않을 때에도 도체의 어떤 운동에 영향을 줄 수 있는 여지가 있다. 앞에서 다룬 실험들에서 검류계 회로의 기전력은 줄곧 평형 상태에 있기 때문에 검류계 코일을 지나는 전류는 없었다. 이제 서술하려고 하는 실험에서는 기전력이 처음에는 어느 한 방향으로 작용했다가 다음에 다른 방향으로 작용하기 때문에 검류계에 상반된 방향의 두 전류가 연속해서 생겨나게 된다. 그래서 이 연속된 전류들이 검류계 바늘에 미치는 충격이 특정 경우에 크기는 같고 방향은 반대가 됨을 보여야 한다.

순간전류의 측정에 검류계를 응용하는 것에 대한 이론은 748절에서 더 상세히 다룰 것이다. 지금은 검류계 바늘이 평형위치 근처에 있는 한 전류의 편향력이 전류에 비례하며, 또한 전류가 작용하는 전체 시간이 바늘의 주기에 비해 작다면 자석의 최종속도는 전류에 있는 전체 전기량(전하량)에 비례할 것임을 확인하는 것으로 충분하다. 따라서 두 전류가 매우 빨리 연달아, 동일한 양의 전기체를 반대방향으로 나른다면, 바늘에 최종속도 같은 것이 없을 것이다.

따라서 일차회로의 개폐에 따라 생겨나는 이차회로의 유도전류가 전체 양은 같고 방향만 다르다는 것을 보이기 위해, 전지에 연결되는 일차회로를 잘 배치하여, 개폐기를 누르면 전류가 일차회로 속으로 보내지고, 손가락을 개폐기의 접촉부위에서 떼면 원하는 대로 전류가 끊어지게 한다. 얼마 동안 개폐기를 누르면 이차회로의 검류계에는 누르는 순간에 일차전류와 반대방향으로 순간전류가 나타난다. 접촉을 유지하고 있으면 유도전류는 지나가 사라져 버린다. 이제 접촉을 끊으면, 이차회로를 지나는 다른 순간전류가 반대방향으로 지나가며, 검류계 바늘은 반대방향으로 충격을 받는다.

그런데 만일 아주 잠시만 개폐기를 이었다가 바로 접촉을 끊으면, 그 두 유도 전류가 아주 빨리 연달아 검류계를 지나게 되므로, 검류계 바늘에 첫 번째 전류가 작용하고 나면, 평형위치로부터 눈에 띌 만한 거리만큼 움직일 시간도 없이 바로 두 번째 전류가 바늘의 움직임을 정지시켜 버린다. 이 순간 전류의 양이 정확히 같기 때문에 바늘은 전혀 움직이지 않고 멈춰 버린다.

주의 깊게 바늘을 관찰하면, 바늘이 어느 한 정시 위치에서 급격하게 다른 정지 위치(앞의 위치에 매우 가까운)로 홱 움직이는 것처럼 보인다.

이런 식으로 접촉을 끊을 때의 유도전류에 있는 전기체의 양이 접촉을 이을 때의 유도전류와 크기는 같고 부호는 반대임을 증명한다.

538] 이 방법의 다른 응용은 다음과 같다. 이는 펠리치가 자신의 『연구』(*Researches*) 제2집에서 제시한 것이다.

일차 코일 A에서 접촉을 잇든지 아니면 끊든지 상관없이, 이차 코일 B에 유도전류가 생겨나지 않게 되는 이차 코일 B의 위치는 항상 여러 곳을 찾아낼 수 있다. 그런 경우에 두 코일의 위치를 서로 켤레(conjugate)가 되었다고 한다.

이런 위치 중 둘을 B_1, B_2라 하자. 코일 B가 갑자기 위치 B_1로부터 위치 B_2로 옮겨간다면, 코일 B에 생기는 순간전류의 대수적 합은 정확히 0이다. 따라서 검류계 바늘은 B의 운동이 끝날 때에도 여전히 멈춰 있을 것이다.

이것은 B를 B_1로부터 B_2로 옮길 때 어떤 길을 따라가더라도 마찬가지이다. 또한 일차 코일 A에 흐르는 전류를 계속 일정하게 하든지, 아니면 B가 운동하는 동안 변화시키든지, 마찬가지이다.

B'을 A와 켤레가 아닌 B의 다른 위치라고 하자. B가 위치 B'에 있다

면, A에서 접촉을 잇거나 끊으면 B에 유도전류가 생겨난다.

B가 켤레 위치 B_1에 있을 때 접촉을 이으면, 유도전류가 없을 것이다. B에서 B'으로 옮겨가면, 그 운동에서 비롯되는 유도전류가 있게 될 것이다. 하지만 B를 빠르게 B'으로 옮기면서 일차 접촉을 끊으면, 접촉을 끊기 때문에 생기는 유도전류가 운동에서 비롯되는 유도의 효과를 정확히 상쇄할 것이며, 검류계 바늘은 정지한 상태로 남아 있을 것이다. 따라서 어느 한 켤레 위치로부터 다른 위치로 옮겨감으로써 생기는 전류는 후자의 위치에서 접촉을 끊음으로써 생기는 전류와 크기는 같고 방향은 반대이다.

접촉을 잇는 효과가 접촉을 끊는 효과와 크기는 같고 방향은 반대이므로, 코일 B가 아무 위치 B'에 있을 때 접촉을 잇는 효과는 전류가 줄곧 A를 흐르고 있는 동안 코일을 아무 켤레 위치 B_1로부터 B'으로 옮기는 효과와 같음을 알 수 있다.

이차회로가 아니라 일차회로를 옮겨서 코일의 상대적 위치를 바꾸는 경우라 하더라도 결과는 마찬가지이다.

539] 이 실험들로부터 다음을 알 수 있다. A의 전류가 γ_1에서 γ_2로 변화할 때, A를 A_1로부터 A_2로 옮기는 동시에 B를 B_1로부터 B_2로 옮기는 동안 B에 유도되는 전체 전류는 오직 처음 상태 A_1, B_1, γ_1과 나중 상태 A_2, B_2, γ_2에만 의존하며, 계가 거치게 되는 중간 상태의 성질과는 전혀 무관하다.

따라서 전체 유도전류의 값은 다음과 같은 꼴이어야 한다.

$$F(A_2, B_2, \gamma_2) - F(A_1, B_1, \gamma_1)$$

여기에서 F는 A, B, γ의 함수이다.

이 함수의 모양에 관해 우리가 아는 것은 운동이 없어서 $A_1 = A_2$이고 $B_1 = B_2$이면 유도 전류가 일차전류에 비례한다는 점이다(536절 참조). 따라서 γ는 단순하게 인수로 들어가며, 나머지 인수는 회로 A와 B의 모양과 위치의 함수이다.

또한 이 함수의 값은 A와 B의 절대운동이 아니라 상대운동에 따라 달라지는 것이기 때문에, 회로를 이루고 있는 여러 요소들 사이의 거리와 요소들이 서로 이루는 각의 함수로 표시될 수 있어야 한다는 것을 알고 있다.

이 함수를 M이라 하면 전체유도전류는

$$C(M_1\gamma_1 - M_2\gamma_2)$$

로 쓸 수 있다. 여기에서 C는 이차회로의 전도도이며, M_1과 γ_1은 M과 γ의 원래 값이고, M_2와 γ_2는 M과 γ의 나중 값이다.

그러므로 앞의 실험들은 전체 유도전류가 $M\gamma$라는 어떤 양에서 일어나는 변화에 따라 달라지며, 이 변화는 일차전류 γ의 변화로부터 생겨날 수도 있고, 일차회로나 이차회로의 운동으로 M이 달라져서 생겨날 수도 있다는 점을 말해 준다.

540] 유도전류가 이런 양의 절대적인 크기가 아니라 그 변화에 따라 달라진다는 관념을 패러데이가 갖게 된 것은 그의 『전기연구』의 초기 단계에서였다.[10] 패러데이는 이차회로가 일정한 세기의 자기장 안에 정지해 있으면 어떤 전기적 효과도 나타내지 않지만, 같은 상태의 마당이 갑자기 생겨나면 전류가 있게 된다는 점을 관찰했다. 일차회로를 마당에서 제거하거나 자기력을 없애면, 반대 종류의 전류가 있다. 따라서 패러데이는 전자기장 안에 있는 이차회로에서 "물질의 독특한 전기적 상태"를 인지하고, 이를 전기긴장 상태(electrotonic state)라 이름붙였다. 이후에 패러데이는 자기력선에 바탕을 둔 고찰을 쓰면 이 개념이 없어도 된다는 것을 알았지만,[11] 그의 『전기연구』의 마지막 권에서도 다음과 같이 말하고 있다.[12] "여러 번 전기긴장 상태[13]라는 개념은 내 마음속

---

10) *Exp. Res.*, series i. 60.

11) Ib., series ii. 242.

12) Ib., 3269.

13) Ib., 60, 1114, 1661, 1729, 1733.

에서 강화되어 왔다."

패러데이의 마음속에서 이 개념이 어떻게 발전해 갔는가를 그의 출판된 『전기연구』에 나타난 대로 전체를 살펴보는 것은 충분한 연구의 가치가 있다. 패러데이는 깊은 사색이 이끄는 일련의 실험을 통해, 그러나 수학적 계산의 도움은 받지 않은 채로, 지금 우리가 수학적인 양으로 알고 있는 무엇인가의 존재를 인식하는 데 이르렀다. 이것은 전자기이론의 근본적인 양이라고 불러도 무방하다. 그런데 패러데이는 더 친숙한 사고의 형태를 통해 현상을 설명할 수 있게 되자 지체 없이 이 이론을 폐기하긴 했지만, 순전히 실험적인 경로를 따라 이 개념에 이르렀기 때문에, 이것에 물리적 실재성을 부여했으며, 이것이 물질의 독특한 상태라고 생각했다.

다른 연구자들은 한참 뒤에야 순전히 수학적인 경로를 따라 같은 개념에 맞닥뜨리게 되었다. 그러나 내가 아는 한, 그중 아무도 두 회로의 퍼텐셜이라는 세련된 수학적 개념 속에서 전기긴장 상태라는 패러데이의 대담한 가설을 인지하지는 못했다. 따라서 처음 그 법칙들을 수학적 형태로 축소시킨 뛰어난 연구자들이 지시한 방식으로 이 주제에 접근하는 사람들에게는 패러데이가 자신의 『전기연구』의 제1권과 제2권에서 그렇게 놀라운 완전성을 가지고 제시했던 법칙의 진술이 지니는 과학적 엄밀함을 받아들이기가 상당히 힘들었다.

전기긴장 상태라는 패러데이의 개념의 과학적 가치는 사람들의 마음 속에 어느 양을 계속 간직할 수 있게 한다는 데 있다. 실제의 현상은 그 양의 변화에 따라 달라진다는 것이다. 이 개념은 패러데이가 제시한 것보다 훨씬 깊이 있는 발전이 없이는 그 자체로 쉽게 현상에 대한 설명을 주지 못한다. 이 주제에 대해서는 584절에서 다시 살펴보겠다.

541] 패러데이의 손에서 훨씬 더 강력했던 방법은 자기력선을 사용하는 것이었다. 패러데이가 자석이나 전류를 바라보고 있을 때면 언제나 그의 마음의 눈에는 자기력선이 있었다. 또한 패러데이는 철가루를 써서 자기력선을 눈에 보이게 하는 방법을 실험자에게 가장 가치 있는 도

움이라고 제대로 보았다.[14]

패러데이는 이 자기력선이 자기력의 방향을 나타내는 데 그치지 않고, 자기력선의 수와 밀도가 그 힘의 세기도 나타낸다고 보았다. 그는 이후의 『전기연구』에서[15] 힘의 단위 선을 생각하는 법을 보여주고 있다. 나는 이 논저의 여러 부분에서 패러데이가 힘의 선에서 인식한 성질들과 전기력 및 자기력의 수학적 조건 사이의 관계를 설명했으며, 패러데이의 단위 선 개념과 특정 극한 안의 선의 수 개념을 어떻게 수학적으로 정확하게 만들 수 있을지 논의했다. 82절, 404절, 490절 참조.

패러데이는 『전기연구』 제1권에서[16] 전도회로의 일부분이 움직일 수 있을 때, 움직이는 부분이 자기력선을 끊어내는 양식에 따라 어떻게 그 전도회로의 전류의 방향이 달라질 수 있는지를 명확하게 보여 주고 있다.

제2권에서는[17] 전류나 자석의 세기가 변화함으로써 생겨나는 현상을 논의하고 있다. 그는 도선이나 자석의 능력이 늘어나거나 줄어듦에 따라 힘의 선들이 도선이나 자석을 향해 펼쳐지거나 모여든다고 가정함으로써 이 현상을 어떻게 설명할 수 있는지 보여 주고 있다.

패러데이가 그 무렵에 그가 나중에 뚜렷하게 주장한[18] 교리, 즉 움직이는 도체가 힘의 선을 끊어낼 때, 힘의 선의 넓이나 단면에서 비롯되는 작용은 움직이는 도체가 모두 나타낸다는 교리를 얼마나 명료하게 간직하고 있었는지 나는 잘 모르겠다. 그러나 제2권의 연구[19]를 염두에 두자면, 이것은 새로운 관점이 아니었다.

패러데이가 힘의 선의 연속성에 대해 가지고 있던 개념에는 아무것도

---

14) *Exp. Res.*, series i. 60.

15) Ib., 3122.

16) Ib., 114.

17) Ib., 238.

18) Ib., 3082, 3087, 3113.

19) *Exp. Res.*, 217, &c.

존재하지 않던 장소에 갑자기 힘의 선이 나타나게 될 가능성은 배제되어 있다. 따라서 도체회로를 지나는 선의 수가 달라지게 하더라도, 이는 회로를 힘의 선들을 지나쳐 움직이게 만들거나, 힘의 선이 회로를 지나쳐 움직이게 만들어야 비로소 가능하다. 어느 경우든지 회로에는 전류가 생성된다.

아무 순간에 회로를 지나가는 힘의 선의 수는 수학적으로 그 회로의 전기긴장 상태라는 패러데이의 초기 개념과 동등하며, $M\gamma$라는 양으로 표현된다.

우리가 자기-전기 유도의 참된 법칙을 다음과 같은 용어로 제대로 말할 수 있는 것은 기전력의 정의(69절, 274절)와 그 측정을 더 정확해지도록 만들었기 때문이다.

아무 순간에 회로의 둘레에 작용하는 전체 기전력은 그 회로를 지나는 자기력선의 수의 감소율로 측정된다.

시간에 대해 적분하면, 이 명제는 다음과 같이 된다.

아무 회로의 둘레에 작용하는 전체 기전력의 시간적분에다 그 회로를 지나는 자기력선의 수를 더한 값은 항상 일정한 양이다.

자기력선의 수를 말하는 대신에 회로를 통한 자기유도라든지, 회로로 둘러싸인 곡면에 대한 자기유도의 면적분을 말해도 된다.

이 패러데이의 방법에 대해서는 나중에 다시 다룰 것이다. 그 사이에 다른 고찰에 바탕을 둔 유도의 이론들을 열거해야 한다.

렌츠의 법칙

542] 1834년에 렌츠(Lenz)는 전류의 역학적 작용(앙페르의 공식으로 정의됨)이라는 현상과 도체의 상대운동에 의한 전류의 유도 사이에 다음과 같은 두드러진 관계가 있음을 말했다.[20] 그런 관계에 대한 명제를 렌츠보다 일찍 시도한 것은 리치(Ritchie)였으며, 같은 해 1월의 『철

---

20) Pogg., *Ann.* xxxi. p.483(1834).

학회보』(*Philosophical Magazine*)에서였다. 그러나 유도전류의 방향
은 모든 경우에 옳지 않게 서술되었다. 렌츠의 법칙은 다음과 같다.

일차회로 *A*에 일정한 전류가 흐르고 있다 하자. *A*나 이차회로 *B*의
운동을 통해 *B*에 전류가 유도된다면, 이 유도전류의 방향은 *A*에 미치
는 그 전자기 작용을 통해 회로의 상대적 운동을 방해하게끔 하는 방
향이다.

노이만(F.E. Neumann)은[21] 이 법칙을 바탕으로 하여 유도에 관한
수학적 이론을 세웠다. 여기에서 유도전류의 수학적 법칙은 일차도체나
이체도체의 운동에서 비롯된다는 점을 분명히 했다. 노이만은 *M*이라는
양, 즉 우리가 다른 회로에 대한 한 회로의 퍼텐셜이라 불렀던 양이 다
른 회로에 대한 한 회로의 전자기 퍼텐셜과 같다는 것을 보였다. (우리
는 앞에서 이미 전자기 퍼텐셜을 앙페르의 공식과 연관시켜 검토해 보
았다.) 따라서 우리는 유도전류에 관 앙페르가 그 역학적 작용에 적용했
던 수학적 고찰을 노이만이 완성시켰다고 보아도 좋을 것이다.

543] 이윽고 한층 더 과학적으로 중요한 단계가 그 뒤를 이었다. 『힘
의 보존에 관한 논의』를 발표한[22] 헬름홀츠와, 헬름홀츠보다는 조금 나
중이지만 헬름홀츠와 독립해서 연구를 진행했던 W. 톰슨 경[23]이 그 주
인공이다. 그들은 에너지 보존의 원리를 적용함으로써 패러데이가 발견
한 전류의 유도를 외르스테드와 앙페르가 발견한 전자기 작용으로부터
수학적으로 연역할 수 있음을 보였다.

헬름홀츠는 저항이 *R*인 전도회로가 있고, 여기에 볼타 장치나 열전

---

21) *Berlin Akad.*, 1845 and 1847.
22) 1847년 7월 23일에 베를린 물리학회에서 발표됨. Taylor의 "Scientific
Memoirs," part ii. p.114에 번역되어 있음.
23) *Trans. Brit. Ass.*, 1848, and *Phil. Mag.* Dec. 1851. 그의 논문 "Transient
Electric Currents," *Phil. Mag.* June 1853도 참조할 것.

장치로부터 생겨나는 기전력 A가 작용하고 있는 경우를 다루고 있다. 아무 순간에 회로의 전류를 I라 하자. 헬름홀츠는 자석이 회로 주변에서 운동하고 있고, 도선을 기준으로 한 자석의 퍼텐셜이 V라 가정하고 있다. 그러면, 아무 짧은 시간 간격 dt 동안 전자기 작용을 통해 자석에 전해지는 에너지는 $I \dfrac{dV}{dt} dt$가 된다.

회로에서 열을 생성할 때의 일은 줄의 법칙(242절)에 따라 $I^2 R dt$이며, 기전력 A가 시간 dt 동안 전류 I를 유지하는 데에 소모하는 일은 $AIdt$이다. 따라서 전체 일은 소모되는 일과 같아야 하므로,

$$AIdt = I^2 R dt + I \frac{dV}{dt} dt$$

이며, 그러므로 전류의 세기는 다음과 같다.

$$I = \frac{A - \dfrac{dV}{dt}}{R}$$

A의 값은 우리가 원하는 어떤 것으로 택해도 좋다. 따라서 $A=0$이라 하면,

$$I = -\frac{1}{R} \frac{dV}{dt}$$

이다. 즉, 자석의 운동에서 비롯하는 전류가 있게 될 것이고, 그 값은 기전력 $-\dfrac{dV}{dt}$에서 비롯하는 전류와 같다.

자석이 퍼텐셜이 V_1인 곳으로부터 퍼텐셜이 V_2인 곳으로 운동하는 동안 유도된 전체 전류는

$$\int Idt = -\frac{1}{R} \int \frac{dV}{dt} dt = \frac{1}{R}(V_1 - V_2)$$

이며, 따라서 전체 전류는 자석의 속도나 경로와 무관하고, 오로지 자석의 처음 위치와 나중 위치에만 의존한다.

헬름홀츠는 자신의 독창적인 연구에서 전류가 도선에 발생시키는 열의 측정을 바탕에 둔 단위계를 채택했다. 전류의 단위가 임의적임을 고려할 때, 저항의 단위는 이 단위 전류가 단위 시간 동안 단위 열을 발생

시키는 도선의 저항이 된다. 이 단위계에서 기전력의 단위는 단위 저항의 도선에 단위 전류를 만들어내는 데에 필요한 기전력이다. 이러한 단위계를 채택하게 되면, 열의 단위의 역학적 당량이 되는 양 a를 방정식들에 도입하지 않을 수 없다. 우리는 일관되게 정전기 단위계 아니면 전자기 단위계를 채택하고 있으므로, 여기에 주어진 방정식에는 이 인수가 나타나지 않는다.

544] 헬름홀츠는 전도회로와 일정한 전류가 흐르는 회로가 서로 상대적으로 운동하게 만들었을 때의 유도전류를 연역하기도 했다.[24]

R_1, R_2는 저항이고, I_1, I_2는 전류, A_1, A_2는 외부기전력, V는 두 전류가 모두 단위전류일 때 한 전류의 다른 전류에 대한 퍼텐셜이라고 하면, 앞에서처럼

$$A_1 I_1 + A_2 I_2 = I_1^2 R_1 + I_2^2 R_2 + I_1 I_2 \frac{dV}{dt}$$

---

24) {543절과 544절에 제시된 증명은 만족스럽지 않다. 왜냐하면 전류에서 나타날 수 있는 변차라든가 회로의 운동 때문에 운동에너지에 생길 수 있는 변화를 무시하고 있기 때문이다. 사실 에너지 보존의 원리 하나만 가지고 두 회로의 유도에 대한 방정식을 연역하는 것은 불가능하다. 왜냐하면 에너지 보존의 원리 외에는 아무런 원리도 사용하지 않은 채 자유도가 2인 계의 운동방정식을 연역하려는 것과 같기 때문이다. 에너지 보존의 원리를 두 전류의 경우에 적용하면, 한 개의 방정식을 얻는다. 이를 다음과 같이 연역할 수 있다. 일차회로의 자체유도계수, 두 회로의 상호유도계수, 이차회로의 자체유도계수를 각각 L, M, N이라 하자(578절). 회로 둘레의 전류에 의한 운동에너지를 T_e라 하고, 나머지 기호법은 544절에서와 똑같이 택하자. 그러면 (578절)

$$T_e = \frac{1}{2} L I_1^2 + M I_1 I_2 + \frac{1}{2} N I_2^2$$
$$\delta T_e = \frac{dT_e}{dI_1} \delta I_1 + \frac{dT_e}{dI_2} \delta I_2 + \Sigma \frac{dT_e}{dx} \delta x \tag{1}$$

이 된다. 여기에서 x는 회로의 위치를 고정하는 데에 도움을 주는 아무 유형의 좌표이다.

T_e가 I_1, I_2의 동차함수이므로,

$$2T_e = I_1 \frac{dT_e}{dI_1} + I_2 \frac{dT_e}{dI_2}$$

이며, 따라서

를 얻는다.

I_1을 일차전류라 하고, I_2가 I_1에 비해 훨씬 작아서 유도로부터는 I_1에

$$2\delta T_e = \delta I_1 \frac{dT_e}{dI_1} + I_1 \delta \frac{dT_e}{dI_1} + \delta I_2 \frac{dT_e}{dI_2} + I_2 \delta \frac{dT_e}{dI_2} \tag{2}$$

이다. (1)식을 (2)식에서 빼면, 다음을 얻는다.

$$\delta T_e = I_1 \delta \frac{dT_e}{dI_1} + I_2 \delta \frac{dT_e}{dI_2} - \sum \frac{dT_e}{dx} \delta x \tag{3}$$

그런데 $\frac{dT_e}{dx}$는 계에 작용하는 x유형의 힘이다. 계에는 외부의 힘이 전혀 작용하지 않는다고 가정하기 때문에 $\sum \frac{dT_e}{dx} \delta x$는 계의 운동에서 비롯하는 운동에너지의 증가분 T_m이 될 것이다. 따라서 (3)식으로부터

$$\delta (T_e + T_m) = I_1 \delta \frac{dT_e}{dI_1} + I_2 \delta \frac{dT_e}{dI_2} \tag{4}$$

를 얻는다.

시간 δt 동안 전지가 하는 일은

$$A_1 I_1 \delta t + A_2 I_2 \delta t$$

이다.

같은 시간 동안 생겨나는 일은 줄의 법칙으로부터

$$(R_1 I_1{}^2 + R_2 I_2{}^2) \delta t$$

이다.

에너지 보존으로부터, 전지가 하는 일은 회로에 생겨나는 열에 계의 에너지의 증가분을 더한 것과 같아야 한다. 따라서

$$A_1 I_1 \delta t + A_2 I_2 \delta t = (R_1 I_1{}^2 + R_2 I_2{}^2) \delta t + \delta (T_e + T_m)$$

이다.

(4)식으로부터 $\delta (T_e + T_m)$을 치환하면 다음을 얻는다.

$$I_1 \left\{ A_1 - R_1 I_1 - \frac{d}{dt} \frac{dT_e}{dI_1} \right\} + I_2 \left\{ A_2 - R_2 I_2 - \frac{d}{dt} \frac{dT_e}{dI_2} \right\} = 0$$

또는

$$I_1 \left\{ A_1 - R_1 I_1 - \frac{d}{dt}(L I_1 + M I_2) \right\} + I_2 \left\{ A_2 - R_2 I_2 - \frac{d}{dt}(M I_1 + N I_2) \right\} = 0 \tag{5}$$

유도의 방정식은 중괄호 안에 있는 두 양을 0으로 놓는 것이다. 그러나 에너지 보존의 원리는 (5)식의 왼쪽이 0이라는 것을 보여 줄 뿐이며, 중괄호 안에 있는 두 양이 각각 0이라는 것은 아니다. 유도전류의 방정식에 대한 엄격한 증명은 581절에 있다]—톰슨.

어떤 감지할 만한 변화로 초래하지 않으며, $I_1 = \dfrac{A_1}{R_1}$ 이라고 놓을 수 있다고 가정하면,

$$I_2 = \frac{A_2 - I_1 \dfrac{dV}{dt}}{R_2}$$

가 된다. 이 결과는 정확히 자석의 경우에서처럼 해석할 수 있다.

I_2를 일차전류라 하고, I_1이 I_2보다 훨씬 작다고 하면, I_1에 대해서

$$I_1 = \frac{A_1 - I_2 \dfrac{dV}{dt}}{R_1}$$

를 얻는다.

이로부터, 회로의 모양이 어떠하든지 전류의 값이 같기만 하다면, 일차회로의 이차회로에 대한 기전력은 이차회로의 일차회로에 대한 기전력과 같음을 알 수 있다.

헬름홀츠는 그 저작에서 일차전류를 세게 하거나 약하게 할 때 생겨나는 유도의 경우라든가, 전류가 그 자체에 유도를 일으키는 경우는 논의하지 않고 있다. 톰슨[25]은 같은 원리를 적용하여 전류의 역학적 값을 결정했다. 그는 두 일정한 전류가 상호작용하여 일을 하게 되면, 그 역학적 작용은 같은 양만큼 증가하므로, 전지가 회로의 저항에 비기면서 전류를 유지하기 위해 필요한 일 외에도, 그 값의 두 배의 일을 해야 함을 지적했다.[26]

545] W. 베버가 전기량의 측정을 위한 절대 단위의 체계를 처음 도입한 것은 과학 발전에 있어 가장 중요한 발자취 중의 하나이다. 가우스와 마찬가지로, 베버 역시 정밀한 방법의 첫째 요소로 자기량의 측정을 꼽았고, 그의 책 『전자기 측정』(*Electrodynamic Measurements*)에서는 그 측정에 사용할 단위를 확정하는 데 필요한 이론적으로 단단한

---

25) Mechanical Theory of Electrolysis, *Phil. Mag.* Dec. 1851.

26) Nichol's *Cyclopaedia of Physical Science*, ed. 1860, Article "Magnetism, Dynamical Relations of," and *Reprint*, §571.

원칙들을 확립했을 뿐 아니라, 이러한 단위에 해당하는 특정한 전기량을 결정하는 일을 전개시켜 나갔다. 우리가 전자기계 단위와 정전기계 단위 모두를 발전시키고 실제로 적용할 수 있는 것은 이 같은 연구들의 덕이다.

　베버는 또한 전기 작용의 일반 이론을 구성했고, 이로부터 정전기력과 전자기력, 그리고 전류의 유도를 연역해냈다. 이 이론 및 그 최근 발전상에 대해서는 앞으로 별도의 장에서 따로 논의하겠다. 846절 참조.

제4장 전류의 자체유도에 관하여

546] 패러데이는『전기연구』의 제9권을 전선이 전자석의 코일을 이루고 있을 때 전류에 나타나는 일련의 현상에 대한 고찰에 할애하고 있다.

젠킨(Jenkin)은 다음과 같은 사실을 관찰한 바 있다. 한 쌍의 판으로만 이루어진 볼타계를 직접 작용시키는 것으로는 감지할 만한 쇼크를 만들어낼 수 없지만, 전류가 전자석의 코일을 지나가게 만들어 놓고, 두 전선을 양손에 하나씩 잡고 양 끝 사이의 접촉을 끊으면, 그 순간 예리한 쇼크를 감지할 수 있다. 접촉하는 순간에는 그런 쇼크를 감지할 수 없다.

패러데이는 이 현상 말고도 그가 서술하는 다른 현상들 역시 그가 이미 인접한 도선들에 전류를 작용시킬 때 관찰했던 것과 같은 종류의 유도 작용 때문임을 보여 주었다. 그러나 이 경우에 유도 작용은 전류가 흐르는 바로 그 도선에 작용하며, 도선 자체가 다른 어떤 전선의 경우보다도 더욱더 전류의 여러 요소들에 가까이 있기 때문에 유도 작용이 훨씬 더 강력하다.

547] 그런데 패러데이는 "내 마음속에 처음 떠오른 생각은 전기가 전선 속에서 뭔가 운동량이나 관성 같은 것을 가지고 회전한다는 것이었다"라고 적고 있다.[1] 실제로 특정한 전선 하나만을 놓고 본다면, 그 현상들은 연속적으로 흐르는 물이 가득 차 있는 관에서 나타나는 현상들

---

1) Faraday, *Exp. Res.*, 1077.

과 정확히 유사하다. 물줄기가 흐르고 있는 동안에 갑자기 관의 한쪽 끝을 닫아 버리면, 물의 운동량 때문에 갑작스러운 압력이 생겨나는데, 이것은 물머리에서의 압력보다 훨씬 더 커서 관을 파열할 수도 있을 정도다.

만일 물의 주된 입구를 막더라도 물이 좁은 분출구를 지나 밖으로 나올 수 있는 방법이 있다면, 물의 속도가 물머리에서의 속도보다 훨씬 더 크며, 만일 밸브를 열어 물이 빈 공간으로 들어갈 수 있게 하면, 그 빈 공간의 압력이 물머리의 압력보다 더 크더라도 물은 그 공간 속으로 들어갈 것이다.

양수기는 바로 이런 원리에서 만들어진다. 양수기는 아주 낮은 곳에서 많은 양의 물을 흐르게 함으로써 적은 양의 물을 매우 높이까지 올려 보낼 수 있다.

548] 관 속에 있는 유체의 관성 때문에 생기는 이러한 효과는 순전히 그 관을 흐르는 유체의 양과 관의 길이, 그리고 관의 어느 부분인가에 따라 달라진다. 즉 관 밖에 있는 그 어떤 것의 영향도 받지 않으며, 관의 길이에 변화가 없다고 가정할 때 그 관이 구부러져 있는 모양과도 무관하다.

전류가 흐르고 있는 전선에서는 그렇지 않다. 긴 전선을 두 배로 늘이면 그 효과가 매우 작아지며, 전선을 두 부분으로 잘라놓으면 효과가 더 커지고, 전선을 돌돌 감아 나선 모양으로 만들면 그 효과는 더욱 커지며, 그렇게 감아 만든 코일 속에 연철 조각을 넣으면 효과는 가장 커진다.

만일 또 하나의 전선을 첫 번째 전선과 함께 꼬아 코일 모양으로 만들되 둘 사이를 절연되게 하면, 두 번째 전선이 닫힌회로를 구성하지 않을 경우에는 앞에서 말한 것과 같은 현상이 나타난다. 하지만, 두 번째 전선이 닫힌회로를 만들어내게 되면, 두 번째 전선에 유도전류가 생겨나게 되고, 첫 번째 전선의 자체유도 효과는 지연된다.

549] 이 결과는 분명히 다음과 같은 점을 말해 준다. 이 현상이 운동

량에서 비롯되는 것이라면 그 운동량은 확실히 전선에 있는 전기의 운동량은 아니다. 왜냐하면 똑같은 전류가 흐르는 똑같은 전선에서도 그 모양에 따라 다른 효과가 나타나며, 심지어 모양이 똑같더라도 철 조각이나 닫힌 금속회로 따위의 다른 물체가 있으면 결과에 영향을 미치기 때문이다.

550] 그러나 자체유도의 현상과 물질적인 물체의 운동이라는 현상 사이의 유비를 일단 인지하고 있다면, 이런 유비의 도움을 송두리째 포기하거나 그런 유비가 순전히 피상적이고 잘못된 것이라고 인정하기는 힘들다. 물질이 운동을 통해 운동량과 에너지를 얻을 수 있다는 기본 동역학의 관념은 우리의 사고방식과 매우 밀접하게 얽혀 있어서, 우리는 자연의 어떤 부분에 대해 얼핏 알아챌 때마다 우리 앞에 놓인 길이 조만간 자연 전체를 완벽하게 이해할 수 있도록 이끌어 줄 것이라고 느낀다.

551] 전류의 경우에는 기전력이 작용하기 시작할 때 즉시 최대 전류가 만들어지는 것이 아니라 전류가 서서히 증가하는 것임이 알려져 있다. 막고 있는 저항이 기전력에 대항할 수 없는 동안에 기전력은 무엇을 하고 있는 것인가? 기전력은 전류를 증가시키고 있는 것이다.

보통의 힘이 운동방향으로 물체에 작용하면 운동량이 증가하며, 그에 따라 운동에너지라든가 그 운동 때문에 생기는 일을 하는 능력(일률)에 영향을 미친다.

마찬가지로 기전력에서 저항을 받지 않는 부분은 전류를 증가시키는 데에 이용되어 왔다. 이렇게 생겨나는 전류에는 운동량이 있는 것인가, 아니면 운동에너지가 있는 것인가?

이미 우리는 이것이 운동량과 매우 비슷한 것이며, 갑자기 멈출 수 없고, 짧은 시간 동안 커다란 기전력을 받게 된다는 것을 보였다.

그러나 전류가 만들어지는 전도회로는 이 전류 덕분에 일을 할 수 있는 능력(일률)을 갖는다. 이 능력(일률)은 에너지와 매우 비슷한 것이라고 말할 수 없다. 왜냐하면 실제로 정말로 에너지이기 때문이다.

따라서 전류를 그냥 놓아두면, 전류는 회로의 저항 때문에 멈춰질 때까지 계속 순환한다. 그런데 전류가 멈추기 전에 일정한 양의 열이 생성될 것이다. 이 열의 양은 동역학적인 척도에서 전류에 원래 존재하던 에너지와 같은 양이다.

다시 전류를 그냥 놓아두면, 움직이는 자석이 역학적 일을 할 수 있게 만들어 줄 수 있다. 이런 운동의 유도 효과 때문에 회로의 저항만으로 스스로 멈추었을 시간보다 더 빨리 전류가 멈추게 된다. 이것은 렌츠의 법칙에 의한 것이다. 이런 방식으로 전류의 에너지의 일부가 열 대신에 역학적인 일로 변환될 수 있다.

552] 그러므로 전류가 포함되어 있는 계에는 일종의 에너지가 들어 있는 것처럼 보인다. 또한 운동학적 현상 외에는 전류의 개념이 만들어 질 수 없으므로,[2] 그 에너지는 운동에너지, 즉 움직이는 물체가 그 운동 덕분에 갖게 되는 에너지임에 틀림없다.

이 에너지가 나타나게 되는 그 움직이는 물체를 도선 속의 전기(전하)로 볼 수 없음은 이미 밝힌 바 있다. 왜냐하면 움직이는 물체는 그 외부의 어떤 것에도 의존하지 않는 반면, 전류 주변에 다른 물체가 있으면 그 에너지가 달라지기 때문이다.

따라서 우리는 도선 바깥의 공간, 즉 전류가 흐르고 있지 않지만 전류의 전자기 효과가 발현되고 있는 곳에서 이루어지는 어떤 운동이 있는지 검토해 보아야 한다.

지금은 그런 운동에 대해 어느 곳은 살펴보고 딴 곳은 살펴보지 않는 이유나 이런 운동을 어느 한 종류로 보고 다른 종류로 보지 않는 이유를 일일이 밝히지는 않겠다.

여기에서 하려는 것은 전류의 현상이 움직이고 있는 계의 현상이라고 가정하면 어떤 결과가 나오는지 살펴보는 것이다. 계의 운동은 계의 어느 부분에서 다른 부분으로 힘들을 통해 전달된다. 그 힘들의 성질과 법칙은 아직 정의하려고도 하지 않겠다. 왜냐하면 이 힘들은 임의의 연결

---

2) Faraday, *Exp. Res.* 283.

된 계에 대해 라그랑주가 제시한 방법을 써서 운동방정식에서 제거할 수 있기 때문이다.

이 논고의 이후의 다섯 장에서는 이와 같은 종류의 동역학적 가정을 써서 전기 이론의 주요 구조를 연역할 수 있다고 나는 제안한다. 이는 베버라든가 그밖에 놀라운 발견과 실험을 연구하던 사람들이 나아갔던 길과는 다르다. 그중 일부는 대담한 만큼 아름다운 것이었다. 내가 이 방법을 택한 까닭은 현상을 바라보는 또 다른 방법이 있으며, 그것이 나에게는 더 만족스러워 보이기 때문이며, 동시에 직접적인 원격작용의 가설에 바탕을 두고 나아가는 방법보다는 이 방법이 책의 앞부분에서 따랐던 방법들과 더 일관된다는 점을 밝히고 싶었기 때문이다.

제5장 연결된 계의 운동방정식에 관하여

553] 라그랑주는 『해석역학』 제2부 제4절에서 연결된 계의 부분들에 대한 보통의 동역학적 운동방정식을 계의 자유도와 같은 개수의 방정식으로 환원시키는 방법을 제시한 바 있다.

해밀턴은 연결된 계의 운동방정식을 다른 형태로 제시했으며, 순수 동역학의 고급 부분에서 크게 확장되어 왔다.[1]

앞으로 전기현상을 동역학의 영역 안으로 끌어오고자 할 때 동역학의 개념들을 물리적인 질문에 직접 적용하기에 알맞은 상태가 되도록 할 필요가 있기 때문에, 이 장에서는 이 동역학의 개념들을 물리적 관점에서 살펴보는 것에 할애하겠다.

554] 라그랑주의 목표는 동역학을 미적분학의 힘 아래 가져오는 것이었다. 라그랑주는 먼저 기본적인 동역학 관계식을 순전히 대수학적인 양의 관계로 나타냈으며, 그렇게 해서 얻은 방정식으로부터 순전히 대수학적인 과정을 통해 최종적인 방정식을 유도해냈다. 어떤 양들(계의 부분들 사이의 물리적 연관을 통해 등장하는 부분들 사이의 반작용을 나타내는 것)은 계의 구성부분의 운동방정식에 나타나며, 수학적인 관점에서 볼 때, 라그랑주가 연구한 것은 최종적인 방정식에서 이 양들을 제거하는 방법이었다.

---

1) Professor Cayley의 "Report on Theoretical Dynamics," *British Association*, 1857; 그리고 Thomson과 Tait의 *Natural Philosophy* 참조.

이 제거의 단계를 밟아나가는 동안 우리의 머리는 계산에 골몰하게 되고, 따라서 동역학적 개념이 끼어들 자리가 없다. 다른 한편, 우리의 목표는 동역학적 개념들을 발전시키는 일이다. 따라서 우리는 수학자의 노력의 결과를 사용하여 그 결과를 해석학의 언어로부터 동역학의 언어로 다시 번역함으로써, 우리의 언어가 대수학적인 과정이 아니라 움직이는 물체가 갖는 성질에 대한 마음속의 이미지를 떠올릴 수 있도록 할 수 있다.

동역학의 언어는 에너지 보존의 학설을 일상의 용어로 해설해 온 사람들 덕분에 상당히 확장되어 왔다. 우리는 거기에 이어지는 주장의 상당 부분이 톰슨과 타이트의 『자연철학논고』의 연구, 특히 충격력의 이론에서 출발하는 방법을 통해 제시되었음을 보게 될 것이다.

나는 이 방법을 적용함에 있어서, 계 전체의 운동을 좌우하는 좌표나 위치변수 외에는 계의 어떤 부분이든 그 운동을 명시적으로 염두에 두지 않으려 애썼다. 연구자는 계의 각 부분의 운동과 위치변수의 일부를 연결시킬 수 있어야 한다는 점은 분명히 중요하다. 하지만 최종적인 방정식을 얻는 과정에서는 꼭 그렇게 해야 하는 것은 전혀 아니다. 최종적인 방정식은 이러한 연결의 특정한 형태에 따라 달라지지 않기 때문이다.

위치변수

555] 계의 자유도의 수는 그 위치를 완전히 결정하기 위해 주어져야 하는 데이터의 수이다. 이 데이터가 다른 형태가 될 수도 있지만, 그 수는 계 자체의 성질에 따라 달라지는 것이기 때문에 변할 수 없다.

개념을 명확히 하기 위해 우리가 다루는 계를 다음과 같이 볼 수 있다. 즉, 움직일 수 있는 조각들이 적당한 메커니즘을 통해 연결되어 있고, 그 각각은 직선을 따라 움직일 수 있으며 그밖의 운동은 없다고 보는 것이다. 이 조각들 각각을 계와 연결하는 가상적인 메커니즘은 마찰이나 관성이 없고 외부의 힘이 작용할 때 변형되지 않는 것이어야 한다.

이런 메커니즘을 사용하는 것은 단지 위치, 속도, 운동량이 라그랑주의 연구에서 순전히 대수학적인 양으로 나타나는 것에서 유래했다는 점을 상상하는 데에 도움을 주기 위해서다.

움직일 수 있는 조각 중 하나의 위치를 q라 하고, 운동의 선 위의 고정된 점으로부터의 거리로 정의하자. 각각의 조각에 해당하는 q의 값을 구분하기 위해 아래첨자 1, 2 등을 쓰겠다. 어느 한 조각에만 국한되는 성질을 다룰 때에는 아래첨자를 생략할 것이다.

모든 위치변수 (q)의 값이 주어지면, 각각의 움직일 수 있는 조각들의 위치를 알 수 있으며, 가상적인 메커니즘을 통해 전체 계의 배위가 결정된다.

속도

556] 계가 운동하는 동안 계의 배위는 명료한 방식으로 달라진다. 그리고 매 순간마다 배위가 위치변수들 (q)의 값으로 정의되므로, 위치변수들 (q)의 값과 함께 그 속도들, 즉

$$(\frac{dq}{dt} \text{ 또는 뉴턴의 기호를 쓰면 } \dot{q})$$

의 값을 알면, 계의 배위와 마찬가지로 계의 모든 부분의 속도가 완전히 정해진다.

힘

557] 위치변수들의 운동을 적절하게 조정하면, 그것이 조각들 사이의 연결이 보이는 성질과 모순을 일으키지 않는 한, 계의 어떤 운동이라도 만들어낼 수 있다. 변할 수 있는 조각들을 움직여서 이러한 운동을 만들어내기 위해서는 이 조각들에 힘을 가해야 한다.

위치변수 q_r에 가해야 하는 힘을 F_r로 나타내겠다. 그런 힘들을 모두 모아 놓은 (F)는 어떤 것이든 간에 실제로 운동을 만들어내는 힘들과 역학적으로 동등하며, 이것은 계의 연결 덕분이다.

운동량

558] 물체에 작용하는 힘이 무엇이든, 물체의 배위가 언제나 똑같게 되도록 물체가 움직인다면(이것은 가령 입자가 하나 있고 그 운동의 선을 따라 힘이 작용하는 경우에 그러하다), 움직임을 만들어내는 힘은 운동량의 증가율로 측정된다. 움직임을 만들어내는 힘을 F라 하고 운동량을 p라 하면

$$F = \frac{dp}{dt}$$

이며, 따라서

$$p = \int F dt$$

이다.

힘의 시간적분을 힘의 **충격량**이라 부른다. 그러므로 운동량은 정지 상태의 물체가 주어진 운동 상태로 되게 하는 힘의 충격량이라고 말할 수 있다.

연결된 계가 운동하고 있는 경우에 배위는 속도들 ($\dot{q}$)에 따라 달라지는 비율로 연속적으로 변화하며, 따라서 이제는 운동량은 계에 작용하는 힘의 시간적분이라고 가정할 수 없게 된다.

그러나 임의의 위치변수의 증가량 δq는 $\dot{q}'\delta t$보다 클 수 없다. 여기에서 δt는 그 증가가 일어나는 데에 걸리는 시간이며, $\dot{q}'$은 그 시간 동안의 속도의 최대값이다. 계가 정지 상태에 있다가 언제나 같은 방향으로 작용하는 힘을 받는 경우에는 $\dot{q}'$이 분명히 최종속도이다.

계의 최종속도와 배위가 주어지면, 매우 짧은 시간 δt 동안에 계로 속도가 전달된다고 볼 수 있고, 원래의 배위와 최종 배위 사이의 차이는 δq_1, δq_2 등의 양이 되며, 이는 각각 $\dot{q}'_1\delta t$, $\dot{q}'_2\delta t$ 등보다 더 작은 양이다.

시간의 증가량 δt가 작으면 작을수록 가해 주는 힘이 더 커야 하지만, 각 힘의 시간적분, 즉 충격량은 그대로일 것이다. 시간이 계속 줄어들어

결국 0이 될 때, 충격량의 극한값은 순간충격량으로 정의되며, 임의의 위치변수 q에 대응하는 운동량 p는 계가 순간적으로 정지 상태로부터 그 주어진 운동 상태가 될 때에 그 위치변수에 대응하는 충격량으로 정의된다.

이 개념, 즉 정지해 있는 계에 순간충격량을 가하면 운동량이 생겨날 수 있다는 개념은 운동량의 크기를 정의하는 한 가지 방법으로 도입된 것에 지나지 않는다. 왜냐하면 계의 운동량은 계의 순간적인 운동 상태에 따라서만 달라질 뿐이지, 그 상태가 어떤 과정을 통해 만들어졌는가 하는 것과는 무관하기 때문이다.

연결된 계에서 임의의 위치변수에 대응하는 운동량은 일반적으로 모든 위치변수들의 속도의 일차함수이다. 단일한 입자의 동역학에서처럼 단순히 속도에 비례하는 것이 아니다.

계의 속도들이 갑자기 $\dot{q}_1, \dot{q}_2$ 등으로부터 $\dot{q}'_1, \dot{q}'_2$ 등으로 바뀌게 하는 데 필요한 충격량들은 $p'_1 - p_1$, $p'_2 - p_2$ 등과 같이 여러 위치변수의 운동량의 변화와 같음에 틀림없다.

작은 충격량에 의한 일

559] 충격이 가해지는 동안 힘 F_1이 하는 일은 힘의 공간적분, 즉

$$W = \int F_1 \, dq_1,$$
$$= \int F_1 \dot{q}_1 \, dt$$

이다.

힘이 작용하는 동안 속도의 최댓값을 $\dot{q}'$, 최솟값을 $\dot{q}''_1$이라 하면 W는

$$\dot{q}'_1 \int F \, dt \qquad \text{또는} \qquad \dot{q}'(p'_1 - p_1)$$

보다 작아야 하며,[2]

$$\dot{q}_1'' \int F\,dt \qquad \text{또는} \qquad \dot{q}_1'' (p_1' - p_1)$$

보다 커야 한다.

충격량 $\int F\,dt$가 한없이 작아질 수 있다면, $\dot{q}_1'$과 $\dot{q}_1''$의 값은 거의 같아져서 결국 $\dot{q}_1$의 값과 일치하게 된다. $p_1' - p_1 = \delta p_1$이라 쓰면 힘이 하는 일은 결국

$$\delta W_1 = \dot{q}_1 \delta p_1$$

이 된다. 다시 말해서 매우 작은 충격량이 하는 일은 궁극적으로 충격량과 속도의 곱과 같다.

운동에너지의 증가량

560] 운동하는 보존되는 계가 운동하게끔 하기 위해 일을 하게 되면 에너지가 그 계에 전달된다. 또한 계는 계가 멈출 때까지 받게 되는 저항과 똑같은 양의 일을 할 수 있게 된다.

계가 그 운동 덕분에 갖는 에너지를 운동에너지라 부르며, 이는 계가 운동하게 만드는 힘이 하는 일의 형태로 계에 전달된다.

계의 운동에너지를 T라 하면, 미소한 충격(그 성분은 δp_1, δp_2 등임)이 작용하여 운동에너지가 $T + \delta T$가 될 때, 증가량 δT는 충격의 성분들이 하는 일의 양을 합한 것과 같아야 한다. 기호로 나타내면

$$\begin{aligned} \delta T &= \dot{q}_1 \delta p_1 + \dot{q}_2 \delta p_2 + \&c. \\ &= \sum (\dot{q} \delta p) \end{aligned} \qquad (1)$$

위치변수와 운동량이 모두 주어지면, 계의 순간상태가 완전히 정해진다. 따라서 운동에너지는 계의 순간상태에 따라 달라지며, 위치변수 (q)와 운동량 (p)로 표현될 수 있다. 이와 같이 T를 표현하는 방식은 해밀

---

2) 원문에는 $\dot{q}_1 \int F\,dt$ 으로 되어 있으나, $\dot{q}_1' \int F\,dt$ 의 오자이다—옮긴이.

턴이 도입한 것이다. 이와 같은 식으로 T가 표현될 때에는 이를 아래첨자 p를 덧붙여 T_p와 같이 나타내겠다.

T_p의 전체 변분은 다음과 같다.

$$\delta T_p = \sum\left(\frac{dT_p}{dp}\,\delta p\right) + \sum\left(\frac{dT_p}{dq}\,\delta q\right) \tag{2}$$

마지막 항은

$$\sum\left(\frac{dT_p}{dq}\,\dot{q}\delta t\right)$$

로 쓸 수 있으며, δt와 함께 작아지므로, 결국 충격이 순간적인 것이 되면 0이 되어 버린다.

그러므로 (1)식과 (2)식에서 δp의 계수를 같다고 놓으면 다음의 식을 얻는다.

$$\dot{q} = \frac{dT_p}{dp} \tag{3}$$

다시 말해서, 위치변수 q에 해당하는 속도는 T_p를 해당 운동량 p에 대해 미분한 미분계수이다.

우리는 충격력을 고찰함으로써 이 결과에 이르렀다. 이 방법에서는 힘이 작용하는 동안에 배위가 변하는 것은 고려하지 않으려 했다. 그러나 계의 순간상태는 모든 면에서 일정하게 똑같다. 즉 정지 상태에 있는 계를 특정의 운동 상태가 되게 하기 위해 충격력을 잠시만 작용하든지, 아니면 어떤 방식으로든 점진적으로 그 상태에 이르게 하든지 마찬가지이다.

달리 말해서 위치변수와 그에 대응하는 속도 및 운동량은 특정 순간의 계의 실제 운동 상태에 따라 달라지는 것이지, 그 과거의 역사에 따라 달라지는 것은 아니다.

따라서 (3)식은 계의 운동 상태가 충격력에서 비롯되는 것이든지, 아니면 여하간의 어떤 방식으로 작용하는 힘에서 비롯되는 것이든지 모두 마찬가지로 타당하다.

그러므로 이제 충격력은 염두에 두지 않아도 좋으며, 그에 따라 작용 시간이나 힘이 작용하는 동안의 배위의 변화에 주어지는 한계를 신경쓸 필요가 없다.

해밀턴의 운동방정식

561] 앞에서 이미

$$\frac{dT_p}{dp} = \dot{q} \tag{4}$$

임을 보였다.

계가 임의의 방식으로 움직이되, 그 연결에 주어지는 조건을 충족시킨다고 하자. 그러면 p와 q의 변분은 다음과 같이 된다.

$$\delta p = \frac{dp}{dt}\,\delta t, \qquad \delta q = \dot{q}\delta t \tag{5}$$

따라서

$$\frac{dT_p}{dp}\,\delta p = \frac{dp}{dt}\,\dot{q}\delta t$$

$$= \frac{dp}{dt}\,\delta q \tag{6}$$

이며, T_p의 전체 변분은 다음과 같이 된다.

$$\delta T_p = \sum\left(\frac{dT_p}{dp}\,\delta p + \frac{dT_p}{dq}\,\delta q\right)$$

$$= \sum\left(\left(\frac{dp}{dt} + \frac{dT_p}{dq}\right)\delta q\right) \tag{7}$$

그러나 운동에너지의 증가는 가해진 힘이 하는 일에서 생겨난다. 즉

$$\tag{8}$$

$$\delta T_p = \sum(F\delta q)$$

이다.

이 두 표현에서 변분 δq는 모두 서로 독립적이므로, (7)식과 (8)식의

두 표현에서 변분 δq의 계수가 같다고 놓아도 좋다. 따라서 다음 식을 얻는다.

$$F_r = \frac{dp_r}{dt} + \frac{dT_p}{dq_r} \tag{9}$$

여기에서 운동량 p_r와 힘 F_r는 위치변수 q_r에 속하는 것이다.[3]

방정식의 개수가 위치변수의 개수와 같다. 이 방정식은 해밀턴이 제시한 방정식이다. 이는 임의의 위치변수에 대응하는 힘이 두 부분의 합임을 보여 준다. 첫 번째 부분은 그 위치변수의 운동량의 시간에 대한 증가율이다. 두 번째 부분은 다른 위치변수들과 운동량 모두가 일정할 때 운동에너지가 위치변수의 단위 증가량에 대한 증가하는 비율이다.

운동량과 속도로 표현한 운동에너지

562] 특정 순간의 운동량을 p_1, p_2 등으로, 속도를 $\dot{q}_1$, $\dot{q}_2$ 등으로 나타내고, P_1, P_2, &c., $\dot{Q}_1$, $\dot{Q}_2$, &c.가

$$P_1 = np_1, \quad \dot{Q}_1 = n\dot{q}_1, \quad \&c. \tag{10}$$

처럼 되는 다른 조의 운동량과 속도들이라 하자.[4]

만일 p, $\dot{q}$의 모음이 정합적이라면, P, $\dot{Q}$의 모음도 정합적일 것임에 틀림없다.

이제 n을 δn만큼 변화시키자. 그러면 힘 F_1이 하는 일은

$$F_1 \delta Q_1 = \dot{Q}_1 \delta P_1 = \dot{q}_1 p_1 n \delta n \tag{11}$$

---

3) {이 증명은 결정적이지 않다. 왜냐하면 δq가 $\dot{q}\delta t$ 즉 $\frac{dT_p}{dp}\delta t$와 같다고 가정하고 있기 때문이다. 따라서 우리가 (7)식과 (8)식으로부터 정당하게 연역할 수 있는 것은 다음 식이 전부이다.

$$\sum \left\{ \left(\frac{dp_r}{dt} + \frac{dT_p}{dq_r} - P_r \right) \frac{dT_p}{dp_r} \right\} = 0 \ \} \text{—톰슨.}$$

4) 원문에는 새로운 조의 변수들을 대문자가 아니라 로만체로 나타내고 있으나, 혼동을 피하기 위해 이를 대문자로 나타냈다—옮긴이.

이 된다.

n을 0에서 1로 증가시키면, 계는 정지 상태로부터 운동 상태 $(\dot{q}, p)$로 옮겨가게 되며, 이런 운동을 만들어내기 위해 소모되는 전체 일은 다음과 같이 된다.

$$(\dot{q}_1 p_1 + \dot{q}_2 p_2 + \&c.)\int_0^1 n\,dn \tag{12}$$

그런데

$$\int_0^1 n\,dn = \frac{1}{2}$$

이므로, 그 운동을 만들어내는 데에 소모된 일은 운동에너지와 동등하다. 따라서

$$T_{p\dot{q}} = \frac{1}{2}(p_1 \dot{q}_1 + p_2 \dot{q}_2 + \&c.) \tag{13}$$

이다. 여기에서 $T_{p\dot{q}}$은 운동량과 속도로 표현한 운동에너지이다. 이 식에는 $q_1, q_2, \&c.$와 같은 위치변수들은 들어 있지 않다.

그러므로 운동에너지는 운동량과 그에 대응하는 속도를 곱한 것을 모두 합한 것의 절반이다.

운동에너지를 이런 식으로 나타낼 때에는 이를 $T_{p\dot{q}}$라는 기호로 표시하겠다. 이는 운동량과 속도만의 함수이며, 위치변수는 들어 있지 않다.

563] 운동에너지를 표현하는 세 번째 방법이 있는데, 일반적으로 이것이 사실상 기본적인 방법으로 여겨진다. (3)식을 풀면 운동량을 속도로 나타낼 수 있으며, 이 값을 (13)식에 도입하면 속도와 위치변수만 들어 있는 T에 대한 식을 얻게 된다. T를 이런 꼴로 표현할 때에는 이를 $T_{\dot{q}}$로 나타내겠다. 이것은 운동에너지가 라그랑주 방정식으로 표현된 꼴과 같다.

564] T_p와 $T_{\dot{q}}$와 $T_{p\dot{q}}$는 같은 것의 세 가지 다른 표현이기 때문에

$$T_p + T_{\dot{q}} - 2T_{pq} = 0$$

즉,

$$T_p + T_{\dot{q}} - p_1 \dot{q}_1 - p_2 \dot{q}_2 - \&\text{c.} = 0 \tag{14}$$

임에 틀림없다.

따라서 모든 양 $p, q, \dot{q}$를 변화시키면 다음과 같이 된다.

$$\left(\frac{dT_p}{dp_1} - \dot{q}_1\right)\delta p_1 + \left(\frac{dT_p}{dp_2} - \dot{q}_2\right)\delta p_1 + \&\text{c.}$$

$$+\left(\frac{dT_q}{d\dot{q}_1} - p_1\right)\delta \dot{q}_1 + \left(\frac{dT_q}{d\dot{q}_2} - p_2\right)\delta \dot{q}_2 + \&\text{c.}$$

$$+\left(\frac{dT_p}{dq_1} + \frac{dT_{\dot{q}}}{dq_1}\right)\delta q_1 + \left(\frac{dT_p}{dq_2} + \frac{dT_{\dot{q}}}{dq_2}\right)\delta q_2 + \&\text{c.} = 0 \tag{15}$$

변분 δp는 변분 δq 및 $\delta \dot{q}$에 독립이 아니기 때문에, 곧바로 이 방정식의 각 변분의 계수가 0이라고 말할 수 없다. 그러나 (3)식으로부터

$$\frac{dT_p}{dp_1} - \dot{q}_1 = 0, \&\text{c.} \tag{16}$$

임을 알기 때문에, 변분 δp가 들어 있는 항은 그 자체로 0이 된다.

나머지 변분 $\delta \dot{q}$ 및 δq는 이제 모두 독립이므로, $\delta \dot{q}_1$, &c.의 계수를 0이라 놓으면 다음 식을 얻는다.

$$p_1 = \frac{dT_{\dot{q}}}{d\dot{q}_1}, \qquad p_2 = \frac{dT_{\dot{q}}}{d\dot{q}_2}, \qquad \&\text{c.} \tag{17}$$

즉 "운동량의 성분들은 $T_{\dot{q}}$를 해당 속도로 미분한 미분계수이다."

이번에는 δq_1, &c.의 계수를 0이라 놓으면 다음 식을 얻는다.

$$\frac{dT_p}{dq_1} + \frac{dT_{\dot{q}}}{dq_1} = 0 \tag{18}$$

즉 "임의의 위치변수 q_1에 대한 운동에너지의 미분계수는 T를 운동량의 함수가 아니라 속도의 함수로 나타냈을 때와 비교하여 크기는 같고 부호는 반대이다."

(18)식 덕분에 운동방정식 (9)식을 다음과 같이 쓸 수 있다.

$$F_1 = \frac{dp_1}{dt} - \frac{dT_{\dot{q}}}{dq_1} \qquad (19)$$

즉

$$F_1 = \frac{d}{dt}\frac{dT_q}{d\dot{q}_1} - \frac{dT_{\dot{q}}}{dq_1} \qquad (20)$$

이것은 라그랑주가 제시한 형태의 운동방정식이다.

565] 앞 절의 고찰에서는 운동에너지를 속도만으로 또는 운동량만으로 나타내는 함수의 형태는 고려하지 않으려 했다. 우리가 운동에너지에 할당한 명시적인 형태는

$$T_{p\dot{q}} = \frac{1}{2}\,(p_1\,\dot{q}_1 + p_2\,\dot{q}_2 + \&\text{c.}) \qquad (21)$$

뿐이다. 즉 운동에너지는 운동량과 그에 대응하는 속도를 곱한 것을 모두 합한 것의 절반으로 표현된다.

속도는 (3)식에서처럼 T_p의 운동량에 대한 미분계수로 나타낼 수도 있다.

$$T_p = \frac{1}{2}\left(p_1\frac{dT_p}{dp_1} + p_2\frac{dT_p}{dp_2} + \&\text{c.} \right) \qquad (22)$$

이로부터 T_p가 운동량 p_1, p_2, &c.의 2차 동차함수임을 알 수 있다.

또한 운동량을 $T_{\dot{q}}$로 나타낼 수도 있다. 즉

$$T_{\dot{q}} = \frac{1}{2}\left(\dot{q}_1\frac{dT_{\dot{q}}}{d\dot{q}_1} + \dot{q}_2\frac{dT_{\dot{q}}}{d\dot{q}_2} + \&\text{c.} \right) \qquad (23)$$

이로부터 $T_{\dot{q}}$가 속도 $\dot{q}_1, \dot{q}_2$, &c.의 2차 동차함수임을 알 수 있다.

다음과 같은 기호를 도입하자.

$$\frac{d^2 T_{\dot{q}}}{d\dot{q}_1^2} \succeq P_{11}, \quad \frac{d^2 T_{\dot{q}}}{d\dot{q}_1 d\dot{q}_2} \succeq P_{12}, \quad \text{\&c.}$$

$$\frac{d^2 T_p}{dp_1^2} \succeq Q_{11}, \quad \frac{d^2 T_p}{dp_1 dp_2} \succeq Q_{12}, \quad \text{\&c.}$$

그러면, $T_{\dot{q}}$와 T_p가 각각 $\dot{q}$와 p의 2차 함수이기 때문에, P와 Q 모두가 q만의 함수가 되며, 속도나 운동량과 독립이 될 것이다. 따라서 T에 대한 표현으로 다음을 얻는다.

$$2T_{\dot{q}} = P_{11}\dot{q}_1^2 + 2P_{12}\dot{q}_1\dot{q}_2 + \text{\&c.} \tag{24}$$

$$2T_p = Q_{11}p_1^2 + 2Q_{12}p_1p_2 + \text{\&c.} \tag{25}$$

운동량은 일차방정식

$$p_1 = P_{11}\dot{q}_1 + P_{12}\dot{q}_2 + \text{\&c.} \tag{26}$$

을 통해 속도로 나타낼 수 있으며, 속도는 일차방정식

$$\dot{q}_1 = Q_{11}p_1 + Q_{12}p_2 + \text{\&c.} \tag{27}$$

을 통해 운동량으로 나타낼 수 있다.

강체의 동역학에 관한 논저에서는 P_{11}(두 아래첨자가 같은 경우)에 해당하는 계수는 관성 모멘트라 부르며, P_{12}(두 아래첨자가 다른 경우)에 해당하는 계수는 관성의 곱이라 부른다. 우리는 이 이름을 지금 우리가 다루고 있는 더 일반적인 문제로 확장할 수 있다. 지금의 경우에는 강체의 경우와 달리 이 양들이 절대적인 상수가 아니라 변수들 q_1, q_2, &c.의 함수이다.

마찬가지로 Q_{11}과 같은 꼴의 계수들은 유동 모멘트라 부르고, Q_{12}와 같은 꼴의 계수들은 유동의 곱이라 부를 수 있다. 그러나 유동의 계수라는 말을 쓰게 되는 경우는 별로 없다.

566] 계의 운동에너지는 근본적으로 0보다 크거나 같은 양이다. 따라

서 이를 속도로 나타내든지, 운동량으로 나타내든지 상관없이, 변수들이 실수값일 때에는 T가 음수가 되지 않도록 계수들을 정해야 한다.

따라서 P계수들의 값이 충족시켜야 하는 필요조건의 집합이 있다. 이 조건들은 다음과 같다.

P_{11}, P_{12}, &c.의 양은 모두 양수이어야 한다.

행렬식

$$\begin{vmatrix} P_{11}, & P_{12,} & P_{13,} & \cdots\cdots P_{1n} \\ P_{12,} & P_{22,} & P_{23,} & \cdots\cdots P_{2n} \\ P_{13,} & P_{23,} & P_{33,} & \cdots\cdots P_{3n} \\ & & & \\ P_{1n,} & P_{2n,} & P_{3n,} & \cdots\cdots P_{nn} \end{vmatrix}$$

으로부터 첨자 1이 있는 항을 모두 없애서 만들어지는 행렬식, 그다음으로 첨자에 1이나 2가 들어 있는 항을 모두 없애서 만들어지는 행렬식 등등과 같이 차례로 만들어지는 $(n-1)$개의 행렬식들은 모두 양수이어야 한다.

따라서 위치변수가 n개일 때 조건식은 $2n-1$개가 된다.

Q계수들도 같은 종류의 조건을 충족시켜야 한다.

567] 우리는 여기에서 연결된 계의 동역학에 대한 기본 원리들을 개괄하면서, 계의 부분들이 연결되는 메커니즘은 염두에 두지 않으려 했다. 우리는 심지어 계의 부분의 운동이 위치변수들의 변분에 따라 어떻게 달라지는지를 나타내는 방정식을 적지도 않았다. 우리는 위치변수와 그 속도와 운동량 및 변수들이 나타내는 조각들에 작용하는 힘에만 주목했다. 우리가 가정한 것은 계의 연결에 대하여 시간이 조건 방정식들에 명시적으로 들어 있지 않고 에너지 보존의 원리를 계에 적용할 수 있게끔 되어 있다는 것뿐이다.

순수 동역학의 방법을 이렇게 서술하는 것이 불필요한 것은 아니다. 왜냐하면 우리가 이 방법들을 사용할 수 있도록 해준 라그랑주와 그 추종자들 대부분은 일반적으로 그 방법을 보여 주는 방식에만 집중했고,

눈앞에 놓인 기호들에 모든 관심을 기울이기 위해서 순수 양을 제외한 모든 개념들을 없애느라 노력했다. 그에 따라 다이어그램을 제외시키려 애썼을 뿐 아니라, 일단 모두 원래 방정식의 기호로 대치한 이후에는 속도, 운동량, 에너지라는 개념들도 없애기 위해 노력했다. 이 분석 결과를 평범한 동역학 언어로 나타내기 위해, 우리는 그 방법의 주 방정식을 기호를 사용하지 않고도 이해할 수 있는 언어로 다시 번역하는 노력을 기울여 왔다.

순수 수학의 개념과 방법이 발전함에 따라 동역학의 수학적 이론을 구성함으로써 수학적인 훈련이 없이는 알아낼 수 없었던 많은 진리들에 빛을 비추게 되는 일이 가능해졌기 때문에 만일 다른 과학의 동역학 이론을 구성하려 한다면 우리의 의식을 이러한 동역학적인 진리는 물론 수학적인 방법으로 가득 채워야만 한다.

어떤 과학과 관련된 개념이나 언어, 이를테면 전기와 같이 힘이나 효과를 다루는 개념이나 언어를 만들어낼 때, 우리는 기본 동역학에 잘 들어맞는 개념이 무엇인지를 명심해야 한다. 그럼으로써 그 과학을 처음 정립할 때 생길 수 있는 기존 개념과의 마찰을 피할 수 있도록, 또한 우리의 시각이 좀더 명료해지면 우리가 채택했던 언어가 우리에게 장애가 아닌 도움을 줄 수 있도록 해야 한다.

제6장 전자기의 동역학이론

568] 우리는 제552절에서 전도 회로에 전류가 존재하면 그 회로는 일정한 양의 역학적인 일을 할 능력이 있으며, 이는 전류를 유지하는 외부 기전력이 무엇이든 마찬가지임을 보였다. 일을 하는 능력은 다름 아니라 에너지이다. 에너지가 어떤 방식으로 생겨나든지 상관없이, 모든 에너지는 형태는 다르더라도 종류상으로 똑같다. 전류의 에너지는 물질의 실제 운동으로 이루어진 형태이거나, 아니면 운동할 수 있는 능력으로 이루어진 형태이며, 후자는 서로에 대하여 일정한 거리에 놓여 있는 물체들 사이에 작용하는 힘들에서 생겨난다.

첫 번째 종류의 에너지, 즉 운동의 에너지는 **운동에너지**라 부르며, 이는 일단 받아들이고 나면 운동에너지는 자연의 기본 사실처럼 보이기 때문에 이를 다른 것으로 바꿀 가능성에 대해서는 거의 생각할 수가 없다. 두 번째 종류의 에너지, 즉 위치에 따라 달라지는 에너지는 **위치에너지**라 부르며, 우리가 힘이라고 부르는 것(즉 상대적인 위치를 변화시키는 경향의 작용)에서 비롯된다. 이 힘들에 대해서는 그 존재를 증명된 사실로 받아들일 수는 있지만, 물체들이 운동하게 되는 메커니즘이 설명될 때마다 우리의 지식이 실질적으로 늘어난다는 느낌이 언제나 있다.

569] 전류는 운동학적 현상으로 나타날 경우를 제외하면 이해하기가 힘들다. '전기 흐름'이나 '전기 유체'라는 말 때문에 거기에 덧붙는 것으로 생각하기 쉬운 발상들의 영향으로부터 벗어나려고 줄곧 애를 썼던

패러데이조차 전류에 대해 "뭔가 나아가는 것이며 단순한 배열이 아니다"라고 말하고 있다.[1]

전기분해와 같은 전류의 효과라든가 한 물체에서 다른 물체로 전기화가 옮겨가는 것은 모두 진행적인 작용이며 그것이 일어나기 위해서는 시간이 소요되어야 하며, 따라서 운동의 성질을 지닌다.

전류의 속도에 대해서는 그에 대해 아는 바가 없다는 것을 보였다. 그 크기는 시속 수십 분의 1인치 내지 초속 수십만 마일일 수도 있다.[2] 여하튼 그 정확한 값을 알기에는 아직 멀다. 심지어 양의 방향이 실제의 운동방향인지 아니면 반대방향인지조차 모르고 있다.

그러나 여기에서 우리가 가정한 것은 전류가 모종의 운동과 연관되어 있다는 점뿐이다. 전류의 원인이 되는 것을 기전력이라 불렀다. 이 이름은 오랫동안 유용하게 사용되어 왔으며, 과학용어상으로 어떤 모순도 일으키지 않았다. 기전력은 언제나 전기에만 작용하는 것으로 이해되어야 하며, 전기를 지니고 있는 물체에 작용하는 것으로 보아서는 안 된다. 이는 보통의 역학적인 힘과 혼동하면 안 된다. 역학적 힘은 물체에만 작용하며, 물체가 지니고 있는 전기에 작용하는 것이 아니다. 전기와 보통 물질 사이의 형식적인 관계를 알게 된다면, 아마 기전력과 보통의 힘 사이의 관계도 알게 될 것이다.

570] 보통의 힘이 물체에 작용하여, 물체가 그 힘에 굴복하여 움직일 때, 그 힘이 하는 일은 힘에다 물체가 움직인 양을 곱한 값으로 계산된다. 따라서 관 속으로 흐르는 물의 경우에는 임의의 단면에 하는 일은 그 단면에서의 유체 압력에다 단면을 지나간 물의 양을 곱한 값으로 계산된다.

마찬가지 방식으로 기전력이 하는 일은 기전력에다 기전력의 작용을 받고 있는 도체의 단면을 지나가는 전기의 양을 곱한 값으로 계산된다.

---

1) *Exp. Res.*, 283.

2) *Exp. Res.*, 1648.

기전력이 하는 일은 보통의 힘이 하는 일과 정확히 같은 종류이며, 둘 다 같은 표준 즉 단위로 측정된다.

기전력이 전도회로에 하는 일의 일부는 회로의 저항을 극복하는 데 소모되며, 그럼으로써 이 부분의 일이 열로 변환된다. 일의 다른 부분은 앙페르가 관찰한 전자기 현상을 만들어내는 데 소모된다. 여기에서는 도체들이 전자기력을 받으며 움직이게 된다. 일의 나머지 부분은 전류의 운동에너지를 증가시키는 데 소모되며, 이 부분의 작용이 나타내는 효과는 패러데이가 관찰한 전류의 유도라는 현상에서 나타난다.

그러므로 우리는 전류에 관해 충분히 알고 있기 때문에, 전류가 흐르고 있는 도체물질의 계가 에너지가 담겨 있는 동역학적 계라는 점을 인지할 수 있다. 에너지의 일부는 운동에너지이며 일부는 퍼텐셜 에너지이다.

이 계의 부분들이 어떻게 연결되는지는 알 수 없지만, 계의 메커니즘에 대한 지식을 필요로 하지 않는 동역학적 연구방법을 갖고 있기 때문에, 그 방법을 이 경우에 적용할 것이다.

먼저 계의 운동에너지를 나타내는 함수에 대한 가장 일반적인 꼴을 가정하여 그 결과를 검토할 것이다.

571] 계가 여러 개의 전도회로로 이루어져 있으며, 회로들의 모양과 위치가 일련의 변수 $x_1, x_2,$ &c.의 값으로 결정되며, 그 변수들의 개수는 계의 자유도의 수와 같다고 하자.

계의 전체 운동에너지가 이 도체들의 운동에서 비롯되는 것이라면, 전체 운동에너지를 다음과 같은 꼴로 나타낼 수 있다.

$$T = \frac{1}{2}(x_1 x_1)\dot{x}^2 + \&c. + (x_1 x_2)\dot{x}_1 \dot{x}_2 + \&c.$$

여기에서 $(x_1 x_2)$ 등과 같은 기호는 관성 모멘트라 부르는 양을 나타내며, $(x_1 x_2)$ 등과 같은 기호는 관성의 곱이라 부르는 양을 나타낸다.

실제의 운동을 만들어내기 위해 가해야 하는 힘을 X'이라 하면, 이 힘은 좌표 x를 늘어나게 만드는 힘이며, 라그랑주의 방정식에 의하여

$$\frac{d}{dt}\frac{dT}{d\dot{x}} - \frac{dT}{dx} = X'$$

이다.

T가 눈에 보이는 운동에서만 비롯된 에너지를 가리키는 경우에 이를 아래첨자 T를 붙여 T_m과 같이 나타낼 것이다.

그런데 전류가 흐르는 도체들의 계에서는 운동에너지의 일부가 이 전류들에서 비롯된 것이다. 전기의 운동과 그것에 지배받는 여타의 운동이 다른 일련의 변수들 y_1, y_2, &c.로 결정된다고 하자. 그러면 T는 이 두 부류의 좌표들의 속도 모두의 제곱 및 상호 곱에 대한 동차함수일 것이다. 그러므로 T를 세 부분으로 나눌 수 있다. 그 첫째 부분 T_m에는 좌표 x의 속도만 나타나며, 둘째 부분 T_e에는 좌표 y의 속도만 나타나며, 셋째 부분 T_{me}에는 각 항이 두 좌표의 속도의 곱이 들어 있는데, 그중 하나는 x이고 다른 하나는 y이다.

따라서 다음과 같다.

$$T = T_m + T_e + T_{me}$$

$$T_m = \frac{1}{2}(x_1 x_1)\dot{x}_1^2 + \&\text{c.} + (x_1 x_2)\dot{x}_1\dot{x}_2 + \&\text{c.}$$

$$T_e = \frac{1}{2}(y_1 y_1)\dot{y}_1^2 + \&\text{c.} + (y_1 y_2)\dot{y}_1\dot{y}_2 + \&\text{c.}$$

$$T_{me} = (x_1 y_1)\dot{x}_1\dot{y}_1 + \&\text{c.}$$

572] 일반 동역학이론에서는 모든 항의 계수들이 각각 모든 좌표들, 즉 x와 y 모두의 함수일 수 있다. 그러나 전류의 경우에는 y에 속하는 좌표들이 계수에 나타나지 않음을 쉽게 볼 수 있다.

그 까닭은 다음과 같다. 전류가 모두 일정하게 유지되고 도체가 정지해 있다면, 마당의 전체 상태는 계속 일정할 것이다. 그러나 이 경우에 속도 $\dot{y}$가 일정하더라도 좌표 y는 변수이다. 따라서 좌표 y는 T에 대한 표현에 들어갈 수 없다. 다시 말해서 실제로 일어나는 것에 대한 어떤 다른 표현에도 들어갈 수 없다.

덧붙여, 도체가 일차회로의 성질을 띠고 있다면, 각각의 도체에서 전류의 세기를 나타내는 데 필요한 변수는 하나뿐이다. 이는 연속방정식 덕분이다.

전류를 모두, 구부릴 수 있는 관 속을 흐르는 비압축성 유체의 흐름으로 바꾸더라도 이 모든 것이 그대로 성립할 것이다. 이 경우에는 유체의 흐름의 속도들이 T의 표현 속에 들어가겠지만, 계수는 관의 모양과 위치를 결정하는 변수 x에만 의존할 것이다.

유체의 경우에 어느 한 관 속의 유체의 운동은 다른 관의 운동이나 그 속의 유체의 운동에 직접 영향을 주지 않는다. 따라서 T_e의 값에는 속도 $\dot{y}$의 제곱만 있고 그 상호 곱은 없으며, T_{me}에는 어느 속도 $\dot{y}$라도 그 관 자체에 속하는 $\dot{x}$꼴의 속도하고만 연관되어 있다.

전류의 경우에는 이러한 제한이 성립하지 않음을 알고 있다. 왜냐하면 다른 회로에 있는 전류들도 서로에 작용하기 때문이다. 따라서 $\dot{y}_1\dot{y}_2$와 같은 꼴의 곱과 연관된 항도 존재함을 인정해야 하며, 이것은 모종의 운동의 존재와 연관되는데, 그 운동은 전류 $\dot{y}_1$과 $\dot{y}_2$ 모두의 세기에 따라 달라진다. 이 움직이는 물질은 그것이 무엇이든 두 전류가 흐르는 도체의 내부에 국한되지 않으며, 아마도 도체를 둘러싸고 있는 전체 공간에 걸쳐 퍼져 있을 것이다.

573] 다음으로 라그랑주의 운동방정식이 이 경우에 어떤 형태를 띠게 될지 살펴보자. 전도회로의 모양과 위치를 결정하는 변수 중 하나인 좌표 x에 해당하는 가해진 힘을 X'이라 하자. 이것은 보통의 의미에서 힘이며, 위치의 변화를 일으키는 것이다. 이는 다음의 방정식으로 주어진다.

$$X' = \frac{d}{dt}\frac{dT}{dx} - \frac{dT}{dx}$$

이 힘은 앞에서 계의 운동에너지에 대해 세 부분으로 나누었던 것에

대응하는 세 부분의 합으로 보아도 좋다. 이를 같은 아래첨자로 구분할 수 있다. 즉

$$X' = X'_m + X'_e + X'_{me}$$

X'_m이라는 부분은 보통의 동역학적 고찰에 의존하는 부분이므로 거기에 주목할 필요가 없다.

T_e에는 $\dot{x}$가 들어 있지 않으므로, X'_e의 표현에서 첫째 항은 0이며, 그 값은 다음과 같이 된다

$$X'_e = -\frac{dT_e}{dx}$$

이것은 전자기력에 균형을 맞추기 위해 도체에 가해져야 하는 역학적 힘에 대한 표현이며, 그 힘이 순전히 좌표 x의 변화에서 비롯하는 전기운동에너지[3]의 감소율로 계산됨을 말해 준다. 이 외부의 역학적 힘이 작동하게 하는 전자기력 X_e는 X'_e와 크기는 같고 방향은 반대이며, 따라서 좌표 x의 증가에 대응하는 전기운동에너지의 증가율로 계산된다. X_e의 값은 전류의 제곱과 상호 곱에 따라 달라지므로, 전류의 방향을 모두 바꾸더라도 그 값이 그대로이다.

X'의 셋째 부분은 다음과 같다.

---

3) '전기운동에너지'는 영어의 electrokinetic energy의 번역어이다. 이 절에서 갑자기 처음 나타나는 이 용어에 대해 맥스웰은 따로 설명을 붙이지 않고 있다. 이에 대한 상세한 설명은 전자기장의 에너지 전반을 논의하는 제11장에 가야 비로소 나타난다. 제11장에서는 634절부터 638절에 걸쳐 전기운동에너지에 대해 설명하고 있으며, 그에 앞서 전류의 이론을 다루고 있는 제7장의 578절에서도 이 용어를 사용하여 논의를 전개하고 있다. 578절의 역주에서 서술했듯이, 원래 electrokinetic은 electrostatic에 대비되는 개념으로 사용한 것이므로, electrokinetic energy에 대해서도 '동전기'라는 번역어를 채택하여 '동전기에너지'라고 번역할 수도 있다. 실제로 630절과 631절에는 '정전기에너지'가 논의되고 있다. 하지만 동시에 이 용어는 일반적인 운동에너지(kinetic energy)라는 용어에도 상응하게끔 선택된 것으로 보이기 때문에, 이 한국어판에서는 '전기운동에너지'라는 용어를 채택하기로 했다―옮긴이.

$$X'_{me} = \frac{d}{dt}\frac{dT_{me}}{dx} - \frac{dT_{me}}{dx}$$

X_{me}라는 양에는 $\dot{x}\dot{y}$와 같은 꼴의 곱만 들어 있으므로 $\dfrac{dT_{me}}{dx}$는 전류의 세기 $\dot{y}$의 일차함수이다. 따라서 첫째 항은 전류의 세기의 변화율에 따라 달라진다. 이는 도체에 작용하는 역학적 힘을 가리키며, 이는 전류가 일정할 때에는 0이고, 전류의 세기가 커지거나 작아짐에 따라 양 또는 음이 된다.

둘째 항은 전류의 변화에 의존하지 않고 실제의 세기에 의존한다. 이는 전류에 관한 일차함수이므로 전류의 부호를 바꾸면 부호가 함께 달라진다. 모든 항에는 속도 $\dot{x}$가 들어 있으므로, 도체가 정지해 있을 때에는 모두 0이 된다. $\dfrac{dT_{me}}{dx}$에서 $\dot{y}$의 계수의 시간적 변화에서 생겨나는 항도 있으며, 앞의 논의는 여기에도 적용된다.

그러므로 이 항들을 따로따로 살펴볼 수 있다. 도체가 정지해 있는 경우에는 첫째 항만 다루면 된다. 전류가 일한 경우에는 둘째 항만 다루면 된다.

574] 운동에너지의 부분 중에 T_{me}와 같은 꼴이 되는지를 결정하는 것이 매우 중요하다. 이는 보통의 속도와 전류의 세기의 곱으로 이루어져 있다. 따라서 이 점에 관해 매우 조심스럽게 실험을 하는 것이 바람직하다.

빠르게 운동하고 있는 물체에 작용하는 힘을 결정하기는 어렵다. 따라서 전류의 세기의 변화에 따라 달라지는 첫째 항에 주목해 보자.

운동에너지의 어느 부분이든 보통의 속도와 전류의 세기의 곱에 의존한다면, 아마도 속도와 전류가 같은 방향 또는 정반대의 방향일 경우에 가장 쉽게 관찰할 수 있을 것이다. 따라서 원형코일을 매우 많은 수로 감고, 이를 가느다란 연직 방향의 줄로 매달아 놓아서, 코일의 감긴 쪽은 수평 방향이 되게 하고 코일은 수직축을 중심으로 회전할 수 있게 하자. 회전 방향은 코일에 흐르는 전류와 같은 방향이거나 아니면 반대 방향이다.

전류가 코일이 매달려 있는 줄을 통해 코일로 전해지며, 코일 둘레를 한 바퀴 지난 뒤에 코일이 매달려 있는 줄과 같은 선 위에 있는 줄을 따라 아래로 지나가서 수은 컵(접지) 속으로 들어가 회로가 완성된다고 가정하겠다.

그림 33

지자기의 수평성분의 작용 때문에 전류가 코일로 흘러들어갈 때 수평축 둘레로 코일이 회전할 수도 있으므로, 지자기의 수평성분은 고정된 자석을 이용하여 완전히 중화시켰다거나 실험을 자극에서 수행한다고 가정하겠다. 연직 방향에 대한 운동을 검출하기 위해 코일에 수직거울을 붙여 놓는다.

전류가 북-동-남-서의 방향을 따라 코일 속으로 지나간다고 하자. 전선을 따라 흐르는 전기가 물과 같은 유체였다면, 전류가 시작되는 순간에 (그 속도가 증가하고 있는 동안에) 코일을 한 바퀴 도는 동안 유체의 각운동량을 만들어내는 데 필요한 힘을 가해 주어야 했을 것이다. 이 힘은 코일이 매달려 있는 줄의 탄성에서 나와야 하므로, 코일이 처음에는 반대 방향 즉 서-남-동-북의 방향으로 회전했을 것이다. 전류를 멈추는 순간 거울이 다르게 운동했을 것이며, 이번에는 전류의 방향과 같은 방향이 되었을 것이다.

그러나 이런 종류의 현상은 이제까지 전혀 관찰되지 않았다. 그런 작용은 설사 존재하더라도 다음과 같은 특징을 통해 이미 알려져 있는 전류의 작용과 쉽게 구분될 수 있다.

(1) 그런 작용은 전류의 세기가 변하는 동안, 즉 접촉이 연결되거나 끊어질 동안에만 일어나며, 전류가 일정할 때에는 일어나지 않는다.

그러나 알려져 있는 전류의 모든 역학적 작용은 전류의 세기에 따라 달라지며, 그 변화율에 따라 달라지는 것이 아니다. 유도전류의 경우에 나타나는 기전작용은 이러한 전자기 작용과 혼동될 수 없다.

(2) 고려하고 있는 모든 전류의 방향을 반대로 하면, 이 작용의 방향도 반대가 될 것이다.

그러나 알려져 있는 전류의 모든 역학적 작용은 모든 전류의 방향을 반대로 하더라도 그대로이다. 왜냐하면 이 전류들의 제곱과 상호 곱에 의존하기 때문이다.

이런 종류의 작용이 하나라도 발견된다면, 전기의 종류 중 하나, 즉 양전기나 음전기 중 하나를 실제적인 실체로 볼 수 있을 것이며, 전류는 이 실체가 특정 방향으로 실제로 운동하는 것으로 기술할 수 있을 것이다. 사실상 전기의 운동이 여하튼 보통 물질의 운동과 부합한다면 T_{me} 와 같은 꼴의 항들이 존재할 것이며, 그 존재는 역학적 힘 X_{me}를 통해 발현할 것이다.

전류는 양전기와 음전기라는 똑같은 두 가지 흐름으로 이루어져 있으며 같은 도체 속에서 반대 방향으로 흐르는 것이라는 페히너[4]의 가설에 따르면, T_{me}에서 두 번째 부류의 항들은 사라져야 하며, 양의 전류에 속하는 항마다 음의 전류에 속하는 반대 부호의 똑같은 항이 대응되기 때문에 이 항들에 의존하는 현상은 존재할 수 없을 것이다.

그런데 내가 보기에는, 전류와 물질유체의 흐름 사이에 많은 유사점이 있다는 것을 앎으로써 많은 유익이 있긴 하지만, 실험적인 증거를 통해 확인되지 않은 어떤 가정도 조심스럽게 피해야 하며, 또한 전류가 실제로 물질실체의 흐름인지, 두 종류의 흐름인지, 그 속도가 초당 몇 피트인지 측정하면 큰 값이 될지 작은 값이 될지 등을 말해 주는 실험적 증거는 아직까지 없는 듯하다.

이런 것을 아는 것은 적어도 전기의 동역학이론의 완성을 위한 출발점에 상응할 것이다. 전기의 동역학이론에서는 전기 작용을 이 책에서 다룬 것처럼 동역학의 일반적인 법칙을 따르는 미지의 원인에서 비롯된

---

4) Fechner.

현상으로 볼 것이 아니라, 알고 있는 물질의 알고 있는 운동의 결과로 여겨야 한다. 또한, 전기의 동역학이론의 연구목표는 전체적인 효과와 최종결과에 그치지 않고 중간의 메커니즘과 상세한 운동 전체가 되어야 한다.

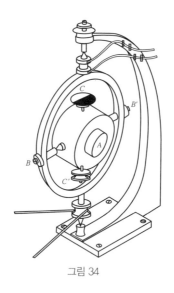

그림 34

575] X_{me}의 둘째 항, 즉 $\dfrac{dT_{me}}{dx}$ 에 대한 실험적 고찰은 더 어렵다. 왜냐하면, 매우 빠르게 움직이는 물체에 작용하는 힘의 효과를 관찰해야 하기 때문이다.

그림 34에 있는 장치는 내가 1861년에 고안한 것으로서 이런 종류의 힘이 존재하는지 시험하기 위한 것이다.

전자석 A는 수평축 BB'을 중심으로 회전할 수 있다. 이는 수직축을 중심으로 회전할 수 있는 고리 속에 있다.

전자석의 코일축에 대한 관성 모멘트를 A, B, C라 하고, 수평축을 BB', 세 번째 축을 CC'이라 하자.

CC'이 연직방향과 이루는 각을 θ라 하고, BB'의 방위각을 ϕ라 하고, 코일 속에 있는 전기의 운동을 나타내는 변수를 ψ라 하자.

그러면 전자석의 운동에너지 T는 다음과 같이 쓸 수 있다.

$$2T = A\dot{\phi}^2\sin^2\theta + B\dot{\theta}^2 + C\dot{\phi}^2\cos^2\theta + E(\dot{\phi}\sin\theta + \dot{\psi})^2$$

여기에서 E는 코일 속 전기의 관성 모멘트라 부를 수 있는 양이다.

θ가 늘어나게 하는 가해진 힘의 모멘트를 Θ라 하면, 동역학의 방정식으로부터 다음을 얻는다.

$$\Theta = B\frac{d^2\theta}{dt^2} - \left\{(A-C)\dot{\phi}^2\sin\theta\cos\theta + E\dot{\phi}\cos\theta(\dot{\phi}\sin\theta + \dot{\psi})\right\}$$

ψ가 늘어나게 하는 가해진 힘의 모멘트 ψ가 0이라고 놓으면,

$$\dot{\phi}\sin\theta + \dot{\psi} = \gamma$$

를 얻는다. 이것은 코일 속 전류의 세기를 나타내는 것으로 볼 수 있는 상수이다.

C가 A보다 다소 크다면 Θ는 0이 될 것이며, BB'축을 중심으로 한 평형이 안정된 평형이 될 조건은 다음과 같다.

$$\sin\theta = \frac{E\gamma}{(C-A)\dot{\phi}}$$

이 θ의 값은 γ의 값, 즉 전류의 값에 따라 달라지며, 전류의 방향에 따라 양 또는 음이 된다.

B와 B'에 있는 베어링을 통해 코일 속으로 전류가 지나간다. 베어링들은 수직축 위에 놓여 있는 금속 고리에 살짝 이어져 있는 용수철을 통해 전지와 연결되어 있다.

θ의 값을 정하기 위해 종이 원판을 C에 두는데, 이 종이 원판은 BB'에 평행한 지름에 의해 두 부분으로 나뉘며, 한쪽은 빨간색으로, 다른 쪽은 녹색으로 칠해져 있다.

장치가 움직일 때, θ가 양이면 C에서 빨간 원이 보이며, 그 원의 반지름으로 θ의 값을 대략 알 수 있다. θ가 음이면 C에서 녹색 원이 보인다.

전자석에 붙어 있는 나사로 작동되는 너트를 써서 축 CC'이 전자석의 관성 모멘트가 A축 둘레에 대한 관성 모멘트의 값을 조금 넘는 주축

이 되게끔 조정한다. 그렇게 함으로써 장치가 힘(힘이 존재한다면)의 작용에 매우 민감하게 된다.

실험에서 주된 어려움은 지구 자기력의 교란 작용에서 생겨난다. 전자석이 복각계처럼 작용하게 되기 때문이다. 이런 이유로 내가 얻은 결과는 매우 조악했지만, 코일 속에 철심을 넣어서 전자석을 강하게 만들더라도 θ에 변화가 생긴다는 증거는 얻을 수 없었다.

그러므로 자석에 빠르게 회전하는 물질이 들어 있다면, 이 회전의 각운동량은 우리가 측정할 수 있는 어떤 양보다도 훨씬 작아야 한다. 그 역학적 작용에서 유도되는 T_{me}의 항들이 존재한다는 증거는 아직 없다.

576] 다음으로 전기의 흐름에 작용하는 힘, 즉 기전력을 살펴보자.

유도에서 비롯된 유효기전력을 Y라 하고, 이 힘과 균형을 이루기 위해 외부로부터 회로에 작용시켜야 하는 기전력을 $Y'=-Y$라 하면, 라그랑주의 방정식으로부터 다음을 얻는다.

$$Y = -Y' = -\frac{d}{dt}\frac{dT}{dy} + \frac{dT}{dy}$$

T에는 좌표 y가 들어 있는 항이 없으므로 둘째 항은 0이며, Y에는 첫째 항만 있다. 따라서 기전력은 정지해 있는 계나 전류가 일정할 때에는 존재할 수 없다.

이번에도 Y를 T의 세 부분에 대응하는 세 부분 Y_m, Y_e, Y_{me}으로 나누면, T_m에는 $\dot{y}$가 없으므로 $Y_m=0$을 얻는다.

또한

$$Y_e = -\frac{d}{dt}\frac{dT_e}{d\dot{y}}$$

이다.

여기에서 $\frac{dT_e}{d\dot{y}}$는 전류의 일차함수이며, 기전력에서 이 부분은 이 함수의 변화율과 같다. 이것은 패러데이가 발견한 유도기전력이다. 이에 대해서는 나중에 더 상세하게 고찰할 것이다.

577] T에서 속도와 전류의 곱에 의존하는 부분으로부터 다음을 얻

는다.

$$Y_{me} = - \frac{d}{dt} \frac{dT_{me}}{dy}$$

이제 $\frac{dT_{me}}{dy}$ 는 도체들의 속도의 일차함수이다. 따라서 T_{me}의 항 중 어떤 것이든 실제로 존재한다면, 도체의 속도만 바꿈으로써 쉽게 존재하는 모든 전류와 무관한 기전력을 만들어낼 수 있을 것이다. 예를 들어 574절의 매달려 있는 코일의 경우에, 코일이 정지해 있을 때 코일을 수직축을 중심으로 갑자기 회전하게 한다면, 이 운동의 가속도에 비례하는 기전력이 작용할 것이다. 운동이 일정해지면 그 기전력도 사라지며, 운동이 느려지면 반대방향의 기전력이 생긴다.

갈바노미터를 써서 전류가 존재하는지 아니면 존재하지 않는지를 결정하는 관찰보다 더 정교한 과학적 관찰은 별로 없다. 이 방법의 정밀함은 물체에 작용하는 역학적 힘을 측정하기 위한 대부분의 장치들의 정밀함보다 훨씬 크다. 따라서 이런 방식으로 어떤 전류든 만들어질 수 있다면, 아무리 약한 전류라도 검출할 수 있을 것이다. 이것은 다음과 같은 특징들을 통해 보통의 유도전류와 구분된다.

(1) 이것은 도체의 운동에만 의존하며, 전류의 세기나 고려하고 있는 자기력에는 전혀 의존하지 않는다.

(2) 이것은 도체의 절대속도에는 의존하지 않으며, 그 가속도에 의존하며, 속도의 제곱과 상호 곱에 의존한다. 이것은 절대속도가 똑같더라도 가속이 느려지면 달라진다.

실제로 관찰된 모든 경우에 유도전류는 고려하고 있는 전류의 세기와 변화에 따라서만 달라졌으며, 자기력과 전류가 없는 공간에서는 유도전류가 생겨나지 않았다. 도체의 운동에 의존하는 한, 절대 속도에 따라 달라졌지, 도체의 운동 속도의 변화에 의존하지는 않았다.

따라서 T_{me}꼴의 항들이 존재하는지 검출할 수 있는 방법이 세 가지 있으며, 그중 어느 것도 긍정적인 결과를 주지 않았다. 내가 이 방법들을 매우 조심스럽게 설명한 까닭은 내게는 참된 전기이론이 견지해야 할 점에 대하여 최대한도로 확실한 것을 손에 넣어야 하는 것이 중요해 보이기 때문이다.

그러나 그런 항들에 대한 증거를 이제까지 얻은 적이 없기 때문에, 나는 이제 그런 항들이 존재하지 않는다고 가정하고 나아갈 것이다. 적어도 감지할 만한 효과를 만들어내지 않는다고 가정할 것이다. 이 가정은 우리의 동역학이론을 상당히 단순화시켜줄 것이다. 다만 자기와 빛의 관계를 논의할 때, 빛을 구성하는 운동은 자기를 구성하는 운동에 들어 있는 항들에 한 요소로 들어갈 수 있음을 보일 기회가 있을 것이다.

제7장 전기회로의 이론

578] 이제 계의 운동에너지 중에서 전류의 세기의 제곱과 곱에 따라 달라지는 부분을 살펴보자. 이를 계의 전기운동에너지라 부를 수 있다. 도체의 운동에 따라 달라지는 부분은 보통의 동역학에 속하며, 이미 보았듯이 속도와 전류의 곱에 따라 달라지는 부분은 존재하지 않는다.

여러 전도회로를 A_1, A_2 등으로 나타내자. 그 모양과 상대운동을 변수 x_1, x_2 등으로 표현할 수 있다고 하자. 변수의 수는 역학계의 자유도의 수와 일치한다. 이 변수들을 기하학적 변수라 부르겠다.

시간 t가 시작된 이후에 도체 A_1의 특정 단면을 지나간 전기의 양을 y_1이라 하자. 전류의 세기는 이 양의 플룩시온 즉 $\dot{y}_1$로 나타낼 것이다.

$\dot{y}_1$을 실제 전류라 하고, y_1을 전체 전류라 부르겠다. 계에 있는 회로마다 이런 종류의 변수가 하나씩 있다.

계의 전기운동에너지를 T라 하자. 이것은 전류의 세기에 대해 2차의 동차함수이며, 다음과 같은 꼴이 된다.

$$T = \frac{1}{2} L_1 \dot{y}_1^2 + \frac{1}{2} L_2 \dot{y}_2^2 + \&\mathrm{c.} + M_{12} \dot{y}_1 \dot{y}_2 + \&\mathrm{c.} \tag{1}$$

여기에서 L, M 등의 계수들은 기하학적 변수 x_1, x_2 등의 함수이다. 전기변수 y_1, y_2는 이 표현에 들어가지 않는다.

회로 A_1, A_2 등의 전기적 관성 모멘트를 L_1, L_2 등이라 하고, 두 회로 A_1과 A_2의 전기적 관성곱을 M_{12}라 하자. 동역학이론의 용어를 쓰지 않고자 한다면, L_1을 회로 A_1의 자체유도계수라 부르고, M_{12}를 회로 A_1과

A_2의 상호유도계수라 부르겠다. M_{12}는 회로 A_2에 대한 회로 A_1의 퍼텐셜이라 부르기도 한다. 이 양들은 회로의 모양과 상대운동에 따라서만 달라진다. 나중에 측정의 전자기계에서 이 양들은 길이의 차원이 됨을 보게 될 것이다. 627절 참조.

T를 $\dot{y}_1$에 대하여 미분하여 얻는 양 p_1은 동역학이론에서는 y_1에 대응하는 운동량이라 부를 수 있다. 전기이론에서는 p_1을 회로 A_1의 동전기 운동량(electrokinetic momentum)이라 부르겠다.[1] 그 값은 다음과 같다.

$$p_1 = L_1 \dot{y}_1 + M_{12} \dot{y}_2 + \&c.$$

따라서 회로 A_1의 동전기 운동량은 그 회로의 전류에 자체유도계수를 곱한 항과 다른 회로들의 전류들을 곱하여 거기에 A_1과 각 회로의 상호유도계수를 각각 곱하여 모두 더한 항들로 이루어진다.

---

[1] '동전기'(動電氣)는 electrokinetic의 번역이다. 이 어휘는 electrostatic과 대비되는 개념으로 사용되고 있기 때문에, 후자를 '정전기'(靜電氣)로 번역한다면, '동전기'라는 신조어가 적합한 것으로 보인다. 옮긴이가 고려한 다른 번역어로는 '전기운동', '전기운동적', '전동' 등이 있는데, 모두 적합하지 않은 점을 지니며, 그중 '동전기'가 가장 적합하다고 결론지었다. 그런데 맥스웰은 '동전기 운동량'이라는 용어로 두 가지 양을 지칭하고 있다. 이는 서로 관련되지만 개념적으로는 구분해야 하는 양이다. 하나는 이 절에서 나타나는 것으로서 현대 전자기학에서는 자기력선다발밀도[磁束, flux]라 부르는 양을 가리킨다. 또 하나는 590절에 있는 것으로서, 맥스웰은 이를 '한 점에서의 동전기 운동량'이라고 부르고 있으며, 이는 405절에서 '자기유도의 벡터퍼텐셜'이라 부른 것과 같다. 현대 전자기학에서는 그냥 '벡터퍼텐셜'이라고 부른다. 이 두 용어 사이의 관계는 591절의 (12)식 또는 590절의 (7)식을 통해 가장 간결하고 정확하게 볼 수 있다. 여기에 이 식을 다시 적으면 다음과 같다.

$$p = \int T.\mathbb{A}\cos\varepsilon\, ds = \iint T.\mathbb{B}\cos\eta\, dS$$

다른 덧붙이는 수식이 없을 때의 '동전기 운동량'은 p이고, 어느 한 점에서의 '동전기 운동량'이라고 할 때에는 A를 가리킨다—옮긴이.

기전력

579] 회로 A에 가해진 기전력을 E라 하자. 이는 볼타전지나 열전전지와 같은 어떤 원천에서 생겨나는데, 이는 자기-전기 유도와 무관하게 전류를 만들어낸다.

전류의 저항을 R라 하면, 옴의 법칙에 따라 저항을 극복하기 위해서는 $R\dot{y}$의 기전력이 필요하므로, 회로의 운동량을 바꾸는 데에 사용할 수 있는 기전력은 $E-R\dot{y}$가 된다. 이 힘을 Y'이라 부르면, 일반 방정식으로부터 다음의 식을 얻는다.

$$Y' = \frac{dp}{dt} - \frac{dT}{dy}$$

그런데 T에는 y가 들어 있지 않으므로 마지막 항은 0이 사라진다.

따라서 기전력의 방정식은

$$E - R\dot{y} = Y' = \frac{dp}{dt}$$

또는

$$E = R\dot{y} + \frac{dp}{dt}$$

가 된다.

그러므로 가해진 기전력은 두 부분의 합이다. 첫째 항 $R\dot{y}$는 저항 R에 대항하여 전류 $\dot{y}$를 유지하기 위해 필요하다. 둘째 부분은 전자기 운동량 p를 증가시키는 데에 필요하다. 이것은 자기-전기 유도와 무관하게 외부의 원천에서 공급되어야 하는 기전력이다. 자기-전기 유도만으로 생겨나는 기전력은 명백하게 $-\dfrac{dp}{dt}$이다. 즉, 회로의 동전기 운동량의 감소율이다.

전자기력

580] 외부 원인에서 생겨나는 가해진 역학적 힘을 X'이라 하고, 이 힘이 변수 x를 늘어나게 한다고 하자. 일반 방정식으로부터

$$X' = \frac{d}{dt}\frac{dT}{d\dot{x}} - \frac{dT}{dx}$$

이다.

전기운동에너지에 대한 표현식에는 속도 ($\dot{x}$)가 들어 있지 않으므로, 식의 오른쪽에서 첫째 항은 사라지며,

$$X' = -\frac{dT}{dx}$$

가 된다.

여기에서 X'은 전기적인 원인에서 생겨나는 힘과 균형을 맞추는 데에 필요한 외부 힘이다. 이 힘은 전자기력에 대항하는 반작용으로 간주하는 것이 보통이다. 전자기력을 X라 하자. 이것은 X'과 크기는 같고 반대 방향으로 작용한다.

따라서

$$X = \frac{dT}{dx}$$

이다. 즉 어떤 변수를 증가하게 만드는 전자기력은 전류들이 일정하게 유지된다고 할 때 그 변수에 대한 전기운동에너지의 증가율과 같다.

변위가 일어나는 동안 전지 덕분에 전류가 일정하게 유지된다고 하고 전자기력이 하는 일의 양을 W라 하면, 그동안에 계의 전기운동에너지도 W만큼 늘어날 것이다. 따라서 전지는 에너지는 2배로 공급되어야한다. 즉 $2W$를 공급해야 하며, 여기에 덧붙여 회로에서 열을 생성하는데에 사용되는 에너지도 있다. 이 점을 처음 지적한 것은 톰슨 경이다.[2] 이 결과를 93절에서 다룬 정전기적인 성질들과 비교해 볼 것.

---

[2] Nichol's *Cyclopaedia of the Physical Sciences*, ed. 1860, article "Magnet-ism, Dynamical Relations of."

두 회로의 경우

581] A_1을 일차회로라 하고 A_2를 이차회로라 하자. 계의 전기운동에너지는 다음과 같이 쓸 수 있다.

$$T = \frac{1}{2} L\dot{y}_1^2 + M\dot{y}_1 \dot{y}_2 + \frac{1}{2} N\dot{y}_2^2$$

여기에서 L과 N은 각각 일차회로와 이차회로의 자체유도계수이며, M은 그 두 회로의 상호유도계수이다.

이차회로에 작용하는 기전력이 일차회로의 유도에서 비롯된 것 외에는 없다고 가정하자. 그러면 다음의 식을 얻는다.

$$E_2 = R_2 \dot{y}_2 + \frac{d}{dt}(M\dot{y}_1 + N\dot{y}_2) = 0$$

이 방정식을 t에 관해 적분하면 다음 식을 얻는다.

$$R_2 y_2 + M\dot{y}_1 + N\dot{y}_2 = C (C는 상수)$$

여기에서 y_2는 이차회로의 전체전류이다.

짧은 시간 동안의 전체전류를 측정하는 방법은 748절에서 다룰 것이지만, 대부분의 경우에 이차전류의 지속시간이 매우 짧을 것이라는 점은 쉽게 알 수 있다.

시간이 t만큼 흐른 뒤에 방정식의 변수량들의 값을 악센트 기호 (′)을 붙여 나타내자. y_2를 전체전류, 즉 시간이 t만큼 흐르는 동안에 이차회로의 어느 단면을 지나가 흐르는 전기의 전체 양이라고 하면,

$$R_2 y_2 = M\dot{y}_1 + N\dot{y}_2 - (M'\dot{y}'_1 + N'\dot{y}'_2)$$

가 된다.

이차전류가 순전히 유도로부터만 생겨난다면 그 처음 값 $\dot{y}_2$는 일차전류가 일정할 때에는 0이 되어야 하며, 시간 t의 시작 이전에는 도체가 정지해 있다.

시간 t 동안에 이차전류가 충분히 없어져 버릴 수 있다면, 그 나중 값

$\dot{y}'_2$도 0이 되기 때문에, 방정식은

$$R_2\, y_2 = M\dot{y}_1 - M'\dot{y}'_1$$

이 된다.

이 경우에 이차전류의 전체전류는 $M\dot{y}_1$의 처음 값과 나중 값에 따라 달라진다.

유도전류

582] 먼저, 일차회로가 열려 있어서 $\dot{y}_1=0$이라 가정하고, 회로가 닫히면 그 속에 전류 $\dot{y}'_1$이 흐르게 된다고 하자.

이차회로의 전체전류를 결정하는 방정식은 다음과 같다.

$$R_2\, y_2 = -M'\dot{y}'_1$$

회로가 서로 옆에 같은 방향으로 놓여 있다면, M'은 양수이다. 따라서 일차회로의 스위치를 닫으면 이차회로에는 음의 전류가 유도된다.

일차회로의 스위치를 열면 일차전류가 감소하며, 유도된 전체전류가 y_2이면

$$R_2\, y_2 = M\dot{y}_1$$

이 된다. 이 경우에 이차전류는 양수가 된다.

일차전류가 일정하게 유지된다고 하고, 회로들의 모양과 상대운동을 바꾸어서 M이 M_1이 되도록 만든다면, 이차 전체전류는

$$R_2\, y_2 = (M - M')\dot{y}_1$$

이라는 식으로 주어진다.

두 회로가 서로 옆에 같은 방향으로 놓여 있다면, M은 회로 사이의 거리가 증가함에 따라 감소한다. 따라서 유도전류는 이 거리가 늘어날 때 양수가 되고 거리가 줄어들 때 음수가 된다.

이것은 530절에서 서술한바, 유도전류의 간단한 경우들이다.

두 회로 사이의 역학적 작용

583] 회로의 모양과 상대운동이 의존하는 기하학적 변수 중 하나를 x 라 하면, x가 늘어나게 만드는 전자기력은

$$X = \frac{1}{2} \dot{y_1}^2 \frac{dL}{dx} + \dot{y_1} \dot{y_2} \frac{dM}{dx} + \frac{1}{2} \dot{y_2}^2 \frac{dN}{dx}$$

이 된다.

x의 변분에 대응하는 계의 운동에 대하여 회로들인 강체처럼 움직인다면, L과 N은 x와 무관할 것이며, 방정식은 다음과 같은 꼴로 축소될 것이다.

$$X = \dot{y_1} \dot{y_2} \frac{dM}{dx}$$

따라서 일차전류와 이차전류의 부호가 같다면, 두 회로 사이에 작용하는 힘 X는 M이 증가하는 만큼 회로들을 움직일 것이다.

회로들이 서로 옆에 놓여 있고, 전류들이 같은 방향으로 흐른다면, 회로들이 서로 가까워지게 할 때에 M이 증가할 것이다. 따라서 이 경우에 힘 X는 인력(끌힘)이 된다.

584] 두 회로의 상호작용의 현상들(전류의 유도나 모두 회로들 사이의 역학적 힘)은 우리가 앞에서 상호유도계수라 불렀던 M이라는 양에 따라 달라진다. 이 양을 회로의 기하학적 관계로부터 계산하는 방법은 524절에서 말했지만, 다음 장의 고찰에서는 이 양의 수학적 형태를 알고 있다고 가정하지 않겠다. 이는 유도에 관한 실험으로부터 연역될 수 있는 것으로 간주하겠다. 그런 실험은 가령 이차회로를 특정 위치

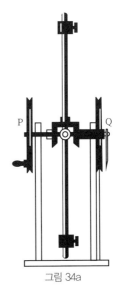

그림 34a

로부터 무한히 먼 곳이나 어디든지 거기에서 $M=0$임을 알고 있는 위치로 갑자기 움직였을 때의 전체전류를 관찰하는 것이다.

{캐번디시 연구소에는 맥스웰이 고안한 모형이 있다. 이 모형은 전류 유도의 법칙을 아주 명쾌하게 설명해 준다. 모형의 형태는 그림 34a와 같다. P와 Q(장치의 양쪽에 달린)는 두 개의 원판이다. P가 회전하면 1차 전류가 흐르고, Q가 회전하면 2차 전류가 흐른다. 두 개의 원판은 동력장치로 연결되어 있다. 동력 장치에는 속도를 조절하는 톱니바퀴가 달려 있다. 중간에 있는 운전 손잡이에는 무게추를 안쪽으로 바깥쪽으로 움직이면서 관성 모멘트를 바꿀 수 있는 속도조절바퀴가 달려 있다. 2차회로의 저항은 Q를 지나서 탄성이 있는 줄에 단단히 묶여 있는 실의 마찰에 의해 나타난다. 만일 원판 P가 회전하게 되면(1차 전류가 흐르기 시작하면) 원판 Q는 반대 방향으로 회전할 것이다(1차 전류가 흐르기 시작할 때 발생하는 역전류). P의 회전속도가 일정해지면, Q는 정지한다(1차 전류의 값이 상수일 때 2차 전류는 흐르지 않는다). 원판 P가 정지하면 Q는 P가 이전에 움직이던 방향으로 회전하기 시작한다(회로의 연결을 끊을 때 발생하는 2차 직류전류). 철심을 넣으면 유도가 늘어나는 효과는 속도조절바퀴의 관성 모멘트를 늘리는 것으로 설명할 수 있다—톰슨.

제8장 이차회로를 이용한 전자기장의 탐색

585] 우리는 582절, 583절 및 584절에서 일차회로와 이차회로 사이의 전자기 작용이 M으로 나타낸 양에 따라 달라짐을 증명한 바 있다. 이 양은 두 회로의 모양과 상대적인 위치의 함수이다.

이 M이라는 양은 사실 두 회로의 퍼텐셜과 같으며, 423절, 492절, 521절 및 539절에서 그 수학적 형태와 성질들을 자기현상과 전자기현상으로부터 연역했지만, 여기에서는 이 결과들을 인용하지 않고, 새로운 토대로부터, 즉 제7장에서 논의된 동역학이론의 가정들 외에는 어떤 가정도 하지 않고 다시 시작하겠다.

이차회로의 전기운동에너지는 두 부분으로 이루어져 있다(578절). 한쪽은 Mi_1로서 일차전류 i_1에 따라 달라지며, 다른 쪽은 Ni_2로서 이차전류 i_2에 따라 달라진다. 여기에서는 이 두 부분 중 첫째 부분을 살펴보겠으며, 이를 p로 나타내겠다. 즉

$$p = Mi_1 \tag{1}$$

또 일차회로는 고정되어 있으며 일차전류는 일정하다고 가정하겠다. p라는 양은 이차회로의 전기운동에 대한 운동량으로서, 이 경우에는 오로지 이차회로의 모양과 위치에 따라서만 달라지기 때문에, 이차회로를 임의의 폐곡선으로 선택하고, 양의 방향으로 정하는 방향을 이 곡선을 따라 고르면, 이 폐곡선에 대한 p의 값이 확정된다. 그 곡선을 따라 반대 방향을 양의 방향으로 고르면, p라는 양의 부호가 반대가 될 것이다.

586] p라는 양은 회로의 모양과 위치에 따라 달라지기 때문에, 회로의 각 조각이 p의 값에 일부분씩 기여를 하며, 회로의 각 조각이 기여하는 부분은 그 조각의 모양과 위치에만 의존할 뿐, 회로의 다른 부분의 위치에는 무관하다고 가정해도 좋다.

우리는 전류를 고찰하고 있는 게 아니라 단순한 회로를 고찰하고 있는 것이기 때문에 이 가정은 이치에 닿는다. 전류의 부분은 서로서로 영향을 줄 수 있고 실제로 영향을 미친다. 회로는 전류가 그 길을 따라 흐를 수 있는 닫힌곡선이며, 순수한 기하학적 도형으로서, 그 부분은 서로 간에 아무런 물리적 작용도 미치리라 생각할 수 없다.

따라서 전류의 요소 ds가 기여하는 부분을 Jds라 가정할 수 있다. 여기에서 J는 요소 ds의 위치와 방향에 따라 달라지는 양이다. 그러므로 p의 값은 다음의 선적분으로 나타낼 수 있다.

$$p = \int J ds \qquad (2)$$

여기에서 적분은 회로 전체를 한 바퀴 돌면서 계산하는 것이다.

587] 다음으로 J라는 양을 구해야 한다. 우선, ds의 방향이 뒤집히면 J의 방향도 뒤집힌다. 따라서 두 회로 $ABCE$와 $AECD$가 현 AEC를 공

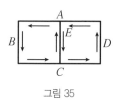

그림 35

유하지만 두 회로에서 반대방향으로 계산된다면, 우회로 $ABCE$와 $AECD$에 대한 p의 값의 합은 그 두 회로로 이루어진 회로 $ABCD$에 대한 p의 값과 같을 것이다.

현 AEC에 의존하는 선적분의 부분은 두 부분회로에서 크기는 같고 방향은 반대이므로, 합을 취하면 서로 상쇄되고, $ABCD$의 바깥 경계에 의존하는 선적분 부분만 남게 된다.

마찬가지로 폐곡선으로 둘러싸인 곡면을 여러 개의 부분으로 나누면, 그리고 각 부분의 경계를 일종의 회로로 보면, 모든 회로의 둘레에서 양의 방향은 바깥 폐곡선의 둘레에서 양의 방향과 같으므로, 폐곡선에 대한 p의 값은 모든 회로에 대한 p의 값의 합과 같다. 483절 참조.

588] 이제 곡면의 작은 조각을 생각하자. 그 조각의 크기는 곡면의 으뜸 곡률반지름에 비해 매우 작아서 이 조각 안에서 법선의 방향이 변화하는 것은 무시할 수 있다고 하자. 또한, 매우 작은 회로를 이 조각의 한 부분에서 다른 부분으로 나란히 옮기더라도 그 작은 회로에 대한 p의 값은 눈에 띄게 달라지지 않는다고 가정하자. 곡면 조각의 크기가 일차 회로로부터의 거리에 비해 충분히 작다면, 분명히 이것이 성립한다.

"이 곡면 조각에 아무 폐곡선을 그리면, p의 값은 그 폐곡선의 넓이에 비례할 것이다."

왜냐하면 아무 두 회로의 넓이를 모두 똑같은 크기의 작은 요소들로 나눌 수 있으며, 이 요소들에 대한 p의 값은 모두 같기 때문이다. 두 회로의 넓이는 회로에 들어 있는 이 요소들의 개수와 같으며, 두 회로에 대한 p의 값도 둘 다 같은 비율이다.

따라서 곡면의 요소 dS로 둘러싸여 있는 회로에 대한 p의 값은

$$IdS$$

의 꼴이 된다. 여기에서 I는 dS의 위치와 그 법선의 방향에 따라 달라지는 양이다. 따라서 p에 대한 새로운 표현으로 다음을 얻는다.

$$p = \iint IdS \qquad (3)$$

여기에서 이중적분은 회로로 둘러싸인 임의의 곡면 전체에 걸친 것이다.

589] 회로를 $ABCD$라 하고, 그중 요소의 조각을 AC라 하고, 이 조각은 직선으로 보아도 좋을 만큼 매우 작다고 하자. APB와 CQB는 같은 평면에 있는 넓이가 같은 작은 부분이라 하자. 그러면 작은 회로 APB와 CQB에 대한 p의 값은 같다. 즉,

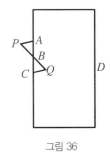

그림 36

$$p(APB)=p(CQB)$$

이다. 따라서

$$p(APBQCD)=p(ABQCD)+p(APB)$$
$$=p(ABQCD)+p(CQB)$$
$$=p(ABCD)$$

이다. 즉 직선 AC를 구부러진 선분 $APQC$로 대치해도, 회로의 넓이가 눈에 띌 만큼 달라지지 않는다면, p의 값은 달라지지 않는다. 사실상 이 것은 앙페르의 둘째 실험에서 확립된 원리이다(506절 참조). 거기에서 회로의 구부러진 조각은 그 구부러진 조각의 부분이 모두 직선조각으로 부터 눈에 띌 만큼 먼 거리에 있지 않다면 직선조각과 동등하다는 점을 알게 되었다.

따라서 요소 ds 대신에 세 개의 작은 요소 dx, dy, dz를 차례로 그려 서, 요소 ds의 처음으로부터 끝까지 연속된 경로를 이루게 하면, 그리고 dx, dy, dz에 대응하는 앞의 선적분의 요소들을 Fdx, Gdy, Hdz로 나타 내면,

$$Jds=Fdx+Gdy+Hdz \tag{4}$$

가 된다.

590] 이제 우리는 J라는 양이 요소 ds의 방향에 따라 달라지는 양태 를 결정할 수 있다. 왜냐하면 (4)식으로부터

$$J=F\frac{dx}{ds}+G\frac{dy}{ds}+H\frac{dz}{ds} \tag{5}$$

가 되기 때문이다.

이것은 한 벡터를 ds의 방향으로 분해한 부분에 대한 표현이다. 여기 에서 그 벡터의 x, y, z축 방향으로 분해한 성분들은 각각 F, G, H이다.

이 벡터를 A로 나타내고, 원점으로부터 회로의 한 점까지의 벡터를 ρ로 나타내면, 회로의 요소는 $d\rho$가 되고 Jds에 대한 사원수 표현은 다음과 같이 될 것이다.

$$-S.\mathbb{A}d\rho$$

이제 (2)식은 다음과 같은 모양으로 쓸 수 있다.

$$p = \int \left(F\frac{dx}{ds} + G\frac{dy}{ds} + H\frac{dz}{ds} \right) ds \tag{6}$$

또는

$$p = -\int S.\mathbb{A}d\rho \tag{7}$$

벡터 $\mathbb{A}$와 그 성분 F, G, H는 ds가 마당 안에서 차지하는 위치에 따라 달라지며, 그것을 그리는 방향에는 무관하다. 따라서 이들은 ds의 좌표 x, y, z의 함수이며, 그 방향코사인 l, m, n의 함수는 아니다.

벡터 $\mathbb{A}$는 방향과 크기 모두, 일차전류를 갑자기 끊었을 때 점 (x, y, z)에 놓여 있는 어느 입자가 받게 될 기전세기의 시간적분을 나타낸다. 따라서 이를 '점 (x, y, z)에서의' 동전기 운동량(動電氣 運動量, electrokinetic momentum)이라 부르겠다. 이는 405절에서 자기유도의 벡터퍼텐셜이라는 이름으로 고찰했던 양과 동일하다.

아무 유한한 선이나 회로의 동전기 운동량은 그 선이나 회로의 각 점에서의 동전기 운동량의 분해성분을 그 선이나 회로를 따라가면서 계산한 선적분이다.

591] 다음에는 요소 사각형 $ABCD$에 대한 p의 값을 구하자. 이 사각형의 두 변은 dy와 dz이며, 양의 방향은 y축과 z축의 방향으로 한다.

요소의 무게중심 O의 좌표를 x_0, y_0, z_0이라 하고, 이 점에서 G와 H의 값을 G_0, H_0이

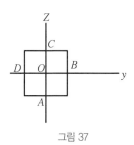

그림 37

라 하자.

직사각형의 첫째 변의 중점 A의 좌표는 y_0과 $z_0 - \frac{1}{2} dz$이다. 거기에서 G의 값은

$$G = G_0 - \frac{1}{2} \frac{dG}{dz} dz + \&c. \tag{8}$$

이며, 변 A에서 생겨나는 p의 값의 부분은 어림하여

$$G_0 \, dy - \frac{1}{2} \frac{dG}{dz} dy dz \tag{9}$$

이다.

마찬가지로 B에 대하여

$$H_0 \, dz + \frac{1}{2} \frac{dH}{dy} dy dz$$

이고, C에 대하여

$$-G_0 \, dz + \frac{1}{2} \frac{dG}{dz} dy dz$$

이고, D에 대하여

$$-H_0 \, dz + \frac{1}{2} \frac{dH}{dy} dy dz$$

이다.

이 네 양을 더하면 직사각형에 대한 p의 값을 구할 수 있다. 즉,

$$p = \left(\frac{dH}{dy} - \frac{dG}{dz} \right) dy dz \tag{10}$$

이제

$$\left. \begin{aligned} a &= \frac{dH}{dy} - \frac{dG}{dz} \\ b &= \frac{dF}{dz} - \frac{dH}{dx} \\ c &= \frac{dG}{dx} - \frac{dF}{dy} \end{aligned} \right\} \tag{A}$$

와 같은 새로운 세 양을 a, b, c라 하고, 이를 새로운 벡터 $\mathbb{B}$의 성분으로 보자. 그러면 24절의 정리 IV에 따라, $\mathbb{A}$의 선적분을 회로로 둘러싸인 곡면에 대한 $\mathbb{B}$의 표면적분의 꼴로 나타낼 수 있다. 따라서

$$p = \int \left(F\,\frac{dx}{ds} + G\,\frac{dy}{ds} + H\,\frac{dz}{ds} \right) ds = \iint (la + mb + nc)\,dS \qquad (11)$$

또는

$$p = \int T.\mathbb{A}\cos\varepsilon\,ds = \iint T.\mathbb{B}\cos\eta\,dS \qquad (12)$$

이다.[1] 여기에서 ε은 $\mathbb{A}$와 ds 사이의 각이며, η는 $\mathbb{B}$와 dS의 법선 사이의 각이다. dS의 법선의 방향코사인은 l, m, n이다. $T.\mathbb{A}$와 $T.\mathbb{B}$는 $\mathbb{A}$와 $\mathbb{B}$의 수치상의 값을 가리킨다.

이 결과를 (3)식과 비교하면, 앞의 방정식에서 I라는 양은 $\mathbb{B}\cos\eta$, 즉 $\mathbb{B}$를 dS의 법선으로 분해한 부분과 같음이 분명하다.

592] 앞에서 밝혔듯이(490절, 541절), 패러데이의 이론에 따르면, 전자기력과 회로의 유도에 관한 현상은 회로를 통과하는 자기유도선의 수의 변화에 따라 달라진다. 이 자기유도선의 수는 수학적으로 회로로 둘러싸인 곡면을 지나는 자기유도의 표면적분으로 표시된다. 따라서 벡터 $\mathbb{B}$와 그 성분 a, b, c는 이미 자기유도와 그 성분으로 알고 있던 것을 나타낸다고 보아야 한다.

이번 고찰에서는 지난 장에서 말한 동역학 원리로부터 (될수록 실험을 참조하지 않고) 이 벡터의 특성을 연역하려 했다. 이 벡터는 수학적 고찰의 결과로 나타난 것으로서, 이를 자기유도(자기유도의 특성은 자석을 사용하는 실험에서 알 수 있다)와 동일시하는 과정에서 이 방법에서 벗어나지 않는다. 왜냐하면 이론에 새로운 사실을 도입한 것이 전혀

---

1) 현대 전자기학에 익숙한 사람들을 위해, 이를 전자기학 교과서에 전형적인 기호로 다시 쓰면 다음과 같다.

$$\Phi_B = \oint_C \mathbb{A} \cdot d\mathbb{l} = \iint_S \mathbb{B} \cdot d\mathbb{S} \qquad \text{—옮긴이.}$$

없으며, 수학적인 양에 이름을 하나 붙였을 뿐이고, 그렇게 할 수 있는 타당성은 수학적인 양의 관계와 이름으로 지시되는 물리적 양의 관계가 일치하는지 여부에 따라 판단되어야 하기 때문이다.

벡터 $\mathbb{B}$는 표면적분에서 나타나기 때문에 12절에서 서술한바, 다발(플럭스)의 범주에 속하는 것이 분명하다. 한편, 벡터 $\mathbb{A}$는 선적분에서 나타나기 때문에 힘의 범주에 속한다.

593] 여기에서 물리량이나 방향의 양 또는 음에 관한 약속을 상기할 필요가 있다. 이에 대해서는 일부를 23절에서 말한 적이 있다. 우리는 오른손 좌표계를 택한다. 따라서 오른나사를 x축 방향을 놓고, 이 나사의 너트를 회전의 양의 방향으로(즉 y의 방향으로부터 z의 방향으로) 회전시키면, 그것은 x축의 양의 방향으로 나사를 따라 돌게 움직일 것이다.

유리질 전기나 남성(南性) 자기를 양성으로 간주한다. 전류나 전기유도선의 양의 방향이란 양의 전기가 움직이거나 움직이려 하는 방향이다. 또한 자기유도선의 양의 방향이란 나침반 바늘에서 북쪽으로 돌아가는 끝이 향하는 방향이다. 498절의 그림 24와 501절의 그림 25 참조.

연구자는 이 약속을 자신의 기억 속에 확실하게 고정하기 위해서, 자신에게 가장 효과적인 것으로 보이는 방법을 선택하라고 추천한다. 왜냐하면 문장을 서술할 때 차이가 없는 두 방식 중에서 하나를 결정하는 규칙을 암기하는 것보다는 여러 방식 중 하나를 선택하는 규칙이 훨씬

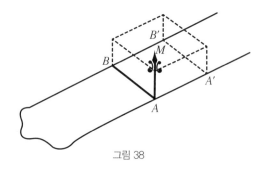

그림 38

더 쉽기 때문이다.

594] 다음에는, 동역학적 원리를 써서, 전류가 흐르는 도체가 자기마당 속에서 있을 때 작용하는 전자기력에 대한 표현과 자기마당 안에서 움직이고 있는 물체 안에서 전기체에 작용하는 기전력에 대한 표현을 연역해야 한다. 우리가 택하는 수학적 방법은 페러데이가[2] 도선을 써서 마당을 탐구할 때 사용한 실험적 방법, 그리고 실험에 바탕을 둔 방법을 써서 우리가 490절에서 이미 했던 작업과 비교할 수 있다. 이제 우리가 해야 할 일은 이차회로의 형태가 바뀔 때, 이차회로의 동전기 운동량과 p의 값에 미치는 영향을 구하는 것이다.

AA'과 BB'이 평행하고 곧은 두 도체이고, 이 둘이 아무 모양의 도체 호 C와 곧은 도체 AB로 연결되어 있다고 하자. 곧은 도체 AB는 AA'과 BB'을 전기가 통하는 레일로 하여 나란하게 미끄러질 수 있다.

이렇게 회로가 구성한 회로를 이차회로로 보고 ABC 순의 방향이 그 회로 둘레의 양의 방향이 된다고 하자.

미끄러지는 조각을 평행하게 움직여서 위치 AB로부터 위치 $A'B'$으로 옮겨간다. 이 미끄러지는 조각의 변위로부터 생겨나는 p의 변화, 즉 회로의 동전기 운동량의 변화를 구해야 한다.

이차회로는 ABC에서 $A'B'C$로 변한다. 따라서 587절에 따라

$$p(A'B'C) - p(ABC) = p(AA'B'B) \qquad (13)$$

이다.

그러므로 우리는 평행사변형 $AA'B'B$에 대한 p의 값을 구해야 한다. 이 평행사변형이 충분히 작아서 이 평면의 여러 점에서 자기유도의 방향과 크기의 변동을 무시할 수 있다면, p의 값은 591절에 따라 $\mathbb{B}\cos\eta AA'B'B$가 된다. 여기에서 $\mathbb{B}$는 자기유도이고, η는 자기유도의 방향과 평행사변형 $AA'B'B$의 법선의 양의 방향이 이루는 각이다.

---

[2] *Exp. Res.*, 3082, 3087, 3113.

이 결과를 기하학적으로 표현하자면, 밑변이 평행사변형 $AA'B'B$이고, 모서리 중 하나가 직선 AM인 평행육면체가 된다. 직선 AM은 자기유도 $\mathbb{B}$의 방향과 크기를 나타낸다. 이 평행육면체가 지면 위에 놓여 있고, AM을 지면에서 위로 향하게 그리면, 또는 더 일반적으로 회로 AB의 방향과 자기유도 AM의 방향과 변위 AA'의 방향이 이 순서로 오른손좌표계가 되게 한다면, 그 평행육면체의 부피는 양수인 것으로 택한다.

이 평행육면체의 부피는 이차회로에 대한 p의 값이 미끄러지는 조각이 AB로부터 $A'B'$으로 변위함에 따라 증가하는 양을 나타낸다.

미끄러지는 조각에 작용하는 기전력

595] 미끄러지는 조각의 운동 때문에 이차회로에 생겨나는 기전력은 579절에 따르면

$$E = -\frac{dp}{dt} \tag{14}$$

이다.

AA'이 단위 시간 동안의 변위라고 가정하면, AA'은 속도를 나타낼 것이고, 평행육면체는 $\frac{dp}{dt}$를 나타낼 것이며, 따라서 (14)식에 의하여 평행육면체는 음의 방향 BA의 기전력을 나타낼 것이다.

따라서 미끄러지는 조각 AB가 자기마당 속에서 운동한 결과 그 조각에 작용하는 기전력은 그 평행육면체의 부피로 표현된다. 이 평행육면체의 모서리는 방향과 크기에서 속도와 자기유도와 미끄러지는 조각을 나타낸다. 이 세 방향이 순서대로 오른손좌표계가 되면 그 값은 양수이다.

미끄러지는 조각에 작용하는 전자기력

596] 이차회로에 양의 방향 ABC로 흐르는 전류를 i_2로 나타내면, AB가 위치 AB로부터 $A'B'$으로 미끄러져 갈 때 전자기력이 AB에 가해 주

는 일은 $(M'-M)i_1i_2$이다. 여기에서 M과 M'은 AB의 처음 위치와 마지막 위치에서 M_{12}의 값이다. 그런데 $(M'-M)i_1$은 $p'-p$와 같으며, 이는 AB, AM, AA'의 평행육면체의 부피로 표현된다. 따라서 $AB.i_2$라는 양을 나타내기 위해 AB에 평행한 직선을 그리면, 이 직선과 자기유도 AM과 변위 AA'을 세 모서리로 하는 평행육면체는 이 변위 동안 하게 되는 일을 나타낸다.

변위의 거리가 주어질 때, 일이 최대가 되는 것은 변위가 두 변이 AB와 AM인 평행사변형에 수직할 때이다. 따라서 전자기력은 AB와 AM의 평행사변형의 넓이에 i_2를 곱한 것으로 나타내지며, 이 평행사변형의 법선 방향이다. 단, AB, AM, 법선은 그 순서대로 오른손좌표계가 되게 그려야 한다.

자기유도선의 네 가지 정의

597] 미끄러지는 조각의 운동이 일어나는 방향 AA'이 자기유도의 방향 AM과 일치한다면, AB의 방향이 무엇이든 상관없이, 미끄러지는 조각의 운동에는 기전력이 작용하지 않을 것이다. 그리고 AB에 전류가 흐른다면 AA'을 따라 미끄러지려 하지 않을 것이다.

마찬가지로, 미끄러지는 조각 AB가 자기유도의 방향 AM과 일치한다면, AB의 운동을 통해 작용하는 기전력은 없을 것이고, AB를 통해 흐르는 전류 때문에 AB에 역학적 힘이 작용하게 되지 않을 것이다.

따라서 자기유도선을 네 가지 다른 방식으로 정의할 수 있다. 자기유도선은 다음과 같은 선이다.

(1) 도체가 그 선을 따라 나란히 움직인다면 기전력을 받지 않는다.

(2) 전류가 흐르는 도체가 자기유도선을 따라 움직이도록 내버려둔다면, 그렇게 움직이려는 양상을 보이지 않을 것이다.

(3) 선 모양의 도체가 자기유도선이 방향과 일치한다면, 그리고 그 도체를 아무 방향으로나 그 자체에 평행하게 움직인다면, 그 길이 방향으로는 아무런 기전력도 받지 않을 것이다.

(4) 전류가 흐르는 선 모양의 도체가 자기유도선의 방향과 일치한다면 어떤 역학적 힘도 받지 않을 것이다.

기전세기의 일반적인 방정식

598] 유도에 의하여 이차회로에 작용하는 기전력 E는 $-\dfrac{dp}{dt}$ 와 같다. 여기에서

$$p = \int \left(F\frac{dx}{ds} + G\frac{dy}{ds} + H\frac{dz}{ds}\right)ds \tag{1}$$

이다.

E의 값을 구하기 위해 적분 기호 안에 있는 양을 t에 관해 미분하자. 단, 이차회로가 운동하고 있다면, x, y, z는 시간의 함수라는 점을 기억해야 한다. 그러면 다음을 얻는다.

$$
\begin{aligned}
E = &-\int \left(\frac{dF}{dt}\frac{dx}{ds} + \frac{dG}{dt}\frac{dy}{ds} + \frac{dH}{dt}\frac{dz}{ds}\right)ds \\
&-\int \left(\frac{dF}{dx}\frac{dx}{ds} + \frac{dG}{dx}\frac{dy}{ds} + \frac{dH}{dx}\frac{dz}{ds}\right)\frac{dx}{dt}\,ds \\
&-\int \left(\frac{dF}{dy}\frac{dx}{ds} + \frac{dG}{dy}\frac{dy}{ds} + \frac{dH}{dy}\frac{dz}{ds}\right)\frac{dy}{dt}\,ds \\
&-\int \left(\frac{dF}{dz}\frac{dx}{ds} + \frac{dG}{dz}\frac{dy}{ds} + \frac{dH}{dz}\frac{dz}{ds}\right)\frac{dz}{dt}\,ds \\
&-\int \left(F\frac{d^2x}{ds\,dt} + G\frac{d^2y}{ds\,dt} + H\frac{d^2z}{ds\,dt}\right)ds
\end{aligned}
\tag{2}
$$

이제 적분의 둘째 줄을 살펴보자. 591절의 (A)식에 있는 $\dfrac{dG}{dx}$와 $\dfrac{dH}{dx}$의 값을 대입하면, 이 줄은

$$-\int \left(c\frac{dy}{ds} - b\frac{dz}{ds} + \frac{dF}{dx}\frac{dx}{ds} + \frac{dF}{dy}\frac{dy}{ds} + \frac{dF}{dz}\frac{dz}{ds}\right)\frac{dx}{dt}\,ds$$

가 되며, 이는 다시

$$-\int \left(c\frac{dy}{ds} - b\frac{dz}{ds} + \frac{dF}{ds}\right)\frac{dx}{dt}\,ds$$

로 쓸 수 있다.

셋째 줄과 넷째 줄도 마찬가지 방식으로 다루고, $\dfrac{dx}{ds}, \dfrac{dy}{ds}, \dfrac{dz}{ds}$ 의 항을 모으자. 단,

$$\int \left(\frac{dF}{ds}\frac{dx}{dt} + F\frac{d^2 x}{dsdt} \right) ds = F\frac{dx}{dt} \tag{3}$$

임을 기억하면, 닫힌곡선에 대한 적분은 사라진다. 결국

$$
\begin{aligned}
E = &\int \left(c\frac{dy}{dt} - b\frac{dz}{dt} - \frac{dF}{dt} \right)\frac{dx}{ds}\,ds \\
&+ \int \left(a\frac{dz}{dt} - c\frac{dx}{dt} - \frac{dG}{dt} \right)\frac{dy}{ds}\,ds \\
&+ \int \left(b\frac{dx}{dt} - a\frac{dy}{dt} - \frac{dH}{dt} \right)\frac{dz}{ds}\,ds
\end{aligned} \tag{4}
$$

이 된다.

이 표현을

$$E = \int \left(P\frac{dx}{ds} + Q\frac{dy}{ds} + R\frac{dz}{ds} \right) ds \tag{5}$$

의 꼴로 쓸 수 있다. 여기에서

$$
\begin{aligned}
P &= c\frac{dy}{dt} - b\frac{dz}{dt} - \frac{dF}{dt} - \frac{d\Psi}{dx} \\
Q &= a\frac{dz}{dt} - c\frac{dx}{dt} - \frac{dG}{dt} - \frac{d\Psi}{dy} \quad \text{(기전세기의 방정식)} \tag{B} \\
R &= b\frac{dx}{dt} - a\frac{dy}{dt} - \frac{dH}{dt} - \frac{d\Psi}{dz}
\end{aligned}
$$

이다.[3]

새로운 양 ψ 와 관련된 항을 도입한 것은 P, Q, R 의 표현에 일반성을

---

3) 나중에 619절에서 요약하고 있듯이, 이 방정식을 사원수 벡터로 나타내면 $\mathbb{E} = V.\mathbb{GB} - \dot{\mathbb{A}} - \nabla\Psi$ 가 된다. 현대적인 전자기학 교과서에서는 전기장의 세기와 벡터 퍼텐셜 및 스칼라 퍼텐셜의 관계를 $\mathbb{E} = -\dfrac{\partial \mathbb{A}}{\partial t} - \nabla\Psi$ 로 정의한다. 따라서 기전세기는 현대적인 의미의 전기장의 세기와 같지 않고, $V.\mathbb{GB}$(현대의 익숙한 기호로 $v \times \mathbb{B}$)라는 항이 더해진 양이다—옮긴이.

주기 위함이다. 닫힌회로에 대해서는 적분에서 그 항이 모두 사라진다. 따라서 ψ라는 양은 우리가 다루는 문제, 즉 회로 주변의 기전력을 구하는 문제에서는 미정이다. 그러나 모든 상황의 문제를 알게 되면, ψ에 명확한 값을 할당할 수 있음을 알게 될 것이다. 어떤 정의에 따르면, 이 양은 점 (x, y, z)에서 전기퍼텐셜을 나타낸다.

(5)식에서 적분 기호 안에 있는 양은 회로의 요소 ds에 작용하는 기전세기를 나타낸다.

P, Q, R의 합성의 수치적 값을 $T.\mathbb{E}$로 나타내고, 이 합성의 방향과 요소 ds의 방향 사이의 각을 ε으로 나타내면, (5)식을 다음과 같이 쓸 수 있다.

$$E = \int T.\mathbb{E} \cos\varepsilon \, ds \tag{6}$$

벡터 $\mathbb{E}$는 움직이는 요소 ds의 기전세기이다. 그 방향과 크기는 ds의 위치와 운동에 의존하며, 자기마당의 변화에 따라 의존하지만, ds의 방향과는 무관하다. 따라서 ds가 회로의 일부를 이루는 상황은 고려하지 않아도 된다. 그 대신에 이를 단순히 움직이는 물체의 한 조각으로 간주하고, 여기에 기전세기 $\mathbb{E}$가 작용하는 것으로 보아도 된다. 기전세기는 68절에서 이미 정의되었다. 이는 합성 전기세기라고 부르기도 한다. 왜냐하면 이것은 그 위치에 1단위의 양의 전기체를 놓을 때 그 전기체가 받게 될 힘과 같기 때문이다. 우리는 이제 이 양의 가장 일반적인 값을 얻었으며, 이는 가변전기계에서 비롯되는 자기마당 안에서 움직이는 물체의 경우에 해당한다.

물체가 도체라면, 기전력은 전류를 만들어낼 것이며, 물체가 절연체라면, 기전력은 전기 변위만을 만들어낼 것이다.

기전세기 또는 입자가 받는 힘은 어느 곡선의 호에 대한 기전력과 주의 깊게 구분해야 한다. 뒤의 양은 앞의 양의 선적분이기 때문이다. 69절 참조.

599] 그 성분이 (B)식으로 정의되는 기전세기는 세 가지 상황에 종

속된다. 첫째는 자기마당 속을 지나는 입자의 운동이다. 이 운동에 의존하는 힘의 부분은 (B)식의 오른편에 있는 처음 두 항으로 표시된다. 이는 자기유도선를 가로지르는 방향의 입자의 속도에 따라 달라진다. 그 속도를 나타내는 벡터를 $\mathbb{G}$라 하고, 자기유도를 나타내는 벡터를 $\mathbb{B}$라 하면, 운동에 의존하는 기전세기의 부분 $\mathbb{E}_1$은

$$\mathbb{E}_1 = V.\mathbb{G}\mathbb{B} \tag{7}$$

가 된다. 즉 기전세기는 자기유도와 속도의 벡터곱이다. 다시 말해서 기전세기의 크기는 두 변이 속도와 자기유도를 나타내는 평행사변형의 넓이로 표현되며, 그 방향은 이 평행사변형에 수직이 방향이며, 또한 속도, 자기유도, 기전세기가 오른손 좌표계의 순환 순서가 되게 그린다.

(B)식의 셋째 항은 자기마당의 시간변화에 따라 달라진다. 이는 일차회로의 전류가 시간에 달라지기 때문일 수도 있고, 일차회로의 운동 때문일 수도 있다. 이 항에 의존하는 기전세기의 부분을 $\mathbb{E}_2$라 하자. 그 성분은

$$-\frac{dF}{dt}, \qquad -\frac{dG}{dt}, \qquad -\frac{dH}{dt}$$

이며, 이것은 벡터 $-\frac{d\mathbb{A}}{dt}$ 또는 $-\dot{\mathbb{A}}$의 성분이다. 따라서

$$\dot{\mathbb{E}}_2 = -\dot{\mathbb{A}} \tag{8}$$

이다.

(B)식의 마지막 항은 함수 ψ의 마당의 여러 부분에서의(즉, 공간적인) 변화에서 비롯되는 것이다. 이를 기전세기의 셋째 부분으로 쓸 수 있다. 즉

$$\mathbb{E}_3 = -\nabla\Psi \tag{9}$$

이다.

따라서 (B)식으로 정의되는 기전세기는 사원수를 사용하여 다음과

같이 쓸 수 있다.

$$\mathbb{E} = V.\mathbb{GB} - \dot{\mathbb{A}} - \nabla\Psi \qquad (10)$$

기전세기의 기준이 되는 축이 공간에서 움직일 때, 기전세기에 대한 방정식의 수정

600] 공간 속에서 움직이고 있는 반듯한 축들을 기준으로 할 때 어느 점의 좌표를 x', y', z'이라 하고, 고정된 축을 기준으로 할 때 그 점의 좌표를 x, y, z라 하자.

움직이는 좌표계의 원점의 속도 성분을 u, v, w라 하고, 고정된 좌표계를 기준으로 한 원점의 각속도를 ω_1, ω_2, ω_3이라 하자. 고정된 축이 특정 순간에 움직이는 축과 일치하게끔 선택하면, 두 좌표계에서 달라지는 유일한 양은 시간으로 미분한 것뿐일 것이다. 움직이는 좌표계와 붙어서 움직이고 있는 한 점의 속도[4] 성분을 $\dfrac{\delta x}{\delta t}$로 나타내고, 아무 움직이는 점의 고정된 축과 움직이는 축에 대한 속도 성분을 각각 $\dfrac{dx}{dt}$, $\dfrac{dx'}{dt}$으로 나타내자(순간 위치는 같음). 그러면

$$\frac{dx}{dt} = \frac{\delta x}{\delta t} + \frac{dx'}{dt} \qquad (1)$$

이며, 다른 성분에도 마찬가지의 방정식이 된다.

물체의 운동에 대한 불변형식의 이론으로부터

$$\left.\begin{array}{l} \dfrac{\delta x}{\delta t} = u + \omega_2 z - \omega_3 y \\[2mm] \dfrac{\delta y}{\delta t} = v + \omega_3 x - \omega_1 z \\[2mm] \dfrac{\delta z}{\delta t} = w + \omega_1 y - \omega_2 x \end{array}\right\} \qquad (2)$$

이다.

---

4) 즉 움직이는 좌표계의 정지좌표계에 대한 상대속도—옮긴이.

F가 방향 있는 양의 x에 평행한 성분이기 때문에, 움직이는 축을 기준으로 한 $\dfrac{dF}{dt}$의 값을 $\dfrac{dF'}{dt}$라 하면, 다음을 보일 수 있다.

$$\frac{dF'}{dt} = \frac{dF}{dx}\frac{\delta x}{\delta t} + \frac{dF}{dy}\frac{\delta y}{\delta t} + \frac{dF}{dz}\frac{\delta z}{\delta t} + G\omega_3 - H\omega_2 + \frac{dF}{dt} \tag{3}$$

$\dfrac{dF}{dy}$와 $\dfrac{dF}{dz}$에 대해 자기유도의 방정식 (A)식에서 연역한 값을 대입하면, 그리고 (2)식으로부터

$$\frac{d}{dx}\frac{\delta x}{\delta t} = 0 , \quad \frac{d}{dx}\frac{\delta y}{\delta t} = \omega_3 , \quad \frac{d}{dx}\frac{\delta z}{\delta t} = -\omega_2 \tag{4}$$

임을 기억하면, 다음을 얻을 수 있다.

$$\frac{dF'}{dt} = \frac{dF}{dx}\frac{\delta x}{\delta t} + F\frac{d}{dx}\frac{\delta x}{\delta t} + \frac{dG}{dx}\frac{\delta y}{\delta t} + G\frac{d}{dx}\frac{\delta y}{\delta t}$$
$$+ \frac{dH}{dx}\frac{\delta z}{\delta t} + H\frac{d}{dx}\frac{\delta z}{\delta t} - c\frac{\delta y}{\delta t} + b\frac{\delta z}{\delta t} + \frac{dF}{dt} \tag{5}$$

이제

$$-\Psi' = F\frac{\delta x}{\delta t} + G\frac{\delta y}{\delta t} + H\frac{\delta z}{\delta t} \tag{6}$$

라 놓으면, 앞의 식은 다음과 같이 된다.

$$\frac{dF'}{dt} = -\frac{d\Psi'}{dx} - c\frac{\delta y}{\delta t} + b\frac{\delta z}{\delta t} + \frac{dF}{dt} \tag{7}$$

x에 평행한 기전세기의 성분 P에 대한 방정식은 (B)로부터

$$P = c\frac{dy}{dt} - b\frac{dz}{dt} - \frac{dF}{dt} - \frac{d\Psi}{dx} \tag{8}$$

가 되며, 이는 고정된 축을 기준으로 한 것이다. 움직이는 축을 기준으로 한 양들의 값을 대입하면, 움직이는 축을 기준으로 한 P의 값은 다음과 같이 된다.

$$P' = c\frac{dy'}{dt} - b\frac{dz'}{dt} - \frac{dF'}{dt} - \frac{d(\Psi + \Psi')}{dx} \tag{9}$$

601] 이로부터 기전세기는 도체의 운동이 고정된 축을 기준으로 하든

지, 아니면 움직이는 축을 기준으로 하든지 상관없이 같은 유형의 공식이 됨을 알 수 있다. 두 공식 사이의 유일한 차이는 움직이는 축의 경우에 전기 퍼텐셜 ψ가 $\psi+\psi'$으로 바뀌어야 한다는 점뿐이다.

전류가 전도회로에서 생겨나는 모든 경우에, 기전력은 다음의 선적분으로 주어진다.

$$E = \int \left(P\frac{dx}{ds} + Q\frac{dy}{ds} + R\frac{dz}{ds} \right) ds \tag{10}$$

적분은 곡선을 한 바퀴 둘러 계산한 것이다. 이 적분에서는 ψ의 값이 사라지기 때문에 ψ'의 도입이 그 값에 전혀 영향을 주지 않는다. 그러므로 닫힌회로와 그 속의 전류에 관계되는 모든 현상에서 우리가 기준으로 삼는 축이 정지해 있는가 아니면 움직이고 있는가는 차이가 없다. 668절 참조.

전류가 흐르는 도체가 자기마당에서 받는 전자기력

602] 583절의 일반적인 고찰에서는, 이차회로의 위치와 모양을 결정하는 변수 중 하나를 x_1이라 하고, 이 변수가 증가하려 할 때 이차회로에 작용하는 힘을 X_1이라 하면,

$$X_1 = \frac{dM}{dx_1} i_1 i_2 \tag{1}$$

가 됨을 보았다.

i_1은 x_1과 무관하기 때문에,

$$Mi_1 = p = \int \left(F\frac{dx}{ds} + G\frac{dy}{ds} + H\frac{dz}{ds} \right) ds \tag{2}$$

라고 쓸 수 있으며, X_1의 값에 대하여

$$X_1 = i_2 \frac{d}{dx_1} \int \left(F\frac{dx}{ds} + G\frac{dy}{ds} + H\frac{dz}{ds} \right) ds \tag{3}$$

를 얻는다.

이제 변위가 회로의 모든 점이 x방향으로 거리 δx만큼 움직이는 것

으로 이루어져 있다고 하자. δx는 s의 연속함수이다. 회로의 여러 다른 부분들은 서로 무관하게 움직이는 반면, 회로는 연속되고 닫힌 채로 남아 있다.

또 X를 회로의 부분($s=0$인 지점부터 $s=s$인 지점까지)에 작용하는 방향의 전체 힘이라고 하면, 요소 ds에 해당하는 부분은 $\dfrac{dX}{ds}\,ds$ 가 될 것이다. 그러면 이 변위에서 힘이 하는 일을 다음과 같이 표현할 수 있다.

$$\int \frac{dX}{ds}\,\delta x\,ds = i_2 \int \frac{d}{d\delta x}\left(F\frac{dx}{ds} + G\frac{dy}{ds} + H\frac{dz}{ds} \right)\delta x\,ds \qquad (4)$$

여기에서 적분은 그 폐곡선을 한 바퀴 둘러 계산한 것이며, δx는 s의 아무 함수이다. 따라서 598절에서 t로 미분했던 것과 똑같은 방식으로 δx에 대한 미분을 할 수 있다. 단,

$$\frac{dx}{d\delta x} = 1, \quad \frac{dy}{d\delta x} = 0, \quad \frac{dz}{d\delta x} = 0 \qquad (5)$$

임을 기억해야 한다.

이렇게 하여 다음을 얻는다.

$$\int \frac{dX}{ds}\,\delta x\,ds = i_2 \int \left(c\frac{dy}{ds} - b\frac{dz}{ds} \right)\delta x\,ds + i_2 \int \frac{d}{ds}(F\,\delta x)\,ds \qquad (6)$$

적분이 폐곡선을 한 바퀴 둘러 계산하는 것이라면, 마지막 항은 사라진다. 이 방정식은 함수 δx가 어떤 형태이든 성립해야 하기 때문에, 회로의 단위요소에 작용하는 x에 평행한 힘에 대한 방정식은 다음과 같이 되어야 한다.

$$\frac{dX}{ds} = i_2\left(c\frac{dy}{ds} - b\frac{dz}{ds} \right) \qquad (7)$$

y와 z에 평행한 힘은 다음과 같다.

$$\frac{dY}{ds} = i_2\left(a\frac{dz}{ds} - c\frac{dx}{ds} \right) \qquad (8)$$

$$\frac{dZ}{ds} = i_2\left(b\frac{dx}{ds} - a\frac{dy}{ds} \right) \qquad (9)$$

요소에 작용하는 합성력의 방향과 크기는 사원수 표현 $i_2 V.d\rho\mathbb{B}$로 주어진다. 여기에서 i_2는 전류의 수치상 크기이며, $d\rho$와 $\mathbb{B}$는 회로의 요소와 자기유도를 나타내는 벡터이며, 곱은 해밀턴의 의미로 이해하면 된다.

603] 도체를 선이 아니라 물체로 다루어야 한다면, 길이요소에 작용하는 힘과 전체 단면을 지나 흐르는 전류를 단위부피당 힘과 단위넓이당 전류를 나타내는 기호를 써서 표시해야 한다.

단위부피당 힘의 성분을 X, Y, Z로 나타내고, 단위넓이당 전류의 성분을 u, v, w로 나타내자. 도체의 단면적을 S라 하고, 이를 작다고 가정하자. 요소 ds의 부피는 Sds가 되고, $u = \dfrac{i_2}{S}\dfrac{dx}{ds}$ 일 것이다. 따라서 (7)식은 다음과 같이 된다.

$$\frac{XS\,ds}{ds} = S(vc - wb) \tag{10}$$

또는

$$\left.\begin{array}{l} X = vc - wb \\ Y = wa - uc \\ Z = ub - va \end{array}\right\} \text{(전자기력의 방정식)} \tag{C}$$

이다.

여기에서 X, Y, Z는 도체 요소에 작용하는 전자기력의 성분을 그 요소의 부피로 나눈 값이고, u, v, w는 그 요소를 지나는 전류의 성분을 넓이로 나눈 값이며, a, b, c는 그 요소의 자기유도의 성분이고, 이 역시 단위넓이당의 값이다.

도체의 단위부피에 작용하는 힘의 크기와 방향을 벡터 $\mathbb{F}$로 나타내고, 도체 속에서 흐르는 전류를 $\mathbb{C}$로 나타내면,

$$\mathbb{F} = V.\mathbb{C}\mathbb{B} \tag{11}$$

이다.

(니벤의 주)

〔598절의 (B)식은 다음의 방법으로 증명할 수 있다. 이는 맥스웰 교수의 논문 「전자기마당의 동역학적 이론에 관하여」, *Phil. Trans.* 1865, pp.459~512에 유도되어 있다.

$-p$의 시간변화는 두 부분으로 나눌 수 있다. 하나는 회로의 운동에 따라 달라지는 부분이고, 다른 하나는 그와 무관한 부분이다. 무관한 부분은 명백하게

$$-\int \left(\frac{dF}{dt}\,dx + \frac{dG}{dt}\,dy + \frac{dH}{dt}\,dz \right)$$

이다.

앞의 부분을 구하기 위해 회로의 일부를 이루는 호 δs를 생각하자. 이 호가 레일을 따라 속도 v로 움직인다고 상상해 보자. 레일은 평행한 것으로 놓으며, 속도의 성분은 $\dot{x}, \dot{y}, \dot{z}$이다. 회로의 나머지 부분은 정지해 있다고 가정한다. 그러면 호의 움직임을 통해 작은 평행사변형이 생성된다고 볼 수 있다. 그 평행사변형의 법선의 방향코사인은

$$\lambda, \mu, \nu = \frac{n\dot{y} - m\dot{z}}{v\sin\theta}, \frac{l\dot{z} - n\dot{x}}{v\sin\theta}, \frac{m\dot{x} - l\dot{y}}{v\sin\theta}$$

이다. 여기에서 l, m, n은 δs의 방향코사인이며, θ는 v와 δs 사이의 각이다.

λ, μ, ν의 부호를 확인하기 위해 $m=-1$, $\dot{x}=v$을 대입하면, 그 값이 (0, 0, -1)이 되며, 오른손좌표계로 적합하다.

이제 자기유도의 성분을 a, b, c라 하면, 시간 δt 동안의 δs의 운동 때문에

$$\delta p = (a\lambda + b\mu + c\nu)v\,\delta t\,\delta s\,\sin\theta$$

가 된다.

회로의 각 부분이 마찬가지 방식으로 운동한다고 가정하면, 합성 효과는 회로 전체의 운동이 될 것이다. 두 인접한 호의 경우에 레일에 흐

르는 전류가 서로 균형을 이루기 때문이다. 따라서 회로의 운동에서 비롯하는 $-p$의 시간변화는 다음과 같다.

$$-\int \{a(n\dot{y} - m\dot{z}) + b(l\dot{z} - n\dot{x}) + c(m\dot{x} - l\dot{y})\}\, ds$$

이 적분을 회로 전체에 한 바퀴 돌려 택하면

$$= \int (c\dot{y} - b\dot{z})\, dx + \int (a\dot{z} - c\dot{x})\, dy + \int (b\dot{x} - a\dot{y})\, dz$$

이다.

전자기력의 성분에 대한 602절의 결과는 위의 δp에 대한 표현으로부터 연역될 수 있다. 즉, 호 δs가 방향 l', m', n'으로 거리 $\delta s'$만큼 변위했다고 하면,

$$\delta p = \{l'(cm - bn) + m'(an - cl) + n'(bl - am)\}\,\delta s\, \delta s'$$

이다.

호 s에 작용하는 힘의 x성분을 X라 하면, 596절에서처럼, 단위 전류에 대해

$$\frac{dX}{ds} = \frac{dp}{dx} = cm - bn$$

을 얻는다.]

전자기장의 방정식

[전류가 언제나 폐회로에서만 흐른다고 가정하면 벡터 퍼텐셜을 도입하지 않고도 전자기장의 상태를 결정하게 될 방정식을 연역할 수 있다.

아무 회로 둘레의 전류의 세기를 i라 하고, 그 회로는 정지해 있다고 가정하자. 이 전류에서 비롯하는 전기운동에너지 T는 다음과 같다.

$$i \iint (la + mb + nc)\, dS$$

여기에서 dS는 전류로 둘러싸여 있는 곡면의 요소이다.

따라서 i가 늘어나게 하는 회로 둘레의 전체 기전력 $-\dfrac{d}{dt}\dfrac{dT}{di}$ 는

$$-\iint\left(l\,\frac{da}{dt}+m\,\frac{db}{dt}+n\,\frac{dc}{dt}\right)dS$$

와 같다. 따라서 기전세기의 성분을 X, Y, Z라 하면

$$\int(Xdx+Ydy+Zdz)=-\iint\left(l\,\frac{da}{dt}+m\,\frac{db}{dt}+n\,\frac{dc}{dt}\right)dS \qquad (1)$$

이다. 그런데 스토크스의 정리에 따라 이 방정식의 왼편은

$$\iint\left\{l\left(\frac{dZ}{dy}-\frac{dY}{dz}\right)+m\left(\frac{dX}{dz}-\frac{dZ}{dx}\right)+n\left(\frac{dY}{dx}-\frac{dX}{dy}\right)\right\}dS$$

와 같다. 이 적분을 (1)식의 오른편과 같다고 놓으면, 전류를 경계로 하는 곡면은 매우 임의적이므로,

$$\frac{dZ}{dy}-\frac{dY}{dz}=-\frac{da}{dt}$$

$$\frac{dX}{dz}-\frac{dZ}{dx}=-\frac{db}{dt}$$

$$\frac{dY}{dx}-\frac{dX}{dy}=-\frac{dc}{dt}$$

를 얻는다. 이 식과 다음 식들로부터 전자기마당의 상태를 충분히 결정할 수 있다.

$$4\pi\mu=\frac{d\gamma}{dy}-\frac{d\beta}{dz}$$

$$4\pi v=\frac{d\alpha}{dz}-\frac{d\gamma}{dx}$$

$$4\pi w=\frac{d\beta}{dx}-\frac{d\alpha}{dy}$$

비저항이 σ인 도체에서는

$$u=\frac{X}{\sigma},\ v=\frac{Y}{\sigma},\ w=\frac{Z}{\sigma}$$

이고, 고유유도계수가 K인 절연체에서는

$$u = \frac{K}{4\pi}\frac{dX}{dt}, \ v = \frac{K}{4\pi}\frac{dY}{dt}, \ w = \frac{K}{4\pi}\frac{dZ}{dt}$$

이다.

아무 곡면에서나 경계조건은 곡면에 수직한 자기유도[5])가 연속이어야 하며, 곡면에 평행한 자기력[6])도 연속이어야 한다는 것이다.

전자기마당에서 연구에서 이 방법은 단순하다는 장점이 있다. 이 방법을 강하게 지지해 온 사람은 헤비사이드(Heaviside)이다. 그러나 이 방법이 본문의 방법만큼 일반적이지는 않다. 본문의 방법은 전류가 항상 닫힌회로를 흐르고 있지 않더라도 적용할 수 있다.]

---

5) 즉 자기유도의 법선성분—옮긴이.

6) 즉 자기력의 접선성분—옮긴이.

제9장 전자기장의 일반방정식

604] 전자기학의 이론적 논의에서는 전류가 흐르는 회로계가 동역학 계이며, 거기에서 전류는 속도로 간주할 수 있고 이 속도에 해당하는 위치좌표는 그 자체로는 방정식에 나타나지 않는다고 우선 가정했다. 이 가정으로부터 도출되는 사실이 전류에 따라 달라지는 계의 운동에너지는 전류의 동차 2차함수라는 점이다. 그 함수의 계수들은 회로의 모양과 상대적 위치에 따라서만 달라진다. 이 계수를 실험이나 여타의 방법을 통해 알 수 있다고 가정한 뒤에, 우리는 순전히 동역학적인 추론을 통해 전류의 유도에 대한 법칙과 전자기 인력에 대한 법칙을 연역해냈다. 이 고찰에서 우리는 전류계의 전기운동에너지라든가, 회로의 전자기 운동량이라든가, 두 회로의 상호 퍼텐셜이라는 개념 등을 도입했다.

그런 뒤에 이차회로의 다양한 배치를 이용해서 전자기장을 탐색해 나갔으며, 그럼으로써 마당의 각 점에서 정해진 크기와 방향을 지니는 $\mathbb{A}$(또는 $\mathcal{A}$)라는 벡터의 개념에 이르렀다. 우리는 이 벡터를 그 점에서의 전자기 운동량이라 불렀다. 이 양은 마당으로부터 갑자기 모든 전류를 없앴을 때 그 점에 생겨나게 될 기전세기의 시간적분으로 볼 수 있다. 이는 405절에서 이미 자기유도의 벡터 퍼텐셜로 고찰한 양과 똑같다. 이 벡터의 x, y, z방향으로 평행한 성분들은 F, G, H이다. 어느 회로의 전자기 운동량은 그 회로 둘레에 대한 $\mathbb{A}$의 선적분이다.

다음으로 24절의 정리 IV에 의거하여, $\mathbb{A}$의 선적분을 다른 벡터 $\mathbb{B}$(또는 $\mathcal{B}$)(그 성분은 a, b, c)의 면적분으로 변환했다. 도체의 운동에서 비롯한 유도의 현상과 전자기력의 현상은 𝔹로 나타낼 수 있음을 보았다. 𝔹에는 자기유도라는 이름이 주어졌다. 왜냐하면 그 성질들이 패러데이가 고찰했던 자기유도선의 성질과 똑같기 때문이다.

우리는 또한 세 묶음의 방정식을 확립했다. 첫째 묶음 (A)는 자기유도의 방정식이며, 자기유도를 전자기 운동량으로 나타낸 것이다. 둘째 묶음 (B)는 기전세기의 방정식으로서, 기전세기를 자기유도선을 지나는 도체의 운동과 전자기 운동량의 변화율로 나타낸 것이다. 셋째 묶음 (C)는 전자기력의 방정식으로서, 전자기력을 전류와 자기유도로 나타낸 것이다.

이 모든 경우에 전류는 실제의 전류로 여겨져야 한다. 즉 전도성 전류뿐 아니라 전기변위의 변화에서 비롯된 전류도 포함한다.

자기유도 𝔹는 이미 400절에서 살펴본 양이다. 자화되지 않은 물체에서는 자기유도가 단위자극에 작용하는 힘과 똑같지만, 물체가 영구적으로 혹은 유도에 의해 자화되면, 자기유도는 물체 안의 좁은 틈새(그 틈새의 벽은 자화의 방향에 수직함)에 단위자극을 두었을 때 그 극에 미치게 될 힘이다. 𝔹의 성분은 a, b, c이다.

a, b, c를 정의하는 방정식 (A)로부터 다음이 도출된다.

$$\frac{da}{dx} + \frac{db}{dy} + \frac{dc}{dz} = 0$$

이것이 자기유도의 성질임은 403절에서 밝혔다.

605] 자기유도와 구별되는 자석 안의 자기력에 대한 정의는 자화의 방향과 평행한 좁은 틈새에 놓아 둔 단위극에 작용하는 힘이다. 이 양은 ℍ로 나타내며, 그 성분은 α, β, γ이다. 398절을 볼 것.

자화의 세기를 𝕁(또는 J)라고 하고, 그 성분을 A, B, C라 하면, 400절에 따라 다음을 얻는다.

$$a = \alpha + 4\pi A$$
$$b = \beta + 4\pi B \qquad \text{(자기의 방정식) (D)}$$
$$c = \gamma + 4\pi C$$

이것은 자화의 방정식이라고 부를 수 있으며, 전자기 단위계에서, 벡터로 여겨지는 자기유도 $\mathbb{B}$가 해밀턴의 의미에서 두 벡터의 합, 즉 자기력 $\mathbb{H}$와 자화 $\mathbb{J}$에 4π를 곱한 것의 합임을 말해 준다. 즉

$$\mathbb{B} = \mathbb{H} + 4\pi\mathbb{J}$$

어떤 물질에서는 자화가 자기력에 따라 달라지며, 이것을 표현한 것이 426절과 435절에서 제시한 유도자기의 방정식계이다.

606] 우리의 고찰에서 여기까지는 모든 것을 순전히 동역학적인 고려로부터 연역해 냈으며, 전기나 자기에 관한 정량적인 실험은 전혀 참조하지 않았다. 우리가 실험지식을 사용한 것은 오로지, 이론으로부터 연역한 추상적인 양에서 실험으로 발견되는 구체적인 양을 알아내고 여기에 그 수학적 기원보다는 물리적 관계를 나타내는 이름으로 지시할 때뿐이었다.

이런 식으로 전자기 운동량 $\mathbb{A}$가 그 방향과 크기가 공간의 부분마다 달라지는 벡터로 존재함을 명료하게 했다. 그리고 이로부터 수학적 과정을 통해 자기유도 $\mathbb{B}$가 유도된 벡터임을 연역했다. 그러나 마당 안의 전류의 분포로부터 $\mathbb{A}$ 혹은 $\mathbb{B}$를 결정할 수 있는 데이터를 얻은 적은 없다. 이를 위해서는 이 양들과 전류 사이의 수학적 연관을 밝혀야 한다.

우선, 영구자석이 존재하며 그 상호의 작용은 에너지 보존의 원리를 충족시킨다는 점을 받아들이자. 자기력에 관한 유일한 가정은 이 원리로부터 도출되는 것뿐이다. 즉, 자극에 작용하는 힘은 퍼텐셜로부터 유도될 수 있어야 한다는 점이다.

전류와 자석 사이의 작용을 관찰하면, 전류가 자석에 작용하는 방식이 다른 자석(그 세기와 모양과 위치를 적절하게 조정하면)의 작용과 명백하게 같으며, 자석이 전류에 작용하는 방식도 다른 전류와 같다는 것을 알 수 있다. 힘을 실제로 측정할 때에 이러한 관찰이 반드시 수반되어야 하는 것은 아니다. 그러므로 이러한 관찰이 수치상의 데이터를 마련해 주는 것이 아니라, 우리의 고찰을 위한 질문을 제기하는 데에만

유용한 것으로 보아야 한다.

이 관찰이 제기하는 질문은 전류로부터 만들어지는 자기장은 많은 면에서 영구자석에서 만들어지는 자기장과 비슷하기 때문에 퍼텐셜에 관계된다는 점에서도 비슷한가 하는 점이다.

전기회로는 그 주변의 공간에 만들어내는 자기효과는 그 회로로 둘러싸인 자기껍질에서 만들어지는 것과 정확히 같다는 증거는 482~485절에서 논의했다.

자기껍질의 경우에, 자기껍질을 이루는 물질의 바깥에 있는 모든 점에 대해서는 확정된 값을 가지는 퍼텐셜이 존재하지만, 자기껍질의 두 반대쪽에 있는 이웃하는 두 점에서의 퍼텐셜의 값은 유한한 양만큼 차이가 난다는 점을 알고 있다.

전류 근방의 자기장이 자기껍질 근방의 자기장과 비슷하다면, 자기력의 선적분으로 구해지는 자기 퍼텐셜은 어떤 적분경로에 대해서도 똑같을 것이다. 어느 한 적분경로를 전류의 절단 없이 연속적으로 움직여 다른 적분경로로 변환할 수 있다면 말이다.

그런데 한 적분경로를 다른 적분경로로 변환하기 위해서는 전류를 절단해야 한다면, 그 두 적분경로에 대한 자기력의 선적분은 전류의 세기에 따라 달라지는 양만큼의 차이를 보일 것이다. 따라서 전류에 의한 자기 퍼텐셜은 공차가 일정한 무한한 값들을 갖는 함수이다. 그중 어느 값이 될지는 적분경로에 따라 달라진다. 도체 안에서는 자기 퍼텐셜 같은 것이 없다.

607] 전류의 자기 작용에 이런 종류의 자기 퍼텐셜이 존재한다고 가정하고, 이 결과를 수학적으로 표현해 보자.

무엇보다도 임의의 폐곡선에 대한 자기력의 선적분은 0이다. 그 폐곡선이 전류를 둘러싸고 있지 않다면 말이다.

다음으로 전류가 폐곡선을 양의 방향으로 한 번 그리고 오직 한 번 뚫고 지나간다면, 선적분은 확정된 값이 되며, 이것을 전류의 세기에 대한 척도로 사용할 수 있다. 폐곡선의 모양을 전류의 절단 없이 연속적인 방식으로 바꾸더라도 선적분의 값은 똑같을 것이다.

전자기 단위계에서는 폐곡선에 대한 자기력의 선적분은 폐곡선을 뚫고 지나가는 전류에 4π를 곱한 것과 수치상으로 같다.

폐곡선을 두 변이 dy 및 dz인 직사각형으로 잡으면, 이 평행사변형에 대한 자기력의 선적분은

$$\left(\frac{d\gamma}{dy} - \frac{d\beta}{dz} \right) dydz$$

가 되며, 전기의 흐름(flow)의 성분을 u, v, w라 하면, 이 평행사변형을 뚫고 지나가는 전류는

$$udydz$$

가 된다.

여기에 4π를 곱하고 선적분에 대한 결과와 같다고 놓으면 다음 방정식을 얻는다.

$$4\pi u = \frac{d\gamma}{dy} - \frac{d\beta}{dz}$$

마찬가지로

$$4\pi v = \frac{d\alpha}{dz} - \frac{d\gamma}{dx} \qquad \text{(전류의 방정식)} \quad \text{(E)}$$

$$4\pi w = \frac{d\beta}{dx} - \frac{d\alpha}{dy}$$

이다. 이 방정식들은 모든 점에서 자기력이 주어질 때 전류의 크기와 방향을 정해 준다.

전류가 없을 때에는 이 방정식은 다음의 조건과 동등하다.

$$\alpha \, dx + \beta dy + \gamma dz = -D\Omega$$

즉, 전류가 없는 곳에서는 자기력을 마당의 모든 점에서의 자기 퍼텐셜로부터 유도할 수 있다.

방정식 (E)를 x, y, z에 대해 미분하고 모두 더하면, 다음 방정식을 얻는다.

$$\frac{du}{dx} + \frac{dv}{dy} + \frac{dw}{dz} = 0$$

이는 성분이 u, v, w인 전류가 비압축성 유체의 운동 조건을 충족시키며, 닫힌회로 안에서 반드시 흘러야 함을 말해 준다.

이 방정식은 u, v, w가 실제 전도에서 비롯되는 전기적 흐름뿐 아니라 전기변위의 변화에서 비롯되는 전기적 흐름의 성분이기만 하면 참이다.

절연체 속의 전기변위의 변화에서 비롯되는 전류의 직접적인 전자기 작용과 관계되는 실험증거는 거의 없는 편이다. 하지만 우리가 변위의 변화에서 비롯되는 순간적인 전류의 존재를 인정해야 하는 여러 까닭 중 하나는 닫혀 있지 않은 전류의 존재와 전자기법칙을 조화시키기가 대단히 어렵기 때문이다.

608] 이제 우리는 외르스테드, 앙페르, 패러데이 등이 발견한 현상에 관련되는 주된 양들의 관계를 결정했다. 이를 이 책의 앞부분에서 서술한 현상들과 연결시키기 위해서는 몇 가지 관계식을 더 추가해야 한다.

물체에 기전세기가 작용하면 두 가지 전기적 효과, 즉 패러데이 유도와 패러데이 전도가 생겨난다. 패러데이 유도는 절연체 속에서 가장 두드러지며, 패러데이 전도는 도체 속에서 그러하다.

이 책에서는 정전기유도는 전기변위라 부르는 것으로 측정한다. 우리가 $\mathbb{D}\,(\mathcal{D})$라고 표시한 전기변위는 방향이 있는 양 또는 벡터이며, 그 성분은 f, g, h이다.

등방성 물질에서는 변위가 그것을 만들어내는 기전세기와 같은 방향이며 기전세기에 비례한다. 적어도 이 세기가 작은 값일 때에는 그러하다. 이것을 다음 방정식으로 표현할 수 있다.

$$\mathbb{D} = \frac{1}{4\pi} K \mathbb{E} \qquad \text{(전기변위의 방정식)} \qquad \text{(F)}$$

여기에서 K는 물질의 절연체 용량이다. 68절을 볼 것.

비등방성 물질에서는 전기변위 $\mathbb{D}$의 성분 f, g, h가 기전세기 $\mathbb{E}(\boldsymbol{E})$의 성분 P, Q, R의 일차함수이다.

전기변위의 방정식의 꼴은 298절에서 주어진 전도방정식의 꼴과 같다.

이 관계식들은 다음과 같은 말로 표현할 수도 있다. 즉, 등방성 물질에서는 K가 스칼라양이지만, 다른 물질에서는 벡터 $\mathbb{E}$에 작용하는 일차벡터 함수이다.

609] 기전세기의 다른 효과는 전도이다. 기전세기의 결과로 나타나는 전도의 법칙을 정립한 것은 옴이다. 이에 대해 이 책의 제2부, 241절에서 설명했다. 그것은 다음 방정식으로 요약할 수 있다.

$$\mathbb{K} = C\mathbb{E} \qquad \text{(연속 방정식)} \qquad \text{(G)}$$

여기에서 $\mathbb{E}$는 그 점에서의 기전세기이고, $\mathbb{K}(\mathcal{K})$는 전도전류의 밀도로서, 그 성분은 p, q, r이며, C는 물질의 전도도로서 등방성 물질의 경우에는 단순한 스칼라양이고 다른 물질에서는 벡터에 작용하는 일차벡터 함수가 된다. 직각좌표계에서 이 함수의 꼴은 298절에서 제시했다.

610] 이 책의 주된 특징 중 하나는 실제 전류 $\mathbb{C}$(전자기현상들은 여기에 의존한다)가 전도전류 $\mathbb{K}$와 같지 않고 여기에 전기변위 $\mathbb{D}$의 시간변화가 덧붙어야만 전기의 전체 이동을 제대로 추정할 수 있다고 주장하고 있는 점이다. 따라서 다음과 같이 써야 한다.

$$\mathbb{C} = \mathbb{K} + \dot{\mathbb{D}} \qquad \text{(순수 전류의 방정식)} \qquad \text{(H)}$$

또는 성분으로 쓰면

$$\left. \begin{aligned} u &= p + \frac{df}{dt} \\ v &= q + \frac{dg}{dt} \\ w &= r + \frac{dh}{dt} \end{aligned} \right\} \qquad \text{(H*)}$$

611] $\mathbb{K}$와 $\mathbb{D}$는 둘 다 기전세기 $\mathbb{E}$에 따라 달라지므로, 실제 전류 $\mathbb{C}$를

기전세기로 나타낼 수 있다. 즉

$$\mathbb{C} = \left(C + \frac{1}{4\pi} K \frac{d}{dt} \right) \mathbb{E} \qquad \text{(I)}$$

또는 C와 K가 상수일 경우에는

$$\left. \begin{array}{l} u = CP + \dfrac{1}{4\pi} K \dfrac{dP}{dt} \\[2mm] v = CQ + \dfrac{1}{4\pi} K \dfrac{dQ}{dt} \\[2mm] w = CR + \dfrac{1}{4\pi} K \dfrac{dR}{dt} \end{array} \right\} \qquad \text{(I*)}$$

612] 어느 점에서 자유 전기의 부피밀도는 다음 방정식을 써서 전기 변위의 성분으로부터 구할 수 있다.

$$\rho = \frac{df}{dx} + \frac{dg}{dy} + \frac{dh}{dz} \qquad \text{(J)}$$

613] 전기의 넓이밀도는

$$\sigma = lf + mg + nh + l'f' + m'g' + n'h' \qquad \text{(K)}$$

이며, 여기에서 l, m, n은 변위의 성분이 f, g, h인 매질에 표면으로부터 내린 법선의 방향코사인이며, l', m', n'은 변위의 성분이 f', g', h'인 매질에 표면으로부터 내린 법선의 방향코사인이다.

614] 매질의 자화가 전부 거기에 작용하는 자기력으로부터 유도된다면, 유도자화의 방정식을 다음과 같이 쓸 수 있다.

$$\mathbb{B} = \mu \mathbb{H} \qquad \text{(L)}$$

여기에서 μ는 투자율 계수이며, 이는 매질이 등방성인가 아닌가에 따라 스칼라양으로 볼 수 있거나 또는 $\mathbb{H}(\mathcal{H})$에 작용하는 일차벡터 함수로 볼 수 있다.

615] 이 식들은 이제까지 우리가 다루어 온 양들 사이의 주요 관계식으로 볼 수 있다. 이 관계식들을 결합하여 이 양들 중 일부를 소거할 수

도 있지만, 지금 우리의 목적은 수학적 공식에서 간결함을 얻는 것이 아니라 우리가 알고 있는 모든 관계식을 나타내는 것이다. 유용한 개념을 나타내는 양을 제거하면, 탐구의 현 단계에서는 득보다 실이 많을 것이다.

다만 방정식 (A)와 방정식 (E)를 결합해서 얻을 수 있는 대단히 중요한 결과가 하나 있다.

마당 안에 전기회로의 형태 외에는 자석이 없다고 가정하면, 이제까지 자기력과 자기유도를 줄곧 구분해 왔던 것이 사라진다. 왜냐하면 이 두 양이 서로 다르게 되는 것은 자회된 물질 속에서만 그러하기 때문이다.

앙페르의 가설(이에 대해서는 833절에서 설명할 것임)에 따르면, 자화된 물질이라 부르는 것의 성질들은 분자적인 전기회로에서 비롯되기 때문에, 큰 덩어리로 있는 물질을 다룰 때에야 비로소 우리의 자화이론을 적용할 수 있으며, 우리의 수학적 방법이 개별분자들 속에서 무슨 일이 벌어지고 있는지 설명해 줄 수 있다고 보면, 그 방법을 통해 알아낼 수 있는 것은 다름 아니라 전기회로일 것이므로, 자기력과 자기유도가 어디에서나 똑같음을 알게 될 것이다. 그러나 측정에 대해 정전기 단위계나 전자기 단위계를 기꺼이 사용할 수 있으려면, 계수 μ를 계속 잊지 말아야 할 것이다. 전자기 단위계에서는 그 값이 1임을 상기하면서 말이다.

616] 자기유도의 성분은 591절의 방정식 (A)로부터 다음과 같다.

$$a = \frac{dH}{dy} - \frac{dG}{dz}$$

$$b = \frac{dF}{dz} - \frac{dH}{dx}$$

$$c = \frac{dG}{dx} - \frac{dF}{dy}$$

전류의 성분은 607절의 방정식 (E)로부터 다음과 같다.

$$4\pi u = \frac{d\gamma}{dy} - \frac{d\beta}{dz}$$

$$4\pi v = \frac{d\alpha}{dz} - \frac{d\gamma}{dx}$$

$$4\pi w = \frac{d\beta}{dx} - \frac{d\alpha}{dy}$$

앞의 가설에 따르면, a, b, c는 각각 $\mu\alpha$, $\mu\beta$, $\mu\gamma$와 똑같다. 따라서 다음 식을 얻는다.[1]

$$4\pi\mu u - \frac{d^2 G}{dxdy} - \frac{d^2 F}{dy^2} - \frac{d^2 F}{dz^2} + \frac{d^2 H}{dzdx} \tag{1}$$

만일

$$J = \frac{dF}{dx} + \frac{dG}{dy} + \frac{dH}{dz} \tag{2}$$

라 하고

$$\nabla^2 = -\left(\frac{d^2}{dx^2} + \frac{d^2}{dy^2} + \frac{d^2}{dz^2} \right) \tag{3}$$

라 쓰면,[2] (1)식을 다음과 같이 쓸 수 있다.

$$4\pi\mu u = \frac{dJ}{dx} + \nabla^2 F$$

마찬가지로 다음을 얻는다.

$$4\pi\mu v = \frac{dJ}{dx} + \nabla^2 G$$
$$4\pi\mu w = \frac{dJ}{dx} + \nabla^2 H \tag{4}$$

만일

---

1) {μ가 상수일 때에}―톰슨.
2) 여기에서 음의 부호를 붙인 까닭은 이 표현이 사원수를 도입한 표현과 일관되게 하기 위함이다.

$$F' = \mu \iiint \frac{u}{r}\, dx\,dy\,dz$$

$$G' = \mu \iiint \frac{v}{r}\, dx\,dy\,dz \tag{5}$$

$$H' = \mu \iiint \frac{w}{r}\, dx\,dy\,dz$$

$$\chi = \frac{1}{4\pi} \iiint \frac{J}{r}\, dx\,dy\,dz \tag{6}$$

라 쓰면(이때 r는 요소 (x, y, z)로부터 주어진 점까지의 거리이며, 적분은 공간 전체에 대한 적분임)

$$F = F' - \frac{d\chi}{dx}$$

$$G = G' - \frac{d\chi}{dy} \tag{7}$$

$$H = H' - \frac{d\chi}{dz}$$

이 된다.

χ라는 양은 방정식 (A)에는 나타나지 않으며, 어떤 물리적 현상과도 관계가 없다. 이 양이 어디에서나 0이라고 가정하면 J도 어디에서나 0일 것이며, (5)식에서 악센트(프라임) 기호를 없애면 𝔸의 성분들의 실제 값을 얻을 것이다.

617] 그러므로 𝔸의 정의로 다음을 채택할 수 있다. 즉, 𝔸는 전류의 벡터 퍼텐셜로서, 그것과 전류의 관계는 스칼라 퍼텐셜과 그에 대한 물질의 관계와 같으며, 다음에 서술하는 것과 같이, 유사한 적분과정을 통해 구할 수 있다.

어느 한 점에서 벡터를 그려서, 주어진 전류의 요소를 크기와 방향으로 나타낸 뒤에, 이를 그 점으로부터 요소까지의 거리의 수치로 나눈다. 모든 전류 요소에 대해 이를 수행한다. 이렇게 구한 모든 벡터의 총합이 전체 전류의 퍼텐셜이다. 전류는 벡터양이므로 그 퍼텐셜도 벡터이다.

422절을 볼 것.

전류의 분포가 주어지면, 다음과 같은 조건들을 충족시키는 $\mathbb{A}$값의 분포도 하나 그리고 오직 하나만 존재한다. 그 조건은 $\mathbb{A}$가 어디에서나 유한하고 연속적이며, 방정식

$$\nabla^2 \mathbb{A} = 4\pi\mu\,\mathbb{C}, \qquad S.\nabla\mathbb{A} = 0$$

을 충족시키며 전기계로부터 무한히 먼 곳에서는 0이 된다는 것이다. 이 값은 (5)식으로 주어지며, 이를 사원수 형식으로 쓰면 다음과 같다.

$$\mathbb{A} = \mu \iiint \frac{\mathbb{C}}{r} dxdydz$$

전자기 방정식들에 대한 사원수 표현

618] 이 책에서는 독자가 사원수 해석학에 대한 지식이 있어야 하는 과정을 될수록 회피해 왔다. 동시에 벡터 개념을 도입하는 것이 꼭 필요할 때에는 주저하지 않고 그렇게 했다. 벡터를 기호로 표시해야 하는 상황에서는 독일 문자[3]를 사용했다. 왜냐하면 여러 가지 벡터들이 매우 많이 있기 때문에 해밀턴이 애용하던 기호는 금방 바닥날 형편이기 때문이다. 따라서 독일문자가 사용되면 항상 해밀턴의 벡터를 나타내며, 그 크기뿐 아니라 방향도 지시하는 것이다. 벡터의 성분들은 로마문자나 그리스문자로 나타낸다.

우리가 다루어야 하는 주요 벡터들은 다음과 같다.

	벡터의 기호	성분
점의 위치벡터	ρ	$x\ y\ z$

---

3) 원문에서는 오일러 프락투어 고딕체($\mathfrak{ABDEFG}$ 등)를 사용하고 있으나, 한국어판 번역에서는 이중알파벳을 사용해 표시했다. (1권 총론 각주 14, 참조) ― 옮긴이.

한 점에서의 전자기 운동량	$\mathbb{A}$	$F\ G\ H$
자기유도	$\mathbb{B}$	$a\ b\ c$
(전체) 전류	$\mathbb{C}$	$u\ v\ w$
전기변위	$\mathbb{D}$	$f\ g\ h$
기전세기	$\mathbb{E}$	$P\ Q\ R$
역학적 힘	$\mathbb{F}$	$X\ Y\ Z$
한 점의 속도	$\mathbb{G}$ 또는 $\dot{\rho}$	$\dot{x}\ \dot{y}\ \dot{z}$
자기력	$\mathbb{H}$	$\alpha\ \beta\ \gamma$
자화의 세기	$\mathbb{I}$	$A\ B\ C$
전도전류	$\mathbb{K}$	$p\ q\ r$

다음과 같은 스칼라 함수들도 있다.

전기 퍼텐셜 ψ

자기 퍼텐셜(존재하는 경우) Ω

전기 밀도 e

자기 '물질'의 밀도 m

그밖에 다음과 같은 양들이 있으며, 이는 각 점에서 매질의 물리적 성질을 지시한다.

전류의 전도도 C

절연체의 유도용량 K

자기 유도용량 μ

이 양들은 등방성 매질에서는 단순히 ρ의 스칼라 함수이지만, 일반적으로는 이 양들의 오른쪽에 곱해지는 벡터 함수에 작용하는 선형벡터연산자이다. K와 μ는 언제나 자기공액이며, C는 대부분 그러하다.

619] 성분이

$$a = \frac{dH}{dy} - \frac{dG}{dz}$$

등인 자기유도의 방정식 (A)는 다음과 같이 쓸 수 있다.[4]

$$\mathbb{B} = V.\nabla\mathbb{A}$$

여기에서 ∇는

$$i\frac{d}{dx} + j\frac{d}{dy} + k\frac{d}{dz}$$

와 같은 연산자이고, V는 이 연산자가 작용한 결과의 벡터 부분임을 가리킨다.

$\mathbb{A}$는 $S.\nabla\mathbb{A}=0$의 조건을 충족시키므로 $\nabla\mathbb{A}$는 순수한 벡터이며, V라는 기호는 불필요하다.

성분이

$$P = c\dot{y} - b\dot{z} - \frac{dF}{dt} - \frac{d\Psi}{dx}$$

등인 기전력의 방정식 (B)는

$$\mathbb{E} = V.\mathbb{G}\mathbb{B} - \dot{\mathbb{A}} - \nabla\Psi$$

가 된다.

성분이

$$X = cv - bw + eP - m\frac{d\Omega}{dx}$$

등인[5] 역학적 힘의 방정식 (C)는

---

4) 현대적인 기호로는 $\mathbb{B}=\nabla\times\mathbb{A}$ 또는 $\mathbb{B}=\text{curl }\mathbb{A}$이다―옮긴이.

5) {제1판과 제2판에서는 이 방정식에서 P 대신 $-\dfrac{d\Psi}{dx}$로 잘못 쓰여 있었다. 이것을 정정한 것은 G.F. 피츠제럴드 교수이다. *Trans. R.S. Dublin*, 1883}―톰슨.

$$\mathbb{F} = V.\mathbb{C}\mathbb{B} + e\mathbb{E} - m\nabla\Omega$$

가 된다.

성분이

$$a = \alpha + 4\pi A$$

등인 자화의 방정식 (D)는

$$\mathbb{B} = \mathbb{H} + 4\pi\mathbb{I}$$

가 된다.

성분이

$$4\pi u = \frac{d\gamma}{dy} - \frac{d\beta}{dz}$$

등인 전류의 방정식 (E)는

$$4\pi\mathbb{C} = V.\nabla\mathbb{H}$$

가 된다.

전도전류의 방정식은 옴의 법칙에 따라

$$\mathbb{K} = C\,\mathbb{E}$$

가 된다.

전기변위의 방정식은 다음과 같다.

$$\mathbb{D} = \frac{1}{4\pi}\,K\,\mathbb{E}$$

전체 전류의 방정식은 전도에서 생겨나는 것 외에도 전기변위의 변화로부터 생겨나는 것이 있으므로,

$$\mathbb{C} = \mathbb{K} + \dot{\mathbb{D}}$$

가 된다.[6]

자기유도로부터 자화가 생겨나면

$$\mathbb{B} = \mu \mathbb{H}$$

가 된다.

또한 전기의 부피밀도를 구하면

$$e = S.\nabla \mathbb{D}$$

이다.

자기의 부피밀도를 구하면

$$m = S.\nabla \mathbb{I}$$

이다.

자기력이 퍼텐셜에서 유도될 수 있으면

$$\mathbb{H} = -\nabla \Omega$$

이다.

제9장에 대한 부록[7]

전자기장에 투자율이 다른 물질들이 들어 있다면, (5)식의 표현은 일반적으로 정확하지 않다. 왜냐하면 그 경우에는 투자율이 다른 두 곡면의 경계면에서 일반적으로 자유 자기가 있을 것이기 때문이다. 이 자유자기는 405절의 (22)식으로 주어지는 벡터퍼텐셜의 표현에 새로운 항

---

6) 원문에는 $\mathbb{E} = \mathbb{K} + \mathbb{D}$로 되어 있으나, 이는 오타이다. 독일 문자(오일러 고딕체)에서는 $\mathbb{C}(C)$와 $\mathbb{E}(E)$가 거의 비슷하기 때문에 혼동된 것으로 보이며, 전기변위의 시간에 대한 미분을 나타내는 점이 빠져 있다―옮긴이.

7) 이 부록은 톰슨의 주석이다―옮긴이.

을 덧붙여 줄 것이다. 두 매질의 투자율을 μ_1과 μ_2라 하고, 경계면의 양면에서 벡터퍼텐셜의 성분의 값을 F_1, G_1, H_1과 F_2, G_2, H_2로 나타내고, 이 경계면의 법선의 방향코사인을 l, m, n이라 하자. 두 매질을 나누는 곡면에서 경계조건의 방정식은 다음과 같다.

(1) 법선 방향의 유도는 연속이므로

$$l\left(\frac{dH_1}{dy} - \frac{dG_1}{dz}\right) + m\left(\frac{dF_1}{dz} - \frac{dH_1}{dx}\right) + n\left(\frac{dG_1}{dx} - \frac{dF_1}{dy}\right)$$
$$= l\left(\frac{dH_2}{dy} - \frac{dG_2}{dz}\right) + m\left(\frac{dF_2}{dz} - \frac{dH_2}{dx}\right) + n\left(\frac{dG_2}{dx} - \frac{dF_2}{dy}\right)$$

(2) 곡면 위의 자기력은 연속이므로

$$\frac{\dfrac{1}{\mu_1}\left(\dfrac{dH_1}{dy} - \dfrac{dG_1}{dz}\right) - \dfrac{1}{\mu_2}\left(\dfrac{dH_2}{dy} - \dfrac{dG_2}{dz}\right)}{l}$$
$$= \frac{\dfrac{1}{\mu_1}\left(\dfrac{dF_1}{dz} - \dfrac{dH_1}{dx}\right) - \dfrac{1}{\mu_2}\left(\dfrac{dF_2}{dz} - \dfrac{dH_2}{dx}\right)}{m}$$
$$= \frac{\dfrac{1}{\mu_1}\left(\dfrac{dG_1}{dz} - \dfrac{dF_1}{dx}\right) - \dfrac{1}{\mu_2}\left(\dfrac{dG_2}{dx} - \dfrac{dF_2}{dy}\right)}{n}$$

일반적으로 (5)식은 이 두 조건을 충족시키지 않는다. 따라서 F, G, H가 다음 방정식과 앞의 경계조건으로부터 주어진다고 간주하는 것이 가장 좋다.

$$\nabla^2 F = 4\pi\mu u$$

$$\nabla^2 G = 4\pi\mu v$$

$$\nabla^2 H = 4\pi\mu w$$

도체가 움직이고 있을 때에는 방정식 (B)에 있는 ψ가 정전기 퍼텐셜을 나타낸다고 가정하는 것이 온당하지 못하다. 왜냐하면 이 방정식을

유도할 때 맥스웰이

$$-\frac{d}{ds}\left(F\frac{dx}{dt} + G\frac{dy}{dt} + H\frac{dz}{dt}\right)$$

와 같은 항을 빠뜨렸기 때문이다. 맥스웰이 이 항을 빠뜨린 까닭은 닫힌 회로에 대해 적분하면 이 항이 사라지기 때문이다. 이 항을 집어넣으면, ψ는 정전기 퍼텐셜이 아니라 정전기 퍼텐셜과

$$F\frac{dx}{dt} + G\frac{dy}{dt} + H\frac{dz}{dt}$$

의 합이 된다.

이것이 중요하게 적용되는 것 중 하나가 바로 많은 관심을 끌었던 문제, 즉 균일한 자기장 안에서 수직축을 중심으로 각속도 ω로 회전하고 있는 구의 문제이다. 여기에서 자기력은 연직 방향이며 크기는 c이다. 이 경우에, 구가 정상상태로 안정되었다고 가정하면, 방정식 (B)는 다음과 같이 된다.

$$P = c\omega x - \frac{d\Psi}{dx}$$

$$Q = c\omega y - \frac{d\Psi}{dy}$$

$$R = \qquad -\frac{d\Psi}{dz}$$

구가 도체이고 정상상태에 있으며, $\frac{P}{\sigma}$, $\frac{Q}{\sigma}$, $\frac{R}{\sigma}$가 전류의 성분이므로,

$$\frac{dP}{dx} + \frac{dQ}{dy} + \frac{dR}{dz} = 0$$

이며, 따라서

$$2c\omega = \frac{d^2\Psi}{dx^2} + \frac{d^2\Psi}{dy^2} + \frac{d^2\Psi}{dz^2}$$

이다. 이 방정식은 대개 다음과 같이 해석된다. 즉, 구 전체에 걸쳐 전기체가 분포되어 있으며, 그 부피밀도는 $-c\omega/2\pi$라는 것이다. 그러나 이

런 해석이 올바른 것은 ψ가 정전기 퍼텐셜이라고 가정할 때뿐이다.

방정식 (B)가 연역되어 나온 고찰에 맞추어, Φ가 정전기 퍼텐셜일 때,

$$\Psi = \Phi + F\,\frac{dx}{dt} + G\,\frac{dy}{dt} + H\,\frac{dz}{dt}$$

라 가정하면, 또는 이 경우에는

$$\Psi = \Phi + \omega\,(Gx - Fy)$$

라 가정하면,

$$\left(\frac{d^2}{dx^2} + \frac{d^2}{dy^2} + \frac{d^2}{dz^2}\right)(Gx - Fy) = 2\left(\frac{dG}{dx} - \frac{dF}{dy}\right) = 2c$$

이므로

$$\frac{d^2\Psi}{dx^2} + \frac{d^2\Psi}{dy^2} + \frac{d^2\Psi}{dz^2} = 2c\omega$$

$$\frac{d^2\Phi}{dx^2} + \frac{d^2\Phi}{dy^2} + \frac{d^2\Phi}{dz^2} = 0$$

이 됨을 알 수 있다. 즉 구의 부피 전체에 걸쳐 자유로운 전기체의 분포는 없다.

따라서 전자기장의 방정식에는 회전하는 구가 자유로운 전기체를 지니고 있다고 가정할 수 있게 하는 것이 전혀 없다.

극좌표계와 원통좌표계에서 표현한 전자기장의 방정식들

F, G, H가 벡터퍼텐셜의 성분 중 각각 반지름 벡터 방향의 성분, 자오선 방향 성분, 위도의 평행선 방향 성분이라 하고, a, b, c가 그 세 방향에 대한 자기유도의 성분이고, α, β, γ가 그 세 방향에 대한 자기력의 성분이고, u, v, w가 그 세 방향에 대한 전류의 성분이라 하면 다음 식들을 쉽게 증명할 수 있다.

$$a = \frac{1}{r^2 \sin\theta} \left\{ \frac{d}{d\theta} (r \sin\theta H) - \frac{d}{d\phi} (rG) \right\}$$

$$b = \frac{1}{r\sin\theta} \left\{ \frac{dF}{d\phi} - \frac{d}{dr} (r \sin\theta H) \right\}$$

$$c = \frac{1}{r} \left\{ \frac{d}{dr} (rG) - \frac{dF}{d\theta} \right\}$$

$$4\pi u = \frac{1}{r^2 \sin\theta} \left\{ \frac{d}{d\theta} (r \sin\theta \gamma) - \frac{d}{d\phi} (r\beta) \right\}$$

$$4\pi v = \frac{1}{r \sin\theta} \left\{ \frac{d\alpha}{d\phi} - \frac{d}{dr} (r \sin\theta \gamma) \right\}$$

$$4\pi w = \frac{1}{r} \left\{ \frac{d}{dr} (r\beta) - \frac{d\alpha}{d\theta} \right\}$$

P, Q, R를 각각 기전세기의 반지름 벡터 방향, 자오선 방향, 위도의 평행권 방향의 성분이라 하면, 다음 식이 성립한다.

$$\frac{da}{dt} = - \frac{1}{r^2 \sin\theta} \left(\frac{d}{d\theta} (r \sin\theta R) - \frac{d}{d\phi} (rQ) \right)$$

$$\frac{db}{dt} = - \frac{1}{r \sin\theta} \left(\frac{dP}{d\phi} - \frac{d}{r} (r \sin\theta R) \right)$$

$$\frac{dc}{dt} = - \frac{1}{r} \left(\frac{d}{dr} (rQ) - \frac{dP}{d\theta} \right)$$

원통좌표계의 좌표가 ρ, θ, z이고, F, G, H가 ρ, θ, z에 평행한 벡터퍼텐셜의 성분이고, a, b, c가 그 세 방향에 대한 자기유도의 성분이고, α, β, γ가 그 세 방향에 대한 자기력의 성분이고, u, v, w가 그 세 방향에 대한 전류의 성분이라 하면,

$$a = \frac{1}{\rho}\left\{\frac{dH}{d\theta} - \frac{d}{dz}(\rho G)\right\}$$

$$b = \frac{dF}{dz} - \frac{dH}{d\rho}$$

$$c = \frac{1}{\rho}\left\{\frac{d}{d\rho}(\rho G) - \frac{dF}{d\theta}\right\}$$

$$4\pi u = \frac{1}{\rho}\left\{\frac{d\gamma}{d\theta} - \frac{d}{dz}(\rho\beta)\right\}$$

$$4\pi v = \frac{d\alpha}{dz} - \frac{d\gamma}{d\rho}$$

$$4\pi w = \frac{1}{\rho}\left\{\frac{d}{d\rho}(\rho\beta) - \frac{d\alpha}{d\theta}\right\}$$

이다.

P, Q, R를 ρ, θ, z에 평행한 기전세기의 성분이라 하면, 다음 식이 성립한다.

$$\frac{da}{dt} = -\frac{1}{\rho}\left\{\frac{dR}{d\theta} - \frac{d}{dz}(\rho Q)\right\}$$

$$\frac{db}{dt} = -\left\{\frac{dP}{dz} - \frac{dR}{d\rho}\right\}$$

$$\frac{dc}{dt} = -\frac{1}{\rho}\left\{\frac{d}{d\rho}(\rho Q) - \frac{dP}{d\theta}\right\}$$

제10장 전기단위의 차원

620] 모든 전자기의 양들은 길이와 질량과 시간의 기본단위를 기준으로 정의될 수 있다. 65절에서처럼 전기의 단위에 대한 정의로 시작한다면, 다른 모든 전자기의 양들이 전기의 양과 더불어 들어가는 방정식을 이용하여, 그 양들의 단위에 대한 정의를 얻을 수 있을 것이다. 이와 같이 해서 얻게 되는 단위계를 정전기 단위계라 한다.

한편, 374절에서처럼 단위 자극의 정의로 시작하면 같은 무리의 양들에 대해 다른 단위계를 얻는다. 이 단위계는 앞의 단위계와 양립하지 않으며, 전자기 단위계라 한다.

우선 두 단위계에 공통된 단위들 사이에 성립하는 관계를 얘기한 뒤에, 각 단위계에 따라 단위의 차원에 대한 표를 만들 것이다.

621] 쌍으로 생각해야 하는 주요 양들을 나열하겠다. 처음에 있는 세 쌍에서는 쌍에 있는 두 양의 곱이 에너지 또는 일의 양이 된다. 두 번째에 있는 세 쌍에서는 각 쌍의 곱이 단위 부피당 에너지의 양이 된다.

첫 번째 세 쌍

정전기 쌍	기호
(1) 전기의 양	e
(2) 기전력 또는 전기 퍼텐셜	E

자기 쌍

(3) 자유 자기의 양 또는 자극의 세기 m

(4) 자기 퍼텐셜 Ω

전기운동 쌍

(5) 회로의 전기운동에너지 p

(6) 전류 C

두 번째 세 쌍

정전기 쌍

(7) 전기변위(넓이밀도로 잼) $\mathbb{D}$

(8) 기전세기 $\mathbb{E}$

자기 쌍

(9) 자기 유도 $\mathbb{B}$

(10) 자기력 $\mathbb{H}$

전기운동 쌍

(11) 한 점에서 전류의 세기 $\mathbb{C}$

(12) 전류의 벡터 퍼텐셜 $\mathbb{A}$

622] 이 양들 사이에는 다음과 같은 관계가 성립한다. 먼저, 에너지의 차원은 $\left[\dfrac{L^2 M}{T^2}\right]$이고 단위 부피당 에너지의 차원은 $\left[\dfrac{M}{LT^2}\right]$이기 때문에, 다음과 같은 차원 방정식이 성립한다.

$$[eE] = [m\Omega] = [pC] = \left[\frac{L^2 M}{T^2}\right] \tag{1}$$

$$[\mathbb{D}E] = [\mathbb{B}H] = [\mathbb{C}\mathbb{A}] = \left[\frac{M}{LT^2}\right] \qquad (2)$$

둘째로, $e, p, \mathbb{A}$가 각각 $C, E, \mathbb{E}$의 시간적분이기 때문에, 다음이 성립한다.

$$\left[\frac{e}{C}\right] = \left[\frac{p}{E}\right] = \left[\frac{\mathbb{A}}{\mathbb{E}}\right] = [T] \qquad (3)$$

셋째로, E, Ω, p가 각각 $\mathbb{E}, \mathbb{H}, \mathbb{A}$의 선적분이기 때문에, 다음이 성립한다.[1]

$$\left[\frac{E}{\mathbb{E}}\right] = \left[\frac{\Omega}{\mathbb{H}}\right] = \left[\frac{p}{\mathbb{A}}\right] = [L] \qquad (4)$$

마지막으로, e, C, m이 각각 $\mathbb{D}, \mathbb{E}, \mathbb{B}$의 면적분이기 때문에, 다음이 성립한다.

$$\left[\frac{e}{\mathbb{D}}\right] = \left[\frac{C}{\mathbb{C}}\right] = \left[\frac{m}{\mathbb{B}}\right] = [L^2] \qquad (5)$$

623] 이 15개의 방정식은 독립적이지 않으며, 관련된 12개의 단위에 대한 차원을 연역하기 위해서는 방정식 하나가 더 있어야 한다. 그러나 e 아니면 m을 독립된 단위로 택하면, 나머지를 이 두 단위 중 하나를 써서 연역할 수 있다.

(1) $\qquad [e] = [e] = \left[\dfrac{L^2 M}{mT}\right]$

(2) $\qquad [E] = \left[\dfrac{L^2 M}{eT^2}\right] = \left[\dfrac{m}{T}\right]$

(3)과 (5) $\qquad [p] = [m] = \left[\dfrac{L^2 M}{eT}\right] = [m]$

---

1) 또한 $\left[\dfrac{\mathbb{A}}{\mathbb{B}}\right] = [L]$이 성립한다.

$$(4)와\ (6) \qquad [C] = [\mathit{\Omega}] = \left[\frac{e}{T}\right] = \left[\frac{L^2 M}{mT^2}\right]$$

$$(7) \qquad [\mathbb{D}] = \left[\frac{e}{L^2}\right] = \left[\frac{M}{mT}\right]$$

$$(8) \qquad [\mathbb{E}] = \left[\frac{LM}{eT^2}\right] = \left[\frac{m}{LT}\right]$$

$$(9) \qquad [\mathbb{B}] = \left[\frac{M}{eT}\right] = \left[\frac{m}{L^2}\right]$$

$$(10) \qquad [\mathbb{H}] = \left[\frac{e}{LT}\right] = \left[\frac{LM}{mT^2}\right]$$

$$(11) \qquad [\mathbb{C}] = \left[\frac{e}{L^2 T}\right] = \left[\frac{M}{mT^2}\right]$$

$$(12) \qquad [\mathbb{A}] = \left[\frac{LM}{eT}\right] = \left[\frac{m}{L}\right]$$

624] 이 양들 중 앞의 10가지 양들의 관계는 다음과 같은 배열을 통해 드러낼 수 있다.

$$e, \qquad \mathbb{D}, \quad \mathbb{H}, \ e와\ \mathit{\Omega} \quad | \quad E, \qquad \mathbb{E}, \quad \mathbb{B}, \quad m과\ p$$
$$m\ 과\ p, \quad \mathbb{B}, \quad \mathbb{E}, \quad E \qquad | \ e와\ \mathit{\Omega} \quad \mathbb{D}, \quad \mathbb{H}, \qquad e$$

첫째 줄에 있는 양들이 e로부터 유도되는 연산은 둘째 줄에 있는 양들이 m으로부터 유도되는 연산과 같다. 첫째 줄에 있는 양들의 순서는 둘째 줄에 있는 양들의 순서와 정확히 반대임을 나중에 보일 것이다. 각 줄에서 앞의 넷에는 분자에 첫 번째 기호[2]가 들어 있고, 뒤의 넷에는 첫 번째 기호가 분모에 들어 있다.

---

2) 즉 또는— 옮긴이.

위에서 주어진 모든 관계식들은 어느 단위계를 선택하든지 참이다.

625] 과학적 가치가 있는 단위계는 정전단위계와 전자기단위계뿐이다. 정전단위계는 전기의 단위에 대한 정의에 바탕을 두고 있으며(41절, 42절), 다음 방정식으로부터 연역될 수 있다.

$$\mathbb{E} = \frac{e}{L^2}$$

이는 임의의 점에서 거리 L만큼 떨어져 있는 전기의 양 e가 작용하여 생겨나는 전체 전기세기가 e를 L^2로 나눈 값임을 말해 준다. (1)식과 (8)식의 차원방정식에 대입하면, 다음을 얻는다.

$$\left[\frac{LM}{eT^2} \right] = \left[\frac{e}{L^2} \right], \qquad \left[\frac{m}{LT} \right] = \left[\frac{M}{mT} \right]$$

따라서 정전단위계에서는

$$[e] = [L^{\frac{3}{2}} \, M^{\frac{1}{2}} \, T^{-1}], \qquad [m] = [L^{\frac{1}{2}} \, M^{\frac{1}{2}}]$$

이다.

전자기단위계는 자극의 세기의 단위에 대한 정확히 유사한 정의에 바탕을 두고 있으며(374절), 다음의 방정식으로 이어진다.

$$\mathbb{H} = \frac{m}{L^2}$$

따라서 전자기단위계에서는

$$\left[\frac{e}{LT} \right] = \left[\frac{M}{eT} \right], \qquad \left[\frac{LM}{mT^2} \right] = \left[\frac{m}{L^2} \right]$$

이며

$$[e] = [L^{\frac{1}{2}} \, M^{\frac{1}{2}}], \qquad [m] = [L^{\frac{3}{2}} \, M^{\frac{1}{2}} \, T^{-1}]$$

이다. 이 결과로부터 다른 양들의 차원을 구한다.

차원의 표

626]

차원	기호	정전기 단위계에서	전자기 단위계에서
전기의 양	e	$[L^{\frac{3}{2}} M^{\frac{1}{2}} T^{-1}]$	$[L^{\frac{1}{2}} M^{\frac{1}{2}}]$
기전세기의 선적분	E	$[L^{\frac{1}{2}} M^{\frac{1}{2}} T^{-1}]$	$[L^{\frac{3}{2}} M^{\frac{1}{2}} T^{-2}]$
자기의 양	m	$[L^{\frac{1}{2}} M^{\frac{1}{2}}]$	$[L^{\frac{3}{2}} M^{\frac{1}{2}} T^{-1}]$
회로의 전기운동적 운동량	p	$[L^{\frac{1}{2}} M^{\frac{1}{2}}]$	$[L^{\frac{3}{2}} M^{\frac{1}{2}} T^{-1}]$
전류	C	$[L^{\frac{3}{2}} M^{\frac{1}{2}} T^{-2}]$	$[L^{\frac{1}{2}} M^{\frac{1}{2}} T^{-1}]$
자기 퍼텐셜	Ω	$[L^{\frac{3}{2}} M^{\frac{1}{2}} T^{-2}]$	$[L^{\frac{1}{2}} M^{\frac{1}{2}} T^{-1}]$
전기변위 표면밀도	$\mathbb{D}$	$[L^{-\frac{1}{2}} M^{\frac{1}{2}} T^{-1}]$	$[L^{-\frac{3}{2}} M^{\frac{1}{2}}]$
기전세기	$\mathbb{E}$	$[L^{-\frac{1}{2}} M^{\frac{1}{2}} T^{-1}]$	$[L^{\frac{1}{2}} M^{\frac{1}{2}} T^{-1}]$
자기유도	$\mathbb{B}$	$[L^{-\frac{3}{2}} M^{\frac{1}{2}}]$	$[L^{-\frac{1}{2}} M^{\frac{1}{2}} T^{-1}]$
자기력	$\mathbb{H}$	$[L^{\frac{1}{2}} M^{\frac{1}{2}} T^{-2}]$	$[L^{-\frac{1}{2}} M^{\frac{1}{2}} T^{-1}]$
한 점에서 전류의 세기	$\mathbb{C}$	$[L^{-\frac{1}{2}} M^{\frac{1}{2}} T^{-2}]$	$[L^{-\frac{3}{2}} M^{\frac{1}{2}} T^{-1}]$
벡터 퍼텐셜	$\mathbb{A}$	$[L^{-\frac{1}{2}} M^{\frac{1}{2}}]$	$[L^{\frac{1}{2}} M^{\frac{1}{2}} T^{-1}]$

627] 우리는 앞에서 이 양들이 나오는 순서에 따라 이 양들의 쌍의 곱을 살펴보았다. 어떤 경우에는 그 비가 과학적으로 중요하다. 즉

$\dfrac{e}{E}$ =축전기의 용량	q	$[L]$	$\left[\dfrac{T^2}{L}\right]$
$\dfrac{p}{C}$ =회로의 자체유도계수 또는 전자기 용량	L	$\left[\dfrac{T^2}{L}\right]$	$[L]$
$\dfrac{\mathbb{D}}{\mathbb{E}}$ =유전체의 비유도용량	K	$[0]$	$\left[\dfrac{T^2}{L^2}\right]$
$\dfrac{\mathbb{B}}{\mathbb{H}}$ =자기유도용량	μ	$\left[\dfrac{T^2}{L^2}\right]$	$[0]$

$\dfrac{E}{C}$=도체의 저항 $\qquad\qquad R \qquad \left[\dfrac{T}{L}\right] \qquad \left[\dfrac{L}{T}\right]$

$\dfrac{\mathbb{E}}{\mathbb{C}}$=물질의 비저항 $\qquad\qquad r \qquad [T] \qquad \left[\dfrac{L^2}{T}\right]$

628] 두 단위계에서 길이, 질량 및 시간의 단위가 같다면, 전자기단위로 한 단위의 전기가 정전단위로 얼마가 되는지를 나타내는 수는 수치상으로 어떤 속도가 되며, 이 수는 기본단위로 선택되는 크기와 무관한 절대적인 값이다. 이 속도는 중요한 물리량이며, 이를 v라는 기호로 나타내겠다.

1 전자기단위는 몇 정전단위인가?

$e, C, \Omega, \mathbb{D}, \mathbb{H}, \mathbb{C}...v$

$m, p, E, \mathbb{B}, \mathbb{E}, \mathbb{A}...\dfrac{1}{v}$

정전기용량, 절연체 유도용량, 전도도 v^2

전자기용량, 자기 유도용량, 저항 $\dfrac{1}{v^2}$

속도 v를 결정하는 여러 가지 방법이 768~780절에서 논의될 것이다.

정전단위계에서 공기의 고유 절연체 유도용량[3]은 1과 같다고 가정된다. 따라서 전자기단위계에서 이 양은 $\dfrac{1}{v^2}$ 로 나타내진다.

전자기단위계에서 공기의 고유 자기 유도용량[4]은 1과 같다고 가정된다. 따라서 정전단위계에서 이 양은 $\dfrac{1}{v^2}$ 로 나타낼 수 있다.

---

3) 비유전율(比誘電率, specific permittivity)—옮긴이.

4) 비투자율(比透磁率, specific permeability)—옮긴이.

실무적인 전기단위계

629] 전자기 전신기와 관련된 업무에 종사하는 실무적인 전기공학자들이 더 많이 사용하는 것은 두 단위계 중 전자기단위계이다. 그러나 길이, 시간 및 질량의 단위를 미터나 센티미터, 초, 그램처럼 다른 과학적 작업에서 흔히 사용되는 것으로 택하면, 저항의 단위와 기전력의 단위가 너무 작아서 실용상으로 나타나는 양들을 표현하기 위해서는 엄청나게 큰 수를 사용해야 할 것이며, 양과 용량의 단위는 너무 커서 실용상으로 나타나는 양들은 대단히 작은 수가 될 것이다. 따라서 실무적인 전기공학자들은 전자기단위계에서 도출할 수 있는 일련의 전기단위를 채택했다. 여기에서는 길이는 큰 단위로 하고 질량은 작은 단위로 한다.

이런 목적으로 사용되는 길이의 단위는 천만 미터, 즉 대략 지구 자오선 길이의 4분의 1이다.[5]

시간의 단위는 예전처럼 1초이다.

질량의 단위는 10^{-11}그램, 즉 1밀리그램의 만분의 일이다.

이러한 기본단위로부터 유도되는 전기단위는 유명한 전기의 발견자들의 이름을 따라 붙여졌다. 저항의 실용단위는 옴이라 부르며, 영국협회(British Association)가 발행한 저항-코일로 나타내진다. 340절에 이를 서술했다. 이를 전자기단위계에서 나타내면 속도가 초속 10,000,000미터가 된다.

기전력의 실용단위는 볼트라 부르며, 다니엘 전지의 단위와 많이 다르지 않다. 최근에 래티머 클라크(Latimer Clark)는 매우 일정한 전지를 발명했는데, 그 기전력은 거의 정확히 1·454볼트이다.

용량의 실용단위는 패럿이라 부른다. 1볼트의 기전력 아래 1옴 속으로 지나 1초 동안 흐르는 전기의 양은 용량이 1패럿인 콘덴서에 1볼트의 기전력을 가했을 때 생기는 전하와 같다.

---

5) 1미터의 정의가 지구자오선 길이의 4천만분의 1이기 때문에 이 값은 '대략'이 아니라 정확한 값이다―옮긴이.

이런 이름들을 사용하면, '전자기단위계'라는 말을 매번 반복하면서 어떤 특정의 기본단위에 바탕을 두고 있는지 항상 따로 말해 주는 것보다 실용적으로 더 편리하다.

매우 큰 양을 측정해야 할 때에는 원래의 단위에 백만을 곱해서 큰 단위를 만들며, 그 이름 앞에 메가라는 접두어를 붙인다.

마찬가지로 **마이크로**라는 접두어를 써서 원래 단위의 백만분의 일이 되는 작은 단위를 만든다.

아래의 표는 이 실용단위의 값들을 여러 시기에 채택되었던 다른 단위계에 대해 정리한 것이다.

기본단위	실용적인 단위	B.A. 보고서 1863	톰슨	베버
길이	지구 자오선의 1/4	미터	센티미터	밀리미터
시간	초	초	초	초
질량	10^{-11}그램	그램	그램	밀리그램
저항	옴	10^7	10^9	10^{10}
기전력	볼트	10^5	10^8	10^{11}
용량	패럿	10^{-7}	10^{-9}	10^{-10}
양	패럿(1볼트 충전)	10^{-2}	10^{-1}	10

제11장 전자기장의 에너지와 변형에 대하여

정전기에너지

630] 계의 에너지는 퍼텐셜 에너지와 운동에너지로 나눌 수 있다.

전기화에서 비롯된 퍼텐셜 에너지는 이미 85절에서 살펴보았다. 이는 다음과 같이 쓸 수 있다.

$$W = \frac{1}{2}\sum(e\Psi) \tag{1}$$

여기에서 e는 전기 퍼텐셜이 ψ인 곳에서의 전기의 전하이며, 합은 전기화가 있는 모든 곳에 걸친 것이다.

전기변위의 성분을 f, g, h라 하면 부피요소 dx, dy, dz 안에 있는 전기의 양은

$$e = \left(\frac{df}{dx} + \frac{dg}{dy} + \frac{dh}{dz}\right)dxdydz \tag{2}$$

가 되며,

$$W = \frac{1}{2}\iiint\left(\frac{df}{dx} + \frac{dg}{dy} + \frac{dh}{dz}\right)\Psi dxdydz \tag{3}$$

이다. 여기에서 적분은 모든 공간에 걸친 것이다.

631] 유한한 전기화계의 한 주어진 점으로부터의 거리 r가 무한히 커질 때 퍼텐셜 ψ가 r^{-1}차수의 무한히 작은 양이 된다는 점과 f, g, h가 r^{-2}차수의 무한히 작은 양이 된다는 점을 기억하면서 이 표현을 부분적분하면, 앞의 표현은 다음과 같은 꼴이 된다.

$$W = -\frac{1}{2} \iiint \left(f \frac{d\Psi}{dx} + g \frac{d\Psi}{dy} + h \frac{d\Psi}{dz} \right) dxdydz \qquad (4)$$

여기에서 적분은 모든 공간에 걸친 것이다.

기전세기의 성분을 $-\frac{d\Psi}{dx}, -\frac{d\Psi}{dy}, -\frac{d\Psi}{dz}$ 라 쓰는 대신에 P, Q, R라 쓰면, 다음을 얻는다.[1]

$$W = \frac{1}{2} \iiint (Pf + Qg + Rh) dxdydz \qquad (5)$$

따라서 마당 전체의 정전기에너지가 자유로운 전기가 있는 곳에 국한되어 있는 것이 아니라, 전기력과 전기변위가 일어나는 마당의 모든 부분에 들어 있다고 가정하더라도 마찬가지일 것이다.

단위부피 안의 에너지는 기전력과 전기변위를 곱한 값의 절반에다 이 두 벡터가 이루는 각의 코사인을 곱한 것으로 주어진다.

사원수의 언어로 말하면, 단위부피당 에너지는 $-\frac{1}{2} S.\mathbb{E}\mathbb{D}$이다.

자기에너지

632][2] 자기화에서 비롯된 에너지도 전기화의 경우에서 했던 방법(85절)과 비슷한 방식으로 다룰 수 있다. 자기화의 성분을 A, B, C라 하고, 자기력의 성분을 α, β, γ라 하면, 자석으로 이루어진 계의 퍼텐셜 에너지는 389절에 의거하여

---

1) {제1권에서는 정전기에너지에 대한 이 표현을 정전기력이 퍼텐셜 함수로부터 유도될 수 있다는 가정으로부터 연역했다. 기전세기의 일부가 전자기 유도에서 비롯하는 경우에는 이 증명이 성립하지 않을 것이다. 그러나 이 부분의 에너지가 유전체의 분극상태에서 생겨나며 단위 부피당 $\frac{1}{8\pi K}(f^2 + g^2 + h^2)$라는 관점을 택한다면, 퍼텐셜 에너지가 절연체의 분극이 어떻게 생겨났는지 무관하게 그 분극에만 의존할 것이다. 따라서

$$\frac{f}{4\pi K} = P, \quad \frac{g}{4\pi K} = Q, \quad \frac{h}{4\pi K} = R$$

이므로, 단위 부피당 에너지는 $\frac{1}{2}(Pf + Qg + Rh)$가 될 것이다}—톰슨.

2) 이 장 마지막 부분에 있는 부록 I을 볼 것.

$$-\frac{1}{2}\iiint (A\alpha + B\beta + C\gamma)\,dxdydz \qquad (6)$$

가 된다. 여기에서 적분은 자화된 물질이 차지하고 있는 공간에 걸친 것이다. 그런데 이 부분의 에너지는 지금 얻은 것과 같은 형태로 운동에너지 속에 들어 있을 것이다.

633] 전류가 없을 때에는 이 표현을 다음과 같은 방법을 써서 변환할수 있다.

$$\frac{da}{dx} + \frac{db}{dy} + \frac{dc}{dz} = 0 \qquad (7)$$

임을 알고 있다.

따라서 97절에 의하여, 전류가 없을 때의 자기현상에서 늘 그렇듯이

$$\alpha = -\frac{d\Omega}{dx}, \qquad \beta = -\frac{d\Omega}{dy}, \qquad \gamma = -\frac{d\Omega}{dz} \qquad (8)$$

라면,

$$\iiint (a\alpha + b\beta + c\gamma)\,dxdydz = 0 \qquad (9)$$

이 된다. 적분은 모든 공간에 걸친 것이다. 다르게 말하면

$$\iiint \{(\alpha + 4\pi A)\alpha + (\beta + 4\pi B)\beta + (\gamma + 4\pi C)\gamma\}\,dxdydz = 0 \qquad (10)$$

이다.

따라서 자기계에서 비롯되는 에너지는 다음과 같다.

$$-\frac{1}{2}\iiint (A\alpha + B\beta + C\gamma)\,dxdydz$$
$$= \frac{1}{8\pi}\iiint (\alpha^2 + \beta^2 + \gamma^2)\,dxdydz$$
$$= \frac{1}{8\pi}\iiint \mathbb{H}^2 dxdydz \qquad (11)$$

전기운동에너지

634] 이미 578절에서 전류로 이루어진 계의 운동에너지를 다음과 같은 형태로 나타낸 바 있다.

$$T = \frac{1}{2}\sum(pi) \tag{12}$$

여기에서 p는 회로의 전자기 운동량이며, i는 회로 주위로 흐르는 전류의 세기이며, 합은 모든 회로에 걸친 것이다.

그런데 590절에서 증명했듯이, p는 다음과 같은 꼴의 선적분으로 나타낼 수 있다.

$$p = \int \left(F\frac{dx}{ds} + G\frac{dy}{ds} + H\frac{dz}{ds} \right) ds \tag{13}$$

여기에서 F, G, H는 점 (x, y, z)에서 전자기 운동량 $\mathbb{A}$의 성분이며, 적분은 닫힌회로 s 주위로 돌아가며 계산한 것이다. 따라서

$$T = \frac{1}{2}\sum i \int \left(F\frac{dx}{ds} + G\frac{dy}{ds} + H\frac{dz}{ds} \right) ds \tag{14}$$

를 얻는다.

전도회로의 한 점에서 전류밀도의 성분이 u, v, w이고, 회로의 횡단면이 S라면, 다음과 같이 쓸 수 있다.

$$i\frac{dx}{ds} = uS, \quad i\frac{dy}{ds} = vS, \quad i\frac{dz}{ds} = wS \tag{15}$$

또한 부피는

$$Sds = dxdydz$$

로 쓸 수 있으므로,

$$T = \frac{1}{2}\iiint (Fu + Gv + Hw)\, dxdydz \tag{16}$$

를 얻는다. 적분은 전류가 있는 공간의 모든 부분에 걸친 것이다.

635] 이제 u, v, w 대신 607절의 전류의 방정식 (E)에서 자기력의 성

분 α, β, γ로 주어진 값을 대입하자. 그러면 다음을 얻는다.

$$T = \frac{1}{8\pi} \iiint \left\{ F \left(\frac{d\gamma}{dy} - \frac{d\beta}{dz} \right) + G \left(\frac{d\alpha}{dz} - \frac{d\gamma}{dx} \right) \right.$$
$$\left. + H \left(\frac{d\beta}{dx} - \frac{d\alpha}{dy} \right) \right\} dx\,dy\,dz \quad (17)$$

여기에서 적분은 모든 전류가 포함된 공간의 영역에 걸친 것이다.

이를 부분적분하면, 그리고 계로부터 먼 거리 r만큼 떨어진 곳에서는 α, β 및 γ가 r^{-3} 차수의 크기임을 기억한다면, 다음과 같은 표현을 얻는다.

$$T = \frac{1}{8\pi} \iiint \left\{ \alpha \left(\frac{dH}{dy} - \frac{dG}{dz} \right) + \beta \left(\frac{dF}{dz} - \frac{dH}{dx} \right) \right.$$
$$\left. + \gamma \left(\frac{dG}{dx} - \frac{dF}{dy} \right) \right\} dx\,dy\,dz \quad (18)$$

여기에서 적분은 공간 전체에 걸친 것이다.

591절의 자기유도에 대한 방정식 (A)을 쓰면 소괄호 안에 있는 양들 대신에 자기유도의 성분 a, b, c를 대입할 수 있으며, 운동에너지는 다음과 같이 쓸 수 있다.

$$T = \frac{1}{8\pi} \iiint (a\alpha + b\beta + c\gamma)\, dx\,dy\,dz \quad (19)$$

여기에서 적분은 자기력과 자기유도가 0이 아닌 값을 갖는 공간의 모든 부분에 걸친 것이다.

이 표현에서 괄호 안의 양은 자기유도에다 자기력을 그 자신의 방향으로 분해한 부분을 곱한 것이다.

사원수의 언어로 이를 더 간단히 쓸 수 있다.

$-S.\mathbb{BH}$

여기에서 $\mathbb{B}$는 자기유도이며, 그 성분은 a, b, c이고, $\mathbb{H}$는 자기력이며 그 성분은 α, β, γ이다.[3]

636] 따라서 계의 전기운동에너지는 전류가 있는 곳에서 계산한 적분으로 표현될 수도 있고, 자기력이 존재하는 마당의 모든 영역에 걸친 적분으로 표현될 수도 있다. 그런데 첫째 적분은 전류가 서로 직접 원격에서 작용하는 것으로 볼 수 있는 이론의 자연스러운 표현이지만, 둘째 적분은 대략 전류들 사이의 공간에서 일어나는 어떤 중간 작용을 써서 전류들의 작용을 설명하려는 것이다. 이 책에서는 후자의 연구방법을 택했기 때문에, 운동에너지에 가장 의미 있는 형태가 되는 것으로 둘째 표현을 택한다.

우리의 가설에 따르면, 자기력이 있는 곳마다, 즉 일반적으로 마당의 모든 부분에서 운동에너지가 존재한다. 이 에너지의 단위부피당 양은 $-\dfrac{1}{8\pi}\,S.\mathbb{B}\mathbb{H}$이며,[4] 이 에너지는 공간의 모든 영역에 있는 물질의 모종의 운동의 형태로 존재한다.

편광에 미치는 자기의 영향에 대한 패러데이의 발견을 다루게 되면, 자기력선이 존재하는 곳마다 이 선을 중심으로 한 물질의 회전운동이 있다고 믿는 이유를 지적할 것이다. 821절을 볼 것.

자기에너지와 전기에너지의 비교

637] 두 자기껍질의 세기가 각각 ϕ와 ϕ'이고 둘러싸고 있는 폐곡선이 각각 s와 s'일 때, 이 두 자기껍질의 상호 퍼텐셜 에너지가 다음과 같음을 423절에서 구했다.

$$-\phi\phi'\iint \frac{\cos \varepsilon}{r}\,ds\,ds'$$

---

3) 여기에 마이너스(−) 부호가 있는 까닭은 사원수의 기본 단위 i, j, k는 각각 제곱하면 −1이기 때문이다. 이것은 25절(제1권)의 정의에도 잘 부합한다―옮긴이.

4) 앞의 옮긴이주 참조―옮긴이.

여기에서 ε은 ds의 방향과 ds'의 방향 사이의 각이며, r는 그 둘 사이의 거리이다.

또한 521절에서는 두 회로 s와 s'에 흐르는 전류가 각각 i와 i'일 때, 두 회로의 상호 에너지가 다음과 같음을 구했다.

$$-ii'\iint \frac{\cos \varepsilon}{r}\,ds\,ds'$$

만일 i, i'이 각각 ϕ, ϕ'과 같다면 자기껍질 사이의 역학적 작용은 해당 전기회로 사이에 작용하는 역학적 작용과 같고, 이 두 작용의 방향은 같다. 자기껍질의 경우에 힘은 상호 퍼텐셜 에너지를 감소시키려 하지만, 회로의 경우에는 그 상호 에너지를 증가시키는데, 이는 상호 에너지가 운동에너지이기 때문이다.

자화된 물질을 어떻게 배열하더라도, 모든 면에서 전류와 대응하는 계를 만들어내는 것은 불가능하다. 왜냐하면 자기계의 퍼텐셜은 공간의 모든 점에서 하나의 값만을 갖는 반면에, 전기계의 퍼텐셜은 다중값을 갖기 때문이다.

그러나 한없이 작은 전기회로를 적절하게 배열하여 모든 면에서 어떤 자기계에 대응하는 계를 만들어내는 것은 언제나 가능하다. 그러기 위해서는 퍼텐셜을 계산할 때 따라가는 적분경로가 이 작은 회로를 전혀 지나가지 않아야 한다. 이 점은 833절에서 더 상세하게 설명할 것이다.

자석의 원격작용은 전류의 원격작용과 완전히 일치한다. 따라서 둘 모두에서 공통된 원인을 찾아내고자 하며, 전류를 자석으로 설명할 수 없기 때문에 다른 대안을 택하여 자석을 분자전류로 설명해야 한다.

638] 이 책의 제3부에서 자기현상을 고찰하면서 원격자기 작용을 설명하려고 한 적이 전혀 없고, 이 작용을 경험에서 나오는 기본사실로 보았다. 따라서 자기계의 에너지는 퍼텐셜 에너지이며, 계의 일부분이 그곳에 작용하는 자기력을 만들어낼 때, 이 에너지는 감소한다고 가정했다.

그런데 자석의 성질들이 그 분자 속들 속에서 돌고 있는 전류로부터 유도되는 것으로 본다면, 자석의 에너지는 운동에너지이며, 자석들 사이에 작용하는 힘은 전류의 세기를 일정하게 유지할 때 운동에너지가 증가하는 방향으로 움직이려는 경향을 나타낸다.

자기를 이렇게 설명하는 방식을 택하면 제3부에서 따랐던 방법도 버려야 한다. 제3부에서는 자석을 연속적이고 균질한 물체로 보았으며, 그 가장 미세한 부분도 전체와 똑같은 종류의 자기적 성질들을 갖고 있다고 보았다.

이제는 자석에 유한한(대단히 많기는 하지만) 수의 전류가 들어 있어서, 연속적 구조와는 구분되는 근본적으로 분자적인 구조를 갖고 있는 것으로 보아야 한다.

다만, 우리의 수학적 도구가 너무 거칠어서 적분경로가 분자회로를 모두 반영할 수 없으며, 엄청난 수의 자기분자들이 부피요소 안에 들어 있다고 가정하면, 제3부의 결과와 비슷한 결과들에 이르게 될 것이다. 그러나 반대로 우리의 수학적 도구가 더 세밀하며 분자 내부에서 일어나는 모든 것을 고찰할 수 있는 정도라고 가정하면, 예전의 자기이론은 폐기해야 하며, 전류로 이루어진 자석 외에는 어떤 자석도 인정하지 않았던 앙페르의 이론을 택해야 한다.

또한 자기에너지와 전자기에너지는 둘 다 운동에너지로 보아야 하며, 635절에서처럼 여기에 적절한 부호를 붙여 주어야 한다.

앞으로는 639절 등에서처럼 종종 예전 자기이론을 그대로 사용하려 할 수도 있지만, 완전히 정합적인 체계를 얻기 위해서는 644절에서처럼 그 이론을 버리고 앙페르의 분자전류이론을 택해야 할 것이다.

그러므로 마당의 에너지는 두 부분만으로 이루어져 있다. 즉 정전에너지 또는 퍼텐셜 에너지

$$W = \frac{1}{2} \iiint (Pf + Qg + Rh)\, dx\, dy\, dz$$

와 전자기에너지 또는 운동에너지

$$T = \frac{1}{8\pi} \iiint (a\alpha + b\beta + c\gamma)\, dxdydz$$

이다.[5]

전자기장에 놓여 있는 물체의 요소에 작용하는 힘에 관하여

자기요소에 작용하는 힘

639][6] 성분이 A, B, C인 세기로 자화된 물체가 성분이 α, β, γ인 자기력의 마당 안에 놓여 있을 때 물체의 요소 $dxdydz$의 퍼텐셜 에너지는 다음과 같다.

$$-(A\alpha + B\beta + C\gamma)\, dxdydz$$

따라서 그 요소가 x방향으로 회전하지 않고 움직이게 하는 힘을 $X_1 dxdydz$라 하면,

$$X_1 = A\frac{d\alpha}{dx} + B\frac{d\beta}{dx} + C\frac{d\gamma}{dx} \tag{1}$$

이며, x축을 중심으로 y로부터 z를 향해 요소를 회전시키려는 짝힘의 모멘트를 $Ldxdydz$라 하면,

$$L = B\gamma - C\beta \tag{2}$$

---

5) 이 두 식을 사원수 벡터를 이용해 다시 쓰면 다음과 같다.

$$W = -\frac{1}{2}\iiint S.\mathbb{E}\mathbb{D}\, dx\, dy\, dz\,, \qquad T = -\frac{1}{8\pi}\iiint S.\mathbb{B}\mathbb{H}\, dx\, dy\, dz$$

마이너스(−) 부호가 나타나는 까닭은 앞에서와 마찬가지로 사원수의 기본 단위 i, j, k는 각각 제곱하면 −1이기 때문이다. 현대의 독자를 위해 안쪽곱(내적 또는 스칼라곱)으로 쓰면

$$W = \frac{1}{2}\iiint \mathbb{E}\cdot\mathbb{D}\, dx\, dy\, dz\,, \qquad T = \frac{1}{8\pi}\iiint \mathbb{B}\cdot\mathbb{H}\, dx\, dy\, dz$$

가 된다―옮긴이.

6) 이 장 마지막 부분에 있는 부록 II를 볼 것.

이다.

y축과 z축에 해당하는 힘과 모멘트도 이 식들을 적절하게 치환하면 바로 적을 수 있다.

640] 자화된 물체에 전류가 흐른다고 하고, 전류의 성분이 u, v, w라고 하면, 603절의 방정식 (C)로부터 추가된 전자기력이 있을 것이다. 그 성분이 X_2, Y_2, Z_2라 하면, 그중에서 X_2는

$$X_2 = vc - wb \tag{3}$$

로 주어진다.

따라서 물체 속으로 지나가는 전류뿐 아니라 분자의 자기로부터 생겨나는 전체 힘 X는 다음과 같다.

$$X = A\frac{d\alpha}{dx} + B\frac{d\beta}{dx} + C\frac{d\gamma}{dx} + vc - wb \tag{4}$$

a, b, c라는 양들은 자기유도의 성분들이며, 자기력의 성분 α, β, γ와 400절의 방정식을 통해 연결되어 있다.

$$\left.\begin{aligned} a &= \alpha + 4\pi A \\ b &= \beta + 4\pi B \\ c &= \gamma + 4\pi C \end{aligned}\right\} \tag{5}$$

전류의 성분 u, v, w는 607절의 방정식을 써서 α, β, γ로 표현할 수 있다.

$$\left.\begin{aligned} 4\pi u &= \frac{d\gamma}{dy} - \frac{d\beta}{dz} \\ 4\pi v &= \frac{d\alpha}{dz} - \frac{d\gamma}{dx} \\ 4\pi w &= \frac{d\beta}{dx} - \frac{d\alpha}{dy} \end{aligned}\right\} \tag{6}$$

따라서

$$X = \frac{1}{4\pi} \left\{ (a-\alpha)\frac{d\alpha}{dx} + (b-\beta)\frac{d\beta}{dx} + (c-\gamma)\frac{d\gamma}{dx} \right.$$

$$\left. + b\left(\frac{d\alpha}{dy} - \frac{d\beta}{dx}\right) + c\left(\frac{d\alpha}{dz} - \frac{d\gamma}{dx}\right) \right\}$$

$$= \frac{1}{4\pi}\left\{ a\frac{d\alpha}{dx} + b\frac{d\alpha}{dy} + c\frac{d\alpha}{dz} - \frac{1}{2}\frac{d}{dx}(\alpha^2 + \beta^2 + \gamma^2) \right\} \qquad (7)$$

이다.

403절에 의하여

$$\frac{da}{dx} + \frac{db}{dy} + \frac{dc}{dz} = 0 \qquad (8)$$

이다.

이 방정식 (8)식에 a를 곱하고 4π를 나눈 뒤에 그 결과를 (7)식에 더하면 다음을 얻는다.

$$X = \frac{1}{4\pi}\left\{ \frac{d}{dx}[a\alpha - \frac{1}{2}(\alpha^2 + \beta^2 + \gamma^2)] + \frac{d}{dy}[b\alpha] + \frac{d}{dz}[c\alpha] \right\} \qquad (9)$$

또한 (2)식으로부터

$$L = \frac{1}{4\pi}((b-\beta)\gamma - (c-\gamma)\beta) \qquad (10)$$

$$= \frac{1}{4\pi}(b\gamma - c\beta) \qquad (11)$$

이다. 여기에서 X는 x방향으로의 단위부피당 힘이며, L은 이 축에 관한 (단위부피당) 힘의 모멘트이다.

이 힘들은 변형력의 상태에 있는 매질을 가정함으로써 설명할 수 있다는 것에 관하여

641] 어떤 종류이든 단위 넓이당 변형을 P_{hk}꼴의 기호로 나타내자. 여기에서 첫째 아래첨자 h는 변형력이 작용하는 것으로 볼 수 있는 평면의 법선벡터가 h의 축에 평행함을 가리키며, 둘째 아래첨자 k는 평면의

양의 방향 쪽에 있는 물체의 부분과 음의 방향 쪽에 있는 부분에 작용하는 변형력의 방향이 k의 축에 평행함을 가리킨다.

h와 k의 방향은 같을 수도 있으며, 그 경우에는 변형력이 수직변형력이다. 이 두 방향이 평행하지 않을 수도 있고, 서로 수직일 수도 있다. 앞의 경우에는 변형력이 엇방향 변형력(oblique stress)이고, 뒤의 경우에는 변형력이 접선 변형력(tangential stress)이다.

변형이 물체의 요소영역에서 회전의 경향을 일으키지 않을 조건은 다음과 같다.

$$P_{hk} = P_{kh}$$

그런데 자화된 물체의 경우에는 그런 회전의 경향이 있으며, 따라서 보통의 변형력이론에서는 성립하는 이 조건이 자화된 물체의 경우에는 충족되지 않는다.

물체의 요소영역 $dxdydz$의 여섯 면에서 변형의 효과를 살펴보자. 좌표의 원점은 그 무게중심으로 삼는다.

$dydz$의 양의 면에서는 x의 값이 $\frac{1}{2}dx$이며, 힘들은 다음과 같다.

x에 평행한 힘: $\qquad \left(P_{xx} + \frac{1}{2}\frac{dP_{xx}}{dx}dx \right)dydz = X_{+x}$

y에 평행한 힘: $\qquad \left(P_{xy} + \frac{1}{2}\frac{dP_{xy}}{dx}dx \right)dydz = Y_{+x}$ (12)

z에 평행한 힘: $\qquad \left(P_{xz} + \frac{1}{2}\frac{dP_{xz}}{dx}dx \right)dydz = Z_{+x}$

반대쪽에 작용하는 힘들 $-X_{-z}$, $-Y_{-x}$, $-Z_{-x}$는 이 식에서 dx의 부호를 바꿈으로써 구할 수 있다. 같은 방식으로 요소의 다른 면들에 작용하는 세 힘들의 묶음을 표현할 수 있다. 힘의 방향은 대문자로 나타내며 힘이 작용하는 면은 아래첨자로 나타낸다.

요소에 작용하는 x에 평행한 힘 전체를 $Xdxdydz$라 하면,

$$X\,dxdydz = X_{+x} + X_{+y} + X_{+z} + X_{-x} + X_{-y} + X_{-z}$$

$$= \left(\frac{dP_{xx}}{dx} + \frac{dP_{yx}}{dy} + \frac{dP_{zx}}{dz} \right) dxdydz$$

이다. 따라서

$$X = \frac{d}{dx} P_{xx} + \frac{d}{dy} P_{yx} + \frac{d}{dz} P_{zx} \tag{13}$$

이다.

요소를 y로부터 z로 회전시키려 하는 x축에 관한 힘의 모멘트를 $Ldxdydz$라 하면,

$$Ldxdydz = \frac{1}{2} dy (Z_{+y} - Z_{-y}) - \frac{1}{2} dz (Y_{+z} - Y_{-z})$$
$$= (P_{yz} - P_{zy})\,dxdydz$$

이다. 따라서

$$L = P_{yz} - P_{zy} \tag{14}$$

이다.

(9)식과 (11)식에 주어진 X의 값과 L의 값을 (13)식과 (14)식에 주어진 것과 비교하면, 다음을 알 수 있다.

$$\left. \begin{aligned}
P_{xx} &= \frac{1}{4\pi} \left\{ a\alpha - \frac{1}{2} (\alpha^2 + \beta^2 + \gamma^2) \right\} \\
P_{yy} &= \frac{1}{4\pi} \left\{ b\beta - \frac{1}{2} (\alpha^2 + \beta^2 + \gamma^2) \right\} \\
P_{zz} &= \frac{1}{4\pi} \left\{ c\gamma - \frac{1}{2} (\alpha^2 + \beta^2 + \gamma^2) \right\} \\
P_{yz} &= \frac{1}{4\pi} b\gamma, \qquad P_{zy} = \frac{1}{4\pi} c\beta \\
P_{zx} &= \frac{1}{4\pi} c\alpha, \qquad P_{xz} = \frac{1}{4\pi} a\gamma \\
P_{xy} &= \frac{1}{4\pi} a\beta, \qquad P_{yx} = \frac{1}{4\pi} b\alpha
\end{aligned} \right\} \tag{15}$$

라 하면, 이를 성분으로 하는 변형의 모임으로부터 생겨나는 힘은 물체의 각 요소에 미치는 영향이라는 면에서 자기화와 전류로부터 생겨나는 힘과 정역학적으로 동등하다.

642] x축을 자기력의 방향과 자기유도의 방향을 이등분하게 선택하고, y축을 이 두 방향이 있는 평면 위에 놓이게 하고 자기력 쪽이 양의 방향이 되게 선택하면, 위와 같은 성분을 갖는 변형의 성질을 쉽게 구할 수 있다.

자기력의 수치상의 값을 $\mathbb{H}$라 하고, 자기유도의 수치상의 값을 $\mathbb{B}$라 하고, 두 방향 사이의 각을 2ε이라 하면, 다음을 얻을 수 있다.

$$
\left.\begin{array}{lll}
\alpha = \mathbb{H}\cos\varepsilon, & \beta = -\mathbb{H}\sin\varepsilon & \gamma = 0 \\
a = \mathbb{B}\cos\varepsilon, & b = -\mathbb{H}\sin\varepsilon, & c = 0
\end{array}\right\} \tag{16}
$$

$$
P_{xx} = \frac{1}{4\pi}\left(+\mathbb{B}\mathbb{H}\cos^2\varepsilon - \frac{1}{2}\,\mathbb{H}^2\right)
$$

$$
P_{yy} = \frac{1}{4\pi}\left(-\mathbb{B}\mathbb{H}\sin^2\varepsilon - \frac{1}{2}\,\mathbb{H}^2\right)
$$

$$
P_{zz} = \frac{1}{4\pi}\left(-\frac{1}{2}\,\mathbb{H}^2\right) \tag{17}
$$

$$
P_{yz} = P_{zx} = P_{zy} = P_{xz} = 0
$$

$$
P_{xy} = \frac{1}{4\pi}\,\mathbb{B}\mathbb{H}\cos\varepsilon\sin\varepsilon
$$

$$
P_{yx} = -\frac{1}{4\pi}\,\mathbb{B}\mathbb{H}\cos\varepsilon\sin\varepsilon
$$

따라서 변형력의 상태는 다음과 같이 구성되어 있다고 볼 수 있다.

(1) 모든 방향에서 똑같은 압력 $= \frac{1}{8\pi}\,\mathbb{H}^2$

(2) 자기력의 방향과 자기유도의 방향 사이의 각을 이등분하는 선 방향의 장력 $= \frac{1}{4\pi}\,\mathbb{B}\mathbb{H}\cos^2\varepsilon$

(3) 두 방향 사이의 외각을 이등분하는 선 방향의 압력 $= \frac{1}{4\pi}\,\mathbb{B}\mathbb{H}\sin^2\varepsilon$

(4) 두 방향이 있는 평면에서 자기유도의 방향으로부터 자기력의 방향으로 물질의 모든 요소를 회전시키려 하는 짝힘 $= \frac{1}{4\pi}\,\mathbb{B}\mathbb{H}\sin^2\varepsilon$

유체나 자화되지 않은 고체에서 늘 그런 것처럼, 자기유도가 자기력과 같은 방향일 때에는 $\varepsilon=0$이며, x축을 자기력의 방향과 일치하게 하면

$$P_{xx} = \frac{1}{4\pi}\left(\mathbb{B}\mathbb{H} - \frac{1}{2}\,\mathbb{H}^2\right), \qquad P_{yy} = P_{zz} = -\frac{1}{8\pi}\,\mathbb{H}^2 \qquad (18)$$

이 되고, 접선 변형은 사라진다.

이 경우에 변형은 유체정역학적 압력 $=\frac{1}{8\pi}\,\mathbb{H}^2$에다 힘의 선 방향으로 있는 종적인 장력 $=\frac{1}{4\pi}\,\mathbb{B}\mathbb{H}$를 결합한 것이 된다.

643] 자기화가 없을 때에는 $\mathbb{B}=\mathbb{H}$이며, 변형은 더 간단하게 된다. 즉, 변형은 힘의 선 방향의 장력 $\frac{1}{8\pi}\,\mathbb{H}^2$에다 힘의 선에 수직한 모든 방향의 압력(그 값도 $\frac{1}{8\pi}\,\mathbb{H}^2$임)을 결합한 것이 된다. 이 중요한 경우에 변형의 성분들은 다음과 같다.

$$\left.\begin{aligned}
P_{xx} &= \frac{1}{8\pi}(\alpha^2 - \beta^2 - \gamma^2)\\[4pt]
P_{yy} &= \frac{1}{8\pi}(\beta^2 - \gamma^2 - \alpha^2)\\[4pt]
P_{zz} &= \frac{1}{8\pi}(\gamma^2 - \alpha^2 - \beta^2)\\[4pt]
P_{yz} &= P_{zy} = \frac{1}{4\pi}\,\beta\gamma\\[4pt]
P_{zx} &= P_{xz} = \frac{1}{4\pi}\,\gamma\alpha\\[4pt]
P_{xy} &= P_{yx} = \frac{1}{4\pi}\,\alpha\beta
\end{aligned}\right\} \qquad (19)$$

이 변형으로부터 매질의 요소에 작용하는 단위부피당 힘의 x성분은 다음과 같다.

$$X = \frac{d}{dx}P_{xx} + \frac{d}{dy}P_{yx} + \frac{d}{dz}P_{zx}$$

$$= \frac{1}{4\pi}\left\{\alpha\frac{d\alpha}{dx} - \beta\frac{d\beta}{dx} - \gamma\frac{d\gamma}{dx}\right\} + \frac{1}{4\pi}\left\{\alpha\frac{d\beta}{dy} + \beta\frac{d\alpha}{dy}\right\}$$

$$+ \frac{1}{4\pi}\left\{\alpha\frac{d\gamma}{dz} + \gamma\frac{d\alpha}{dz}\right\}$$

$$= \frac{1}{4\pi}\,\alpha\left(\frac{d\alpha}{dx} + \frac{d\beta}{dy} + \frac{d\gamma}{dz}\right) + \frac{1}{4\pi}\,\gamma\left(\frac{d\alpha}{dz} - \frac{d\gamma}{dx}\right)$$
$$- \frac{1}{4\pi}\,\beta\left(\frac{d\beta}{dx} - \frac{d\alpha}{dy}\right)$$

그런데

$$\frac{d\alpha}{dx} + \frac{d\beta}{dy} + \frac{d\gamma}{dz} = 4\pi\mathrm{m}$$

$$\frac{d\alpha}{dz} - \frac{d\gamma}{dx} = 4\pi v$$

$$\frac{d\beta}{dx} - \frac{d\alpha}{dy} = 4\pi w$$

이다. 여기에서 m은 가상적인[7] 자기물질의 단위부피에 대한 밀도이며, v와 w는 각각 y와 z에 수직한 단위넓이에 대한 전류의 성분이다. 따라서

$$X = \alpha\mathrm{m} + v\gamma - w\beta$$

이며, 마찬가지로

$$Y = \beta\mathrm{m} + w\alpha - u\gamma \quad \text{(전자기력의 방정식)} \tag{20}$$

$$Z = \gamma\mathrm{m} + u\beta - v\alpha$$

이다.

644] 자성물체와 반자성물체의 성질에 대하여 앙페르와 베버의 이론을 택하고, 자성극성과 반자성극성이 분자전류에서 비롯된다고 가정하면, 가상적인 자기물질을 제거하게 되며, 모든 곳에서 $m=0$이고

---

7) 원문에는 남극성(austral)으로 되어 있으나, 의미상 북극성(boreal)의—옮긴이.

$$\frac{d\alpha}{dx} + \frac{d\beta}{dy} + \frac{d\gamma}{dz} = 0 \qquad (21)$$

이므로, 전자기력의 방정식은 다음과 같이 됨을 알 수 있다.

이며, 마찬가지로

$$\left. \begin{aligned} X &= v\gamma - w\beta \\ \\ Y &= w\alpha - u\gamma \\ \\ Z &= u\beta - v\alpha \end{aligned} \right\} \qquad (22)$$

이것은 단위부피의 물질에 대한 역학적 힘의 성분들이다. 자기력의 성분은 α, β, γ이고, 전류의 성분은 u, v, w이다. 이 방정식은 앞에서 얻은 것과 일치한다.(603절의 방정식 (C)를 보라.)

645] 전자기력을 매질 속의 변형력의 상태로 설명하는 과정에서 우리는 패러데이의 개념[8]을 따랐을 뿐이다. 이에 따르면, 자기력선은 그 자체로 줄어들려는 경향이 있으며 자기력선은 옆에 나란히 놓으면 서로 밀친다. 우리가 한 일은 자기력선 방향의 장력의 값과 자기력선에 수직한 압력을 수학적인 언어로 표현하고, 이런 식으로 매질에 존재한다고 가정한 변형력의 상태가 실제로 전류가 흐르는 도체에서 관찰되는 힘을 만들어냄을 증명한 것이 전부이다.

이 변형력의 상태가 어떤 양식으로 생겨났으며 매질 속에서 유지되는 지에 관해서는 아무런 주장도 하지 않았다. 우리는 단지 전류의 상호작용이 직접적이고 무매개적인 원격작용이 아니라, 전류를 둘러싸고 있는 매질 속의 특정 종류의 변형에 따라 달라진다고 볼 수 있음을 밝혔을 뿐이다.

변형력의 상태를 매질의 운동 따위로 더 상세하게 설명하는 것은 현

---

8) *Exp. Res.*, 3266, 3267, 3268.

재의 이론에서 별개의 독립적인 부분으로서 우리 입장에 영향을 주지 않고도 받아들여지거나 버려질 수 있는 것으로 보아야 한다. 832절을 볼 것.

우리는 이 논저의 앞부분(108절)에서 관찰된 정전기력은 둘러싸고 있는 매질 속의 변형력의 상태가 개입함으로써 작동하는 것으로 볼 수 있음을 밝혔다. 이제 우리는 전자기력에 대해 같은 작업을 했다. 이제 이러한 변형력의 상태를 뒷받침할 수 있는 매질의 개념이 다른 알려진 현상들에도 일관되게 나타나는지, 아니면 이를 유용하지 않은 개념으로 제외해야 하는지 살펴볼 필요가 남아 있다.

마땅에 전자기 작용뿐 아니라 정전기 작용도 있다면, 제1부에서 서술한 정전기 변형력이 방금 고찰한 전자기 변형력 위에 겹쳐지는 것으로 가정해야 한다.

646] 지자기에서 비롯한 전체 힘이 10영국단위(그레인, 피트, 초)라고 가정하면(영국에서는 거의 그렇다), 힘의 선에 수직한 장력은 제곱피트당 0.128그레인 중이 된다. 줄이 전자석을 써서 만들어낸 가장 큰 자기 장력은 제곱인치당 140파운드중가량이었다.[9]

9) *Annals of Electricity*, vol. v. p.187(1840); or *Philosophical Magazine*, Dec. 1851.

부록 I

〔다음의 주는 클라크 맥스웰 교수가 크리스탈 교수에게 보낸 편지에서 따온 것으로서, 389절 및 632절과 관련하여 중요하다.

389절에서 우리는 자기화의 성분이 A_1, B_1, C_1인 자석이 자기력의 성분이 α_2, β_2, γ_2인 자기장에 놓여 있을 때, 그로 인한 에너지가

$$-\iiint (A_1\alpha_2 + B_1\beta_2 + C_1\gamma_2)\,dx\,dy\,dz$$

임을 보였다. 여기에서 적분은 자석에 국한된 적분이며, 이는 그 바깥에서는 A_1, B_1, C_1이 0이기 때문이다.

그러나 전체 에너지는 다음과 같은 꼴이다.

$$-\frac{1}{2}\iiint \{(A_1 + A_2)(\alpha_1 + \alpha_2) + \&c.\}\,dx\,dy\,dz$$

여기에서 적분은 자화된 물체가 있는 공간의 모든 영역에 걸친 것이며, A_2, B_2, C_2는 자석의 외부에 있는 아무 점에서 자기화의 성분을 가리킨다.

따라서 전체 에너지는 네 부분으로 이루어져 있다.

$$-\frac{1}{2}\iiint (A_1\alpha_1 + \&c.)\,dx\,dy\,dz \tag{1}$$

$$-\frac{1}{2}\iiint (A_2\alpha_1 + \&c.)\,dx\,dy\,dz \tag{2}$$

$$-\frac{1}{2}\iiint (A_1\alpha_2 + \&c.)\,dx\,dy\,dz \tag{3}$$

$$-\frac{1}{2}\iiint (A_2\alpha_2 + \&c.)\,dx\,dy\,dz \tag{4}$$

여기에서 (1)은 자석의 자기화가 고정되어 있다면 상수이다. (2)는 그린의 정리에 따라 (3)과 같다. (4)는 고정된 자기화로부터 생겨난다

고 가정할 수 있으며, 따라서 상수이다.

따라서 움직일 수 있는 자석(자석의 자기화는 고정되어 있다)의 에너지 중에서 변할 수 있는 부분은 (2)의 표현과 (3)의 표현의 합이다. 즉

$$-\iiint (A_1\alpha_2 + B_1\beta_2 + C_1\gamma_2)\,dx\,dy\,dz$$

이다.

자석의 변위는 α_2, β_2, γ_2의 값은 바꾸지만, A_1, B_1, C_1의 값을 바꾸는 것은 아님을 기억한다면, 아무 방향 ϕ로 자석에 작용하는 힘의 성분은

$$\iiint \left(A_1\frac{d\alpha_2}{d\phi} + B_1\frac{d\beta_2}{d\phi} + C_1\frac{d\gamma_2}{d\phi} \right) dx\,dy\,dz$$

임을 알 수 있다.

자석 대신에 유도 때문에 자화된 물체가 있다면, 힘에 대한 표현은 똑같아야 한다. 즉, $A_1 = k\alpha$ 등과 같이 쓴다면,

$$\iiint k\left(\alpha\frac{d\alpha_2}{d\phi} + \beta\frac{d\beta_2}{d\phi} + \gamma\frac{d\gamma_2}{d\phi} \right) dx\,dy\,dz$$

가 된다.

이 표현에서 α는 $\alpha_1 + \alpha_2$ 대신 넣은 것이며, 나머지도 마찬가지이다. 그러나 만일 자화된 물체가 작거나, 아니면 k가 작다면, α_1을 α_2에 비교해 무시할 수 있다. 그러면 힘에 대한 표현은 440절에서처럼

$$\frac{d}{d\phi}\frac{1}{2}\iiint \kappa(\alpha^2 + \beta^2 + \gamma^2)\,dx\,dy\,dz$$

가 된다.

물체의 유도용량이 작고, 유도를 통해 자화된 물체일 경우에 자기력이 하는 일은 그 물체가 고정된 자기화를 애초의 세기 그대로 지니고 있는 경우에 하는 일의 절반밖에 되지 않는다. 왜냐하면 유도된 자석을 잡아끄는 동안 그 세기가 줄어들기 때문이다]─니벤.

부록 II

(니벤의 주)

〔자기력에서 생겨나는, 매질의 단위 부피당 퍼텐셜 에너지에 대한 639절에 있는 표현을 반대하는 의견이 있었다. 그 까닭은 389절의 표현을 찾는 과정에서 힘의 성분 α, β, γ가 퍼텐셜에서 유도될 수 있다고 가정했던 반면, 639절과 640절에서는 그렇지 않기 때문이다. 이 반대 의견은 힘 X의 표현에도 확장된다. 이 힘은 에너지의 공간 변화이기 때문이다. 이 주의 목적은 본문의 정확성을 확인하기 위해 몇 가지 주의를 환기시키려 함이다.〕

(톰슨의 주)

{자성을 띤 물질 조각에 전류가 흐를 때 작용하는 힘은 계산의 편의를 위해 두 부분으로 나눌 수 있다. (1) 전류가 존재하기 때문에 그 결과로 요소에 작용하는 힘, (2) 요소에 있는 자성에서 비롯하는 힘. 첫 번째 부분은 비자성 물질의 요소에 작용하는 힘과 똑같을 것이다. 그 성분은 각각

$$\gamma w - \beta w,$$
$$\alpha w - \gamma u,$$
$$\beta u - \alpha v$$

이다. 여기에서 u, v, w는 전류의 성분이고, α, β, γ는 자기력의 성분이다.

두 번째 힘을 계산하기 위해, 자성 물질을 길고 좁은 원통 모양으로 잘라냈다고 상상해 보자. 원통의 축은 자화의 방향과 평행하다고 하자.

자화의 세기를 I라 하면, 자석에 작용하는 x에 평행한 단위 부피당 힘은

$$I \frac{d\alpha}{ds}$$

이다. I의 성분을 A, B, C라 하면

$$A \frac{d\alpha}{dx} + B \frac{d\alpha}{dy} + C \frac{d\alpha}{dz}$$

또는

$$A \frac{d\alpha}{dx} + B \left(\frac{d\beta}{dx} - 4\pi w \right) + C \left(\frac{d\gamma}{dx} + 4\pi v \right)$$

이다.

따라서 요소에 작용하는 x방향의 전체 힘은

$$\gamma v - \beta w + A \frac{d\alpha}{dx} + B \left(\frac{d\beta}{dx} - 4\pi w \right) + C \left(\frac{d\gamma}{dx} + 4\pi v \right)$$

또는

$$v(\gamma + 4\pi C) - w(\beta + 4\pi B) + A \frac{d\alpha}{dx} + B \frac{d\beta}{dx} + C \frac{d\gamma}{dx}$$

이다. 즉

$$vc - wb + A \frac{d\alpha}{dx} + B \frac{d\beta}{dx} + C \frac{d\gamma}{dx}$$

로서, 본문에 있는 표현과 똑같다.}

제12장 전류박판

647] 전류박판(current-sheet)은 도체물질이 얇게 퍼져 있는 무한히 넓은 판으로서, 양 옆이 절연매질로 막혀 있어서 전류가 박판으로 흐를 수는 있지만, 전극(electrode)이라 부르는 특정 점들 외에는 전류가 빠져나갈 수 없다. 전류는 전극을 통해 박판에 들어가거나 박판에서 빠져 나온다.

전도되는 전류가 유한하게 하려면, 실제의 박판의 두께가 유한해야 하며, 따라서 도체를 3차원으로 보아야 한다. 그러나 많은 경우에 실제의 도체 박판이나 전선이 감겨 있는 얇은 층의 전기적 성질들을 위에서 정의한 전류박판의 성질들로부터 연역하는 것이 실용적으로 편리하다.

그러므로 곡면의 모양이 어떤 것이든 전류박판으로 볼 수 있다. 이 곡면의 한쪽 가장자리를 양의 가장자리로 선택하고 나면, 곡면 위에 그린 선들은 모두 곡면의 양의 가장자리에서 본 것으로 늘 가정하겠다. 폐곡면의 경우에는 바깥쪽을 양의 방향으로 볼 것이다. 그러나 전류의 방향이 박판의 음의 방향에서 본 것으로 정의되는 경우로서 294절을 볼 것.

전류함수

648] 곡면 위의 한 고정된 점 A를 원점으로 삼고, 곡면 위에서 점 A로부터 다른 점 P로 곡선을 그린다. 단위시간 동안 이 곡선을 왼쪽으로부터 오른쪽으로 지나는 전기의 양을 ϕ라 하자. ϕ는 점 P에서의 전류함수라 부른다.

전류함수는 점 P의 위치에 따라서만 달라지며, 곡선을 연속적으로 움직여서 전극을 지나지 않고 모양이 다른 곡선으로 변형시킬 수 있다면, 곡선 AP의 모양이 다르더라도 전류함수는 같다. 왜냐하면 모양이 다른 두 곡선이 둘러싸고 있는 영역 안에 전극이 없으며, 따라서 한 곡선을 통해 그 영역에 들어간 전기와 똑같은 양이 다른 곡선을 통해 그 영역에서 나와야 하기 때문이다.

곡선 AP의 길이를 s로 나타내면, ds를 통해 왼쪽으로부터 오른쪽으로 지나는 전류는 $\dfrac{d\phi}{ds}\,ds$가 될 것이다.

ϕ가 여느 곡선에 대해 일정하다면, 그 곡선을 통해 지나는 전류는 없다. 그런 곡선을 **전류곡선**(current-line) 또는 **흐름곡선**(stream-line)이라 한다.

649] 박판의 어느 한 점에서 전기 퍼텐셜을 ψ라 하면, 기전력이 퍼텐셜의 차이에서 생겨나는 것 외에는 없다고 할 때, 곡선 요소 ds 방향의 기전력은

$$-\frac{d\psi}{ds}\,ds$$

가 될 것이다.

ψ가 여느 곡선에 대해 일정하면, 그 곡선을 등퍼텐셜곡선(등전위선)이라 한다.

650] 이제 박판 위의 한 점의 위치가 그 점에서 ϕ와 ψ의 값으로 정의된다고 가정하자. 등퍼텐셜곡선 ψ가 두 전류곡선 ϕ와 $\phi+d\phi$로 잘린 부분의 길이를 ds_1이라 하고, 전류곡선 ϕ가 두 등퍼텐셜곡선 ψ와 $\psi+d\psi$로 잘린 부분의 길이를 ds_2라 하자. ds_1과 ds_2는 박판의 요소 $d\phi\,d\psi$의 두 변으로 볼 수 있다. ds_1 방향의 기전력 $-d\psi$는 ds_1에 걸쳐 전류 $d\phi$를 생성한다.

박판에서 길이가 ds_2이고 폭이 ds_1인 부분의 저항을

$$\sigma \frac{ds_2}{ds_1}$$

라 하자. 여기에서 σ는 박판의 단위면적당 비저항이다. 그러면

$$d\psi = \sigma \frac{ds_2}{ds_1} d\phi$$

이며, 따라서

$$\frac{ds_1}{d\phi} = \sigma \frac{ds_2}{d\psi}$$

이다.

651] 박판을 이루는 물질의 전도도가 모든 방향으로 똑같다면, ds_1은 ds_2와 직교한다. 저항이 균일한 박판의 경우에는 σ가 일정하며, $\psi = \sigma \psi'$이라 하면,

$$\frac{\delta s_1}{\delta s_2} = \frac{\delta \phi}{\delta \psi'}$$

가 될 것이다. 또한 흐름곡선과 등퍼텐셜곡선은 곡면 위에 있는 작은 사각형을 이룰 것이다.

이로부터, ϕ_1과 ψ_1'이 ϕ와 ψ'의 켤레함수(183절)라면, 곡선 ϕ_1은 곡선 ψ_1'가 해당 등퍼텐셜곡선이 되는 박판의 흐름곡선이 될 수 있음을 알 수 있다. 물론 한 가지 경우는 $\phi_1 = \psi'$이고 $\psi_1' = -\phi$가 되는 경우이다. 이 경우에는 등퍼텐셜곡선이 전류곡선이 되고 전류곡선이 등퍼텐셜곡선이 된다.[1]

어떤 특정 경우에 대하여 여느 모양의 균일한 박판에서 전류의 분포에 대한 풀이를 얻는다면, 190절에서 제시한 방법에 의하여 켤레함수들의 적절한 변형을 통해 어떤 다른 경우라도 전류의 분포를 연역할 수 있다.

652] 다음으로 전류가 완전히 박판에 국한되어 있는 전류박판의 자기 작용을 구해야 한다. 이 경우에는 전류가 박판으로 들어가거나 박판으로부터 나올 수 있는 전극이 없다.

---

1) Thomson, *Camb. Math. Journ.*, vol. iii. p.286 참조.

이 경우에 전류함수 ϕ는 모든 점에서 정해진 값을 가지며, 흐름곡선은 서로 교차하지 않는 폐곡선이 된다. 다만, 어느 한 흐름곡선이 그 자신과 교차할 수는 있다.

두 흐름곡선 ϕ와 $\phi+\delta\phi$ 사이에 있는 박판의 고리 모양의 부분을 생각하자. 박판의 이 부분은 세기가 $\delta\phi$인 전류가 순환하는 전도회로로서, 박판의 부분 중에서 ϕ가 주어진 값보다 더 큰 부분을 돌아가는 방향이 양의 방향이 된다. 이 회로의 자기효과는 세기가 $\delta\phi$인 자기껍질의 자기효과와 똑같다(자기껍질을 이루는 물질에 포함되지 않는 여느 점에서). 자기껍질이 전류박판의 부분과 일치할 때 그에 대하여 ϕ가 주어진 흐름곡선에서의 값보다 더 크다고 가정하자.

흐름곡선을 ϕ의 값이 가장 큰 것부터 시작해서 그 값이 가장 작은 것까지 차례로 그려나가면, 전류박판을 일종의 직렬회로로 나누게 된다. 각 회로마다 해당 자기껍질로 대치하면, 박판의 두께에 들어 있지 않은 여느 점에서 전류박판의 자기효과는 복합 자기껍질의 자기효과와 같으며, 그 복합 자기껍질의 세기는 여느 점에서 $C+\phi$가 된다. 여기에서 C는 상수이다.

전류박판에 가장자리가 있다면, 가장자리가 되는 곡선 위에서 $C+\phi=0$이 되어야 한다. 박판이 폐곡면이나 무한한 곡면을 이룬다면 상수 C의 값을 정할 수 없다.

653] 박판의 두 가장자리 중 어느 하나의 여느 점에서 자기퍼텐셜은 415절에서처럼

$$\Omega = \iint \frac{1}{r^2}\,\phi\cos\theta dS$$

로 주어진다. 여기에서 r는 곡면요소 dS로부터 주어진 점까지의 거리이며, θ는 r의 방향과 dS의 양의 방향에서 그은 법선의 방향 사이의 각이다.

이 표현은 전류박판의 두께에 들어 있지 않은 모든 점에 대한 자기퍼텐셜이며, 우리는 전류가 흐르고 있는 도체 안의 점들에 대해서는 자기

퍼텐셜 같은 것이 없다는 것을 알고 있다.

Ω의 값은 전류박판에서 불연속적이다. 왜냐하면 전류박판 바로 안의 한 점에서의 Ω의 값을 Ω_1이라 하고 이 점에 가깝지만 전류박판 바로 바깥에 있는 점에서의 값을 Ω_2라 하면

$$\Omega_2 = \Omega_1 + 4\pi\phi$$

이기 때문이다. 여기에서 ϕ는 그 점에서 박판의 전류함수이다.

자기력의 성분 중에서 박판에 수직한 방향의 성분의 값은 연속적이다. 박판의 양쪽에서 그 값이 같기 때문이다. 자기력의 성분 중에서 전류곡선에 평행한 성분도 연속적이지만, 전류곡선에 수직한 접선 성분은 박판에서 불연속적이다. 박판 위에 그린 어느 곡선의 길이를 s라 하면, 자기력의 성분 중 ds 방향의 성분은 음의 가장자리에서는 $-\dfrac{d\Omega_1}{ds}$ 이고, 양의 가장자리에서는 $-\dfrac{d\Omega_2}{ds} = -\dfrac{d\Omega_1}{ds} - 4\pi\dfrac{d\phi}{ds}$ 이다.

양의 가장자리에서 자기력의 성분은 음의 가장자리에서의 성분보다 $-4\pi\dfrac{d\phi}{ds}$ 만큼 더 크다. 주어진 점에서 이 양은 ds가 전류곡선에 수직할 때 최대가 될 것이다.

전도도가 무한한 박판에서의 전류의 유도에 관하여

654] 579절에서는 여느 회로에서

$$E = \frac{dp}{dt} + Ri$$

임을 보였다. 여기에서 E는 가해진 기전력이고, p는 회로의 전기운동적 운동량이고, R는 회로의 저항이며, i는 회로에 흐르는 전류이다. 가해진 기전력이 없고 저항도 없다면, $\dfrac{dp}{dt} = 0$이며 p는 상수이다.

회로의 전기운동적 운동량 p는 회로를 뚫고 지나가는 자기유도의 면적분으로 계산됨을 588절에서 보였다. 따라서 저항이 없는 전류박편의 경우에는 곡면 위에 그린 여느 폐곡선을 뚫고 지나가는 자기유도의 면적분이 상수가 되어야 하며, 이것은 자기유도의 수직성분이 전류박편의

어느 점에서나 일정함을 의미한다.

655] 그러므로 자석을 움직이거나 주변의 전류를 변화시켜서 자기장이 어떤 식으로든 달라진다면, 전류박편에는 전류가 생겨날 것이며, 그 자기효과는 마당 안의 자석이나 전류의 자기효과와 결합하여, 박편의 모든 점에서 자기유도의 수직성분이 달라지지 않고 유지될 것이다. 처음에 자기 작용이 없었고 박편에 전류가 없었다면, 자기유도의 수직성분은 박편의 모든 점에서 언제나 0이 될 것이다.

따라서 자기유도는 박편을 통과할 수 없는 것으로 볼 수 있으며, 자기유도선은 박편 때문에 휘어지는데, 이 방향은 무한하고 균일한 전도체 안의 전류의 흐름선이 저항이 무한한 물질로 만들어지고 모양이 같은 박편 때문에 휘어지는 방식과 정확히 똑같다.

박편이 폐곡면이나 무한곡면을 이룬다면, 박편의 한쪽에서 일어나는 자기 작용 중에 어떤 것도 다른 쪽에다 자기효과를 만들어내지 않을 것이다.

평면 전류박편의 이론

656] 전류박편의 외부적인 자기 작용은 모든 점에서 그 세기가 수치상으로 전류함수 ϕ와 같은 자기껍질의 자기 작용과 동등함을 앞에서 밝혔다. 박편이 평면 박편이면, 전자기효과를 결정하기 위해 필요한 모든 양으로 단 하나의 함수 P로 표현할 수 있다. 이 함수는 넓이밀도 ϕ로 평면 위에 퍼져 있는 가상적인 물질의 박편에서 비롯되는 퍼텐셜이다. 물론 P의 값은

$$P = \iint \frac{\phi}{r}\, dx'dy' \tag{1}$$

이다. 여기에서 r는 P를 계산하는 점 (x, y, z)로부터 평면 박편에 있는 점 $(x', y', 0)$까지의 거리이고, 적분요소 $dx'dy'$은 평면 박편에 있는 점에서 취한다.

자기퍼텐셜을 구하기 위해 자기껍질을 xy 평면에 평행한 두 개의 평

면으로 이루어져 있다고 볼 수 있다. 한 평면의 방정식은 $z = \frac{1}{2}c$이고 그 넓이밀도는 $\frac{\phi}{c}$이며, 둘째 평면의 방정식은 $z = -\frac{1}{2}c$이고 그 넓이밀도는 $-\frac{\phi}{c}$이다.

이 두 곡면에서 비롯되는 퍼텐셜은 각각

$$\frac{1}{c}P_{(z-\frac{c}{2})} \quad \text{와} \quad \frac{1}{c}P_{(z+\frac{c}{2})}$$

가 될 것이다. 여기에서 아래첨자는 z 대신 $z - \frac{c}{2}$(첫째 경우) 또는 $z + \frac{c}{2}$(둘째 경우)를 대입한다는 뜻이다. 이 표현들을 테일러 정리를 써서 전개하고 더한 뒤에 c를 무한히 작은 값으로 잡으면, 박편의 바깥에 있는 여느 점에서 박편에서 비롯된 자기퍼텐셜을 다음과 같이 구할 수 있다.

$$\Omega = -\frac{dP}{dz} \tag{2}$$

657] P라는 양은 박편의 평면에 대하여 대칭적이며, 따라서 z 대신 $-z$를 대입해도 달라지지 않는다.

자기퍼텐셜 Ω는 z 대신 $-z$를 넣으면 부호가 바뀐다.

박편의 양의 표면에서는

$$\Omega = -\frac{dP}{dz} = 2\pi\phi \tag{3}$$

이다.

박편의 음의 표면에서는

$$\Omega = -\frac{dP}{dz} = -2\pi\phi \tag{4}$$

이다.

자기효과가 물질의 자기화로부터 생겨나는 것이라면, 박편 안에서는 자기퍼텐셜이 양의 표면에서 $2\pi\phi$인 값으로부터 음의 표면에서 $-2\pi\phi$인 값으로 연속적으로 변한다.

박편에 전류가 포함되어 있다면 그 속의 자기력은 퍼텐셜이 존재할 조건을 충족시키지 않는다. 그러나 박편 안의 자기력은 완전히 결정되어 있다.

수직성분

$$\gamma = -\frac{d\Omega}{dz} = \frac{d^2P}{dz^2} \tag{5}$$

은 박편의 양쪽과 물질 전체에 걸쳐 똑같다.

자기력의 성분 중 양의 표면에서 x와 y에 평행한 성분을 α, β라 하고, 음의 표면에 대한 것을 α', β'이라 하면 다음이 성립한다.

$$\alpha = -2\pi \frac{d\phi}{dx} = -\alpha' \tag{6}$$

$$\beta = -2\pi \frac{d\phi}{dy} = -\beta' \tag{7}$$

박편 속에서는 이 성분들이 α와 β로부터 α'과 β'으로 연속적으로 변화한다.

전류박편에서 비롯되는 벡터 퍼텐셜의 성분 F, G, H와 스칼라 퍼텐셜 Ω를 연결하는 방정식

$$\left. \begin{array}{l} \dfrac{dH}{dy} - \dfrac{dG}{dz} = -\dfrac{d\Omega}{dx} \\[3mm] \dfrac{dF}{dz} - \dfrac{dH}{dx} = -\dfrac{d\Omega}{dy} \\[3mm] \dfrac{dG}{dx} - \dfrac{dF}{dy} = -\dfrac{d\Omega}{dz} \end{array} \right\} \tag{8}$$

이 충족되려면,[2)]

$$F = \frac{dP}{dy}, \qquad G = -\frac{dP}{dx}, \qquad H = 0 \tag{9}$$

---

2) 현대적인 기호로는 $\nabla \times A = -\nabla\Omega$이다―옮긴이.

이라 해야 한다.

이 값들은 직접 적분을 통해 얻을 수도 있다. F에 대해서 보자면 다음과 같다.

$$F = \iint \frac{u}{r}\, dx'dy' = \iint \frac{1}{r}\frac{d\phi}{dy}dx'dy'$$

$$= \iint \frac{\phi}{r}\, dx' - \iint \phi\, \frac{d}{dy'}\frac{1}{r}\, dx'dy'$$

적분은 무한한 평면 박편에서 계산하는 것이며, 첫째 항은 무한대에서 사라지기 때문에, 이 표현은 둘째 항으로 국한된다. 따라서

$$-\frac{d}{dy'}\frac{1}{r} \quad \text{대신} \quad \frac{d}{dy'}\frac{1}{r}$$

을 대입하고, ϕ가 x', y'에 의존하며 x, y, z에 의존하지 않는다는 점을 기억하면, 다음을 얻을 수 있다.

$$F = \frac{d}{dy}\iint \frac{\phi}{r}\, dx'dy'$$

$$= \frac{dP}{dy}$$

둘째 등호는 (1)식에서 온 것이다.

박편 바깥에 있는 어떤 자기계 또는 전기계에서 비롯한 자기퍼텐셜을 Ω'이라 하면,

$$P' = -\int \Omega'\, dz \tag{10}$$

와 같이 쓸 수 있으며, 그러면 이 계의 벡터 퍼텐셜의 성분들에 대하여 다음이 성립한다.

$$F' = \frac{dP'}{dy}, \qquad G' = -\frac{dP'}{dx}, \qquad H' = 0 \tag{11}$$

658] 이제 박편이 고정되어 있다고 할 때 박편의 여느 점에서 기전력을 구해 보자.

x와 y에 평행한 기전력의 성분을 각각 X, Y라 하면, 598절에 의하여 다음을 얻는다.

$$X = -\frac{d}{dt}(F + F') - \frac{d\psi}{dx} \tag{12}$$

$$Y = -\frac{d}{dt}(G + G') - \frac{d\psi}{dy} \tag{13}$$

박편의 전기저항 σ가 일정하다면,

$$X = \sigma u, \qquad Y = \sigma v \tag{14}$$

이다. 여기에서 u와 v는 전류의 성분이다. 전류함수를 ϕ라 하면

$$u = \frac{d\phi}{dy}, \qquad v = -\frac{d\phi}{dx} \tag{15}$$

이다.

그런데 (3)식으로부터 전류박편의 양의 표면에서는

$$2\pi\phi = -\frac{dP}{dz}$$

이다. 따라서 (12)식과 (13)식은 다음과 같이 쓸 수 있다.

$$-\frac{\sigma}{2\pi}\frac{d^2 P}{dydz} = -\frac{d^2}{dydt}(P + P') - \frac{d\psi}{dx} \tag{16}$$

$$\frac{\sigma}{2\pi}\frac{d^2 P}{dxdz} = \frac{d^2}{dxdt}(P + P') - \frac{d\psi}{dy} \tag{17}$$

여기에서 이 표현의 값들은 박편의 양의 표면에 해당하는 값들이다.

이 방정식에서 앞의 것을 x에 대해 미분하고 뒤의 것을 y에 대해 미분한 뒤 그 결과를 더하면 다음을 얻는다.

$$\frac{d^2\psi}{dx^2} + \frac{d^2\psi}{dy^2} = 0 \tag{18}$$

이 방정식을 만족시키면서 평면 위의 모든 점에서 유한하고 연속적이고 무한히 먼 곳에서 사라지는 ψ의 값은

$$\psi = 0 \tag{19}$$

뿐이다.

따라서 전도도가 일정한 무한평면 박판에서 전류가 유도되더라도 박편의 여러 다른 부분들에서 전기 퍼텐셜에 차이가 나타나지는 않는다.

ψ에 대한 이 값을 대입하고 (16)식과 (17)식을 적분하면 다음을 얻는다.

$$\frac{\sigma}{2\pi}\frac{dP}{dz} - \frac{dP}{dt} - \frac{dP'}{dt} = f(z, t) \tag{20}$$

박판에서 전류의 값은 x나 y에 대하여 미분하여 구할 수 있으므로, z와 t의 여느 함수는 사라질 것이다. 따라서 이 항들은 고려하지 않겠다.

또한 $\dfrac{\sigma}{2\pi}$ 대신 일종의 속도를 나타내는 단일한 기호 R를 쓰면 P와 P' 사이의 방정식은 다음과 같이 된다.

$$R\frac{dP}{dz} = \frac{dP}{dt} + \frac{dP'}{dt} \tag{21}$$

659] 우선 전류박편에 작용하는 외부 자기계가 없다고 가정하자. 그러면 $P'=0$이라고 가정할 수 있다. 그러면 박편 속의 전류들의 계가 그대로 남아서 서로 상호 유도를 통해 작용하며, 박편의 저항 때문에 동시에 그 에너지를 잃는 상황이 된다. 그 결과는 다음 방정식으로 표현된다.

$$R\frac{dP}{dz} = \frac{dP}{dt} \tag{22}$$

이 방정식의 풀이는 다음과 같다.

$$P = F\{x, y, (z + Rt)\} \tag{23}$$

따라서 박편의 양의 면에 있고 좌표가 x, y, z인 여느 점에서 시간 t일 때의 P의 값은 $t=0$인 순간에 점 $x, y, (z+Rt)$에서 P의 값과 같다.

그러므로[3] 무한히 펼쳐져 있는 균일한 평면 박편에 전류들의 계를 집어넣었다가 그대로 놓아두면, 박편의 양의 면 위에 있는 여느 점에서의 자기효과는 박편 속에서 전류들의 계를 일정하게 유지시키면서 박편을 그 음의 면의 법선 방향으로 일정한 속도 R로 움직였을 때와 똑같다. 실제의 경우에는 전류가 줄어들기 때문에 전자기력도 줄어들게 되는데, 이것은 가상적인 경우에 거리가 증가하기 때문에 힘이 줄어드는 것으로 정확하게 표현된다.

660] (21)식을 t에 대해 적분하면 다음을 얻는다.

$$P + P' = \int R \frac{dP}{dz}\, dt \tag{24}$$

처음에 P와 P'이 모두 0이었고, 자석이나 전자석이 갑자기 자화되거나 무한히 먼 곳에서 갑자기 끌어온 것이어서 P'의 값이 갑자기 0이다가 P'이 된 것이라고 가정하면, (24)식의 우변에서 시간 적분이 시간에 따라 사라지게 되기 때문에, 처음 순간에는 박편의 표면 위에서

$$P = -P'$$

이어야 한다.

따라서 P'을 만들어낸 계가 갑자기 도입됨에 따라 박편에서 전류계의 에너지가 급증하는 것은, 박편의 표면에서 그것이 이 계의 자기 효과를 정확히 중화하는 것과 같다.

따라서 박편의 표면에서 그리고 그에 따라 박편의 음의 면 위에 있는 모든 점에서 처음의 전류계가 만들어내는 효과는 양의 면에서 자기계의 효과와 정확히 크기는 같고 부호는 반대이다. 이것을 다음과 같이 말하여 표현할 수도 있다. 즉, 전류의 효과는 자기계의 거울상의 효과와 동등

---

3) 〔(20)식과 (22)식은 $z=0$인 박막의 표면에서만 참임을 증명할 수 있다. (23)식의 표현은 일반적으로 (22)식을 충족시키며, 따라서 박막의 표면에서도 그러하다. (23)식은 문제의 다른 조건들도 충족시키므로, 풀이 중 하나이다. "다른 풀이는 닫힌 전류의 계만큼 이것과 달라야 하며, 이는 박막의 초기상태에 종속된다. 그밖의 외부요인은 없다. 따라서 과거의 영속성을 가정한다면, 이것은 문제의 유일한 풀이이다." Professor Clerk Maxwell의 논문, *Royal Soc. Proc.*, xx. pp.160~168 참조〕—니벤.

하며, 그 거울상은 계와 위치상으로 일치하지만 자기화나 전류의 방향에 대해서는 반대인 것을 말한다. 그런 거울상을 음의 거울상이라 한다.

박편의 양의 면에 있는 점에서 박편 안에 있는 전류의 효과는 박편의 음의 면에 있는 자기계의 양의 거울상의 효과와 동등하다. 두 대응하는 점을 잇는 직선이 박편에서 수직이등분되기 때문이다.

그러므로 박편의 두 면 중 하나에 있는 점에서 박편 속의 전류에서 비롯되는 작용은 그 점의 반대쪽 면에 있는 자기계의 거울상에서 비롯된 것으로 볼 수 있다. 이 거울상은 그 점이 박편의 양의 면에 있는가 아니면 음의 면에 있는가에 따라 양의 거울상 또는 음의 거울상이 된다.

661] 박편의 전도도가 무한히 크다면, $R=0$이라서 (24)식의 둘째 항이 0이 되며, 따라서 거울상은 언제라도 박편 속의 전류의 효과를 나타낼 것이다.

실제의 박편의 경우에는 저항 R의 값이 유한하다. 따라서 방금 서술한 거울상은 자기계를 갑자기 도입한 첫 순간 동안만 전류의 효과를 표현할 것이다. 전류는 곧 줄어들기 시작하며, 이 줄어듦의 효과를 정확히 표현하기 위해서는 두 거울상이 그 원래의 위치로부터 박편에서 그은 법선의 방향으로 일정한 속도 R로 움직인다고 가정해야 한다.

662] 이제 우리는 박편의 양의 면에 있는 여느 자석 또는 전자석의 계 M 때문에 유도되는 전류계를 살펴볼 준비가 되었다. 자석이나 전자석들의 위치와 세기는 얼마든지 다양하다고 하자.

예전처럼 이 계의 직접적인 작용을 (3)식, (9)식 등에 의하여 연역할 수 있는 함수를 P'이라 하자. 그러면 $\frac{dP'}{dt}\delta t$는 $\frac{dM}{dt}\delta t$로 표현되는 계에 대응하는 함수가 될 것이다. 이 양은 시간 δt 동안의 M의 증가분이며, 그 자체로 자기계를 표현한다고 볼 수 있다.

시간 t에서 계의 양의 거울상 $\frac{dM}{dt}\delta t$가 박편의 음의 면에서 형성된다고 가정하면, 박편의 양의 면에 있는 여느 점에서 자기 작용은 변화 후의 처음 순간 동안 M에 나타나는 변화로부터 들어오게 되는 박판 속의 전류에서 비롯한 자기 작용과 동등할 것이며, 그것이 형성되는 순간

z의 음의 방향으로 일정한 속도 R로 움직인다면 그 거울상은 박편 속의 전류와 여전히 동등할 것이다.

모든 연속적인 시간요소들에서 이런 종류의 거울상이 형성된다고 가정하고, 그 순간 거울상이 속도 R로 박편으로부터 멀어진다고 가정하면, 거울상들의 자취라는 개념을 얻게 될 것이며, 그중 맨 마지막 것이 형성되는 동안 나머지 전부는 강체처럼 속도 R로 박편으로부터 멀어질 것이다.

663] 자기계의 작용에서 생겨나는 임의의 함수를 P'으로 나타내면, 박편 속의 전류로부터 생겨나는 해당 함수 P를 다음과 같은 과정을 통해 구할 수 있다. 이 과정은 단순히 거울상들의 자취의 이론에 대한 기호상의 표현이다.

점 $(x, y, z+Rt)$에서 시간이 $t-\tau$일 때 박편 속의 전류로부터 생겨나는 함수 P의 값을 P_τ로 나타내고, 점 $(x, y, -(z+Rt))$에서 시간이 $t-\tau$일 때 자기계로부터 생겨나는 함수 P'의 값을 P'_τ으로 나타내자. 그러면

$$\frac{dP_\tau}{d\tau} = R\frac{dP_\tau}{dz} - \frac{dP_\tau}{dt} \tag{25}$$

이 되고, (21)식은

$$\frac{dP_\tau}{d\tau} = \frac{dP'_\tau}{dt} \tag{26}$$

가 되며, τ에 대하여 $\tau=0$에서 $\tau=\infty$까지 적분하면 함수 P의 값으로 다음을 얻는다.

$$P = -\int_0^\infty \frac{dP'_\tau}{dt}\, d\tau \tag{27}$$

따라서 (3)식과 (9)식 등에서처럼 미분을 통해 전류박편의 모든 성질을 얻게 된다.[4]

---

4) {이 증명은 다음과 같이 전개할 수도 있다. 시간이 $t-\tau$일 때 점 $x, y, -(z+R\tau)$에서 P의 값을 $\mathbb{P}_\tau$라 하고, 나머지 기호법은 본문과 똑같이 선택하자. $\mathbb{P}_\tau$는 $x, y,$

664] 여기에 제시된 과정의 예로서, 세기가 1인 자극 하나가 직선을 따라 일정한 속도로 움직이는 경우를 택하자.

시간 t에서 자극의 좌표를

$$\xi = ut, \qquad \eta = 0, \qquad \zeta = c + wt$$

라 하자.[5]

시간 $t-\tau$에서 형성되는 자극의 거울상의 좌표는

$$\xi = u(t - \tau), \qquad \eta = 0, \qquad \zeta = -(c + w(t - \tau) + R\tau)$$

이며, 점 (x, y, z)로부터 이 거울상까지의 거리를 r라 하면,

$$r^2 = \left(x - u(t - \tau)\right)^2 + y^2 + \left(z + c + w(t - \tau) + R\tau\right)^2$$

이 된다.

거울상들의 자취에서 비롯되는 퍼텐셜을 구하려면

$$-\frac{d}{dt} \int_0^\infty \frac{d\tau}{r}$$

$z + R\tau$, $t - \tau$의 함수이므로

$$\frac{d\mathbb{P}_\tau}{d\tau} = R\frac{d\mathbb{P}_\tau}{dz} - \frac{d\mathbb{P}_\tau}{dt}$$

이다. 또한 659절의 각주에 의하여 (21)식이 평면 위의 점뿐 아니라 마당의 모든 점에서 충족되므로,

$$\frac{d\mathbb{P}_\tau}{d\tau} = \frac{dP'_\tau}{dt}$$

를 얻는다. 따라서

$$\mathbb{P}_\tau = -\int_0^\infty \frac{dP'_\tau}{dt}\, d\tau$$

이다. 그런데 P는 모든 점에서 평면박판에 있는 점의 거울상에서의 값과 같은 값을 갖기 때문에 $\qquad \mathbb{P}_\tau = P_\tau$

이다. 그러므로 $\qquad P_\tau = -\int_0^\infty \frac{dP'_\tau}{dt}\, d\tau$

이다.—톰슨.

5) 원문에는 u와 w를 오일러 고딕체로 썼다—옮긴이.

을 계산해야 한다.

만일

$$Q^2 = u^2 + (R - w)^2$$

이라 쓰면,

$$\int_0^\infty \frac{d\tau}{r} = -\frac{1}{Q} \log\{Qr + u(x - ut) + (R - w)(z + c + wt)\}$$
$$+ \text{ 무한히 크지만 } t\text{에 관해 미분하면 사라지는 항}$$

이 된다. 이 표현에서 r의 값은 위에 주어진 r에 대한 표현에서 τ=0을 대입한 값이다.

이 표현을 t에 관해 미분하고 t=0이라 하면, 거울상들의 자취에서 비롯되는 자기퍼텐셜을 다음과 같이 얻는다.

$$\Omega = \frac{1}{Q} \frac{Q \dfrac{w(z+c) - ux}{r} - u^2 - w^2 + Rw}{Qr + ux + (R - w)(z + c)}$$

이 표현을 x나 z에 관해 미분하면, 임의의 점에서 자기력의 성분 중 x나 z에 평행한 성분을 얻는다. 이 표현에 x=0, z=c, r=2c를 넣으면, 움직이는 자극 자체에 작용하는 힘의 성분들의 값을 다음과 같이 얻는다.[6]

$$X = -\frac{1}{4c^2} \frac{u}{Q + R - w} \left\{ 1 + \frac{w}{Q} - \frac{u^2}{Q(Q + R - w)} \right\}$$

$$Z = -\frac{1}{4c^2} \left\{ \frac{w}{Q} - \frac{u^2}{Q(Q + R - w)} \right\}$$

665] 이 표현들에서는 시간을 염두에 두기 전에 무한한 시간 동안 운

---

6) {이 표현은 다음과 같은 더 간단한 꼴로 쓸 수 있다.

$$X = -\frac{1}{4c^2} \frac{R}{Q} \frac{u}{Q + R - w}$$
$$Z = \frac{1}{4c^2} \left(1 - \frac{R}{Q} \right) \} -톰슨.$$

동이 계속된다고 가정해야 함을 기억할 필요가 있다. 따라서 w는 양수인 양으로 보아서는 안 된다. 왜냐면 그 경우에는 자극이 유한한 시간 안에 박편을 지나가 버려야 하기 때문이다.

$u=0$이고 w는 음수라 하면, $X=0$이고

$$Z = \frac{1}{4c^2}\frac{w}{R+w}$$

이다. 다시 말해 자극이 박편으로 다가갈수록 박편으로부터 밀쳐지게 된다.

$w=0$이라 하면, $Q^2=u^2+R^2$이며,

$$X = -\frac{1}{4c^2}\frac{uR}{Q(Q+R)} \text{ 이고 } Z = \frac{1}{4c^2}\frac{u^2}{Q(Q+R)}$$

이다.

성분 X는 자극의 운동방향과 반대방향으로 자극에 작용하는 저지력을 나타낸다. 주어진 R의 값에 대하여 X가 최대가 되는 것은 $u=1.27R$일 때이다.

박편이 부도체이면, $R=\infty$이고 $X=0$이다.

박편이 완전한 도체이면, $R=0$이고 $X=0$이다.

성분 Z는 자극이 박편으로 받는 척력을 나타낸다. 속도 u가 늘어남에 따라 이 척력도 늘어나서, 속도가 무한대가 되면 결국 $\frac{1}{4c^2}$가 된다. R가 0일 때에도 그 값은 같다.

666] 자극이 박판에 평행한 곡선을 따라 움직인다면 계산은 더 복잡해지지만, 거울상들의 자취 중에서 가장 가까이 있는 부분의 효과는 자극이 운동하는 방향과 반대의 방향으로 자극에 작용하는 힘이 생기게 하는 것임을 쉽게 알 수 있다. 그 바로 뒤에 있는 거울상들의 부분이 미치는 효과는 자석의 효과와 같은 종류이다. 이때 그 자석의 축은 어느 정도의 시간 이전에 자극의 운동방향과 평행하다. 이 자석에 가장 가까이 있는 자극은 움직이는 자극과 같은 이름[7]이므로, 그 힘의 일부분은 척력이고, 또 일부분은 운동의 이전 방향과 평행하지만 반대쪽으로 작

용하는 힘이다. 이를 분해하면, 저지하는 힘 그리고 움직이는 극의 경로의 오목한 부분을 향하는 힘으로 분해할 수 있다.

667] 이 고찰로는 전도성 박편의 불연속한 부분이나 가장자리 때문에 전류의 계가 완전히 형성될 수 없는 경우를 풀어낼 수 없다.

그러나 자극이 박편의 가장자리에 평행하게 움직이고 있다면, 가장자리 옆의 면에 있는 전류는 약해질 것임을 쉽게 알 수 있다. 따라서 이런 전류에서 비롯되는 힘은 더 작을 것이며, 저지력도 더 작을 것이다. 그뿐 아니라, 밀치는 힘이 가장 자리 옆의 면에서 가장 작을 터이므로, 자극은 가장자리를 향해 끌릴 것이다.

아라고의 회전원판의 이론

668] 아라고(Arago)는 회전하는 금속원판 옆에 놓인 자석에는 자석이 원판의 운동을 따라가게 하는 힘이 작용하며, 원판이 멈춰 있으면 원판과 자석 사이에는 작용이 없음을 발견했다.[8]

회전하는 원판의 이러한 작용은 새로운 종류의 유도자기화로 여겨졌는데, 패러데이에 와서야 비로소 자기력의 마당 속에서 원판이 움직이고 있기 때문에 원판 위에 유도되는 전류로 설명되었다.[9]

이러한 유도전류의 분포와 자석에 미치는 그 효과를 구하려면, 움직이는 자석이 멈춰 있는 전도성 박판에 작용할 때 얻었던 앞의 결과를 사용해야 한다. 좌표축들이 움직이고 있는 경우에 대한 전자기방정식을 다루기 위해서는 600절에서 제시한 방법을 쓸 수 있다. 그런데 이 경우는 특별히 중요하기 때문에 이를 직접적인 방식으로 다루고자 하며, 먼저 자석의 극들이 원판의 가장자리로부터 매우 멀리 떨어져 있어서 전도성 박판의 유한성으로 생기는 효과는 무시할 수 있다고 가정한다.

---

7) 즉 같은 N극, 또는 같은 S극—옮긴이.

8) Arago, *Annales de Chimie et de Physique*, Tome 32, pp.213~223, 1826.

9) *Exp. Res.*, 81.

앞의 절들(656~667)에서와 똑같은 기호법을 사용하면, x와 y에 평행한 기전세기의 성분에 대해 각각 다음 식을 얻는다.[10]

$$\sigma u = \gamma \frac{dy}{dt} - \frac{d\psi}{dx}$$

$$\sigma v = - \gamma \frac{dx}{dt} - \frac{d\psi}{dy}$$

(1)

여기에서 γ는 자기력에서 원판에 수직한 방향으로 분해한 성분이다.

u와 v를 전류함수로 표현하면

$$u = \frac{d\phi}{dy}, \qquad v = -\frac{d\phi}{dx}$$

(2)

이며, 원판이 z축을 중심으로 각속도 w로 회전한다면,

$$\frac{dy}{dt} = \omega x, \qquad \frac{dx}{dt} = -\omega y$$

(3)

---

10) 본문에는 톰슨의 각주로 (598절의 13식에서 Ψ 대신 ψ라 쓰면)이라는 구절이 삽입되어 있다. 그러나 이것은 (B)식을 13으로 잘못 표기한 것으로 보인다. 게다가 598절의 (B)식에 658절의 (14)식을 대입하는 것만으로는 여기의 두 (1)식을 얻을 수 없다. 왜냐하면 598절의 (B)식의 왼편은 기전세기 $\mathbb{E}=(P, Q, R)$를 나타내지만, 658절의 (14) 식의 왼편은 역학적 힘 $\mathbb{F}=(X, Y, 0)$이다. 그런데 기전세기와 역학적 힘 사이의 관계는 $\mathbb{F}=V.\mathbb{C}\mathbb{B}+e\mathbb{E}$(자기퍼텐셜이 없다고 할 경우) 또는 $\mathbb{E} = \frac{1}{e}(\mathbb{F} - V.\mathbb{C}\mathbb{B})$로서 두 물리량 사이의 관계는 단순하지 않다. 이를 성분으로 쓰면

$$X=cv-bw+eP$$
$$Y=wa-uc+eQ$$
$$Z=ub-va+eR$$

가 되는데, $Z=0$, $w=0$으로 단순화시키면,

$$P = \frac{1}{e}(X - cv) = \frac{1}{e}(\sigma u - cv)$$
$$Q = \frac{1}{e}(Y + cu) = \frac{1}{e}(\sigma v + cu)$$

가 된다. 이를 598절의 (B)식의 왼편에 대입하더라도 이 본문에 있는 식은 도출되지 않는다. 게다가 투자율(자기유도용량)이 μ라면 여기의 두 (1)식의 오른편에 나오는 γ 대신에 $\mu\gamma$가 나와야 한다. 따라서 이 식은 원론적으로 잘못된 식이다―옮긴이.

이다.

이 값을 (1)식에 대입하면,

$$\sigma \frac{d\phi}{dy} = \gamma\omega x - \frac{d\psi}{dx} \tag{4}$$

$$-\sigma \frac{d\phi}{dx} = \gamma\omega y - \frac{d\psi}{dy} \tag{5}$$

을 얻는다.

(4)식에 x를 곱하고 (5)식에 y를 곱하여, 이를 더하면 다음을 얻는다.

$$\left(x \frac{d\phi}{dy} - y \frac{d\phi}{dx} \right) = \gamma\omega(x^2 + y^2) - \left(x \frac{d\psi}{dx} + y \frac{d\psi}{dy} \right) \tag{6}$$

(4)식에 y를 곱하고 (5)식에 $-x$를 곱하여, 이를 더하면 다음을 얻는다.

$$\sigma \left(x \frac{d\phi}{dx} + y \frac{d\phi}{dy} \right) = x \frac{d\psi}{dy} - y \frac{d\psi}{dx} \tag{7}$$

이 방정식을 r와 θ로 표현하면,

$$x = r\cos\theta, \qquad y = r\sin\theta \tag{8}$$

이므로

$$\sigma \frac{d\phi}{d\theta} = \gamma\omega r^2 - r \frac{d\psi}{dr} \tag{9}$$

$$\sigma r \frac{d\phi}{dr} = \frac{d\psi}{d\theta} \tag{10}$$

가 된다.

χ가 r와 θ의 임의의 함수라 가정하고,

$$\phi = \frac{d\chi}{d\theta} \tag{11}$$

$$\psi = \sigma r \frac{d\chi}{dr} \tag{12}$$

라 하면 (10)식이 성립한다.

이 값을 (9)식에 대입하면

$$\sigma\left(\frac{d^2\chi}{d^2} + r\frac{d}{dr}\left(r\frac{d\chi}{dr}\right)\right) = \gamma\omega r^2 \tag{13}$$

이 된다.

σr^2으로 나누고 좌표 x와 y로 되돌리면,

$$\frac{d^2\chi}{dx^2} + \frac{d^2\chi}{dy^2} = \frac{\omega}{\sigma}\gamma \tag{14}$$

가 된다.

이것은 이론의 기본방정식이며, 함수 χ와 자기력의 원판수직방향 성분 γ 사이의 관계를 나타낸다.

원판의 양의 방향에 있는 여느 점에서, 원판 전체에 걸쳐 넓이밀도 χ로 분포되어 있는 가상적인 끄는 물질에서 비롯된 퍼텐셜을 Q라 하자.

원판의 양의 표면에서 다음이 성립한다.

$$\frac{dQ}{dz} = -2\pi\chi \tag{15}$$

따라서 (14)식의 좌변은

$$\frac{d^2\chi}{dx^2} + \frac{d^2\chi}{dy^2} = -\frac{1}{2\pi}\frac{d}{dz}\left(\frac{d^2Q}{dx^2} + \frac{d^2Q}{dy^2}\right) \tag{16}$$

가 된다.

그런데 Q는 원판 밖의 모든 점에서 라플라스의 방정식을 만족시키므로

$$\frac{d^2Q}{dx^2} + \frac{d^2Q}{dy^2} = -\frac{d^2Q}{dz^2} \tag{17}$$

이며, (14)식은

$$\frac{\sigma}{2\pi}\frac{d^3Q}{dz^3} = \omega\gamma \tag{18}$$

가 된다.

Q가 분포 χ에서 비롯된 퍼텐셜이므로, ϕ 즉 $\dfrac{d\chi}{d\theta}$에서 비롯된 퍼텐셜은 $\dfrac{dQ}{d\theta}$가 될 것이다. 이로부터 원판 위의 전류에서 비롯된 자기퍼텐셜을 다음과 같이 구할 수 있다.

$$\Omega_1 = -\frac{d^2Q}{d\theta dz} \tag{19}$$

또한 전류에서 비롯된 자기력의 성분 중 원판에 수직한 성분은

$$\gamma_1 = -\frac{d\Omega}{dz} = \frac{d^3Q}{d\theta dz^2} \tag{20}$$

가 된다.

외부의 자석에서 비롯된 자기퍼텐셜을 Ω_2라 하고,

$$P' = -\int \Omega_2 \, dz \tag{21}$$

라 쓰면, 자석에서 비롯된 자기력의 성분 중 원판에 수직한 성분은

$$\gamma_2 = \frac{d^2P'}{dz^2} \tag{22}$$

이 될 것이다.

이제

$$\gamma = \gamma_1 + \gamma_2$$

임을 기억하면서 (18)식을 쓰면 다음과 같다.

$$\frac{\sigma}{2\pi}\frac{d^3Q}{dz^3} - \omega\frac{d^3Q}{d\theta dz^2} = \omega\frac{d^2P'}{dz^2} \tag{23}$$

이를 z에 관해 두 번 적분하고 $\dfrac{\sigma}{2\pi}$ 대신 R라 쓰면

$$\left(R\frac{d}{dz} - \omega\frac{d}{d\theta} \right)Q = \omega P' \tag{24}$$

이 된다.

원판의 축으로부터 잰 거리 r와

$$2\xi = z + \frac{R}{\omega}\theta, \qquad 2\zeta = z - \frac{R}{\omega}\theta \tag{25}$$

가 되는 새로운 두 변수 ξ, ζ를 써서 P와 Q의 값을 나타내면, (24)식은 ζ에 관해 적분해서

$$Q = \int \frac{\omega}{R} P' d\zeta \tag{26}$$

가 된다.

669] 이 표현의 형태는 662절의 방법에 맞추어 택한 것으로서, 원판 위의 전류의 자기 작용이 나선 모양으로 된 자기계의 일련의 거울상의 자기 작용과 동등함을 말해 준다.

자기계가 세기가 1인 자극 하나로 이루어져 있다면, 나선은 원판의 축과 중심축이 같고 자극을 지나가는 원통 위에 놓여 있을 것이다. 그 나선이 시작되는 곳은 자극에 대한 원판 위의 거울상의 위치가 될 것이다. 나선에서 이웃해 있는 코일 사이의 거리는 축에 평행한 방향으로 잴때 $2\pi\frac{R}{\omega}$가 될 것이다. 거울상의 자취의 자기효과는 마치 이 나선이 어디에서나 나선의 축에 수직한 원통의 접선방향으로 자화된 것처럼 보일때의 자기효과와 같다. 그 세기는 여느 작은 부분의 자기모멘트가 수치상으로 원판에 내린 수선의 발의 길이와 같다.

자극에 미치는 효과를 계산하는 것은 복잡하겠지만, 그것이 다음과 같이 이루어져 있음을 쉽게 알 수 있다.

(1) 원판의 운동 방향과 평행하게 작용하는 끌리는 힘

(2) 원판으로부터 작용하는 밀쳐내는 힘

(3) 원판 축으로 향하는 힘

자극이 원판의 가장자리 가까이에 있을 때에는, 667절에서 제시된 것처럼, 이 힘들 중 세 번째 힘이 원판의 가장자리로 향하는 힘보다 작아진다.[11]

---

11) {원판의 축으로부터 극까지의 거리를 a라 하고, 원판으로부터의 높이를 c라

이 힘들은 모두 아라고에 의해 관찰되었으며, 1826년에 『화학연보』에 발표되었다. Tortolini's *Annals* 제4권, 173쪽; 제5권 35쪽(1853)에 있는 펠리치(Felici)의 논문과 Crelle's Journal, 제63권 158쪽과 329쪽에 있는 요흐만(E. Jochmann)의 논문과 Pogg. *Ann.* 제122권, 214쪽(1864)의 논문도 참조할 것. 뒤의 논문에는 전류가 그 자체에 일으키는 유도를 구하기 위해 필요한 방정식들이 주어져 있지만, 뒤이은 결과 계산에서는 이 부분의 작용이 빠져 있다. 여기에서 제시한 거울상의 방법은 1872년 2월 15일에 왕립협회보에 발표되었다.

구면 전류박편

670] 구면 전류박편의 여느 점 Q에서 전류함수를 ϕ라 하고, 여느 점에서 구면 뒤에 넓이밀도 ϕ로 분포되어 있는 가상적인 물질의 박편에서 비롯된 퍼텐셜을 P라 하자. 전류박편의 자기 퍼텐셜과 벡터 퍼텐셜을 P로 나타내고자 한다.

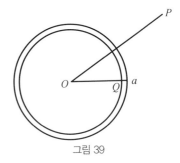

그림 39

구의 반지름을 a로 나타내고, 구의 중심으로부터 주어진 점까지의 거리를 r로, 전류함수가 ϕ인 구면 위의 점 Q로부터 주어진 점까지의 거리의 역수를 p로 나타내자.

물질 속에 있지 않은 여느 점에서 전류박편의 작용은 여느 점에서의 세기가 수치상으로 전류함수와 일치하는 자기껍질의 작용과 똑같다.

자기껍질과 점 P에 있는 단위 자극의 상호 퍼텐셜은 410절에 의하여

$$\Omega = \iint \phi \, \frac{dp}{da} \, dS$$

하면, ω의 값이 작을 때, 극의 끌리는 힘은 $m^2 a\omega/8c^2 R$이고, 밀쳐내는 힘이 $m^2 a^2 \omega^2/8c^2 R^2$이고, 축을 향하는 힘이 $m^2 a\omega^2/4cR^2$임을 증명할 수 있다―톰슨.

이다.

p가 r와 a에 대해 차수가 -1인 동차함수이므로

$$a\frac{dp}{da} + r\frac{dp}{dr} = -p$$

또는

$$\frac{dp}{da} = -\frac{1}{a}\frac{d}{dr}(pr)$$

이고

$$\Omega = -\iint \frac{\phi}{a}\frac{d}{dr}(pr)\,dS$$

이다.

r와 a가 면적분 전체에서 상수이므로

$$\Omega = -\frac{1}{a}\frac{d}{dr}\left(r\iint \phi p\,dS\right)$$

이다.

그러나 P를 넓이밀도가 ϕ인 가상적인 물질의 박편에서 비롯된 퍼텐셜이라 하면,

$$P = \iint \phi p\,dS$$

이고, 전류박편의 자기퍼텐셜 Ω를 P로 나타내면 다음과 같은 모양이 될 것이다.

$$\Omega = -\frac{1}{a}\frac{d}{dr}(Pr)$$

671] 416절에 주어진 표현으로부터 벡터 퍼텐셜의 x성분인 F를 다음과 같이 구할 수 있다.

$$F = \iint \phi \left(m\frac{dp}{d\zeta} - n\frac{dp}{d\eta} \right) dS$$

여기에서 ξ, μ, ζ는 요소 dS의 좌표이고, l, m, n은 법선의 방향코사

인이다.

박편이 구형이므로 법선의 방향코사인은 다음과 같다.

$$l = \frac{\xi}{a}, \qquad m = \frac{\eta}{a}, \qquad n = \frac{\zeta}{a}$$

그런데

$$\frac{dp}{d\zeta} = (z - \zeta) p^3 = -\frac{dp}{dz}$$

이고

$$\frac{dp}{d\eta} = (y - \eta) p^3 = -\frac{dp}{dy}$$

이므로

$$m \frac{dp}{d\zeta} - n \frac{dp}{d\eta} = \{\eta(z - \zeta) - \zeta(y - \eta)\} \frac{p^3}{a}$$
$$= \{z(\eta - y) - y(\zeta - z)\} \frac{p^3}{a}$$
$$= \frac{z}{a} \frac{dp}{dy} - \frac{y}{a} \frac{dp}{dz}$$

이다.

ϕdS를 곱하고 구 표면에 대해 적분하면 다음을 얻는다.

$$F = \frac{z}{a} \frac{dP}{dy} - \frac{y}{a} \frac{dP}{dz}$$

마찬가지로 다음을 얻는다.

$$G = \frac{x}{a} \frac{dP}{dz} - \frac{z}{a} \frac{dP}{dx}$$

$$H = \frac{y}{a} \frac{dP}{dx} - \frac{x}{a} \frac{dP}{dy}$$

성분이 F, G, H인 벡터 A는 분명히 위치벡터 r에 수직하며, 성분이 $\frac{dP}{dx}, \frac{dP}{dy}, \frac{dP}{dz}$ 인 벡터에도 수직하다. 반지름이 r인 구의 표면과 등차수열을 이루는 P의 값에 해당하는 일련의 등퍼텐셜면이 만나서 생기는 교선들을 구하면, 이 교선들의 방향은 벡터 $\mathbb{A}$의 방향이 될 것이며, 교선의 최단거리(proximity)는 이 벡터의 크기가 될 것이다.

사원수의 언어로 말하면

$$\mathbb{A} = \frac{1}{a} V. \rho \nabla P$$

이다.

672] 구 안에서 P의 값을

$$P = A \left(\frac{r}{a} \right)^i Y_i$$

라 가정하자. 여기에서 Y_i는 i차 구면조화 함수이다. 그러면 구 밖에서는

$$P' = A \left(\frac{a}{r} \right)^{i+1} Y_i$$

이다.

$\left(\dfrac{dP}{dr} - \dfrac{dP'}{dr} \right)_{r=a} = 4\pi\phi$ 이므로, 전류함수 ϕ는 다음 방정식으로 주어진다.

$$\phi = \frac{2i+1}{4\pi} \frac{1}{a} A Y_i$$

구 안에서 자기퍼텐셜은

$$\Omega = - (i+1) \frac{1}{a} A \left(\frac{r}{a} \right)^i Y_i$$

이며, 밖에서는

$$\Omega' = i \frac{1}{a} A \left(\frac{a}{r} \right)^{i+1} Y_i$$

이다.

예를 들어, 구 껍질 모양으로 감겨 있는 전선을 써서 껍질 안에서 자기력 M이 균일하게 만들 필요가 있다고 하자. 이 경우에, 껍질 안에서 자기퍼텐셜은 다음과 같은 모양의 1차 입체 조화 함수이다.

$$\Omega = -Mr\cos\theta$$

여기에서 M은 자기력이다. 따라서 $A = \frac{1}{2}a^2 M$이며

$$\phi = \frac{3}{8\pi} Ma\cos\theta$$

이다.

그러므로 전류함수는 구의 적도면으로부터 거리에 비례하며, 두 작은 원 사이의 전선이 감긴 수는 이 두 원이 있는 평면 사이의 거리에 비례 한다.

감긴 전체 수를 N이라 하고, 한 번 감겨 있는 전선의 전류의 세기를 γ 라 하면,

$$\phi = \frac{1}{2} N\gamma\cos\theta$$

이다.

따라서 코일 안에서 자기력은

$$M = \frac{4\pi}{3}\frac{N\gamma}{a}$$

이다.

673] 다음으로, 구 안에서 자기퍼텐셜이 2차 입체 띠 조화 함수

$$\Omega = -3\frac{1}{a}A\frac{r^2}{a^2}\left(\frac{3}{2}\cos^2\theta - \frac{1}{2}\right)$$

의 형태가 되도록 전류를 감는 방법을 찾아보자.

여기에서

$$\phi = \frac{5}{4\pi}\frac{A}{a}\left(\frac{3}{2}\cos^2\theta - \frac{1}{2}\right)$$

이다.

감긴 전체 수를 N이라 하면, 극과 극거리 θ 사이의 수는 $\frac{1}{2}N\sin^2\theta$ 이다.

감기는 것이 가장 가까운 곳은 위도 $45°$에서이다. 적도에서는 감기는 방향이 달라지며, 다른 반구에서는 감기는 것이 반대방향이다.

전선에 있는 전류의 세기를 γ라 하면, 껍질 안에서

$$\Omega = -\frac{4\pi}{5} N\gamma \frac{r^2}{a^2}\left(\frac{3}{2}\cos^2\theta - \frac{1}{2}\right)$$

이다.

이제 평면 폐곡선 모양의 도체가 껍질 안의 어디엔가 그 면이 축에 수직하도록 놓여 있다고 하자. 그 유도계수를 구하기 위해서는 그 곡선을 경계로 하는 평면 위에서 $\gamma=1$이라 놓고 $-\dfrac{d\Omega}{dz}$의 면적분을 계산해야 한다.

이제

$$\Omega = -\frac{4\pi}{5a^2} N\left\{z^2 - \frac{1}{2}(x^2 + y^2)\right\}$$

이며

$$-\frac{d\Omega}{dz} = \frac{8\pi}{5a^2} N z$$

이다.

따라서 폐곡선의 넓이를 S라 하면, 그 유도계수는

$$M = \frac{8\pi}{5a^2} NSz$$

가 된다.

이 도체 안의 전류가 γ'라면, 583절에 따라 전류가 z방향이 되게 만드는 힘 Z가 있게 되며, 그 값은

$$Z = \gamma\gamma' \frac{dM}{dz} = \frac{8\pi}{5a^2} NS\gamma\gamma'$$

이 된다. 이 값은 x, y, z와 무관하므로, 그 힘은 회로가 껍질의 어느 부분에 놓여 있든지 똑같다.

674] 푸아송이 제시한, 그리고 437절에 서술한 방법을 전류박편에 적

용할 수 있다. 물체는 세기 I로 방향을 따라 균일하게 자화되어 있다고 가정하고, 물체 대신에 물체의 표면과 모양이 같은 전류박편으로 바꾸면 된다. 그 전류박편에 대하여 전류함수는

$$\phi = I\,z \tag{1}$$

이다. 박편 속의 전류는 xy 평면에 평행한 평면 위에 있을 것이며, 두께가 dz인 얇은 박판 주위의 전류의 세기는 Idz가 될 것이다.

이 전류박편에서 비롯되는 자기퍼텐셜은 바깥의 여느 점에서

$$\Omega = -\,I\,\frac{dV}{dz} \tag{2}$$

가 될 것이다.[12]

박편 안의 여느 점에서는

$$\Omega = -\,4\pi I\,z - I\frac{dV}{dz} \tag{3}$$

가 될 것이다.

벡터 퍼텐셜의 성분은 다음과 같다.

$$F = I\frac{dV}{dy}\,, \qquad G = -\,I\frac{dV}{dx}\,, \qquad H = 0 \tag{4}$$

이 결과는 실제적으로 일어나는 여러 경우에 적용할 수 있다.

675] (1) 아무 모양의 평면전기회로

아무 모양의 평면 박편에서 비롯된 퍼텐셜을 V라 하자. 그 넓이밀도는 1이라 하자. 이 박편을 세기가 I인 자기껍질이나 아니면 그 경계 주위로 흐르는 세기가 I인 전류로 대치한다면, Ω와 F, G, H의 값은 위에서 주어진 것이 될 것이다.

(2) 반지름이 a인 꽉 찬 구에서는

---

12) (여기에서 V는 넓이밀도가 1일 때 박편에서 비롯되는 중력 퍼텐셜이다) — 톰슨.

$$V = \frac{4\pi}{3} \frac{a^3}{r} \quad \text{(일 때)} \tag{5}$$

$$V = \frac{2\pi}{3}(3a^2 - r^2) \text{ (일 때)} \tag{6}$$

이다.

따라서 그런 구가 z축에 평행한 방향으로 세기 I로 자화되어 있다면 자기 퍼텐셜은 다음과 같을 것이다.

$$\Omega = \frac{4\pi}{3} I \frac{a^3}{r^3} z \quad \text{(구의 바깥쪽)} \tag{7}$$

$$\Omega = \frac{4\pi}{3} Iz \quad \text{(구의 안쪽)} \tag{8}$$

만일 구가 모두 자화되어 있지 않고 일정한 거리마다 원 모양으로 전선이 감겨 있고, 단위 거리만큼 떨어져 있는 두 작은 원 사이의 전류의 전체 세기가 I라면, 구의 바깥쪽에서 Ω의 값은 앞에서와 같지만, 구의 안쪽에서는

$$\Omega = -\frac{8\pi}{3} Iz \tag{9}$$

이다.

이것은 672절에서 이미 논의한 경우이다.

(3) 균일하게 자화된 타원체가 주어진 직선에 평행한 경우는 437절에서 논의했다.

타원체에 평면과 평행하게 등거리를 유지하면서 전선을 감으면, 타원체 속의 힘은 균일할 것이다.

(4) 원통자석 또는 솔레노이드

676] 물체의 단면이 아무 모양이고 모선에 수직한 면으로 위아래가 막혀 있다면, 솔레노이드의 양의 끝과 일치하는 단위 넓이밀도의 평면 영역에서 비롯된, 점 (x, y, z)에서의 퍼텐셜을 V_1이라 하고, 같은 점에

서 음의 끝과 일치하는 단위 넓이밀도의 평면영역에서 비롯된 퍼텐셜을 V_2라 할 때, 원통이 균일하게 길이 방향으로 단위 세기로 자화되어 있다면, 점 (x, y, z)에서의 퍼텐셜은

$$\Omega = V_1 - V_2 \tag{10}$$

가 될 것이다.

원통이 자화된 물체가 아니라 균일하게 전선이 감겨 있는 것이고, 단위길이에 전선의 감긴 수가 n이고, 이 전선을 통해 전류 γ가 흐르게 해 놓았다면, 솔레노이드 바깥의 자기퍼텐셜은 예전처럼

$$\Omega = n\gamma(V_1 - V_2) \tag{11}$$

가 되지만, 솔레노이드와 그 양 끝의 평면으로 둘러싸인 공간 안에서는

$$\Omega = n\gamma(-4\pi z + V_1 - V_2) \tag{12}$$

가 된다.

자기퍼텐셜은 솔레노이드의 끝 평면에서 불연속이지만, 자기력은 연속적이다.

점 (x, y, z)로부터 양의 평면과 음의 평면의 관성의 중심까지의 거리를 각각 r_1, r_2라 하고, 그 거리가 솔레노이드의 횡방향의 크기에 비해 매우 크다면, 다음과 같이 쓸 수 있다.

$$V_1 = \frac{A}{r_1}, \qquad V_2 = \frac{A}{r_2} \tag{13}$$

여기에서 A는 각 단면의 넓이이다.

그러므로 솔레노이드 바깥의 자기력은 매우 작으며, 솔레노이드 안쪽의 힘은 대략 축에 평행하고 양의 방향으로 작용하며 그 크기는 $4\pi n\gamma$이다.

솔레노이드의 단면이 반지름이 a인 원이라면, V_1과 V_2의 값을 구면조화 함수의 급수로 나타낼 수 있다. 이것은 톰슨과 타이트의 {자연철학}

546절 예제 II에 서술되어 있다.

$$V = 2\pi \left\{ -rP_1 + a + \frac{1}{2}\frac{r^2}{a}P_2 - \frac{1 \cdot 1}{2 \cdot 4}\frac{r^4}{a^3}P_4 \right.$$
$$\left. + \frac{1 \cdot 1 \cdot 3}{2 \cdot 4 \cdot 6}\frac{r^6}{a^5}P_6 - \&c. \right\} \quad r < a \text{일 때} \quad (14)$$

$$V = 2\pi \left\{ \frac{1}{2}\frac{a^2}{r} - \frac{1 \cdot 1}{2 \cdot 4}\frac{a^4}{r^3}P_2 \right.$$
$$\left. + \frac{1 \cdot 1 \cdot 3}{2 \cdot 4 \cdot 6}\frac{a^6}{r^5}P_4 - \&c. \right\} \quad r > a \text{일 때} \quad (15)$$

이 표현에서 r는 솔레노이드 끝의 원 중 하나로부터 점 (x, y, z)까지의 거리이며, 띠 조화 함수 P_1, P_2, &c.는 r가 원통의 축과 이루는 각 θ에 해당하는 함수이다.

이 표현 중 앞의 것을 z에 관해 미분한 미분계수는 $\theta = \frac{\pi}{2}$에서 불연속이다. 그러나 솔레노이드 안에서는 이 표현에서 유도된 자기력에다 축방향의 힘 $4\pi n\gamma$를 덧붙여 주어야 함을 기억해야 한다.

677] 이제 솔레노이드가 매우 길어서 우리가 염두에 두는 공간의 부분에서는 양 끝으로부터의 거리에 따라 달라지는 항들을 무시할 수 있는 경우를 다루자.

솔레노이드 안에서 여느 폐곡선을 지나가는 자기유도는 $4\pi n\gamma A'$이다. 여기에서 A'은 그 폐곡선을 솔레노이드 축에 수직한 평면으로 그림자를 드리웠을 때 그 그림자의 넓이이다. 폐곡선이 솔레노이드 밖에 있을 때, 먼저 폐곡선이 솔레노이드를 둘러싸고 있다면, 그 폐곡선을 통하는 자기유도는 $4\pi n\gamma A$이다. 여기에서 A는 솔레노이드 단면의 넓이이다. 만일 폐곡선이 솔레노이드를 둘러싸고 있지 않다면, 폐곡선을 통하는 자기유도는 0이다.

전선이 솔레노이드 주변으로 n'번 감겨 있다면, 전선과 솔레노이드 사이의 유도계수는

$$M = 4\pi nn'A \tag{16}$$

가 된다.

이 감긴 수가 솔레노이드의 감긴 수 n과 일치한다고 가정하면, 솔레노이드의 단위길이당 자체유도계수는 양 끝점으로부터 충분히 멀리 떨어진 곳에서

$$L = 4\pi n^2 A \tag{17}$$

가 됨을 알 수 있다.

솔레노이드의 끝에 가까운 곳에서는, 솔레노이드의 끝 평면에 있는 가상적인 자기분포에 따라 달라지는 항들을 고려해야 한다. 이 항들의 효과는 솔레노이드와 그를 둘러싼 회로 사이의 유도계수가 $4\pi nA$라는 값을 넘지 않게 만드는 것이다. 이 값은 회로가 솔레노이드를 감고 있을 때 양 끝으로부터 매우 먼 곳에서 갖는 값이다.

길이가 l로 같고 축이 일치하는 두 개의 원형 솔레노이드의 경우를 생각하자. 바깥쪽에 있는 솔레노이드의 반지름을 c_1이라 하고, 전선이 감겨 있는 수가 단위 길이당 n_1이라고 하자. 안쪽에 있는 솔레노이드의 반지름을 c_2이라 하고, 전선이 감겨 있는 수가 단위 길이당 n_2라고 하자. 그러면 두 솔레노이드 사이의 유도계수는 끝부분의 효과를 무시했을 때,

$$M = Gg \tag{18}$$

가 된다. 여기에서

$$G = 4\pi n_1 \tag{19}$$

이고

$$g = \pi c_2^{\,2} l n_2 \tag{20}$$

이다.

678] 솔레노이드의 양의 끝부분이 미치는 효과를 구하기 위해서는 안쪽 솔레노이드의 끝 면을 이루는 원판의 바깥쪽 솔레노이드에 대한 유도계수를 계산해야 한다. 이를 위해 (15)식에 주어진 V에 대한 둘째 표현을 택하여 이를 r에 관해 미분한다. 그러면 반지름 방향의 자기력을 얻게 된다. 이 표현에 $2\pi r^2 d\mu$를 곱하여 μ에 관해 $\mu=1$에서 $\mu = \dfrac{z}{\sqrt{z^2 + c_1^2}}$ 까지 적분한다. 그러면 양의 끝으로부터 거리만큼 떨어진 곳에서 바깥쪽 솔레노이드의 감긴 수 하나에 대한 유도계수를 얻는다. 여기에 dz를 곱하여 z에 관해 $z=l$에서 $z=0$까지 적분한다. 끝으로, 그 결과에 $n_1 n_2$를 곱하면, 두 끝 중 하나가 유도계수를 감소시키는 효과를 구한 것이 된다.

그러므로 두 원통 사이의 상호유도계수의 값으로 다음을 구한 것이다.

$$M = 4\pi^2 n_1 n_2 c_2^2 (l - 2c_1 a) \tag{21}$$

여기에서

$$a = \frac{1}{2}\frac{c_1 + l - r}{c_1} - \frac{1 \cdot 3}{2 \cdot 4} \cdot \frac{1}{2 \cdot 3}\frac{c_2^2}{c_1^2}\left(1 - \frac{c_1^3}{r^3}\right)$$
$$+ \frac{1 \cdot 3 \cdot 5}{2 \cdot 4 \cdot 6} \cdot \frac{1}{4 \cdot 5}\frac{c_2^4}{c_1^4}\left(-\frac{1}{2} - 2\frac{c_1^5}{r^5} + \frac{5}{2}\frac{c_1^7}{r^7}\right) + \&c. \tag{22}$$

이고, 다시 여기에서 r는 $\sqrt{l^2 + c_1^2}$을 간단하게 표시한 것이다.

이로부터 두 개의 동축 솔레노이드의 상호유도를 계산하는 과정에서는 (20)식의 표현에서 실제 길이 l 대신에 수정된 길이 $l - 2c_1 a$를 사용해야 하며, 이것은 길이가 ac_1인 부분을 양쪽 끝에서 잘라낸 것으로 가정하는 것과 같음을 알 수 있다. 솔레노이드가 그 바깥쪽 반지름에 비해 매우 길 때에는

$$a = \frac{1}{2} - \frac{1}{16}\frac{c_2^2}{c_1^2} - \frac{1}{128}\frac{c_2^4}{c_1^4} + \&c. \tag{23}$$

이다.

679] 솔레노이드가 여러 층의 전선으로 이루어져 있고, 전선의 지름은 단위 길이당 n개의 층이 있는 경우에는 dr의 두께 있는 층의 수가 ndr이고,

$$G = 4\pi \int n^2 dr \text{이고} \qquad g = \pi l \int n^2 r^2 dr \qquad (24)$$

이다.

외부코일의 바깥쪽 반지름과 안쪽 반지름은 각각 x와 y이고, 내부코일의 바깥쪽 반지름과 안쪽 반지름은 각각 y와 z라고 하자. 전선의 두께가 일정하고, 외부코일과 내부코일 사이에서 유도가 일어난다면, 양 끝의 효과를 무시할 때,

$$Gg = \frac{4}{3}\pi^2 l n_1^2 n_2^2 (x-y)(y^3 - z^3) \qquad (25)$$

이다.

x와 z가 주어지고, y변수가

$$x = \frac{4}{3}y - \frac{1}{3}\frac{z^3}{y^2} \qquad (26)$$

일 때, 이 값은 최대가 될 수 있다.

이 식은 철심을 넣지 않았을 때 유도장치에 쓰는 일차 및 이차 코일의 두께들 사이에 성립하는 가장 좋은 관계식이 된다.

만일 반지름이 z인 철심이 있다면, G는 앞에서와 같지만,

$$g = \pi l \int n^2 (r^2 + 4\pi \kappa z^2)\, dr \qquad (27)$$

$$= \pi l n^2 \left(\frac{y^3 - z^3}{3} + 4\pi \kappa z^2 (y - z) \right) \qquad (28)$$

이다.

y가 주어지면 g의 값이 최대가 되게 하는 z의 값은

$$z = \frac{2}{3}y\frac{12\pi\kappa}{12\pi\kappa + 1} \qquad (29)$$

이다.

철의 경우처럼 k가 큰 수이면, 거의 $z = \dfrac{2}{3}\, y$이다.

이제 x가 상수이고 y와 z가 변수라고 하면, Gg가 최대값이 될 때

$$x : y : z :: 4 : 3 : 2 \tag{30}$$

를 얻는다.

긴 솔레노이드의 바깥쪽 반지름과 안쪽 반지름이 각각 x와 y이고, 그 속에 반지름이 z인 긴 철심이 들어 있다고 하면, 그 솔레노이드의 자체 유도계수는 다음과 같다.

$$4\pi \int_y^x \left\{ \pi \int_\rho^x n^2 (\rho^2 + 4\pi\kappa z^2)\, dr + \pi \int_y^\rho n^2 (r^2 + 4\pi\kappa z^2)\, dr \right\} n^2\, d\rho$$

$$= \frac{2}{3}\, \pi^2 n^4 (x - y)^2 (x^2 + 2xy + 3y^2 + 24\pi\kappa z^2) \tag{31}$$

680] 이제까지는 전선의 두께가 일정하다고 가정했다. 이제, 일차코일이나 이차코일의 저항의 값이 주어져 있을 때 상호유도계수의 값이 최대가 되려면, 전선의 두께가 층마다 어떻게 달라져야 하는가를 말해 주는 법칙을 찾겠다.

솔레노이드의 단위길이당 감긴 수가 n일 때, 전선의 단위길이당 저항이 ρn^2이라 하자.

전체 솔레노이드의 저항은

$$R = 2\pi\rho l \int n^4 r\, dr \tag{32}$$

이다.

R의 값이 주어져 있을 때 G가 최대가 될 조건은 $\dfrac{dG}{dr} = C\dfrac{dR}{dr}$ 이다. 이때 C는 어떤 상수이다.

그러면 n^2은 $\dfrac{1}{r}$에 비례한다. 또는 바깥쪽 코일의 전선의 지름은 반지름의 제곱근에 비례해야 한다.

R의 값이 주어져 있을 때, g가 최대가 되기 위해서는

$$n^2 = C\left(r + \frac{4\pi\kappa z^2}{r}\right) \qquad (33)$$

이어야 한다. 따라서 철심이 없는 경우에 안쪽 코일을 이루는 전선의 지름은 반지름의 제곱근에 반비례해야 하지만, 철심의 자화 용량이 매우 크다면 전선의 지름은 층의 지름은 층의 반지름의 제곱근에 더 직접 가까워야 한다.

무한히 긴 솔레노이드

681] 평면영역 A를 그 평면영역과 같은 평면 안에 있으면서 그 평면을 지나지 않는 어느 축을 중심으로 회전하여 입체를 만들면, 그 입체는 고리 모양이 될 것이다. 이 고리에 전선을 코일처럼 감되, 그 감긴 코일이 고리의 축을 통해 지나는 평면 안에 있게 만들면, 감긴 전체 수가 n일 때, 전선 층의 전류함수는 $\phi = \frac{1}{2\pi}n\gamma\theta$가 된다. 여기에서 θ는 고리의 축을 기준으로 한 방위각이다.

고리 안쪽에서 자기퍼텐셜을 Ω라 하고, 바깥쪽에서 Ω'이라 하면,

$$\Omega - \Omega' = -4\pi\phi + C = -2n\gamma\theta + C$$

이다. 고리 바깥쪽에서 Ω'은 라플라스 방정식을 충족시켜야 하며, 무한히 먼 곳에서는 사라져야 한다. 문제의 성격으로 볼 때, 이것은 θ만의 함수이어야 한다. 이 조건들을 모두 충족시키는 Ω'의 값은 0뿐이다. 따라서

$$\Omega' = 0, \qquad \Omega = -2n\gamma\theta + C$$

이다.

고리 안의 여느 점에서 자기력은 축을 통해 지나는 평면에 수직이며, $2n\gamma\frac{1}{r}$과 같다. 여기에서 r는 축으로부터의 거리이다. 고리 밖에서는 자기력이 없다.

폐곡선의 모양을 나타내는 움직이는 점의 좌표 z, r, θ가 고정된 점으로부터의 자취의 길이 s의 함수로 주어진다면, 그 폐곡선에 대한 자기

유도는 폐곡선에 대한 자기유도는 벡터 퍼텐셜을 그 폐곡선을 따라 적분하여 구할 수 있다. 벡터 퍼텐셜의 성분은 다음과 같다.

$$F = 2n\gamma \, \frac{xz}{r^2}, \qquad G = 2n\gamma \, \frac{yz}{r^2}, \qquad H = 0$$

따라서 자기유도는

$$2n\gamma \int_0^s \frac{z}{r} \frac{dr}{ds} \, ds$$

이다. 적분은 폐곡선을 따라 구한 것이며, 곡선은 언제나 고리 안에 있어야 한다. 곡선의 모든 부분이 고리 바깥에 있으면서 고리를 포괄한다면, 그 곡선에 대한 자기유도는

$$2n\gamma \int_0^{s'} \frac{z'}{r'} \frac{dr'}{ds'} \, ds' = 2n\gamma a$$

이다. 여기에서 악센트(프라임) 기호를 붙인 좌표는 폐곡선 위에 있는 점을 가리키는 것이 아니라 솔레노이드에서 한 번 감긴 곳을 가리킨다.

그러므로 고리를 포괄하는 아무 폐곡선에 대한 자기유도라도 그 값은 $2n\gamma a$로 똑같다. 여기에서 a는 $\int_0^{s'} \frac{z'}{r'} \frac{dr'}{ds'} \, ds'$ 이다. 폐곡선 안에 고리가 들어 있지 않으면, 그에 대한 자기유도는 0이다.

두 번째 전선을 고리 주위로 아무 방식으로나 감았다고 하고, 반드시 고리와 붙어 있는 것은 아니며, 고리를 n'번 감싸고 있다고 하자. 이 전선에 대한 유도는 $2nn'\gamma a$이며, 따라서 한 코일의 다른 코일에 대한 유도계수 M은 $M = 2nn'a$이다.

이것은 두 번째 전선의 특정한 모양이나 위치와 전혀 무관하므로, 전류가 흐르는 전선들 사이에는 역학적인 힘이 전혀 작용하지 않는다. 둘째 전선을 첫째 전선과 일치하게 선택하면, 고리 모양의 코일의 자체유도계수로

$$L = 2n^2a$$

을 얻는다.

제13장 평행전류

원통형 도체

682] 전기적 배치 중 매우 중요한 부류가 전류를 단면이 거의 일정한 도선 주위로 흐르게 하는 경우이다. 여기에서 도선은 반듯이 놓여 있거나 아니면 도선의 축의 곡률반지름이 도선의 단면의 반지름에 비해 매우 크다. 이러한 배치를 수학적으로 다룰 준비를 하기 위해, 회로가 두 개의 매우 긴 평행한 도체로 이루어져 있고 두 부분의 끝이 연결되어 있는 경우를 먼저 다루겠다. 또한 회로의 부분이 도체의 끝부분들로부터 충분히 멀리 떨어져 있어서 도체가 무한히 길지 않다는 사실 때문에 힘의 분포에서 어떤 감지할 만한 변화도 초래하지 않는 경우에 주목하고자 한다.

축이 도체의 방향과 평행하다고 하면, 염두에 두는 마당의 부분에서 배치의 대칭성 때문에, z축에 평행한 벡터 퍼텐셜의 성분인 H에 따라 모든 것이 달라질 것이다.

자기유도의 성분은 방정식 (A)로부터 다음과 같이 된다.

$$a = \frac{dH}{dy} \tag{1}$$

$$b = -\frac{dH}{dx} \tag{2}$$

$$c = 0$$

일반성을 위해 자기유도의 계수가 μ라고 가정하겠다. 그러면 $a = \mu\alpha$, $b = \mu\beta$가 된다. 여기에서 α, β는 자기력의 성분이다.

607절의 전류에 대한 방정식 (E)로부터 다음을 얻는다.

$$u = 0, \qquad v = 0, \qquad 4\pi w = \frac{d\beta}{dx} - \frac{d\alpha}{dy} \tag{3}$$

683] 전류가 z축으로부터의 거리 r의 함수이면,

$$x = r\cos\theta, \qquad y = r\sin\theta \tag{4}$$

라 쓰고, θ를 재는 방향이 z축을 지나는 평면에 수직하게 될 때 그 방향의 자기력을 β라 하면, 다음이 성립한다.

$$4\pi w = \frac{d\beta}{dr} + \frac{1}{r}\beta = \frac{1}{r}\frac{d}{dr}(\beta r) \tag{5}$$

xy 평면에 있는 원을 경계로 하는 단면을 지나 흐르는 전체 전류를 C라 하면, 그 원의 중심을 원점으로 하고 원의 반지름이 r일 때, 다음이 성립한다.

$$C = \int_0^r 2\pi r w\, dr = \frac{1}{2}\beta r \tag{6}$$

그러므로 원통형 층에 놓여 있는 전류에서 비롯된 여느 주어진 점에서 자기력은 그 주어진 점과 축 사이에 놓인 층을 지나 흐르는 전류의 전체 세기에 따라서만 달라지며, 다른 원통형 층에 속하는 전류의 분포와는 무관한 것으로 보인다.

가령, 도체가 반지름이 a인 균일한 도선이고, 그 속으로 흐르는 전체 전류가 C라 하면, 전류가 그 단면의 모든 부분에서 균일하게 분포되어 있다고 할 때, w는 일정할 것이며,

$$C = \pi w a^2 \tag{7}$$

이다.

  r가 a보다 작다고 하면, 반지름이 r인 원형 단면을 지나 흐르는 전류는 $C'=\pi w r^2$이다. 따라서 도선 안의 여느 점에서

$$\beta = \frac{2C'}{r} = 2C\,\frac{r}{a^2} \tag{8}$$

이다.

  도선 밖에서는

$$\beta = 2\,\frac{C}{r} \tag{9}$$

이다.

  도선을 이루는 물질 속에서는 자기퍼텐셜이 없다. 왜냐하면 전류가 흐르고 있는 도체 안에서는 자기력이 퍼텐셜이 존재할 조건을 충족시키지 않기 때문이다.

  도선 밖에서는 자기퍼텐셜이

$$\Omega = -\,2C\theta \tag{10}$$

이다.

  도체가 도선이 아니라 금속관이고, 그 바깥쪽 반지름과 안쪽 반지름이 각각 a_1, a_2라고 가정하자. 관 모양의 도체 속으로 흐르는 전류를 C라 하면,

$$C = \pi w\,(a_1^{\,2} - a_2^{\,2}) \tag{11}$$

이다. 관 안의 자기력은 0이다. 관을 이루는 금속 안에서는 r가 a_1과 a_2 사이에 있으며, 다음이 성립한다.

$$\beta = 2C\,\frac{1}{a_1^{\,2} - a_2^{\,2}}\left(r - \frac{a_2^{\,2}}{r}\right) \tag{12}$$

  관 밖에서는

$$\beta = 2\frac{C}{r} \tag{13}$$

이다. 이것은 전류가 꽉 차 있는 도선을 따라 흐르는 경우와 마찬가지이다.

684] 여느 점에서 자기유도는 $b=\mu\beta$이며, (2)식으로부터

$$b = -\frac{dH}{dr} \tag{14}$$

이므로

$$H = -\int \mu\beta\, dr \tag{15}$$

이다.

관 밖에서 H의 값은

$$A - 2\mu_0 C \log r \tag{16}$$

이다. 여기에서 μ_0은 관 밖의 공간에서 μ의 값이며, A는 그 값이 회귀전류의 위치에 따라 달라지는 상수이다.

관을 이루는 물질 속에서는

$$H = A - 2\mu_0 C \log a_1 + \frac{\mu C}{a_1^2 - a_2^2}\left(a_1^2 - r^2 + 2a_2^2 \log \frac{r}{a_1}\right) \tag{17}$$

이다.

관 안의 공간에서는 H가 상수이며,

$$H = A - 2\mu_0 C \log a_1 + \mu C\left(1 + \frac{2a_2^2}{a_1^2 - a_2^2}\log \frac{a_2}{a_1}\right) \tag{18}$$

이다.

685] 회로가 회귀전류로 닫혀 있고, 회귀전류는 관이나 도선 안에서 먼저의 전류와 평행하게 흐르며, 두 전류의 축은 거리 b만큼 떨어져 있다고 하자. 이 계의 운동에너지를 구하기 위해서는 다음 적분을 계산해야 한다.

$$T = \frac{1}{2} \iiint H\,w\,dxdydz \tag{19}$$

도체의 축에 평행한 두 평면 사이에 놓여 있는 계의 부분에만 주목한 다면, 둘 사이의 거리가 l일 때, 위의 표현은 다음과 같이 된다.

$$T = \frac{1}{2} l \iint Hw\,dxdy \tag{20}$$

회귀전류에 속하는 양을 악센트(프라임)로 구별하면, 이를 다음과 같이 쓸 수 있다.

$$\frac{2T}{l} = \iint Hw'dx'dy' + \iint H'wdxdy$$
$$+ \iint Hwdxdy + \iint H'w'dx'dy' \tag{21}$$

관 밖의 아무 점에서 전류의 작용은 같은 전류가 관의 축에 모여 있을 때와 같기 때문에, 회귀전류 부분에 대한 H의 평균값은 $A-2\mu_0 C\log b$ 이며, 양의 전류 부분에 대한 H'의 평균값은 $A'-2\mu_0 C'\log b$이다.

따라서 T에 대한 표현에서 앞의 두 항은 각각

$$AC' - 2\mu_0 CC'\log b$$

와

$$A'C - 2\mu_0 CC'\log b$$

로 쓸 수 있다.

뒤의 두 항을 보통의 방식으로 적분하여, $C+C'=0$임을 기억하면서 그 결과를 더하면, 운동에너지 T의 값을 얻게 된다. 이를 $\frac{1}{2}LC^2$이라 쓰자. 여기에서 L은 두 도체로 이루어진 계의 자체유도계수이다. 계의 단위길이에 대한 L의 값은 다음과 같음을 알 수 있다.

$$\frac{L}{l} = 2\mu_0 \log \frac{b^2}{a_1 a_1'} + \frac{1}{2}\mu \left[\frac{a_1^2 - 3a_2^2}{a_1^2 - a_2^2} + \frac{4a_2^4}{(a_1^2 - a_2^2)^2} \log \frac{a_1}{a_2} \right]$$

$$+\frac{1}{2}\mu'\left[\frac{a'^2_1-3a'^2_2}{a'^2_1-a'^2_2}+\frac{4a'^4_2}{(a'^2_1-a'^2_2)^2}\log\frac{a'_1}{a'_2}\right] \tag{22}$$

계가 꽉 차 있는 도선이라면, a_2와 a'_2는 0이며,

$$\frac{L}{l}=2\mu_0\log\frac{b^2}{a_1a'_1}+\frac{1}{2}(\mu+\mu') \tag{23}$$

이다.[1]

자체유도를 계산하는 데에 자기유도를 고려해야 할 필요가 있는 것은 철로 된 도선의 경우뿐이다. 다른 경우에는 μ_0, μ, μ' 모두를 1로 놓아도 좋다. 도선들의 반지름이 작을수록, 그리고 도선들 사이의 거리가 클수록, 자체유도는 커진다.

전선의 두 부분 사이의 척력 X구하기

686] 580절에 따라 b를 증가시키려 하는 힘을 다음과 같이 구할 수 있다.

$$X=\frac{1}{2}\frac{dL}{db}C^2$$

$$=2\mu_0\frac{l}{b}C^2 \tag{24}$$

이 결과는 공기에서처럼 $\mu_0=1$일 때 앙페르의 공식과 일치한다.

687] 도선들의 길이가 도선들 사이의 거리에 비해 크다면, 자체유도 계수를 써서 전류의 작용에서 생겨나는 도선 사이의 장력을 구할 수 있다.

이 장력을 Z라 하면,

---

1) {도선이 자성을 띠고 있다면, 도선에 유도되는 자기가 자기장에 변화를 가져올 것이며, 이 논변을 적용할 수 없다. (22)식, (23)식, (25)식은 $\mu=\mu'=\mu_0$일 때에만 엄격하게 참이다}―톰슨.

$$Z = \frac{1}{2}\frac{dL}{dl}C^2$$

$$= C^2\left\{\mu_0\log\frac{b^2}{a_1 a_1'} + \frac{\mu+\mu'}{4}\right\} \tag{25}$$

이다.

앙페르의 실험 중 하나에서 다루어지는 평행도체는 다음과 같다. 두 개의 수은 홈통이 있고 이 두 홈통에 떠 있는 도선다리로 이 둘이 이어 져 있다. 한쪽 끝에 있는 수은 홈통으로 들어간 전류가 떠 있는 도선다 리의 한쪽 끝에 다다를 때까지 흐르고, 떠 있는 도선다리를 지나 다른 쪽 홈통 속으로 들어갔다가, 둘째 홈통을 따라 되돌아온다. 떠 있는 도 선다리는 홈통을 따라 움직여서 전류가 지나가는 수은 부분이 늘어날 수 있게 되어 있다.

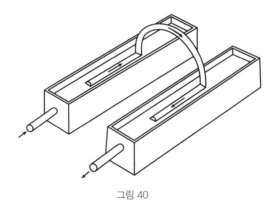

그림 40

타이트 교수는 이 실험의 전기적 조건을 단순화하여, 도선 대신에 유 리로 만든 유동 흡관에 수은을 채운 것을 썼다. 전류는 그 경로 내내 수 은 속으로 흐른다.

이 실험은 때때로 같은 직선 위에 있는 두 전류 요소가 서로 밀친다는 것을 증명하는 증거로 제시되며, 따라서 앙페르의 공식이 그라스만의 공식보다 더 정확함을 보이는 것으로 여겨진다. 앙페르의 공식은 나란히 있는 요소들의 밀치는 힘을 나타내며, 그라스만의 공식은 똑같은 직선상에 있는 두 요소 사이에 작용이 없음을 말해 준다. 526절을 볼 것.

그러나 닫힌회로에 대해서는 앙페르의 공식과 그라스만의 공식이 둘다 똑같은 결과를 주기 때문에, 그리고 실험에서는 닫힌회로만 사용되기 때문에, 실험결과만으로는 어느 한 이론이 다른 이론보다 더 낫다고 말할 수 없음이 분명하다.

실제로 두 공식에서 도출되는 척력의 값은 둘 다 이미 앞에서 얻은 값과 같으며, 두 평행한 도체 사이의 거리 b가 중요한 요소인 것으로 보인다.

도체들의 길이가 둘 사이의 거리에 비해 매우 크지 않을 때에는 L의 값의 꼴이 좀더 복잡해진다.

688] 도체들 사이의 거리가 줄어들수록 L의 값도 줄어든다. 이 줄어듦의 한계는 도선이 붙어 있을 때, 즉 $b=a_1+a'_1$일 때이다. 이 경우에는 $\mu_0=\mu=\mu'=1$이라면

$$L = 2l \left\{ \log \frac{(a_1 + a'_1)^2}{a_1 a'_1} + \frac{1}{2} \right\} \tag{26}$$

이다. 이것이 최소가 될 때는 $a_1=a'_1$일 때이다. 그러면

$$L = 2l \left(\log 4 + \frac{1}{2} \right)$$

$$= 2l(1.8863)$$

$$= 3.7726l \tag{27}$$

이 된다.

이것은 전체 길이가 $2l$이 되도록 둥근 도선을 두 배로 늘렸을 때, 도선이 가질 수 있는 자체유도 중 최소의 값이다.

도선의 두 부분은 서로 절연되어야 하므로 실제로 자체유도가 이 극한값에 이르는 일은 없다. 둥근 도선 대신에 널찍하고 평평한 띠를 사용하면, 자체유도는 현저하게 줄어들 것이다.

원통 도체를 따라 세기가 달라지는 전류를 만들어내기 위해 필요한 기전력에 관하여

689] 도선 안의 전류의 세기가 달라지는 경우에는 도선에 전류가 유도됨에 따라 생겨나는 기전력이 도선의 단면의 다른 부분마다 다른 값이 되며, 일반적으로 시간뿐 아니라 도선의 축으로부터 잰 거리의 함수가 된다. 원통도체가 모두 같은 회로의 부분을 이루는 한 묶음의 도선들로 이루어져 있다고 가정하면, 전류가 묶음의 각 구역에서 일정한 세기가 되어야 하므로, 이제까지 우리가 사용한 계산방법은 제한적으로만 적용할 수 있게 될 것이다. 그러나 원통도체가 꽉 차 있는 질량이라고 보고, 전류가 그 속에서 기전력의 영향을 받으며 자유롭게 흐를 수 있다고 보면, 원통 축으로부터의 거리가 달라질 때 전류의 세기는 똑같지 않을 것이고, 도선의 여러 다른 원통 층에서 전류의 분포에 따라 기전력 자체가 달라질 것이다.

벡터 퍼텐셜 H, 전류의 밀도 w, 여느 점에서 기전력 등은 시간의 함수인 동시에 도선 축으로부터의 거리의 함수이다. 도선의 단면을 지나는 전체 전류 C와 회로 주변에서 작용하는 전체 기전력 E는 변수로 보아야 하며, 우리는 그 사이의 관계를 구해야 한다.

H의 값이 다음과 같다고 가정하자.

$$H = S + T_0 + T_1 r^2 + \&c. + T_n r^{2n} + \cdots \tag{1}$$

여기에서 S, T_0, T_1 등은 시간의 함수이다.

그러면 방정식

$$\frac{d^2 H}{dr^2} + \frac{1}{r}\frac{dH}{dr} = -4\pi w \tag{2}$$

으로부터 다음을 얻는다.

$$-\pi w = T_1 + \&c. + n^2 T_n r^{2n-2} + \cdots \tag{3}$$

물질의 단위 부피당 비저항을 ρ로 나타내면, 여느 점에서 기전력은

ρw가 되며, 이를 598절의 방정식 (B)를 써서 전기퍼텐셜과 벡터 퍼텐셜로 나타낼 수 있다.

$$\rho w = -\frac{d\Psi}{dz} - \frac{dH}{dt} \tag{4}$$

또는

$$-\rho w = \frac{d\Psi}{dz} + \frac{dS}{dt} + \frac{dT_0}{dt} + \frac{dT_1}{dt}r^2 + \&c. + \frac{dT_n}{dt}r^{2n} + \cdots \tag{5}$$

(3)식과 (5)식에서 r의 차수가 같은 항들의 계수를 비교하면, 다음을 얻는다.

$$T_1 = \frac{\pi}{\rho}\left(\frac{d\Psi}{dz} + \frac{dS}{dt} + \frac{dT_0}{dt}\right) \tag{6}$$

$$T_2 = \frac{\pi}{\rho}\frac{1}{2^2}\frac{dT_1}{dt} \tag{7}$$

$$T_n = \frac{\pi}{\rho}\frac{1}{n^2}\frac{dT_{n-1}}{dt} \tag{8}$$

그러므로

$$\frac{dS}{dt} = -\frac{d\Psi}{dz} \tag{9}$$

$$T_0 = T, \quad T_1 = \frac{\pi}{\rho}\frac{dT}{dt}, \cdots \ T_n = \frac{\pi^n}{\rho^n}\frac{1}{(n!)^2}\frac{d^n T}{dt^n} \tag{10}$$

라 쓸 수 있다.

690] 전체 전류 C를 구하려면 w를 반지름이 a인 도선의 단면 전체에 대해 적분해야 한다.

$$C = 2\pi \int_0^a wr\,dr \tag{11}$$

(3)식에 있는 의 값을 대입하면 다음을 얻는다.

$$C = -(T_1 a^2 + \&c. + nT_n a^{2n} + \cdots) \tag{12}$$

도선 밖의 여느 점에서 H의 값은 전체 전류 C에 따라서만 달라지며, 전류가 도선 안에서 분포되어 있는 양식과 무관하다. 따라서 도선의 표면에서 H의 값이 AC라고 가정해도 좋다. 여기에서 A는 일반적인 모양의 회로에 대해 계산을 통해 구해야 하는 상수이다. $H=AC$라 놓으면 $r=a$일 때 다음을 얻는다.

$$AC = S + T_0 + T_1 a^2 + \&c. + T_n a^{2n} + \cdots \tag{13}$$

이제 $\dfrac{\pi a^2}{\rho} = \alpha$라 쓰면, α는 도선의 단위길이당 전도도의 값이며, 다음을 얻는다.

$$C = -\left(\alpha \frac{dT}{dt} + \frac{2\alpha^2}{1^2 . 2^2} \frac{d^2 T}{dt^2} + \&c. + \frac{n\alpha^n}{(n!)^2} \frac{d^n T}{dt^n} + \&c. \right) \tag{14}$$

$$AC - S = T + \alpha \frac{dT}{dt} + \frac{\alpha^2}{1^2 . 2^2} \frac{d^2 T}{dt^2} + \&c. + \frac{\alpha^n}{(n!)^2} \frac{d^n T}{dt^n} + \&c. \tag{15}$$

이 두 방정식에서 T를 없애려면, 먼저 (14)식의 급수에 대한 역급수를 다음과 같이 구해야 한다.

$$\alpha \frac{dT}{dt} = -C + \frac{1}{2} \alpha \frac{dC}{dt} - \frac{1}{6} \alpha^2 \frac{d^2 C}{dt^2}$$
$$+ \frac{7}{144} \alpha^3 \frac{d^3 C}{dt^3} - \frac{39}{2880} \alpha^4 \frac{d^4 C}{dt^4} + \&c.$$

또한 (14)식과 (15)식으로부터 다음을 얻는다.

$$\alpha \left(A \frac{dC}{dt} - \frac{dS}{dt} \right) + C = \frac{1}{2} \alpha^2 \frac{d^2 T}{dt^2} + \frac{1}{6} \alpha^3 \frac{d^3 T}{dt^3}$$
$$+ \frac{1}{48} \alpha^4 \frac{d^4 T}{dt^4} + \frac{1}{720} \alpha^5 \frac{d^5 C}{dt^5} + \&c.$$

마지막 두 방정식으로부터 다음을 얻는다.

$$\alpha \left(A \frac{dC}{dt} - \frac{dS}{dt} \right) + C + \frac{1}{2} \alpha \frac{dC}{dt} - \frac{1}{12} \alpha^2 \frac{d^2 C}{dt^2}$$
$$+ \frac{1}{48} \alpha^3 \frac{d^3 C}{dt^3} - \frac{1}{180} \alpha^4 \frac{d^4 C}{dt^4} + \&c. = 0 \tag{16}$$

도선의 전체길이를 l이라 하고, 그 저항을 R라 하고, 전류가 그 자체에 유도하는 것 외의 다른 원인에 의한 기전력을 E라 하면, 다음이 성립한다.

$$\frac{dS}{dt} = \frac{E}{l}, \qquad \alpha = \frac{l}{R} \qquad (17)$$

$$E = RC + l\left(A + \frac{1}{2}\right)\frac{dC}{dt} - \frac{1}{12}\frac{l^2}{R^2}\frac{d^2C}{dt^2}$$
$$+ \frac{1}{48}\frac{l^3}{R^3}\frac{d^3C}{dt^3} - \frac{1}{180}\frac{l^4}{R^3}\frac{d^4C}{dt^4} + \&c. \qquad (18)$$

이 방정식의 우변에서 첫째 항 RC는 옴의 법칙에 따른 전류를 넘어서는 데 필요한 기전력을 나타낸다.

둘째 항 $l\left(A + \frac{1}{2}\right)\frac{dC}{dt}$는 회로의 전기운동적 운동량을 증가시키는 데에 사용되는 기전력을 나타낸다. 여기에서 전제된 가정은 전류가 도선의 단면의 모든 점에서 일정한 세기가 된다는 것이다.

나머지 항들은 이 값에 대한 보정을 나타내며, 도선의 축으로부터의 거리가 달라짐에 따라 전류가 세기가 일정하지 않다는 사실에서 비롯된 것이다. 실제의 전류계는 가설적인 계보다 훨씬 많은 자유도를 가진다. 가설적인 계에서는 전류가 단면 전체에 걸쳐 일정한 세기가 되는 것으로 국한된다. 따라서 전류의 세기가 이 가설에 따른 값보다 다소 작아질 때 급속한 변화를 만들어내려면 기전력이 필요하다.

기전력의 시간적분과 전류의 시간적분 사이의 관계는 다음과 같다.

$$\int E dt = R\int C dt + l\left(A + \frac{1}{2}\right)C - \frac{1}{12}\frac{l^2}{R^2}\frac{dC}{dt} + \&c. \qquad (19)$$

맨 처음에 전류의 값이 상수 C_0이다가 시간이 흐른 뒤 C_1의 값이 되어서 그 값으로 일정하게 유지된다면, 양쪽 끝 점에서 C의 미분계수가 들어 있는 항들은 사라지며,

$$\int E dt = R\int C dt + l\left(A + \frac{1}{2}\right)(C_1 - C_0) \qquad (20)$$

가 된다. 이 값은 전류가 도선 전체에 걸쳐 균일하다고 할 때의 기전 충격량의 값과 같다.

(톰슨의 주)

{도선을 통해 흐르는 전류가 주기적이고 e^{ipt}와 같이 변한다면, (18)식에 해당하는 방정식은 μ를 1이라고 가정하지 않을 때 다음과 같이 쓸 수 있다.

$$E = \left(R + \frac{1}{12}\frac{\mu^2 l^2 p^2}{R} - \frac{1}{180}\frac{\mu^4 l^4 p^4}{R^3} + \cdots \right) C$$
$$+ \left\{ \left(lA + \mu\frac{l}{2} \right) - \frac{1}{48}\frac{\mu^3 l^3 p^2}{R^2} + \cdots \right\} \frac{dC}{dt}$$

따라서 계의 모습은 마치 저항이

$$R + \frac{1}{12}\frac{\mu^2 l^2 p^2}{R} - \frac{1}{180}\frac{\mu^4 l^4 p^4}{R^3} + \cdots$$

이고 자체유도가

$$lA + \mu\frac{l}{2} - \frac{1}{48}\frac{\mu^3 l^3 p^2}{R^2} + \cdots$$

인 양 나타난다.

따라서 유효 저항은 전류가 교류일 때 증가하며, 자체유도는 감소한다. 맥스웰이 지적했듯이, 이 효과는 전류의 분포에 나타나는 교대 반복에서 비롯된다. 전류가 교류라면, 이제 전류가 도체의 단면에 균등하게 분포되어 있지 않게 되지만, 도체의 한가운데를 떠나 표면을 향해 몰리는 경향을 나타낸다. 왜냐하면 그렇게 함으로써 자체유도가 줄어들며 결국 운동에너지도 줄어들기 때문이다. 일반적인 동역학의 법칙에 따르면, 계의 관성은 아무 단면을 지나는 전체 흐름의 양이 주어져 있을 때 운동에너지를 될수록 작게 만든다는 조건을 충족시키도록 재배치되는 경향을 지닌다. 이 경향은 계의 운동량이 역으로 되는 속도가 커지면 커질수록 점점 더 강력해진다. 685절의 (22)식을 살펴보면, 어느 계의 자체유도를(따라서 주어진 전류에 대한 운동에너지를) 줄이기 위해서는, 전류가 안쪽에서보다도 전선의 표면 가까이에서 더 밀집하게 만들어야 함을 알 수 있다. 왜냐하면 이것이 관을 통해 흐르는 전류의 경우에 해당하기 때문이다. 또 (22)식을 통해, 관의 자체유도가 같은 반지름의 꽉 찬 전선의 자체유도보다 작음을 알 수 있다. 전류가 관의 측면으로 돌진한다면 흐름이 지나가야 하는 넓이가 더 작아지기 때문에, 직류에 비해 교류에서 저항이 커짐을 쉽게 이해할 수 있다. 이 주제는 대단히 중요한 것이기 때문에 더 상세한 결과는 여기에 서술하고, 그 증명은 보충권에서 서술하겠다. 또 Rayleigh, *Phil. Mag.* 21. p.381 참조.

전류와 기전력의 관계는 다음 식으로 표현된다.

$$\frac{E}{l} = -\frac{C\rho}{2\pi a^2}\frac{ina J_0(ina)}{J'_0(ina)} + A\frac{dC}{dt} \tag{1}$$

여기에서 $n^2 = 4\pi\mu ip/\rho$이며, J_0은 0차 베셀 함수이다.

이 함수가 만족하는 미분방정식

$$\frac{J''_0(x)}{J'_0(x)} + \frac{1}{x} + \frac{J_0(x)}{J'_0(x)} = 0$$

으로부터 다음을 얻는다.

$$x\frac{J_0(x)}{J'_0(x)} = -1 - x\frac{d}{dx}\log J'_0(x)$$
$$= -2 + 2x^2 S_2 + 2x^4 S_4 + 2x^6 S_6 + \cdots$$

여기에서 S_2, S_4, S_6은 방정식

$$\frac{J'_0(x)}{x} = 0$$

또는

$$1 - \frac{x^2}{2.4} + \frac{x^4}{2.4.4.6} - \frac{x^6}{2.4.6.4.6.8} + \cdots = 0$$

의 근들의 제곱, 네제곱, 여섯 제곱 등의 역수의 합이다.

뉴턴의 방법을 사용하여 다음을 얻는다.

$$S_2 = \frac{1}{4} \times \frac{1}{2}$$

$$S_4 = \frac{1}{4^2} \times \frac{1}{12}$$

$$S_6 = \frac{1}{4^3} \times \frac{1}{48}$$

$$S_8 = \frac{1}{4^4} \times \frac{1}{180}$$

$$S_{10} = \frac{1}{4^5} \times \frac{13}{8640}$$

……

따라서 (1)식에서 $\dfrac{ina\,J_0(ina)}{J'_0(ina)}$ 대신 이 값을 대입하면 다음을 얻는다.

$$\frac{E}{l} = \frac{C\rho}{\pi a^2}\left\{ 1 + \frac{1}{12}\left(\frac{\pi\mu p a^2}{\rho}\right)^2 - \frac{1}{180}\left(\frac{\pi\mu p a^2}{\rho}\right)^4 + \cdots \right\}$$

$$+ iC\rho \left\{ A + \frac{\mu}{2} - \frac{1}{48}\frac{\pi^2 \mu^3 p^2 a^4}{\rho^2} + \frac{13}{8640}\frac{\pi^4 \mu^3 p^4 a^8}{\rho^4} - \cdots \right\}$$

이 식은 $\mu = 1$일 때 (18)식과 일치한다. na가 큰 경우에는 이 급수가 편리하지 않지만, 그 경우에는 $J'_0(ina) = -iJ_0(ina)$가 성립한다(Heine's Kugelfunctionen, p.248, 제2판). 따라서 교대의 비율[2]이 매우 빨라서 $\mu p a^2/\rho$이 매우 큰 양이 된다면,

$$\frac{E}{l} = \frac{C\rho}{2\pi a}n + AipC$$

이며,

$$n^2 = 4\frac{\pi\mu i\,p}{\rho}$$

---

2) 즉, 이웃하는 두 항의 비—옮긴이.

이므로

$$\frac{E}{l} = \sqrt{\frac{\rho p \mu}{2\pi a^2}} \, C + ipC \left(A + \sqrt{\frac{\rho \mu}{2\pi a^2 p}} \right)$$

이다.

따라서 단위길이당 저항의 값은

$$\left\{ \frac{\rho p \mu}{2\pi a^2} \right\}^{\frac{1}{2}}$$

이 된다. 이 값은 p가 커지면 무한정 커진다.

단위길이당 자체유도는

$$A + \sqrt{\frac{\rho \mu}{2\pi a^2 p}}$$

이며, p가 무한대가 되면 A로 수렴한다.

도선 안의 한 점에서 자기력은 다음과 같음을 보일 수 있다.

$$\frac{2C}{a} \frac{J'_0(inr)}{J_0(ina)}$$

na가 클 때에는

$$J'_0(ina) = -i \frac{e^{na}}{\sqrt{\pi 2na}}$$

이므로, $r = a - x$라 할 때, 도선의 표면으로부터 거리가 x만큼 떨어진 곳에서 자기력은

$$\frac{2C}{\sqrt{a(a-x)}} e^{-nx}$$

이다.

따라서 n이 매우 크면 자기력과 전류의 세기는 표면에서 멀어질수록 매우 급격하게 감소한다. 그러므로 도선의 안쪽 부분은 자기력과 전류가 없다. n에 $\mu^{\frac{1}{2}}$이 있으므로, 이 효과는 비자성 금속으로 만들어진 경우보다 금속도선으로 만들어진 경우에서 훨씬 더 뚜렷할 것이다.}

평면에 있는 두 도형의 기하평균거리에 관하여[3]

691] 반듯한 도체 속을 흐르는 전류가 또 다른 평행한 도체 속을 흐르는 전류에 미치는 전자기 작용을 계산하려면, 두 도체의 단면이 모두 주어져 있을 때, 다음의 적분을 구해야 한다.

$$\int \log r \, dx \, dy \, dx' \, dy'$$

여기에서 $dxdy$는 첫째 단면의 넓이 요소이고, $dx'dy'$은 둘째 단면의 넓이 요소이며, r는 이 요소들 사이의 거리이고, 적분은 먼저 첫째 단면의 모든 요소에 대해 계산하고 다음으로 둘째 단면의 모든 요소에 대해 계산한다.

이 적분이

$$A_1 A_2 log R$$

와 같게 되도록 직선 R를 정한다면, R의 길이는 길이의 단위를 무엇으로 택하든지, 그리고 로그의 밑을 무엇으로 사용하든지 모두 같을 것이다. 여기에서 A_1과 A_2는 두 단면의 넓이이다. 두 단면을 같은 크기의 요소들로 나눈다고 가정하면, R의 로그에 요소의 쌍들의 수를 곱한 것은 모든 요소 쌍들의 거리의 로그를 더한 것과 같을 것이다. 여기에서 R는 요소 쌍들 사이의 모든 거리에 대한 기하평균으로 볼 수 있다. R의 값이 r의 최대값과 최솟값 사이에 있어야 함은 분명하다.

세 번째 도형 C로부터 두 도형 A와 B의 기하평균거리를 각각 R_A, R_B라 하고, 두 도형을 합한 것의 C로부터의 기하평균거리를 R_{A+B}라 하면,

$$(A + B) \log R_{A+B} = A \log R_A + B \log R_B$$

가 된다.

이 관계를 써서 복합도형의 부분들에 대한 R를 알 때, 복합도형에 대

---

3) *Trans. R.S. Edin.*, 1871~72.

한 R의 값을 정할 수 있다.

692] 예[4]

(1) 점 O로부터 선분 AB의 평균거리를 R라 하자. OP가 AB에 수직하다고 하면, 다음이 성립한다.

$$AB(\log R + 1) = AP \log OA + PB \log OB + \overbrace{OPAOB}$$

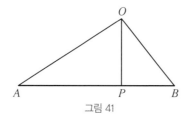

그림 41

(2) 길이가 a와 b인 두 직선을 길이가 c인 직선의 양 끝점으로부터 수직하게 같은 쪽에 그렸을 때(그림 42)

---

4) {이 예에서 로그는 모두 네이피어 로그, 즉 자연로그이다}—톰슨. 1619년에 출판된 『놀라운 로그법의 구성』(*The Construction of the Wonderful Canon of Logarithms*)에서 네이피어(John Napier)는 곱셈과 나눗셈과 제곱근의 연산을 덧셈과 뺄셈의 연산으로 환원시키는 방법을 처음 제시했다. 네이피어의 정의에서 아무 수 N의 로그(logarithm) L은

$$N = 10^7(1 - 10^{-7})^L$$

로부터 정의되며, 이를 $L=\mathrm{NapLog}(N)$이라 쓴다. 현대적인 기호로 바꾸면

$$\mathrm{NapLog}(N) = \frac{\log\left(\dfrac{10^7}{N}\right)}{\log\left(\dfrac{10^7}{10^7-1}\right)}$$

와 같다. 여기에서 오른편의 로그의 밑은 무엇이든 상관없다. 왜냐하면 분모와 분자 모두에 로그가 있기 때문이다. 그러나 톰슨의 편집자주에서 말하는 네이피어 로그란 단순히 밑을 $e=2.71828\cdots$으로 하는 자연로그와 같은 의미로 보아도 좋다—옮긴이.

$$ab(2\log R + 3) = (c^2 - (a-b)^2)\log\sqrt{c^2 + (a-b)^2} + c^2\log c$$

$$+(a^2 - c^2)\log\sqrt{a^2 + c^2} + (b^2 - c^2)\log\sqrt{b^2 + c^2}$$

$$-c(a-b)\tan^{-1}\frac{a-b}{c} + ac\tan^{-1}\frac{a}{c} + bc\tan^{-1}\frac{b}{c}$$

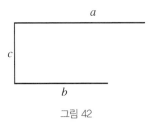

그림 42

(3) 두 선분 PQ와 RS의 방향이 O에서 만날 때(그림 43)

$$PQ.RS(2\log R + 3) = \log PR(2OP.OR\sin^2 O - PR^2\cos O)$$

$$+\log QS(2OQ.OS\sin^2 O - QS^2\cos O)$$

$$-\log PS(2OP.OS\sin^2 O - PS^2\cos O)$$

$$-\log QR(2OQ.OR\sin^2 O - QR^2\cos O)$$

$$-\sin O\left\{OP^2.\widehat{SPR} - OQ^2.\widehat{SQR} + OR^2.\widehat{PRQ} - OS^2.\widehat{PSQ}\right\}$$

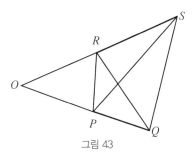

그림 43

(4) 점 O와 직사각형 $ABCD$(그림 44). OP, OQ, OR, OS가 모두 네

변에 수직하다고 하면,

$$AB.AD(2\log R + 3) = 2.OP.OQ\log OA + 2.OQ.OR\log OB$$

$$+2.OR.OS\log OC + 2.OS.OP\log OD$$

$$+OP^2.\widehat{DOA} + OQ^2.\widehat{AOB}$$

$$+OR^2.\widehat{DOC} + OS^2.\widehat{COD}$$

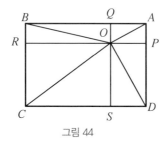

그림 44

(5) 두 도형이 반드시 달라야 하는 것은 아니다. 왜냐하면 같은 도형 안에서도 모든 점의 쌍 사이의 거리에 대한 기하평균을 구할 수 있기 때문이다. 따라서 길이가 a인 직선에 대하여

$$\log R = \log a - \frac{3}{2}$$

또는

$$R = ae^{-\frac{3}{2}}$$

$$R = 0.22313a$$

(6) 변의 길이가 a와 b인 직사각형에 대하여

$$\log R = \log\sqrt{a^2+b^2} - \frac{1}{6}\frac{a^2}{b^2}\log\sqrt{1+\frac{b^2}{a^2}} - \frac{1}{6}\frac{b^2}{a^2}\log\sqrt{1+\frac{a^2}{b^2}}$$

$$+\frac{2}{3}\frac{a}{b}\tan^{-1}\frac{b}{a} + \frac{2}{3}\frac{b}{a}\tan^{-1}\frac{a}{b} - \frac{25}{12}$$

직사각형이 정사각형이고, 변의 길이가 a라면

$$\log R = \log a + \frac{1}{3}\log 2 + \frac{\pi}{3} - \frac{25}{12}$$

$$R = 0.44705a$$

(7) 원호로부터 한 점까지의 기하평균거리는 두 양, 즉 원의 중심으로부터의 거리와 원의 반지름 중에서 더 큰 것과 같다.

(8) 따라서 두 개의 동심원으로 둘러싸인 고리 모양으로부터 아무 도형까지의 기하평균거리는 그 도형이 고리 밖에 있으면 원의 중심으로부터의 기하평균거리와 같고, 그 도형이 완전히 고리 안에 있으면 다음과 같이 된다.

$$\log R = \frac{a_1^2 \log a_1 - a_2^2 \log a_2}{a_1^2 - a_2^2} - \frac{1}{2}$$

여기에서 a_1과 a_2는 각각 고리의 바깥쪽 반지름과 안쪽 반지름이다. 이 경우에 R는 고리 안의 도형의 모양과 무관하다.

(9) 고리 안의 모든 점들의 쌍에 대한 기하평균 거리는 다음 방정식에서 구할 수 있다.

$$\log R = \log a_1 - \frac{a_2^4}{(a_1^2 - a_2^2)^2}\log\frac{a_1}{a_2} + \frac{1}{4}\frac{3a_2^2 - a_1^2}{a_1^2 - a_2^2}$$

반지름이 a인 원의 영역에 대하여 이 방정식은

$$\log R = \log a - \frac{1}{4}$$

이 된다. 즉

$$R = ae^{-\frac{1}{4}}$$

$$R = 0.7788a$$

원호에 대하여 이 방정식은

$$R = a$$

가 된다.

{반축이 각각 a, b인 타원에 대해서는 다음이 성립한다.

$$\log R = \log \frac{a+b}{2} - \frac{1}{4} \}$$

693] 단면이 일정한 코일의 곡률반지름이 횡단면의 크기에 비해 훨씬 클 때, 코일의 자체유도계수를 계산하려면, 먼저 위에서 서술한 방법을 써서 단면 속의 모든 점들의 쌍에 대하여 거리의 기하평균을 구한다. 그런 뒤에 주어진 모양의 선형 도체 두 개가 이 거리만큼 떨어져 있을 때의 상호유도계수를 계산한다.

이것은 코일 속의 전체 전류가 1일 때의 자체유도계수가 될 것이며, 전류는 단면의 모든 점에서 균일하다.

코일 속에 n번의 감김이 있다면, 이미 얻은 계수에 n^2을 곱해야 하며, 이렇게 해서 전도 도체의 감김이 코일의 전체단면을 채운다고 가정할 때의 자체유도계수를 얻게 된다.

그러나 도선은 원통형이고 절연물질로 덮여 있기 때문에, 전류가 단면 전체에 걸쳐 균일하게 분포되어 있는 것이 아니라 단면의 특정 부분에 모여 있으며, 자체유도계수는 더 커진다. 이밖에도 이웃하는 도선들 속의 전류가 주어진 도선 속의 전류에 미치는 작용은 균일하게 분포되어 있는 전류의 경우와 다르다.

이런 점을 고려하여 얻는 보정은 기하평균거리의 방법으로 구할 수 있다. 이는 코일을 이루는 전체 도선이 길이에 비례하며 어떤 수치로 표현될 수 있다. 그 수치에 도선의 길이를 곱하면 자체유도계수의 보정을 얻을 수 있다.

도선의 지름이 d라 하자. 도선은 절연물질로 덮여 있으며 코일 모양으로 감겨 있다. 도선의 단면이 그림 45에서처럼 정사각형 모양이며, 각

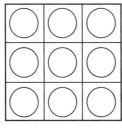

그림 45

도선의 축과 그 옆에 있는 도선의 축 사이의 거리를 가로방향이든 세로방향이든 똑같이 D라고 가정하겠다. D는 분명히 d보다 크다.

　지름이 d인 원통 모양의 도선의 단위길이당 자체유도가 한 변이 D인 사각형 도선의 단위길이당 자체유도보다 얼마나 더 큰지를 먼저 계산해야 한다. 즉,

$$2\log\frac{\text{사각형에 대한}\,R}{\text{원에 대한}\,R} = 2\left(\log\frac{D}{d} + \frac{4}{3}\log 2 + \frac{\pi}{3} - \frac{11}{6}\right)$$

$$= 2\left(\log\frac{D}{d} + 0.1380606\right)$$

　살펴보고 있는 도선에 나머지 여덟 개의 이웃하는 둥근 도선들이 미치는 유도 작용은 한가운데에 있는 사각형 도선에 해당하는 나머지 여덟 개의 사각형 도선들이 미치는 유도 작용보다 $2 \times (0.01971)$만큼 작다.[5]

---

[5] {이 결과를 얻기 위해서는 두 둥근 도선의 평균 거리가 그 중심 사이의 거리이며, 변을 나란히 놓아 둔 두 사각도선에 대한 평균 거리는 $0.99401D$이며, 두 사각도선에 대한 꼭지점-꼭지점의 평균 거리는$1.0011 \times \sqrt{2}\,D$임에 유의해야 한다. Maxwell, *Trans. R.S. Edinburgh*, p.733, 1871~72 참조. 치리(Chree) 씨는 친절하게도 이 보정을 다시 계산해 주었으며, 여기 있는 그대로 맥스웰이 제시한 숫자를 사용하면, 이 아니라 가 됨을 발견했다. 그 계산은 다음과 같다. 여덟 개의 사각형 도선에 대하여 다음이 성립한다.

$$8\log_{10} R = 4\log_{10}(0.99401D) + 4\log_{10}(1.0011\sqrt{2}\,D)$$

더 멀리 떨어져 있는 도선들로부터 생기는 보정은 무시할 수 있으며, 전체 보정은 다음과 같이 쓸 수 있다.

$$2\left(\log_e \frac{D}{d} + 0.11835\right)$$

따라서 자체유도의 최종적인 값은

$$L = n^2 M + 2l\left(\log_e \frac{D}{d} + 0.11835\right)$$

이다. 여기에서 n은 감긴 수이고, l은 도선이 길이이며, M은 두 회로의 모양이 평균 도선의 모양이고 서로 거리 R만큼 떨어져 놓여 있을 때의 상호유도이고, R는 단면의 점들의 쌍에 대한 기하평균거리이다. D는 이웃하는 도선들 사이의 거리이고, d는 도선의 지름이다.

여덟 개의 둥근 도선에 대하여 다음이 성립한다.

$$8\log_{10} R_1 = 4\log_{10} D + 4\log_{10} \sqrt{2}\, D$$

따라서

$$8\log_{10} \frac{R_1}{R} = 0.0085272$$

이며

$$8\log_e \frac{R_1}{R} = 0.019635$$

이다. 이로부터 전체 보정을 계산하면

$$2\left(\log_e \frac{D}{d} + 0.118425\right)$$

가 된다.

그러나 이 보정을 계산하는 과정에서 맥스웰은 평균거리의 값을 사용했을 가능성도 있으며, 이는 그의 논문에서 주어진 값보다 소수점 아래가 더 많이 보정된 값이다—톰슨.

제14장 원형전류

원형전류에 의한 자기퍼텐셜

694] 어느 점에서 단위 전류가 흐르는 회로에서 비롯된 자기퍼텐셜은 수치상으로 그 점에서 회로가 이루는 입체각과 같다. 409절 및 485절 참조.

회로가 원형일 때에는 입체각이 이차 원뿔의 입체각과 같다. 그 주어진 점이 원의 축 위에 있을 때에는 이차 원뿔이 직각원뿔이 된다. 그 점이 원의 축 위에 있지 않을 때에는 원뿔이 타원 원뿔이 되며, 그 입체각은 수치상으로 반지름이 1인 구면 위에서 원뿔이 그리는 구면 타원의 넓이와 같다.

이 넓이는 제3종 타원적분을 써서 유한한 항들로 표현할 수 있다. 앞으로 보겠지만, 이를 구면조화 함수의 무한급수의 꼴로 전개하는 것이 더 편리하다. 왜냐하면 실제적인 정확도를 확보하기 위해서는 그런 급수에서 여러 개의 항을 계산하는 수고를 들여야 하지만, 구면조화 함수의 급수의 일반항에 수학적 연산을 하는 것이 매우 편리해서 그런 수고를 충분히 보상해 주기 때문이다.

일반성을 위해서 원의 축상의 어느 지점에 원점이 있다고 가정하겠다. 원의 축이라 함은 원의 평면에 수직하고 중심을 지나는 직선을 가리킨다.

원의 중심을 O라 하고, 원점이라고 가정한 축상의 점을 C라 하고, 원위의 점을 H라 하자(그림 46).

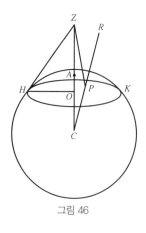

그림 46

C를 중심으로 하고 CH를 반지름으로 하는 구를 그리자. 원은 이 구 위에 놓이게 될 것이며, 반지름이 a인 구면 위의 작은 원이 될 것이다.

$$CH = c$$
$$OC = b = c\cos\alpha$$
$$OH = a = c\sin\alpha$$

라 하자.

구의 극을 A라 하고, 축 위의 아무 점을 Z라 하고, $CZ=z$라 하자.

공간의 아무 점을 R라 하고, $CR=r$라 하고, $ACR=\theta$라 하자.

CR가 구와 만나는 점을 P라 하자.

원형전류에서 비롯한 자기퍼텐셜은 세기가 1이고 가장자리가 그 전류와 같은 자기껍질에서 비롯한 자기퍼텐셜과 같다. 자기껍질의 표면의 모양은 그 경계가 전류이기만 하면 차이가 없으므로, 자기껍질의 표면과 구의 표면이 일치한다고 가정할 수 있다.

670절에서 보였듯이, 구면의 작은 원 안에 넓이밀도가 1인 물질의 층이 퍼져 있을 때 그 물질에서 비롯하는 퍼텐셜을 P라 하면, 세기가 1이고 같은 원이 가장자리가 되는 자기껍질에서 비롯하는 퍼텐셜은

$$\omega = -\frac{1}{c}\frac{d}{dr}(rV)$$

가 된다.

따라서 무엇보다도 V를 먼저 구해야 한다.

원의 축상에 있는 주어진 점이 Z에 있다고 하면, P에 있는 구면의 요소 dS에서 비롯하는 Z에서의 퍼텐셜은

$$\frac{dS}{ZP}$$

가 된다.

이는 다음 두 가지 구면조화 함수의 급수 중 하나로 전개할 수 있다.

$$\frac{dS}{c}\left\{ P_0 + P_1 \frac{z}{c} + \&\text{c.} + P_i \frac{z^i}{c^i} + \&\text{c.} \right\}$$

$$\frac{dS}{z}\left\{ P_0 + P_1 \frac{c}{z} + \&\text{c.} + P_i \frac{c^i}{z^i} + \&\text{c.} \right\}$$

첫째 급수는 z가 c보다 작을 때 수렴하며, 둘째 급수는 z가 c보다 클 때 수렴한다.

$$dS = -c^2 d\mu d\phi$$

라 쓰고, ϕ에 대하여 0과 2π 사이에서 적분한 뒤, 다시 μ에 대하여 $\cos\alpha$와 1 사이에서 적분하면 다음을 얻는다.

$$V = 2\pi c \left\{ \int_{\cos\alpha}^{1} P_0 \, d\mu + \&\text{c.} + \frac{z^i}{c^i} \int_{\cos\alpha}^{1} P_i \, d\mu + \&\text{c.} \right\} \tag{1}$$

$$V' = 2\pi \frac{c^2}{z} \left\{ \int_{\cos\alpha}^{1} P_0 \, d\mu + \&\text{c.} + \frac{c^i}{z^i} \int_{\cos\alpha}^{1} P_i \, d\mu + \&\text{c.} \right\} \tag{1'}$$

P_i의 특성방정식으로부터 다음이 성립한다.

$$i(i+1)P_i + \frac{d}{d\mu}\left[(1-\mu^2) \frac{dP_i}{d\mu} \right] = 0$$

따라서

$$\int_{\mu}^{1} P_i \, d\mu = \frac{1-\mu^2}{i(i+1)} \frac{dP_i}{d\mu} \tag{2}$$

이다.

이 표현은 $i=0$일 때 성립하지 않지만, $P_0 = 1$이므로

$$\int_{\mu}^{1} P_0 \, d\mu = 1 - \mu \tag{3}$$

이다.

앞으로의 고찰에서 함수 $\dfrac{dP_i}{d\mu}$ 가 여러 차례 나타나므로, 이를 P'_i라고 약칭하겠다. i의 여러 값에 해당하는 P'_i의 값은 698절에 제시되어 있다.

이제 우리는 아무 점 R에서나, 그 점이 축상에 있든지 그렇지 않든지, P의 값을 적을 수 있다. 즉, z 대신 r를 대입하고 각 항에 θ에 대한 같은 차의 띠 조화 함수를 곱하면 된다. 왜냐하면 계수를 적당히 택하면 P를 θ의 띠 조화 함수의 급수로 전개할 수 있어야 하기 때문이다. $\theta=0$일 때에는 띠 조화 함수가 모두 1이 되며, 점 R는 축 위에 있게 된다. 따라서 그 계수들은 축상의 점에 대한 P의 전개식의 항들이다. 이렇게 해서 다음의 두 급수를 얻는다.

$$V = 2\pi c\left\{1-\cos\alpha+\&c.+\frac{\sin^2\alpha}{i(i+1)}\frac{r^i}{c^i}P_i{}'(\alpha)P_i(\theta)+\&c.\right\} \tag{4}$$

$$V' = 2\pi \frac{c^2}{r}\left\{1-\cos\alpha+\&c.+\frac{\sin^2 a}{i(i+1)}\frac{c^i}{r^i}P_i{}'(\alpha)P_i(\theta)+\&c.\right\} \tag{4'}$$

695] 이제 회로의 자기퍼텐셜 ω를 670절의 방법을 써서 다음 방정식으로부터 구할 수 있다.

$$\omega = -\frac{1}{c}\frac{d}{dr}(Vr) \tag{5}$$

따라서 다음 두 급수를 얻는다.

$$\omega = -2\pi\left\{1-\cos\alpha+\&c.+\frac{\sin^2\alpha}{i}\frac{r^i}{c^i}P_i{}'(\alpha)P_i(\theta)+\&c.\right\} \tag{6}$$

$$\omega' = 2\pi\sin^2 a\left\{\frac{1}{2}\frac{c^2}{r^2}P_1'(\alpha)P_1(\theta)+\&c.\right.$$
$$\left.+\frac{1}{i+1}\frac{c^{i+1}}{r^{i+1}}P_i'(\alpha)P_i(\theta)+\&c.\right\} \tag{6'}$$

(6)식의 급수는 r의 값이 모두 c보다 작을 때 수렴하며, (6')식의 급수는 r의 값이 모두 c보다 클 때 수렴한다. 구면 귀에서는 $r=c$이며, 두 급수는 θ가 α보다 클 때에는, 즉 자기껍질이 놓여 있지 않은 점에서는 ω

에 대하여 똑같은 값을 준다. 그러나 θ가 α보다 작을 때에는, 즉 자기껍질이 놓여 있는 점에서는

$$\omega' = \omega + 4\pi \qquad (7)$$

이다.

원의 중심 O가 좌표의 원점이라고 가정하면 $\alpha = \dfrac{\pi}{2}$라 두어야 하며, 두 급수는 다음과 같이 된다.

$$\omega = -2\pi \left\{ 1 + \frac{r}{c} P_1(\theta) + \&c. \right.$$
$$\left. + (-)^s \frac{1.3...(2s-1)}{2.4...2s} \frac{r^{2s+1}}{c^{2s+1}} P_{2s+1}(\theta) + \&c. \right\} \qquad (8)$$

$$\omega = +2\pi \left\{ \frac{1}{2} \frac{c^2}{r^2} P_1(\theta) + \&c. \right.$$
$$\left. + (-)^s \frac{1.3...(2s+1)}{2.4...(2s+2)} \frac{c^{2s+1}}{r^{2s+2}} P_{2s+1}(\theta) + \&c. \right\} \qquad (8')$$

여기에서 모든 조화 함수의 차수는 홀수이다.[1]

---

[1] 원이 차지하는 입체각의 값은 다음과 같이 더 직접적인 방식으로 얻을 수 있다. 원이 축상의 점 Z에서 차지하는 입체각은 쉽게

$$\omega = 2\pi \left(1 - \frac{z - c\cos\alpha}{HZ} \right)$$

임을 보일 수 있다.

이 표현을 구면조화 함수로 전개하면 축상의 점에 대한 ω의 전개에 대하여, z가 c보다 작을 때와 클 때, 각각 다음을 얻는다.

$$\omega = 2\pi \left\{ (\cos\alpha + 1) + \left(P_1(\alpha)\cos\alpha - P_0(\alpha) \right) \frac{z}{c} + \&c. \right.$$
$$\left. + \left(P_i(\alpha)\cos - P_{i-1}(\alpha) \right) \frac{z^i}{c^i} + \&c. \right\}$$

$$\omega' = 2\pi \left\{ \left(P_0(\alpha)\cos\alpha - P_1(\alpha) \right) \frac{c}{z} + \&c. \right.$$
$$\left. + \left(P_i(\alpha)\cos\alpha - P_{i+1}(\alpha) \right) \frac{c^{i+1}}{z^{i+1}} + \&c. \right\}$$

이 결과는 본문에 있는 결과와 일치함을 쉽게 보일 수 있다.

원형전류의 퍼텐셜 에너지에 대하여

696] 먼저 두 자기껍질이 있고, 각각 두 동심구의 부분이 되는 전류와 동등하다고 가정하자. 두 동심구의 반지름은 각각 c_1, c_2이다. 이 중 c_1이 더 크다(그림 47). 또한 두 자기껍질의 축이 일치한다고 가정하고, 첫째 자기껍질의 반지름이 마주 보는 각을 α_1이라 하고, 둘째 자기껍질의 반지름이 마주 보는 각을 α_2라 하자.

그림 47

첫째 껍질 안의 아무 점에서 첫째 껍질에서 비롯되는 퍼텐셜을 ω_1이라 하면, 둘째 껍질을 무한히 먼 곳으로부터 가져오는 데 필요한 일은 다음의 이중적분의 값이다.

$$M = -\iint \frac{d\omega_1}{dr}\, dS$$

적분은 둘째 껍질에 대한 것이다. 따라서

$$M = \int_{\mu_2}^{1} \frac{d\omega_1}{dr} 2\pi c_2^2 \, d\mu_2$$

$$= 4\pi^2 \sin^2 a_1 c_2^2 \left\{ \frac{1}{c_1} P_1'(a_1) \int_{\mu_2}^{1} P_1(\theta)\, d\mu_2 + \&\text{c.} \right.$$

$$\left. + \frac{c_2^{\,i-1}}{c^{\,i}} P'_i(a_1) \int_{\mu_2}^{1} P_i(\theta)\, d\mu_2 + \&\text{c.} \right\}$$

이다. 694절의 (2)식에 있는 적분값을 대입하면 다음과 같다.[2]

---

2) 제2판까지는 $M = 4\pi^2 \sin^2 a_1 \sin^2 a_2 c_2^2\{...\}$이었으나, 제3판에는 $M = 4\pi^2 \sin^2 a_1 \sin^2 a_2 c_2\{...\}$와 같이 c_2^2가 c_2로 올바르게 수정되었다 —옮긴이.

$$M = 4\pi^2 \sin^2 a_1 \sin^2 a_2\, c_2 \left\{ \frac{1}{2}\frac{c_2}{c_1} P_1'(a_1)\, P_1'(a_2) + \&\mathrm{c}. \right.$$

$$\left. + \frac{1}{i(i+1)}\frac{c_2^i}{c_1^i} P_i'(a_1)\, P_i'(a_2) + \&\mathrm{c}. \right\}^{3)}$$

697] 다음으로 자기껍질 중 하나의 축이 C를 중심으로 회전해서 다른 자기껍질의 축과 θ의 각을 이룬다고 가정하자(그림 48). 우리가 할 일은 M의 표현에 θ의 띠 조화 함수를 도입하는 것이며, 더 일반적인 M의 값은 다음과 같다.[4]

$$M = 4\pi^2 \sin^2 a_1 \sin^2 a_2\, c_2 \left\{ \frac{1}{2}\frac{c_2}{c_1} P_1'(a_1)\, P_1'(a_2)\, P_1(\theta) + \&\mathrm{c}. \right.$$

$$\left. + \frac{1}{i(i+1)}\frac{c_2^i}{c_1^i} P_i'(a_1)\, P_i'(a_2)\, P_i(\theta) \right\}$$

이것은 세기가 1인 두 원형전류를 원의 중심들을 지나는 법선이 점 C에서 각 θ로 만나게 두었을 때, 그 두 원형전류의 상호작용에서 비롯한 퍼텐셜 에너지의 값이다. 점 C로부터 두 원의 원주까지의 거리는 각각 c_1과 c_2이며, 그중 c_1이 더 크다.

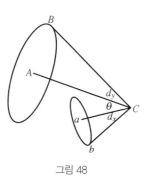

그림 48

---

3) (이를 쉽게 보이려면 (6)식에서 ω_1의 표현 속에 나타나는 띠 조화 함수 $P_i(\theta)$를 띠 조화 함수와 등축 조화 함수의 급수의 합으로 나타내면 된다. 단 Ca를 축으로 하고, 다음의 공식을 사용한다.

$$M = \int_{\mu_2}^1 \frac{d\omega_1}{dr} 2\pi c_2^2\, d\mu_2 \} \text{—톰슨.}$$

4) 이 부분도 $M=4\pi^2 \sin^2 a_1 \sin^2 a_2 c_2\{...\}$이어야 하나, 제3판까지도 모두 $M=4\pi^2$ $\sin^2 a_1 \sin^2 a_2 c_2^2\{...\}$로 오타가 남아 있다—옮긴이.

어느 변위 dx 때문에 M의 값이 바뀐다면, 그 변위의 방향으로 작용하는 힘은

$$X = \frac{dM}{dx}$$

이다.

가령, 자기껍질의 축이 점 C를 중심으로 자유롭게 돌 수 있어서 θ가 변화한다면, θ를 증가시키려 하는 힘의 모멘트 Θ는 다음과 같다.

$$\Theta = \frac{dM}{d\theta}$$

미분을 하되,

$$\frac{dP_i(\theta)}{d\theta} = -\sin\theta P_i{}'(\theta)$$

임을 상기하면(P_i'은 앞의 방정식에서와 같은 의미임)[5]

$$\Theta = -4\pi^2\sin^2 a_1\sin^2 a_2\sin\theta c_2\left\{\frac{1}{2}\frac{c_2}{c_1}P_1{}'(a_1)P_1{}'(a_2)P_1{}'(\theta)+\&c.\right.$$
$$\left.+\frac{1}{i(i+1)}\frac{c_2{}^i}{c_1{}^i}P_i{}'(a_1)P_i{}'(a_2)P_i{}'(\theta)\right\}$$

가 된다.

698] P_i'의 값이 이 계산에서 자주 등장하므로, 처음 6차까지의 값을 모아 놓은 다음 표가 유용할 것이다. 이 표에서 μ는 $\cos\theta$를, v는 $\sin\theta$를 나타낸다.

$$P_1' = 1$$
$$P_2' = 3\mu$$

---

5) 제2판까지는 $\Theta=4\pi^2\sin^2 a_1\sin^2 a_2\sin\theta c_2{}^2\{...\}$이었으나, 제3판에는 $\Theta=...\sin\theta c_2$ $\{...\}$와 같이 $c_2{}^2$가 c_2로 올바르게 수정되었다—옮긴이.

$$P_3' = \frac{3}{2}(5\mu^2 - 1) = 6\left(\mu^2 - \frac{1}{4}\nu^2\right)$$

$$P_4' = \frac{5}{2}\mu(7\mu^2 - 3) = 10\mu\left(\mu^2 - \frac{3}{4}\nu^2\right)$$

$$P_5' = \frac{15}{8}(21\mu^4 - 14\mu^2 + 1) = 15\left(\mu^4 - \frac{3}{2}\mu^2\nu^2 + \frac{1}{8}\nu^4\right)$$

$$P_6' = \frac{21}{8}\mu(33\mu^4 - 30\mu^2 + 5) = 21\mu\left(\mu^4 - \frac{5}{2}\mu^2\nu^2 + \frac{5}{8}\nu^4\right)$$

699] M에 대한 급수를 다음과 같이 일차 양들로 표현하는 것이 종종 편리하다.

더 작은 회로의 반지름을 a라 하고, 원점으로부터 회로가 놓인 평면까지의 거리를 b라 하고, $c = \sqrt{a^2 + b^2}$ 라 하자.

그러면 M에 대한 급수는 다음과 같이 쓸 수 있다.

$$M = 1.2.\pi^2 \frac{A^2}{C^3}a^2\cos\theta$$

$$+ 2.3.\pi^2\frac{A\,B}{C^5}a^2 b\,(\cos^2\theta - \frac{1}{2}\sin^2\theta)$$

$$+ 3.4.\pi^2\frac{A^2(B^2 - \frac{1}{4}A^2)}{C^7}a^2(b^2 - \frac{1}{4}a^2)(\cos^3\theta - \frac{3}{2}\sin^2\theta\cos\theta)$$

$$+ \&c.$$

만일 $\theta=0$이라 하면, 두 원은 평행하고 같은 축 위에 놓이게 된다. 그 둘 사이의 끌어당기는 힘을 구하기 위해서는 M을 b에 관해 미분하면 된다. 그래서 다음을 얻는다.

$$\frac{dM}{db} = \pi^2\frac{A^2 a^2}{C^4}\left\{2.3\frac{B}{C} + 2.3.4\frac{B^2 - \frac{1}{4}A^2}{C^3}b + \&c.\right\}$$

700] 단면이 직사각형인 코일의 효과를 계산하려면, 앞에서 얻은 표현을 코일의 반지름 A와 원점으로부터 그 평면까지의 거리 B에 관해

적분해야 한다. 적분 구간은 코일의 폭과 깊이에 모두 걸친 것이다.

어떤 경우에는 직접 적분이 가장 편리하지만, 다음과 같은 어림방법이 더 유용한 결과를 가져다주는 경우도 있다.

P가 x와 y의 함수라고 하고, 다음과 같은 $\overline{P}$를 구해야 한다고 하자.

$$\overline{P}_{xy} = \int_{-\frac{1}{2}x}^{+\frac{1}{2}x} \int_{-\frac{1}{2}y}^{+\frac{1}{2}y} P dx dy$$

이 표현에서 $\overline{P}$는 적분구간 안에서의 P의 평균값이다.

$x=0$과 $y=0$일 때 P의 값을 P_0이라 하고, P를 테일러 정리를 써서 전개하면,

$$P = P_0 + x \frac{dP_0}{dx} + y \frac{dP_0}{dy} + \frac{1}{2} x^2 \frac{d^2 P_2}{dx^2} + \&\text{c.}$$

가 된다.

이 표현을 적분구간 안에서 적분하고, 그 결과를 xy로 나누면, 다음과 같이 $\overline{P}$의 값을 얻는다.

$$P' = P_0 + \frac{1}{24} \left(x^2 \frac{d^2 P_0}{dx^2} + y^2 \frac{d^2 P_0}{dy^2} \right)$$
$$+ \frac{1}{1920} \left(x^4 \frac{d^4 P_0}{dx^4} + y^4 \frac{d^4 y}{dy^4} \right) + \frac{1}{576} x^2 y^2 \frac{d^4 P_0}{dx^2 dy^2} + \&\text{c.}$$

코일의 경우에는 바깥쪽 반지름과 안쪽 반지름을 각각 $A + \frac{1}{2}\xi$ 와 $A - \frac{1}{2}\xi$ 라 하고, 감김의 평면의 거리가 원점으로부터 $B + \frac{1}{2}\eta$ 와 $B - \frac{1}{2}\eta$ 사이에 있다고 하자. 그러면 코일의 폭은 η가 되고, 그 깊이는 ξ가 되며, 이 양들은 A나 C에 비해 작은 양이다.

그런 코일의 자기효과를 계산하기 위해서는 695절의 (6)식과 (6′)식의 급수들의 연속된 항들을 다음과 같이 적어나가야 한다.

$$G_0 = \pi \frac{B}{C} \left(1 + \frac{1}{24} \frac{2A^2 - B^2}{C^4} \xi^2 - \frac{1}{8} \frac{A^2}{C^4} \eta^2 + \cdots \right)$$

$$G_1 = 2\pi \frac{A^2}{C^3}\left\{1 + \frac{1}{24}\left(\frac{2}{A^2} - 15\frac{B^2}{C^4}\right)\xi^2 + \frac{1}{8}\frac{4B^2 - A^2}{C^4}\eta^2 + \cdots\right\}$$

$$G_2 = 3\pi \frac{A^2 B}{C^5}\left\{1 + \frac{1}{24}\left(\frac{2}{A^2} - \frac{25}{C^2} + \frac{35A^2}{C^4}\right)\xi^2\right.$$
$$\left. + \frac{5}{24}\frac{4B^2 - 3A^2}{C^4}\eta^2 + \cdots\right\}$$

$$G_3 = 4\pi \frac{A^2\left(B^2 - \frac{1}{4}A^2\right)}{C^7} + \frac{\pi}{24}\frac{\xi^2}{C^{11}}\left\{C^4(8B^2 - 12A^2)\right.$$
$$\left. + 35A^2 B^2(5A^2 - 4B^2)\right\}$$

$$+ \frac{5}{8}\frac{\pi\eta^2}{C^{11}}A^2\left\{A^4 - 12A^2 B^2 + 8B^4\right\}$$

&c. &c.

$$g_1 = \pi a^2 + \frac{1}{12}\pi\xi^2$$

$$g_2 = 2\pi a^2 b + \frac{1}{6}\pi b\xi^2$$

$$g_3 = 3\pi a^2\left(b^2 - \frac{1}{4}a^2\right) + \frac{\pi}{8}\xi^2(2b^2 - 3a^2) + \frac{\pi}{4}\eta^2 a^2$$

&c. &c.

G_0, G_1, G_2 등의 양은 큰 코일에 속한다. r가 C보다 더 작은 점에서 ω 의 값은 다음과 같다.

$$\omega = -2\pi + 2G_0 - G_1 r P_1(\theta) - G_2 r^2 P_2(\theta) - \&\text{c}.$$

g_1, g_2 등의 양은 작은 코일에 속한다. r가 C보다 더 큰 점에서 ω'의 값은 다음과 같다.

$$\omega' = g_1 \frac{1}{r^2} P_1(\theta) + g_2 \frac{1}{r^3} P_2(\theta) + \&\text{c}.$$

각 코일의 단면을 지나 흐르는 전체 전류가 1일 때, 다른 코일에 대한 한 코일의 퍼텐셜은 다음과 같다.

$$M = G_1 g_1 P_1(\theta) + G_2 g_2 P_2(\theta) + \&\text{c.}$$

타원적분을 이용한 M의 계산

701] 두 원의 원주 사이의 거리가 둘 중 더 작은 원의 반지름에 비해 중간 정도라면, 앞에서 제시한 급수는 빠르게 수렴하지 않는다. 그러나 모든 경우에 두 평행한 원에 대한 M의 값을 타원적분으로 구할 수 있다.

두 원의 중심을 잇는 직선의 길이를 b라 하고, 이 직선이 두 원의 평면에 수직하다고 하고, 원의 반지름을 각각 A, a라 하자. 그러면

$$M = \iint \frac{\cos\epsilon}{r}\, ds\, ds'$$

이 된다. 적분구간은 두 곡선을 모두 따라가는 것이다.

이 경우에

$$r^2 = A^2 + a^2 + b^2 - 2Aa\cos(\phi - \phi')$$

$$\epsilon = \phi - \phi', \qquad ds = a\, d\phi, \qquad ds' = A\, d\phi'$$

이므로,

$$M = \int_0^{2\pi}\int_0^{2\pi} \frac{Aa\cos(\phi - \phi')\, d\phi\, d\phi'}{\sqrt{A^2 + a^2 + b^2 - 2Aa\cos(\phi - \phi')}}$$

$$= -4\pi\sqrt{Aa}\left\{\left(c - \frac{2}{c}\right)F + \frac{2}{c}E\right\}$$

가 된다. 여기에서

$$c = \frac{2\sqrt{Aa}}{\sqrt{(A+a)^2 + b^2}}$$

이며, F와 E는 계수(modulus)가 c인 완전타원적분이다.

$$\frac{dF}{dc} = \frac{1}{c(1-c^2)}\left\{E - (1-c^2)F\right\}, \qquad \frac{dE}{dc} = \frac{1}{c}(E - F)$$

이고, c가 b의 함수임을 상기하면, 다음을 얻는다.

$$\frac{dM}{db} = \frac{\pi}{\sqrt{Aa}}\frac{bc}{1-c^2}\left\{(2-c^2)E - 2(1-c^2)F\right\}$$

r의 최대값과 최솟값을 r_1과 r_2로 표기하면,

$$r_1^2 = (A+a)^2 + b^2, \qquad r_2^2 = (A-a)^2 + b^2$$

이며, 각 γ를 $\cos\gamma = \frac{r_2}{r_1}$ 가 되게 정의하면,

$$\frac{dM}{db} = -\pi\frac{\operatorname{s}\operatorname{n}\gamma}{\sqrt{Aa}}\left\{2F_\gamma - (1+\sec^2\gamma)E_\gamma\right\}$$

가 된다. 여기에서 F_γ와 E_γ는 계수가 $\sin\gamma$인 제1종 및 제2종 완전타원적분을 가리킨다.

만일 $A=a$이라면, $\cot\gamma = \frac{b}{2a}$ 이고,

$$\frac{dM}{db} = -2\pi\cos\gamma\left\{2F_\gamma - (1+\sec^2\gamma)E_\gamma\right\}$$

이다.

$-\dfrac{dM}{db}$라는 양은 두 평행한 단위 원형전류 사이의 끌어당기는 힘을 나타낸다.

전자기학의 계산에서 M이라는 양이 지니는 중요성 때문에, $\log(M/4\pi\sqrt{Aa})$의 값을 표로 만들어 두었다. 이것은 c의 함수이므로 γ만의 함수이며, 표는 각 γ의 값이 60도와 90도 사이에 있을 때 6분 간격으로 만들었다. 그 표는 이 장의 부록에 있다.

M에 대한 두 번째 표현

종종 더 편리한 M에 대한 다른 표현을 $c_1 = \frac{r_1 - r_2}{r_1 + r_2}$ 라고 둠으로써 얻을 수 있다. 이 경우에는

$$M = 8\pi \sqrt{Aa}\,\frac{1}{\sqrt{c_1}}\{F(c_1) - E(c_1)\}$$

이 된다.[6]

원형전류에 대한 자기력선 그리기

702] 자기력선은 틀림없이 원의 축을 지나는 평면 위에 있으며, 자기력선 위에서 M의 값은 일정하다.

충분히 여러 개의 θ값에 대하여 $K_\theta = \dfrac{\sin\theta}{(F_{\sin\theta} - E_{\sin\theta})^2}$의 값을 르장드르(Legendre)의 표로부터 계산해 둔다.

종이 위에 x축과 z축을 사각형 모양으로 그린다.[7] 점 $x = \frac{1}{2}a(\sin\theta + \mathrm{cosec}\,\theta)$인 점에 중심을 두고 반지름이 $\frac{1}{2}a(\mathrm{cosec}\,\theta - \sin\theta)$인 원을 그린다. 이 원의 모든 점에 대하여 c_1의 값은 $\sin\theta$가 될 것이다. 따라서 이 원의 모든 점에 대하여

$$M = 8\pi\sqrt{Aa}\,\frac{1}{\sqrt{K_\theta}} \text{이고} \quad A = \frac{1}{64\pi^2}\frac{M^2 K_\theta}{a} \text{이다.}$$

여기에서 A는 M의 값이 주어질 때 거기에 대응하는 x의 값이다. 따라서 $x=A$인 곡선을 그리면, 이 곡선이 원과 만나는 두 점에서 M의 값은 주어진 값이 될 것이다.

등차수열로 된 일련의 값을 M에 준다면, A의 값은 제곱의 수열이 될 것이다. 따라서 x의 값이 A가 되도록 z에 평행한 일련의 곡선들을 그리

---

6) [M에 대한 두 번째 표현을 첫 번째 표현으로부터 연역하려면 다음과 같은 타원적분의 변환을 사용하면 된다.

$$\sqrt{1 - c^2} = \frac{1 - c_1}{1 + c_1} \quad \text{또는} \quad c = \frac{2\sqrt{c_1}}{1 + c_1}$$

이라 하면 다음이 성립한다.

$$F(c) = (1 + c_1)F(c_1)$$

$$E(c) = \frac{2}{1 + c_1}E(c_1) - (1 - c_1)F(c_1)] \text{—니벤.}$$

7) [원점은 원의 중심으로 하고, z축은 원의 축으로 한다]—톰슨.

면, 이 곡선들이 원과 만나는 점들은 해당 역선(힘의 선)이 원과 만나는 점이 될 것이다.

$m=8\pi a$, $M=nm$이라 하면,

$$A = x = n^2 K_\theta a$$

가 된다. n을 역선의 지수라 한다.

이 곡선의 모양은 이 책 맨 끝에 있는 그림 XVIII에 그려져 있다. 이 그림은 톰슨 경의 논문「소용돌이 운동」에서 전재한 것이다.[8]

703] 축이 고정된 어느 원의 위치가 축상의 고정된 한 점으로부터 원의 중심까지의 거리 b와 원의 반지름 a로 정의된다고 하자. 그러면 그 원의 유도계수 M은 자석의 계이든 전류의 계이든 어느 계에서나 다음의 방정식을 충족시켜야 한다.

$$\frac{d^2M}{da^2} + \frac{d^2M}{db^2} - \frac{1}{a}\frac{dM}{da} = 0 \tag{1}$$

이를 증명하기 위해, a나 b를 바꾸어 가며, 여러 개의 자기력선이 원과 만나는 것을 살펴보자.

(1) a가 $a+\delta a$가 되고, b는 그대로인 경우. 이렇게 변하는 동안 원은 확장되면서 원래의 평면 안에 있는 폭 δa의 고리 모양의 표면을 훑고 지나간다.

여느 점에서 자기퍼텐셜을 V라 하고, 원의 y축이 축에 평행하다고 하면, 고리가 있는 평면에 수직한 자기력은 $-\dfrac{dV}{dy}$가 된다.

고리 모양의 표면을 지나가는 자기유도를 구하려면 다음 적분을 계산해야 한다.

$$-\int_0^{2\pi} a\delta a \, \frac{dV}{dy} \, d\theta$$

여기에서 θ는 고리 위에서 점의 각위치이다.

---

8) *Trans. R.S. Edin.*, vol. xxv. p.217(1869).

그런데 이 양은 a가 변화함에 따른 M의 변화, 즉 $\dfrac{dM}{da}\delta a$ 를 나타낸다. 따라서

$$\frac{dM}{da} = -\int_0^{2\pi} a \frac{dV}{dy}\, d\theta \qquad (2)$$

이다.

(2) b가 $b+\delta b$가 되고, a는 그대로인 경우. 이렇게 변하는 동안에 원은 반지름이 a이고 길이가 δb인 원통의 표면을 훑고 지나간다. {이 표면을 지나가는 역선(힘의 선)은 이제 원을 지나가지 않게 된다.}

여느 점에서 이 표면에 수직한 자기력은 $-\dfrac{dV}{dr}$이다. 여기에서 r는 축으로부터의 거리이다. 따라서

$$\frac{dM}{db} = -\int_0^{2\pi} a \frac{dV}{dr}\, d\theta \qquad (3)$$

이다.

(2)식을 a에 관해 미분하고 (3)식을 b에 관해 미분하면 다음을 얻는다.

$$\frac{d^2M}{da^2} = -\int_0^{2\pi} \frac{dV}{dy}\, d\theta - \int_0^{2\pi} a \frac{d^2V}{drdy}\, d\theta \qquad (4)$$

$$\frac{d^2M}{db^2} = \int_0^{2\pi} a \frac{d^2V}{drdy}\, d\theta \qquad (5)$$

따라서

$$\frac{d^2M}{da^2} + \frac{d^2M}{db^2} = -\int_0^{2\pi} \frac{dV}{dy}\, d\theta \qquad (6)$$

$$= \frac{1}{a}\frac{dM}{da} \qquad \text{〔(2)식에 의하여〕}$$

이다.

마지막 항을 이항하면 (1)식을 얻는다.

원호 사이의 거리가 두 원의 반지름에 비해 작을 때 두 평행 원형전류의 유도계수

704] 이 경우에는 M의 값을 앞에서 얻은 타원적분을 계수가 거의 1에 가까울 때로 전개한 것으로부터 연역할 수 있다. 그러나 다음의 방법은 전기의 원리를 더 직접적으로 적용한 것이 된다.

일차 어림

두 원의 반지름을 각각 a와 $a+c$라 하고, 두 평면 사이의 거리를 b라 하자. 그러면 원주 사이의 거리 중 가장 짧은 것은

$$r = \sqrt{c^2 + b^2}$$

으로 주어진다. 우리가 구해야 하는 것은 한 원의 단위 전류에 의하여 다른 원에 생기는 자기유도이다.

먼저 두 원이 같은 평면 위에 있다고 가정하자. 반지름이 $a+c$인 원의 작은 요소 δs를 생각하자. 원이 있는 평면에서, δs의 중심으로부터 거리 ρ만큼 떨어져 있는(이 거리는 δs의 방향과 θ의 각을 이루는 방향으로 잰다) 한 점에서 δs에 의한 자기력은 평면에 수직하며

$$\frac{1}{\rho^2} \sin\theta \delta s$$

와 같다.

이 힘의 면적분을 반지름 a의 원 안에 있는 평면에 걸쳐 계산하려면, 다음 적분의 값을 구해야 한다.

$$2\delta s \int_{\theta_1}^{\frac{1}{2}\pi} \int_{r_2}^{r_1} \frac{\sin\theta}{\rho} d\theta d\rho$$

여기에서 r_1과 r_2는 다음 방정식의 근이다.

$$r^2 - 2(a+c)\sin\theta r + c^2 + 2ac = 0$$

즉,

$$r_1 = (a+c)\sin\theta + \sqrt{(a+c)^2\sin^2\theta - c^2 - 2ac}$$

$$r_2 = (a+c)\sin\theta - \sqrt{(a+c)^2\sin^2\theta - c^2 - 2ac}$$

이고

$$\sin^2\theta_1 = \frac{c^2 + 2ac}{(c+a)^2}$$

이다.

c가 a에 비해 작으면,

$$r_1 = 2a\sin\theta$$

$$r_2 = \frac{c}{\sin\theta}$$

라 놓을 수 있다. ρ에 관해 적분하면 다음을 얻는다.

$$2\delta s \int_{\theta_1}^{\frac{1}{2}\pi} \log\left(\frac{2a}{c}\sin^2\theta\right).\sin\theta d\theta$$

$$= 2\delta s \left[\cos\theta\left\{2 - \log\left(\frac{2a}{c}\sin^2\theta\right)\right\} + 2\log\tan\frac{\theta}{2}\right]_{\theta_1}^{\frac{\pi}{2}}$$

$$= 2\delta s \left(\log_e\frac{8a}{c} - 2\right)$$

따라서 전체 자기유도는 다음과 같다.

$$M_{ac} = 4\pi a \left(\log_e\frac{8a}{c} - 2\right)$$

휘어진 도선으로부터 어느 점까지의 거리가 곡률반지름에 비해 작다면, 그 점에서 자기퍼텐셜은 도선이 똑바른 경우와 거의 비슷하며, 반지름이 $a-c$인 원에 생기는 유도와 반지름이 A인 원에 생기는 유도 사이의 차이를 다음 공식을 써서 계산할 수 있다(684절).

$$M_{aA} - M_{ac} = 4\pi a\{\log_e c - \log_e r\}$$

따라서 A와 a 사이의 유도의 값이 어림으로 다음과 같음을 알 수 있다.

$$M_{Aa} = 4\pi a \left(\log_e 8a - \log_e r - 2\right)$$

단, 원 사이의 최소거리 r는 a에 비해 작아야 한다.

705] 한 코일에 있는 두 개의 나선 사이에서 일어나는 상호유도는 실험결과를 계산할 때 매우 중요한 양이므로, 이 경우에 M의 값에 대한 어림을, 요청되는 정확도만큼 계산하는 방법을 서술하겠다.

M의 값이 다음과 같은 꼴이 된다고 가정하겠다.

$$M = 4\pi \left\{ A \log_e \frac{8a}{r} + B \right\}$$

여기에서

$$A = a + A_1 x + A_2 \frac{x^2}{a} + A_2' \frac{y^2}{a} + A_3 \frac{x^3}{a^2} + A_3' \frac{xy^2}{a^2} + \&c.$$

$$+ a^{-(n-1)} \left\{ x^n A_n + x^{n-2} y^2 A_n' + x^{n-4} y^4 A_n'' + \ldots \right\} + \&c.$$

이며

$$B = -2a + B_1 x + B_2 \frac{x^2}{a} + B_2' \frac{y^2}{a} + B_3 \frac{x^3}{a^2} + B_3' \frac{xy^2}{a^2} + \&c.$$

이고, a와 $a+x$는 원들의 반지름이며, y는 그 평면들 사이의 거리이다.

계수 A와 B의 값을 구해야 한다. 이 양에서는 y의 짝수제곱만 나타남이 분명하다. 그 까닭은 y의 부호를 바꾸더라도 M의 값이 그대로 똑같아야 하기 때문이다.

유도계수의 상호성에서 얻을 수 있는 조건도 있다. 즉, 두 원 중 어느 것을 일차회로로 택하더라도 유도계수는 똑같아야 한다는 것이다. 따라서 위의 표현에서 a 대신 $a+x$를 넣고, x 대신 $-x$를 넣더라도 M의 값이 그대로 똑같아야 한다.

마찬가지로 x와 y를 조합한 계수를 같다고 놓으면, 다음과 같은 상호성 조건을 얻게 된다.

$$A_1 = 1 - A_1, \qquad B_1 = 1 - 2 - B_1$$

$$A_3 = -A_2 - A_3, \qquad B_3 = \frac{1}{3} - \frac{1}{2}A_1 + A_2 - B_2 - B_3$$

$$A_3' = -A_2' - A_3', \qquad B_3' = A_2' - B_2' - B_3'$$

$$(-)^n A_n = A_2 + (n-2)A_3 + \frac{(n-2)(n-3)}{1.2}A_4 + \&c. + A_n$$

$$(-)^n B_n = -\frac{1}{n} + \frac{1}{n-1}A_1 - \frac{1}{n-2}A_2 + \&c. + (-)^n A_{n-1}$$

$$+ B_2 + (n-2)B_3 + \frac{(n-2)(n-3)}{1.2}B_4 + \&c. + B_n$$

703절에서 얻은 M의 일반 방정식

$$\frac{d^2M}{dx^2} + \frac{d^2M}{dy^2} - \frac{1}{a+x}\frac{dM}{dx} = 0$$

으로부터 또 다른 조건식들을 얻는다.[9)]

$$2A_2 + 2A_2' = A_1$$

$$2A_2 + 2A_2' + 6A_3 + 2A_3' = 2A_2$$

$$n(n-1)A_n + (n+1)nA_{n+1} + 1.2A_n' + 1.2A_{n+1}' = nA_n$$

$$n(n-1)(n-2)A_n' + n(n-1)A_{n+1}' + 2.3A_n'' + 2.3A_{n+1}''$$
$$= (n-2)A_n', \quad \&c.$$

$$4A_2 + A_1 = 2B_2 + 2B_2' - B_1 = 4A_2'$$

$$6A_3 + 3A_2 = 2B_2' + 6B_3 + 2B_3' = 6A_3' + 3A_2'$$

$$(2n-1)A_n + (2n+2)A_{n+1} = (2n-1)A_n' + (2n+2)A_{n+1}'$$

$$= n(n-2)B_n + (n+1)nB_{n+1} + 1.2B_n' + 1.2B_{n+1}'$$

---

9) [크리(Chree)는 네 번째 식이

$$(n-2)(n-3)A_n' + (n-1)(n-2)A_{n+1}' + 3.4A_n'' + 3.4A_{n+1}'' = (n-2)A_n'$$

이 되어야 함을 보였다]—톰슨.

이 방정식을 풀어 계수의 값을 대입하면 M에 대한 급수는 다음과 같이 된다.[10]

$$M = 4\pi a \log \frac{8a}{r} \left\{ 1 + \frac{1}{2}\frac{x}{a} + \frac{x^2 + 3y^2}{16a^2} - \frac{x^3 + 3xy^2}{32a^3} + \&\text{c.} \right\}$$

$$+ 4\pi a \left\{ -2 - \frac{1}{2}\frac{x}{a} + \frac{3x^2 - y^2}{16a^2} - \frac{x^3 - 6xy^2}{48a^3} + \&\text{c.} \right\}$$

도선의 전체 길이와 두께가 주어져 있을 때, 자체유도가 최대가 되는 코일의 모양을 찾기

706] 705절의 보정을 생략하여, 693절에서처럼 다음을 얻는다.

$$L = 4\pi n^2 a \left(\log \frac{8a}{R} - 2 \right)$$

여기에서 n은 도선의 감긴 수이고, a는 코일의 평균반지름이고, R는 코일의 횡단면의 자신에 대한 기하평균거리이다. 691절 참조. 이 단면이 항상 그 자체와 닮은꼴이면, R는 직선의 차원에 비례하며, n은 R^2으로 변화한다.

도선의 전체 길이가 이므로, a는 n에 반비례한다. 따라서

$$\frac{dn}{n} = 2\frac{dR}{R} \ \text{이고} \qquad \frac{da}{a} = -2\frac{dR}{R}$$

이고

이며, L이 최대가 될 조건은

$$\log \frac{8a}{R} = \frac{7}{2}$$

이다.

---

10) 〔이 결과는 701절에서 얻은 M의 표현에다 704절에 제시한 방법을 쓰면, 즉 타원적분 전개를 이용하면 곧바로 얻을 수 있다. Cayley의 *Elliptic Functions*, Art. 75 참조〕—니벤.

코일의 통로의 횡단면이 원형이고, 그 반지름이 c라면, 692절에 따라

$$\log \frac{R}{c} = -\frac{1}{4}$$

이고

$$\log \frac{8a}{c} = \frac{13}{4}$$

이다. 따라서

$$a = 3.22c$$

이다. 다시 말해서, 코일의 평균반지름은 코일의 통로의 횡단면의 반지름보다 3.22배 더 크며, 그래야만 그런 코일의 자체유도계수는 최대가 된다. 이 결과는 가우스가 밝힌 것이다.[11]

코일이 감겨 있는 통로의 횡단면이 사각형이면, 코일의 평균지름은 통로의 사각형 단면의 한 변보다 3.7배 더 커야 한다.

---

11) *Werke*, Göttingen edition, 1867, bd. v. p.622.

부록 I

$\log \dfrac{M}{4\pi \sqrt{Aa}}$ 의 값의 표(701절)
로그의 밑은 10임.

	$\log \dfrac{M}{4\pi\sqrt{Aa}}.$		$\log \dfrac{M}{4\pi\sqrt{Aa}}.$		$\log \dfrac{M}{4\pi\sqrt{Aa}}.$
60° 0′	1̄·4994783	63° 30′	1̄·5963782	67° 0′	1̄·6927081
6′	1̄·5022651	36′	1̄·5991329	6′	1̄·6954642
12′	1̄·5050505	42′	1̄·6018871	12′	1̄·6982209
18′	1̄·5078345	48′	1̄·6046408	18′	1̄·7009782
24′	1̄·5106173	54′	1̄·6073942	24′	1̄·7037362
30′	1̄·5133989	64° 0′	1̄·6101472	30′	1̄·7064949
36′	1̄·5161791	6′	1̄·6128998	36′	1̄·7092544
42′	1̄·5189582	12′	1̄·6156522	42′	1̄·7120146
48′	1̄·5217361	18′	1̄·6184042	48′	1̄·7147756
54′	1̄·5245128	24′	1̄·6211560	54′	1̄·7175375
61° 0′	1̄·5272883	30′	1̄·6239076	68° 0′	1̄·7203003
6′	1̄·5300628	36′	1̄·6266589	6′	1̄·7230640
12′	1̄·5328361	42′	1̄·6294101	12′	1̄·7258286
18′	1̄·5356084	48′	1̄·6321612	18′	1̄·7285942
24′	1̄·5383796	54′	1̄·6349121	24′	1̄·7313609
30′	1̄·5411498	65° 0′	1̄·6376629	30′	1̄·7341287
36′	1̄·5439190	6′	1̄·6404137	36′	1̄·7368975
42′	1̄·5466872	12′	1̄·6431645	42′	1̄·7396675
48′	1̄·5494545	18′	1̄·6459153	48′	1̄·7424387
54′	1̄·5522209	24′	1̄·6486660	54′	1̄·7452111
62° 0′	1̄·5549864	30′	1̄·6514169	69° 0′	1̄·7479848
6′	1̄·5577510	36′	1̄·6541678	6′	1̄·7507597
12′	1̄·5605147	42′	1̄·6569189	12′	1̄·7535361
18′	1̄·5632776	48′	1̄·6596701	18′	1̄·7563138
24′	1̄·5660398	54′	1̄·6624215	24′	1̄·7590929
30′	1̄·5688011	66° 0′	1̄·6651732	30′	1̄·7618735
36′	1̄·5715618	6′	1̄·6679250	36′	1̄·7646556
42′	1̄·5743217	12′	1̄·6706772	42′	1̄·7674392
48′	1̄·5770809	18′	1̄·6734296	48′	1̄·7702245
54′	1̄·5798394	24′	1̄·6761824	54′	1̄·7730114
63° 0′	1̄·5825973	30′	1̄·6789356	70° 0′	1̄·7758000
6′	1̄·5853546	36′	1̄·6816891	6′	1̄·7785903
12′	1̄·5881113	42′	1̄·6844431	12′	1̄·7813823
18′	1̄·5908675	48′	1̄·6871976	18′	1̄·7841762
24′	1̄·5936231	54′	1̄·6899526	24′	1̄·7869720

	$\log \dfrac{M}{4\pi\sqrt{Aa}}$		$\log \dfrac{M}{4\pi\sqrt{Aa}}$		$\log \dfrac{M}{4\pi\sqrt{Aa}}$
70° 30′	$\overline{1}$·7897696	75° 0′	$\overline{1}$·9185141	79° 30′	·0576136
36′	$\overline{1}$·7925692	6′	$\overline{1}$·9214613	36′	·0609037
42′	$\overline{1}$·7953709	12′	$\overline{1}$·9244135	42′	·0642054
48′	$\overline{1}$·7981745	18′	$\overline{1}$·9273707	48′	·0675187
54′	$\overline{1}$·8009803	24′	$\overline{1}$·9303330	54′	·0708441
71° 0′	$\overline{1}$·8037882	30′	$\overline{1}$·9333005	80° 0′	·0741816
6′	$\overline{1}$·8065983	36′	$\overline{1}$·9362733	6′	·0775316
12′	$\overline{1}$·8094107	42′	$\overline{1}$·9392515	12′	·0808944
18′	$\overline{1}$·8122253	48′	$\overline{1}$·9422352	18′	·0842702
24′	$\overline{1}$·8150423	54′	$\overline{1}$·9452246	24′	·0876592
30′	$\overline{1}$·8178617	76° 0′	$\overline{1}$·9482196	30′	·0910619
36′	$\overline{1}$·8206836	6′	$\overline{1}$·9512205	36′	·0944784
42′	$\overline{1}$·8235080	12′	$\overline{1}$·9542272	42′	·0979091
48′	$\overline{1}$·8263349	18′	$\overline{1}$·9572400	48′	·1013542
54′	$\overline{1}$·8291645	24′	$\overline{1}$·9602590	54′	·1048142
72° 0′	$\overline{1}$·8319967	30′	$\overline{1}$·9632841	81° 0′	·1082893
6′	$\overline{1}$·8348316	36′	$\overline{1}$·9663157	6′	·1117799
12′	$\overline{1}$·8376693	42′	$\overline{1}$·9693537	12′	·1152863
18′	$\overline{1}$·8405099	48′	$\overline{1}$·9723983	18′	·1188089
24′	$\overline{1}$·8433534	54′	$\overline{1}$·9754497	24′	·1223481
30′	$\overline{1}$·8461998	77° 0′	$\overline{1}$·9785079	30′	·1259043
36′	$\overline{1}$·8490493	6′	$\overline{1}$·9815731	36′	·1294778
42′	$\overline{1}$·8519018	12′	$\overline{1}$·9846454	42′	·1330691
48′	$\overline{1}$·8547575	18′	$\overline{1}$·9877249	48′	·1366786
54′	$\overline{1}$·8576164	24′	$\overline{1}$·9908118	54′	·1403067
73° 0′	$\overline{1}$·8604785	30′	$\overline{1}$·9939062	82° 0′	·1439539
6′	$\overline{1}$·8633440	36′	$\overline{1}$·9970082	6′	·1476207
12′	$\overline{1}$·8662129	42′	·0001381	12′	·1513075
18′	$\overline{1}$·8690852	48′	·0032359	18′	·1550149
24′	$\overline{1}$·8719611	54′	·0063618	24′	·1587434
30′	$\overline{1}$·8748406	78° 0′	·0094959	30′	·1624935
36′	$\overline{1}$·8777237	6′	·0126385	36′	·1662658
42′	$\overline{1}$·8806106	12′	·0157896	42′	·1700609
48′	$\overline{1}$·8835013	18′	·0189494	48′	·1738794
54′	$\overline{1}$·8863958	24′	·0221181	54′	·1777219
74° 0′	$\overline{1}$·8892943	30′	·0252959	83° 0′	·1815890
6′	$\overline{1}$·8921969	36′	·0284830	6′	·1854815
12′	$\overline{1}$·8951036	42′	·0316794	12′	·1894001
18′	$\overline{1}$·8980144	48′	·0348855	18′	·1933455
24′	$\overline{1}$·9009295	54′	·0381014	24′	·1973184
30′	$\overline{1}$·9038489	79° 0′	·0413273	30′	·2013197
36′	$\overline{1}$·9067728	6′	·0445633	36′	·2053502
42′	$\overline{1}$·9097012	12′	·0478098	42′	·2094108
48′	$\overline{1}$·9126341	18′	·0510668	48′	·2135026
54′	$\overline{1}$·9155717	24′	·0543347	54′	·2176259

	$\log \dfrac{M}{4\pi\sqrt{Aa}}.$		$\log \dfrac{M}{4\pi\sqrt{Aa}}.$		$\log \dfrac{M}{4\pi\sqrt{Aa}}.$
84° 0′	·2217823	86° 0′	·3139097	88° 0′	·4385420
6′	·2259728	6′	·3191092	6′	·4465341
12′	·2301983	12′	·3243843	12′	·4548064
18′	·2344600	18′	·3297387	18′	·4633880
24′	·2387591	24′	·3351762	24′	·4723127
30′	·2430970	30′	·3407012	30′	·4816206
36′	·2474748	36′	·3463184	36′	·4913595
42′	·2518940	42′	·3520327	42′	·5015870
48′	·2563561	48′	·3578495	48′	·5123738
54′	·2608626	54′	·3637749	54′	·5238079
85° 0′	·2654152	87° 0′	·3698153	89° 0′	·5360007
6′	·2700156	6′	·3759777	6′	·5490969
12′	·2746655	12′	·3822700	12′	·5632886
18′	·2793670	18′	·3887006	18′	·5788406
24′	·2841221	24′	·3952792	24′	·5961320
30′	·2889329	30′	·4020162	30′	·6157370
36′	·2938018	36′	·4089234	36′	·6385907
42′	·2987312	42′	·4160138	42′	·6663883
48′	·3037238	48′	·4233022	48′	·7027765
54′	·3087823	54′	·4308053	54′	·7586941

부록 II[12)]

레일리 경은 두 동축 원형코일의 매우 중요한 예를 통해 부록 *I*의 표가 매우 편리한 근사공식으로 쓰일 수 있음을 제시했다. 변수가 몇 개이든 적용할 수 있는 공식은 메리필드(Merrifield)가 1880년에 영국과학진흥협회(British Association)에 제출한 「구적과 보간삽입에 관한 보고서」(Report on Quadratures and Interpolation)에 나타나며, 고인이 된 퍼키스(H.J. Purkiss)의 업적이다. 지금 다루는 예에서는 변수가 4개이다.

다음과 같이 정의하자.

n, n': 두 코일의 감긴 수

a, a': 중앙에 감겨 있는 두 코일의 반지름

b: 두 중심 사이의 거리

$2h, 2h'$: 두 코일의 중심 방향 폭

$2k, 2k'$: 두 코일의 축 방향의 폭

중앙에 감겨 있는 코일들의 상호유도계수를 $f(a, al, b)$라 하자. 그러면 두 코일의 상호유도계수는 다음과 같다.

$$\frac{1}{6} nn' \{ f(a+h, a', b) + f(a-h, a', b) + f(a, a'+h', b) + f(a, a'-h', b)$$
$$+ f(a, a', b+k) + f(a, a', b-k) + f(a, a', b+k') + f(a, a', b-k') - 2f(a, a', b) \}$$

---

12) 부록 II는 니벤의 주석이다―옮긴이.

부록 III

단면이 직사각형인 원형코일의 자체유도[13]

감긴 수가 n인 코일의 평균반지름을 a로 나타내고, 그 축 방향의 폭을 b, 반지름 방향의 폭을 c로 나타내면, 705절에 제시된 급수의 방법으로 그 자체유도를 계산하면 다음과 같다(Weinstein *Wied. Ann.* xxi. 329).

$$L = 4\pi n^2 (a\lambda + \mu)$$

여기에서 b/c를 x라 쓸 때,

$$\lambda = \log \frac{8a}{c} + \frac{1}{12} - \frac{\pi x}{3} - \frac{1}{2}\log(1 + x^2) + \frac{1}{12x^2}\log(1 + x^2)$$

$$+ \frac{1}{12}x^2 \log\left(1 + \frac{1}{x^2}\right) + \frac{2}{3}\left(x - \frac{1}{x}\right)\tan^{-1}x$$

이고

$$\mu = \frac{c^2}{96a}\left[\left(\log\frac{8a}{c} - \frac{1}{2}\log(1 + x^2)\right)(1 + 3x^2) + 3.45x^2\right.$$

$$+ \frac{221}{60} - 1.6\pi x^3 + 3.2x^3 \tan^{-1}x$$

$$\left. - \frac{1}{10}\frac{1}{x^2}\log(1 + x^2) + \frac{1}{2}x^4 \log\left(1 + \frac{1}{x^2}\right)\right]$$

이다.

---

13) 부록 III은 톰슨의 주석이다―옮긴이.

제15장 전자기 장치

검류계

707] 검류계(갈바노미터)는 전류의 자기 작용을 이용하여 전류를 검사하거나 측정하는 장치이다.

이 장치를 미약한 전류의 존재를 검사하기 위해 사용할 때에는 정밀검류계라 한다.

표준단위 안에서 최대의 정밀도로 전류를 측정하기 위한 검류계를 표준검류계라 한다.

모든 검류계는 쉬바이거의 배율기의 원리에 바탕을 두고 있다. 이에 따르면 전류가 어느 도선을 지나게 만든다. 도선은 코일 모양으로 감겨 있어서 빈 공간 주위로 여러 번 감아 돌게 되어 있고, 그 공간 안에 자석이 매달려 있어서, 이 공간 안에 전자기력을 발생시킨다. 전자기력의 세기는 자석으로 표시된다.

정밀검류계에는 정밀 검류계에는 자석에 미치는 영향이 최대가 될 수 있는 위치에 코일의 나선 부분이 놓이도록 코일이 배치되어 있다. 따라서 자석에 가까이하기 위해 코일이 촘촘히 감겨 있다.

표준검류계는 그 고정된 부분의 크기와 상대적 위치가 정확히 알려지게끔 구성되어 있으며, 움직일 수 있는 부분의 위치에 어떤 작은 불확실성이 생기더라도 계산에서 가능한 한 오류가 최소가 되게끔 되어 있다.

정밀검류계를 구성할 때에는 자석이 그 속에 매달려 있는 전자기력의 마당을 될수록 세게 만드는 것이 목표이다. 표준검류계를 고안할 때에는 자석 주위의 전가지력의 마당을 될수록 균일하게 만들고 싶어 하며, 그 정확한 세기를 전류의 세기로 알고자 한다.

표준검류계에 관하여

708] 표준검류계에서는 전류의 세기를 매달린 자석이 받는 힘으로부터 결정해야 한다. 자석 내에서 자기의 분포와 자석이 매달려 있는 중심의 위치는 높은 정확도로 정해질 수 있는 것이 아니다. 따라서 자석이 이리저리 움직이는 사이에 자석이 차지하는 모든 공간에 걸쳐 힘의 마당이 거의 균일하게끔 코일을 잘 배치해야 한다. 따라서 대개 코일의 크기는 자석의 크기보다 훨씬 더 크다.

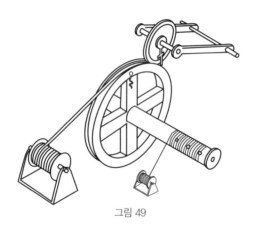

그림 49

여러 개의 코일을 적절하게 배치하면 코일 안의 힘의 마당을 코일 하나만 사용할 때보다 훨씬 더 균일하게 만들 수 있으며, 따라서 장치의 크기는 더 줄어들고 그 민감도는 늘어날 수 있다. 하지만, 일차측정의 오차 때문에, 전기적인 상수들의 값에 도입되는 불확실성이 큰 장치에서보다 작은 장치에서 더 커질 수 있다. 그러므로 작은 장치의 전기적인 상수들을 결정하기 위해서는 그 크기를 직접 측정하는 대신에 큰 표준장치와 전기적으로 비교하는 방법을 쓰는 것이 가장 좋다. 큰 표준장치의 크기는 더 정확하게 알려져 있다. 752절 참조.

모든 표준검류계에서 코일은 원형이다. 그 안으로 코일이 감겨지게 될 도관은 천천히 돌아간다. 그 도관의 너비는 피복 도선 지름의 n배가 되도록 만든다. 도관 한편에 도선이 들어갈 구멍이 있고, 피복 도선 한쪽 끝이 이 구멍을 통해 빠져나와 코일의 내부가 연결된 형태를 만든다. 도관이 선반 위에 놓이고, 여기에 나무로 만든 축을 조인다. 그림 49 참조. 긴 끈의 끝을 나무 축에 못으로 박되, 도선이 들어간 곳과 같은 원둘레의 부분에 위치하도록 한다. 그런 뒤에 전체를 회전시켜, 도선이 n번만큼 완전히 감길 때까지 부드럽고 규칙적으로 도선을 도관 밑부분으로 움직인다. 이 과정을 거치는 동안 끈은 나무 축 둘레를 n번만큼 감아 돌게 되고, 못은 n번째 회전에서 끈 속으로 들어가게 된다. 그 끈이 감긴 부분은 쉽게 수를 헤아릴 수 있도록 겉으로 드러나 있어야 한다. 그런 뒤에 그렇게 감아 만든 첫 번째 층의 바깥 원둘레를 측정하고 새로운 층을 감아나가기 시작한다. 적당한 수의 층이 감길 때까지 이를 반복한다. 끈을 사용하는 이유는 감긴 횟수를 세기 위해서다. 어떤 이유에서건 코일의 일부를 다시 풀어야 한다면, 끈도 함께 풀어야 한다. 그래야 코일이 실제로 감긴 횟수가 몇 번인지 놓치지 않는다. 못을 사용하는 이유는 각 층마다 코일이 감긴 횟수를 구별하기 위해서다.

각 층의 원둘레를 측정함으로써 코일이 얼마나 규칙적으로 감겨 있는가를 점검할 수 있으며, 코일의 전기 상수를 계산할 수도 있다. 왜냐하면 만일 도관의 원둘레와 그 바깥 겹의 원둘레의 산술 평균을 취하고 여기에다 모든 중간 겹들의 원둘레를 더한 다음에, 이 합을 겹의 개수로 나누면, 평균 원둘레를 얻게 된다. 이 값으로부터 코일의 평균 반지름을 연역할 수 있다. 각 겹의 원둘레는 금속으로 만든 줄자를 이용하여 측정할 수 있다. 또는 더 나은 방법으로는 코일이 돌면서 감기는 동안 코일 위를 따라 도는 눈금바퀴를 사용해서 측정할 수도 있다. 그 줄자나 바퀴의 눈금의 값은 직선 자와 비교하여 확실히 해두어야 한다.

709] 코일에서 단위 전류가 매달려 있는 장치에 작용하는 힘의 모멘트는 다음의 급수로 표현할 수 있다.

$$G_1 g_1 \sin\theta + G_2 g_2 \sin\theta P_2'(\theta) + \&c.$$

여기에서 계수들 G는 코일에 대한 것이며, 계수들 g는 매달려 있는 장치에 대한 것이고, θ는 코일의 축과 매달려 있는 장치의 축 사이의 각이다. 700절 참조.

매달려 있는 장치가 길이가 $2l$이고 세기가 1인 얇은 막대자석이고, 균일하게 축 방향으로 자화되어 있으며, 한가운데에서 매달려 있다면,

$$g_1 = 2l, \qquad g_2 = 0, \qquad g_3 = 2l^3, \ \&c.$$

이다. 길이가 $2l$인 막대자석이 그밖의 다른 방식으로 자화되어 있다면, 계수들의 값은 균일하게 자화되어 있을 때보다 더 작다.

710] 장치를 탄젠트 검류계로 쓴다면, 코일이 있는 평면을 연직방향이면서 지구의 자기력 방향에 평행하게 고정한다. 이 경우에 자석이 평형 방정식은

$$mg_1 H \cos\theta = m\gamma \sin\theta \{G_1 g_1 + G_2 g_2 P_2'(\theta) + \&c.\}$$

이다. 여기에서 mg_1은 자석의 자기모멘트이고, H는 지자기력의 수평성분이며, γ는 코일에 흐르는 전류의 세기이다. 자서의 길이가 코일의 반지름에 비해 작다면, G와 g의 첫째 항 이후는 무시할 수 있으면, 다음과 같이 된다.

$$\gamma = \frac{H}{G_1} \cot\theta$$

대개 측정되는 각은 자석의 편향 δ이다. 이는 $\cot\theta = \tan\delta$가 되는 θ의 보각이다.

따라서 전류는 편향의 탄젠트값에 비례하며, 그래서 이 장치를 **탄젠트 검류계**라 한다.

또 다른 방법은 전체 장치를 수직축을 중심으로 움직일 수 있게 만들고, 자석이 코일의 평면에 평행한 축과 평형을 이룰 때까지 장치를 돌리

는 것이다. 코일의 평면과 자석의 경선이 이루는 각이 라면, 평형방정식은 다음과 같다.

$$mg_1 H \sin\theta = m\gamma \left\{ G_1 g_1 - \frac{3}{2} G_3 g_3 + \&c. \right\}$$

따라서

$$\gamma = \frac{H}{(G - \&c.)} \sin\delta$$

이다.

전류는 편향의 사인으로 측정되므로, 이런 방식으로 사용되는 장치는 사인 검류계라 한다.

사인의 방법은 전류가 매우 일정해서 장치가 미세하게 조정되어 자석이 평형에 이르기까지 걸리는 시간 동안 전류가 일정하다고 볼 수 있는 경우에만 적용할 수 있다.

711] 다음으로 표준검류계의 코일의 배치를 살펴보아야 한다.

가장 간단한 형태는 코일이 하나 있고 자석이 그 중심에 매달려 있는 것이다.

코일의 평균반지름을 A라 하고, 그 깊이를 ζ, 그 폭을 η라 하고, 감긴 수를 n이라 하면, 계수의 값들은 다음과 같다.

$$G_1 = \frac{2\pi n}{A} \left\{ 1 + \frac{1}{12} \frac{\xi^2}{A^2} - \frac{1}{8} \frac{\eta^2}{A^2} \right\}$$

$$G_2 = 0$$

$$G_3 = -\frac{\pi n}{A^3} \left\{ 1 + \frac{1}{2} \frac{\xi^2}{A^2} - \frac{5}{8} \frac{\eta^2}{A^2} \right\}$$

$$G_4 = 0, \&c.$$

주요 보정은 G_3에서 생긴다. 급수

$$G_1 g_1 + G_3 g_3 P_3{}'(\theta)$$

는 대략

$$G_1 g_1 \left(1 - 3 \frac{1}{A^2} \frac{g_3}{g_1} \left(\cos^2\theta - \frac{1}{4}\sin^2\theta \right) \right)$$

와 같다.

보정인자가 1에서 가장 많이 벗어나는 것은 자석이 균일하게 자화되어 있고 $\theta{=}0$일 때이다. 이 경우에는 보정값이 $1 - 3\dfrac{l^2}{A^2}$ 이 된다. 이 값이 0이 되는 것은 $\tan\theta{=}2$일 때, 즉 편향이 $\tan^{-1}1\frac{1}{2}$ 또는 $26°\ 34'$ 일 때이다. 그러므로 어떤 관찰자들은 관찰된 편향이 이 각에 될수록 가깝게 되게끔 이 실험을 배치한다. 그러나 최선의 방법은 코일의 반지름에 비해 짧은 자석을 사용해서 보정을 전체적으로 무시할 만큼 작게 만드는 것이다.

매달린 자석은 조심스럽게 조정해서 그 중심이 되도록 코일의 중심과 일치하게 해야 한다. 그러나 이 조정이 완벽하지 않다면, 코일의 중심을 기준으로 한 자석 중심의 좌표를 x, y, z라 할 때, 보정인자는

$$\left(1 + \frac{3}{2} \frac{x^2\ y^2 - 2z^2}{A^2} \right)$$

이 된다.[1]

---

1) {막대자석에 작용하는 짝힘은 그 축이 코일의 축과 θ의 각을 이룰 때 다음과 같이 주어진다.

$$ml\left[\sin\theta\left\{ G_1 + G_3 \frac{3}{2}\left(2z^2 - (x^2 + y^2) \right) \right\} + 3\cos\theta\, G_3\, z \sqrt{x^2 + y^2} \right]$$

그런데 $G_1 + G_3 \dfrac{3}{2}\left(2z^2 - (x^2 + y^2) \right)$ 은 코일의 축에 평행하게 x, y, z에서 작용하는 힘이고

$$3 G_3\, z \sqrt{x^2 + y^2}$$

은 그 축에 직각 방향으로 작용하는 힘이다. 따라서 이 장치를 사인 검류계로 사용한다면 보정 인수는

$$1 + \frac{G_3}{G_1} \frac{3}{2}\left(2z^2 - (x^2 + y^2) \right)$$

이 되며, 이는

코일의 반지름이 크고, 조심스럽게 자석을 조정했다면, 이 보정은 눈에 띄지 않을 만큼 작다고 가정할 수 있다.

고갱의 장치

712] 고갱(Gaugain)은 G_3에 의존하는 보정을 없애기 위해 이 항이 0이 되는 검류계를 고안했다. 자석을 코일의 중심에 매다는 것이 아니라 축상에서 중심으로부터 코일 반지름의 절반이 되는 거리에 자석을 매다는 것이다. G_3의 꼴은

$$G_3 = 4\pi \frac{A^2 (B^2 - \frac{1}{4} A^2)}{C^7}$$

이며, 이 이 배열에서는 $B = \frac{1}{2} A$, $G_3 = 0$이기 때문이다.

매달려 있는 자석의 중심이 정확히 이렇게 정의된 위치에 있다는 것이 분명하다면, 이 장치는 첫 번째 형태에 대한 개선이 될 것이다. 그러나 자석의 중심의 위치는 언제나 불확실하며, 이 불확실성 때문에 G_2에 의존하는 미지의 보정인자가 도입되며, 그 꼴은 $\left(1 - \frac{6}{5} \frac{z}{A}\right)$가 된다. 여기에서 z는 코일의 평면으로부터 자석의 중심까지의 거리에서 나타나는 미지의 초과분이다. 이 보정은 $\frac{z}{A}$의 1차에 의존한다. 따라서 자석을 중심에서 벗어나 매다는 고갱의 코일은 예전 형태보다 훨씬 더 큰 불확실성을 지니게 된다.

헬름홀츠의 장치

713] 헬름홀츠는 첫 번째 코일과 똑같은 두 번째 코일을 자석의 다른 쪽에 같은 거리만큼 떨어진 곳에 놓아서 고갱의 검류계를 믿을 만한 것으로 바꾸었다.

$$1 - \frac{3}{4} \frac{1}{A^2} \left\{ 2z^2 - (x^2 + y^2) \right\}$$

과 같다]—톰슨.
원본에는 z^2가 아니라 z^3으로 나와 있는 부분이 있으나, 오타이다—옮긴이.

자석의 양쪽에 코일을 대칭적으로 놓으면, 짝수 차수의 항을 모두 바로 없앨 수 있다.

두 코일의 평균반지름을 A라 하고, 그 평균평면(mean plane) 사이의 거리를 A가 되게 하여, 자석을 그 공통축의 한가운데 점에 매단다. 그 계수는 다음과 같다.

$$G_1 = \frac{16\pi n}{5\sqrt{5}} \frac{1}{A}\left(1 - \frac{1}{60}\frac{\xi^2}{A^2}\right)$$

$$G_2 = 0$$

$$G_3 = 0.0512 \frac{\pi n}{3\sqrt{5}\,A^5}(31\xi^2 - 36\eta^2)$$

$$G_3 = 0$$

$$G_5 = -0.73728 \frac{\pi n}{\sqrt{5}\,A^5}$$

여기에서 n은 두 코일 모두에서 감긴 수를 가리킨다.

이 결과로부터, 코일의 단면이 사각형이고,[2] 그 가로의 길이는 ξ, 세로의 길이는 η라면, G_3의 값은 유한한 크기의 단면에 대한 보정처럼 매우 작을 것이며, ξ^2과 η^2의 비가 36 대 31이면 그 값이 0이 될 것임을 알 수 있다.

그러므로 어떤 장치개발자들이 그런 것처럼 코일을 원뿔면 위에 감으려고 하는 것은 전혀 불필요하다. 왜냐하면 단면이 사각형인 코일로도 조건을 충족시킬 수 있으며, 둔각원뿔에 코일을 감는 것보다 훨씬 더 정확하게 장치를 구성할 수 있기 때문이다.

헬름홀츠의 이중검류계에 코일을 어떻게 배치하는가는 725절의 그

---

2) 제2판까지에는 본문의 "the section of the channel of the ϕ coils"(3판) 대신에 "the section of coils"로 되어 있다. 그러나 문맥상 "the channel of the ϕ"는 잘못된 삽입으로 추측된다. 이 부분을 삽입하여 번역하면 "ϕ 코일의 도관의 단면이 사각형"이 된다―옮긴이.

림 53에 나와 있다.

이중코일에서 비롯하는 힘의 마당은 이 책의 맨 끝에 있는 그림 XIX 에 단면도로 나타냈다.

사중코일 검류계

714] 코일을 네 개 결합하면 계수 G_2, G_3, G_4, G_5, G_6을 모두 없앨 수 있다. 대칭적인 결합을 쓰면 짝수 차수의 계수를 없앨 수 있기 때문이다. 네 개의 코일이 같은 구면 위에 있는 평행한 원이라고 하고, 제각기 θ, ϕ, $\pi-\phi$, $\pi-\theta$의 각에 해당한다고 하자.

첫 번째 코일과 네 번째 코일의 감긴 수를 n이라 하고, 두 번째 코일과 세 번째 코일의 감긴 수를 pn이라 하자. 이 결합에서 $G_3=0$이 된다는 조건으로부터

$$n\sin^2\theta P_3'(\theta) + pn\sin^2\phi P_3'(\phi) = 0 \qquad (1)$$

을 얻으며, $G_5=0$이 된다는 조건으로부터

$$n\sin^2\theta P_5'(\theta) + pn\sin^2\phi P_5'(\phi) = 0 \qquad (2)$$

을 얻는다.

$$\sin^2\theta = x, \qquad \sin^2\phi = y \qquad (3)$$

라 하고, P_3'과 P_5'(698절)을 이 양으로 나타내면 (1)식과 (2)식은 다음과 같이 된다.

$$4x - 5x^2 + 4py - 5py^2 = 0 \qquad (4)$$

$$8x - 28x^2 + 21x^3 + 8py - 28py^2 + 21py^3 = 0 \qquad (5)$$

(4)식에 2를 곱하여 (5)식에서 뺀 뒤에 3으로 나누면

$$6x^2 - 7x^3 + 6py^2 - 7py^3 = 0$$

이 된다.

따라서 (4)식과 (6)식으로부터

$$p = \frac{x}{y}\frac{5x-4}{4-5y} = \frac{x^2}{y^2}\frac{7x-6}{6-7y}$$

이며,

$$y = \frac{4}{7}\frac{7x-6}{5x-4}, \qquad \frac{1}{p} = \frac{32}{49x}\frac{7x-6}{(5x-4)^3}$$

을 얻는다.

x와 y는 둘 다 각의 사인값의 제곱이므로 0과 1 사이에 있어야 한다. 따라서 x가 0과 $\frac{4}{7}$ 사이에 있고, y는 $\frac{6}{7}$과 1 사이에 있고, $\frac{1}{p}$은 ∞와 $\frac{49}{32}$ 사이에 있든지, 아니면 x가 $\frac{6}{7}$과 1 사이에 있고, y는 0과 $\frac{4}{7}$ 사이에 있고, $\frac{1}{p}$은 0과 $\frac{32}{49}$ 사이에 있어야 한다.

삼중코일 검류계

715] 가장 편리한 배열은 $x=1$일 때이다. 그러면 코일 두 개가 겹쳐서 반지름이 C인 대원을 이루게 된다. 이 복합코일에서 감긴 수는 64이다. 다른 두 코일은 구의 작은 원을 이룬다. 그 반지름은 $\sqrt{\frac{4}{7}}C$이다. 첫째 원의 평면으로부터 이 두 원 중 하나까지의 거리는 $\sqrt{\frac{3}{7}}C$이다. 이 코일의 감긴 수는 각각 49이다.

G_1의 값은 $\frac{240\pi}{C}$이다.

이러한 코일의 배열은 그림 50에 나타냈다.

이 삼중코일 검류계에서 G_1 이후에 유한한 값이 되는 첫 항이 G_7이기 때문에, 그 표면에 코일이 놓여 있는 구의 상당 부분이 뚜렷하게 균일한 힘의 마당을 이루게 된다.

672절에 서술한 것처럼 도선으로 전체 구면을 감을 수 있다면 완전히 균일한 힘의 마당을 얻게 될 것이다. 그러나 구면 위에 코일을 충분히 정밀하게 감는 것은 설령 그런 코일이 닫힌곡면을 이루어서 내부로 들어갈 수 없다는 반대를 극복한다고 해도, 실제적으로 불가능하다.

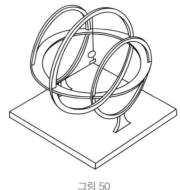

그림 50

가운데 코일을 회로 바깥에 두고, 양옆의 두 코일을 통해 반대 방향으로 전류를 흘리면, 자석이나 자석 안에 유동코일에 축 방향의 거의 균일한 힘을 작용시키는 힘의 마당을 얻을 수 있다. 673절 참조. 이 경우에는 모든 홀수 차수 계수들이 0이 되며,

$$\mu = \sqrt{\frac{3}{7}}, \quad P'_4 = \frac{5}{2}\mu(7\mu^2 - 3) = 0$$

이기 때문이다.

따라서 695절의 (6)식, 즉 코일의 중심 부근에서 자기퍼텐셜에 대한 표현은 다음과 같이 된다. 코일마다 감긴 수는 n이다.

$$\omega = \frac{8}{7}\sqrt{\frac{3}{7}}\,\pi n \left\{ -3\frac{r^2}{C^2}P_2(\theta) + \frac{11}{7}\frac{r^6}{C^6}P_6(\theta) + \&c. \right\}$$

외부저항이 주어져 있을 때, 검류계의 도선의 적절한 두께에 대하여

716] 검류계 코일이 감겨 있는 도관의 모양이 주어졌을 때, 이 도관을 얇고 긴 도선으로 채워야 하는지, 아니면 짧고 굵은 도선으로 채워야 하는지 결정해야 한다고 하자.

도선의 길이를 l이라 하고, 그 반지름을 y, 피복도선의 반지름을 $y+b$, 그 비저항을 ρ, 도선의 단위길이당 G의 값을 g, 검류계와 무관한 부분의 저항을 r라 하자.

검류계 도선의 저항은

$$R = \frac{\rho}{\pi} \frac{l}{y^2}$$

이다.

코일의 부피는

$$V = \pi l (y + b)^2$$

이다.

전류의 세기를 γ라 하면, 전자기력은 γG이며

$$G = gl$$

이다.

저항이 $R+r$인 회로에 작용하는 기전력을 E라 하면,

$$E = \gamma (R + r)$$

이다.

이 기전력에 의한 전자기력은

$$E \frac{G}{R + r}$$

이며, y와 l을 변화시켜 이 값이 최대가 되게 만들어야 한다.

분수의 역수를 취하면

$$\frac{\rho}{\pi g} \frac{1}{y^2} + \frac{r}{gl}$$

의 값을 최소로 만드는 것과 같다. 따라서

$$2 \frac{\rho}{\pi} \frac{dy}{y^3} + \frac{rdl}{l^2} = 0$$

이다.

코일의 부피가 그대로라면

$$\frac{dl}{l} + 2\frac{dy}{y+b} = 0$$

이다.

dl과 dy를 소거하여 다음을 얻는다.

$$\frac{\rho}{\pi}\frac{y+b}{y^3} = \frac{r}{l}$$

또는

$$\frac{r}{R} = \frac{y+b}{y}$$

따라서 검류계 도선의 두께는 외부저항과 검류계 코일의 저항의 비가 피복도선의 지름과 도선만의 지름의 비와 같게 해야 한다.

정밀검류계에 관하여

717] 정밀검류계를 구성할 때 장치의 모든 부분의 목적은 코일의 전극 사이에 작용하는 작은 기전력으로도 자석의 편향을 될수록 크게 만드는 데에 있다.

도선을 지나는 전류는 매달려 있는 자석에 되도록 가까이에 놓여 있을수록 가장 큰 효과를 만들어낸다. 그러나 자석은 자유롭게 진동할 수 있어야 하며, 따라서 코일 안에 비어 있는 공간을 남겨두어야 한다. 이로부터 코일의 안쪽 경계가 정해진다.

이 공간 밖에서는 감긴 코일이 자석에 최대한 큰 효과를 만들어내도록 놓여야 한다. 코일을 많이 감을수록 가장 유리한 위치가 채워지게 되므로, 결국 한 번 더 감을 때마다 저항이 늘어나서, 새로 감는 코일 때문에 효과가 더해지기보다는 그 이전에 감겨 있던 코일에 흐르는 전류의 효과를 감소시킨다. 안쪽의 도선보다 더 두꺼운 도선으로 바깥을 감으면 주어진 기전력에 대해 최대의 자기효과를 얻을 수 있다.

718] 검류계에 도선을 원 모양으로 감았다고 하고, 검류계의 축이 이 원들의 중심을 지나며 원들이 있는 평면과 직각이라고 가정하자.

이 원들 중 하나의 반지름을 $r\sin\theta$라 하고, 검류계의 중심으로부터 원의 중심까지의 거리를 $r\cos\theta$라 하자. 이 원과 일치하는 도선 부분의 길이를 l이라 하고, 그 속에 흐르는 전류를 γ라 하면, 검류계의 중심에서 축 방향의 자기력은

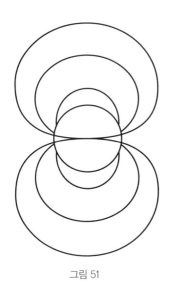

$$\gamma l \frac{\sin\theta}{r^2}$$

가 된다.

$$r^2 = x^2\sin\theta \tag{1}$$

라 쓰면 이 표현은 $\gamma\dfrac{l}{x^2}$ 이 된다.

따라서 그림 51에 단면도로 나타낸 것과 비슷하게 면을 구성하고, 그 극방정식이

$$r^2 = x_1^{\,2}\sin\theta \tag{2}$$

그림 51

라 하면(단 x_1은 임의의 상수), 원호 모양으로 구부러지는 주어진 길이의 도선은 이 면 밖에 있을 때보다 이 면 안에 있을 때에 더 큰 자기효과를 만들어낸다. 이로부터 도선의 겹에서 바깥쪽의 면에서 x가 일정한 값이 됨을 알 수 있다. 왜냐하면 x가 어느 곳에서 다른 곳보다 더 크다면 도선 부분이 앞의 위치에서 뒤의 위치로 옮겨가게 되어 검류계 중심에서 힘이 더 커지게 만들 것이기 때문이다.

코일에 의한 전체 힘은 γG이며, 여기에서

$$G = \int \frac{dl}{x} \tag{3}$$

이고, 적분은 도선의 전체 길이에 걸쳐 계산한 것이며, x는 l의 함수로 간주한다.

719] 도선의 반지름을 x라 하면, 그 횡단면의 넓이는 πy^2이 될 것이다. 도선을 이루는 물질의 단위 부피당 비저항을 ρ라 하면, 코일의 전체

저항은

$$R = \frac{\rho}{\pi} \int \frac{dl}{y^2} \qquad (4)$$

이 된다. 여기에서 y는 l의 함수로 간주한다.

이웃하는 코일도선 네 개의 축들이 축을 지나는 평면과 만나는 단면이 네 모서리가 되는 사변형의 넓이가 Y^2이라 하자. 그러면 코일 중에서 길이가 l인 절연피복 도선이 차지하는 부피는 Y^2l이며, 여기에는 감겨 있는 코일 사이에 꼭 남아 있게 되는 텅 빈 공간까지 포함되어 있다. 따라서 코일의 전체 부피는

$$V = \int Y^2 dl \qquad (5)$$

이다. 여기에서 Y는 l의 함수로 간주한다.

그런데 코일은 회전체이므로

$$V = 2\pi \iint r^2 \sin\theta \, dr d\theta \qquad (6)$$

이며, r를 x로 나타내면 (1)식으로부터

$$V = 2\pi \iint x^2 (\sin\theta)^{\frac{2}{3}} dx d\theta \qquad (7)$$

이다.

이제 $2\pi \int_0^\pi (\sin\theta)^{\frac{5}{2}} d\theta$는 숫자상의 양이며, 이를 N이라 하면

$$V = \frac{1}{3} Nx^3 - V_0 \qquad (8)$$

이 된다. 여기에서 V_0은 자석에 남겨진 안쪽 공간의 부피이다.

이제 x면과 $x+dx$면 사이에 들어 있는 코일의 겹을 생각하자.

이 겹의 부피는

$$dV = Nx^2 dx = Y^2 dl \qquad (9)$$

이다. 여기에서 dl은 이 겹에 있는 도선의 길이이다.

이를 써서 dl을 dx로 나타낼 수 있다. (3)식과 (4)식에 이를 대입하면 다음을 얻는다.

$$dG = N\,\frac{dx}{Y^2} \tag{10}$$

$$dR = N\,\frac{\rho}{\pi}\,\frac{x^2\,dx}{Y^2\,y^2} \tag{11}$$

여기에서 dG와 dR는 이 코일 겹에서 비롯하는 G와 R의 값의 부분을 나타낸다.

주어진 기전력을 E라 하면

$$E = \gamma\,(R + r)$$

이다. 여기에서 r는 검류계와 무관한 회로의 바깥부분의 저항이다. 중심에서 힘은

$$\gamma G = E\,\frac{G}{R+r}$$

이다.

그러므로 겹마다 도선의 단면을 적절하게 조정하여 $\dfrac{G}{R+r}$ 를 최대로 만들어야 한다. 그러기 위해서는 Y의 변화가 반드시 개입해야 한다. Y가 y에 따라 달라지기 때문이다.

어느 겹 하나를 계산에서 제외했을 때 G와 $G+r$의 값을 G_0과 R_0이라 하자. 그러면,

$$\frac{G}{R+r} = \frac{G_0 + dG}{R_0 + dR} \tag{12}$$

가 성립하며, 주어진 겹에 대하여 y의 값을 변화시켜 이것을 최대로 만들면 다음 식이 성립한다.

$$\frac{\dfrac{d}{dy}\,dG}{\dfrac{d}{dy}\,dR} = \frac{G_0 + dG}{R_0 + dR} = \frac{G}{R+r} \tag{13}$$

dx는 매우 작고 결국 0이 될 터이므로, 어느 겹을 제외하든지 상관없이 $\dfrac{G_0}{R_0}$이 눈에 띄게 그리고 결국 정확하게 같은 값이 될 것이며, 따라서 이를 상수로 볼 수 있다. 그러므로 (10)식과 (11)식으로부터

$$\frac{\rho}{\pi}\frac{x^2}{y^2}\left(1 + \frac{Y}{y}\frac{dy}{dY}\right) = \frac{R+r}{G} = \text{constant} \tag{14}$$

가 성립한다.

도선을 피복하여 감는 방법을 써서, 도선의 금속이 차지하는 공간이 도선의 굵기와 무관하게 도선들 사이의 공간에 똑같이 비례하게 만들 수 있다면,

$$\frac{Y}{y}\frac{dy}{dY} = 1$$

이 성립하며, y와 Y 둘 다 x에 비례하게 만들어야 한다. 다시 말해서 어느 겹이든 도선의 굵기는 그 겹의 길이상의 크기에 비례해야 한다.

절연피복의 두께가 일정하고 b와 같다면, 그리고 도선들이 사각형 모양으로 배열되어 있다면,

$$Y = 2(y+b) \tag{15}$$

이고, 그 조건은

$$\frac{x^2(2y+b)}{y^3} = \text{constant} \tag{16}$$

가 된다.

이 경우에 도선의 지름은 도선이 포함되어 있는 겹의 지름에 따라 증가하지만, 그 증가율은 그리 크지 않다.

이 두 가설 중에 앞의 가설은 도선이 그 자체로 전체 공간을 거의 채워 나간다면 거의 참이며, 이를 채택한다면,

$$y = ax, \qquad Y = \beta y$$

이다. 여기에서 a와 β는 일정한 숫자이며, {(10)식과 (11)식으로부터}

$$G = N \frac{1}{a^2 \beta^2} \left(\frac{1}{a} - \frac{1}{x} \right)$$

$$R = N \frac{\rho}{\pi} \frac{1}{a^4 \beta^2} \left(\frac{1}{a} - \frac{1}{x} \right)$$

이다. 여기에서 a는 코일 속에 남아 있는 텅 빈 공간의 크기와 모양에 따라 달라지는 상수이다.

따라서 도선의 굵기를 x와 같은 비율로 변화시킨다면, 코일의 외부적인 크기를 늘려서 그 크기가 내부 크기의 여러 배가 되더라도 별로 도움이 되지 않는다.

720] 외부저항이 검류계의 저항보다 훨씬 크거나 강한 힘의 마당을 만들어내는 것만이 목적이라면, 저항이 늘어나는 것은 결점이 아니며, y와 Y가 일정하게 만들 수 있다. 그러면 다음 식이 성립한다.

$$G = \frac{N}{Y^2} (x - a)$$

$$R = \frac{1}{3} \frac{N}{Y^2 y^2} \frac{\rho}{\pi} (x^3 - a^3)$$

여기에서 a는 코일 안의 비어 있는 공간에 따라 달라지는 상수이다. 이 경우에 G의 값은 코일의 크기가 커짐에 따라 일정하게 늘어나며, 코일을 만드는 노동과 비용 외에는 G의 값에 어떤 한계도 없게 된다.

유동코일에 관하여

721] 보통의 검류계에서는 매달린 자석은 고정코일을 통해 작용한다. 그러나 코일을 충분히 조심스럽게 매달 수 있다면, 자석이나 다른 코일이 그 매달린 코일에 미치는 작용을 평형위치로부터의 편향으로부터 구할 수 있다.

그러나 전지의 전극과 코일을 이루는 도선의 전극 사이에 금속연결이 없다면 코일에 전류를 끌어들이지 못한다. 이 금속연결은 두 가지 다른 방식으로 가능하다. 하나는 겹실 매달림 장치(bifilar suspension)를 쓰는 것이고, 다른 하나는 반대방향의 도선을 쓰는 것이다.

자석에 적용하는 겹실 매달림 장치는 이미 459절에서 서술한 바 있다. 매달림 장치의 윗부분의 구성 모양은 그림 54에 나와 있다. 코일에 이를 사용할 때, 두 가닥의 섬유는 명주실이 아니라 금속으로 되어 있어야 하며, 코일을 지지하고 전류를 전달할 수 있는 금속도선의 비틀림은 명주실섬유의 경우보다 훨씬 크기 때문에, 특별히 조심해야 한다. 이 매달림 장치를 매우 완벽하게 구현한 것이 베버가 고안한 장치이다.

자석을 매다는 또 다른 방법은 코일의 한쪽 끝에 연결되어 있는 도선 한 줄을 사용하는 것이다. 코일의 다른 쪽 끝은 다른 도선에 연결되어 있으며, 그 다른 도선은 앞의 도선과 똑같이 연직선 방향으로 수은이 담긴 컵까지 늘어뜨릴 수 있게 되어 있다. 726절의 그림 56 참조. 어떤 경우에는 두 도선의 양 끝을 조각에 붙잡아 매서 도선이 팽팽하게 잡아당겨지도록 하는 것이 편리하다. 다만 이 도선들의 선이 코일의 무게중심을 지나가도록 주의를 기울여야 한다. 이런 형태의 장치는 축이 연직방향이 아닐 때 사용할 수 있다. 그림 52 참조.

722] 유동코일은 매우 민감한 검류계로 사용할 수 있다. 왜냐하면 코일이 매달려 있는 마당 안에서 자기력의 세기를 늘리면, 코일의 분량을 늘리지 않고도, 코일 속의 미약한 전류에서 비롯하는 힘을 크게 증가시킬 수 있기 때문이다. 이런 목적의 자기력은 영구자석이나 보조전류를 통한 전자석을 이용하여 만들 수 있으며, 연철 접편을 쓰면 매달린 코일에 자기력이

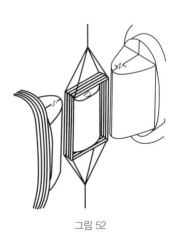

그림 52

더 강하게 집중되게 만들 수 있다. 따라서 톰슨 경의 기록장치(그림 52)에서 코일은 전자석의 반대 극, N극과 S극 사이에 매달려 있으며, 코일의 연직방향 옆면에 자기력선을 집중시키기 위해 연철 조각 D를 자석

의 두 극 사이에 고정시켰다. 이 연철은 유도에 의해 자화되면서, 연철과 두 자석 사이의 틈 안에 매우 강한 힘의 마당을 만들어낸다. 이 힘을 통해 코일의 연직방향 옆면이 자유롭게 움직이기 때문에, 코일을 지나는 전류가 매우 미약할 때에도, 연직방향의 축을 중심으로 코일을 회전시킬 수 있는 상당한 힘이 코일에 작용하게 된다.

723] 유동코일의 다른 응용으로 탄젠트 검류계와 비교하여 지자기의 수평성분을 결정하는 것이 있다.

코일 평면이 자기경선에 평행할 때 안정한 평형이 되게끔 코일을 매단다. 전류 γ가 코일을 지나 흘러서 코일이 새로운 평형위치로 편향되게 만든다. 새로운 평형위치가 자기경선과 이루는 각을 θ라 하자. 매달림 부분이 겹실이면, 이 편향이 생기게 하는 짝힘의 모멘트는 $F\sin\theta$이며, 이 값은 $H\gamma\cos\theta$와 같아야 한다. 여기에서 H는 지자기의 수평성분이며, γ는 코일 속 g의 전류이고, g는 감겨 있는 코일 전체 넓이의 합이다. 따라서

$$H\gamma = \frac{F}{g}\tan\theta$$

이다.

매달린 축을 중심으로 한 코일의 관성 모멘트를 A라 하고, 절반만큼 진동하는 데 걸리는 시간을 T라 하자. 전류가 흐르지 않을 때에는

$$FT^2 = \pi^2 A$$

이며,

$$H\gamma = \frac{\pi^2 A}{T^2 g}\tan\theta$$

를 얻는다.

탄젠트 검류계의 코일에 같은 전류가 흘러서 자석을 각 ϕ만큼 편향시킨다면,

$$\frac{\gamma}{H} = \frac{1}{G}\tan\phi$$

이다. 여기에서 G는 탄젠트 검류계의 주요 상수이다. 710절 참조.

이 두 방정식으로부터 다음을 얻는다.

$$H = \frac{\pi}{T}\sqrt{\frac{AG\tan\theta}{g\tan\phi}}, \qquad \gamma = \frac{\pi}{T}\sqrt{\frac{A\tan\theta\tan\phi}{Gg}}$$

이 방법은 콜라우시가 제시한 것이다.[3]

724] W. 톰슨 경은 H와 γ를 결정하기 위한 관측을 한 사람이 동시에 할 수 있는 단일한 장치를 고안했다.

코일을 자기경선에서 그 평면과 평형을 이루게끔 매단다. 코일에 전류가 흐르면 코일이 이 위치로부터 편향된다. 매우 작은 자석을 코일의 중심에 매달면, 코일의 편향과 반대의 방향으로 전류가 흐를 때 이 자석이 편향된다. 코일의 편향각을 θ라 하고, 자석의 편향각을 ϕ라 하면, 계의 에너지에서 변할 수 있는 부분은 다음과 같다.

$$-H\gamma g\sin\theta - m\gamma G\sin(\theta-\phi) - Hm\cos\phi - F\cos\theta$$

이를 θ와 ϕ에 관해 미분하면, 코일과 자석의 평형방정식을 각각 얻는다.

$$-H\gamma g\cos\theta - m\gamma G\cos(\theta-\phi) + F\sin\theta = 0$$

$$m\gamma G\cos(\theta-\phi) + Hm\sin\phi = 0$$

이 방정식에서 H나 γ를 소거하면, γ나 H를 구할 수 있는 이차방정식을 얻을 수 있다. 매달려 있는 자석의 자기모멘트 m이 매우 작다면, 다음과 같은 어림값을 얻는다.

---

3) F. Kohlrausch, Pogg., *Ann.* cxxxviii, pp.1~10, Aug. 1869.

$$H = \frac{\pi}{T}\sqrt{\frac{-AG\sin\theta\cos(\theta-\phi)}{g\cos\theta\sin\phi}} - \frac{1}{2}\frac{mG}{g}\frac{\cos(\theta-\phi)}{\cos\theta}$$

$$\gamma = -\frac{\pi}{T}\sqrt{\frac{-A\sin\theta\sin\phi}{Gg\cos\theta\cos(\theta-\phi)}} + \frac{1}{2}\frac{m}{g}\frac{\sin\phi}{\cos\theta}$$

이 표현에서 G와 g는 코일의 주요 전기상수이며, A는 코일의 관성 모멘트이고, T는 진동주기의 절반이며, m은 자석의 자기모멘트이고, H는 수평자기력의 세기이며, γ는 전류의 세기이며, θ는 코일의 편향각이고, ϕ는 자석의 편향각이다.

코일의 편향은 자석의 편향과 반대 방향이므로, H와 g의 값은 언제나 실수이다.

베버의 동력전류계

725] 이 장치에서 작은 코일은 고정된 더 큰 코일 안에 있는 두 개의 도선으로 매달려 있다. 전류가 두 코일 모두를 거쳐 흐르게 하면, 유동 코일은 고정코일과 나란하게 놓이려 한다. 이 경향에 반대로 작용하는 것이 겹실 매달림 장치에서 생기는 힘의 모멘트이다. 또한 유동코일에 작용하는 지자기도 영향을 미친다.

장치를 보통으로 사용할 때에는 두 코일의 평면은 서로 거의 수직이 되므로, 코일 속의 전류들의 상호작용은 최대가 될 수 있다. 또한 유동 코일의 평면이 자기경선과 거의 직각을 이루므로, 지자기의 작용은 최소가 될 수 있다.

고정코일의 평면이 이루는 자기방위각을 α라 하고, 유동코일의 축이 고정코일의 평면과 이루는 각을 $\theta+\beta$라 하자. 여기에서 β는 코일이 평형위치에 있고 전류가 흐르지 않을 때의 그 각이며, θ는 전류에서 비롯되는 편향각이다. 고정코일에 흐르는 전류가 γ_1이고, 움직일 수 있는 코일의 전류가 γ_2일 때, 평형방정식은 다음과 같다.

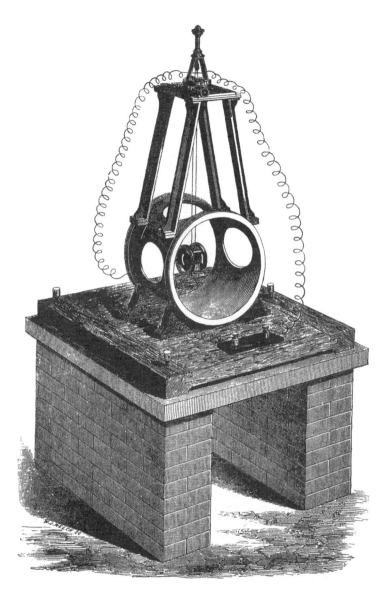

그림 53

$$Gg\gamma_1\gamma_2\cos(\theta+\beta) - Hg\gamma_2\sin(\theta+\beta+a) - F\sin\theta = 0$$

α와 β가 매우 작아지도록 장치를 조정했다고 하고, $Hg\gamma_2$가 F에 비해 작다고 가정하자. 이 경우에 어림하여 다음 식이 성립한다.

$$\tan\theta = \frac{Gg\gamma_1\gamma_2\cos\beta}{F} - \frac{Hg\gamma_2\sin(a+\beta)}{F}$$
$$- \frac{HGg^2\gamma_1\gamma_2^2}{F^2} - \frac{G^2g^2\gamma_1^2\gamma_2^2\sin\beta}{F^2}$$

γ_1과 γ_2의 부호를 바꾸었을 때 편향각이

$$\gamma_1\text{이 }+\text{이고 }\gamma_2\text{가 }+\text{일 때: }\theta_1$$
$$\gamma_1\text{이 }-\text{이고 }\gamma_2\text{가 }-\text{일 때: }\theta_2$$
$$\gamma_1\text{이 }+\text{이고 }\gamma_2\text{가 }-\text{일 때: }\theta_3$$
$$\gamma_1\text{이 }-\text{이고 }\gamma_2\text{가 }-\text{일 때: }\theta_4$$

와 같다면, 다음 식이 성립한다.

$$\gamma_1\gamma_2 = \frac{1}{4}\frac{F}{Gg\cos\beta}(\tan\theta_1 + \tan\theta_2 - \tan\theta_3 - \tan\theta_4)$$

두 코일을 지나 흐르는 전류가 같다면, $\gamma_1\gamma_2 = \gamma^2$이라 놓을 수 있으며, 이렇게 해서 γ의 값을 얻는다.

전류가 그다지 일정하지 않을 때에는 이 방법을 택하는 것이 가장 좋다. 이 방법을 접선의 방법이라 한다.

전류가 매우 일정해서 장치의 비틀림 헤드의 각 β를 잘 조정할 수 있다면, 사인의 방법을 써서 지자기에 대한 보정을 곧바로 제거할 수 있다.

이 방법에서는 편향각이 0이 될 때까지 β를 조정하여

$$\theta = -\beta$$

가 되게 한다.

γ_1과 γ_2의 부호를 앞에서처럼 β의 아래첨자로 표시하면,

$$F\sin\beta_1 = -F\sin\beta_3 = -Gg\gamma_1\gamma_2 + Hg\gamma_2\sin a$$

$$F\sin\beta_2 = -F\sin\beta_4 = -Gg\gamma_1\gamma_2 - Hg\gamma_2\sin a$$

이며,

$$\gamma_1\gamma_2 = -\frac{F}{4Gg}(\sin\beta_1 + \sin\beta_2 - \sin\beta_3 - \sin\beta_4)$$

이다.

이것이 클라크(Latimer Clark)가 영국협회 전기위원회가 만든 장치를 사용할 때 채택한 방법이다. 그림 53에 있는 동력전류계(electrodynamometer)는 클라크 씨가 그린 것이다. 여기에서는 고정코일과 유동코일 모두에 헬름홀츠의 이중코일 배치를 채택했다.[4] 겹실

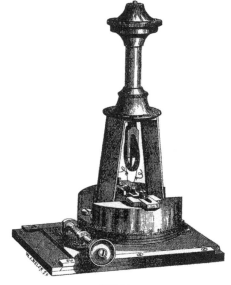

그림 54

---

4) 실제 장치에는 코일로 전류가 오고가는 도선이 그림에 나타난 것처럼 퍼져 있지 않고, 최대한 가깝게 놓여 있어서 서로의 전자기 작용을 중화시켜 나타나지 않게 하도록 되어 있다.

매달림 장치는 장치의 비틀림 헤드를 써서 조정되는데, 그림 54에 비틀림 헤드를 나타냈다. 매달림 부분의 도선에 작용하는 장력이 같다는 점은 바퀴 위를 지나는 명주실의 양끝에 그 도선을 부착하여 확인할 수 있다. 그 거리는 두 개의 유도바퀴로 조절된다. 유도바퀴는 적절한 거리에 놓을 수 있다. 유동코일은 매달림 바퀴에 작용하는 나사를 써서 연직 방향으로 움직일 수 있으며, 그림 54의 밑부분에 보이는 미끄러짐 조각을 써서 두 수평 방향으로 움직일 수 있다. 비틀림 나사를 써서 방위각을 조정할 수 있다. 비틀림 나사는 연직 축 주위로 비틀림 헤드를 회전시킨다. 459절 참조. 눈금의 거울 속 그림자가 유동코일의 축 바로 밑에 보이기 때문에 이를 관찰함으로써 유동코일의 방위각을 확인할 수 있다.

베버가 원래 고안한 장치는 그의 『전기동역학의 측정』(*Elektrodynamische Maasbestimmungen*)에 서술되어 있다. 이는 작은 전류를 측정하기 위한 것이었으며, 따라서 고정코일과 유동코일 둘 다 많이 감겨 있고, 유동코일이 고정코일 속의 공간에서 차지하는 부피가 영국협회의 장치에서보다 더 많았다. 영국협회의 장치는 원래 정밀장치들을 비교할 수 있는 표준장치로 만들어진 것이었다. 베버가 이 장치를 이용해서 수행한 실험은, 닫힌 전류에 적용한 앙페르의 공식이 얼마나 정확한지를 입증해 주는 가장 완벽한 실험이 되었으며, 베버가 전기량의 수적 측정을 정밀한 관찰이라는 높은 수준까지 끌어올렸던 연구에 중요한 일부분이 되었다.

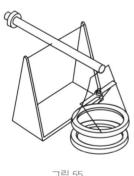

그림 55

베버는 동력전류계를 만들었는데, 이는 하나의 코일이 다른 코일 안에 매달려 있고 수직축 둘레를 돌도록 두어 번 움직이면 작동하는 형태였으며, 절대측정에 가장 적합한 장치이다. 그런 장치를 써서 상수들을 계산하는 방법은 700절에 서술되어 있다.

726] 그런데 만일 미약한 전류를 써서

상당한 전자기력을 만들어내려면 유동코일을 고정코일에 평행하고 두고 유동코일이 고정코일 쪽으로 움직일 수 있게 하는 것이 더 좋다.

줄 박사의 전류천칭에 있는 유동코일은 수평방향이며 위아래 방향으로 움직일 수 있고, 유동코일과 고정코일 사이의 힘은 고정코일에 대한 유동코일의 상대적인 위치 전류가 흐르지 않았을 때와 똑같아지도록 더 넣어야 하는 분동의 무게로 추산된다.

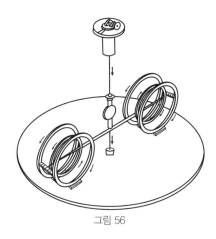

그림 56

유동코일은 뒤틀림 저울의 수평대의 양 끝에 꽉 매어 놓을 수도 있으며, 그림 56에서처럼 두 고정코일 사이에 두어서 하나는 유동코일을 끌어당기고 다른 하나는 유동코일을 밀치게 만들 수도 있다.

코일을 729절에 서술한 것처럼 배열하면, 유동코일에 작용하는 힘은 평형위치에서 조금 떨어진 곳 안에서는 거의 균일하게 만들 수 있다.

다른 코일을 뒤틀림 저울의 수평대의 다른 쪽 끝에 고정시키고, 두 고정코일 사이에 두자. 두 유동코일이 비슷하지만 그 속에 흐르는 전류는 반대방향이라면, 뒤틀림 저울의 수평대의 위치에 미치는 지자기의 효과는 완전히 제거된다.

727] 유동코일이 긴 솔레노이드의 끝이고 그 축에 평행하게 움직일 수 있어서 축을 공유하는 더 큰 고정솔레노이드의 내부로 들어갈 수 있다면, 두 솔레노이드의 전류가 같은 방향일 때, 유동솔레노이드는 고정

솔레노이드 속으로 빨려 들어갈 것이다. 단 솔레노이드의 끝부분들이 서로 가까이 있지 않는 한 그렇다.

728] 훨씬 더 큰 크기의 똑같은 두 코일 사이에 작은 코일을 두어 거기에 작용하는 축 방향 힘이 균일하게 만들려면 큰 코일들의 지름과 그 평면들 사이의 거리의 비가 2 대 $\sqrt{3}$ 이 되게 해야 한다. 이 코일들에 똑같은 전류를 반대방향으로 보내면 ω의 표현에서 r의 홀수 차수가 있는 항은 사라지며, $\sin^2\alpha = \frac{4}{7}$ 이고 $\cos^2\alpha = \frac{3}{7}$ 이므로 r^4이 있는 항도 사라진다. ω의 변하는 부분은 715절에 따라 다음과 같다.

$$\frac{8}{7}\sqrt{\frac{3}{7}}\,\pi n\gamma\left\{3\frac{r^2}{c^2}P_2(\theta) - \frac{11}{7}\frac{r^6}{c^6}P_6(\theta) + \&c.\right\}$$

이것은 작은 유동코일에 작용하는 힘이 거의 균일함을 말해 준다. 이 경우에 코일들의 배열은 715절에서 서술한 삼중코일검류계의 바깥쪽 두 코일의 경우와 같다. 그림 50 참조.

729] 두 코일 사이에 유동코일을 매우 가깝게 놓아서, 서로 작용하는 도선들 사이의 거리가 코일의 반지름에 비해 작게 하려면, 바깥쪽 코일들의 반지름이 중간 코일의 반지름보다, 중간 코일과 바깥쪽 코일의 평면들 사이의 거리의 $\frac{1}{\sqrt{3}}$ 만큼 더 크게 만들어서 가장 균일한 힘을 얻을 수 있다. 이것은 705절에서 증명한바, 두 원형 전류 사이의 상호유도에 대한 표현에서 나온 것이다.[5]

---

5) [이 경우에 코일의 안쪽과 코일의 바깥쪽 중 하나의 상호 퍼텐셜 에너지를 M이라 하면, 705절의 기호법을 써서 변위 y에 대한 힘의 변화는 $\frac{d^3M}{dy^3}$에 비례할 것이다. 왜냐하면 코일이 대칭으로 놓여 있기 때문이다. 이 표현에서 가장 중요한 항은 $\frac{d^3\log r}{dy^3}$ 이며, 이는 $3x^2 = y^2$일 때 0이 된다—톰슨.

제16장 전자기 관찰

730] 전기적인 양의 측정 중 많은 부분이 진동하는 물체의 운동을 관찰하는 것에 따라 달라지므로, 이 운동의 성질과 이를 측정하는 가장 좋은 방법에 대해 집중적으로 살펴보겠다.

안정한 평형위치를 중심으로 물체가 작은 진동을 하는 것은 일반적으로 고정된 점으로부터의 거리에 직접 비례하는 힘이 작용하는 점의 운동과 유사하다. 우리의 실험에서 진동하는 물체들의 경우에는 운동에 저항이 있으며, 이는 공기의 점성이라든가 물체가 매달려 있는 줄과 같은 다양한 원인에 따라 달라진다. 많은 전기 장치에서는 또 다른 저항이 있다. 즉 진동하는 자석 주변에 놓인 전도회로에 유도되는 전류의 반사작용이다. 이 전류는 자석의 운동으로부터 유도되며, 렌츠의 법칙에 따라 전류가 자석에 미치는 작용은 언제나 그 운동에 반대된다. 이것은 많은 경우에 저항의 주요부분이 된다.

가끔 자석의 진동을 잦아들게 하거나 멈추게 하려는 특수한 목적으로 제동기(damper)라는 금속회로를 자석 옆에 두기도 한다. 이런 종류의 저항을 제동(damping)이라 부르겠다.

쉽게 관찰할 수 있는 느린 진동의 경우에는 전체 저항이 어떤 원인으로부터 생겨난 것이든지, 속도에 비례하는 것으로 보인다. 속도의 제곱에 비례하는 저항의 증거가 있는 것은 속도가 전자기 장치의 보통의 진동보다 훨씬 빠를 때뿐이다.

따라서 거리에 비례하는 인력과 속도에 비례하는 저항을 받는 물체의 운동을 연구해 보아야 한다.

731] 타이트 교수가 제시한 바와 같이,[1] 호도그래프의 원리를 다음과 같이 적용하면, 등각나선을 이용하여 매우 간단한 방식으로 이런 종류의 운동을 살펴볼 수 있다.

극을 중심으로 일정한 각속도 ω로 로그나선 또는 등각나선을 그리는 입자의 가속도를 구하고자 한다.

이 나선의 성질은 접선 PT가 반지름 벡터 PS와 언제나 일정한 각 α를 이룬다는 것이다.

점 P에서 속도를 v라 하면,

$$v.\sin a = \omega.SP$$

이다. 따라서 PT에 평행하고 SP와 같은 길이가 되도록 SP'을 그리면 P에서의 속도는 크기와 방향이 모두 다음과 같이 주어질 것이다.

$$v = \frac{\omega}{\sin a}\,SP'$$

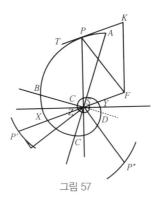

그림 57

따라서 P'은 호도그래프의 한 점이 될 것이다. 그런데 SP'은 SP를 일정한 각 $\pi-\alpha$만큼 회전한 것이므로, P'이 그리는 호도그래프는 원래의 나선이 그 극을 중심으로 $\pi-\alpha$만큼 회전한 것과 같다.

---

1) P.G. Tait, *Proc. R.S. Edin.*, Dec. 16, 1867.

P의 가속도는 크기와 방향에서 P'의 속도에 같은 인수 $\dfrac{\omega}{\sin a}$를 곱한 것으로 나타내진다.

따라서 SP'에 각 $\pi-\alpha$만큼 회전시키는 연산을 똑같이 작용하여 SP''가 된다면, P의 가속도는 크기와 방향에서

$$\frac{\omega^2}{\sin^2 a} SP''$$

와 같을 것이다. 여기에서 SP''는 SP를 각 $2\pi-2\alpha$만큼 회전시킨 것과 같다. SP''와 평행하고 길이가 같은 PF를 그리면, 가속도는 $\dfrac{\omega^2}{\sin^2\alpha} PF$가 될 것이다. 이것은 다시

$$\frac{\omega^2}{\sin^2 a} PS \text{와} \quad \frac{\omega^2}{\sin^2 a} PK$$

로 분해할 수 있다.

이 성분 중 앞의 것은 S를 향한 중심가속도이며 거리에 비례한다.

뒤의 것은 방향 면에서 속도와 반대 방향이며,

$$PK = 2\cos a P'S = -2 \frac{\sin a \cos a}{\omega} v$$

이므로 이 가속도는 다음과 같이 쓸 수 있다.

$$-2 \frac{\omega \cos a}{\sin a} v$$

따라서 입자의 가속도는 두 부분으로 이루어진다. 첫째 부분은 끌어당기는 힘 μr에서 비롯된 것으로서, S를 향하고 거리에 비례하며, 둘째 부분은 $-2kv$로서 속도에 비례하는 운동에 대한 저항이다. 여기에서

$$\mu = \frac{\omega^2}{\sin^2 a} \text{이고,} \quad k = \omega \frac{\cos a}{\sin a}$$

이다.

이 표현에서 $\alpha = \dfrac{\pi}{2}$라 하면, 궤적이 원이 되고, $\mu_0 = \omega_0^2$, $k=0$이 된다.

따라서 힘이 단위 거리에서 일정하게 유지된다면, $\mu = \mu_0$이고

$$\omega = \omega_0 \sin\alpha$$

이다. 즉, 같은 인력법칙 아래 있는 다른 나선들의 각속도가 나선의 각의 사인에 비례한다.

732] 수평 방향의 선분 XY 위에 있는 동점 P의 그림자가 되는 점의 운동을 생각하면, 그 점의 S로부터의 거리와 그 속도가 P의 거리 및 속도의 수평성분이 됨을 알 수 있다. 따라서 이 점의 가속도 역시 S를 향하는 인력이 되며, S로부터의 거리에 μ를 곱한 값과 같고, 덧붙여 그 속도에 $2k$를 곱한 저지력을 받는다.

그러므로 고정된 점으로부터의 거리에 비례하는 인력과 속도에 비례하는 저항력을 받는 한 점의 직선운동을 완전히 구성해 낸 것이다. 쉽게 말해서 그런 점의 운동은 일정한 각속도로 로그나선을 따라 움직이는 다른 점의 수평 운동이다.

733] 나선의 방정식은 다음과 같다.

$$r = Ce^{-\phi\cot a}$$

수평 운동을 구하기 위해

$$\phi = \omega t, \qquad x = a + r\sin\phi$$

라 놓는다. 여기에서 a는 평형점에서 x의 값이다.

BSD가 연직방향과 α의 각을 이루도록 그리면, 접선 BX, DY, GZ 등은 연직방향이 될 것이며, X, Y, Z 등은 이어져 있는 진동의 끝점이 될 것이다.

734] 진동하는 물체에 대해 관찰할 수 있는 것은 다음과 같다.

(1) 정지점들의 눈금. 이것은 이각(離角)이라 한다.

(2) 양의 방향 또는 음의 방향으로 확정된 눈금 구간을 지나는 데 걸리는 시간

(3) 어떤 특정 시간의 눈금. 이런 종류의 관찰은 주기가 긴 진동의 경

우가 아니면 여간해서는 이루어지지 않는다.[2]

우리가 정해야 하는 양들은 다음과 같다.

(1) 평형점의 눈금

(2) 진동의 로그 감소율

(3) 진동의 주기

연속된 세 이각으로부터 평형점의 눈금 정하기

735] x_1, x_2, x_3을 이각 X, Y, Z에 해당하는 관찰된 눈금들이라 하고, 평형점 S에서의 눈금을 a라 하고, SB의 값을 r_1이라 하면

$$x_1 - a = r_1 \sin a$$

$$x_2 - a = - r_1 \sin a e^{-\pi \cot a}$$

$$x_3 - a = - r_1 \sin a e^{-2\pi \cot a}$$

이 성립한다.

이 값들로부터 다음을 얻는다.

$$(x_1 - a)(x_3 - a) = (x_2 - a)^2$$

따라서

$$a = \frac{x_1 x_3 - x_2^2}{x_1 + x_3 - 2x_2}$$

x_3이 x_1과 그리 많이 다르지 않으면 어림공식으로 다음과 같이 쓸 수 있다.

$$a = \frac{1}{4}(x_1 + 2x_2 + x_3)$$

---

2) Gauss와 W. Weber의 *Resultate des magnetischen Vereins*, 1836. Chap. II. pp.34~50 참조.

로그 감소율 정하기

736] 어느 한 진동의 진폭과 다음 진동의 진폭 사이의 비에 대한 로그값을 로그 감소율(logarithmic decrement)이라 한다. 이 비를 ρ라 쓰면

$$\rho = \frac{x_1 - x_2}{x_3 - x_2}, \qquad L = \log_{10} \rho, \qquad \lambda = \log_e \rho$$

이다. L은 상용로그 감소율이라 하고, λ는 네이피어 로그 감소율이라 한다.

$$\lambda = L \log_e 10 = \pi \cot a$$

임은 분명하다.

따라서

$$a = \cot^{-1} \frac{\lambda}{\pi}$$

이다. 이로부터 로그 나선의 각이 정해진다.

λ를 특별히 정하는 과정에서 물체가 상당히 여러 번 진동할 수 있다고 하자. 첫째 진동의 진폭을 c_1이라 하고, n번째 진동의 진폭을 c_n이라 하면,

$$\lambda = \frac{1}{n-1} \log_e \left(\frac{c_1}{c_n} \right)$$

이 된다.

관찰의 정확도가 큰 진폭이든 작은 진폭이든 마찬가지라고 가정하면, 가장 좋은 λ값을 얻기 위해서는 진동이 잦아들어 c_1와 c_n의 비가 네이피어 로그[3]의 밑 e와 거의 같아질 때까지 기다려야 한다. 이러한 n은 $\frac{1}{\lambda} + 1$에 가장 가까운 정수이다.[4]

---

3) 네이피어의 로그란 자연로그, 즉 밑이 e=2.718281828인 로그를 가리킨다. 692절의 각주 91 참조—옮긴이.

4) 그렇게 n을 고르면 바로 위에 있는 식에서 $\frac{c_1}{c_n} \approx e$가 된다—옮긴이.

그런데 대부분의 경우 시간도 변수이므로, 진폭의 잦아듦이 너무 많이 진행되기 전에 두 번째 관찰을 하는 것이 가장 좋다.

737] 어떤 경우에는 평형의 위치를 연속적인 두 번의 이각으로부터 구해야 할 수도 있다. 로그 감소율은 특수한 실험을 통해 알려져 있다고 하자. 그러면

$$a = \frac{x_1 + e^\lambda x_2}{1 + e^\lambda}$$

이 된다.

진동의 시간

738] 평형점의 눈금을 정한 뒤에는 자의 그 점이나 거기에 최대한 가까운 곳에 눈에 띄는 표시를 해두고, 이 표시를 지날 때의 시간을 진동이 여러 번 되는 동안 기록한다.

그 표시가 평형점의 양의 방향으로, 알지는 못하지만 아주 작은 거리 x만큼 떨어진 곳에 있다고 가정하고, 그 표시를 양의 방향으로 처음 통과할 때 관찰한 시간을 t_1, 그 뒤에 통과할 때 시간을 t_2, t_3, &c.라고 하자.

진동의 시간[5])을 T라 하고, P_1, P_2, P_3, &c를 진짜 평형점을 통과하는 시간이라 하면,

$$t_1 = P_1 + \frac{x}{v_1}, \qquad t_2 = P_2 + \frac{x}{v_2}, \qquad P_2 - P_1 = P_3 - P_2 = T$$

이다. 여기에서 v_1, v_2, &c.는 차례로 통과의 속도이며, x가 아주 작을 때에는 모두 일정하다고 가정할 수 있다.

어느 한 진동의 진폭과 그다음 진동의 진폭의 비를 ρ라 하면

$$v_2 = -\frac{1}{\rho} v_1 \text{이고,} \qquad \frac{x}{v_2} = -\rho \frac{x}{v_1}$$

─────────────

5) {즉 평형점에서 출발하여 그다음에 평형점에 다시 올 때까지의 시간─톰슨.

이다.

세 번의 통과가 시간 t_1, t_2, t_3에서 관찰된다면,

$$\frac{x}{v_1} = \frac{t_1 - 2t_2 + t_3}{(\rho + 1)^2}$$

이다.

따라서 진동의 시간은

$$T = \frac{1}{2}(t_3 - t_1) - \frac{1}{2}\frac{\rho - 1}{\rho + 1}(t_1 - 2t_2 + t_3)$$

이다.

진짜 평형점을 두 번째로 지날 때의 시간은

$$P_2 = \frac{1}{4}(t_1 + 2t_2 + t_3) - \frac{1}{4}\frac{(\rho - 1)^2}{(\rho + 1)^2}(t_1 - 2t_2 + t_3)$$

이다.

이 세 양을 구하기 위해서는 세 번의 통과만으로 충분하지만, 더 많은 수가 되면 최소자승법을 써서 조합할 수 있다. 따라서 다섯 번의 통과에 대해서는

$$T = \frac{1}{10}(2t_5 + t_4 - t_2 - 2t_1)$$
$$- \frac{1}{10}(t_1 - 2t_2 + 2t_3 - 2t_4 + t_5)\frac{\rho - 1}{\rho + 1}\left(2 - 1\frac{\rho}{1 + \rho^2}\right)$$

이다. 셋째 통과의 시간은

$$P_3 = \frac{1}{8}(t_1 + 2t_2 + 2t_3 + 2t_4 + t_5)$$
$$- \frac{1}{8}(t_1 - 2t_2 + 2t_3 - 2t_4 + t_5)\frac{(\rho - 1)^2}{(\rho + 1)^2}$$

이다.

739] 같은 방법을 진동이 몇 번이든 확장하여 적용할 수 있다. 진동이 너무 빨라서 모든 통과의 시간을 일일이 기록할 수 없다면, 세 번째 통

과마다 혹은 다섯 번째 통과마다 그 시간을 기록할 수 있다. 다만, 이어져 있는 통과는 방향이 반대라는 점에 주의해야 한다. 진동이 오랜 시간 동안 규칙적으로 계속된다면, 전체 시간 동안 관찰할 필요가 없다. 먼저 진동의 시간 T와 중간통과의 시간 P를 대략 정하기 위해 충분히 많은 수의 통과를 관찰한다. 다만, 이 통과가 양의 방향인지 아니면 음의 방향인지 유의해야 한다. 그 뒤에 통과의 시간을 기록하지 않고 진동을 계속 세든지, 아니면 장치를 내버려둔다. 그다음에 두 번째 계열의 통과를 관찰하여, 방향에 유의하면서 진동의 시간 T'과 중간통과의 시간 P'을 연역한다.

두 묶음의 관찰로부터 연역한 두 진동의 시간, T와 T'이 거의 같다면, 두 계열의 관찰을 결합하여 더 정확하게 주기를 구해 나갈 수 있다.

$P'-P$를 T로 나누면, 이 비는 어느 정수에 매우 가까워야 한다. 그 정수는 두 통과 P와 P'이 같은 방향인가 아니면 다른 방향인가에 따라 짝수 아니면 홀수가 된다. 이 비가 정수에 가깝지 않으면, 이 관찰의 묶음은 무용하다. 그러나 그 결과가 정수 n에 매우 가깝다면, $P'-P$을 n으로 나누어서, 전체 흔들림 시간에 대한 T의 평균값을 얻는다.

740] 이렇게 구한 진동의 시간 T는 실제의 평균 진동의 시간이며, 이로부터 무한히 작은 원호에 대한 잦아듦 없는 진동의 시간을 연역하고자 한다면 보정이 필요하다.

관찰된 시간을 무한히 작은 원호에 대한 시간으로 바꾸려면, 정지로부터 진폭이 c인 정지까지의 시간이 일반적으로 다음의 꼴이 됨을 이용한다.

$$T = T_1(1 + kc^2)$$

여기에서 k는 계수로서, 보통의 흔들이의 경우에는 $\dfrac{1}{64}$이 된다. 진동의 진폭이 차례로 c, $c\rho^{-1}$, $c\rho^{-2}$....$c\rho^{1-n}$이 된다고 하면, n번 진동한 전체 시간이

$$nT = T_1\left(n + k\frac{c_1^2\rho^2 - c_n^2}{\rho^2 - 1}\right)$$

이 된다. 여기에서 T는 관찰로부터 연역되는 시간이다.

따라서 무한히 작은 원호에 대한 시간 T_1을 구하려면, 다음과 같은 어림을 한다.

$$T_1 = T\left\{1 - \frac{k}{n}\frac{c_1^2\rho^2 - c_n^2}{\rho^2 - 1}\right\}$$

잦아듦이 없을 때의 시간 T_0을 구하면, 731절에서처럼

$$T_0 = T_1\sin a$$
$$= T_1\frac{\pi}{\sqrt{\pi^2 + \lambda^2}}$$

이 된다.

741] 고정된 점으로 {거리에 비례하는 힘을 받아} 끌리면서 속도에 비례하는 저항력을 받는 물체의 직선운동의 방정식은 다음과 같다.

$$\frac{d^2x}{dt^2} + 2k\frac{dx}{dt} + \omega^2(x - a) = 0 \tag{1}$$

여기에서 x는 시간 t에서 물체의 좌표이고, a는 평형점의 좌표이다.

이 방정식을 풀기 위해,

$$x - a = e^{-kt}y \tag{2}$$

라 하면

$$\frac{d^2y}{dt^2} + (\omega^2 - k^2)y = 0 \tag{3}$$

이 되며, 그 풀이는 다음과 같다.

$$y = C\cos(\sqrt{\omega^2 - k^2}\,t + a) \qquad k\text{가 }\omega\text{보다 작을 때} \tag{4}$$

$$y = A + Bt \qquad\qquad k가\ \omega와\ 같을\ 때 \qquad (5)$$

$$y = C' \cosh\left(\sqrt{k^2 - \omega^2}\, t + a'\right) \quad k가\ \omega보다\ 클\ 때 \qquad (6)$$

x의 값은 (2)식을 써서 y의 값으로부터 얻을 수 있다. k가 ω보다 작을 때에는 운동이 무한한 진동으로 이루어져 있으며, 주기는 일정하지만, 진폭은 점점 줄어든다. k가 커짐에 따라 주기는 더 길어지고 진폭의 잦아듦은 더 급속해진다.

k(저항계수의 절반)가 ω(평형점으로부터 단위 길이만큼 떨어진 곳에서의 가속도의 제곱근)과 같거나 그보다 더 클 때에는 운동이 진동이 아니게 된다. 전체 운동 동안 물체는 평형점을 단 한 번만 지나며, 그 뒤에는 평형점을 향해 되돌아오는데, 점점 가까이 다가가긴 하지만 결코 거기에 이르지 못한다.

저항이 매우 커서 이런 종류의 운동이 되는 검류계를 속시성(速示性, dead beat) 검류계라 한다. 속시성 검류계는 많은 실험에서 유용하지만, 특히 전신 신호전달에서 유용하다. 전신 신호전달에서는 자유로운 진동이 있으면 관찰되어야 할 운동들이 상당히 가려지게 될 것이다.

k의 값과 a의 값이 무엇이든지 평형점에서의 눈금은 같은 시간 간격에서 읽은 다섯 개의 눈금 p, q, r, s, t로부터 다음 공식에 의해 연역할 수 있다.

$$a = \frac{q(rs - qt) + r(pt - r^2) + s(qr - ps)}{(p - 2q + r)(r - 2s + t) - (q - 2r + s)^2}$$

검류계의 관찰에 관하여

742] 탄젠트 검류계로 일정한 전류를 측정하려면 장치를 자기경선에 평행하도록 코일의 평면에 맞추어야 하며, 영점을 조정해야 한다. 그 뒤에 코일에 전류를 흘리고 새로운 평형위치에 해당하는 자석의 편향각을 측정한다. 이를 ϕ로 표기하자.

수평자기력을 H라 하고, 검류계의 계수를 G라 하고, 전류의 세기를 γ라 하면,

$$\gamma = \frac{H}{G}\tan\phi \tag{1}$$

이다.

유동코일을 매달고 있는 실의 뒤틀림 계수가 τMH라면(452절 참조), 다음과 같은 수정된 공식을 사용해야 한다.

$$\gamma = \frac{H}{G}(\tan\phi + \tau\phi\sec\phi) \tag{2}$$

편향각의 가장 좋은 값

743] 어떤 검류계에서는 전류가 흐르는 코일의 감긴 수를 원하는 대로 바꿀 수 있다. 또 어떤 검류계에서는 분류기(shunt)라 하는 도체를 써서 전류의 일부분을 정확히 검류계로부터 끄집어낼 수 있다. 어느 경우이든 단위 전류가 자석에 미치는 영향을 나타내는 G의 값은 달라지게끔 되어 있다.

편향각의 관찰에서 오차가 주어지면, 그로부터 전류의 세기를 연역할 때 최소의 오차가 대응되도록 G의 값을 정하자.

(1)식을 미분하면

$$\frac{d\gamma}{d\phi} = \frac{H}{G}\sec^2\phi \tag{3}$$

을 얻는다. G를 소거하면

$$\frac{d\phi}{d\gamma} = \frac{1}{2\gamma}\sin 2\phi \tag{4}$$

이 된다.

γ의 값이 주어져 있을 때 이것이 최대가 되는 것은 편향각이 $45°$가 될 때이다. 따라서 G의 값은 $G\gamma$가 될수록 거의 H에 가깝게 될 때까지 조정해야 한다. 따라서 강한 전류에 대해서는 너무 정밀한 검류계를 쓰

지 않는 것이 더 좋다.

전류를 응용하는 가장 좋은 방법에 관하여

744] 관찰자가 열쇠 같은 것을 써서 어느 순간에 회로의 연결을 잇거나 끊을 수 있다면, 자석이 평형위치에 다다를 때 될수록 최소의 속도가 되게끔 열쇠를 작동시키는 것이 현명하다. 이런 목적으로 다음의 방법을 고안한 것은 가우스이다.

자석이 평형위치에 있다고 가정하고 전류가 없다고 하자. 관찰자가 짧은 시간 동안 개폐기를 이어서 자석이 새로운 평형위치를 향해 움직이기 시작한다. 그러고는 개폐기의 접촉을 끊는다. 이제 힘이 원래의 평형위치로 향하게 되며, 운동은 느려진다. 자석이 새로운 평형위치에서 정확히 멈추게끔 이것을 잘 조절하면, 그리고 관찰자가 그 순간 다시 개폐기를 잇고 접촉을 유지한다면, 자석은 이 새로운 위치에 멈춘 채로 머물러 있게 될 것이다.

저항의 효과를 무시하고, 새로운 위치와 예전의 위치에서 작용하는 전체 힘이 같지 않다는 점을 무시하면, 자석이 원래의 위치로부터 두 번째 위치까지의 거리의 절반을 움직이기까지 전류의 첫 번째 작용을 지속시켜야 한다. 왜냐하면 회로가 끊겨 있는 사이에 원래의 힘이 사라지게 만든 그만큼의 운동에너지를 새로운 힘이 처음 힘이 작용할 때의 시간 동안 만들어내기를 바라기 때문이다. 자석이 가던 길의 다시 절반을 움직이는 동안 원래의 힘이 작용하면, 정확히 거기에서 멈출 것이다. 최대이각의 점으로부터 평형위치까지 가는 길의 절반이 되는 점까지 가는 데 걸리는 시간은 주기(정지에서 정지까지)의 3분의 1이다.

그러므로 장치를 조작하는 사람은 정지에서 정지까지 걸리는 진동의 시간을 확실히 파악한 뒤에, 이 시간의 3분의 1 동안 개폐기를 켜놓았다가, 다시 그 시간의 3분의 1 동안 개폐기를 끄고, 다시 개폐기를 켜서 실험이 계속되는 동안 이를 유지한다. 자석은 멈춰 있거나, 아니면 그 진동이 매우 작아서 운동이 사라져 버리기를 기다릴 필요 없이 단 한 번만 관찰할 수 있을 것이다. 이런 목적으로 메트로놈을 자석이 진동하는 동안 세 번 울리도록 조정해 놓을 수 있다.

저항의 크기가 상당해서 이를 고려해 넣어야 할 때에는 규칙이 다소 더 복잡해진다. 하지만 이 경우에 진동이 매우 빠르게 사라져 버리기 때문에 규칙을 수정할 필요가 없게 된다.

자석이 원래의 위치로 되돌아가면, 회로는 진동의 3분의 1 동안 끊어 놓았다가, 다시 같은 시간 동안 이어 놓고, 끝으로 다시 끊는다. 이렇게 하면 자석은 예전의 위치에 머물러 있을 것이다.

직접 눈금을 읽고 난 뒤에 곧바로 역방향으로 눈금을 읽으면, 한 번 진동하는 시간 동안 회로를 끊었다가 회로의 방향을 바꾼다. 이렇게 하면 자석은 역방향에서 멈춰 있게 된다.

첫 번째 진동의 측정

745] 관찰을 한 번밖에 할 시간이 없는 경우에는 자석이 한 번 진동하는 동안 최대이각을 관찰하여 전류를 측정할 수 있다. 저항이 없다면, 영구 편향 ϕ는 최대이각의 절반이다. 한 진동과 그다음 진동 사이의 진폭의 비가 ρ가 되게끔 저항이 있고, 영점 눈금을 θ_0이라 하고, 첫 번째 진동의 최대이각을 θ_1이라 하면, 평형점에 대응하는 편향각 ϕ는

$$\phi = \frac{\theta_0 + \rho\theta_1}{1 + \rho}$$

이 된다.

이런 식으로 자석이 평형위치에서 멈춰 서기를 기다리지 않고도 편향각을 계산할 수 있다.

여러 번 관찰하기

746] 일정한 전류를 상당히 여러 번 측정할 수 있는 가장 좋은 방법은 전류가 양의 방향에 있는 동안 최대이각을 세 번 관찰하는 것이다. 그다음에 한 번 진동하는 시간 정도 동안 접촉을 끊어서 자석이 음의 편향의

위치로 진동하게 한다. 그러고는 전류의 방향을 바꾸어 음의 방향에 있는 동안 최대이각을 연속으로 세 번 관찰한 뒤, 다시 한번 진동하는 시간 동안 접촉을 끊고, 다시 양의 방향에서 관찰을 반복한다. 이 과정을 충분한 수의 관찰결과를 얻을 때까지 계속한다. 이 방법을 쓰면, 관찰 시간 동안 지구의 자기력 방향이 바뀌어서 생겨날 수 있는 오차를 없앨 수 있다. 접촉을 잇는 것과 끊는 타이밍을 조심스럽게 하면, 장치를 조작하는 사람이 쉽게 진동의 한도를 조절할 수 있다. 그렇게 하면 진동을 눈에 띌 수 있는 한 최대로 작게 만들 수 있다. 자석의 운동을 그래프를 써서 나타내면 그림 58과 같다. 이 그림에서 가로축은 시간을 나타내고, 세로축은 자석의 편향각을 나타낸다. 관찰한 일련의 이각을 $\theta_1 \cdots \theta_6$이라 하면, 편향각은 다음 방정식으로 주어진다.

$$8\phi = \theta_1 + 2\theta_2 + \theta_3 - \theta_4 - 2\theta_5 - \theta_6$$

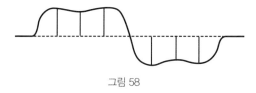

그림 58

증폭의 방법

747] 어떤 경우에는 검류계 자석의 편향이 매우 작아서 적당한 구간 동안 전류를 역행시켜서 자석의 흔들리는 운동을 만들어 눈에 띄는 효과를 증가시키는 것이 좋을 수 있다. 이 목적으로 자석의 단일 진동의 시간 {즉 정지에서 정지까지의 시간} T를 확실히 한 뒤에, 전류를 시간 T 동안 양의 방향으로 흘려보낸 뒤에, 같은 시간 동안 반대 방향으로 흘려보내고, 이를 반복한다. 자석의 운동이 눈에 띄게 커지면, 관찰된 최대 이각의 시간에 전류의 방향을 바꾼다.

자석이 양의 이각 θ_0에 있다고 하고, 전류를 음의 방향에 있는 코일로 보낸다고 하자. 그러면 평형위치는 $-\phi$가 되며, 자석은 다음과 같은 음의 이각 θ_1로 진동할 것이다.

$$-\rho\,(\phi + \theta_1) = (\theta_0 + \phi)$$

또는

$$-\rho\phi_1 = \theta_0 + (\rho + 1)\,\phi$$

마찬가지로 자석이 θ_2로 진동하는 동안 전류가 양의 방향이 된다면,

$$\rho\theta_2 = -\theta_1 + (\rho + 1)\,\phi$$

또는

$$\rho^2\theta_2 = \theta_0 + (\rho + 1)^2\,\phi$$

가 된다. 전류가 연속적으로 n번 방향을 바꾼다면,

$$(-1)^n\theta_n = \rho^{-n}\theta_0 + \frac{\rho + 1}{\rho - 1}\,(1 - \rho^{-n})\,\phi$$

가 된다. 따라서 ϕ를 다음의 꼴로 구할 수 있다.

$$\phi = (\theta_n - \rho^{-n}\theta_0)\,\frac{\rho - 1}{\rho + 1}\frac{1}{1 - \rho^{-n}}$$

n이 매우 큰 수라서 ρ^{-n}이 무시할 수 있을 만큼 작다면, 위의 표현은 다음과 같이 된다.

$$\phi = \theta_n\frac{\rho - 1}{\rho + 1}$$

이 방법을 정확한 측정에 적용하려면 ρ를 정확히 알고 있어야 한다. ρ는 자선의 한 진동과 저항력의 영향 아래 일어나는 다음 번 진동의 비이다. ρ값이 불규칙함을 피하기 힘들어서 생기는 불확실성은 대개 이각이 커서 얻는 이점보다 더 크다. 이 방법이 정말 중요해지는 것은 매우 작은 전류가 존재하더라도 눈에 띄는 바늘의 움직임을 만들어내고자 하

는 경우뿐이다.

과도전류의 측정에 관하여

748] 전류가 검류계 자석의 진동 시간에 비해 아주 짧은 시간 동안만 지속된다면, 전류를 통해 옮겨가는 전체 전기의 양을 측정하기 위해, 전류가 흐르는 동안 자석에 전달되는 각속도를 이용할 수 있다. 이것은 자석의 첫 번째 진동의 이각으로부터 구할 수 있다.

자석의 진동을 잦아들게 하는 저항력을 무시한다면, 고찰이 매우 간단해진다.

아무 순간에 전류의 세기가 γ라 하고, 전류가 옮기는 전기의 양을 Q라 하자. 그러면

$$Q = \int \gamma \, dt \tag{1}$$

이다. 자석과 매달려 있는 장치의 자기모멘트를 M, 관성 모멘트를 A, 자석이 코일면과 이루는 각을 θ라 하면,

$$A \frac{d^2\theta}{dt^2} + MH \sin\theta = MG\gamma \cos\theta \tag{2}$$

이다. 전류가 흐르는 시간이 매우 작다면, 이 짧은 시간 동안 t에 관해 적분할 때 θ가 변화하지 않는다. 따라서

$$A \frac{d\theta}{dt} = MG \cos\theta_0 \int \gamma \, dt + C = MGQ \cos\theta_0 + C \tag{3}$$

이다. 이것은 Q라는 양이 흘러서 자석에 각운동량 $MGQ\cos\theta_0$을 만들어냄을 말해 준다. 여기에서 θ_0은 전류가 흐르는 순간에 θ의 값이다. 자석이 처음에 평형에 있었다면, $\theta_0 = 0$, $C = 0$이라 놓을 수 있다.

자석은 자유롭게 진동해서 이각 θ_1에 다다른다. 저항이 없다면 이 진동 동안 자기력에 거슬러 하는 일은 $MH(1-\cos\theta_1)$이다.

전류가 자석에 전달해 주는 에너지는 다음과 같다.

이 양들을 같다고 놓으면,

$$\frac{1}{2} A \left.\overline{\frac{d\theta}{dt}}\right|^2$$

을 얻으며, 따라서

$$\left.\overline{\frac{d\theta}{dt}}\right|^2 = 2\,\frac{MH}{A}(1 - \cos\theta_1) \tag{4}$$

$$\frac{d\theta}{dt} = 2\sqrt{\frac{MH}{A}}\sin\frac{1}{2}\theta_1$$

$$= \frac{MG}{A}\,Q \tag{5}$$

이다.

그런데 자석이 정지에서 정지까지 한번 진동하는 데 걸리는 시간을 T 라 하면,

$$T = \pi\sqrt{\frac{A}{MH}} \tag{6}$$

이고,

$$Q = \frac{H}{G}\frac{T}{\pi}\,2\sin\frac{1}{2}\theta_1 \tag{7}$$

을 얻는다. 여기에서 H는 수평 자기력이고, G는 검류계의 계수이고, T 는 단일 진동의 시간이고, θ_1은 자석의 첫째 이각이다.

749] 많은 실제 실험에서는 이각이 너무 작은 각이며, 그 경우에는 저항의 효과를 고려하는 게 쉽다. 운동방정식을 일차방정식으로 다룰 수 있기 때문이다.

자석이 평형위치에 정지해 있다고 하고, 자석에 순간적으로 각속도 v 가 전달된다고 하고, 그 첫째 이각을 θ_1이라 하자.

운동방정식은 다음과 같다.

$$\theta = Ce^{-\omega_1 t\tan\beta}\sin\omega_1 t \tag{8}$$

$$\frac{d\theta}{dt} = C\omega_1 \sec\beta\, e^{-\omega_1 t \tan\beta} \cos(\omega_1 t + \beta) \qquad (9)$$

$t=0$일 때 $\theta=0$이고 $\dfrac{d\theta}{dt} = C\omega_1 = v$ 이다.

$\omega_1 t + \beta = \dfrac{\pi}{2}$ 일 때는

$$\theta = C e^{-(\frac{\pi}{2} - \beta)^{\tan\beta}} \cos\beta = \theta_1 \qquad (10)$$

이다. 따라서

$$\theta_1 = \frac{v}{\omega_1} e^{-(\frac{\pi}{2} - \beta)^{\tan\beta}} \cos\beta \qquad (11)$$

741절에 따르면

$$\frac{MH}{A} = \omega^2 = \omega_1^2 \sec^2\beta \qquad (12)$$

$$\tan\beta = \frac{\lambda}{\pi}, \qquad \omega_1 = \frac{\pi}{T_1} \qquad (13)$$

이며, (5)식으로부터

$$v = \frac{MG}{A} Q \qquad (14)$$

이다. 따라서

$$\theta_1 = \frac{QG}{H} \frac{\sqrt{\pi^2 + \lambda^2}}{T_1} e^{-\frac{\lambda}{\pi} \tan^{-1}\frac{\pi}{\lambda}} \qquad (15)$$

이고

$$Q = \frac{H}{G} \frac{T_1 \theta_1}{\sqrt{\pi^2 + \lambda^2}} e^{\frac{\lambda}{\pi} \tan^{-1}\frac{\pi}{\lambda}} \qquad (16)$$

이다. 이것은 첫째 이각을 과도전류의 전기의 양으로 나타낸 것과 그 역이며, 여기에서 T_1은 실제의 잦아듦의 저항에 영향을 받은 일회의 진동에 대한 관찰된 시간이다. λ가 작을 때에는 다음과 같은 어림공식을 쓸 수 있다.

$$Q = \frac{H}{G}\frac{T}{\pi}\left(1 + \frac{1}{2}\lambda\right)\theta_1 \tag{17}$$

되튐의 방법

750] 위에서 제시한 방법은 과도전류가 코일을 지나 흐를 때 자석이 평형위치에서 멈춰 있다고 가정하고 있다. 실험을 반복하고자 하면, 자석이 다시 멈출 때까지 기다려야 한다. 그러나 어떤 경우에는 같은 세기의 과도전류를 만들어낼 수 있으며, 원하는 순간에 이를 만들어내려면 베버가 서술한[6] 다음의 방법이 관찰을 계속 여러 번 하기에 가장 편리하다.

값이 Q_0인 과도전류를 써서 자석의 진동이 시작되었다고 하자. 간단히 하기 위해

$$\frac{G}{H}\frac{\sqrt{\pi^2 + \lambda^2}}{T_1} e^{-\frac{\lambda}{\pi}\tan^{-1}\frac{\pi}{\lambda}} = K \tag{18}$$

라 쓰면, 첫째 이각은

$$\theta_1 = KQ_0 = a_1 \tag{19}$$

이다.

처음에 자석에 순간적으로 전달되는 속도는

$$v_0 = \frac{MG}{A}Q_0 \tag{20}$$

이다. 자석이 음의 방향으로 평형점에 되돌아올 때 그 속도는

$$v_1 = -ve^{-\lambda} \tag{21}$$

일 것이다. 다음의 음의 이각은

---

6) Gauss & Weber, *Resultate des Magnetischen Vereins*, 1838, p.98.

$$\theta_2 = -\theta_1 e^{-\lambda} = b_1 \tag{22}$$

일 것이다. 자석이 평형위치에 되돌아올 때 그 속도는

$$v_2 = v_0 e^{-2\lambda} \tag{23}$$

가 될 것이다.

순간적인 전류의 전체 양이 $-Q$라 하고, 이 전류가 자석이 영점에 있는 순간에 코일을 통해 전해진다고 하자. 그러면 속도가 v_2가 $v_2 - v$로 바뀔 것이다. 여기에서

$$v = \frac{MG}{A} Q_0 \tag{24}$$

이다. Q가 $Q_0 e^{-2\lambda}$보다 크다면 새로운 속도는 음수가 될 것이며,

$$-\frac{MG}{A} (Q - Q_0 e^{-2\lambda})$$

가 될 것이다.

따라서 자석의 운동은 뒤집어질 것이고, 다음 이각은 음수가 될 것이다.

$$\theta_3 = -K(Q - Q_0 e^{-2\lambda}) = c_1 = -KQ + \theta_1 e^{-2\lambda} \tag{25}$$

자석을 양의 이각에 되돌아오게 놓아두면

$$\theta_4 = -\theta_3 e^{-\lambda} = d_1 = e^{-\lambda}(KQ - a_1 e^{-2\lambda}) \tag{26}$$

이며, 다시 평형위치에 다다를 때 그 양이 Q인 양의 전류가 전해진다. 그래서 자석이 양의 방향으로 되던져져서 양의 이각

$$\theta_5 = KQ + \theta_3 e^{-2\lambda} \tag{27}$$

가 된다. 다시 말해서 이것을 네 이각의 둘째 계열의 첫째 이각이라 하면,

$$a_2 = KQ(1 - e^{-2\lambda}) + a_1 e^{-4\lambda} \tag{28}$$

이다.

두 이각 +와 −를 관찰하면서 이런 식으로 계속한 뒤, 음의 전류를 보내서 두 이각 −와 +를 관찰하고, 다시 양의 전류를 보내고, 이를 반복하면, 네 이각의 모음으로 이루어진 계열들을 얻는다. 그 계열 각각은

$$\frac{d - b}{a - c} = e^{-\lambda} \tag{29}$$

이고

$$KQ = \frac{(a - b)e^{-2\lambda} + d - c}{1 + e^{-\lambda}} \tag{30}$$

이다.

이각의 n개의 계열이 관찰되었다면, 로그 감소율을 다음 방정식으로부터 구할 수 있다.

$$\frac{\Sigma(d) - \Sigma(b)}{\Sigma(a) - \Sigma(c)} = e^{-\lambda} \tag{31}$$

또한 다음 방정식으로부터 Q를 구할 수 있다.

$$KQ(1 + e^{-\lambda})(2n - 1)$$
$$= \Sigma_n(a - b - c + d)(1 + e^{-2\lambda}) - (a_1 - b_1) - (d_n - c_n)e^{-2\lambda} \tag{32}$$

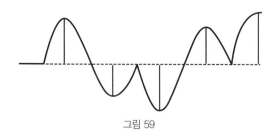

그림 59

그림 59에는 되튐의 방법(method of recoil, Zuruckwerfungs-methode)에서 자석의 운동을 나타낸다. 여기에서 가로축은 시간을 나

타내고, 세로축은 그 시간에 자석의 편향이다. 760절 참조.

증폭의 방법

751] 자석이 영점을 지날 때마다 과도전류가 흐르게 만든다면, 그리고 자석의 속도가 언제나 증가하게 되어 있다면, 이어지는 이각을 Q_1, Q_2, &c.로 나타낼 때,

$$\theta_2 = -KQ - e^{-\lambda}\theta_1 \tag{33}$$

$$\theta_3 = +KQ - e^{-\lambda}\theta_2 \tag{34}$$

이다.

$\theta_n = -\theta_{n-1}$이라 놓으면, 매우 많은 진동 후에 이각이 가까이 다가가는 최종값을 구할 수 있다. 그렇게 구한 최종값은

$$\theta = \pm \frac{1}{1 - e^{-\lambda}} KQ \tag{35}$$

이다.

λ가 작으면, 최종이각은 클 것이다. 하지만 이를 위해서는 실험을 오랫동안 계속해야 하고, λ를 주의 깊게 결정해야 하며, λ의 작은 오차가 Q의 결정에서 큰 오차를 낳을 수 있기 때문에, 이 방법은 수치상의 결정에는 거의 유용하지 않다. 따라서 직접 관찰되기에는 너무 작은 전류가 존재하는지 또는 존재하지 않는지에 대한 증거를 구하기 위해 사용할 때를 대비하여 남겨두어야 한다.

과도전류가 검류계의 움직이는 자석에 작용하게 만든 모든 실험에서는 전체 전류가 영점으로부터 자석까지의 거리가 전체 이각에 비해 계속 작아야 한다는 점이 근본적이다. 진동의 시간은 전류를 만들어내는 데 필요한 시간에 비해 길어야 한다. 장치를 조작하는 사람은 자석의 운동을 눈여겨보다가 자석이 평형점을 지나는 순간에 전류가 순간적으로 흐르도록 조절해야 한다.

조작하는 사람이 적당한 순간에 전류를 만들어내지 못해서 생기는 오차를 추정하기 위해서는 이각이 들어날 때 충격량의 효과가

$$e^{\phi \tan\beta}\cos(\phi + \beta)$$

와 같이 변하며,[7] 이것이 최대가 되는 것은 $\phi=0$일 때라는 점을 상기해야 한다. 따라서 전류의 타이밍을 놓쳐서 생기는 오차는 언제나 그 값보다 작게 추정될 것이며, 오차의 크기는 전류가 지나는 순간에 진동의 위상의 코사인을 1과 비교하여 추정할 수 있다.

---

[7] {나는 이 표현을 확인하는 데 성공하지 못했다. 748절의 기호법을 써서 ϕ에 충격이 가해질 때의 이각과 $\phi=0$일 때 같은 충격이 만드는 이각의 비가

$$e^{\frac{A\omega_1}{MGQ}\phi\tan\beta}\left\{1 + \frac{A\omega_1\phi\tan\beta}{MGQ}\right\}$$

가 됨을 알아냈다. 여기에서 ϕ는 매우 작아서 이 값의 제곱 이상의 항은 무시할 수 있다고 가정했다}—톰슨.

제17장 코일의 비교

코일의 전기 상수를 실험으로 정하기

752] 717절에서는 정밀검류계에서 코일의 반지름이 작아야 하며 도선은 많이 감겨 있어야 함을 보았다. 그런 코일의 모양과 크기에 대한 전기 상수를 직접 실험을 통해 정하는 것은 대단히 어려운 일일 것이다. 설령 이를 측정하기 위해 감겨 있는 도선 곳곳에 접근할 수 있다고 해도 마찬가지이다. 그러나 사실 감긴 수가 더 많아지면 바깥쪽의 감긴 도선으로 안쪽이 완전히 감추어질 뿐 아니라, 도선을 감은 뒤에 바깥쪽의 감긴 도선이 미치는 압력 때문에 안쪽의 코일의 모양이 달라져 버릴지 자신할 수 없다.

따라서 전기상수를 알고 있는 표준코일과 직접 전기적으로 비교하여 코일의 전기 상수들을 정하는 것이 더 좋다.

표준코일의 크기는 실제의 실험으로 정해야 하므로, 지름이나 둘레의 길이를 측정할 때 나타나는 불가피한 오차를 측정되는 양에 비해 될수록 작게 만들기 위해, 그 크기가 적당해서 한다. 코일이 감겨 있는 도관은 단면이 사각형이어야 하며, 단면의 크기는 코일의 반지름에 비해 작아야 한다. 이것이 필요한 까닭은 단면의 크기에 대한 보정을 줄이기 위한 것 못지않게 바깥쪽에 감긴 도선 때문에 감추어진 코일의 부분에 관한 불확실성을 막기 위한 것이기도 하다.[1]

---

1) 거대한 탄젠트 검류계를 상당한 두께의 단일한 원형 전도 고리로 만들기도 한

우리가 정하려 하는 주요 상수들은 다음과 같다.

(1) 단위 전류에서 비롯되는 코일 중심에서의 자기력. 이것은 700절에서 G_1로 표기한 양이다.

(2) 단위 전류에서 비롯되는 코일의 자기모멘트. 이것은 g_1이라는 양이다.

753] G_1 정하기. 작동하는 검류계의 코일은 표준코일보다 훨씬 작으므로, 검류계를 표준코일 안에 두어서 그 중심이 일치하게 한다. 두 코일의 면은 모두 연직방향이며 지구의 자기력과 평행하다. 이렇게 해서 우리는 차등검류계를 얻었고, 두 코일 중 하나는 표준코일로서 그에 대한 G_1의 값은 알려져 있지만, 나머지 코일의 상수 G_1'의 값은 이제 구해야 한다.

검류계의 중심에 매달린 자석은 두 코일의 전류 모두의 작용을 받는다. 표준코일의 전류의 세기를 γ라 하고, 검류계 속의 전류의 세기를 γ'이라 하자. 이 전류가 반대방향으로 흘러서 자석의 편향 δ를 만들어낸다면,

$$H \tan \delta = G_1' \gamma' - G_1 \gamma \tag{1}$$

이다. 여기에서 H는 지구의 수평자기력이다.

다. 그런 고리는 따로 지지대를 두지 않더라도 그 형태를 유지할 만큼 충분히 단단하다. 이는 표준 장치를 만드는 데에는 좋은 계획이 아니다. 도체 안의 전류의 분포가 그 여러 부분의 상대 전도도에 따라 달라진다. 따라서 연속해 있는 금속 속에 결함이 숨어 있다면, 전기체의 주된 흐름이 원형 고리의 바깥쪽이나 또는 그 안쪽으로 빠져나가는 원인이 된다. 따라서 전류의 진짜 경로는 불확실해진다. 게다가 전류가 원 모양을 한 바퀴에 한 번만 빠져나간다면, 그 원으로부터 또는 그 원으로 흐르는 전류가 매달린 자석에 미치는 작용을 피하기 위해 특별한 유의가 필요하다. 왜냐하면 전극의 전류가 원의 전류와 같아지기 때문이다. 여러 장치를 구성할 때 전류의 이런 부분의 작용은 모조리 무시된 것처럼 보인다. 가장 완벽한 방법은 전극 하나는 금속관 모양으로 만들고, 다른 하나는 절연물질로 피복된 도선으로 만들어, 중심이 일치하는 관 속에 넣어 놓는 것이다. 683절에서 보였듯이, 이렇게 배치된 전극들의 외부 작용은 0이다.

편향이 생겨나지 않도록 전류들을 배치하면, 다음 방정식으로부터 G_1'을 구할 수 있다.

$$G_1' = \frac{\gamma}{\gamma'} G_1 \qquad (2)$$

γ와 γ'의 비는 여러 가지 방식으로 구할 수 있다. G_1의 값은 일반적으로 표준코일의 경우보다 검류계의 경우에 더 크므로, 회로를 잘 배치하여 전체 전류 γ가 표준코일을 통해 흐르다가 나뉘어서 γ'이 검류계의 코일과 저항코일을 통해 흐르도록 할 수 있다. 저항코일의 합성저항은 R_1이다. 나머지 $\gamma - \gamma'$은 다른 저항코일을 통해 흐른다. 이 저항코일의 합성저항은 R_2이다.

그러면 276절에 따라

$$\gamma' R_1 = (\gamma - \gamma') R_2 \qquad (3)$$

또는

$$\frac{\gamma}{\gamma'} = \frac{R_1 + R_2}{R_2} \qquad (4)$$

이고

$$G_1' = \frac{R_1 + R_2}{R_2} G_1 \qquad (5)$$

이다.

검류계코일의 실제 저항에 관해 어떤 불확실성이 있다면(가령, 온도의 불확실성에서 비롯되는 것), 여기에 저항코일을 덧붙여서 저항과 검류계 자체가 R_1의 작은 부분을 이루도록 할 수 있다. 이렇게 해도 최종 결과에 들어오는 불확실성은 거의 없다.

754] g_1 정하기. g_1은 작은 코일을 지나 흐르는 단위 전류에서 비롯되는 그 코일의 자기모멘트로서, 이를 구하기 위해서는 자석이 표준코일의 중심에 매달려 있는 사이에 작은 코일을 두 코일의 공통축을 따라 그 자체에 평행하게 움직여서, 코일 주위에서 반대방향으로 흐르는 전류가

같게 되어 자석이 편향되지 않게 한다. 코일의 중심 사이의 거리가 r라면, 다음이 성립한다(700절 참조).

$$G_1 = 2\frac{g_1}{r^3} + 3\frac{g_2}{r^4} + 4\frac{g_3}{r^5} + \&c. \tag{6}$$

표준코일의 반대쪽에도 작은 코일을 써서 실험을 반복하고, 작은 코일의 위치 사이의 거리를 측정하면, 자석의 중심과 작은 코일의 중심을 결정하는 데에 개입하는 불확실한 오차를 없앨 수 있으며, g_2, g_4 등의 항을 제거할 수 있다.

표준코일을 다르게 배치하여 감긴 수가 절반인 도선을 통해 전류를 보낼 수 있다면, G_1의 값을 다르게 줄 수 있어서, 새로운 r의 값을 구할 수 있으며, 454절에서처럼 g_3이 있는 항을 없앨 수 있다.

그러나 대개 g_3은 작은 코일에 대해 직접 측정을 통해 충분한 정밀도로 결정할 수 있다. 따라서 g_1에 적용되는 보정의 값을 다음 식을 이용하여 계산할 수 있게 된다.

$$g_1 = \frac{1}{2}G_1 r^3 - 2\frac{g_3}{r^2} \tag{7}$$

여기에서 700절에 따라

$$g_3 = -\frac{1}{8}\pi a^2 (6a^2 + 3\xi^2 - 2\eta^2)$$

이다.

유도계수의 비교

755] 유도계수를 회로의 모양과 위치로부터 직접 쉽게 계산할 수 있는 경우는 몇몇 소수의 경우뿐이다. 충분한 정확도를 얻으려면, 회로들 사이의 거리를 정확히 측정할 수 있어야 한다. 그러나 회로 사이의 거리를 충분히 정확히 측정해서 결과에 큰 오차를 가져오는 측정상의 오차가 많이 줄어든다고 해도, 유도계수 자체는 그 크기가 반드시 많이 줄어들게 된다. 많은 실험에 대하여, 유도계수를 크게 하는 것이 필요하며,

그렇게 하려면 회로를 가까이에 놓아야 하는데, 그럼으로써 직접측정의 방법은 불가능해진다. 그리고 유도계수를 결정하기 위해서는 한 쌍의 코일을 그 계수를 직접측정과 계산으로 얻을 수 있도록 배열하여 그 유도계수와 비교해야 한다.

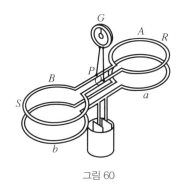

그림 60

이것은 다음과 같이 할 수 있다.

코일의 표준쌍을 A와 a라 하고, 그것과 비교하려는 코일들을 B와 b라 하자. A와 B를 한 회로에 연결하고 검류계 G의 전극을 P와 Q에 놓는다. 그래서 PAQ의 저항이 R가 되게 하고, QBP의 저항이 S가 되게 한다. 검류계의 저항은 K로 표기한다. a와 b를 전지와 함께 한 회로로 연결한다.

A에 흐르는 전류를 $\dot{x}$라 하고, B에 흐르는 전류를 $\dot{y}$라 하고, 검류계에 흐르는 전류를 $\dot{x}-\dot{y}$라 하고, 전지회로에 흐르는 전류를 γ라 하자.

A와 a 사이의 유도계수를 M_1이라 하고, B와 b 사이의 유도계수를 M_2라 하면, 전지회로를 끊었을 때 검류계를 통해 흐르는 전체 유도전류는 다음과 같다.

$$x - y = \gamma \frac{\dfrac{M_2}{S} - \dfrac{M_1}{R}}{1 + \dfrac{K}{R} + \dfrac{K}{S}} \tag{8}$$

저항 R와 S를 조정하면, 전지회로를 잇거나 끊을 때 검류계에 전류가 흐르지 않도록 만들 수 있다. 그럼으로써 M_2와 M_1의 비를 구할 수 있다.

[2](8)식의 표현은 다음과 같이 증명할 수 있다. L_1, L_2, N 및 Γ를 각

---

2) 〔대괄호 안에 있는 고찰은 맥스웰 교수의 강의에 대한 플레밍의 필기에서 따온 것이다. 이 필기는 맥스웰 교수의 마지막 강의의 일부이기 때문에 울적한 느낌

각 코일 A, B, ab 및 검류계의 자체유도계수라 하자. 계의 운동에너지 T는 어림으로 다음과 같다.

$$\frac{1}{2} L_1 \dot{x}^2 + \frac{1}{2} L_2 \dot{y}^2 + \frac{1}{2} \Gamma (\dot{x} - \dot{y})^2 + \frac{1}{2} N\gamma^2 + M_1 \dot{x}\gamma + M_2 \dot{y}\gamma$$

흩어짐 함수 F는 전류의 에너지가 코일을 데우는 데 소모되는 비율의 절반으로 정의되며(레일리 경의 음향이론, 제1권 78쪽 참조), 다음과 같다.

$$\frac{1}{2} \dot{x}^2 R + \frac{1}{2} \dot{y}^2 S + \frac{1}{2} (\dot{x} - \dot{y})^2 K + \frac{1}{2} \gamma^2 Q$$

여기에서 Q는 전지와 전지코일의 저항이다.

여느 변수 x에 해당하는 전류의 방정식은 다음의 꼴이 된다.

$$\frac{d}{dt}\frac{dT}{d\dot{x}} - \frac{dT}{dx} + \frac{dF}{d\dot{x}} = \xi$$

여기에서 ξ는 해당 기전력이다.

따라서 다음이 성립한다.

$$L_1 \ddot{x} + \Gamma (\ddot{x} - \ddot{y}) + M_1 \dot{\gamma} + R\dot{x} + K (\dot{x} - \dot{y}) = 0$$

$$L_2 \ddot{y} - \Gamma (\ddot{x} - \ddot{y}) + M_2 \dot{\gamma} + S\dot{y} - K (\dot{x} - \dot{y}) = 0$$

이 방정식은 t에 관해 바로 적분할 수 있다. x, $\dot{x}$, y, $\dot{y}$, γ가 처음에 0임을 상기하면서, $x-y=z$라 쓰면, y를 소거하여 다음과 같은 꼴의 방정식을 얻는다.[3]

$$A\ddot{z} + B\dot{z} + Cz = D\dot{\gamma} + E\gamma \tag{8'}$$

전지를 이은 지 얼마 안 되어 전류 γ가 안정되고 전류 $\dot{z}$는 사라져 버

이 배어 있다. 플레밍의 필기에는 실험의 계획이 본문에 있는 것과 다르고, 전지와 검류계가 바뀌어 있다]—니벤.

3) 원문에는 방정식의 왼편이 $A\ddot{z}+B\ddot{z}+Cz$로 되어 있으나, 첫째 항은 명백한 오자이다—옮긴이.

린다. 따라서

$$cz = E\gamma$$

이다.

이로부터 앞의 (8)식이 나오며, 검류계를 지나 흐르는 전체 전기의 양이 0일 때 E=0, 즉 M_2R-M_1S=0이어야 함을 말해 준다. 또한 (8′)식으로부터 검류계에 어떤 전류도 없을 때에는 D=0 또는 $M_2L_1-M_1L_2$=0이어야 함을 알 수 있다.]⁴⁾

자체유도계수와 상호유도계수의 비교

756] 휘트스톤 브리지의 분지 AF에 코일을 집어넣었다고 하자. 그 코일의 자체유도계수를 구하려 한다. 이를 L이라 하자.

A와 전지를 잇는 도선에 다른 코일을 집어넣는다. 이 코일과 AF의 코일 사이의 상호유도계수는 M이다. 이것은 755절에 서술한 방법을 써서 측정할 수 있다.

A에서 B까지의 전류를 x라 하고, A에서 H까지의 전류를 y라 하면, Z에서 A까지 B를 지나는 전류는 $x+y$가 된다. A에서 F까지의 외부기전력은

그림 61

$$A - F = Px + L\frac{dx}{dt} + M\left(\frac{dx}{dt} + \frac{dy}{dt}\right) \quad (9)$$

이다.

AH 선 위에서 외부기전력은

$$A - H = Qy \tag{10}$$

---

4) {조건 $M_2L_1-M_1L_2$=0이 어림으로라도 충족되지 않으면, 순간전류에 검류계의 영점에 야기하는 불안정성 때문에, 전지회로를 닫을 때 검류계의 바늘이 '움직이는지' 안 움직이는지 여부를 정확하게 결정할 수 없게 된다}—톰슨.

이다.

 F 와 H 사이에 둔 검류계에 과도전류이든 영구전류이든 전류가 전혀 나타나지 않는다면, (9)식과 (10)식에 의하여 $H-F=0$ 이므로

$$Px = Qy \qquad (11)$$

이고

$$L\frac{dx}{dt} + M\left(\frac{dx}{dt} + \frac{dy}{dt}\right) = 0 \qquad (12)$$

이며, 따라서

$$L = -\left(1 + \frac{P}{Q}\right)M \qquad (13)$$

이다.

 L 은 언제나 양수이므로 M 은 음수이어야 하며, 따라서 전류는 P 에 있는 코일과 B 에 있는 코일에서 반대방향으로 흘러야 한다. 실험을 할 때에는 다음 두 가지 중 하나가 가능하다. 처음에 저항을 조정하여

$$PS = QR \qquad (14)$$

가 되게 한다. 이것은 영구전류가 없을 조건이다. 그 뒤에 전지의 연결을 이을 때나 끊을 때 검류계에 과도전류가 나타나지 않을 때까지 코일 사이의 거리를 조정한다. 또는, 만일 이 거리를 조정할 수 없다면, 저항 Q 와 S 의 비를 일정하게 유지하면서 Q 와 S 를 바꾸어 과도전류를 없앨 수 있다.

 이 이중 조정이 너무 번거로우면 세 번째 방법을 택할 수 있다. 먼저 자체유도에서 비롯하는 과도전류가 상호유도에서 비롯하는 과도전류보다 조금 더 크게 되는 배치에서 시작하여, A 와 Z 사이에 저항이 W 인 도체를 끼워 넣어서 그 차이를 없앨 수 있다. 따라서 W 의 저항 하나만 조정하면 과도전류를 없앨 수 있다. 이것이 제대로 되면 L 의 값은 다음과 같다.

$$L = -\left(1 + \frac{P}{Q} + \frac{P+R}{W}\right)M \qquad (15)$$

두 코일의 자체유도계수 비교하기

757] 휘트스톤 브리지의 두 이웃한 분지에 코일 둘을 끼워 넣는다. P 와 Q에 끼어 넣은 코일의 자체유도계수를 각각 L과 N이라 하면, 그림 61에서 검류계의 전류가 없을 조건은 다음과 같다.

$$\left(Px + L\frac{dx}{dt}\right)Sy = Qy\left(Rx + N\frac{dx}{dt}\right) \qquad (16)$$

따라서

$$PS = QR \qquad \text{(영구전류가 없는 경우)} \qquad (17)$$

이고

$$\frac{L}{P} = \frac{N}{R} \qquad \text{(과도전류가 없는 경우)} \qquad (18)$$

이다.

그러므로 저항의 적절하게 조절하면, 영구전류와 과도전류를 둘 다 없앨 수 있으며, 저항들을 비교하여 L과 N의 비를 구할 수 있다.

제17장의 부록

(이 부록은 톰슨의 것임)

코일의 자체유도계수를 측정하는 방법은 다음에 발췌하는 맥스웰의
논문 「전자기장의 동역학적 이론」(*Phil. Trans.* 155, pp.475-477)에
서술되어 있다.

전기천칭을 이용한 유도계수의 결정에 관하여

여섯 개의 도체를 둘씩 네 점 A, C, D, E에서 만나게 전기천칭이 구성
되어 있다.

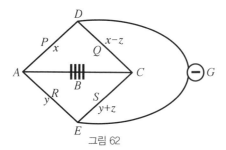

그림 62

이 점들 중 한 쌍 AC는 전지 B를 지나도록 연결되어 있다. 나머지 쌍
DE는 검류계 G를 지나도록 연결되어 있다. 나머지 네 도체의 저항을
P, Q, R, S로 나타내고, 거기에 흐르는 전류를 $x, x-z, x, y+z$로 나타내
면, G를 지나 흐르는 전류는 z가 될 것이다. 네 점에서의 퍼텐셜을 $A, B,$
C, D라 하자. 그러면 정상전류의 조건을 다음 방정식에서 구할 수 있다.

$$Px=A-D, \qquad Q(x-Z)=D-C$$
$$Ry=A-E, \qquad S(y+z)=E-C \qquad (21)$$
$$Gz=D-E, \qquad B(x+y)=-A+C+F$$

이 방정식을 z에 관해 풀면, 다음을 얻는다.

$$z \left\{ \frac{1}{P} + \frac{1}{Q} + \frac{1}{R} + \frac{1}{S} + B \left(\frac{1}{P} + \frac{1}{R} \right) \left(\frac{1}{Q} + \frac{1}{S} \right) + G \left(\frac{1}{P} + \frac{1}{Q} \right) \left(\frac{1}{R} + \frac{1}{S} \right) \right.$$

$$\left. + \frac{BG}{PQRS} (P + Q + R + S) \right\} = F \left(\frac{1}{PS} - \frac{1}{QR} \right) \tag{22}$$

이 표현에서 F는 전지의 기전력이며, z는 검류계를 지나는 전류가 정상전류가 되었을 때의 전류이며, P, Q, R, S는 네 분지의 저항이며, B는 전지와 전극의 저항이며, G는 검류계의 저항이다.

(44) $PS=QR$이면 $z=0$이며, 정상전류는 없을 것이다. 그러나 검류계를 지나는 과도전류는 회로를 잇거나 끊을 때 유도 때문에 생겨날 수 있으며, 여기에서 일어나는 작용들을 이해할 수 있다면, 검류계 눈금을 써서 유도계수를 구할 수 있다.

충분한 시간이 지난 뒤에는 전류 z가 사라지도록 $PS=QR$라 가정하겠다. 그러면

$$x(P+Q) = y(R+S) = \frac{F(P+Q)(R+S)}{(P+Q)(R+S) + B(P+Q+R+S)} \tag{23}$$

가 된다.

P, Q, R, S 사이의 유도계수가 다음 표로 주어진다고 하자. 즉, P의 그 자신에 대한 유도계수는 p라 하고, P와 Q 사이의 유도계수는 h라 하고, 나머지는 이와 마찬가지이다.

	P	Q	R	S
P	p	h	k	l
Q	h	q	m	n
R	k	m	r	o
S	l	n	o	s

검류계의 자체유도계수를 g라 하고, 검류계는 P, Q, R, S의 유도 영

향을 받지 않는 곳에 있다고 하자(이것은 검류계의 바늘에 P, Q, R, S가 직접 작용하는 것을 피하기 위해 반드시 그래야 한다). x, y, z를 t에 관해 적분한 것을 X, Y, Z라 하자. 회로의 접촉을 이을 때에는 x, y, z가 0이다. 시간이 흐르면, z가 사라지고 x와 y가 일정한 값에 도달한다. 따라서 각 도체에 대한 방정식은 다음과 같을 것이다.

$$\left.\begin{aligned}
PX + (p + h)x + (k + l)y &= \int A dt - \int D dt \\[6pt]
Q(X - Z) + (h + q)x + (m + n)y &= \int D dt - \int C dt \\[6pt]
RY + (k + m)x + (r + o)y &= \int A dt - \int E dt \\[6pt]
S(Y + Z) + (l + n)x + (o + s)y &= \int E dt - \int C dt
\end{aligned}\right\} \qquad (24)$$

$$GZ = \int D dt - \int E dt$$

이 방정식을 Z에 관해 풀면 다음을 얻는다.

$$Z\left\{\frac{1}{P} + \frac{1}{Q} + \frac{1}{R} + \frac{1}{S} + B\left(\frac{1}{P} + \frac{1}{R}\right)\left(\frac{1}{Q} + \frac{1}{S}\right) + G\left(\frac{1}{P} + \frac{1}{Q}\right)\left(\frac{1}{R} + \frac{1}{S}\right)\right.$$

$$\left. + \frac{BG}{PQRS}(P + Q + R + S)\right\} = -F\frac{1}{PS}\left\{\frac{p}{P} - \frac{q}{Q} - \frac{r}{R} + \frac{s}{S}\right.$$

$$+ h\left(\frac{1}{P} - \frac{1}{Q}\right) + k\left(\frac{1}{R} - \frac{1}{P}\right) + l\left(\frac{1}{R} + \frac{1}{Q}\right) - m\left(\frac{1}{P} + \frac{1}{S}\right)$$

$$\left. + n\left(\frac{1}{Q} - \frac{1}{S}\right) + o\left(\frac{1}{S} - \frac{1}{R}\right)\right\} \qquad (25)$$

순간전류의 세기(전체 양)가 Z일 때 검류계의 편향을 α라 하자.

PS와 QR의 비가 1이 아니라 ρ가 되게 할 때 생기는 영구편향을 θ라 하자.

검류계 바늘이 정지해 있다가 그다음 정지할 때까지 진동하는 시간을
T라 하자.

$$\frac{p}{P} - \frac{q}{Q} - \frac{r}{R} + \frac{s}{S} + h\left(\frac{1}{P} - \frac{1}{Q}\right) + k\left(\frac{1}{R} - \frac{1}{P}\right) + l\left(\frac{1}{R} + \frac{1}{Q}\right)$$

$$-m\left(\frac{1}{P} + \frac{1}{S}\right) + n\left(\frac{1}{Q} - \frac{1}{S}\right) + o\left(\frac{1}{S} - \frac{1}{R}\right) = \tau \qquad (26)$$

라 하면, 다음을 얻는다.

$$\frac{Z}{z} = \frac{2\sin\frac{1}{2}a}{\tan\theta}\frac{T}{\pi} = \frac{\tau}{\rho - 1} \qquad (27)$$

실험을 통해 τ를 정하려면, 젠킨이 1863년에 영국협회의 보고서에
서술한 배치를 써서 분지의 저항들 중 하나를 바꾸는 방법이 최선이
다. 이 방법을 통해 ρ의 값을 1부터 1.01 사이에서 정확하게 측정할 수
있다.

검류계가 회로에 들어 있고, 회로를 연결했을 때 유도 충격량에 의한
최대 편향(최대눈금) α를 관찰한다. 저항들은 영구전류가 나오지 않도
록 조정되어 있다.

또한 분지의 저항들 중 하나를 ρ가 1보다 더 커지도록 바꿀 때 영구
전류에 의해 생기는 최대 편향(최대눈금) β를 관찰한다. 검류계는 전지
를 연결한 후 잠시 동안은 회로에 들어 있지 않다.

공기의 저항이 미치는 효과를 없애기 위해서는 거의 $\beta=2\alpha$가 될 때
까지 ρ를 바꾸는 것이 가장 좋다. 그러면 다음을 얻는다.

$$\tau = T\frac{1}{\pi}(\rho - 1)\frac{2\sin\frac{1}{2}\alpha}{\tan\frac{1}{2}\beta}$$

전기천칭의 분지 중 P를 제외한 나머지가 모두 그리 길지 않고 아주
가느다란 저항 도선으로 이루어져 있으며, 코일로 감기 전에 두 겹으로

만들었다면, 이 코일에 속하는 유도계수들은 눈에 띄지 않을 만큼 작을 것이며, τ는 p/P가 될 것이다. 따라서 전기천칭은 저항이 알려져 있는 회로의 자체유도를 측정하는 좋은 수단이 된다.

제18장 저항의 전자기단위

코일의 저항을 전자기 단위로 결정하기

758] 도체의 저항은 기전력의 수치상의 값과 기전력이 도체 안에서 만들어내는 전류의 값의 비로 정의된다. 지구의 자기력의 값을 알고 있다면, 전류의 값을 전자기 단위로 결정하는 것은 표준검류계를 써서 할 수 있다. 기전력의 값을 구하는 것은 더 어렵다. 왜냐하면 그 값을 직접 계산할 수 있는 유일한 경우는 알려진 자기계를 기준으로 회로가 상대적으로 운동함으로써 기전력이 생겨날 때뿐이기 때문이다.

759] 전자기 단위로 도선의 저항을 처음 결정한 것은 키르히호프였다.[1] 그는 모양을 알고 있는 두 코일 A_1과 A_2를 택하고, 그 모양과 위치에 대한 기하학적인 자료로부터 그 상호유도계수를 계산했다. 이 코일을 검류계 G와 전지 B가 있는 회로에 집어넣는다. 그리고 코일 사이의 점 P와 전지와 검류계 사이의 점 Q를 저항이 R로 측정된 도선으로 연결한다.

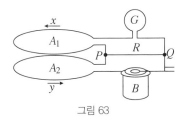

그림 63

전류가 정상전류가 되면 도선과

---

1)「유도전류의 세기가 의존하는 상수의 결정」(Bestimmung der Constanten, von welcher die Intensität inducirter elektrischer Strome abhangt), Pogg., *Ann*, lxxvi April 1849.

검류계 회로 사이에서 나뉘어서, 검류계에 얼마간의 영구편향을 만들어 낸다. 코일 A_1을 A_2로부터 재빨리 제거한 뒤, A_1과 A_2 사이의 상호유도 계수가 0인 위치에 두면(538절), 두 회로 모두에 유도전류가 생겨나며, 검류계 바늘이 충격량을 받아 얼마간의 순간편향이 생겨난다.[2]

도선의 저항 R는 정상전류에서 비롯되는 영구편향과 유도전류에서 비롯되는 과도편향을 비교하여 연역된다.

QGA_1P의 저항을 K라 하고, PA_2BQ의 저항을 B라 하고, PQ의 저항을 R라 하자.

A_1과 A_2 사이의 유도계수를 L, M, N이라 하자.

G에 흐르는 전류를 $\dot{x}$, B에 흐르는 전류를 $\dot{y}$라 하면, P로부터 Q로 흐르는 전류는 $\dot{x}-\dot{y}$가 된다.

전지의 기전력을 E라 하면, 다음이 성립한다.

$$(K + R)\dot{x} - R\dot{y} + \frac{d}{dt}(L\dot{x} + M\dot{y}) = 0 \tag{1}$$

$$-R\dot{x} + (B + R)\dot{y} + \frac{d}{dt}(M\dot{x} + N\dot{y}) = E \tag{2}$$

전류가 일정할 때, 모든 것이 정지해 있다면

$$(K + R)\dot{x} - R\dot{y} = 0 \tag{3}$$

이다.

이제 A_1을 A_2로부터 분리시키는 바람에, M이 갑자기 0이 되었다면, t에 관해 적분해서 다음을 얻는다.

$$(K + R)x - Ry - M\dot{y} = 0 \tag{4}$$

---

2) [코일 A_1을 제거하는 것보다는 A_2에 흐르는 전류의 방향을 뒤집는 것이 더 편리하다. 이 경우에는 충격 검류계를 지나는 전기체의 양이 본문의 것보다 두 배가 된다. Glazebrook, Sargant, Dodds가 키르히호프의 방법을 써서 저항을 절대단위로 결정했다. *Phil. Trans.* 1883, pp.223~268]—톰슨.

$$-Rx + (B+R)y - M\dot{x} = \int E\,dt = 0 \qquad (5)$$

따라서

$$x = M\frac{(B+R)\dot{y} + R\dot{x}}{(B+R)(K+R) - R^2} \qquad (6)$$

이다.

(3)식을 써서 $\dot{x}$로 나타낸 $\dot{y}$의 값을 대입하면 다음을 얻는다.

$$\frac{x}{\dot{x}} = \frac{M}{R}\frac{(B+R)(K+R) + R^2}{(B+R)(K+R) - R^2} \qquad (7)$$

$$= \frac{M}{R}\left\{1 + \frac{2R^2}{(B+R)(K+R)} + \&\text{c.}\right\} \qquad (8)$$

키르히호프의 실험에서처럼, B와 K가 모두 R에 비해 크다면, 이 방정식은 다음과 같이 된다.

$$\frac{x}{\dot{x}} = \frac{M}{R} \qquad (9)$$

이 양들 중에서 x는 자기유도에서 비롯한 검류계의 최대눈금으로부터 구한다. 748절 참조. 영구 전류 $\dot{x}$는 정상전류의 영구편향으로부터 구한다. 746절 참조. M은 기하학적 자료로부터 직접 계산해서 구하든지, 아니면 한 쌍의 코일(이에 대한 계산은 이미 이루어졌다. 755절 참조)과 비교하여 구한다. 이 세 양으로부터 R를 전자기 단위에서 결정할 수 있다.

이 방법에는 검류계 자석의 진동 주기와 그 진동의 로그 감소율을 구하는 것이 관련되어 있다.

순간전류를 이용한 베버의 방법[3)

760] 적당한 크기의 코일을 굴대 위에 장착하여, 연직 방향의 지름을

---

3) *Elekt. Maasb.* or Pogg., *Ann.* ixxxii. pp.337~369(1851).

중심으로 회전할 수 있게 한다. 이 코일의 도선을 탄젠트 검류계의 도선에 연결하여 단일한 회로를 이루게 한다. 이 회로의 저항을 R라 하자. 큰 코일의 양의 면이 자기경선에 수직하게 되도록 놓고, 재빨리 반 바퀴 돌린다. 지구의 자기력에서 비롯된 유도전류가 있을 것이며, 이 전류에 있는 전기의 전체 양을 전자기 단위로 나타내면

$$Q = \frac{2g_1 H}{R} \tag{1}$$

가 될 것이다. 여기에서 g_1은 단위 전류에 대한 코일의 자기모멘트이며, 큰 코일의 경우에는 코일의 크기를 측정하고 그 감김의 넓이의 합을 계산해서 그 값을 직접 구할 수 있다. 지자기의 수평성분을 H라 하고, 코일과 검류계가 함께 이루는 회로의 저항을 R라 하자. 이 전류 때문에 검류계의 자석이 움직이기 시작한다.

자석이 원래 멈춰 있고, 코일의 운동이 일어나는 시간이 자석의 진동 시간에 비해 매우 짧다면, 자석의 운동에 대한 저항력을 무시할 때, 748절에 따라

$$Q = \frac{H}{G}\frac{T}{\pi} 2\sin\frac{1}{2}\theta \tag{2}$$

가 된다. 여기에서 G는 검류계의 상수이며, T는 자석의 진동 시간이며, θ는 관찰된 이각이다. 이 방정식으로부터 다음을 얻는다.

$$R = \pi G g_1 \frac{1}{T\sin\frac{1}{2}\theta} \tag{3}$$

이 결과에는 H의 값이 들어 있지 않다. 단, 그 값이 코일의 위치에서나 검류계의 위치에서나 같은 경우에 그러하다. 이것은 그렇다고 가정해서는 안 되고, 똑같은 자석을 이 두 위치에 각각 두어서 자석의 진동 시간을 비교함으로써 확인해 보아야 한다.

761] 베버는 관찰을 여러 차례 하기 위해 먼저 코일을 자기경선에 평행하게 놓고 시작했다. 그러고는 코일의 양의 방향이 북쪽을 향하게 코일을 돌리고 음의 전류에서 비롯되는 첫째 이각을 관찰했다. 다음에 자

유롭게 흔들리는 자석의 둘째 이각을 관찰하고, 자석이 되돌아오다가 평형점을 지날 때 코일의 양이 방향이 남쪽을 향하도록 코일을 돌렸다. 그러면 자석이 양의 방향으로 움찔하며 물러서게 된다. 이 과정을 750 절에서처럼 계속하고, 그 결과를 저항력에 대해 보정했다. 이런 방식으로 코일과 검류계가 조합된 회로의 저항의 값을 확인했다.

이런 모든 실험에서는 충분히 큰 편향을 얻기 위해 구리로 만든 도선을 써야 한다. 그런데 구리는 가장 좋은 도체이긴 하지만, 온도가 달라짐에 따라 그 저항의 값도 상당히 달라진다는 단점이 있다. 또한 장치의 각 부분마다 온도를 일일이 확인하는 것은 매우 어려운 일이다. 따라서 이런 실험에서 영구적인 값을 결과로 얻기 위해서는 실험을 하기 전과 한 후에 실험회로의 저항을 주의 깊게 구성한 저항코일의 저항과 비교해 보아야 한다.

자석의 진동의 감소를 관찰하는 베버의 방법

762] 상당한 자기모멘트의 자석이 검류계코일의 중심에 매달려 있다. 진동의 주기와 진동의 로그감소율을 관찰하되, 앞의 것은 검류계의 회를 열어 놓은 채로, 뒤의 것은 회로를 닫은 채로 한다. 검류계코일의 전도도는 자석의 운동을 통해 코일에 유도되는 전류가 그 운동을 방해하는 효과로부터 추론할 수 있다.

일회 진동의 관찰된 시간이 T이고, 매 진동마다 나피에 로그감소율이 λ라면,

$$\omega = \frac{\pi}{T} \tag{1}$$

그리고

$$\alpha = \frac{\lambda}{T} \tag{2}$$

라 쓸 때, 자석의 운동방정식은 다음과 같은 꼴이 된다.

$$\phi = C e^{-\alpha t} \cos(\omega t + \beta) \tag{3}$$

이것은 운동의 성질이 관측으로부터 결정됨을 나타낸다. 이것을 동역학적 운동방정식과 비교해 보아야 한다.

검류계코일과 유동자석 사이의 유도계수를 M이라 하자. 이는 다음과 같은 꼴이다.

$$M = G_1 g_1 P_1(\theta) + G_2 g_2 P_2(\theta) + \&c. \tag{4}$$

여기에서 G_1, G_2, &c.는 코일에 속하는 계수들이며, g_1, g_2, &c.는 자석에 속하는 계수들이고, $P_1(\theta)$, $P_2(\theta)$, &c.는 코일의 축과 자석의 축 사이의 각에 대한 띠 조화 함수이다. 700절 참조. 검류계의 코일을 적절하게 배열하고, 적당한 거리를 두고 띄엄띄엄 나란히 놓여 있는 여러 자석들 속에 유동자석을 세우면, M의 모든 항 중에서 둘째 항 이후의 항들이 모두 첫째 항에 비해 눈에 띄지 않을 만큼 작게 만들 수 있다. $\phi = \dfrac{\pi}{2} - \theta$ 라 하면

$$M = Gm\sin\phi \tag{5}$$

로 쓸 수 있다. 여기에서 G는 검류계의 주요 계수이며, m은 자석의 자기모멘트이고, ϕ는 자석의 축과 코일의 면 사이의 각이다. 이 각은 이 실험에서 언제나 작은 각이다.[4]

코일의 자체유도계수를 L이라 하고, 그 저항을 R, 코일에 흐르는 전류를 γ라 하면,

$$\frac{d}{dt}(L\gamma + M) + R\gamma = 0 \tag{6}$$

또는

$$L\frac{d\gamma}{dt} + R\gamma + Gm\cos\phi\frac{d\phi}{dt} = 0 \tag{7}$$

---

4) {$G=G_1$이다}―톰슨.

이다. 전류 γ가 자석에 작용하는 힘의 모멘트는 $\gamma\dfrac{dM}{d\phi}$ 또는 $Gm\gamma\cos\phi$
이다. 이 실험에서 각 ϕ는 매우 작으므로, $\cos\phi=1$이라고 가정할 수
있다.

회로를 끊었을 때 자석의 운동방정식이

$$A\frac{d^2\phi}{dt^2} + B\frac{d\phi}{dt} + C\phi = 0 \qquad (8)$$

라 가정하자. 여기에서 A는 매달려 있는 유동장치의 관성 모멘트이며,
$B\dfrac{d\phi}{dt}$ 는 공기와 매달림 섬유 등의 점성에서 생기는 저항을 나타낸다.
또 $C\phi$는 지구의 자기라든가 유동장치의 뒤틀림 등에서 생겨나는 힘의
모멘트를 나타내며, 자석이 그 평형위치로 가게 만든다.

전류의 영향을 받을 때 운동방정식은 다음이 될 것이다.

$$A\frac{d^2\phi}{dt^2} + B\frac{d\phi}{dt} + C\phi = Gm\gamma \qquad (9)$$

자석의 운동을 정하려면 이 방정식을 (7)식과 결합하여 γ를 없애야
한다. 그 결과는 다음과 같다.

$$\left(L\frac{d}{dt} + R\right)\left(A\frac{d^2}{dt^2} + B\frac{d}{dt} + C\right)\phi + G^2 m^2\frac{d\phi}{dt} = 0 \qquad (10)$$

이것은 선형 3계 미분방정식이다.

그러나 우리는 이 방정식을 풀려고 하지 않는다. 그 까닭은 문제의 데
이터가 자석의 운동에 대한 관찰된 요소들이며, 이로부터 R의 값을 구
해야 하기 때문이다.

(3)식에서 회로가 끊길 때 α와 ω의 값을 각각 α_0과 ω_0이라 하자. 이
경우에 R는 무한히 크며, (10)식은 (8)식의 꼴로 축소된다. 따라서 다음
을 얻는다.

$$B = 2A\alpha_0, \qquad C = A(\alpha_0^2 + \omega_0^2) \qquad (11)$$

(10)식을 R에 대해 푼 뒤에,

$$\frac{d}{dt} = -(\alpha + i\omega), \qquad i = \sqrt{-1} \tag{12}$$

라 쓰면, 다음을 얻는다.

$$R = \frac{G^2 m^2}{A} \frac{\alpha + i\omega}{\alpha^2 - \omega^2 + 2i\alpha\omega - 2\alpha_0(\alpha + i\omega) + \alpha_0^2 + \omega_0^2}$$

$$+ L(\alpha + i\omega) \tag{13}$$

ω의 값은 일반적으로 α의 값보다 훨씬 더 크므로, 가장 좋은 R의 값은 $i\omega$가 있는 항과 같다고 놓아 구할 수 있다.

$$R = \frac{G^2 m^2}{2A(\alpha - \alpha_0)} + \frac{1}{2} L \left(3\alpha - \alpha_0 - \frac{\omega^2 - \omega_0^2}{\alpha - \alpha_0} \right) \tag{14}$$

R의 값을 i가 들어 있지 않은 항과 같다고 놓아 구할 수도 있지만, 이 항들은 작기 때문에 그 식은 관찰의 정확도를 시험하기 위한 수단으로서만 유용하다. 이 식들로부터 다음의 시험 방정식을 얻는다.

$$G^2 m^2 \{\alpha^2 + \omega^2 - \alpha_0^2 - \omega_0^2\}$$

$$= LA\{(\alpha - \alpha_0)^4 + 2(\alpha - \alpha_0)^2(\omega^2 + \omega_0^2) + (\omega^2 - \omega_0^2)^2\} \tag{15}$$

$LA\omega^2$는 $G^2 m^2$에 비해 매우 작으므로, 이 식으로부터

$$\omega^2 - \omega_0^2 = \alpha_0^2 - \alpha^2 \tag{16}$$

를 얻으며, (14)식은 다음과 같이 쓸 수 있다.

$$R = \frac{G^2 m^2}{2A(\alpha - \alpha_0)} + 2L\alpha \tag{17}$$

이 표현에서 G는 검류계 코일을 직접 측정해서 결정할 수도 있고, 아니면 그보다 나은 것으로 753절의 방법을 써서 표준코일과 비교해서 결정할 수도 있다. A는 자석과 거기에 매달린 장치의 관성 모멘트이며, 적당한 동역학적 방법을 써서 알아낼 수 있다. ω, ω_0, α, α_0은 관찰로부터 주어진다.

유동자석의 자기모멘트 m의 값을 정하는 일은 이 고찰에서 가장 어려운 부분이다. 왜냐하면 여기에는 온도, 지구의 자기력, 역학적 왜곡 등이 영향을 미치므로, 자석이 진동할 때의 바로 그 환경과 똑같은 곳에 있을 때 이 양들을 측정할 수 있도록 대단히 조심해야 하기 때문이다.

R의 둘째 항에는 L이 들어 있는데, 이것은 덜 중요하다. 왜냐하면 대개 이 항은 첫째 항에 비해 작기 때문이다. L의 값은 알고 있는 코일의 모양으로부터 계산을 통해 구할 수도 있고, 아니면 유도의 초과전류에 대한 실험을 통해 구할 수도 있다. 756절 참조.

회전코일을 사용한 톰슨의 방법

763] 이 방법은 영국협회의 전기표준위원회(Committee of the British Association on Electrical Standards)에서 톰슨이 제안한 것이며, 이 실험은 1863년에 밸포어 스튜어트(Balfour Stewart)와 플리밍 젠킨(Fleeming Jenkin)과 내가 한 것이다.[5]

원형코일이 연직방향의 축을 중심으로 일정한 속도로 회전하도록 설치한다. 코일의 중심에 명주섬유를 써서 작은 자석을 매단다. 코일에 전류가 유도되는 것은 지구의 자기와 또한 매달려 있는 유동자석 때문이다. 이 전류는 주기적이어서, 매 회전 때마다 위치가 달라지는 동안 코일의 도선을 통해 반대 방향으로 흐르지만, 유동자석에 미치는 전류의 영향은 자기경선으로부터의 편향을 코일의 회전 방향으로 만들어내는 것이다.

764] 지구자기의 수평성분을 H라 하자.

다음과 같이 기호를 정하자.

     γ: 코일에 흐르는 전류의 세기

     g: 코일에 감겨 있는 도선 전체가 감싸는 총넓이

     G: 코일의 중심에서 단위 전류에서 비롯하는 자기력

---

5) *Report of the British Association for* 1863, pp.111~176 참조.

L: 코일의 자체유도계수

M: 유동자석의 자기모멘트

θ: 코일 면과 자기경선 사이의 각

ϕ: 유동자석의 축과 자기경선 사이의 각

A: 유동자석의 관성 모멘트

$MH\tau$: 자석이 매달려 있는 섬유의 비틀림 계수

α: 비틀림이 없을 때 자석의 방위각

R: 코일의 저항

이 계의 운동에너지는 다음과 같다.

$$T = \frac{1}{2}L\gamma^2 - Hg\gamma\sin\theta - MG\gamma\sin(\theta - \phi) + MH\cos\phi + \frac{1}{2}A\phi^2 \quad (1)$$

첫째 항 $\frac{1}{2}L\gamma^2$은 전류의 에너지로서, 코일 자체에 따라 달라진다. 둘째 항은 전류와 지자기 사이의 상호작용에 따라 달라지며, 셋째 항은 전류와 유동자석의 자기 사이의 상호작용에 따라 달라지며, 넷째 항은 유동자석과 지자기 사이의 상호작용에 따라 달라지며, 마지막 항은 자석과 그를 따라 움직이는 매달린 장치 전체를 이루는 물질의 운동에너지를 나타낸다.

섬유의 비틀림에서 생겨나는 매달린 장치의 퍼텐셜 에너지 {중 가변 부분}은 다음과 같다.

$$V = \frac{MH}{2}\tau(\phi^2 - 2\phi\alpha) \quad (2)$$

전류의 전자기 운동량은

$$p = \frac{dT}{d\gamma} = L\gamma - Hg\sin\theta - MG\sin(\theta - \phi) \quad (3)$$

이며, 코일의 저항이 R라면 전류의 방정식은 다음과 같다.

$$R\gamma + \frac{d^2T}{dtd\gamma} = 0 \quad (4)$$

또는

$$\theta = \omega t \tag{5}$$

이므로,

$$\left(R + L\frac{d}{dt}\right)\gamma = Hg\omega\cos\theta + MG(\omega - \dot{\phi})\cos(\theta - \phi) \tag{6}$$

이다.

765] 자석의 방위각 ϕ가 두 종류의 주기적 진동에 따르는 것은 이론과 관찰 모두에서 마찬가지 결과이다. 그중 하나는 자유진동으로서, 그 주기가 지자기의 세기에 따라 달라지며, 실험에서는 수 초 정도가 된다. 다른 것은 강제진동으로서 그 주기가 회전코일의 주기의 절반이며, 그 진폭은 앞으로 보겠지만 눈에 띄지 않을 만큼 작다. 따라서 γ를 정할때, ϕ를 실질적으로 상수로 볼 수 있다.

이렇게 해서 다음을 얻는다.

$$\gamma = \frac{Hg\omega}{R^2 + L^2\omega^2}(R\cos\theta + L\omega\sin\theta) \tag{7}$$

$$+\frac{MG\omega}{R^2 + L^2\omega^2}\{R\cos(\theta - \phi) + L\omega\sin(\theta - \phi)\} \tag{8}$$

$$+Ce^{-\frac{R}{L}t} \tag{9}$$

마지막 항은 회전이 일정하게 계속되면 곧 사라져 버린다.

유동자석의 운동방정식은 다음과 같다.

$$\frac{d^2T}{dtd\phi} - \frac{dT}{d\phi} + \frac{dV}{d\phi} = 0 \tag{10}$$

따라서

$$A\ddot{\phi} - MG\gamma\cos(\theta - \phi) + MH\left(\sin\phi + \tau(\phi - \alpha)\right) = 0 \tag{11}$$

이다.

γ의 값을 대입하고 θ의 함수에 해당하는 항들을 배열하면, 관찰로

부터

$$\phi = \phi_0 + be^{-lt}\cos nt + c\cos 2(\theta - \beta) \tag{12}$$

임을 알 수 있다. 여기에서 ϕ_0는 ϕ의 평균값이며, 둘째 항은 점차 사그라지는 자유진동을 나타내며, 셋째 항은 편향전류의 변화에서 생겨나는 강제진동을 나타낸다.

(11)식에서 θ가 들어 있지 않기 때문에 모두 모이면 0이 되는 항들에서 시작하면, 어림으로 다음을 얻는다.

$$\frac{MG\omega}{R^2 + L^2\omega^2}\left\{Hg\left(R\cos\phi_0 + L\omega\sin\phi_0\right) + GMR\right\}$$

$$= 2MH\left(\sin\phi_0 + \tau\left(\phi_0 - \alpha\right)\right) \tag{13}$$

대개 $L\tan\phi_0$는 Gg에 비해 작기 때문에,[6] 2차방정식 (13)식의 풀이는 어림으로 다음과 같다.

$$R = \frac{Gg\omega}{2\tan\phi_0\left(1 + \tau\dfrac{\phi_0 - \alpha}{\sin\phi_0}\right)}\left\{1 + \frac{GM}{gH}\sec\phi_0 - \frac{2L}{Gg}\left(\frac{2L}{Gg} - 1\right)\tan^2\phi_0\right.$$

$$\left. -\left(\frac{2L}{Gg}\right)^2\left(\frac{2L}{Gg} - 1\right)^2\tan^4\phi_0\right\} \tag{14}$$

이 표현에서 (7)식, (8)식, (11)식의 주된 항을 대입하면,[7] (12)식에서 n의 값이 $\sqrt{\dfrac{HM}{A}}\sec\phi_0$가 됨을 알 수 있다. 강제진동의 진폭을 나타내는 c의 값은 $\dfrac{1}{4}\dfrac{n^2}{\omega^2}\sin\phi_0$이다. 따라서 자석이 한 번 강제진동하는 동

---

6) {그리고 $GM\sec\phi$도 gH에 비해 작기 때문에}—톰슨.

7) {(6)식에서 $L=0$을 대입하고 거기에서 나오는 γ의 값을 (11)식에 대입하는 것이 더 빠르고 정확하다}—톰슨.

안 코일이 여러 번 회전한다면, 자석의 강제진동의 진폭은 매우 작으며, (11)식에서 c가 들어 있는 항을 무시해도 좋다.

766] 이와 같이 전자기 단위에서의 저항은 속도 ω와 편이각 ϕ로 정해진다. 수평 방향의 지자기력 H는 실험 도중에 일정하기만 하다면 굳이 결정할 필요가 없다.

$\dfrac{M}{H}$을 결정하려면, 454절에 서술한 것처럼, 유동자석을 써서 자기력계의 자석을 편향시켜야 한다. 이 실험에서 M은 이 보정의 중요성이 이차적일 만큼 작아야 한다.

이 실험에서 필요한 다른 보정에 대해서는 *Report of the British Association for* 1863, 168쪽을 참조할 것.

줄의 열량계 방법

767] 전류 γ가 저항이 M인 도체를 지나 흐를 때 발생하는 열은 줄의 법칙(242절)에 따라

$$h = \frac{1}{J} \int R\gamma^2 dt \tag{1}$$

이다. 여기에서 J는 채택된 열의 단위를 동역학적을 매기기 위한 당량이다.

따라서 실험이 진행되는 동안 R가 일정하다면 그 값은

$$R = \frac{Jh}{\int \gamma^2 dt} \tag{2}$$

이다.

이러한 방법으로 R를 결정하려면 주어진 시간 동안 전류가 발생시키는 열 h와 전류의 세기의 제곱 γ^2을 먼저 정해야 한다.

줄의 실험[8]에서는 물이 있는 그릇에 전도 도선을 담그고 물의 온도가

---

8) *Report on Standards of Electrical Resistance of the British Association for* 1867, pp.474~522.

올라간 정도를 써서 h를 정했다. 여기에 복사 따위의 효과에 대한 보정을 하기 위해 도선을 통해 흐르는 전류가 없는 별도의 실험도 수행했다.

전류의 세기는 탄젠트 검류계를 이용하여 측정했다. 이 방법에는 지자기의 세기를 정하는 것이 연관되는데, 이것은 457절에 서술한 방법을 써서 가능하다. 하지만 $\int \gamma^2 dt$를 측정하는 가장 직접적인 방법은 전류를 자체작용 전력계(725절 참조)로 흘려보내는 것이다. 이때 전력계의 눈금은 γ^2에 비례하게끔 되어 있어야 한다. 실험이 진행되는 내내, 장치의 진동마다 최대진폭일 때 눈금을 읽으면 대체로 같은 시간 간격마다 관찰을 할 수 있다.[9]

---

9) {저항의 절대 단위를 구하는 여러 가지 방법들의 장점을 비교해놓은 *Phil. Mag*. Nov. 1882에 있는 Lord Rayleigh의 논문을 참고할 것. 본문에는 나와 있지 않지만 Lorentz의 뛰어난 방법에 대해서는 Lord Rayleigh와 Mrs. Sidgwick이 *Phil. Trans*. 1883, Part I. pp.295~322에 자세히 설명해 두었다. 이들이 쓴 또 다른 논문 "Experiments to determine the value of the British Association Unit of Resistance in Absolute Measure," *Phil. Trans*. 1882, Part II, pp.661~697도 참조할 것}—톰슨.

제19장 정전기 단위와 전자기 단위의 비교

한 전자기 단위의 전기량이 정전기 단위로 얼마가 되는지 결정하기

768] 두 단위계에서 전기 단위들의 절대적인 크기는 우리가 채택하는 길이와 시간과 질량의 단위에 따라 달라지며, 그렇게 되는 방식도 두 단위계에서 서로 다르다. 그렇기 때문에 전기 단위들의 비는 길이와 시간의 단위를 다르게 씀에 따라 다른 숫자로 표시될 것이다.

628절의 차원의 표에 따르면, 한 전자기 단위의 전기량을 정전기 단위로 나타낸 숫자는 우리가 채택한 길이 단위의 크기에 반비례하며 시간 단위의 크기에 비례하여 달라진다.

따라서 이 숫자가 수치상으로 나타내는 속도를 결정한다면, 길이와 시간의 새로운 단위를 채택하더라도 이 속도를 나타내는 숫자는 여전히 한 전자기 단위의 전기량이 정전기 단위로 얼마가 되는지 새로운 측정 단위계에 따라 나타내는 숫자가 될 것이다.

따라서 정전기 현상과 전자기 현상 사이의 관계를 지시하는 이 속도는 명확한 크기를 지니는 자연스러운 양이며, 이 양을 측정하는 것은 전기의 연구에서 매우 중요한 일 중 하나가 된다.

우리가 찾아보려는 양이 실제로 일종의 속도임을 보이기 위해, 두 평행 전류의 경우에 그중 하나(길이가 a인 부분)가 끌어당기는 힘이 686절에 의하여

$$F = 2CC'\frac{a}{b}$$

가 됨을 상기해 보자. 여기에서 C, C'은 전자기 단위에서 측정한 전류의 수치상의 값이며, b는 두 전류 사이의 거리이다. $b=2a$가 되게 고르면,

$$F = 2CC'$$

가 된다.

시간 t 동안에 전류 C를 통해 옮겨가는 전기의 양은 전자기 단위로는 Ct이며, 정전기 단위로는 nCt이다. 여기에서 n은 전자기 단위로 한 단위가 정전기 단위에서 몇 단위가 되는지 나타내는 숫자이다.

작은 도체 두 개가 시간 t 동안에 두 전류가 옮겨 주는 전기의 양으로 충전된다고 하고, 이 둘이 서로 거리 r만큼 떨어져 놓여 있다고 하자. 그 둘 사이의 밀치는 힘은

$$F' = \frac{CC'n^2t^2}{r^2}$$

이 될 것이다.

이 밀치는 힘이 전류의 끌어당기는 힘과 똑같아지도록 거리 r를 고르자. 그러면

$$\frac{CC'n^2t^2}{r^2} = CC'$$

이 될 것이다. 따라서

$$r = nt$$

가 된다. 즉 거리 r는 시간 t 동안에 비율 n으로 증가해야 한다. 따라서 n은 일종의 속도이며, 그 절대적인 크기는 어떤 단위를 가정하더라도 똑같다.

769] 이 속도에 대한 물리적 개념을 얻기 위해, 정전기 단위에서 넓이밀도가 σ인 전기로 대전되어 있는 평면이 있고, 그 평면이 그 평면이 속한 평면 안에서 속도 v로 움직이고 있다고 상상해 보자. 이 움직이는 대전면은 전류박판과 동등할 것이며, 그 면의 단위 폭을 지나 흐르는 전

류의 세기는 정전기 단위에서는 σv가 되고, 전자기 단위에서는 $\frac{1}{n}\sigma v$ 가 될 것이다. 여기에서 n은 전자기 단위로 한 단위가 정전기 단위에서 몇 단위가 되는지 나타내는 숫자이다. 이 첫 번째 평면에 평행한 다른 평면이 넓이밀도 σ'으로 대전되어 있고, 같은 방향으로 속도 v'으로 움직이고 있다면, 이것은 두 번째 전류박판과 동등할 것이다.

두 대전된 면 사이의 정전기적 척력은 124절에 따라 반대쪽 평면의 단위 넓이당 $2\pi\sigma\sigma'$이다.

두 전류박판 사이의 전자기적 인력은 653절에 따라 단위 넓이당 $2\pi uu'$ 이다. 여기에서 u와 u'은 전자기 단위에서 잰 전류의 넓이밀도이다.

그런데 $u = \frac{1}{n}\sigma v$이고 $u' = \frac{1}{n}\sigma'v'$이므로, 그 인력은

$$2\pi\sigma\sigma'\frac{vv'}{n^2}$$

이 된다.

인력과 척력의 비는 vv'과 n^2의 비와 같다. 인력과 척력이 같은 종류의 양이므로, n은 v와 같은 종류의 양, 즉 일종의 속도이어야 한다. 움직이는 두 평면의 속도가 둘 다 n과 같다고 가정하면, 인력과 척력이 같을 것이며, 두 평면 사이에 어떤 역학적 작용도 없을 것이다. 따라서 두 전기 단위의 비를 일종의 속도로 정의하되, 두 대전된 면이 이 속도로 같은 방향으로 움직이고 있을 때 상호작용이 없게 만드는 속도로 정의할 수 있다. 이 속도는 초당 약 30만 킬로미터이므로 위에서 서술한 실험을 수행하는 것은 불가능하다.

770] 전기의 넓이밀도와 속도를 대단히 크게 만들어서 자기력이 측정 가능한 양이 된다면, 적어도 움직이는 대전체가 전류와 동등하다는 우리의 가정을 확인할 수 있을 것이다.

공기 중에서 대전된 면이 불꽃을 일으키며 저절로 방전하기 시작하는 것은 전기력 $2\pi\sigma$가 130의 값이 될 때라고 가정할 수 있다.[1] 전류박판

---

1) W. Thomson, *R.S. Proc.* 또는 별쇄본의 제19절, 247~259쪽.

에서 비롯되는 자기력은 $2\pi\sigma\frac{v}{n}$이다. 영국에서 수평지자기력은 0.175 쯤이다. 따라서 표면을 최대한도로 대전시켜 초당 100미터의 속도록 움 직인다면, 자석에 작용하는 힘은 지구의 수평 자기력의 4000분의 1 정 도가 되며, 이 양은 측정가능하다. 대전된 면은 자기경선의 평면에서 회 전하는 절연체 원판으로 할 수 있고, 자석은 오르락내리락하는 원판 부 분에 가깝게 놓을 수 있으며, 금속으로 만든 막을 써서 그 정전기 작용 을 차단할 수 있다. 지금까지 이 실험이 시도된 적이 있는지는 모르겠 다.[2]

I. 전기의 두 단위의 비교

771] 전자기 단위와 정전기 단위의 비는 일종의 속도로 표현되기 때 문에 앞으로는 이를 v라는 기호로 표시하겠다. 이 속도를 처음 수치상 으로 구한 것은 베버와 콜라우시였다.[3]

이들의 방법은 같은 양의 전기를 처음에는 정전기 단위로 그다음에는 전자기 단위로 측정하는 것에 바탕을 둔 것이었다.

측정된 전기의 양은 라이덴병의 전하량이었다. 정전기 단위에서는 라 이덴병의 용량에 그 피복 부분의 전위차를 곱한 것으로 전하가 측정되 었다. 라이덴병의 용량은 다른 물체로부터 떨어져 있는 열린 공간에 매 달아 놓은 공의 용량과 비교해서 정해졌다. 그런 공의 용량은 정전기 단 위에서 그 반지름으로 나타난다. 따라서 라이덴병의 용량을 구할 수 있 고 이를 어떤 길이로 표현할 수 있다. 227절 참조.

라이덴병의 피복 부분의 전위차는 피복을 전위계의 전극에 연결해서 측정할 수 있다. 전위차 E를 정전기 단위에서 찾아내려면, 전위계의 상

---

2) {이 효과는 1876년에 롤란드(Rowland) 교수가 발견했다. 이 주제로 수행된 이 후의 실험들에 대하여 Rowland & Hutchinson, *Phil. Mag.* 27. 445(1887); Rontgen, *Wied. Ann.* 40. 93; Himstedt, *Wied. Ann.* 40. 720 참조}—톰슨.
3) Kohlrausch, *Elektrodynamische Maasbestimmungen* and Pogg., *Ann.* xcix(Aug. pp.10~25, 1856).

수들은 조심스럽게 결정해야 한다.

이 값에 라이덴병의 용량 c를 곱하면 라이덴병의 전하량을 정전기 단위에서 표현한 것이 된다.

전하량의 값을 전자기 단위에서 결정하려면, 검류계의 코일을 통해 라이덴병을 방전시켜야 한다. 검류계의 자석에 생기는 임시전류의 효과는 일정한 각속도로 자석에 전달된다. 그러면 자석은 어떤 편향을 이루면서 빙글 돌 것이며, 그 편향에서 지자기가 반대쪽으로 작용하기 때문에 자석의 속도는 0이 될 것이다.

자석의 최대편향을 관찰하면 방전되는 전기의 양을 전자기 단위에서 결정할 수 있다. 748절에서처럼 다음 공식을 이용한다.

$$Q = \frac{H}{G}\frac{T}{\pi}2\sin\frac{1}{2}\theta$$

여기에서 Q는 전자기 단위에서 잰 전기의 양이다. 그러므로 우리는 다음의 양들을 구해야 한다.

H: 지자기의 수평성분의 세기. 456절 참조

Q: 검류계의 주요 상수. 700절 참조

T: 자석이 한 번 진동하는 데 걸리는 시간

θ: 임시전류에서 비롯되는 편향

베버와 콜라우시가 얻은 v의 값은 다음과 같았다.

$$v = 310740000 m/s$$

딱딱한 절연체는 전기흡수(electric absorption)라 하는 성질을 지니고 있어서, 라이덴병의 용량을 제대로 추정하기가 힘들게 만든다. 라이덴병의 겉보기 용량은 라이덴병을 충전할 때부터 방전할 때까지 걸리는 시간과 퍼텐셜의 측정에 따라 달라지며, 그 시간이 길수록 라이덴병의 용량으로 얻는 값이 더 커진다.

따라서 전위계의 눈금을 읽는 데 걸리는 시간이 검류계를 통하여 방전이 일어나는 시간에 비해 길기 때문에, 정전기 단위에서 방전의 추정이 너무 높을 수도 있고, 거기에서 유도된 v의 값도 너무 클 수 있다.

II. 저항으로 표현한 'v'

772] v를 정하는 다른 두 가지 방법은 그 값을 특정 도체의 저항으로 나타내는 것이다. 이 값은 전자기 단위계에서는 일종의 속도로 표현될 수도 있다.

톰슨 경이 했던 것 같은 실험에서는 저항이 매우 큰 도선을 통해 일정한 전류가 흐르게 만든다. 도선을 통해 전류가 흐르게 만드는 기전력은 도선의 양 끝을 절대 전위계의 두 전극에 연결하여 정전기적으로 측정된다. 217절 및 218절 참조. 도선에 흐르는 전류의 세기를 전자기 단위로 측정하려면, 도선이 지나가는 곳에 놓여 있는 동력전류계의 유동 코일의 편향을 이용한다. 725절 참조. 회로의 저항은 표준 코일이나 옴과 비교하여 전자기 단위로 알 수 있다. 전류의 세기에 이 저항을 곱하면 전자기 단위에서 기전력을 얻게 되며, 이를 정전기 단위의 값과 비교하여 v를 얻게 된다.

이 방법에는 두 가지의 힘을 동시에 정하는 것이 필요하다. 그 각각은 전위계와 동력전류계를 이용하여 정한다. 결과에 나타나는 것은 이 두 힘의 비일 뿐이다.

773] 이 두 힘을 따로 측정하는 대신에 서로 직접 반대로 작용하게 만드는 방법을 이 책의 저자가 고안했다. 저항이 매우 큰 코일의 양 끝을 평행한 두 원판에 연결한다. 그중 한 원판은 움직일 수 있는 것이다. 이 거대저항을 통해 전류가 흐르게 만드는 전위차가 그대로 이 두 원판이 서로 끌어당기는 힘을 받게 한다. 동시에 실제 실험에서는 묶여 있는 두 코일을 통해, 일차전류와 구별되는 전류가 흐른다. 하나는 고정원판의 뒤쪽으로, 다른 하나는 유동원판의 뒤쪽으로 흐른다. 전류는 이 두 코일을 통해 반대 방향으로 흐르게 되며, 따라서 두 전류는 서로 밀친다. 두 원판 사이의 거리를 조정하면, 끌어당기는 힘이 그 밀치는 힘과 정확히 균형을 이루도록 할 수 있고, 동시에 다른 관찰자가 분류기가 달리 미분

검류계를 써서 일차전류와 이차전류의 비를 구한다.

　이 실험에서 표준물질을 기준으로 해야 하는 측정은 거대저항을 측정할 때뿐이다. 이는 옴(표준저항)과 비교해서 절대적인 측정으로 결정되어야 한다. 다른 측정들에서는 비를 정하는 것만 요구되며, 따라서 임의의 어떤 단위로 결정해도 좋다.

　그러므로 두 힘의 비는 등식의 비이다.

　두 전류의 비는 미분검류계에 편향이 없을 때 두 저항을 비교하여 구해진다.

　끌어당기는 힘은 두 원판의 지름과 두 원판 사이의 거리의 비의 제곱에 따라 달라진다.

　밀치는 힘은 코일의 지름과 두 코일 사이의 거리의 비에 따라 달라진다.

　그러므로 v의 값은 거대저항의 저항을 써서 직접 표현되며, 이를 그 자체로 옴(표준저항)과 비교하는 것이다.

　톰슨의 방법을 써서 구한 v의 값은 28.2옴이며,[4] 맥스웰의 방법으로는 28.8옴이다.[5]

III. 전자기 단위에서 잰 정전기 용량

　774] 축전기에서 전하를 만들어내는 기전력과 방전되는 전류에 있는 전기의 양을 비교해 보면, 축전기의 용량을 전자기단위로 확인할 수 있다. 볼타전지를 써서 저항이 매우 큰 코일이 들어 있는 회로를 통해 전류가 유지되게 한다. 축전기의 전극을 저항코일의 전극에 접촉시켜서 축전기를 충전시킨다. 코일을 지나는 전류는 검류계에서 생겨나는 편향으로 측정할 수 있다. 이 편향을 라 하며, 전류는 742절에 따라

$$\gamma = \frac{H}{G}\tan\phi$$

---

4) *Report of British Association* 1869, p.434.

5) *Phil. Trans.*, 1868, p.643; and *Report of British Association* 1869, p.436.

가 된다. 여기에서 H는 지자기의 수평성분이며, G는 검류계의 주요 상수이다.

이 전류가 흘러가게 되어 있는 코일의 저항을 R라 하면, 코일의 양 끝 사이의 전위차는

$$E = R\gamma$$

가 되며, 전자기 단위에서 용량이 C인 축전기에 생성되는 전기의 전하는

$$Q = EC$$

가 될 것이다.

이제 축전기의 두 전극을 회로에서 분리시키고, 그다음에 검류계의 두 전극을 분리시킨 뒤, 검류계의 자석이 평형위치에 와서 멈출 때까지 기다린다. 그다음 축전기의 두 전극을 검류계의 두 전극에 연결한다. 검류계를 통해 임시전류가 흐를 것이며, 자석이 최대 편향 θ만큼 흔들릴 것이다. 그러면 748절에 따라 방전된 양이 충전된 양과 같을 때,

$$Q = \frac{H}{G}\frac{T}{\pi}2\sin\frac{1}{2}\theta$$

가 된다. 따라서 축전기의 용량의 값을 전자기 단위에서 구하면 다음과 같이 된다.

$$C = \frac{T}{\pi}\frac{1}{R}\frac{2\sin\frac{1}{2}\theta}{\tan\phi}$$

결국 축전기의 용량을 다음의 양들을 써서 결정한 것이다.

T: 검류계의 자석이 멈춰 있다가 다음에 멈출 때까지 걸리는 진동 시간

R: 코일의 저항

θ: 방전 때문에 생기는 자석의 흔들림의 최대값

ϕ: 코일 R를 통해 흐르는 전류에서 비롯되는 일정한 편향

이 방법을 사용하여 축전기의 용량을 전자기 단위에서 구한 것은 플

리밍 젠킨 교수였다.[6]

같은 축전기의 용량을 정전기 단위로 c라 하자. 이것은 기하학적인 자료를 써서 용량을 계산할 수 있는 축전기와 비교하여 얻은 값이다. 그러면

$$c = v^2 C$$

가 된다.

따라서

$$v^2 = \pi R \frac{c}{T} \frac{\tan\phi}{2\sin\frac{1}{2}\theta}$$

이다.

그러므로 v의 값은 이러한 방법으로 구할 수 있다. 이는 R를 전자기 단위로 구하는 것에 의존한다. 하지만 R의 제곱근에만 관련되므로, 이를 결정할 때의 오차가 v의 값에 영향을 미치는 것은 772절과 773절의 방법보다 작을 것이다.

간헐전류

775] 전지가 있는 회로의 도선을 어느 곳에선가 끊고, 끊어진 두 끝을 축전기의 두 전극에 연결한다면, 전류는 축전기 속으로 흘러들어갈 것이며, 그 세기는 축전기의 두 판의 전위차가 커짐에 따라 점점 감소할 것이다. 그래서 축전기가 도선에 작용하는 기전력에 따라 최대한도로 충전되면 전류가 완전히 멈출 것이다.

이제 축전기의 두 전극을 도선의 양 끝에서 분리시킨 뒤에, 이를 반대의 순서로 다시 연결하면, 축전기가 도선을 통해 방전하게 될 것이다. 그런 뒤에는 반대의 방식으로 재충전될 터이므로, 임시전류가 도선을 통해 흐를 것이며, 그 전체 양은 축전기의 두 전하와 같다.

---

6) Fleeming Jenkin, *Report of British Association* 1867, pp.483~488.

흔히 정류기(commutator 또는 wippe)라 하는 장치를 쓰면, 축전기의 연결을 뒤집는 조작을 규칙적인 시간 간격을 두고 반복할 수 있다. 그 시간 간격이 모두 T와 같다고 하자. 이 간격이 충분히 길어서 축전기가 완전히 방전할 수 있다면, 도선을 통해 전달되는 전기의 양은 간격마다 $2EC$가 될 것이다. 여기에서 E는 기전력이며, C는 축전기의 용량이다.

회로 안에 들어 있는 검류계의 자석이 무거워서 매우 천천히 흔들리기 때문에 자석이 한 번 자유롭게 진동하는 시간 동안에 축전기의 방전이 매우 많이 일어날 수 있다고 하면, 연속되는 방전이 자석에 작용하는 것이 마치 일정한 전류가 세기 $\dfrac{2EC}{T}$ 로 흐르는 것과 같을 것이다.

이제 축전기를 제거하고 그 대신에 저항코일을 집어넣은 뒤, 검류계를 지나 흐르는 일정한 전류가 방전이 연속될 때마다 똑같은 편향을 만들어낼 때까지 이를 조정한다. 이와 같은 상황에서 전체 회로의 저항이 R라면,

$$\frac{E}{R} = \frac{2EC}{T} \tag{1}$$

또는

$$R = \frac{T}{2C} \tag{2}$$

가 된다.

따라서 얼마의 전기저항이 있는 도선에 대해 운동하고 있는 정류기를 축전기와 비교할 수 있다. 이 저항을 결정하기 위해 345절에서 357절까지 서술된 다른 저항측정법을 이용할 수도 있다.

776] 이러한 목적으로, 미분검류계의 방법(346절)이나 휘트스톤 브리지의 방법(347절)을 쓸 때, 도선 중 어느 하나를 다른 것으로 대치할 수 있다. 어느 경우이든 검류계의 편향이 0이라고 가정하자. 처음에 축전기와 정류기를 도선 대신 넣고, 다음에는 저항이 R_1인 코일을 대신 넣는다. 그러면 $\dfrac{T}{2C}$ 라는 양이 회로의 저항으로 측정될 것이다. 코일 R_1

은 그 회로의 일부를 형성하고 있으며, 회로의 나머지 부분은 전지가 포함된 전도계이다. 따라서 우리가 계산해야 하는 저항 R는 저항코일의 저항 R_1과 계의 나머지 부분(전지를 포함함)의 저항 R_2의 합과 같다. 저항코일의 끝부분은 계의 전극으로 선택한다.

미분검류계와 휘트스톤 브리지의 경우에는 축전기 대신 저항을 바꾸어 넣는 둘째 실험을 할 필요가 없다. 이런 목적으로 요구되는 저항의 값은 계의 다른 알려진 저항들로부터 계산으로 구할 수 있다.

347절의 기호법을 사용하자. 휘트스톤 브리지에서 도체 AC 대신 축전기와 정류기를 대치하고, OA에 검류계를 삽입했다고 가정하자. 검류계의 편향이 0이라면, 코일의 저항은 다음과 같다. (코일을 AC에 두었다면 0의 편향을 얻었을 것이다.)

$$b = \frac{c\gamma}{\beta} = R \qquad (3)$$

저항의 나머지 부분 R_2는 도체 AO, OC, AB, BC, OB의 계의 저항이다. 두 점 A와 C는 전극으로 간주한다. 그러므로

$$R_2 = \frac{\beta(c+a)(\gamma+\alpha) + ca(\gamma+a) + \gamma\alpha(c+a)}{(c+\alpha)(\gamma+a) + \beta(c+a+\gamma+\alpha)} \qquad (4)$$

이다. 이 표현에서 a는 전지와 그 연결부위의 내부저항을 가리킨다. 그 값을 명확하게 결정할 수 없다. 그러나 그 내부저항이 다른 저항들에 비해 작게 만들면 이 불확실성이 R_2의 값에 미치는 영향은 아주 작을 것이다.

축전기 용량의 값은 전자기 단위계로

$$C = \frac{T}{2(R_1+R_2)} \qquad (5)$$

가 된다.

(톰슨의 주)

{이 방법은 축전기의 용량을 전자기 단위로 측정하는 데에 매우 중요

하기 때문에, 보조 고리가 달려 있는 원통의 경우에 적용시켜 좀더 상세한 고찰을 덧붙인다.

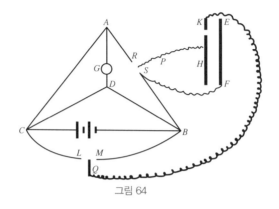

그림 64

이 측정에 사용된 장치는 첨부한 그림에 나타냈다.

*ABCD*는 휘트스톤 브리지이며, *G*에 검류계가 있고, *B*와 *C*에 전지가 있다. 가지 *AB*를 정류기의 두 극 *R*와 *S*에서 끊는다. *R*와 *S*는 용수철 *P*와 교대로 접촉했다 떨어졌다 한다. 용수철은 다시 축전기의 중간판 *H*에 연결되어 있다. 보조 고리가 없는 판은 *S*에 연결되어 있다. 두 점 *C*와 *B*는 각각 정류기의 두 극 *L*과 *M*에 연결되어 있고, 이는 용수철 *Q*와 교대로 접촉했다 떨어졌다 한다. *Q*는 축전기의 보조 고리에 붙여져 있다. 계는 정류기가 작동할 때 다음과 같은 순서로 사건이 일어나게끔 배치되어 있다. 즉

1. *P*와 *S*가 연결됨:	축전기의 방전
*Q*와 *M*이 연결됨:	보조 고리의 방전
2. *P*와 *R*가 연결됨:	축전기가 충전되기 시작함
*Q*와 *M*이 연결됨	
3. *P*와 *R*가 연결됨:	축전기가 (*A*)−(*B*)의 퍼텐셜만큼 완전히 충전됨
*Q*와 *L*이 연결됨:	보조 고리가 (*C*)−(*B*)의 퍼텐셜만큼 완전히 충전됨

4. P와 S가 연결됨: 축전기가 방전되기 시작

   Q와 L이 연결됨

5. P와 S가 연결됨: 축전기의 방전

   Q와 M이 연결됨: 보조 고리의 방전

따라서 정류기가 작동하고 있는 동안에는 축전기로 흐르는 전기체의 흐름 때문에 검류계를 지나는 순간적인 전류가 차례로 있게 될 것이다. 저항을 잘 조절하여, 검류계에 흐르는 이 순간 전류가 일정하게 흐르는 전류에서 비롯되는 효과와 정확히 균형을 맞추게끔 하면, 검류계의 바늘이 편향되지 않는다.

이런 경우에 저항들 사이의 관계를 고찰하기 위해 다음과 같이 가정해 보자.

$$\dot{x} = BC를\ 지나는\ 전류$$

$$\dot{y} = AR를\ 지나는\ 전류$$

$$\dot{z} = AD를\ 지나는\ 전류$$

$$\dot{w} = CL을\ 지나는\ 전류$$

모두 보조 고리와 축전기가 충전되고 있는 동안의 전류이다.

따라서 다섯 개의 가지 BC, AC, AD, BD, CD의 저항을 각각 $a, b, \alpha,$ β, γ라 하고, 검류계의 자체유도계수를 L이라 하고, 전지의 기전력을 E라 하면, 회로 ADC와 BCD에서 각각

$$L\ddot{z} + (b + \gamma + \alpha)\dot{z} + (b + \gamma)\dot{y} + \gamma\dot{w} - \gamma\dot{x} = 0 \qquad (1)$$

$$(a + \gamma + \beta)\dot{x} - (\gamma + \beta)\dot{y} - \gamma\dot{z} - (\gamma + \beta)\dot{w} - E = 0 \qquad (2)$$

이 성립한다.

이제 전류는 다음과 같은 종류의 방정식으로 표현됨은 분명하다.

$$\dot{x} = \dot{x}_1 + \dot{x}_2$$

$$\dot{z} = \dot{z}_1 + \dot{z}_2$$

여기에서 $\dot{x}_1$과 $\dot{z}_1$은 전기체가 축전기 안으로 흘러들어가지 않을 때의 일정한 전류를 나타내고, $\dot{x}_2$와 $\dot{z}_2$는 각각 $Ae^{-\lambda t}$, $Be^{-\lambda t}$의 꼴로서, 축전기의 충전으로 인한 전류의 가변부분을 나타낸다. $\dot{y}$와 $\dot{w}$는 $Ce^{-\lambda t}$, $De^{-\lambda t}$의 꼴이 될 것이다. 이 모든 표현에서 t는 축전기가 충전되기 시작한 이후의 경과시간이다.

(1)식과 (2)식에는 상수항들과 $e^{-\lambda t}$가 곱해져 있는 항들이 들어 있을 것이다. 후자의 항들은 따로따로 사라져야 한다. 따라서 다음이 성립한다.

$$L\ddot{z}_2 + (b + \gamma + \alpha)\dot{z}_2 + (b + \gamma)\dot{y} + \gamma\dot{w} - \gamma\dot{x}_2 = 0 \qquad (3)$$

$$(a + \gamma + \beta)\dot{x}_2 - (\gamma + \beta)\dot{y} - \gamma\dot{z}_2 - (\gamma + \beta)\dot{w} = 0 \qquad (4)$$

축전기가 충전된 결과로 검류계와 전지를 지나가는 전기체의 양을 각각 Z, X라 하자. 또 축전기와 보조 고리에 충전되는 전하를 각각 Y와 W라 하자. (3)식과 (4)식을 시간으로 적분하되, 축전기가 충전되기 시작하기 직전부터 완전히 충전되기까지 적분하면 다음을 얻는다. 이때 각각의 시간에 $\dot{z}_2 = 0$임을 기억한다.

$$(b + \gamma + \alpha)Z + (b + \gamma)Y + \gamma W - \gamma X = 0$$

$$(a + \gamma + \beta)X - (\gamma + \beta)Y - \gamma Z - (\gamma + \beta)W = 0$$

따라서 X를 소거하면 다음을 얻는다.

$$Z\left(b + \gamma + \alpha - \frac{\gamma^2}{a + \gamma + \beta}\right) + Y\left(b + \gamma - \frac{\gamma(\gamma + \beta)}{a + \gamma + \beta}\right) + W\gamma\frac{\alpha}{a + \gamma + \beta} = 0$$

실제적으로는 전지의 저항이 β나 b나 γ에 비해 매우 작으므로, 셋째 항은 둘째 항에 비해 무시할 수 있고, 전지의 저항을 무시하면 다음을 얻는다.

$$Z = -\frac{b}{b + \gamma + \alpha - \dfrac{\gamma^2}{\gamma + \beta}} Y$$

축전기가 완전히 충전되었을 때 A, B, D의 퍼텐셜을 $\{A\}$, $\{B\}$, $\{D\}$로 나타내면, 축전기의 용량을 C라 할 때,

$$Y = C[\{A\} - \{B\}]$$

가 된다.

그런데

$$\frac{\{A\} - \{B\}}{\alpha + \beta \dfrac{(b + \alpha + \gamma)}{\gamma}} = \frac{\{A\} - \{D\}}{\alpha}$$

이다.

이 식의 오른편은 명백하게 $\dot{z}_1$, 즉 검류계를 지나는 일정한 전류이다. 따라서

$$Y = C\dot{z}_1 \left(\alpha + \beta \frac{(b + \alpha + \gamma)}{\gamma} \right) \tag{5}$$

$$Z = -\dot{z}_1 bC \frac{\left\{ \alpha + \beta \dfrac{(b + \alpha + \gamma)}{\gamma} \right\}}{b + \gamma + \alpha - \dfrac{\gamma^2}{\gamma + \beta}} \tag{6}$$

를 얻는다.

축전기가 초당 n번 충전된다면, 그 결과로 검류계를 지나가는 전기체의 양은 초당 nZ이다. 만일 검류계의 바늘이 편향되지 않고 멈춰 있다면, 단위 시간 동안 검류계를 지나가는 전기체의 양은 0이어야 한다. 그러나 이 양은 $nZ + \dot{z}_1$이므로, 따라서

$$nZ + \dot{z}_1 = 0$$

이다. 이 관계를 (6)식에 대입하면 다음을 얻는다.

$$C = \frac{1}{n}\frac{\gamma}{b\beta}\frac{\left\{1 - \dfrac{\gamma^2}{(\gamma+\beta)(b+\alpha+\gamma)}\right\}}{1 + \dfrac{\gamma\alpha}{(b+\alpha+\gamma)\beta}} \tag{7}$$

저항과 속도를 알면, 이 방정식으로부터 용량을 계산할 수 있다. J.J. Thomson & Searle, "A Determination of 'v' ", *Phil. Trans.* 1890, A, p.583. 참조}

777] 축전기의 용량이 크다면, 그리고 정류기의 운동이 매우 빠르다면, 축전기는 매 반전마다 완전히 방전되지 않을 수도 있다. 방전하는 동안 전류의 방정식은

$$Q + R_2 C \frac{dQ}{dt} + EC = 0 \tag{6}$$

이다. 여기에서 Q는 전하이고, C는 축전기의 용량이며, R_2는 축전기의 두 전극 사이에 있는 계의 나머지 부분의 저항이며, E는 전지와 연결되어 생기는 기전력이다.

따라서

$$Q = (Q_0 + EC)\,e^{-\frac{1}{R_2 C}} - EC \tag{7}$$

이다. 여기에서 Q_0은 Q의 처음 값이다.

매 방전마다 접촉을 유지하는 시간을 τ라 하면, 각 방전의 양은

$$Q = 2EC\,\frac{1 - e^{-\frac{\tau}{R_2 C}}}{1 + e^{-\frac{\tau}{R_2 C}}} \tag{8}$$

이다.

(4)식에서 c와 γ를 β와 a에 비해 크게 만들면, $R_2 C$로 나타내지는 시간은 τ에 비해 충분히 작게 만들 수 있으며, 따라서 지수 표현의 값을 계산할 때 (5)식에 있는 C의 값을 쓸 수 있다. 이렇게 해서

$$\frac{\tau}{R_2 C} = 2 \frac{R_1 + R_2}{R_2} \frac{\tau}{T} \tag{9}$$

를 얻는다. 여기에서 R_1은 동등한 효과를 만들어내기 위해 축전기 대신 대치해야 하는 저항이다. R_2는 계의 나머지 부분의 저항이며, T는 방전의 시작과 다음 방전의 시작 사이의 시간간격이며, τ는 각 방전에 대한 접촉의 지속시간이다. 이렇게 해서 C의 보정된 값을 전자기 단위계에서 다음과 같이 얻는다.

$$C = \frac{1}{2} \frac{T}{R_1 + R_2} \frac{1 + e^{-2 \frac{R_1 + R_2}{R_2} \frac{\tau}{T}}}{1 - e^{-2 \frac{R_1 + R_2}{R_2} \frac{\tau}{T}}} \tag{10}$$

IV. 축전기의 정전기 용량과 코일의 자체유도의 전자기 용량을 비교하기

778] 전도회로의 두 점 사이의 저항이 R일 때, 이 두 점을 용량이 C인 축전기의 두 전극으로 이으면, 회로에 기전력이 작용하여 전류의 일부가 저항 R를 지나는 대신에 축전기를 충전하는 데에 사용될 것이다. 따라서 저항 R를 지나는 전류는 0으로부터 최종의 값까지 서서히 오를 것이다. 수학이론에서 R를 지나는 전류가 0으로부터 최종의 값까지 오르는 방식을 표현하는 공식은 전자석의 코일을 통해 일정한 기전력을 받는 전류의 값을 표현하는 공식과 정확히 같은 종류이다. 따라서 휘트스톤 브리지의 두 대립 요소로 축전기와 전자석을 둘 수 있으며, 검류계를 지나는 전류가 언제나 0이 되게 할 수 있다. 전지회로를 연결하거나 끊는 순간에도 그러하다.

그림 65에서 휘트스톤 브리지의 네 요소의 저항을 각각 P, Q, R, S라 하자. 저항이 Q인 AH 요소 부분을 자체유도 계수가 L인 코일로 채우자. 그리고 전기용량이 C인 축전기의 두 전극을 두 점 F와 Z에 저항이 작은 조각을 써 연결하자. 간단하게 하기 위해 검류계 G

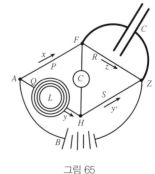

그림 65

에서, 그리고 F와 H에 연결된 전극에서 전류가 흐르지 않는다고 가정한다. 이 조건이 충족되지 않을 때 검류계를 지나는 전류를 계산할 필요가 있는 것은 이 방법의 정확도를 추정하고 싶을 때뿐이다.

요소 AF를 지나가는 전기체의 총량을 x라 하고, 시간 t일 때 FZ를 지나가는 전기체의 총량을 z라 하자. 그러면 $x-z$는 축전기의 전하가 될 것이다. 축전기의 두 전극 사이에 작용하는 기전력은 옴의 법칙에 따라 $R\dfrac{dz}{dt}$이며, 따라서 축전기의 용량을 C라 하면

$$x - z = RC\frac{dz}{dt} \tag{1}$$

요소 AH를 지나가는 전기체의 총량을 y라 하면, A로부터 H까지의 기전력은 A로부터 F까지의 기전력과 같아야 한다. 또는

$$Q\frac{dy}{dt} + L\frac{d^2y}{dt^2} = P\frac{dx}{dt} \tag{2}$$

이다.

검류계를 지나는 전류가 없으므로, HZ를 지나가는 양도 y이어야 하며, 따라서

$$S\frac{dy}{dt} = R\frac{dz}{dt} \tag{3}$$

이다.

(2)식에 (1)식에서 산출되는 x의 값을 대입하고 (3)식과 비교하면, 검류계를 지나는 전류가 없다는 조건은 다음과 같이 된다.

$$RQ\left(1 + \frac{L}{Q}\frac{d}{dt}\right)z = SP\left(1 + RC\frac{d}{dt}\right)z \tag{4}$$

최종 전류가 없다는 조건은 보통의 휘트스톤 브리지에서와 마찬가지로

$$QR = SP \tag{5}$$

이다.

전지 연결을 잇거나 끊을 때 전류가 없다는 별도의 조건은

$$\frac{L}{Q} = RC \qquad (6)$$

이다.

여기에서 $\frac{L}{Q}$ 과 RC는 각각 요소 Q와 R의 시간상수(또는 시상수)이다. 만일 Q나 R를 변화시켜서, 회로를 잇거나 끊을 때, 또는 전류가 정상일 때, 검류계에 전류가 전혀 나타나지 않도록 휘트스톤 브리지의 요소들을 조정할 수 있다면, 코일의 시간상수는 축전기의 시간상수와 같다는 것을 알게 된다.

전자기 단위에서 자체유도계수 L은 기하학적 자료가 알려진 두 회로의 상호유도계수를 비교하여 결정할 수 있다(756절). 이는 길이 차원의 양이다.

정전기 단위에서 축전기의 전기용량은 기하학적 자료가 알려진 축전기와 비교하여 결정할 수 있다(229절). 이 양 c도 길이의 차원이다. 전자기 단위에서 전기용량은

$$C = \frac{c}{v^2} \qquad (7)$$

이다.

이 값을 (6)식에 대입하면 v^2의 값에 대해 다음을 얻는다.

$$v^2 = \frac{c}{L} QR \qquad (8)$$

여기에서 c는 정전기 단위에서 축전기의 용량이며, L은 전자기 단위에서 코일의 자체유도계수이며, Q와 R는 전자기 단위에서 저항이다. 이 방법으로 결정된 v의 값은 두 번째 방법(772절과 773절)에서와 마찬가지로 저항의 단위를 무엇으로 결정하는가에 따라 달라진다.

V. 축전기의 정전기 용량과 코일의 자체유도 전자기 용량을 조합한 방법

779] 축전기의 전기용량을 C라 하고, 그 표면을 저항이 R인 도선으

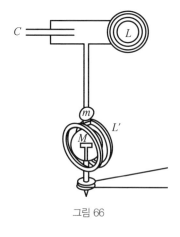

그림 66

로 잇는다. 이 도선에 코일 L과 L'을 삽입하고, 두 자체유도 용량의 합을 L이라 하자.[7] 코일 L'을 겹실 매달림 장치로 매달아 놓자. 이는 수직면에 있는 두 평행한 코일로 이루어져 있으며, 그 사이에는 자석 M이 달려 있는 수직축이 지나간다. 그 축은 코일 L' 사이의 수평면에서 회전한다.[8] 코일 L의 유도계수는 크며, 코일 L은 고정되어 있다. 매달린 코일 L'은 자석이 회전하면서 빈 케이스의 회전하는 부분을 에워싸서 생기는 공기의 흐름으로부터 차단되어 있다.

자석이 운동하면 코일에 전류가 유도되며, 이 유도전류에 자석이 작용하면, 매달린 코일이 자석의 회전 방향으로 편향된다. 유도전류의 세기와 매달린 코일의 편향되는 각의 크기를 구해 보자.

축전기 C의 위쪽 면에 있는 전기체의 전하량을 x라 하고, 이 전하량을 만들어내는 기전력을 E라 하자. 그러면 축전기의 이론으로부터

$$x = CE \tag{1}$$

이다.

또한 전류의 이론으로부터

---

7) 본문에서는 코일을 지칭하는 기호 L, L'과 두 코일의 자체유도 용량의 합을 나타내는 물리량의 기호 L을 구분 없이 모두 이탤릭체 L로 나타내고 있다. 방정식에 나타나는 L을 모두 후자의 의미로, 문장 중에 나오는 L을 모두 전자의 의미로 이해하면 혼동의 여지는 없다. 다만 의미를 분명하게 하기 위해 한국어 번역판에는 후자의 의미는 이탤릭체로, 전자의 의미는 로만체로 표시했다—옮긴이.

8) 본문에는 "코일 $L'L'$ 사이의 수평면"이라고 되어 있다—옮긴이.

$$Rx + \frac{d}{dt}(Lx + M\cos\theta) + E = 0 \tag{2}$$

이다. 여기에서 M은 자석의 축이 코일 평면에 수직할 때 회로 L'의 전자기 운동량이며, θ 자석의 축과 이 법선 사이의 각이다.

따라서 x를 구하기 위한 방정식은

$$CL\frac{d^2x}{dt^2} + CR\frac{dx}{dt} + x = CM\sin\theta\frac{d\theta}{dt} \tag{3}$$

이다.

코일이 평형위치에 있다면, 그리고 자석의 회전이 균일하다면, 각속도를 n이라 할 때,

$$\theta = nt \tag{4}$$

이다.

전류에 대한 표현은 두 부분으로 이루어진다. 하나는 방정식의 오른편에 있는 항과 무관한 부분이고, 시간의 지수함수로 감소한다. 다른 부분은 강제 전류라 부를 수 있는데, θ의 항에만 전적으로 의존하며 다음과 같이 쓸 수 있다.

$$x = A\sin\theta + B\cos\theta \tag{5}$$

이 식을 (3)식에 넣어 A와 B의 값을 구하면 다음을 얻는다.

$$x = -MCn\frac{RCn\cos\theta - (1 - CLn^2)\sin\theta}{R^2C^2n^2 + (1 - CLn^2)^2} \tag{6}$$

자석이 코일 L'에 작용할 때의 힘의 모멘트는

$$\Theta = -x\frac{d}{d\theta}(M\cos\theta) = M\sin\theta\frac{dx}{dt} \tag{7}$$

로 주어지며, 자석에 작용하는 힘의 모멘트의 반대이다. 코일은 가정에 의하여 고정되어 있다고 본다.

이 표현을 한 바퀴에 대해 t로 적분하여 시간으로 나누면, Θ의 평균

값으로 다음을 얻는다.

$$\overline{\Theta} = \frac{1}{2} \frac{M^2 RC^2 n^3}{R^2 C^2 n^2 + (1 - CLn^2)^2} \qquad (8)$$

코일에 상당한 정도의 관성 모멘트가 있다면, 그 강제된 진동은 매우 작을 것이며, 그 평균 편향은 $\overline{\Theta}$에 비례할 것이다.

자석의 각속도 n_1, n_2, n_3에 해당하는 관찰된 편향을 D_1, D_2, D_3이라 하면, 일반적으로

$$P \frac{n}{D} = (\frac{1}{n} - CLn)^2 + R^2 C^2 \qquad (9)$$

이다. 여기에서 P는 상수이다.

이런 모양의 세 방정식에서 P와 R를 소거하면 다음을 얻는다.

$$C^2 L^2 = \frac{1}{n_1^2 n_2^2 n_3^2} \frac{\frac{n_1^3}{D_1}(n_2^2 - n_3^2) + \frac{n_2^3}{D_2}(n_3^2 - n_1^2) + \frac{n_3^3}{D_3}(n_1^2 - n_2^2)}{\frac{n_1}{D_1}(n_2^2 - n_3^2) + \frac{n_2}{D_2}(n_3^2 - n_1^2) + \frac{n_3}{D_3}(n_1^2 - n_2^2)} \qquad (10)$$

만일 n_2가 $CLn_2^2 = 1$이 되도록 주어진다면, $\frac{n}{D}$의 값은 n이 이 값일 때 최소가 될 것이다. n의 값으로 n_2와 다르게, 즉 하나는 n_2보다 더 큰 것으로 다른 하나는 보다 더 작은 것으로 택해야 한다.

(10)식으로부터 결정한 CL의 값은 시간의 제곱과 같은 차원이다. 이를 τ^2라 부르자.

축전기의 용량을 정전기 단위에서 잰 것을 C_s라 하고, 코일의 자체유도를 전자기 단위에서 잰 것을 L_m이라 하면, C_s와 L_m은 둘 다 길이의 차원이며, 그 곱은

$$C_s L_m = v^2 C_s L_s = v^2 C_m L_m = v^2 \tau^2 \qquad (11)$$

이므로

$$v^2 = \frac{C_s L_m}{\tau^2} \qquad (12)$$

이다. 여기에서 τ^2은 이 실험으로 결정한 $C^2 L^2$의 값이다. v를 결정하는

방법으로 여기 제안된 실험은 W.R. Grove, *Phil. Mag.* 1868년 3월, p.184에 서술된 것과 그 성격이 같다. 필자가 1868년 5월호, pp.360-363에 서술한 실험에 대한 논평도 참조할 것.

VI. 정전기 단위로 잰 저항(355절 참조)

780] 용량 C의 축전기가 저항 R의 도체를 통해 방전된다고 하자. 그러면, 아무 순간의 전하량을 x라 할 때,

$$\frac{x}{C} + R \frac{dx}{dt} = 0 \tag{1}$$

이다. 따라서

$$x = x_0 \, e^{-\frac{t}{RC}} \tag{2}$$

이다.

만일 아무 방법에 의하든 짧은 시간(정확히 알 수 있는 시간) 동안 축전기의 두 전극이 닿게 할 수 있다면, 그래서 시간 t 동안 도체를 통해 전류가 흐를 수 있게 한다면, 그 조작의 전과 후에 축전기와 연결한 전위계의 눈금을 각각 E_0과 E_1이라 할 때,

$$RC(\log_e E_0 - \log_e E_1) = t \tag{3}$$

가 성립한다.

C가 정전기 단위에서 직선 차원의 양임을 알고 있다면, 이 방정식으로부터 정전기 단위에서 R가 속도의 역수 차원임을 알 수 있다.

이렇게 결정된 저항의 수치적 값을 R_s라 하고, 전자기 단위에서 저항의 수치적 값을 R_m이라 하면,

$$v^2 = \frac{R_m}{R_s} \tag{4}$$

이 성립한다.

이 실험에서는 R가 매우 커야 할 필요가 있기 때문에, 그리고 763절

등에 서술한 전자기 실험에서는 R가 작아야 하기 때문에, 이 실험들은 따로따로 분리된 도체들에 적용해야 하며, 이 도체들의 저항은 보통의 방법으로 비교해야 한다.

제20장 빛의 전자기이론

781] 이 논고의 여러 부분에서, 전자기현상이란 물체들 사이의 공간을 차지하고 있는 매질을 통해 하나의 물체에서 다른 물체로 이동하는 역학적 작용임을 설명하려 했다. 빛의 파동이론 역시 매질의 존재를 가정하고 있다. 이제 우리는 전자기 매질의 성질이 빛 매질의 성질과 동일함을 보여야 한다.

새로운 현상을 설명하려 할 때마다 새로운 매질로 공간을 채우는 것은 전혀 철학적이지 않다. 하지만 과학의 두 다른 분야의 연구로부터 하나의 매질이라는 관념이 독자적으로 도출된다면, 그리고 전자기 현상을 설명하기 위해 매질에 부여되어야 하는 성질들이 광학 현상을 설명하기 위해 빛 매질에 부여하는 성질들과 같은 종류라면, 매질이 물리적으로 존재한다는 것이 상당한 힘을 얻을 것이다.

그런데 물체의 성질은 정량적으로 측정할 수 있다. 따라서 매질의 어떤 성질의 수치를 얻을 수 있다. 그것은 흔들림[1]이 매질을 통해 전달되는 속도 따위이며, 이는 전자기 실험으로부터 계산할 수도 있고 빛의 경우에는 직접 관측할 수도 있다. 전자기 흔들림의 전달속도가 빛의 속도와 같음이 밝혀진다면, 그리고 이것이 공기 중에서만 그런 것이 아니라

---

1) 여기에서 '흔들림'으로 번역한 것의 영어 표현은 disturbance로서 '교란'이라고 번역할 수도 있으나, 현대적인 의미를 고려할 때 '흔들림'으로 번역하는 것이 더 적합하다―옮긴이.

다른 투명한 매질에서도 그렇다는 것이 밝혀진다면, 빛은 일종의 전자기 현상임을 믿을 수 있는 강한 근거를 얻게 될 것이다. 그리고 광학적 증거와 전기적 증거를 결합하면 매질의 실재성을 확신할 수 있게 될 것이다. 이는 다른 여러 가지 물질의 경우, 여러 감각에 의한 공통적인 증거를 얻어내는 것과 비슷하다.

782] 빛이 방출될 때, 빛을 내는 물체는 일정한 양의 에너지를 소모하며, 다른 물체가 그 빛을 흡수하면 그 물체는 가열되어 외부로부터 에너지를 받았음을 보여 준다. 빛이 첫째 물체에서 나와서 둘째 물체에 다다르기 전까지의 시간 간격 동안에 두 물체 사이의 공간에는 빛이 에너지로서 존재함이 틀림없다.

방출이론(theory of emission)에 따르면, 에너지의 전달은 빛 알갱이가 빛을 내는 물체로부터 빛을 받는 물체로 직접 옮겨가야 가능하다. 빛 알갱이는 운동에너지를 지니고 있으며, 덧붙여 빛 알갱이 안에 담겨 있는 다른 종류의 에너지를 지닐 수 있다.

파동이론(theory of undulation)에 따르면, 두 물체 사이에는 공간을 채우고 있는 물질적 매질이 있으며, 에너지가 한 부분에서 다음 부분으로 그리고 빛을 받는 물체에 이르기까지 옮겨 가는 것은 이 매질의 연속적인 부분의 작용을 통해서이다.

그러므로 빛 매질은 빛이 그 속을 지나가는 동안 에너지의 수용체가 된다. 호이겐스, 프레넬, 영, 그린 등이 발전시킨 파동이론에서는 이 에너지의 일부는 퍼텐셜 에너지이고 일부는 운동에너지라고 가정한다. 퍼텐셜 에너지는 매질의 원소적인 부분이 뒤틀려서 비롯되는 것으로 가정한다. 따라서 매질은 탄성체로 보아야 한다. 운동에너지는 매질의 떨림(vibration) 운동[2]에서 비롯되는 것으로 가정한다. 따라서 매질의 밀도는 유한해야 한다.

이 논고에서 채택하고 있는 전기와 자기의 이론에서는 두 종류의 에

---

2) vibration은 문맥에 따라 '떨림'이나 '진동'으로 번역했다—옮긴이.

너지, 즉 정전기에너지와 전기운동에너지를 구분했으며(630절과 636절 참조), 이 두 에너지가 전기화된 물체나 자기화된 물체뿐 아니라, 전기력이나 자기력이 작용하고 있는 것으로 관찰되는 공간을 둘러싸고 있는 모든 부분에 있는 것으로 가정하고 있다. 따라서 우리의 이론은 두 가지 형태의 에너지의 수용체가 될 수 있는 매질이 존재하는 것으로 가정한다는 점에서 파동이론과 일치한다.[3)]

783] 다음으로 전자기 흔들림이 균질한 매질을 통해 전달될 조건을 구해 보자. 이 매질은 정지해 있다고 가정할 것이다. 즉 전자기 흔들림에 연관될 수 있는 운동 외에는 다른 운동이 없다고 가정하겠다.

매질의 전도율(specific conductivity)을 C라 하고, 정전기유도의 비용량(specific capacity)을 K라 하고, 자기 '투과율'(透磁率, permeability)을 μ라 하자.

전자기 흔들림의 일반 방정식을 얻기 위해, 알짜 전류(true current) $\mathbb{C}$를 벡터 퍼텐셜 $\mathbb{A}$와 전기 퍼텐셜 ψ로 나타내겠다.

전체 전류 $\mathbb{C}$는 전도전류 $\mathbb{K}$와 전기 변위 $\mathbb{D}$의 변화율로 이루어져 있으며, 둘 다 기전세기 $\mathbb{E}$에 의존하기 때문에 611절에서처럼 다음을 얻는다.

$$\mathbb{C} = \left(C + \frac{1}{4\pi} K \frac{d}{dt} \right) \mathbb{E} \tag{1}$$

그런데 매질의 운동은 없기 때문에 기전세기를 599절에서처럼 다음과 같이 나타낼 수 있다.

---

3) *Experimental Researches*, 3075. "나 자신으로 말하자면, 진공과 자기력의 관계를 생각해 보고 자석 바깥의 자기현상이 나타내는 일반적인 특성을 생각해 보다가, 나는 빛의 전달에는 단순히 먼 거리에서 끌어당기거나 밀어내는 효과만 있는 게 아니라, 자석 바깥에 있는 어떤 작용이 있다는 관념에 더 빠져들게 되었다, 그런 작용은 에테르의 기능일 것이다. 왜냐하면 에테르라는 게 존재한다면 단순히 복사를 전달해 주는 것 외에도 다른 쓸모가 있어야 한다는 것이 터무니없는 일은 아닐 터이기 때문이다."—패러데이.

$$\mathbb{E} = - \dot{\mathbb{A}} - \nabla\Psi \tag{2}$$

따라서

$$\mathbb{C} = -\left(C + \frac{1}{4\pi} K \frac{d}{dt} \right)\left(\frac{d\mathbb{A}}{dt} + \nabla\Psi \right) \tag{3}$$

그런데 $\mathbb{C}$와 $\mathbb{A}$ 사이의 관계를 616절에서 보인 것처럼 다른 방식으로 구할 수 있다. 616절의 (4)식은 다음과 같이 쓸 수 있다.

$$4\pi\mathbb{C} = \nabla^2\mathbb{A} + \nabla J \tag{4}$$

여기에서

$$J = \frac{dF}{dx} + \frac{dG}{dy} + \frac{dH}{dz} \tag{5}$$

이다.

(3)식과 (4)식을 결합하여 다음을 얻는다.

$$\mu\left(4\pi C + K \frac{d}{dt} \right)\left(\frac{d\mathbb{A}}{dt} + \nabla\Psi \right) + \nabla^2\mathbb{A} + \nabla J = 0 \tag{6}$$

이것은 다음과 같이 세 개의 방정식의 꼴로 나타낼 수 있다.

$$\left. \begin{array}{l} \mu\left(4\pi C + K \dfrac{d}{dt} \right)\left(\dfrac{dF}{dt} + \dfrac{d\Psi}{dx} \right) + \nabla^2 F + \dfrac{dJ}{dx} = 0 \\[2mm] \mu\left(4\pi C + K \dfrac{d}{dt} \right)\left(\dfrac{dG}{dt} + \dfrac{d\Psi}{dy} \right) + \nabla^2 G + \dfrac{dJ}{dy} = 0 \\[2mm] \mu\left(4\pi C + K \dfrac{d}{dt} \right)\left(\dfrac{dH}{dt} + \dfrac{d\Psi}{dz} \right) + \nabla^2 H + \dfrac{dJ}{dz} = 0 \end{array} \right\} \tag{7}$$

이것이 전자기 흔들림의 일반 방정식이다.

이 세 방정식을 각각 x, y, z에 대해 미분하여 더하면

$$\mu\left(4\pi C + K \frac{d}{dt} \right)\left(\frac{dJ}{dt} - \nabla^2\Psi \right) = 0 \tag{8}$$

을 얻는다.

매질이 부도체이면 $C=0$이고 $\nabla^2\psi$는 자유전기의 부피밀도에 비례하므로 t와 무관하다. 따라서 J는 t의 일차함수이어야 한다. 즉 상수이거나 영이다. 그러므로 주기적인 흔들림을 생각할 때에는 J와 ψ를 고려하지 않아도 된다.

부도체 매질에서 파동의 전달

784] 이 경우에는 $C=0$이며, 방정식은 다음과 같이 된다.

$$
\left.
\begin{aligned}
K\mu \frac{d^2 F}{dt^2} + \nabla^2 F = 0 \\
K\mu \frac{d^2 G}{dt^2} + \nabla^2 G = 0 \\
K\mu \frac{d^2 H}{dt^2} + \nabla^2 H = 0
\end{aligned}
\right\}
\tag{9}
$$

이런 형태의 방정식은 비압축성 탄성고체의 운동 방정식과 유사하며, 초기조건이 주어지면 그 풀이를 푸아송이 제시한 형태로 표현할 수 있다.[4] 이는 스토크스가 회절이론에 적용한 바 있다.[5]

이제

$$
V = \frac{1}{\sqrt{K\mu}}
\tag{10}
$$

라 쓰자.

맨 처음($t=0$)에 F, G, H와 $\dfrac{dF}{dt}, \dfrac{dG}{dt}, \dfrac{dH}{dt}$의 값이 공간의 각 점에서 주어지면, 그 값을 다음과 같이 이후의 임의의 시간 t에서 모두 구할 수 있다.

시간 t일 때 O라는 점에서 F의 값을 구한다고 하자. O를 중심으로 하고 반지름이 Vt인 구를 그린다. 그 구면의 모든 점에서 F의 초기값을 구하여 이 값들의 평균을 $\overline{F}$라 하자. 또한 구면의 모든 점에서 $\dfrac{dF}{dt}$의 초기

---

4) Poisson, *Mém. de l'Acad.*, tom. iii. p.130, et seq.

5) Stokes, *Cambridge Transactions*, vol. ix. pp.1~62(1849).

값을 구하여 이 값들의 평균을 $\dfrac{d\overline{F}}{dt}$ 라 하자.

그러면 점 O에서 F의 값은 시간 t에서

$$F = \frac{d}{dt}(\overline{F}t) + t\,\frac{d\overline{F}}{dt}$$

가 된다. 마찬가지로

$$G = \frac{d}{dt}(\overline{G}t) + t\,\frac{d\overline{G}}{dt}$$

$$\tag{11}$$

$$H = \frac{d}{dt}(\overline{H}t) + t\,\frac{d\overline{H}}{dt}$$

를 얻는다.

785] 그러므로 아무 순간에 점 O에서의 조건은 시간 간격이 t만큼 이전일 때 거리 Vt인 곳에서의 조건에 따라 달라지며, 따라서 아무 흔들림이든 속도 V로 매질 속으로 전달된다.

시간 t가 0일 때 두 양 $\mathbb{A}$와 $\dot{\mathbb{A}}$의 값이 어떤 공간 S 안에서만 0이 아니라고 하자. 그러면 O를 중심으로 하고 반지름이 Vt인 구면이 공간 S 안에 전체 또는 부분이 들어 있지 않다면, 시간 t일 때 O에서 그 두 양의 값은 0이 될 것이다. 만약 점 O가 공간 S의 바깥에 있다면 O에서 흔들림은 없을 것이며, O로부터 공간 S까지의 최소거리가 Vt와 같아져야 비로소 흔들림이 나타날 것이다. 그렇게 점 O에서 흔들림이 시작되면 점 O로부터 공간 S까지의 최대거리가 Vt와 같아질 때까지 흔들림이 계속되며, 그 뒤에는 점 O에서 흔들림이 사라질 것이다.

786] 784절에서 V라고 쓴 양은 부도체 매질에서 전자기 흔들림이 전달되는 속도를 나타내며, (10)식에 따라 $\dfrac{1}{\sqrt{K\mu}}$ 와 같다.

매질이 공기라면, 그리고 정전기 단위계를 채택한다면, $K=1$이고 $\mu = \dfrac{1}{v^2}$ 이므로 $V=v$가 된다. 즉 전달 속도는 수치상으로 전기의 단위 전자기 단위가 정전기 단위로 얼마인지를 나타내는 수치와 같다. 전자기 단위계를 채택한다면, $K = \dfrac{1}{v^2}$ 이고 $\mu=1$이므로, 여전히 $V=v$라는 식이 성립한다.

빛이 전자기 흔들림의 일종이며, 다른 전자기 작용이 전달되는 매질과 같은 매질을 통해 전달된다는 이론에서는 V가 빛의 속도여야 한다. 이 양의 값은 이제까지 여러 가지 방법으로 어림되었다. 다른 한편, v는 단위 전자기 단위의 전기가 정전기 단위로 얼마인지를 말해 주는 수치이며, 이 양을 결정하는 여러 방법은 이전 장에서 서술한 바 있다. 이는 빛의 속도를 구하는 방법과 매우 다르다. 따라서 V의 값과 v의 값이 일치하는가, 또는 일치하지 않는가 여부는 빛의 전자기이론에 대한 시험이 될 수 있다.

787] 다음 표는 광속(공기 속 또는 행성공간 속에서)을 직접 관찰한 주요 결과를 두 전기단위와 비의 주요 결과와 비교하고 있다.

빛의 속도(초당 미터)		두 전기단위의 비(초당 미터)	
피조	314000000	베버	310740000
광행차 등과 태양의 시차	308000000	맥스웰	288000000
푸코	298360000	톰슨	282000000

빛의 속도와 두 단위의 비가 같은 어림차수의 양임이 분명하다. 이 중에서 두 값 중 한쪽이 다른 쪽보다 더 크다거나 더 작다고 확언할 수 있을 만큼의 정확도로 결정된 것은 없다고 할 수 있다. 이후의 실험에서 두 양의 크기 사이의 관계가 더 정확히 결정될 것이라 기대된다.

그런데 우리의 이론은 이 두 양이 같다고 주장하며, 그에 대한 물리적 이유를 말하고 있는데, 이는 앞의 결과와 비교해 볼 때 분명히 모순을 일으키지 않는다.[6]

6) {다음 표는 E.B. Rosa, *Phil. Mag.* 28, p.315, 1889에서 인용한 것이며, 'v'를 B.A. 단위의 오차에 대해 보정하여 구한 값을 나타낸다.

1856	베버와 콜라우시	3.107×10^{10}(초당 센티미터)
1868	맥스웰	2.842×10^{10}
1869	W. 톰슨과 킹	2.808×10^{10}

788] 공기 이외의 매질에서는 속도 V가 유전용량과 자기유도용량을 곱한 값의 제곱근에 반비례한다. 파동이론에 따르면, 여러 다른 매질에서 빛의 속도는 매질의 굴절률에 반비례한다.

투명한 매질 중에서 그 자기용량과 공기의 자기용량의 차이가 아주 조금의 비율 이상으로 벌어지는 것은 없다. 따라서 이 매질들 사이의 차이가 나타나는 주된 부분은 유전용량에 따라 달라져야 한다. 그러므로 우리 이론에 따르면, 투명한 매질의 유전용량은 굴절률의 제곱과 같아야 한다.

그러나 굴절률의 값은 빛의 종류에 따라 다르다. 진동수가 큰 빛일수록 굴절률이 크다. 따라서 주기가 가장 긴 파동에 대응하는 굴절률을 선택해야 한다. 왜냐하면 주기가 가장 긴 파동의 운동이 아니면 유전체의 용량을 구하기 위한 느린 변화와 비교할 수 없기 때문이다.

789] 이제까지 유전용량을 충분히 정확하게 구할 수 있었던 것은 파라핀뿐이다. 깁슨과 바클레이는 고체 형태의 파라핀에 대해

$$K = 1.975 \tag{12}$$

1872	맥키챈	2.896×10^{10}
1879	에어턴과 페리	2.960×10^{10}
1880	쉬다	2.955×10^{10}
1883	J.J. 톰슨	2.963×10^{10}
1884	클레멘치치	3.019×10^{10}
1888	힘스테드	3.009×10^{10}
1889	W. 톰슨	3.004×10^{10}
1889	E.B. 로자	2.9993×10^{10}
1890	J.J. 톰슨과 썰	2.9955×10^{10}
	공기 중의 빛의 속도	
	코르누(1878)	3.003×10^{10}
	마이클슨(1879)	2.9982×10^{10}
	마이클슨(1882)	2.9976×10^{10}
	뉴콤(1885)	2.99615×10^{10}
		2.99682×10^{10}
		$2.99766 \times 10^{10}\}$—톰슨.

임을 알아냈다.[7)]

글래드스틴 박사는 비중이 0.779인 용융된 파라핀의 굴절률에 대해 A, D, H선에 대해 다음의 값을 얻었다.

온도	A	D	H
54℃	1.4306	1.4357	1.4499
57℃	1.4294	1.4343	1.4493

이로부터 나는 파장이 무한대인 파동의 굴절률이 약 1.422임을 구했다. K의 제곱근은 1.405이다. 이 두 수 사이의 차이는 관측의 오차로 설명할 수 있는 것보다 크다. 이는 물체의 전기적 성질로부터 광학적 성질을 연역할 수 있으려면, 물체의 구조에 관한 우리의 이론을 더 발전시켜야 함을 말해준다. 또한 그 두 수가 일치하는 정도는 다음과 같은 결론을 내릴 만큼은 된다고 나는 생각한다. 즉, 상당히 많은 수의 물질에 대해 광학적 성질로부터 유도한 수치와 전기적 성질로부터 유도한 수치 사이에 이보다 더 큰 불일치가 발견되지 않는다면, K의 제곱근이 굴절률에 대한 완전한 표현은 아니더라도 최소한 그 중에서 가장 중요한 항이라는 것이다.[8)]

---

7) Gibson & Barclay, *Phil. Trans.* 1871, p.573.

8) 〔홉킨슨(J. Hopkinson) 박사는 1877년 6월 14일 왕립협회에서 발표한 논문을 통해, 여러 가지 유리의 유도용량을 결정할 목적으로 수행했던 실험의 결과를 발표했다. 그 결과는 이 논저에서 도달한 이론적 결론, 즉 각각의 경우 K값이 굴절률의 제곱의 초과분이 된다는 결론을 입증해 주지 않는다. 1881년 1월 6일 왕립협회에서 발표한 후속 논문에서, Dr. Hopkinson은 파장이 무한한 파동의 굴절률을 μ_∞로 나타낸다면, 탄화수소에 대해서는 $K=\mu_\infty^2$이지만, 동물성 기름과 식물성 기름의 경우에는 $K>\mu_\infty^2$임을 발견했다〕—니벤.

〔J.J. Thomson의 *Proc. Roy. Soc.*, June 20, 1889와 Blondlot의 *Comptes Rendus*, May 11, 1891, p.1058에 따르면, 1초당 2500만가량의 주파수를 가진 전기진동하에서는 유리의 특정한 유도용량 K를 대략 μ^2으로 어림할 수 있다. 이와 반대로 Lecher(*Wied. Ann.* 42, p.142)는 그러한 상황에서 분산은 정

평면파

790] 이제 우리의 관심을 평면파에 국한시키자. 평면파의 파면은 z축에 수직하다고 가정하겠다. 그런 파동은 어떤 양의 변화로 구성되는데, 그런 모든 양은 z와 t의 함수이며, x와 y에 무관하다. 따라서 자기유도의 방정식[591절의 (A)식]은

$$a = -\frac{dG}{dz}, \qquad b = \frac{dF}{dz}, \qquad c = 0 \tag{13}$$

로 축소된다. 즉 자기 흔들림은 파동의 면 안에 있다. 이것은 빛을 구성하는 흔들림으로부터 우리가 알고 있는 것과 일치한다.[9] a, b, c 대신에 각각 $\mu\alpha$, $\mu\beta$, $\mu\gamma$를 대입하면 전류의 방정식(607절)은 다음과 같이 된다.

$$4\pi\mu u = -\frac{db}{dz} = -\frac{d^2 F}{dz^2}$$
$$4\pi\mu v = \frac{da}{dz} = -\frac{d^2 G}{dz^2} \tag{14}$$
$$4\pi\mu w = 0$$

따라서 전기 흔들림도 파동의 면 안에 있으며, 자기 흔들림이 어느 한 방향(이를 x의 방향이라 하자)에 국한되어 있으면, 전기 흔들림은 이에 수직한 방향(즉 y의 방향)에 국한된다.

그런데 전기 흔들림을 다른 방식으로 계산할 수 있다. 왜냐하면 부도체 매질의 전기변위의 성분을 f, g, h라 하면,

$$u = \frac{df}{dt}, \qquad v = \frac{dg}{dt}, \qquad w = \frac{dh}{dt} \tag{15}$$

이기 때문이다. 기전세기의 성분을 P, Q, R라 하면

$$f = \frac{K}{4\pi} P, \qquad g = \frac{K}{4\pi} Q, \qquad h = \frac{K}{4\pi} R \tag{16}$$

상상태의 힘보다 크다는 결론에 이르렀다}―톰슨.

9) 빛이 횡파라는 것. 말뤼―옮긴이.

가 되며, 매질의 운동은 없으므로 598절의 (B)식은

$$P = -\frac{dF}{dt}, \qquad Q = -\frac{dG}{dt}, \qquad R = -\frac{dH}{dt} \qquad (17)$$

가 된다. 따라서 다음이 성립한다.

$$u = -\frac{K}{4\pi}\frac{d^2F}{dt^2}, \qquad v = -\frac{K}{4\pi}\frac{d^2G}{dt^2}, \qquad w = -\frac{K}{4\pi}\frac{d^2H}{dt^2} \qquad (18)$$

이 값을 (14)식에 주어진 값과 비교하면 다음을 알 수 있다.

$$\frac{d^2F}{dz^2} = K\mu\frac{d^2F}{dt^2}$$

$$\frac{d^2G}{dz^2} = K\mu\frac{d^2G}{dt^2} \qquad (19)$$

$$0 = K\mu\frac{d^2H}{dt^2}$$

이 방정식 중 앞의 두 식은 평면파의 전달을 나타내는 방정식이며, 그 풀이는 잘 알려진 형태인

$$\left.\begin{array}{l} F = f_1(z - Vt) + f_2(z + Vt) \\ G = f_3(z - Vt) + f_4(z + Vt) \end{array}\right\} \qquad (20)$$

이다.

셋째 식의 풀이는

$$H = A + Bt \qquad (21)$$

이다. 여기에서 A와 B는 z의 함수이다. 따라서 H는 상수이거나 시간에 비례한다. 그 두 경우 모두 파동의 전달과 무관하다.

791] 이로부터 자기 흔들림과 전기 흔들림의 방향은 모두 파동의 면 안에 있는 것으로 보인다. 따라서 흔들림의 수학적 형태는 빛을 이루

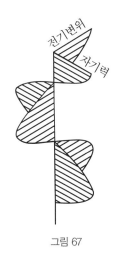

그림 67

는 흔들림의 수학적 형태와 일치한다. 흔들림이 진행방향의 횡방향이기 때문이다.

$G=0$이라 가정하면 흔들림은 평면편광된 광선에 대응될 것이다.

이 경우에 자기력은 y축에 평행하며 $\frac{1}{\mu}\frac{dF}{dz}$와 같고, 기전세기는 x축과 평행하며 $-\frac{dF}{dt}$와 같다. 따라서 자기력은 기전세기가 들어 있는 평면과 수직한 평면에 놓인다.

어느 주어진 순간의 자기력의 값과 기전세기의 값을 각 점에서 나타내면 그림 67처럼 된다. 이것은 단순조화 흔들림의 경우이다. 이것은 평면편광된 광선에 대응하지만, 편광면이 자기 흔들림의 평면에 대응하는지, 아니면 전기 흔들림의 평면에 대응하는지 여부는 알 수 없다. 797절 참조.

복사의 에너지와 변형력

792] 부도체 매질 속의 파동의 단위부피당 정전기에너지는 아무 점에서

$$\frac{1}{2}fP = \frac{K}{8\pi}\,P^2 = \frac{K}{8\pi}\left.\overline{\frac{dF}{dt}}\right|^2 \tag{22}$$

이다. 같은 점에서 전기운동에너지는

$$\frac{1}{8\pi}\,b\beta = \frac{1}{8\pi\mu}\,b^2 = \frac{1}{8\pi\mu}\left.\overline{\frac{dF}{dz}}\right|^2 \tag{23}$$

이다. (20)식을 참조하면, 이 두 표현은 단일 파동에 대해서는 똑같아지므로, 파동의 모든 점에서 매질의 고유 에너지는 절반이 정전기에너지이고 절반이 전기운동에너지이다.

이 두 양 중 하나, 즉 단위부피당 정전기에너지나 전기운동에너지 중 하나의 값을 p라 하자. 그러면 매질의 정전기 상태에 따라 크기가 p인 장력이 x에 평행한 방향으로 있게 되며, 여기에 y와 z에 평행한 압력이 같은 크기 p로 결합된다. 107절 참조.

매질의 전기운동 상태에 따라 y에 평행한 방향으로 크기가 p인 장력

이 있고, 여기에 x와 z에 평행한 압력이 같은 크기 p로 결합된다. 643절 참조.

따라서 정전기 변형력과 전기운동 변형력이 결합된 효과는 파동의 진행방향으로 $2p$와 같다. 이제 $2p$는 단위 부피당 전체 에너지도 나타낸다.

따라서 파동이 전달되는 매질 안에는 파동에 수직한 방향으로 압력이 작용하며 수치상으로 단위부피당 에너지와 같다.

793] 그러므로 강한 태양광에서 1제곱피트의 넓이에 비추는 빛의 에너지는 초당 83.4피트 파운드[10]이며, 태양광의 1세제곱피트에 있는 평균 에너지는 0.0000000882피트 파운드이고, 1제곱피트에 미치는 평균 압력은 0.0000000882파운드 중이다. 태양광에 노출된 편평한 물체는 빛을 받는 쪽에서만 이 압력을 받을 것이다. 따라서 빛이 비치는 쪽으로부터 밀려날 것이다. 전등의 광선을 모으는 방법을 쓰면 훨씬 더 강한 에너지의 복사를 얻을 수 있을 것이다. 얇은 금속원판을 정밀하게 진공 속에 매달아 놓고 거기에 그런 광선을 비추면 아마도 눈에 띄는 역학적 효과를 만들어낼 것이다. 어느 종류의 흔들림이 각의 사인이나 코사인이 들어 있는 항으로 이루어져 있고, 그 각이 시간에 따라 변한다면, 최대에너지는 평균에너지의 두 배이다. 따라서 최대 기전세기를 P, 빛이 진행하는 동안 작용하는 최대자기력을 β라 하면,

$$\frac{K}{8\pi} P^2 = \frac{\mu}{8\pi} \beta^2 = \text{단위부피당 평균에너지} \qquad (24)$$

가 된다.

톰슨이 *Trans. R.S.E.*,[11] 1854에 인용한바, 태양광의 에너지에 대한 푸예(Pouillet)의 데이터를 쓰면, 전자기 단위로 다음을 얻는다.

P=60000000 또는 미터당 600다니엘 전지[12]

---

10) 1 foot pound per second=1ft · lbf/s=1.3558Watt—옮긴이.

11) *Transaction of Royal Society of Edinburgh*—옮긴이.

β=0.193 또는 영국의 수평자기력의 10분의 1을 약간 웃도는 값

(톰슨의 주)

{입사광선이 반사면에 주는 힘을 다른 관점에서 볼 수 있다. 반사면이 금속이라고 가정하자. 그러면 빛이 반사면에 다다를 때 자기력의 변화로부터 금속에 전류가 유도된다. 이 전류는 입사광선과 반대의 유도효과를 만들어내기 때문에 금속판의 내부로부터 유도에 의한 힘이 차단된다. 따라서 빛의 세기는 금속판의 표면으로부터 멀어질수록 급격하게 감소한다. 금속판의 전류에는 거기에 직각 방향으로 자기력이 수반된다. 대응하는 역학적 힘은 전류와 자기력 둘 다와 직각을 이루며, 따라서 빛의 진행방향과 나란하다. 빛이 흡수성이 없는 매질을 지나가는 것이었다면, 이 역학적 힘은 반 파장 뒤에 역전되었을 것이며, 유한한 시간과 거리에 대해 적분하면 합성 효과는 없었을 것이다. 그러나 전류가 표면에서 벗어남에 따라 급격하게 사그라지는 경우에는 표면 근처의 전류에서 비롯되는 효과가 표면에서 상당히 먼 곳에 있는 전류의 효과와 상쇄되지 않기 때문에, 합성 효과가 사라지지 않는다.

이 효과는 다음과 같이 계산할 수 있다. 빛이 금속판에 수직하게 입사하는 경우를 생각하자. 금속판을 xy 평면으로 잡는다. 물질의 비저항을 σ라 하자. 입사광선의 벡터퍼텐셜이

$$F = Ae^{i\,(pt\,-\,az)}$$

---

12) {나는 이 두 숫자를 확인할 수 없었다. 만일 $v=3\times10^{10}$이라고 가정하면, 태양광 1cc에 있는 평균에너지는 톰슨이 인용한 푸예의 공식에 따라 3.92×10^{-5}erg가 된다. 본문 (24)식에 주어진 P와 β의 해당하는 값은 C.G.S. 단위로

$P=9.42\times10^8$ 또는 9.42V/cm

β=0.0314 또는 지구의 수평자기력의 6분의 1보다 조금 넘는 값이 된다}
　　　　—톰슨.

'미터당 다니엘 전지'는 기전세기의 단위 중 하나이다. 지금 '전기장의 세기'라 부르는 기전세기의 SI 단위는 V/m이다. 다니엘 전지의 표준기전력이 1.11 볼트이므로, 현대의 SI 단위계에서 1.11 V/m와 같다—옮긴이.

로, 반사광선은

$$F' = A'e^{i(pt+az)}$$

로, 굴절광선은

$$F'' = A''e^{i(pt-a'z)}$$

으로 주어진다고 하자. 그러면 공기 중에서

$$\frac{d^2F}{dz^2} = \frac{1}{V^2}\frac{d^2F}{dt^2}$$

이다. 여기에서 V는 공기 중의 빛의 속도이며, 따라서

$$a = \frac{p}{V}$$

이다. 금속 안에서는

$$\frac{d^2F}{dz^2} = \frac{4\pi\mu}{\sigma}\frac{dF}{dt}$$

이며, 따라서

$$a'^2 = -\frac{4\pi\mu ip}{\sigma} = -2in^2$$

이다. 그러므로

$$a' = n(1-i)$$
$$F'' = A''e^{-nz}e^{i(pt-nz)}$$

이다.

경계면에서 벡터퍼텐셜은 연속이다. 따라서

$$A + A' = A''$$

이다.

경계면에 평행한 자기력도 연속이다. 따라서

$$a(A - A') = \frac{a'A''}{\mu}$$

또는

$$A'' = \frac{2A}{1 + \dfrac{a}{a\mu}}$$

또는 a'/a이 매우 크므로 이를 다음과 같이 쓸 수 있다.

$$A'' = 2A\,\frac{2\mu}{a'}$$

$$= \frac{2A\mu p}{V\sqrt{2}\,n}\,e^{i\frac{\pi}{4}}$$

그러므로 금속에서는 벡터퍼텐셜의 실수부분이

$$F'' = \frac{2A\mu p}{V\sqrt{2}\,n}\,e^{-nz}\cos\left(pt - nz + \frac{\pi}{4}\right)$$

이다.

전류의 세기는 $-\dfrac{1}{\sigma}\dfrac{dF''}{dt}$, 즉

$$\frac{2A\mu p^2}{\sigma V\sqrt{2}\,n}\,e^{-nz}\sin\left(pt - nz + \frac{\pi}{4}\right)$$

이다.

자기유도 $\dfrac{dF''}{dz}$ 는

$$-\frac{2A\mu p}{V\sqrt{2}}\,e^{-nz}\left\{\cos\left(pt - nz + \frac{\pi}{4}\right) - \sin\left(pt - nz + \frac{\pi}{4}\right)\right\}$$

이다.

z에 평행한 단위부피당 역학적 힘은 이 두 양의 곱이다. 즉

$$-\frac{2A^2\mu^2 p^3}{\sigma V^2 n}\,e^{-2nz}\left\{\frac{1}{2}\sin 2\left(pt - nz + \frac{\pi}{4}\right) - \frac{1}{2}\left(1 - \cos 2\left(pt - nz + \frac{\pi}{4}\right)\right)\right\}$$

이 값의 평균은 주기적이지 않은 항으로 표현되며

$$\frac{A^2\mu^2 p^3}{\sigma V^2 n}\,e^{-2nz}$$

와 같다. 이 표현을 z에 대해 $z=0$으로부터 $z=\infty$까지 적분하면 단위 넓이당 금속판에 작용하는 힘은

$$= \frac{1}{2} \frac{A^2 \mu^2 p^3}{\sigma V^2 n^2} = \frac{A^2 \mu p^2}{4\pi V^2}$$

임을 알 수 있다.

비슷한 고찰을 통해, 흡수가 있을 때에는 흡수하는 매질에 힘이 작용함을 보일 수 있다. 이 힘의 방향은 빛이 강한 곳으로부터 빛이 희미한 곳으로 향하는 방향이다. 태양광의 경우에는 그 효과가 작은 듯하다. 그러나 흡수가 매우 희박한 기체에서 비롯된다면, 압력 경사가 충분히 커서 상당한 효과를 만들어낼 수 있다. 또한 이러한 원인은 혜성의 꼬리가 태양의 반대쪽에 놓이게 만든다는 요인 중 하나인 것으로 제안되기도 했다. 전기 진동이 헤르츠의 실험에서 생성된 것과 같다면, 그 자기력은 태양광의 자기력보다 훨씬 더 크다. 또한 진동자를 계속해서 작동하도록 내버려둔다면, 그 효과는 검출할 수 있어야 한다.

또한 지속되는 진동(stationary vibration)이 있으면, 역학적 힘의 평균값이 임의의 점에서 0이 아님을 알 수 있다. 지속되는 진동의 예로서 위의 예에 있는 반사파와 입사파를 생각할 수 있다.

a'/a이 작다는 것을 기억하면, 공기 중에서 벡터퍼텐셜은

$$Ae^{i(pt-az)} + A'e^{i(pt+az)}$$

이며, 또는 그 실수부분만 취하면, $A+A'=0$이므로, 대략

$$2A \sin pt \sin az$$

가 된다.

전류는

$$\frac{1}{4\pi\mu} \frac{d^2 F}{dz^2} = \frac{a^2 A}{2\pi\mu} \sin pt \sin az$$

이다. 자기유도는

$$2Aa\sin pt\cos az$$

이다. 따라서 역학적 힘은

$$\frac{A^2 a^3}{2\pi\mu}(1-\cos 2pt)\sin az\cos az$$

이며, 이 값의 평균은

$$\frac{A^2 a^3}{2\pi\mu}\sin az\cos az$$

이다.}

결정 매질에서 평면파의 전달

794] 보통의 전자기 실험을 통해 얻는 데이터로부터 주기적 흔들림 (periodic disturbance)에서 비롯될 만한 전기현상을 계산하는 과정에서, 이미 우리의 이론은 매우 엄격한 시험을 통과한 셈이다. 그런 흔들림이 1초 동안 수백만의 수백만 번 일어나기 때문이며,[13] 이는 매질이 공기나 진공이라고 가정하는 경우라도 그러하다. 그러나 우리의 이론을 밀도가 높은 매질의 경우까지 확장하려 하면, 입자이론[14]의 모든

---

13) 즉 '진동수가 $10^{12}Hz$ 정도이기 때문에'라는 뜻. 그러나 가시광선의 진동수는 $10^{15}Hz$ 정도이므로, 맥스웰이 생각하는 전자기의 주기적 흔들림, 즉 전자기파는 가시광선에 해당하지는 않는다. 진동수가 $10^{12}Hz$ 정도이면, 파장은 수백 미터로서 라디오파에 해당한다—옮긴이.

14) '입자이론'은 molecular theory의 번역이다. 이는 물리적 현상을 '분자'(molecule)들 사이의 상호작용의 결과로 설명하려는 이론을 가리킨다. molecule 은 현대의 용어에서 '분자'(分子)로 번역되며, 둘 이상의 '원자'(atom)들이 결합된 존재자를 지칭한다. 그러나 19세기 물리학에서 molecule의 의미는 현대의 '기본입자'(elementary particle)에 더 가깝다. 그런 점에서 현대적 의미와 구분하기 위하여 '분자'라는 역어보다는 '입자'라는 역어가 더 적합할 것이다. 그러나 '분자'가 '원자'들의 화합물이라는 관념을 끌어들이지만 않는다면, 분자라는 용어도 충분히 '기본입자'의 의미를 가질 수 있기 때문에, 이 번역본에서는 전체적으로 molecule을 '분자'로 번역했다. 그런데 일반적으로 '분자이론'이라고 하면 대개 둘 이상의 원자들이 결합된 분자의 개념을 상상

통상의 난점에 맞닥뜨릴 뿐 아니라 분자와 전자기 매질의 관계라는 더 심오한 불가사의를 만나게 된다.

우리는 이런 난점들을 피하기 위해 어떤 매질에서는 정전기 유도의 고유용량이 방향마다 다르다고 가정하겠다. 달리 말하면, 전기 변위가 기전세기의 방향과 같은 방향에 있거나 그 값에 비례하지 않고, 그 대신 그 두 양이 297절에서 제시한 것과 비슷한 연립일차방정식으로 연결되어 있다고 가정하겠다. 436절에서처럼 계수들이 대칭적이어서 세 축을 적절하게 고르면 방정식이 다음과 같이 됨을 보일 수 있다.

$$f = \frac{1}{4\pi} K_1 P, \qquad g = \frac{1}{4\pi} K_2 Q, \qquad h = \frac{1}{4\pi} K_3 R \tag{1}$$

여기에서 K_1, K_2, K_3은 매질의 주요 유도용량이다. 따라서 흔들림의 전달의 방정식[15]은 다음과 같다.

$$\frac{d^2 F}{dy^2} + \frac{d^2 F}{dz^2} - \frac{d^2 G}{dxdy} - \frac{d^2 H}{dzdx} = K_1 \mu \left(\frac{d^2 F}{dt^2} + \frac{d^2 \Psi}{dxdt} \right)$$

$$\frac{d^2 G}{dz^2} + \frac{d^2 G}{dx^2} - \frac{d^2 H}{dydz} - \frac{d^2 F}{dxdy} = K_2 \mu \left(\frac{d^2 G}{dt^2} + \frac{d^2 \Psi}{dydt} \right) \tag{2}$$

$$\frac{d^2 H}{dx^2} + \frac{d^2 H}{dy^2} - \frac{d^2 F}{dzdx} - \frac{d^2 G}{dydz} = K_3 \mu \left(\frac{d^2 H}{dt^2} + \frac{d^2 \Psi}{dzdt} \right)$$

795] 파면에 수직한 방향코사인을 l, m, n이라 하고, 파동의 속도를 V라 하고,

$$lx + my + nz - Vt = w \tag{3}$$

하기가 쉽기 때문에, 혼동을 피하기 위해 molecular theory는 '입자이론'으로 번역했다. 마찬가지로 19세기 물리학에서 particle은 현대적 의미의 '기본 입자'보다는 단순히 아주 작은 알갱이를 가리키는 말로서 '미립자'(微粒子)라 번역하는 것이 가장 적절할 것이지만, 문맥상 혼동의 여지가 없을 경우에는 모두 그냥 '입자'로 번역했다—옮긴이.

15) 즉 파동방정식—옮긴이.

라 하고, F, G, H, ψ를 각각 w에 대해 미분한 2차도함수를 F'', G'', H'', ψ''라 쓰고,

$$K_1\mu = \frac{1}{a^2}, \quad K_2\mu = \frac{1}{b^2}, \quad K_3\mu = \frac{1}{c^2} \tag{4}$$

라 하자. 여기에서 a, b, c는 전달 속도의 세 주축 방향의 성분이다. 그러면 방정식은 다음과 같이 된다.

$$\left(m^2 + n^2 - \frac{V^2}{a^2}\right)F'' - lmG'' - nlH'' + V\psi''\frac{l}{a^2} = 0$$

$$-lmF'' + \left(n^2 + l^2 - \frac{V^2}{b^2}\right)G'' - mnH'' + V\psi''\frac{m}{b^2} = 0 \tag{5}$$

$$-nlF'' - mnG'' + \left(l^2 + m^2 - \frac{V^2}{c^2}\right)H'' + V\psi''\frac{n}{c^2} = 0$$

796] 만약

$$\frac{l^2}{V^2 - a^2} + \frac{m^2}{V^2 - b^2} + \frac{n^2}{V^2 - c^2} = U \tag{6}$$

라 쓰면, 앞의 방정식들로부터 다음을 얻는다.

$$VU(VF'' - l\psi'') = 0$$
$$VU(VG'' - m\psi'') = 0 \tag{7}$$
$$VU(VH'' - n\psi'') = 0$$

따라서 세 가지 경우가 가능하다. 첫째는 $V=0$인 경우로서 파동이 전혀 진행하지 않는 것이다. 둘째는 $U=0$인 경우로서 V에 대한 방정식이 프레넬의 식으로 주어진다. 셋째는 괄호 안의 양들이 0이 되는 경우로서, 성분이 F'', G'', H''인 벡터는 파면에 수직하며, 그 크기가 전하의 부피밀도에 비례한다. 매질이 부도체이므로 아무 점에서 전하밀도는 일정하며, 따라서 이 방정식이 지시하는 흔들림은 주기적이지 않기 때문에, 파동을 이룰 수 없다. 그러므로 파동의 연구에서는 $\psi''=0$이라고 볼 수

있다.

797] 따라서 파동의 진행속도는 방정식 $U=0$, 즉

$$\frac{l^2}{V^2-a^2} + \frac{m^2}{V^2-b^2} + \frac{n^2}{V^2-c^2} = 0 \tag{8}$$

으로부터 완전히 정해진다. 따라서 어느 주어진 파면의 방향에 대응하는 V^2의 값은 두 가지, 오직 두 가지가 있다.

전류의 성분이 u, v, w이고 그 방향코사인이 λ, μ, ν라면,

$$\lambda : \mu : \nu :: \frac{1}{a^2} F'' : \frac{1}{b^2} G'' : \frac{1}{c^2} H'' \tag{9}$$

이며,

$$l\lambda + m\mu + n\nu = 0 \tag{10}$$

이다. 즉, 전류가 파면의 평면 안에 있다. 파면 안에서 전류의 방향을 다음 방정식으로부터 정해진다.

$$\frac{l}{\lambda}(b^2-c^2) + \frac{m}{\mu}(c^2-a^2) + \frac{n}{\nu}(a^2-b^2) = 0 \tag{11}$$

편광면을 전기 흔들림의 평면에 수직하고 광선을 지나는 평면으로 정의하면, 이 방정식은 프레넬이 제시한 방정식과 똑같다.

복굴절에 대한 이 전자기이론에 따르면, 수직 방향의 흔들림의 파동(보통의 이론에서는 주된 난점 중 하나가 됨)은 존재하지 않으며, 결정의 주면에서 편광된 광선이 보통의 방식으로 굴절된다는 사실을 설명하기 위해 새로운 가정을 도입할 필요가 없다.[16]

전기 전도도와 불투명도 사이의 관계

798] 매질이 완전 절연체가 아니라 단위부피당 전도도가 C인 도체라

---

16) Stokes의 "Report on Double Refraction," *Brit. Assoc. Report*, 1862, p.253 참조.

면, 흔들림을 구성하는 것에는 전기변위 외에도 전도전류가 있을 것이다. 전도전류에서는 전기에너지가 열로 변환되므로, 파동이 매질에 흡수된다.

흔들림이 삼각함수로 표현된다면 다음과 같이 쓸 수 있다.

$$F = e^{-pz} \cos(nt - qz) \tag{1}$$

왜냐하면 이 함수는 다음 방정식을 만족시키기 때문이다.

$$\frac{d^2F}{dz^2} = \mu K \frac{d^2F}{dt^2} + 4\pi\mu C \frac{dF}{dt} \tag{2}$$

이를 위한 조건은

$$q^2 - p^2 = \mu K n^2 \tag{3}$$

$$2pq = 4\pi\mu Cn \tag{4}$$

이다.

진행속도는

$$V = \frac{n}{q} \tag{5}$$

이며, 흡수계수는

$$p = 2\pi\mu CV \tag{6}$$

이다.

어떤 판이 있는데, 그 길이가 l, 폭이 b, 두께가 z라 하고, {판의 길이를 따라 흐르는 전류에 대한 저항이 전자기 단위로 R라 하면,

$$R = \frac{l}{bzC} \tag{7}$$

이 된다. 입사광 중에서 이 판을 통해 투과되는 비는 다음과 같이 될 것이다.

$$e^{-2pz} = e^{-4\pi\mu\frac{1}{b}\frac{V}{R}} \tag{8}$$

799] 대부분의 투명한 고체는 좋은 절연체이며, 모든 좋은 도체는 매우 불투명하다. 그러나 전도도가 클수록 물체의 불투명도도 크다는 법칙에는 많은 예외가 있다.

전해액은 전류를 흐르게 하지만, 상당수의 전해액은 투명하다. 그러나 빛이 진행하는 동안 빠르게 방향을 바꾸는 힘이 작용하는 경우에는 기전세기가 어느 한 방향으로 너무 짧은 시간 동안에만 작용하기 때문에, 연결된 분자들 사이의 간격 전체에 효과를 미칠 수 없다고 가정해도 된다. 진동의 나머지 절반 동안에 기전세기가 반대 방향으로 작용한다면 앞의 절반 동안 했던 것을 뒤집어 놓게 된다. 따라서 전해액을 흐르는 알짜 전류(true current)는 없으며, 전기에너지의 손실도 없고, 따라서 빛의 흡수도 없다.

800] 금과 은과 백금은 좋은 도체이지만, 아주 얇은 판으로 만들면 빛이 투과할 수 있다.[17] 내가 금박 조각(그 저항은 호킨(Hockin)이 구했다)을 가지고 해본 실험에서는 금박의 투명도가 우리 이론에 부합하는 정도보다 훨씬 더 큰 것처럼 보인다. 우리가 하는 보통 실험에서처럼 기전력이 상당 시간 동안 작용할 때보다는, 빛이 두 번 진동할 때마다 기전력의 방향이 바뀌는 경우에 더 에너지 손실이 작다고 가정하지 않는 이상 말이다.

801] 다음으로 전도도가 유도용량에 비례하여 큰 매질의 경우를 살펴보자.

이 경우에는 783절의 방정식에서 K가 있는 항을 제거해도 좋으며, 방정식은 다음과 같이 된다.

---

17) {빈(*Wied. Ann.* 35, p.48)은 얇은 금속막의 투명도가 위의 이론에서 말해 주는 것보다 훨씬 크다는 결론을 입증했다}—톰슨.

$$\left.\begin{aligned}
\nabla^2 F + 4\pi\mu C\, \frac{dF}{dt} &= 0 \\[4pt]
\nabla^2 G + 4\pi\mu C\, \frac{dG}{dt} &= 0 \\[4pt]
\nabla^2 H + 4\pi\mu C\, \frac{dH}{dt} &= 0
\end{aligned}\right\} \tag{1}$$

이 방정식 각각은 푸리에의 『열에 관한 논고』(*Traité de la Chaleur*)에 나오는 열확산 방정식과 같은 모양이다.

802] 예를 들어 첫째 방정식을 생각하자. 초기 조건과 표면 조건을 두 경우에 잘 대응시키고, $4\pi\mu C$라는 양이 수치상으로 물질의 온도계 전도율의 역수와 같다고 하면, 벡터 퍼텐셜의 성분 F는 균질한 고체의 온도가 시간과 위치에 따라 달라지는 것과 똑같은 방식으로 시간과 위치에 따라 달라질 것이다. 온도계 전도율은 다음과 같이 정의된다. "단위 정육면체의 물질이 있을 때, 마주 보는 두 면의 온도차가 1도이고, 나머지 면들은 열을 통과시키지 않는다고 하자. 이 단위 정육면체를 지나는 열 때문에 1도만큼 정육면체 내부의 물질이 가열되는 부피를 수로 나타낸 것이 온도계 전도율이다."[18]

푸리에가 풀이를 제시한 열전도의 다른 문제들도 전자기 양의 확산에 대한 문제로 변화시킬 수 있다. 다만, 푸리에의 문제에서는 온도가 스칼라양이지만, F, G, H는 벡터의 성분임을 기억해야 한다.

푸리에가 완전한 풀이를 제시한 경우 중 하나로서 초기 상태가 주어진 무한 매질의 문제를 살펴보자.[19]

---

18) 맥스웰의 『열이론』(*Theory of Heat*), 제1판의 235쪽, 제4판의 255쪽을 볼 것.
19) Fourier, 『열에 관한 논고』(*Traité de la Chaleur*), 384절. 점 (α, β, γ)에서의 처음 온도가 $f(\alpha, \beta, \gamma)$를 써서 시간 t가 지난 뒤 점 (x, y, z)에서의 온도 v를 구하는 방정식은 다음과 같다.

$$v = \iiint \frac{d\alpha\, d\beta\, d\gamma}{2^3\sqrt{k^3\pi^3 t^3}}\, e^{-\left(\frac{(\alpha-x)^2 + (\beta-b)^2 + (\gamma-c)^2}{4kt}\right)} f(\alpha, \beta, \gamma)$$

여기에서 k는 온도계로 측정한 전도도이다.

시간 t일 때 매질의 모든 부분의 상태를 평균하면, 매질의 아무 점의 상태를 알 수 있다. 이때 평균을 취할 때 각 부분에 할당되는 가중치는

$$e^{-\frac{\pi\mu Cr^2}{t}}$$

로 한다. 여기에서 r는 상태를 알고자 하는 점으로부터 그 부분까지의 거리이다. 벡터양인 경우에 이 평균을 가장 편리하게 택하는 방법은 벡터의 각 성분을 따로따로 고찰하는 것이다.

803] 우선 다음과 같은 점을 지적해야겠다. 이 문제에서 푸리에의 매질의 열전도율은 우리 매질의 전기전도도에 반비례하는 것으로 잡아야 한다. 따라서 확산과정을 통해 할당된 단계에 이르기까지 걸리는 시간은 전기전도도가 클수록 더 크다. 이 주장은 655절의 결과, 즉 전도도가 무한한 매질은 자기력의 확산과정에서 완전한 장벽이 된다는 점을 기억한다면 역설적인 것처럼 보이지 않을 것이다.

그다음으로, 확산과정을 통해 할당된 단계를 만들어내는 데 필요한 시간은 계의 크기의 제곱에 비례한다.

확산의 속도로 정의할 수 있는 확정된 속도는 없다. 이 속도를 측정하기 위해, 흔들림의 원점으로부터 주어진 거리만큼 떨어진 곳에서 흔들림이 생겨나기까지 필요한 시간을 확인하는 방법을 쓴다면, 흔들림의 값을 더 작게 선택할수록 속도가 더 큰 것처럼 보이게 됨을 알게 된다. 왜냐하면 거리가 아무리 멀더라도, 그리고 시간이 아무리 짧더라도, 흔들림의 값은 수학적으로 0이 아닐 터이기 때문이다.

이런 확산의 특색 때문에 확산은 파동의 전달과 구분된다. 파동의 진행은 확정된 속도로 일어난다. 주어진 점에 파동이 다다르기 전까지는 어떤 흔들림도 일어나지 않는다. 그리고 파동이 지나자마자 흔들림은 멈춰 버린다.

804] 이제 선형회로에서 전류가 시작되었다가 계속 흐를 때 일어나는 과정을 조사해 보자. 회로를 둘러싸고 있는 매질의 전기전도도는 유한하다고 하자. (660절과 비교해 볼 것.)

전류가 시작되면 그 첫째 효과는 전선에 가까이 있는 매질 부분에서 유도전류가 생겨난다는 것이다. 이 전류의 방향은 원래의 전류 방향과 반대 방향이며, 처음 순간에는 그 전체 양이 원래의 전류의 양과 같다. 따라서 더 멀리 있는 매질 부분에 미치는 전자기 효과는 처음에는 0이다가, 유도전류가 매질의 전기저항 때문에 스러져 버리면 그에 따라 최종 값으로 올라가게 된다.

그런데 전선 가까이에서 유도전류가 스러져 버리면 그다음 매질에서 새로운 유도전류가 발생하므로, 유도전류가 놓인 공간이 연속적으로 더 넓어지게 되며, 그 세기는 연속적으로 감소할 것이다.

이와 같은 유도전류의 확산과 스러짐은 매질의 일부가 처음에 주변보다 더 뜨겁거나 더 차가울 때 열이 확산되는 것과 매우 유사한 현상이다. 그러나 전류는 벡터양이고, 회로에서는 회로의 반대편 점에서 전류가 반대 방향으로 흐르기 때문에, 유도전류의 주어진 성분을 계산할 때 열문제와 비교해 보아야 한다. 열의 문제에서는 뜨거움과 차가움이 똑같은 양으로 가까이 있는 장소에서부터 퍼져나가며, 이 경우에 멀리 있는 점에 미치는 효과의 세기는 대체로 더 작을 것이다.

805] 선형회로에서 전류가 일정하게 유지된다면, 유도전류는 상태의 초기변화에 따라 달라지므로 점차 확산되어 스러져 버릴 것이고, 매질은 열흐름의 영구상태와 유사한 영구상태에 남아 있게 될 것이다. 이 상태에서는 매질 전체에 걸쳐 다음이 성립한다.

$$\nabla^2 F = \nabla^2 G = \nabla^2 H = 0 \qquad (2)$$

예외인 곳은 회로가 놓여 있는 부분이며, 거기에서는 {μ=1일 때}

$$\nabla^2 F = 4\pi u$$
$$\nabla^2 G = 4\pi v \qquad (3)$$
$$\nabla^2 H = 4\pi w$$

가 된다. 이 방정식은 매질 전체에 걸쳐 F, G, H의 값을 구하기에 충분하다. 이 방정식은 회로 내부 외에는 전류가 존재하지 않으며, 자기력은 단순히 보통의 이론에 따라 회로상의 전류에서 비롯되는 자기력임을 말해 주고 있다. 이 영구상태가 옮아가는 빠르기는 매우 커서 우리의 실험 방법으로는 측정할 수 없을 것이다. 예외가 있다면 아마도 구리처럼 전도도가 매우 높은 매질의 매우 큰 질량으로 있는 경우일 것이다.

주: 로렌츠(M. Lorenz)는 1867년 7월 포겐도르프의 『연보』(Poggendorff *Annalen*)[20)]에 출판된 논문에서 전류의 키르히호프 방

---

20) '포겐도르프의 연보'(Poggendorff's Annalen)는 포겐도르프가 편집자로 있던 『물리학 및 화학 연보』(*Annalen der Physik und Chemie*)를 가리키며, Pogg. *Ann.*으로 약칭되는 경우가 많다. 포겐도르프(Johann Christian Poggendorff, 1796~1877)는 독일의 실험물리학자 및 화학자로서, 베를린 대학의 교수였고, 프러시아 과학 아카데미의 회원이었다. 검류기(galvanos-cope)와 포겐도르프 거울을 비롯하여 많은 측정장치를 고안해내기도 했고, 전기와 자기와 관련된 많은 실험을 했다. 1824년에 길버트(L.W. Gilbert)의 뒤를 이어 『물리학 및 화학 연보』의 편집을 책임지기 시작하면서 1877년까지 160권에 달하는 연보를 출간했다. 이 학술지에는 수학자, 천문학자, 물리학자, 화학자, 광물학자, 지질학자, 자연사가, 의사 등 다양한 저자들이 논문을 발표했다. 지금까지 4만 2,000편 이상의 논문이 게재되었고, 과학사의 연구에서도 매우 중요한 사료로 평가되고 있다. 1877년부터는 비데만(Gustav Heinrich Wiedemann, 1826~99)이 포겐도르프의 뒤를 이어 편집 책임을 맡게 되는데, 그 이후의 『연보』는 대개 '비데만의 연보' 또는 *Wied. Ann.*으로 약칭한다. 포겐도르프는 물리학의 역사와 관련된 편집에도 열성적이었다. 대개 그냥 '포겐도르프'라고 하면, 그가 1863년에 처음 두 권으로 출판했던 『엄밀과학의 전기 및 문헌 편람』(*Biographisch-Literarisches Handwörterbuch der exakten Naturwissenschaften*)을 가리키는데, 여기에는 8,400여 명의 연구자들에 대한 전기와 연구문헌이 소개되어 있다. 영어권의 *Dictionary of Scientific Biography*와 더불어 과학사학자들에게 대단히 중요한 연구자료가 되고 있다. 이 논저에서 인용되고 있는 학술지에서 중요한 몇 가지를 들면 다음과 같다.

    Crell's Chemisches Journal(1778~81)

    Crell's Entdeckungen in der Chemie(1781~86)

    Crell's Chemisches Annalen(1784~1803)

    Annales de chimie et de physique(1789~1870)

정식(Pogg. *Ann*. cii. 1857)에 실험결과에 영향을 미치지 않는 어떤 항들을 덧붙여서 이로부터 새로운 방정식을 연역했다. 이 새로운 방정식은 전자기장에서 힘의 분포가 연속된 원소들의 상호적인 작용에서 생겨난다고 볼 수 있으며, 횡방향의 전류로 이루어진 파동인 부도체 매질에서 광속에 상당한 속도로 전달될 수 있음을 말해 준다. 따라서 로렌츠는 빛을 구성하는 흔들림이 이 전기전류와 같은 것이라고 보았으며, 도체매질은 그런 복사에 대해 불투명해야 함으로 보였다.

이 결론은 전혀 다른 방법을 써서 얻은 것인데도, 이 장의 결론과 유사하다. 이 장에서 서술된 이론이 처음 출판된 것은 *Phil. Trans*., 1865, pp.459~512이다.

Philosophical Transaction Philosophical Magazine
Comptes Rendus Cambridge Transaction
Transaction of Royal Society of Edinburgh
Annales de Chimie et de Physique
Sturgeon's Annals of Electricity
Nichol's Cyclopaedia of Physical Science
Mathematische Annalen
Proceedings of the Royal Society
Sturgeon's Annals of Electricity ─ 옮긴이.

제21장 빛의 자기 작용

806] 전기 및 자기 현상과 빛의 현상 사이의 관계를 정립하는 데 가장 중요한 첫걸음은 한쪽 현상이 다른 쪽 현상에 영향을 줄 수 있는 예를 발견하는 것임에 틀림없다. 그런 현상을 탐색하는 과정에서는 우리가 비교하려는 양들의 수학적 형식이나 기하학적 형식에 대하여 우리가 이미 얻은 지식의 인도를 받아야 한다. 따라서 소머빌[1]이 그랬듯이 빛을 써서 바늘을 자화시키려 애쓰고 있다면, 자북과 자남을 구분하는 것이 한낱 방향의 문제에 지나지 않으며, 수학적인 부호의 사용에 관한 약속을 반대로 하면, 이 구분도 바로 반대가 된다는 것을 기억해야 할 것이다. 전기분해의 현상에서는 전지의 한쪽 극에서는 산소가 발생하고 다른 쪽 극에서는 수소가 발생하는 것을 관찰함으로써, 양의 전하와 음의 전하를 구분할 수 있지만, 자기의 경우에는 이와 유사한 것이 존재하지 않는다.

따라서 바늘의 한쪽 끝에 빛을 비추면 그 끝이 특정한 이름의 극이 될 것이라고 기대하면 안 된다. 왜냐하면 두 극이 서로 다르다는 것이 빛과 어둠처럼 명백하게 다른 것은 아니기 때문이다.

원형편광된 빛을 바늘에 비추면 더 나은 결과를 예상할 수 있다. 오른쪽으로 회전하는 빛〔우선성(右旋性)〕이 바늘의 이쪽 끝에 비친다면 다른 쪽 끝에는 왼쪽으로 회전하는 빛이 비친다. 왜냐하면 이 두 종류의

---

1) Somerville.

빛은 어떤 면에서 자석의 두 극과 같은 방식으로 서로 관련되어 있다고 말할 수 있기 때문이다. 그러나 여기에서도 유비는 잘못될 수 있다. 왜냐하면 두 빛을 결합하면 서로 중화되는 것이 아니라 평면편광된 광선을 만들어내기 때문이다.

패러데이는 편광된 빛을 써서 투명한 고체에서 생겨나는 변형을 연구하는 방법에 익숙했다. 그는 편광된 빛을 전해액 전도나 유전체 유도가 존재하는 매질 속에 투과시킬 때 그 빛에 가해지는 작용을 검출하려는 희망을 가지고 많은 실험을 했다.[2] 그러나 패러데이는 이런 종류의 작용을 전혀 검출하지 못했다. 실험은 전기력이나 전류를 광선의 방향에 직각으로, 편광면에는 45도의 각으로 배치하여 장력의 영향을 발견하기에 가장 적합한 방식으로 꾸며졌지만 검출은 실패였다. 패러데이는 이 실험들을 여러 가지 방식으로 바꾸어 보았지만 전해액 전류나 정전기 유도에서 비롯되는 빛에 대한 작용을 발견할 수 없었다.

그러나 패러데이는 빛과 자기 사이의 관계를 정립하는 데에는 성공했다. 이를 위해 패러데이가 했던 실험은 그의 『실험연구』 제19집에 서술되어 있다. 우리는 패러데이의 발견을 출발점으로 삼아 자기의 성질을 더 깊이 연구할 것이며, 따라서 패러데이가 관찰했던 현상을 서술할 것이다.

807] 평면편광된 광선은 투명한 반자성 매질 속으로 투과되는데, 이 광선이 매질에서 빠져나오면 검광판에서 광선이 꺾일 때의 검광판의 위치를 관측함으로써 편광면을 확인할 수 있다. 자기력은 투명한 매질 안의 힘의 방향이 광선의 방향과 일치하게끔 작용하게 된다. 빛은 곧 다시 나타나지만, 검광판을 일정한 각만큼 돌리면, 다시 광선이 꺾인다. 이로부터 자기력의 영향은 편광면을 회전시키는 것임을 알 수 있으며, 이는 광선을 축의 방향으로 하여 그 주위로 일정한 각만큼 회전시키는 것이다. 회전각은 검광판에서 빛이 꺾이도록 하기 위해 검광판을 돌려야 하

---

2) *Experimental Researches*, 951~954, 2216~20.

는 각으로 측정된다.

808] 편광면이 회전하는 각은 다음 값에 비례한다.

(1) 광선이 매질 안에서 진행하는 거리. 따라서 편광면은 매질에 입사하는 위치로부터 매질을 벗어나는 위치까지 연속으로 변화한다.

(2) 자기력을 광선 방향으로 분해한 성분의 세기.

(3) 회전의 정도는 매질의 성질에 따라 달라진다. 매질이 공기이거나 다른 기체인 경우에는 아직 회전이 관찰된 적이 없다.[3]

이 세 문장은 더 일반적인 한 문장 안에 포함된다. 즉 각의 회전은 광선이 매질에 들어가는 지점으로부터 매질에서 벗어나는 지점까지 자기 퍼텐셜이 증가한 크기에 어떤 계수를 곱한 값과 수치상으로 같으며, 그 계수는 반자성 매질에서는 일반적으로 양수이다.

809] 반자성 물질에서는 편광면이 회전하게 되는 방향이 {일반적으로} 양의 전류가 매질에 실제로 존재하는 전류와 같은 방향으로 자기력이 생겨날 수 있도록 광선 주위로 회전해야 하는 방향과 같다.

그런데 베르데(Verdet)[4]는 어떤 강자성 매질에서는 회전이 자기력을 만들어내는 전류의 방향과 반대의 방향으로 일어남을 발견했다. 그런 강자성 매질로는 예를 들어 메탄올이나 에테르에 철의 과염화물을 녹인 진한 용액이 있다.

이것을 강자성 물질과 반자성 물질의 차이가 단순히 '투자율'이 강자성 물질에서 더 크고 반자성 물질에서 작기 때문에 나타나는 것이 아니라, 두 부류의 물체들의 성질이 실제로 반대라는 점을 말해 준다.

---

3) {이 부분이 쓰인 뒤에 기체 안에서 회전이 관찰되고 측정되었다. H. Becquerel, *Compt, Rendus*, 88, p.709; 90, p.1407; Kundt와 Röntgen, *Wied. Ann.* 6, p.332; 8, p.278; Bichat, *Compt. Rendus*, 88, p.712; *Journal de Physique*, 9, p.275, 1880}—톰슨.

4) 프랑스의 물리학자 에밀 베르데(Émile Verdet, 1824~66)는 자기와 광학을 주로 연구했으며, 프레넬의 저작집을 편집하여 간행했고, 프랑스에서 에너지 보존법칙의 초기 형태를 발표했다. 패러데이 효과에서 회전각과 자기장의 세기의 비례계수를 베르데 상수라 한다.—옮긴이.

편광면을 회전시키는 자기력이 작용할 때 물질이 얻는 일률은 그 반자성 자화율 또는 강자성 자화율에 정확히 비례하는 것은 아니다. 실제로 반자성 물질에서는 회전이 양의 방향이고 강자성 물질에서는 회전이 음의 방향이라는 규칙에도 예외가 있다. 왜냐하면 잿물의 중성 크롬산염은 반자성이지만 음의 회전을 일으키기 때문이다.

810] 자기력을 작용시키지 않아도 광선이 물질 속을 지나가면 편광면을 오른쪽으로부터 왼쪽으로 회전하게 만드는 물질이 있다. 이 중 어떤 것에서는 그런 성질이 축과 관련되어 있다. 수정이 그런 경우이다. 다른 물질 중에는 그런 성질이 매질 안에서 광선의 방향과 무관하다. 테레빈(송진)이나 설탕용액 등이 그 예이다. 그런데 이런 모든 물질에서는 아무 광선의 편광면이 매질 안에서 오른나사처럼 돌아가면, 광선이 반대 방향으로 매질 속을 지나 투과하더라도 여전히 오른나사처럼 돌아갈 것이다. 관찰자가 광선이 그 길을 따라 매질 속으로 들어간 것을 상쇄시키기 위해 검광판을 돌려야 하는 방향은 관찰자를 기준으로 볼 때 광선이 관찰자에게 다가오는 방향이 북쪽으로부터였든, 아니면 남쪽으로부터였든 모두 같다. 물론 광선의 방향을 반대로 하면 공간상에서 회전의 방향도 반대가 된다. 그러나 자기 작용으로부터 회전이 생겨나면, 공간상의 방향은 광선이 북쪽으로 진행하든, 아니면 남쪽으로 진행하든 모두 같다. 매질이 양의 부류에 속한다면, 회전은 언제나 마당의 실제 자기 상태를 만들어내는(또는 만들어낼) 전류의 방향과 같은 방향이다. 매질이 음의 부류에 속한다면, 방향은 반대이다.

이로부터 다음을 알 수 있다. 광선이 매질 속을 북쪽으로부터 남쪽으로 지나가고 난 뒤 거울로 반사시켜 매질이 다시 남쪽으로부터 북쪽으로 되돌아 지나가게 하면, 자기 작용에서 비롯되는 회전은 두 배가 될 것이다. 테레빈(송진) 등의 경우처럼 회전이 매질의 성질에 따라서만 달라진다면, 광선이 반사되어 매질을 다시 지나가면 매질 속으로 들어갔던 면과 같은 면에서 편광되어 나오게 되고, 처음에 매질 속을 지나가는 동안의 회전은 두 번째 지나갈 때 정확히 반대가 되었을 것이다.

811] 이 현상을 물리적으로 설명하는 것은 상당히 어려운 작업이며, 이제까지 그 어려움은 거의 극복되지 못했다. 이는 자기 회전에 대해서, 아니면 어떤 매질이 그 자체로 나타내는 현상에 대해서 그러하다. 그러나 관찰된 사실의 분석을 통해 그런 설명으로 가는 길을 예비할 수 있다.

두 균일한 원형 진동의 진폭과 주기가 같고, 동일한 평면 위에 있지만 서로 반대 방향으로 회전하고 있다면, 이 둘을 결합했을 때 직선 진동과 동등하게 된다는 사실은 운동학에서 잘 알려진 정리이다. 이 직선 진동의 주기는 원형 진동의 주기와 같으며, 그 진폭은 두 배가 되고, 그 방향은 같은 원을 따라 서로 반대 방향으로 원형 진동을 하고 있는 두 입자가 만나게 될 지점들을 연결하는 직선의 방향이다. 만일 원형 진동 중 하나의 위상이 가속된다면 직선 진동의 방향이 돌게 될 것이며, 그 방향은 원형 진동의 방향과 같은 방향이 될 것이고, 그 각은 위상의 가속 (acceleration of phase)의 절반과 같을 것이다.

직접적인 광학 실험을 통해서도 서로 반대 방향으로 원형편광된 같은 세기의 두 광선을 합치면 평면편광된 광선이 되며, 또한 원형편광된 광선 중 하나의 위상이 어떤 식으로든 가속되면, 합해진 광선의 편광면은 위상의 가속도의 절반과 같은 각만큼 회전함을 증명할 수 있다.

812] 그러므로 편광면의 회전이라는 현상은 다음과 같은 방식으로 표현할 수 있다. 평면편광된 광선을 매질에 비춘다. 이것은 두 개의 원형편광된 광선과 동등하다. (관찰자를 기준으로) 하나는 우선성이고 다른 하나는 좌선성이다. 광선이 매질을 지나고 난 뒤에는 여전히 평면편광되어 있지만, 편광면은 돌아가 있다. 가령 (관찰자를 기준으로) 오른쪽으로 돌아가 있다고 하자. 그러면 광선이 매질 속을 지나가는 동안 두 원형편관된 광선 중에서 우선성 광선의 위상이 좌선성의 광선을 기준으로 가속되었음에 틀림없다.

달리 말하면, 매질 안에서 우선성 광선의 진동수는 같은 주기의 좌선성 광선의 진동수보다 더 커졌으며, 따라서 파장은 더 짧아졌다.

어떤 일이 일어났는지를 이렇게 말하는 양식은 어떤 빛의 이론과도 확실히 무관하다. 왜냐하면 파장이나 원형편광 등과 같은 용어를 쓰고 있고, 이는 파동이론의 특정한 한 형태를 염두에 둔 것이긴 하지만, 앞의 논변은 이렇게 연관짓는 것과 무관하며, 실험으로 증명된 사실에만 의존하기 때문이다.

813] 다음으로, 특정 순간에 이런 광선 중 하나가 어떤 배열모양(configuration)이 되는지 살펴보자. 파동의 운동은 각 점에서 원형이므로, 아무 파동이든 나선이나 나사로 표현할 수 있다. 나사가 종적인 방향으로는 운동이 없는 채 그 축을 중심으로 회전하기만 한다면, 각 입자는 원을 그릴 것이다. 또한 마찬가지로 파동의 진행은 나삿니 부분이 겉보기에 종적인 방향으로 운동하는 것으로 표현될 것이다. 나사가 오른나사라면 관찰자는 파동이 진행해 가는 끝점에 있는 것이고, 나사의 운동은 관찰자에게 좌선성으로, 즉 시계바늘과 반대의 방향으로 보일

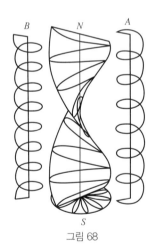

그림 68

것이다. 따라서 그런 광선은 좌선성 원형편광 광선이라 불린다. 이는 원래 프랑스의 저자들이 이름붙인 것인데, 이제는 모든 과학계에서 그 이름이 통하고 있다.

마찬가지로 우선성 원형편광 광선은 좌선성 나선으로 표현된다. 그림 68을 보면, 그림의 오른편에 있는 우선성 나선 A가 좌선성 광선을 나타내며, 왼쪽에 있는 좌선성 나선 B가 우선성 광선을 나타낸다.

814] 이제 매질 안에서 파장이 같은 그런 두 광선을 생각해 보자. 이 둘은 기하학적으로 모든 면에서 똑같지만, 마치 거울의 상처럼, 하나가 다른 것의 뒤집어짐(perversion)이라는 점만 다르다. 그런데 그중 하나(이를 A라 하자)가 다른 것보다 회전주기가 더 짧다고 하자. 운동이

모두 변위를 일으키는 힘에서만 비롯된다면, 같은 변위를 일으키는 데에 더 많은 힘이 필요한 쪽은 배열모양이 B처럼 되어 있을 때보다 A처럼 되어 있을 때임을 알 수 있다. 따라서 이 경우에 좌선성 광선은 우선성 광선에 대하여 가속될 것이다. 그리고 이것은 광선이 N에서 S로 진행하든지, 아니면 S에서 N으로 진행하든지 마찬가지일 것이다.

그러므로 이것은 테레빈(송진) 등에서 발생하는 현상에 대한 설명이 된다. 이런 매질에서 원형편광된 광선이 만들어내는 변위가 더 많은 복원력을 필요로 하는 것은 배열모양이 B처럼 되어 있을 때보다 A처럼 되어 있을 때이다. 따라서 그 힘은 배열모양에만 의존하며, 운동의 방향에는 무관하다.

그러나 반자성 매질에 SN 방향으로 자기가 작용한다면, 두 나사 A와 B 중에서 언제나 더 빠른 속도로 회전하는 쪽은 그 운동이 S로부터 N을 바라보는 시각에서 볼 때 시계바늘의 방향과 같이 보이는 쪽이다. 따라서 S로부터 N으로 진행하는 광선에 대해서는 우선성 광선 B가 더 빨리 진행할 테지만, N으로부터 S로 진행하는 광선에 대해서는 좌선성 광선 A가 더 빨리 진행할 것이다.

815] 우리의 관심을 한쪽 광선에만 국한시키면, 나선 B가 S로부터 N으로 진행하는 광선을 나타내든, 아니면 N으로부터 S로 진행하는 광선을 나타내든, 나선 B는 모두 정확히 똑같은 배열모양이 된다. 그러나 앞의 경우에는 광선이 더 빨리 진행하며, 따라서 나선은 더 빠르게 회전한다. 그러므로 나선이 어느 한 방식으로 돌아나갈 때가 다른 방식으로 돌아나갈 때보다 더 많은 힘이 필요하게 된다. 따라서 그 힘은 광선의 배열모양에만 의존하는 게 아니라 개별적인 부분의 운동 방향에도 의존한다.

816] 빛을 구성하는 흔들림은 그 물리적 성질이 어떤 것이든 상관없이 벡터의 성질이 되며, 광선의 방향에 수직하다. 이는 두 광선의 간섭하면 어떤 조건에서는 어두움을 만들어낸다는 사실과 서로 수직한 면으로 편광된 두 광선은 간섭하지 않는다는 사실을 결합하여 증명할 수 있

다. 간섭이 편광면의 위치각에 따라 달라지므로 흔들림이 방향이 있는 양, 즉 벡터임에 틀림없고, 또한 편광면이 서로 직각이면 간섭이 일어나지 않으므로 흔들림을 나타내는 벡터는 이 두 면의 교선, 즉 광선의 방향에 수직해야 한다.

817] 흔들림은 벡터이므로, 광선의 방향이 z축에 평행하다면, 흔들림을 x와 y에 평행한 두 성분으로 분해할 수 있다. 그 성분을 ξ와 η라 하면, 균질한 원형편광 광선의 경우에

$$\xi = r\cos\theta, \qquad \eta = r\sin\theta \tag{1}$$

이며, 여기에서

$$\theta = nt - qz + \alpha \tag{2}$$

이다.

이 식에서 r는 벡터의 크기를 가리키며, θ는 벡터가 x축의 방향과 이루는 각을 가리킨다.

흔들림의 주기 τ는 다음과 같다.

$$n\tau = 2\pi \tag{3}$$

흔들림의 파장 λ는 다음과 같다.

$$q\lambda = 2\pi \tag{4}$$

진행속도는 $\frac{n}{q}$이다.

t와 z가 둘 다 0일 때 흔들림의 위상은 α이다.

원형편광된 빛은 q가 음수인가, 양수인가에 따라 우선성이거나 좌선성이 된다.

그 진동은 n이 양수인가, 음수인가에 따라 (x, y)의 평면 안에서 양의 방향 또는 음의 방향으로 회전한다.

n과 q가 같은 부호인가, 다른 부호인가에 따라 빛이 z축의 양의 방향

또는 음의 방향으로 진행한다.

모든 매질에서 q가 달라지면 n도 달라지며, $\dfrac{dn}{dq}$의 부호는 언제나 $\dfrac{n}{q}$의 부호와 같다.

따라서 n의 값이 수치상으로 주어질 때, $\dfrac{n}{q}$의 값은 n이 음수일 때보다 n이 양수일 때 더 크다고 하면, 주어진 q의 값에 대하여(크기와 부호가 모두 주어짐), n의 양의 값은 음의 값보다 더 클 것이다.

이는 반자성 매질에서 자기력 γ가 z의 방향으로 작용할 때 {일반적으로} 관찰되는 바이다. 주어진 주기의 원형편광된 광선 두 개 중에서 (x, y)의 평면 안에서 회전의 방향이 양인 쪽이 가속된다. 따라서 두 원형편광된 광선이 있는데, 둘 다 좌선성이고 매질 안에서 파장이 같다고 하면, 둘 중에서 주기가 더 짧은 쪽은 회전의 방향이 xy 평면에서 양의 방향인 광선, 즉 남쪽으로부터 북쪽으로 z의 양의 방향을 따라 진행하는 광선이다. 따라서 우리는 다음과 같은 사실을 설명해야 한다. 연립방정식에서 q와 r가 주어지면 n의 두 값은 방정식을 충족시키며, 하나는 양수이고 하나는 음수이다. 양의 값은 음의 값보다 수치상으로 더 크다.

818] 매질의 퍼텐셜 에너지와 운동에너지를 고려해 보면 운동방정식을 얻을 수 있다. 계의 퍼텐셜 에너지 V는 그 배열모양, 즉 계의 부분들의 상대적 위치에 따라 달라진다. 퍼텐셜 에너지가 원형편광된 빛에서 비롯되는 흔들림에 따라서만 달라진다면, 이는 진폭 r와 뒤틀림 계수 q만의 함수이어야 한다. q의 수치상의 값이 같아도 양인가, 음인가에 따라 퍼텐셜 에너지가 다를 수 있으며, 이는 아마도 그 자체로 편광면을 회전시키는 매질의 경우에서 그럴 것이다.

계의 운동에너지 T는 계의 속도의 동차 2차함수이며, 여러 항의 계수는 좌표의 함수이다.

819] 광선의 세기가 일정할 조건, 즉 r가 상수일 동역학적 조건을 생각하자.

r와 관련된 힘에 대한 라그랑주 방정식은 다음과 같다.

$$\frac{d}{dt}\frac{dT}{dr} - \frac{dT}{dr} + \frac{dV}{dr} = 0 \tag{5}$$

r가 상수이므로 첫 번째 항은 사라진다. 따라서 방정식은

$$-\frac{dT}{dr} + \frac{dV}{dr} = 0 \tag{6}$$

이 되며, 여기에서 q는 주어진 것으로 가정한다. 우리는 각속도 $\dot{\theta}$의 값을 구하려고 한다. 이를 실제의 값 n이라 나타내도 좋다.

운동에너지 T에는 n^2이 있는 항이 하나 있다. 또 다른 속도에 관계되는 다른 항들에는 n의 거듭제곱이 들어 있을 수 있고, 나머지 항은 n과 무관하다. 퍼텐셜 에너지 V는 n과 완전히 무관하다. 따라서 (6)식은 다음의 꼴이 된다.

$$An^2 + Bn + C = 0 \tag{7}$$

이것은 이차방정식으로서 n의 값은 두 개이다. 실험에서 보면, 두 값은 모두 실수이고, 하나는 양수이며 다른 하나는 음수이며, 양의 값이 수치상으로 더 크다. 따라서 A가 양수이면 B와 C는 모두 음수이다. 왜냐하면 n_1과 n_2가 방정식의 근이면,

$$A(n_1 + n_2) + B = 0 \tag{8}$$

이기 때문이다. 따라서 적어도, 자기력이 매질에 작용한다면, 계수 B는 0이 아니다. 따라서 Bn이라는 표현을 살펴보아야 한다. 이는 흔들림의 각속도 n에 1차가 들어 있는 운동에너지 부분이다.

820] T의 모든 항은 속도에 관해 2차원이다. 따라서 n이 들어 있는 항에는 다른 속도가 들어 있다. 이 속도는 $\dot{r}$나 $\dot{q}$일 수는 없다. 왜냐하면 우리가 살펴보고 있는 경우에는 r와 q가 상수이기 때문이다. 그 속도는 빛을 구성하는 운동과 무관하게 매질 속에 존재하는 속도이다. 이는 또한 n에 관계되는 속도로서, n을 곱하면 그 결과가 스칼라양이 되어야한다. 왜냐하면 그 자체가 스칼라양인 T의 값에서 항으로 나타날 수 있

는 것은 스칼라양뿐이기 때문이다. 따라서 이 속도는 n과 같은 방향이거나 반대 방향이어야 한다. 즉 이 속도는 z축을 중심으로 한 각속도이어야 한다.

이번에도 이 속도는 자기력과 무관할 수 없다. 왜냐하면 매질에 고정된 방향에 관련된다면 매질의 이쪽 끝과 저쪽 끝을 바꿀 때 다른 현상이 나타날 터인데 그렇지 않기 때문이다.

따라서 우리는 이 속도가, 편광면의 자기회전을 보게 되는 매질 안에 있는 자기력으로부터 필연적으로 뒤따라 나오는 것이라는 결론에 이르게 된다.

821] 이제까지 우리가 사용해야만 했던 언어는 아마도 파동이론에서 상정하는 운동의 가설에 쓰기에는 너무 암시가 많은 것이었다. 그러나 이런 가설을 전혀 염두에 두지 않고 우리의 결과를 말하는 것은 쉬운 일이다.

빛이 도대체 무엇이든지간에, 공간의 각 점에서는 무엇인가가 벌어지고 있다. 그것은 변위일 수도 있고, 회전일 수도 있고, 아직까지 상상해보지 못한 것일 수도 있다. 하지만 빛은 틀림없이 벡터 또는 방향이 있는 양의 성질을 지니고 있으며, 그 방향은 광선의 방향에 수직하다. 이것은 간섭현상을 통해 완전하게 증명된다.

원형편광된 빛의 경우에는 이 벡터의 크기가 언제나 일정하게 같지만, 방향은 파동의 주기 동안 정확히 한 바퀴 회전하면서 광선 방향을 중심으로 회전한다. 이 벡터가 편광면 안에 있는지 아니면 편광면에 수직한지 여부는 여전히 불명확하지만, 우선성 원형편광이나 좌선성 원형편광에서 빛이 회전하는 방향이 각각 어느 쪽인지는 명확하다. 이 벡터의 방향과 각속도는 완벽하게 알 수 있지만, 벡터의 물리적 성질과 특정 순간에 절대적인 방향은 불명확하다.

원형편광된 광선을 자기력이 작용하는 매질에 비추면, 빛의 회전방향과 자기력의 방향 사이의 관계가 광선의 매질 속에서의 전달에 영향을 준다. 이로부터 817절의 논변을 써서 다음과 같은 결론을 얻을 수 있다.

자기력이 작용하는 매질 속에서는 어떤 회전 운동이 일어나며, 그 회전축은 자기력의 방향이다. 그리고 원형편광된 빛의 진동 회전의 방향과 매질의 자기회전의 방향이 일치할 때, 그 빛이 퍼져 나가는 빠르기는 이 방향을 역전시켰을 때의 빠르기와 다르다.

원형편광된 빛이 지나가는 매질과 자기력선이 지나가는 매질에서 우리가 추적할 수 있는 유일한 유사점은 두 경우 모두에서 축을 중심으로 한 회전운동이 있다는 점이다. 그러나 여기에서 유사점은 끝이 난다. 왜냐하면 광학현상에서의 회전은 흔들림을 표현하는 벡터의 회전이다. 이 벡터는 항상 광선의 방향에 수직하며, 매초 주어진 값만큼의 회전수로 회전한다. 자기현상에서는 회전하는 것이 양옆을 구분할 수 있는 성질을 전혀 지니지 않으므로, 매초 몇 번씩 회전하는지 정할 수 없다.

그러므로 자기현상에서는 광학현상의 파장이나 파의 진행에 대응하는 것이 전혀 없다. 일정한 자기력이 작용하고 있는 매질은 빛이 그 속을 지나갈 때 한 방향으로 진행하고 있는 파동으로 채워져 있지 않다. 이는 그 자기력의 결과이다. 광학현상과 자기현상 사이의 유일한 유사점은 매질의 각 점에서 자기력의 방향으로 한 축을 중심으로 하는 각속도의 성질을 갖는 무엇인가가 존재한다는 점이다.

분자소용돌이의 가설에 관하여

822] 편광된 빛에 자기가 작용하는 것을 검토해 보면, 앞에서 본 것처럼 자기력의 작용을 받고 있는 매질 안에는 무엇인가 각속도와 같은 수학적 부류에 속하는 것이 있어서, 그 축은 자기력이 방향이고 현상의 한 부분을 이룬다는 결론을 얻게 된다.

이 각속도는 전체적으로 회전하는 눈에 띌 만한 크기의 매질 부분의 각속도가 아니다. 따라서 그 회전은 매질의 매우 작은 부분의 회전으로 보아야 하며, 각각이 자신의 축 위에서 회전하고 있는 것으로 보아야 한다. 이것이 분자소용돌이의 가설이다.

앞에서(575절) 보았듯이 이 소용돌이들의 운동은 큰 물체의 눈에 보이는 운동에 심각하게 영향을 미치지는 않지만, 떨림에는 소용돌이들의 운동이 영향을 미칠 수 있으며, 파동이론에 따르면 빛의 진행은 떨림에 따라 달라진다. 매질의 변위는 빛이 진행하는 동안 소용돌이들의 교란을 일으킬 것이다. 소용돌이들이 그렇게 교란을 받으면, 광선의 진행 양식에 영향을 미칠 수 있는 방식으로 매질에 반작용을 줄 수 있다.

823] 지금처럼 소용돌이의 성질을 알지 못하는 상태에서는 매질의 변위와 소용돌이의 변화를 연결하는 법칙의 형태를 제시하는 것이 불가능하다. 따라서 매질의 변위가 만들어내는 소용돌이의 변화가 헬름홀츠가 소용돌이 운동에 관한 대작에서 완전액체의 소용돌이[5]를 법칙화하면서 채택한 조건과 같은 조건 아래 있다고 가정하겠다.

헬름홀츠의 법칙은 다음과 같이 말할 수 있다. 소용돌이의 축 위에 있는 두 이웃하는 입자를 P, Q라 하자. 유체가 운동한 결과 이 입자들이 점 P'과 Q'에 이르렀다면 직선 $P'Q'$은 소용돌이 축의 새로운 방향을 나타낼 것이며, 그 세기는 $P'Q'$과 PQ의 비만큼 달라질 것이다.

따라서 소용돌이의 세기의 성분들을 α, β, γ라 하고, 매질의 변위를 ξ, η, ζ로 나타내면, α, β, γ의 값은 다음과 같이 될 것이다.

$$
\left.
\begin{aligned}
\alpha' &= \alpha + \alpha \frac{d\xi}{dx} + \beta \frac{d\xi}{dy} + \gamma \frac{d\xi}{dz} \\[2mm]
\beta' &= \beta + \alpha \frac{d\eta}{dx} + \beta \frac{d\eta}{dy} + \gamma \frac{d\eta}{dz} \\[2mm]
\gamma' &= \gamma + \alpha \frac{d\zeta}{dx} + \beta \frac{d\zeta}{dy} + \gamma \frac{d\zeta}{dz}
\end{aligned}
\right\}
\tag{1}
$$

이제 매질의 작은 변위를 일으키는 동안 같은 조건이 충족된다고 가정하자. 다만, 여기에서 α, β, γ는 보통의 소용돌이의 세기의 성분들을

---

5) Crellés Journal(Journal für die reine und angewandte Mathematik) (Bd. 55(1858), pp.25~55. Tait 번역 *Phil. Mas.* 1867년 6월, pp.485~511.

나타내는 것이 아니라 자기력의 성분을 나타낸다.

824] 매질의 요소의 각속도 성분은 다음과 같다.

$$
\left.\begin{aligned}
\omega_1 &= \frac{1}{2}\frac{d}{dt}\left(\frac{d\zeta}{dy} - \frac{d\eta}{dz}\right) \\[1em]
\omega_2 &= \frac{1}{2}\frac{d}{dt}\left(\frac{d\xi}{dz} - \frac{d\zeta}{dx}\right) \\[1em]
\omega_3 &= \frac{1}{2}\frac{d}{dt}\left(\frac{d\eta}{dx} - \frac{d\xi}{dy}\right)
\end{aligned}\right\} \tag{2}
$$

우리 가설의 다음 단계는 매질의 운동에너지에 다음과 같은 형태의 항이 들어 있다고 가정하는 것이다.

$$
2C(\alpha\omega_1 + \beta\omega_2 + \gamma\omega_3) \tag{3}
$$

이것은 빛이 전달되는 동안 매질의 요소가 얻게 되는 각속도가 자기 현상을 설명하기 위해 빛의 운동에 결합시키는 양과 같다고 가정하는 것과 매한가지이다.

매질의 운동방정식을 형성하려면 이 운동에너지를 그 부분의 속도로 나타내야 하며, 속도의 성분은 $\dot{\xi}, \dot{\eta}, \dot{\zeta}$이다. 따라서 부분적분을 써서 다음을 얻는다.

$$
\begin{aligned}
&2C\iiint (\alpha\omega_1 + \beta\omega_2 + \gamma\omega_3)\,dxdydz \\[0.8em]
&= C\iint (\gamma\dot{\eta} - \beta\dot{\zeta})\,dydz + C\iint (\gamma\dot{\zeta} - \beta\dot{\xi})\,dzdx \\[0.8em]
&\quad + C\iint (\beta\dot{\xi} - \alpha\dot{\eta})\,dxdy + C\iiint \left\{ \dot{\xi}\left(\frac{d\gamma}{dy} - \frac{d\beta}{dz}\right)\right. \\[0.8em]
&\quad \left. + \dot{\eta}\left(\frac{d\alpha}{dz} - \frac{d\gamma}{dx}\right) + \dot{\zeta}\left(\frac{d\beta}{dx} - \frac{d\alpha}{dy}\right)\right\} dxdydz \tag{4}
\end{aligned}
$$

이중 적분은 둘러싸고 있는 경계면에 대한 것이며, 경계면은 무한히 먼 곳에 있다고 가정해도 된다. 그러므로 매질의 내부에서 무슨 일이 일어나는지 연구하는 과정에서 우리의 관심을 삼중 적분에만 국한시켜도 된다.

825] 단위부피 안의 운동에너지에서 이 삼중적분으로 표현된 부분은 다음과 같이 쓸 수 있다.

$$4\pi C(\dot\xi u + \dot\eta v + \dot\zeta w) \tag{5}$$

여기에서 u, v, w는 전류의 성분이며, 607절 (E)식으로 주어진다.

이로 보건대, 우리의 가설은 성분이 $\dot\xi, \dot\eta, \dot\zeta$인 매질의 입자의 속도가 성분이 u, v, w인 전류와 결합해서 들어갈 수 있는 양이라는 가정과 동등하다.

826] (4)식에서 삼중적분 부호 안에 있는 표현으로 돌아가서 α, β, γ의 값 대신 (1)식에 주어진 α', β', γ'을 대입하고

$$\alpha\frac{d}{dx} + \beta\frac{d}{dy} + \gamma\frac{d}{dz} \text{ 대신 } \frac{d}{dh} \tag{6}$$

라 쓰면, 적분기호 안에 있는 표현이 다음과 같이 된다.

$$C\left\{\dot\xi\frac{d}{dh}\left(\frac{d\zeta}{dy} - \frac{d\eta}{dz}\right) + \dot\eta\frac{d}{dh}\left(\frac{d\xi}{dz} - \frac{d\zeta}{dx}\right) + \dot\zeta\frac{d}{dh}\left(\frac{d\eta}{dx} - \frac{d\xi}{dy}\right)\right\} \tag{7}$$

z축에 수직한 평면 안에 있는 파동의 경우에는 변위가 z와 t만의 함수이므로 $\frac{d}{dh} = \gamma\frac{d}{dz}$이며, 앞의 표현은 다음으로 축소된다.

$$C\gamma\left(\frac{d^2\xi}{dz^2}\dot\eta - \frac{d^2\eta}{dz^2}\dot\xi\right) \tag{8}$$

단위부피당 운동에너지가 변위의 속도에만 의존한다면, 다음과 같이 쓸 수 있다.

$$T = \frac{1}{2}\rho\left(\dot{\xi}^2 + \dot{\eta}^2 + \dot{\zeta}^2\right) + C\gamma\left(\frac{d^2\xi}{dz^2}\dot{\eta} - \frac{d^2\eta}{dz^2}\dot{\xi}\right) \tag{9}$$

여기에서 ρ는 매질의 밀도이다.

827] 이로부터 라그랑주 방정식을 써서 단위부피당 가해진 힘의 성분 X와 Y를 유도할 수 있다. 564절 참조. z에 대한 부분적분을 두 번 이어서 한 뒤, 경계면에서의 이중적분을 제외하면, 다음을 보일 수 있다.

$$\iiint \frac{d^2\xi}{dz^2}\dot{\eta}\,dxdydz = \iiint \xi\frac{d^3\eta}{dz^2 dt}\,dxdydz$$

따라서

$$\frac{dT}{d\xi} = C\gamma\frac{d^3\eta}{dz^2 dt}$$

이다.

따라서 이 힘이 성분은 다음과 같이 주어진다.

$$X = \rho\frac{d^2\xi}{dt^2} - 2C\gamma\frac{d^3\eta}{dz^2 dt} \tag{10}$$

$$Y = \rho\frac{d^2\eta}{dt^2} + 2C\gamma\frac{d^3\xi}{dz^2 dt} \tag{11}$$

이 힘은 매질의 나머지 부분이 고려하고 있는 요소에 미치는 작용에서 생겨나며, 등방성 매질의 경우에는 코시(Cauchy)가 제시한 다음의 모양이 되어야 한다.

$$X = A_0\frac{d^2\xi}{dz^2} + A_1\frac{d^4\xi}{dz^4} + \&c. \tag{12}$$

$$Y = A_0\frac{d^2\eta}{dz^2} + A_1\frac{d^4\eta}{dz^4} + \&c. \tag{13}$$

828] 원형편광된 광선의 경우를 생각해 보자. 이에 대해

$$\xi = r\cos(nt - qz), \qquad \eta = r\sin(nt - qz) \tag{14}$$

이며, 단위부피당 운동에너지는

$$T = \frac{1}{2}\rho r^2 n^2 - Cr^2 q^2 n \tag{15}$$

이고, 단위부피당 퍼텐셜 에너지는

$$V = \frac{1}{2}r^2 (A_0 q^2 - A_1 q^4 + \&c.)$$
$$= \frac{1}{2}r^2 Q \tag{16}$$

이다. 여기에서 Q는 q^2의 함수이다.

광선이 819절의 (6)식에서 주어진 것처럼 자유롭게 진행할 조건은

$$\frac{dT}{dr} = \frac{dV}{dr} \tag{17}$$

이며, 이로부터 다음을 얻는다.

$$\rho n^2 - 2C\gamma q^2 n = Q \tag{18}$$

따라서 n의 값을 q로 나타낼 수 있다.

그런데 파동주기가 주어진 광선의 경우에는 자기력이 작용할 때, 우리가 구하려는 것은 n이 일정할 때에는 $\frac{dq}{d\gamma}$의 값이고, γ의 값이 일정할 때에는 $\frac{dq}{dn}$이다. (18)식을 미분하면 다음이 된다.

$$(2\rho n - 2C\gamma q^2)\,dn - \left(\frac{dQ}{dq} + 4C\gamma qn\right)dq - 2Cq^2 n d\gamma = 0 \tag{19}$$

이렇게 해서 다음을 얻는다.

$$\frac{dq}{d\gamma} = -\frac{Cq^2 n}{\rho n - C\gamma q^2}\frac{dq}{dn} \tag{20}$$

829] 공기 중의 파장을 λ, 공기 중의 속도를 v, 매질의 해당 굴절률을 i라 하면,

$$q\lambda = 2\pi i, \qquad n\lambda = 2\pi v \tag{21}$$

이다.

{따라서

$$\frac{dq}{dn} = \frac{1}{v}\left(i - \lambda\,\frac{di}{d\lambda}\right)$$

이다.}

q의 값이 자기 작용 때문에 변화하는 것은 모든 경우에 원래의 값에 비해 대단히 작은 부분이므로, 다음과 같이 쓸 수 있다.

$$q = q_0 + \frac{dq}{d\gamma}\,\gamma \qquad (22)$$

여기에서 q_0은 자기력이 0일 때 q의 값이다. 편광면이 두께가 c인 매질을 지나갈 때 돌아가는 각을 θ라 하면, 이는 qc의 양의 값과 음의 값을 더한 것의 절반이다. (14)식에서 q의 부호가 음수이므로, 결과의 부호를 바꿀 수 있다. 이렇게 하여 다음을 얻는다.

$$\theta = -\,c\gamma\,\frac{dq}{d\gamma} \qquad (23)$$

$$= \frac{4\pi^2 C}{v\rho}\,c\gamma\,\frac{i^2}{\lambda^2}\left(i - \lambda\,\frac{di}{d\lambda}\right)\frac{1}{1 - 2\pi C\lambda\,\dfrac{i^2}{v\rho\lambda}} \qquad (24)$$

이 분수식에서 분모의 둘째 항은 빛이 매질의 두께가 {매질 안에서의} 파장의 절반에 $\frac{1}{\pi}$를 곱한 값만큼 지나가는 동안 편광면이 회전하는 각과 대략 같다. 따라서 모든 실제의 경우에 이 항은 1에 비해 무시할 수 있을 만큼 작다.

이제

$$\frac{4\pi^2 C}{v\rho} = m \qquad (25)$$

라 쓰고, m을 매질의 자기회전계수라 하자. 이 양의 값은 관측으로부터 정해야 한다. 대부분의 반자성 매질에서는 그 값이 양수이며, 어떤 상자성 매질에서는 그 값이 음수가 됨이 알려져 있다. 따라서 우리 이론의 최종 결과로서 다음을 얻는다.

$$\theta = mc\gamma \frac{i^2}{\lambda^2}\left(i - \lambda \frac{di}{d\lambda}\right) \tag{26}$$

여기에서 θ는 편광면의 회전각이며, m은 매질의 관측으로부터 정해지는 상수이며, γ는 자기력의 세기를 광선 방향으로 분해한 성분이며, c는 광선의 매질 속의 길이이며, λ는 공기 중에서 빛의 파장이며, i는 매질 속에서의 굴절률이다.[6]

830] 이제까지 이 이론이 매어 있는 유일한 시험방법은 똑같은 자기력이 작용하는 똑같은 매질에 여러 종류의 빛이 지날 때 θ의 값을 비교하는 것뿐이다.

베르데(Verdet)[7]는 이를 상당히 많은 매질에 대해 시험했으며, 다음과 같은 결론에 이르렀다.

(1) 여러 가지 색깔의 광선의 편광면의 자기회전은 대략 파동의 역제곱법칙을 따른다.

(2) 현상의 정확한 법칙은 다음과 같다. 즉, 빛띠(분광)의 가장 굴절이 안 되는 끝부분으로부터 가장 굴절이 잘되는 끝부분으로 갈수록, 회전각에 파장의 제곱을 곱한 값이 증가한다.

(3) 이 증가가 가장 민감한 물질은 분산능(dispersive power)이 가장 큰 물질이기도 하다.

또한 베르데는 주석산(타르타르산) 용액에서 자기회전이 자연스러운 회전에 전혀 비례하지 않음을 발견했다. 주석산은 그 자체로 편광면을 회전시킨다.

베르데는 앞의 논문의 후속논문에서[8] 탄소의 이황화물과 크레오소트

---

6) {Rowland(*Phil. Mag.* xi. p.254, 1881)는 만일 홀(Hall)의 효과(Vol. I. p.423)가 절연체에 존재한다면, 편광면의 자기회전이 가능할 수도 있음을 밝혔다}—톰슨.

7) Recherches sur les propriétés optiques développées dans les corps transparents par l?ction du magnétisme, 4me partie. *Comptes Rendus*, t. lvi. p.630(6 April, 1863).

8) *Comptes Rendus*, lvii. p.670(19 Oct., 1863).

를 가지고 매우 면밀하게 실험한 결과를 발표했다. 이 두 물질에서는 파장의 역제곱법칙이 매우 분명하다. 또한 그는 이 결과를 다음의 세 가지 다른 공식에서 주어지는 수와 비교했다

$$\text{(I)} \quad \theta = mc\gamma \frac{i^2}{\lambda^2}\left(i - \lambda\,\frac{di}{d\lambda}\right)$$

$$\text{(II)} \quad \theta = mc\gamma \frac{1}{\lambda^2}\left(i - \lambda\,\frac{di}{d\lambda}\right)$$

$$\text{(III)} \quad \theta = mc\gamma\left(i - \lambda\,\frac{di}{d\lambda}\right)$$

이 중 첫째 공식 (I)은 829절의 (26)에서 이미 얻은 것과 같다. 둘째 공식 (II)는 827절의 (10)식과 (11)식으로 나타나는 운동방정식에서 $\frac{d^3\eta}{dz^2 dt}$ 와 $-\frac{d^3\xi}{dz^2 dt}$ 대신에 $\frac{d^3\eta}{dt^3}$ 과 $-\frac{d^3\xi}{dt^3}$ 과 같은 형태의 항을 대입하여 얻는 것이다. 내가 알기로는 이 모양의 방정식을 제안한 물리이론은 아직 없다. 셋째 공식 (III)은 노이만(C. Neumann)[9]의 물리이론으로부터 나온 것으로서, 노이만의 이론에서는 운동방정식에 $\frac{d\eta}{dt}$ 와 $-\frac{d\xi}{dt}$ 모양의 항이 들어 있다.[10]

공식 (III)으로 주어지는 θ의 값은 어림으로라도 파장의 역제곱에 비례하지 않음이 분명하다. 공식 (I)과 공식 (II)로 주어지는 θ의 값은 이

---

9) "Explicare tentatur quomodo fiat ut lucis planum polarizationis per vires electricas vel magneticas declinetur," *Halis Saxonum*, 1858.

10) 이 세 가지 형태의 운동방정식을 처음 제안한 것은 에어리(G.B. Airy) 경이다 (*Phil. Mag.* June 1846, p.477). 그는 이 방정식은 패러데이가 최근에 발견한 현상을 분석하는 수단으로 제안했다. 맥컬러(MacCullagh)는 그전에 이미, 수정(quartz)에서 나타나는 현상을 수학적으로 표현하기 위해 $\frac{d^3}{dz^3}$ 형태의 항이 있는 방정식을 제안한 바 있다. 에어리와 맥컬러가 제안한 이 방정식은 "현상에 대한 역학적 설명을 하기 위한 것이 아니라, 현상을 방정식으로 설명할 수 있다는 것을 보여 주기 위한 것이다. 이 방정식은 몇몇 개연성 있는 역학적 가정으로부터 연역할 수 있을 것으로 보인다. 아직 누구도 그런 가정을 세운 적은 없지만 말이다."

조건을 충족시키며, 적절한 분산능의 매질에 대해 관측된 값과 상당히 잘 일치한다. 그런데 탄소 이황화물과 크레오소트에서는 공식 (II)에서 얻는 값과 관측된 값이 매우 다르다. 공식 (I)에서 얻는 값은 관측과 더 잘 일치한다. 하지만 탄소 이황화물에서는 비교적 가깝지만, 많은 크레오소트에서는 관측의 오차로 설명할 수 있는 것보다 더 큰 정도로 차이가 있다.

편광면의 자기회전(Verdet에서 인용)

탄소 이황화물, 24.9° (광선의 회전 E = 25°28′)

빛띠의 선	C	D	E	F	G
관찰된 회전	592	768	1000	1234	1704
공식 I로 계산한 값	589	760	1000	1234	1713
공식 II로 계산한 값	606	772	1000	1216	1640
공식 III으로 계산한 값	943	967	1000	1034	1091

크레오소트 24.3° (광선의 회전 E = 21°58′)

빛띠의 선	C	D	E	F	G
관찰된 회전	573	758	1000	1241	1723
공식 I로 계산한 값	617	780	1000	1210	1603
공식 II로 계산한 값	623	789	1000	1200	1565
공식 III으로 계산한 값	976	993	1000	1017	1041

우리는 물체의 분자적 구성의 세부를 거의 모르고 있기 때문에 빛에 대한 자기의 작용 현상과 같은 특수한 현상과 연결되는 만족스러운 이론을 구성하는 일은 가능하지 않다. 이를 위해서는, 눈에 보이는 현상들이 분자들이 관련된 작용들에 의존하는 여러 다른 경우들을 많이 찾아

내고, 이를 바탕으로 한 귀납에 의거하여, 관찰된 사실들의 조건을 충족시키기 위해 분자들에게 부여되어야 하는 성질들에 관해 더 명확한 무엇인가를 알아내야 할 것이다.

이제까지 논의한 이론은 명백하게 잠정적인 성격의 이론이다. 이 이론이 분자 소용돌이의 성질에 관한 검증되지 않은 가설에 기반하고 있고, 소용돌이들이 매질의 변위로부터 영향을 받는 양태에 따라 달라지기 때문이다. 따라서 이론이 관찰된 사실과 일치하는 것이 빛의 전자기이론에서보다 편광면의 자기 회전의 이론에서 훨씬 적은 과학적 가치를 지니는 것으로 보아야 한다. 빛의 전자기이론은 매질의 전기적 성질에 관한 가설에 연관되어 있긴 하지만, 매질의 분자들이 어떻게 구성되어 있는지 추측하고 있지는 않다.

831] 주

이 장 전체는 W. 톰슨 경이 1856년 6월에 『왕립협회보』(*Proceedings of the Royal Society*)에 발표한 대단히 중요한 지적을 확장한 것으로 볼 수 있다. 그 내용은 다음과 같다.

"패러데이는 자기가 빛에 영향을 미치는 것을 발견했는데, 그 영향은 움직이는 입자의 운동방향에 따라 달라진다. 가령 그것이 들어 있는 매질에서, 자기력선과 평행한 직선 위의 입자들을 생각하자. 이 직선을 축으로 하는 나선으로 입자들을 옮겨 놓은 뒤에, 원을 그릴 수 있게끔 속도를 주어 접선 방향으로 쏘면, 입자의 운동이 어느 한 방향(이는 자기화 코일의 갈바니 전류의 명목상의 방향과 같음)으로 돌아가는지, 아니면 반대 방향으로 돌아가는지에 따라, 입자가 얻는 속도도 달라질 것이다. 그러나 입자의 속도나 방향이 어떠하든지, 변위가 같으면 매질의 탄성 반작용도 같아야 한다. 다시 말해서, 빛을 내는 운동[11]은 같지 않더라도, 원운동의 원심력과 비기기는 힘들은 같다. 따라서 절대적인 원운동은 모두 똑같든지, 아니면 처음에 생각하

---

11) '빛을 내는 운동'은 원문의 luminiferous motion의 번역이다—옮긴이.

던 입자에 똑같은 원심력을 전달할 터이므로, 빛을 내는 운동은 전체 운동의 한 성분일 뿐이다. 또한 한 방향에서 빛을 덜 내는 성분에다 빛이 전혀 방출되지 않는 매질 속에 존재하는 운동을 결합시키고 나면, 반대 방향으로 빛을 더 많이 내는 성분에다 그 빛을 내지 않는 운동을 결합한 것과 같은 결과가 된다. 원형편광된 똑같은 질의 빛이 자기화시키는 힘의 선에 평행한 자기화된 유리를 지나 투과할 때, 모두 우선성이거나 모두 좌선성인 빛은 그 진로가 자석의 북극이 향하는 방향과 같은 방향인가, 아니면 반대 방향인가에 따라 속도가 다르게 진행한다. 나는 이와 같은 사실에 대한 앞의 동역학적 설명 이외의 것을 생각하는 것이 불가능할 뿐 아니라 이 사실을 다르게 설명할 수 있는 길이 없음을 증명할 수 있다고 믿는다. 따라서 패러데이의 광학적 발견은 자기의 궁극적 성질에 대한 앙페르의 설명의 실재성을 증명한 셈이며, 열의 동역학적 이론에서 자기화의 정의를 마련해 준다. '분자 소용돌이'에 대한 랭킨의 역학적 고찰에 운동량의 모멘트의 원리('면적 보존')를 도입하면, 열운동의 합성 회전 운동량[12]의 평면('불변 평면')에 수직한 직선이 자화된 물체의 자기축을 가리킨다는 점을 알 수 있으며, 이 운동에 대한 운동량의 합성 모멘트를 '자기 모멘트'의 명확한 척도로 삼아도 좋음을 암시한다. 전기-자기적 끌림과 밀침의 모든 현상 그리고 전기-자기 유도의 모든 현상을 설명하는 작업은 단순히 그 운동이 열을 구성하는 그런 물질의 관성과 압력에서 찾아볼 수 있다. 이 물질이 전기체인지 아닌지, 그리고 그것이 입자들 사이를 꽉 채우고 있는 연속적인 유체인지 아니면 그 자체로 분자들이 모여 있는 것인지, 그리고 모든 물질이 연속적인지, 그리고 입자의 비균질성이 물체의 연속적인 부분의 유한한 소용돌이 운동으로 이루어져 있는지 아니면 다른 상대적 운동으로 이루어져 있는지 등과 같은 질문은

---

12) 회전 운동량은 rotatory momentum으로서 현대의 용어로는 각운동량 (angular momentum)과 같다─옮긴이.

현재의 과학의 상태에서는 대답하기가 불가능하며, 아마도 헛된 주장
에 지나지 않을 것이다."

지금까지 내가 상세하게 설명한 분자 소용돌이의 이론은 *Philosophi-cal Magazine* 1861년 3월, 4월, 5월호 그리고 1862년 1월, 2월호에
발표했던 것이다.

나는 다음과 같은 견해에는 좋은 근거가 있다고 본다. 즉, 몇 가지 회
전 현상이 자기마당 안에서 일어나고 있으며, 이 회전은 물질을 이루는
엄청난 수의 매우 작은 부분이 각각 자전함으로써 생겨나는 것이며, 이
런 여러 가지 소용돌이의 회전은 소용돌이들을 이어주는 모종의 메커니
즘에 따라 서로 종속되게끔 되어 있다는 것이다.

그리고 내가 이 메커니즘의 작동모형을 상상하기 위해 기울였던 노력
은 노력 그 이상으로 받아들여져서는 안 된다. 이는 전자기마당의 부분
들의 실제 연결과 역학적으로 동등한 연결을 만들어낼 수 있는 메커니
즘을 상상해 볼 수 있다는 예시일 뿐이다. 아무 계의 부분들의 운동 사
이에 특정 종류의 연결을 수립하기 위해 필요한 메커니즘을 결정하는
문제에는 언제나 무한한 수의 해결책이 가능하다. 이 중에서 어떤 것은
다른 것보다 더 엉성하거나 더 복잡할 수 있지만, 모두가 일반적으로 메
커니즘의 조건을 충족시켜야 한다.

그러나 이 이론의 다음과 같은 결과는 더 높은 가치를 지닌다.

(1) 자기력은 소용돌이의 원심력의 결과이다.

(2) 전류의 전자기 유도는 소용돌이의 속도가 바뀔 때 개입하는 힘의
결과이다.

(3) 기전력은 연결 메커니즘에 가해지는 변형력에서 생겨난다.

(4) 전기변위는 연결 메커니즘의 탄성 항복[13]에서 생겨난다.

---

13) 탄성항복(elastic yielding): 탄성이 사라져 탄성체가 부러지거나 끊어지는
현상—옮긴이.

제22장 강자성과 반자성의 분자전류 설명

자기의 전자기 이론에 관하여

832] 앞에서 우리는 자석이 서로 작용하는 것은 '자기물질'이라는 가상적인 물질의 끌림과 밀침으로 정확히 나타낼 수 있음을 보았다(380절). 얼핏 보면 막대를 자화시킬 때 이 자기물질이 자석의 한쪽 부분에서 다른 쪽으로 감지할 만한 거리만큼 움직이는 것처럼 보이지만, 우리는 그렇게 가정해서는 안 되는 이유를 밝혔으며, 가상적인 자기물질은 자성물질의 개별 분자에 엄격하게 국한된다는 푸아송의 가설에 이르렀다. 이에 따르면, 자화된 분자라는 것은 상반되는 두 종류의 자기물질이 분자의 반대쪽 두 극으로 많거나 적게 나누어진 분자이지만, 두 종류의 자기물질 중 어느 쪽도 실제로 분자에서 벗어나는 것은 아니다(430절).

이 논변으로부터 다음과 같은 사실이 완전히 확립된다. 즉 자화는 무거운 철 덩어리에서 나타나는 현상이 아니라 분자의 현상이며, 달리 말해서, 너무 작아서 역학적인 어떤 방법으로도 둘로 쪼개어 북극과 남극을 분리할 수 없는 물질의 한 부분에서 나타나는 현상이다. 그러나 자기분자의 성질을 결정하려면 더 깊이 있는 연구가 있어야 한다. 앞에서 (442절) 우리는 철이나 강철을 자화시키는 과정은 그것을 구성하는 분자들에 자화를 넘겨주는 것이 아니라, 이 분자들은 이미 자기적이며, 자화되지 않은 철이라도 그 축이 모든 방향에 제각기 무차별하게 놓여 있는 것이고, 자화의 과정은 분자들을 회전시켜 그 축이 모두 한 방향에 평행하게 만들거나, 아니면 적어도 그 방향으로 편향되게 만든다는 것이라고 믿을 만한 강한 이유가 있음을 보았다.

833] 그러나 우리는 아직 자기분자의 성질에 대한 설명에 이르지는 못했다. 즉, 자기분자가 우리가 더 잘 알고 있는 다른 어떤 것과 비슷한 점이 있는지 알아내지 못했다. 따라서 우리는 앙페르의 가설, 즉 분자의 자성은 분자 안에서 어떤 길을 따라 일정하게 회전하는 전류에서 비롯된다는 가설을 검토해야 한다.

적절하게 분포되어 있는 전류박판이 그 바깥에 있는 면에 작용하는 것을 이용하면, 아무 자석이 그 바깥에 있는 점에 미치는 작용을 정확히 흉내낼 수 있다. 그러나 자석이 그 내부의 점에 작용하는 것은 전류가 대응하는 점에 작용하는 것과는 매우 다르다. 따라서 앙페르는 전류를 이용하여 자성을 설명할 수 있다면 이 전류는 자석의 분자들 안에서 순환하고 있어야 하며, 이 전류는 한 분자로부터 다른 분자로 흐르지 않아야 한다는 결론을 내렸다. 분자 내부에 있는 점에 미치는 자기 작용을 실험으로 측정할 수 없기 때문에, 자석 안에 감지할 수 있을 만큼의 전류가 있다는 가설은 반증할 수 있지만, 이와 같은 방식으로는 앞의 가설[1]을 반증할 수 없다.

이밖에도 전류는 도체의 한 부분에서 다른 부분으로 옮겨 갈 때 저항에 맞부딪혀서 열을 낸다는 점을 알고 있다. 그러므로 보통 종류의 전류가 감지할만한 크기의 자석의 부분 둘레로 흐르고 있다면, 이를 유지하기 위해 필요한 에너지의 소모가 지속될 것이고, 자석은 영구적인 열의 원천이 될 것이다. 회로를 분자에 국한시키면, 분자 안에서는 저항에 관해 알려진 바가 전혀 없으므로, 모순에 대해 염려할 필요 없이 분자 안에서 순환하는 전류는 저항에 맞부딪히지 않는다고 주장할 수 있다.

따라서 앙페르의 이론에 따르면 모든 자기현상은 전류에서 비롯되는 것이다. 또한 자기분자의 내부에서 자기력을 관측할 수 있다면, 이 힘이 다른 전기회로를 둘러싸고 있는 영역에서의 힘과 정확히 같은 법칙을

---

1) 즉 분자 내에 순환하는 전류가 있다는 가설 — 옮긴이.

따르고 있음을 알게 될 것이다.

834] 앞에서 우리는 자석의 내부에서 작용하는 힘을 다루면서, 측정이 자석을 이루는 물질의 일부를 파내어 작은 틈새를 만드는 것이라고 가정했었다(395절). 이렇게 해서 두 가지 다른 양, 즉 자기력과 자기유도라는 두 양을 고찰하게 되었으며, 둘 다 자기물질을 제거한 공간에서 관측할 수 있다고 가정했다. 자기분자의 내부로 뚫고 들어갈 수 있다거나 자기분자의 내부에 작용하는 힘을 관측할 수 있다고 가정하지는 않았다.

앙페르의 이론을 받아들인다면, 자석을 연속적인 물질로 이루어진 것이 아니라, 여러 개의 분자들로 보게 된다. 연속적인 물질이라면, 그 자화는 쉽게 생각할 수 있는 몇몇 법칙에 따라 점마다 달라질 것이지만, 여러 개의 분자라면, 각각의 분자 안에서 전류들의 계가 순환하고 있으며, 분자 내부에서 작용하는 힘의 방향은 대개 그 주변에서 작용하는 평균 힘의 방향과 반대가 될 터이므로, 분자가 만들어내는 자기력의 분포는 대단히 복잡할 것이다. 또한 자기 퍼텐셜이 존재하긴 한다면, 자기 퍼텐셜은 자석에 있는 분자만큼 많은[2] 변수들의 함수일 것이다.

835] 그러나 이렇게 겉보기에는 복잡해도, 이것은 그저 더 단순한 부분들이 매우 많이 공존하는 데에서 비롯된 것이므로, 자기의 수학적 이론은 앙페르의 이론을 받아들이고 우리의 수학적 통찰을 분자의 내부로까지 확장함으로써 아주 크게 단순화된다는 것을 알게 될 것이다.

우선, 자기력의 두 정의는 하나로 환원되며, 둘 다 자석 바깥 공간에 대한 힘과 같은 것이 된다. 다음으로, 자기력의 성분들은 어디에서나 자기유도의 성분들이 충족시키는 조건을 만족한다. 즉,

$$\frac{d\alpha}{dx} + \frac{d\beta}{dy} + \frac{d\gamma}{dz} = 0 \tag{1}$$

달리 말해서 자기력의 분포는 비압축성 유체의 속도의 분포와 성질이

---

2) degree of multiplicity —옮긴이.

같다. 또는 25절의 표현을 빌리면, 자기력에는 수렴이 없다.[3]

끝으로 세 벡터 함수—즉 전자기 운동량, 자기력, 전류—는 서로 더 간단한 관계가 된다. 이 셋은 모두 수렴이 없는 벡터 함수이며, 해밀턴이 ∇라는 기호로 표시한 공간미분을 취하는 과정을 통해 하나하나가 순서대로 다른 것에서 유도된다.

836] 그런데 이제 우리는 자기를 물리적 관점에서 고찰하고 있으며, 분자전류의 물리적 성질을 탐구해야 한다. 우리는 전류가 분자 안에서 순환하고 있으며 저항을 만나지 않는다고 가정한다. 분자회로의 자체유도계수를 L, 이 회로와 다른 회로 사이의 상호유도계수를 M이라 하면, 분자 안의 전류를 γ, 다른 회로 안의 전류를 γ'이라 할 때, 전류 γ의 방정식은 다음과 같다.

$$\frac{d}{dt}(L\gamma + M\gamma') = -R\gamma \tag{2}$$

가설에 따라 저항이 없으므로 $R=0$이므로 적분하면 다음을 얻는다.

$$L\gamma + M\gamma' = \text{constant} = L\gamma_0 \text{(라 하자.)} \tag{3}$$

분자회로를 분자의 축에 수직한 평면에 투사한 넓이가 A라 하자. 분자의 축은 투사가 최대가 되는 평면의 법선으로 정의한다. 다른 전류의 작용이 만들어내는 자기력 X가 분자의 축과 θ의 각을 이루는 방향으로 작용한다면, $M\gamma'$라는 양은 $XA\cos\theta$가 되며, 전류의 방정식은

$$L\gamma + XA\cos\theta = L\gamma_0 \tag{4}$$

이 된다. 여기에서 γ_0은 $X=0$일 때의 γ의 값이다.

따라서 분자전류의 세기는 전적으로 그 시작값 γ_0과 다른 전류에서 비롯되는 자기력의 세기에만 의존하는 것처럼 보인다.

---

3) 수렴(convergence)이 없다는 것은 발산(divergence)이 없다는 것과 같으며, 현대의 기호로는 div$\mathbb{B}$=0과 같다—옮긴이.

837] 시작 전류가 없고 전류가 온통 유도에서만 비롯된다고 가정하면

$$\gamma = -\frac{XA}{L}\cos\theta \qquad (5)$$

가 된다.

음의 부호는 유도된 전류의 방향이 유도하는 전류의 방향과 반대이며, 그 자기 작용은 회로의 내부에서는 자기력의 방향과 반대의 방향이라는 점을 말해 준다. 다른 말로 하면 분자전류는 유도하는 자석의 극과 같은 이름의 극을 향해 두 극이 돌아 있는 작은 자석처럼 작동한다.

이는 자기 작용 아래 철 분자들의 작용과 반대이다. 따라서 철의 분자전류는 유도로부터 생겨난 것이 아니다. 그러나 반자성물질에서 이런 종류의 작용이 관찰되며, 사실 이를 반자성 극성을 설명하기 위해 도입한 것은 베버가 처음이다.

베버의 반자성이론

838] 베버의 이론에 따르면 반자성물질의 분자에는 어떤 채널이 있어서 그 둘레로 전류가 저항을 받지 않고 순환할 수 있다. 이 채널 덕분에 분자가 모든 방향을 누빌 수 있다고 가정하면, 이는 분자를 완전도체로 만든다는 것에 상응한다.

우리는 분자 안의 직선 회로라는 가정으로부터 출발해서 전류의 세기가 (5)식으로 주어짐을 알았다.

전류의 자기모멘트는 전류의 세기에 회로의 넓이를 곱한 값, 즉 γA이며, 이를 자기력 방향으로 분해한 성분은 $\gamma A\cos\theta$이며, (5)식으로부터

$$-\frac{XA^2}{L}\cos^2\theta \qquad (6)$$

이다. 그런 분자가 단위부피당 n개 있다면, 그리고 그 축들이 모든 방향에 무차별하게 분포되어 있다면, $\cos^2\theta$의 평균은 $\frac{1}{3}$이 될 것이며, 물질의 자화의 세기는 다음과 같이 될 것이다.

$$-\frac{1}{3}\frac{nXA^2}{L} \qquad (7)$$

따라서 노이만 자화계수는 다음과 같다.

$$\kappa = -\frac{1}{3}\frac{nA^2}{L} \qquad (8)$$

따라서 물질의 자화는 자기화하는 힘의 방향과 반대이다. 또는 달리 말하자면, 물질은 반자성이다. 그것은 자기화하는 힘에 정확히 비례하며, 보통의 자기유도의 경우처럼 유한한 한계값으로 가지 않는다. 442절 등을 참조할 것.

839] 분자 채널의 축 방향이 모든 방향으로 무차별하게 배열되어 있지 않고, 특정 방향의 분자 수가 더 많다면, 모든 분자들에 대한 다음의 합

$$\sum \frac{A^2}{L}\cos^2\theta$$

는 θ를 재는 기준이 되는 선의 방향에 따라 다른 값이 될 것이다. 또한 이 값이 여러 다른 방향으로 어떻게 분포되어 있는지는 같은 점을 지나는 여러 다른 방향의 축을 중심으로 한 관성 모멘트의 값의 분포와 비슷할 것이다.

플뤼커(Plücker)가 서술했듯이, 그런 분포로부터 물체의 축과 관계가 있는 자기현상을 설명할 수 있다. 패러데이는 이를 자기결정현상(magne-crystallic phenomena)이라 불렀다. 435절 참조.

840] 이제 전류가 분자 안의 특정 채널에 국한되지 않고 그 대신 분자 전체를 완전도체로 볼 수 있다면 어떤 효과를 얻게 될지 살펴보자.

먼저 비환형 물체, 즉 고리모양이나 구멍이 뚫린 모양이 아닌 물체의 경우를 보자. 이 물체는 어디에서나 완전 전도성 물질로 된 얇은 막으로 둘러싸여 있다고 가정하자.

우리는 654절에서 다음을 증명했다. 즉, 원래 전류가 들어 있지 않은 완전 전도성 물질은 모양이 어떠하든 외부자기력에 노출되면 전류박판이 된다. 전류박판은 내부의 모든 점에 자기력이 0이 되게끔 작용한다.

그런 물체 주변의 자기력 분포가 같은 모양의 방수성 물체 주변에서 비압축성 유체의 속도 분포와 유사하다는 점을 염두에 둔다면, 이 경우를 이해하는 데에 도움이 될 것이다.

이 도체껍질 안에 다른 도체껍질들을 놓으면 그 속에서 어떤 전류도 일어나지 않음이 분명하다. 왜냐하면 자기력에 노출된 것이 아니기 때문이다. 따라서 완전 전동성 물질의 고체에서 자기력의 효과는 전부 물체의 표면에만 국한된 전류들을 만들어내는 것이다.

841] 전도성 물체가 반지름이 r인 구 모양이라면, 그 자기모멘트는 (672절에 제시한 방법을 써서) 다음과 같음을 보일 수 있다.

$$-\frac{1}{2}r^3 X$$

그리고 그런 구가 매질 속에 많이 분포해 있고, 전도성 물체의 부피가 단위 부피당 k'이라면, 314절의 (17)식에 $k_1=\infty$, $k_2=1$, $p=k'$을 대입하여 자기투과계수(투자율)를 구할 수 있다. 이는 314절에서 제시된 저항의 역수에 해당하며, 그 값은

$$\mu = \frac{2-2k'}{2+k'} \tag{9}$$

이다. 그러므로 푸아송의 자기계수는

$$k = -\frac{1}{2}k' \tag{10}$$

이고, 유도에 의한 노이만의 자화계수는

$$\kappa = -\frac{3}{4\pi}\frac{k'}{2+k'} \tag{11}$$

이다.

완전 전도성 물체라는 수학적 개념은 보통의 도체에서 관찰할 수 있는 어떤 현상과도 대단히 다른 결과로 이어지니까, 그 주제를 좀더 깊이 천착해 보자.

842] 836절에서처럼 넓이가 A인 폐곡선 모양의 전도 채널의 경우로

돌아가 보자. 각 θ를 증가시키려 하는 전자기력의 모멘트는 다음과 같다.

$$\gamma\gamma'\frac{dM}{d\theta} = -\gamma XA\sin\theta \qquad (12)$$

$$= \frac{X^2A^2}{L}\sin\theta\cos\theta \qquad (13)$$

이 힘은 θ가 직각보다 더 작은가 아니면 더 큰가에 따라 양수 또는 음수가 된다. 따라서 완전 전도성 채널에 미치는 자기력의 효과는 그 채널의 축이 자기력선에 직각으로 놓이게끔 채널을 회전시키는 것이다. 즉, 채널의 평면은 힘의 선에 평행하게 된다.

동전이나 구리 반지를 전자석의 두 극 사이에 놓아 보면 비슷한 종류의 효과를 관찰할 수 있다. 자석이 켜지는 순간, 반지의 평면이 축 방향 쪽으로 돌아가지만, 구리의 저항 때문에 전류가 사그라지자마자 이 힘은 사라진다.[4]

843] 이제까지 우리는 분자전류가 전적으로 외부 자기력에 의해 생겨나는 경우만을 다루었다. 다음으로 분자전류의 자기-전기 유도에 관한 베버의 이론이 보통의 자기에 관한 앙페르의 이론에 어떤 함의를 지니는지 검토해 보자. 앙페르와 베버에 따르면, 자성물질 속의 분자전류는 외부자기력에 의해 생겨나는 것이 아니라 이미 거기에 있으며, 분자 그 자체는 전류가 흐르는 전도회로에 자기력이 미치는 전자기 작용을 받아 편향된다. 앙페르가 이 가설을 고안했을 때에는 전류의 유도가 알려져 있지 않았으며, 앙페르는 분자전류의 존재를 설명하거나 그 세기를 결정할 수 있는 가설을 전혀 세우지 않았다.

그러나 이제 우리는 베버가 반자성 분자에 있는 전류에 적용했던 법칙들을 이 전류에도 적용해야 한다. 우리는 그저 전류 γ의 처음 값(자기력이 작용하지 않을 때의 값)이 0이 아니라 γ_0이라고 가정하면 된다. 넓이 A이고 그 축이 자기력선과 θ을 각을 이루고 있는 분자전류에 자

---

4) Faraday, *Exp. Res.*, 2310, &c. 참조.

기력 X가 작용하면, 전류의 세기는

$$\gamma = \gamma_0 - \frac{XA}{L}\cos\theta \qquad (14)$$

가 되며, θ가 늘어나게끔 분자를 회전시키려 하는 짝힘의 모멘트는 다음과 같이 된다.

$$-\gamma_0 XA\sin\theta + \frac{X^2 A^2}{2L}\sin 2\theta \qquad (15)$$

따라서 443절의 고찰에서

$$A\gamma_0 = m, \qquad \frac{A}{L\gamma_0} = B \qquad (16)$$

라 놓으면 평형 방정식은 다음과 같이 된다.

$$X\sin\theta - BX^2\sin\theta\cos\theta = D\sin(a - \theta) \qquad (17)$$

전류의 자기모멘트를 X의 방향으로 분해한 성분은 다음과 같다.

$$\gamma A\cos\theta = \gamma_0 A\cos\theta - \frac{XA^2}{L}\cos^2\theta \qquad (18)$$

$$= m\cos\theta(1 - BX\cos\theta) \qquad (19)$$

844] 여기에는 계수 B가 있는 항이 있어서, 베버의 자기유도이론에 나오는 것과 다른 조건식이 된다. BX가 1에 비해 매우 작다면, 이 결과는 베버의 자기이론의 결과와 어림으로 같아질 것이다. BX가 1에 비해 매우 크다면, 이 결과는 베버의 반자성이론의 결과와 어림으로 같아질 것이다.

이제 분자전류의 처음 값 γ_0이 크면 클수록 B의 값은 더 작아질 것이며, L도 크다면 이것도 B의 값을 작게 만들 것이다. 전류가 고리 채널 안에서 흐른다면, L의 값은 $\log\frac{R}{r}$에 따라 달라진다. 여기에서 R는 평균적인 채널이 되는 곡선의 반지름이며, r는 그 단면의 반지름이다. 따라서 채널의 단면이 그 넓이에 비해 더 작을수록, 자체유도계수 L은 더 커질 것이며, 현상은 베버의 원래 이론에 더 잘 일치하게 될 것이다. 그러나 다음과 같은 차이가 있을 것이다. 즉, 자기화하는 힘 X가 증가함에 따라, 일시적인 자기모멘트가 최대값에 도달한다. 그뿐 아니라 그 뒤에는 X가 증가함에 따라 점점 일시적인 자기모멘트가 감소할 것이다.

자기화력이 점점 증가함에 따라, 아무 물질의 일시적 자화가 처음에는 증가하다가 나중에 감소하는 것이 실험을 통해 증명된 적이 있다면, 이 분자전류의 존재에 대한 증거가 거의 증명의 단계로까지 올라가게 될 것이라고 나는 생각한다.[5]

845] 반자성물질의 분자전류가 특정의 채널에만 국한된다면, 그리고 분자들이 자성물질의 분자들처럼 편향될 수 있다면, 자기화력이 증가함에 따라 반자성 극성도 언제나 증가할 테지만, 힘이 큰 경우에는 자기화력만큼 빠르게 증가하지는 않는다. 그러나 반자성계수의 절댓값이 작다는 점에서 볼 때, 각 분자를 편향시키는 힘은 자기분자에 작용하는 힘에 비해 작을 것임에 틀림없으며, 따라서 이 편향에서 비롯되는 어떤 결과도 눈에 띌 만큼 크지는 않을 것이다.

다른 한편, 반자성 물체의 분자전류가 분자들의 전체 물질 속에서 자유롭게 흐를 수 있다면, 반자성 극성은 자기화력에 정확하게 비례할 것이다. 그리고 그 양으로부터 완전 전도체로 채워지는 공간 전체를 구할 수 있을 것이다. 분자의 개수를 알고 있다면, 각 분자의 크기도 구할 수 있다.

---

5) {Ewing 교수가 매우 강한 자기장에서 이를 찾아보려 했지만, 아직 이 효과의 징후는 발견되지 않았다. Ewing과 Low의 "On the Magnetisation of Iron and other Magnetic Metals in very Strong Fields," *Phil. Trans.* 1889, A. p.221 참조}—톰슨.

제23장 원격작용의 이론

가우스와 베버가 제시한 앙페르의 공식에 대한 설명

846] 세기가 i와 i'인 전류가 흐르는 두 회로의 요소 ds와 ds' 사이의 끌림은 앙페르의 공식에 따라

$$\frac{ii'dsds'}{r^2}\left(2\cos\varepsilon + 3\frac{dr}{ds}\frac{dr}{ds'}\right) \tag{1}$$

또는

$$-\frac{ii'dsds'}{r^2}\left(2r\frac{d^2r}{dsds'} - \frac{dr}{ds}\frac{dr}{ds'}\right) \tag{2}$$

로 주어진다. 여기에서 전류는 전자기단위로 잰 것이다. 526절 참조.

이제 우리는 이 표현에 나타나는 양들의 의미를 해석해야 한다. 그 양이란

$$\cos\varepsilon, \qquad \frac{dr}{ds}\frac{dr}{ds'}, \qquad \frac{d^2r}{dsds'}$$

이며, 전류들 사이의 직접적인 관계에 바탕을 둔 해석을 찾아낼 수 있는 가장 명백한 현상은 두 전류 요소에 있는 전기체의 상대속도이다.

847] 따라서 전류 요소 ds와 ds'을 따라 각각 일정한 속도 v와 v'으로 움직이고 있는 두 입자의 상대운동을 고찰해 보자. 이 입자들의 상대속도의 제곱은

$$u^2 = v^2 - 2vv'\cos\varepsilon + v'^2 \tag{3}$$

이며, 두 입자 사이의 거리를 r로 나타내면

$$\frac{\partial r}{\partial t} = v \frac{dr}{ds} + v' \frac{dr}{ds'} \tag{4}$$

$$\left(\frac{\partial r}{\partial t}\right)^2 = v^2 \left(\frac{dr}{ds}\right)^2 + 2vv' \frac{dr}{ds} \frac{dr}{ds'} + v'^2 \left(\frac{dr}{ds'}\right)^2 \tag{5}$$

$$\frac{\partial^2 r}{\partial t^2} = v^2 \frac{d^2 r}{ds^2} + 2vv' \frac{d^2 r}{dsds'} + v'^2 \frac{d^2 r}{ds'^2} \tag{6}$$

이다. 여기에서 ∂이라는 기호는 미분하는 양에서 입자의 위치를 시간으로 나타냈을 때라는 점을 가리킨다.[1]

따라서 (3)식, (5)식, (6)식에서 곱 vv'이 있는 항에는 (1)식과 (2)식에 나타나는 양이 들어 있으며, 우리는 이 양을 해석해야 한다. 따라서 (1)식과 (2)식을 u^2, $\left(\dfrac{\partial r}{\partial t}\right)$, $\dfrac{\partial^2 r}{\partial t^2}$ 로 나타내고자 한다. 하지만 그렇게 하려면 이 표현에서 첫째 항과 셋째 항을 소거해야 한다. 왜냐하면 여기에는 앙페르의 공식에는 나타나지 않는 양들이 관련되어 있기 때문이다. 그러므로 우리는 전류를 전기체가 한 방향으로만 전달되는 것이라고 설명할 수 없다. 그 대신에 각 전류에 두 상반되는 흐름이 결합되어 있어서, v^2과 v'^2이 연관되는 항들의 결합된 효과가 0이 되는 것이라고 해야 한다.

848] 따라서 첫째 요소 ds에는 한 종류의 전기입자(전하량이 e)가 속도 v로 움직이고 있고, 다른 종류의 전기입자(전하량이 e_1)가 속도 v_1로 움직이고 있다고 가정하고, 마찬가지로 ds'에는 두 종류의 입자(e'과 e_1')가 각각 속도 v'과 v_1'으로 움직이고 있다고 가정하자.

이 입자들의 결합된 작용에 대하여 v^2과 관련된 항은

$$\sum (v^2 ee') = (v^2 e + v_1^2 e_1)(e' + e_1') \tag{7}$$

이다.

---

1) 여기에서 사용된 ∂기호는 편미분이 아니다―옮긴이.

마찬가지로

$$\sum(v'^2 ee') = (v'^2 e + v'^2_1 e'_1)(e + e_1) \qquad (8)$$

이며

$$\sum(vv'ee') = (ve + v_1 e_1)(v'e' + v'_1 e'_1) \qquad (9)$$

이다.

$\sum(v^2 ee')$이 0이 되려면, 다음 둘 중 하나가 성립해야 한다.

$$e' + e'_1 = 0, \qquad \text{또는} \qquad v^2 e + v^2_1 e_1 = 0 \qquad (10)$$

페히너(Fechner)의 가설에 따르면, 전류는 양의 방향으로 흐르는 양의 전기체의 흐름과 음의 방향으로 흐르는 음의 전기체의 흐름으로 이루어져 있다. 이 두 전류는 수치상의 크기에서는 정확히 같으며, 둘 다 운동하는 전기체의 양과 전기체가 움직이는 속도를 기준으로 한다. 따라서 (10)식의 두 조건은 모두 페히너의 가설을 충족시킨다.

그러나 우리의 목적을 위해서는 다음 두 가지 중 하나를 가정해도 충분하다.

(1) 각 요소의 양(+)의 전기체의 양은 음(−)의 전기체의 양과 수치상으로 같거나

(2) 두 종류의 전기체의 양은 그 속도의 제곱에 반비례한다.

이제 우리는 두 번째 도선 전체를 충전시켜서 $e' + e_1'$을 양수 아니면 음수가 되게 만들 수 있음을 안다. 이 공식에 따르면, 이러한 충전용 도선은 전류가 없을 때에도 전류가 흐르는 첫 번째 도선(거기에서 $v^2 e + v_1^2 e_1$의 값은 0이 아니다)에 작용할 것이다. 그런 작용은 이제까지 관찰된 적이 없다.

그러므로 $e' + e_1'$이라는 양은 실험상으로 언제나 0이 아님을 보일 수 있으며, $v^2 e + v_1^2 e_1$이라는 양은 실험상으로 시험할 수 없으므로, 언제나 0이 되는 양은 후자라고 가정하는 것이 더 좋다.

849] 우리가 택하는 가설이 무엇이든지, 첫째 회로를 따라 흐르는 전기체의 전체 이동은 대수적으로 계산했을 때

$$ve + v_1 e_1 = cids$$

로 표현된다는 점에는 의심의 여지가 없다. 여기에서 c는 단위시간 동안 단위 전류만큼을 전달해 주는 멈춰 있는 전기체의 개수이다. 그래서 (9)식은 다음과 같이 쓸 수 있다.

$$\sum(vv'ee') = c^2 ii' dsds' \tag{11}$$

따라서 (3)식과 (5)식과 (6)식의 네 값의 합은 다음과 같이 된다.

$$\sum(ee'u^2) = -2c^2 ii' dsds' \cos\varepsilon \tag{12}$$

$$\sum\left(ee'\left(\frac{\partial r}{\partial t}\right)^2\right) = 2c^2 ii' dsds' \frac{dr}{ds}\frac{dr}{ds'} \tag{13}$$

$$\sum\left(ee'r\,\frac{\partial^2 r}{\partial t^2}\right) = 2c^2 ii' dsds' r \frac{d^2 r}{dsds'} \tag{14}$$

또한 (1)식과 (2)식, 즉 ds와 ds' 사이의 끌림에 대한 두 표현은 다음과 같이 쓸 수 있다.

$$-\frac{1}{c^2}\sum\left[\frac{ee'}{r^2}\left(u^2 - \frac{3}{2}\left(\frac{\partial r}{\partial t}\right)^2\right)\right] \tag{15}$$

$$-\frac{1}{c^2}\sum\left[\frac{ee'}{r^2}\left(r\frac{\delta^2 r}{\delta t^2} - \frac{1}{2}\left(\frac{\partial r}{\partial t}\right)^2\right)\right] \tag{16}$$

850] 멈춰 있는 전기체의 이론에서 두 전기입자 e와 e'의 밀침에 대한 보통의 표현은 $\dfrac{ee'}{r^2}$ 과

$$\sum\left(\frac{ee'}{r^2}\right) = \frac{(e+e_1)(e'+e_1')}{r^2} \tag{17}$$

이다. 이는 전체가 전기를 띠고 있을 때 두 요소 사이의 정전기 밀침(척력)이다.

두 입자의 밀침에 대해 수정된 표현으로

$$\frac{ee'}{r^2}\left[1 + \frac{1}{c^2}\left(u^2 - \frac{3}{2}(\frac{\partial r}{\partial t})^2\right)\right]$$ (18)

또는

$$\frac{ee'}{r^2}\left[1 + \frac{1}{c^2}\left(r\frac{\partial^2 r}{\partial t^2} - \frac{1}{2}(\frac{\partial r}{\partial t})^2\right)\right]$$ (19)

을 가정하면,[2] 이로부터 보통의 정전기력과 앙페르가 구한 전류 사이의 힘을 모두 연역할 수 있다.

851] 이 표현 중 앞의 것, 즉 (18)식을 발견한 것은 가우스[3]이며, 1835년 7월의 일이다. 그는 이것을 전기 작용의 기본법칙으로 해석했다. "상대적 운동의 상태에 있는 두 전기체의 요소는 서로 끌어당기거나 밀어내지만, 그 방식은 상대적 정지의 상태에 있을 때와는 같지 않다." 내가 아는 한, 이 발견은 가우스의 생전에 발표되지 않았다. 둘째 표현은 베버가 독립적으로 발견하여 그의 유명한 『전기동역학적 측량』의 제1부[4]에 발표했으며, 따라서 이런 종류의 결과로서는 과학계에 처음 알려진 것은 둘째 표현이다.

852] 이 두 표현을 두 전류 사이의 역학적 힘을 구하는 데에 적용하면 정확히 같은 결과를 얻으며, 이는 앙페르의 결과와 일치한다. 그러나 이를 두 전기입자 사이의 작용에 대한 물리법칙의 표현으로 볼 때, 그 다음에 할 일은 이들이 이미 알려진 자연의 다른 사실들과 일관성을 유지하는지 아닌지를 조사하는 것이다.

이 표현 둘 다 입자의 상대속도와 연관된다. 잘 알려진 에너지 보존의 원리에 대한 수학적 논변을 세울 때에는 일반적으로 두 입자 사이에 작

---

2) {이런 유형의 또 다른 이론들에 대한 설명은 *Report on Electrical Theories*, by J.J. Thomson, *B.A. Report*, 1885, pp.97~155 참조}—톰슨.

3) *Werke*(Göttingen edition, 1867), vol. v. p.616.

4) Elektrodynamische Maasbestimmungen, *Abh. Leibnizens Ges.*, Leipzig (1846), p.316.

용하는 힘이 거리만의 함수라고 가정되며, 시간이나 입자의 속도 등처럼 다른 것의 함수이면, 그 증명이 성립하지 않을 것이다.

따라서 입자의 속도와 관련된 전기 작용의 법칙은 때때로 에너지 보존의 원리와 양립하지 않는 것으로 가정되곤 했다.

853] 가우스의 공식은 이 원리와 모순을 일으키며, 따라서 폐기되어야 한다. 왜냐하면 이는 에너지가 물리적 수단으로 유한한 계에서 무한정으로 생겨날 수 있다는 결론에 이어지기 때문이다. 이 반대는 베버의 공식에는 적용되지 않는다. 왜냐하면 *그가 보였듯이*,[5] 두 전기입자로 이루어진 계의 퍼텐셜 에너지가

$$\psi = \frac{ee'}{r}\left[1 - \frac{1}{2c^2}\left(\frac{\partial r}{\partial t}\right)^2\right] \tag{20}$$

이라고 가정하면, 그 사이의 밀어내는 힘은 이 양을 r로 미분한 뒤 부호를 바꾸어 얻을 수 있으며, (19)식의 공식과 같다.

따라서 고정된 입자의 척력이 움직이는 입자에 하는 일은 $\psi_0 - \psi_1$이다. 여기에서 ψ_0과 ψ_1은 움직이는 입자가 움직이는 경로의 처음과 끝에서 ψ의 값이다. 이제 ψ는 거리 r와 속도의 r방향 성분에만 의존한다. 따라서 입자가 아무 닫힌 경로를 그린다면, 위치와 속도와 운동의 방향이 처음이나 끝에서 같게 되며, ψ_1은 ψ_0과 같아질 것이고, 한 바퀴 작동하는 동안 전체적으로 하는 일은 0이 될 것이다.

따라서 베버가 가정한 힘이 작용하고 있더라도, 주기적인 방식으로 움직이고 있는 입자에서는 무한정한 양의 일이 생겨날 수 없다.

854] 그런데 헬름홀츠는 자신의 "정지해 있는 도체에 있는 전기체의 운동방정식"[6]에 관한 매우 뛰어난 저작에서, 주기적인 작동이 완전히 한 주기 진행되는 동안 하게 되는 일에 대해서는 베버의 공식이 에너지 보존의 원리와 모순을 일으키지는 않음을 보이면서, 그것이 다음과 같

---

5) Pogg. *Ann.* lxxiii. p.229(1848).

6) *Crelle's Journal*, 72. pp.57~129(1870).

은 결론으로 이어짐을 지적했다. 즉, 두 전기화된 입자가 베버의 법칙에 따라 움직이고 있다면, 처음에 속도가 유한하더라도, 서로 간의 거리는 유한한 채로 무한한 운동에너지를 얻을 수 있어서 무한한 양의 일을 하게 된다는 것이다.

베버는 이에 대해 다음과 같이 응답했다.[7] 헬름홀츠의 예에 있는 입자의 처음의 상대속도는 유한하긴 하지만 빛의 속도보다 크다. 또한 운동에너지가 무한해지는 거리는 유한하긴 하지만 우리가 지각할 수 있는 어떤 크기보다 더 작아서 두 분자를 서로 가까이에 끌어다놓는 것이 물리적으로 불가능할 것이다. 따라서 이 예는 어떤 실험적 방법으로도 시험할 수 없다.

따라서 헬름홀츠는 실험적 확인을 위해 거리도 아주 작지 않고 속도도 아주 크지 않은 경우를 제안했다.[8] 고정된 부도체 구면(반지름이 a)에 넓이밀도 σ인 전기체가 균일하게 충전되어 있다. 질량이 m이고 전하가 e인 전기체를 나르는 입자가 구 안에서 속도 v로 움직인다. (20)식의 공식으로부터 계산된 전자기 퍼텐셜은

$$4\pi a \sigma e \left(1 - \frac{v^2}{6c^2}\right) \tag{21}$$

이며, 입자의 구 안의 위치와 무관하다. 여기에 다른 힘의 작용에서 생겨나는 나머지 퍼텐셜 에너지 V와 입자의 운동에너지 $\frac{1}{2}mv^2$을 더하면 에너지의 방정식으로 다음을 얻는다.

$$\frac{1}{2}\left(m - \frac{4}{3}\frac{\pi a \sigma e}{c^2}\right)v^2 + 4\pi a \sigma e + V = \text{const} \tag{22}$$

v^2의 계수에서 둘째 항은 구의 반지름 a가 커짐에 따라 무한정 증가할 수 있으므로, 넓이밀도 σ가 일정한 채로, v^2의 계수는 음수가 될 수

---

7) *Elektr. Maasb. inbesondere über das Princip der Erhaltung der Energie.*
8) *Berlin Monatsbericht*, April 1872, pp.247~256; *Phil. Mag.* Dec. 1872, *Supp.*, pp.530~537.

있다. 그러면 이 입자의 운동이 가속되는 것은 그 활력(vis viva)의 감소에 해당할 것이다. 또한 닫힌 경로를 따라 움직이는 물체에 운동 방향의 반대쪽으로 언제나 작용하는 마찰력 같은 힘이 작용하면, 그 물체의 속도는 점점 증가할 것이고 한이 없을 것이다. 퍼텐셜의 공식에 v^2의 계수가 음수인 항을 도입하기로 가정하면, 이와 같은 불가능한 결과가 반드시 나타난다.

855] 이제 우리는 실현할 수 있는 현상에 베버의 이론을 적용하는 문제를 살펴보아야 한다. 우리는 두 전류 요소 사이의 끌어당기는 힘에 대한 앙페르의 표현이 어떻게 베버의 이론에서 나오는지 이미 보았다. 두 전류 요소 중 하나의 다른 것에 대한 퍼텐셜을 구하려면, 두 요소에 있는 양의 전류와 음의 전류의 네 조합에 대하여 퍼텐셜 ψ의 값을 모두 더하면 된다. (20)식에 따라 $\left(\dfrac{\partial r}{\partial t}\right)^2$의 네 값을 더하면, 그 결과는

$$-ii'dsds'\frac{1}{r}\frac{dr}{ds}\frac{dr}{ds'} \tag{23}$$

가 되며, 어느 닫힌 전류의 다른 것에 대한 퍼텐셜은

$$-ii'\iint \frac{1}{r}\frac{dr}{ds}\frac{dr}{ds'}\,dsds' = ii'M \tag{24}$$

이 된다. 여기에서 423절과 524절에서처럼

$$M = \iint \frac{\cos\varepsilon}{r}\,dsds'$$

이다.

닫힌 전류의 경우에는 이 표현이 우리가 이미 524절에서 얻은 결과와 일치한다.[9]

---

9) 베버는 이 모든 고찰에서 전기동역학 단위계를 채택하고 있다. 이 논저에서는 항상 전자기 단위계를 쓴다. 전류의 전자기 단위는 전기동역학 단위의 $\sqrt{2}$ 배이다. 526절 참조.

전류의 유도에 관한 베버의 이론

856] 베버는 전류요소들 사이의 작용에 대한 앙페르의 공식으로부터 움직이는 전기입자들 사이의 작용에 대한 자신의 공식을 연역한 다음에, 이에 이어서 이 공식을 자기-전기 유도에 의한 전류의 생성을 설명하는 데에 적용했다. 그는 여기에서 두드러지게 성공적이었다. 우리는 베버의 공식으로부터 유도 전류의 법칙을 연역할 수 있는 방법을 진술하겠다. 그런데 앙페르가 발견한 현상으로부터 연역할 수 있는 법칙을 이후에 패러데이가 발견한 현상을 설명하는 데 사용할 수 있다고 해서, 처음에 가정했던 것처럼 그 법칙이 물리적인 진리라는 증거가 더해지는 것은 아님을 알아야 한다.

왜냐하면 헬름홀츠와 톰슨이 보였듯이(543절 참조), 앙페르의 현상이 참이고, 에너지 보존의 원리가 허용된다면, 패러데이가 발견한 유도의 현상은 필연적으로 여기에서 따라나오기 때문이다. 베버의 법칙은 그 법칙에 연관된 전류의 성질에 관해 여러 가지 가정을 하고 있으며, 수학적 변환을 통해 앙페르의 공식으로 이어진다. 베버의 법칙은 퍼텐셜이 존재하는 한, 에너지 보존의 원리와도 양립하며, 헬름홀츠와 톰슨이 그 원리를 적용하는 데에 필요로 했던 것은 바로 이것뿐이었다. 따라서 이 주제에 관해 아무 계산도 하지 않더라도 베버의 법칙이 전류의 유도를 설명해 줄 것이라고 주장할 수 있다. 따라서 계산을 통해 전류의 유도를 설명할 수 있다고 해도 그 법칙이 물리적 진리라는 근거는 정확히 원래의 자리에 남아 있게 된다.

한편, 가우스의 공식은 전류들의 끌림이라는 현상을 설명하기는 하지만 에너지 보존의 원리와 상충한다. 따라서 가우스의 공식이 모든 유도의 현상을 설명해 주리라고 주장할 수 없다. 실제로 그렇게 하지 못한다는 것을 859절에서 보게 될 것이다.

857] 요소 ds가 움직이고 있을 때, 그리고 요소 ds의 전류가 가변적일 때, 요소 ds의 전류로부터 요소 ds'의 전류가 생성되게 하는 기전력을 살펴보아야 한다.

베버에 따르면, ds'을 요소로 하는 도체를 이루는 물질에 미치는 작용은 그것이 나르는 전기체에 미치는 작용의 합이다. 한편, ds'에 있는 전기체에 미치는 기전력은 그 안에 있는 양의 전기체에 작용하는 전기력과 음의 전기체에 작용하는 전기력의 차다. 이 모든 힘이 두 요소를 잇는 직선 위에서 작용하기 때문에, ds'에 작용하는 기전력도 이 직선 위에 있으며, ds' 방향의 기전력을 얻기 위해서는 힘을 그 방향으로 분해해야 한다. 베버의 공식을 적용하려면, 요소 ds가 요소 ds'에 상대적으로 운동하고 있다는 가정과 두 요소의 전류가 모두 시간에 따라 변화한다는 가정 아래, 공식에 나타나는 여러 항들을 계산해야 한다. 그렇게 구한 식에는 v^2, vv', v'^2, v, v'에 연관된 항이 들어 있을 것이며, v나 v'과 연관되지 않는 항들이 있을 것이다. 모든 항에는 ee'이 곱해진다. 앞에서 했던 것처럼 각 항의 네 값을 살펴보고, 네 값의 합으로부터 생겨나는 역학적인 힘을 먼저 고찰하면, 우리가 염두에 두어야 하는 항은 $vv'ee'$이라는 곱에 연관된 항뿐임을 알 수 있다.

다음으로 둘째 요소에 전류를 생성하려 하는 힘을 생각하면, 이는 둘째 요소의 양의 전기체와 음의 전기체에 첫째 요소가 미치는 작용의 차이에서 생겨나는 것이므로, 우리가 검토해야 하는 항은 vee'과 연관된 것뿐이다. $\sum(vee')$에 들어 있는 네 개의 항을 적어볼 수 있는데, 이는

$$e'(ve + v_1 e_1) \text{과} \quad e_1'(ve + v_1 e_1)$$

이다. $e'+e_1'=0$이므로, 이 항들에서 생겨나는 역학적 힘은 0이다. 그러나 양의 전기체 e'에 작용하는 기전력은 $(ve+v_1e_1)$이며, 음의 전기체 e_1'에 작용하는 기전력은 이 값과 같고 부호는 반대이다.

858] 이제 첫째 요소 ds가 요소 ds'에 상대적으로 어느 방향으로 속도 V로 움직이고 있다고 하자. V의 방향과 ds 및 ds'의 방향 사이의 각을 각각 $\widehat{Vds}$, $\widehat{Vds'}$이라 하자. 그러면 두 전기입자의 상대속도 u의 제곱은 다음과 같이 된다.

$$u^2 = v^2 + v'^2 + V^2 - 2vv'\cos\varepsilon + 2Vv\cos\widehat{Vds} - 2Vv'\cos\widehat{Vds'} \quad (25)$$

vv'이 있는 항은 (3)식에서와 같다. 기전력은 v가 있는 항에 의존하는데, v가 있는 항은

$$2Vv\cos\widehat{Vds}$$

이다.

이 경우에 r의 시간 미분의 값은 다음과 같다.

$$\frac{\partial r}{\partial t} = v\frac{dr}{ds} + v'\frac{dr}{ds'} + \frac{dr}{dt} \quad (26)$$

여기에서 $\frac{\partial r}{\partial t}$ 는 전기입자의 운동을 기준으로 한 것이며, $\frac{dr}{dt}$ 는 도체를 이루는 물질을 기준으로 한 것이다. 이 양의 제곱을 계산하면, vv'이 있는 항(역학적 힘은 여기에 따라 달라진다)은 앞에서처럼 (5)식과 같다. v가 있는 항(기전력은 여기에 따라 달라진다)은

$$2v\frac{dr}{ds}\frac{dr}{dt}$$

이다.

(26)식을 t로 미분하면 다음을 얻는다.[10]

$$\frac{\partial^2 r}{\partial t^2} = v^2\frac{d^2 r}{ds^2} + 2vv'\frac{d^2 r}{ds\,ds'} + v'^2\frac{d^2 r}{ds'^2} + \frac{dv}{dt}\frac{dr}{ds} + \frac{dv'}{dt}\frac{dr}{ds'}$$

$$+ v\frac{dv}{ds}\frac{dr}{ds} + v'\frac{dv'}{ds}\frac{dr}{ds'} + 2v\frac{d}{ds}\frac{dr}{d} + 2v'\frac{d}{ds'}\frac{dr}{dt} + \frac{d^2 r}{dt^2} \quad (27)$$

---

10) {제1판과 제2판에서는 $2v\dfrac{d}{ds}\dfrac{dr}{d} + 2v'\dfrac{d}{ds'}\dfrac{dr}{dt}$ 가 있는 항이 빠져 있었다. $\dfrac{\partial^2}{\partial t} = \left\{ v\dfrac{d}{ds} + v'\dfrac{d}{ds'} + \dfrac{d}{dt} \right\}^2$ 이기 때문에 앞의 항이 들어 있어야 할 것이다. 그러나 회로가 폐회로라면 빠진 항이 결과에 영향을 미치지는 않는다}—톰슨.

여기에서 vv'이 있는 항은 (6)식에서와 같음을 알 수 있다. v의 부호에 따라 부호가 바뀌는 항은 $\dfrac{dv}{dt}\dfrac{dr}{ds}$ 와 $2v\dfrac{d}{ds}\dfrac{dr}{dt}$ 이다.

859] 이제 가우스의 공식(18)식에 따라 계산하면, 첫째 요소 ds의 작용으로 생겨나는 둘째 요소 ds' 방향의 합성 전기력은 다음과 같다.

$$\frac{1}{r^2}\,ds\,ds'\,iV\,(2\cos\widehat{Vds}-3\cos\widehat{Vr}\cos\widehat{rds})\cos\widehat{rds'} \qquad (28)$$

이 표현에서 보듯이, 전류 i의 변화율에 관련된 항은 없다. 또한 일차 전류의 변화는 이차회로에 유도작용을 일으킨다는 것을 알기 때문에 가우스의 공식이 전기입자 사이의 작용에 대한 올바른 표현이라는 것을 받아들일 수 없다.

860] 그러나 베버의 공식, (19)식을 사용하면, 다음을 얻는다.

$$\frac{1}{r^2}\,dsds'\left(r\,\frac{dr}{ds}\frac{di}{dt}+2i\,\frac{d}{ds}\frac{dr}{dt}-i\,\frac{dr}{ds}\frac{dr}{dt}\right)\frac{dr}{ds'} \qquad (29)$$

또는

$$\frac{d}{dt}\left(\frac{i}{r}\frac{dr}{ds}\frac{dr}{ds'}\right)dsds'+\frac{i}{r}\left(\frac{d^2r}{dsdt}\frac{dr}{ds'}-\frac{d^2r}{ds'dt}\frac{dr}{ds}\right)dsds' \qquad (30)$$

이 표현을 s와 s'에 관해 적분하면, 이차회로에 작용하는 기전력을 다음과 같이 얻는다.

$$\frac{d}{dt}\,i\iint\frac{1}{r}\frac{dr}{ds}\frac{dr}{ds'}\,dsds'+i\iint\frac{1}{r}\left(\frac{d^2r}{dsdt}\frac{dr}{ds'}-\frac{d^2r}{ds'dt}\frac{dr}{ds}\right)dsds' \qquad (31)$$

첫째 회로가 폐회로라면

$$\int\frac{d^2r}{dsds'}\,ds=0$$

이다.

따라서

$$\int\frac{1}{r}\frac{dr}{ds}\frac{dr}{ds'}ds=\int\left(\frac{1}{r}\frac{dr}{ds}\frac{dr}{ds'}+\frac{d^2r}{dsds'}\right)ds=-\int\frac{\cos\varepsilon}{r}ds \qquad (32)$$

이다.

그런데 423절과 524절에 의거하여

$$\iint \frac{\cos\varepsilon}{r} ds ds' = M \tag{33}$$

이다.

두 회로가 모두 폐회로라면, (31)식의 둘째 항은 사라지기 때문에, 둘째 회로에 작용하는 기전력을

$$-\frac{d}{dt}(iM) \tag{34}$$

으로 쓸 수 있다. 이는 우리가 이미 실험을 통해 확립한 것과 일치한다. 539절을 볼 것.

베버의 공식에 관하여: 한 전기입자로부터 다른 전기입자로 일정한 속도로 전달되는 작용에서 비롯된다고 보는 관점

861] 가우스는 베버에게 보낸 매우 흥미로운 편지[11]에서 그가 오래 전부터 자신이 몰두하던 전기동역학의 사색을 언급하면서, 자신이 보기에 전기동역학의 참된 초석이라고 생각하는 것을 그 무렵에 확립할 수 있었더라면 이미 발표했을 것이라고 했다. 가우스가 보는 전기동역학의 참된 초석은 곧 전기입자들 사이의 작용(순간적인 작용이 아니라 빛의 경우와 비슷한 방식으로 시간에 따라 전달되는 작용)을 고찰하여 이로부터 움직이고 있는 전기입자들 사이에 작용하는 힘을 연역하는 것이었다. 가우스는 이 연역에 성공하지 못하자, 전기동역학의 연구를 포기했다. 그는 퍼져나감(전달)이 일어나는 방식에 대한 모순 없는 표현[12]을 구성하는 것이 최우선으로 필요한 일이라는 주관적 확신을 지니고 있

---

11) March 19, 1845, *Werke*, bd. v. 629.

12) 원문에서 consistent representation이라고 되어 있는 이 용어는 원래 가우스가 사용한 construirbare Vorstellung을 맥스웰이 영어로 번역한 용어이다. 863절 끝부분 참조. 가우스는 1845년 3월 19일에 베버에게 보낸 편지에서 이 표현을 사용했다—옮긴이.

었다.

세 명의 뛰어난 수학자들이 바로 이 전기동역학의 초석을 찾으려고 애써 왔다.

862] 베르나르트 리만(Bernhard Riemann)은 전류의 유도라는 현상을 푸아송 방정식의 수정된 형태

$$\frac{d^2 V}{dx^2} + \frac{d^2 V}{dy^2} + \frac{d^2 V}{dz^2} + 4\pi\rho = \frac{1}{a^2}\frac{d^2 V}{dt^2}$$

로부터 연역했다. 여기에서 V는 정전기 퍼텐셜이며, a는 일종의 속도이다. 이 연구논문은 1858년에 괴팅겐 왕립협회에서 발표했다가 그 뒤에 다시 철회한 것인데, 저자의 사망 이후에야 1867년에 『포겐도르프의 연보』 제131권, pp.237~263에 발표되었다.

이 방정식은 파동이나 다른 흔들림이 탄성매질에서 퍼져나가는 것을 표현하는 방정식과 같은 모양이다. 그러나 저자는 퍼져나감이 일어나고 있는 매질에 대해서는 명시적인 언급을 피하려 하는 것처럼 보인다.

클라우지우스는 리만이 제시한 수학적 고찰을 다시 검토했다.[13] 그는 수학적 과정의 엄격함을 인정하지 않았으며, 퍼텐셜이 빛처럼 퍼져나간다는 가설로부터 베버의 공식이나 또는 전기동역학의 다른 알려진 법칙을 얻을 수 없음을 보이고 있다.

863] 클라우지우스는 노이만(C. Neumann)의 "전기동역학의 원리들"[14]에 관한 훨씬 더 상세한 연구도 검토했다. 그런데 노이만은 자신의 퍼텐셜 전달의 이론(한 전기입자로부터 다른 전기입자로 퍼텐셜이 전달된다는 이론)이 가우스가 제안하고 리만이 채택하고 클라우지우스가 비판했던 이론(이 이론에서는 그 퍼져나감이 빛의 퍼져나감과 같다)과 매우 다르다는 점을 지적했다.[15] 노이만에 따르면, 오히려 퍼텐셜의

---

13) Pogg., bd. cxxxv. p.612.
14) Tübingen, 1868.
15) *Mathematische Annalen*, i. 317.

전달과 빛의 퍼져나감 사이에 큰 차이가 있을 가능성이 가장 높다는 것이다.

빛을 내는 물체는 모든 방향으로 빛을 방출하며, 방출되는 빛의 세기는 빛을 내는 물체 자체에 따라서만 달라질 뿐, 그 빛을 받는 물체의 존재와는 무관하다.

다른 한편, 전기입자는 퍼텐셜을 방출하는데, 그 값은 $\dfrac{ee'}{r}$ 으로서, 방출하는 입자 e에 의존할 뿐 아니라 퍼텐셜을 받는 입자 e'에도 의존하며, 방출하는 순간에 두 입자 사이의 거리 r에도 의존한다.

빛의 경우에는 그 세기가 빛이 발광체로부터 더 멀리 퍼져나감에 따라 점점 줄어든다. 그러나 방출된 퍼텐셜은 원래의 값에서 조금도 달라지지 않고 퍼텐셜이 작용하는 물체까지 흘러간다.

물체가 받아들이는 빛은 일반적으로 그 물체에 쏟아지는 빛 전체의 극히 일부에 지나지 않는다. 하지만, 끌어당겨지는 물체가 받는 퍼텐셜은 그 물체에 다다르는 퍼텐셜과 동일하거나 똑같다.

그밖에도 퍼텐셜의 전달 속도는 빛의 경우와 달리 에테르 또는 공간에 상대적으로 일정한 값이 아니라, 투사체의 경우와 비슷하게 방출 순간에 방출하는 입자의 속도에 상대적으로 일정한 값이 된다.

그러므로 노이만의 이론을 이해하기 위해서는 우리가 빛의 퍼져나감을 고찰하는 과정에서 익숙하게 사용한 표상과는 매우 다른 표상을 퍼텐셜의 전달 과정에 대해 세워야 할 것으로 보인다. 이를 전달 과정에 대한 '해석할 수 있는 표상'(construirbare Vorstellung)으로 받아들일 수 있을지 여부에 대해 나는 말할 수 없다. 가우스는 이를 필수적인 것으로 여겼지만, 나 자신은 노이만의 이론에 대한 일관된 정신적 표상을 구성할 수 없었다.

864] 피사의 베티(Betti) 교수는 이 주제를 다른 방식으로 다루었다.[16] 그는 전류들이 흐르는 폐회로가 주기적으로(즉 같은 거리의 시

---

16) *Nuovo Cimento*, xxvii(1868).

간 간격에서) 편극된 요소들로 이루어져 있다고 본다. 이 편극된 요소들은 마치 그 축이 회로의 접선방향으로 있는 작은 자석인 것처럼 서로 작용한다. 이 편극의 주기는 모든 전기회로에서 똑같다. 베티는 편극된 한 요소가 멀리 떨어져 있는 다른 요소에 작용하는 것이 순간적으로 일어나는 게 아니라 두 요소 사이의 거리에 비례하는 시간 뒤에 일어난다고 본다. 그는 이런 방식으로 한 전기회로가 다른 전기회로에 미치는 작용에 대한 표현들을 얻어냈으며, 이는 옳은 것으로 알려진 표현들과 일치한다. 그러나 클라우지우스는 이 경우에도 수학적 계산의 몇 부분을 비판했다. 우리는 이 문제에 더 파고들지 않겠다.

865] 이 저명한 사람들의 마음속에는 빛과 열의 복사라는 현상과 전기의 원격작용이 일어나는 매질에 대한 가설에 동의하지 않는 편견(또는 선험적인 반대)이 있는 것처럼 보인다. 한때 물리적 현상의 원인을 숙고하는 사람들이 여러 종류의 원격작용을 특수하고 영묘한 에테르 같은 유체를 써서 설명하는 데에 익숙했던 것은 주지의 사실이다. 즉 그 유체들의 기능과 성질로부터 그 작용이 만들어진다는 것이다. 사람들은 모든 공간을 서너 번씩 여러 종류의 에테르로 채웠으며, 그 에테르의 성질은 순전히 '현상을 구제하기' 위해 창조되었다. 그럼으로써 더 많은 합리적인 연구자들이 뉴턴의 명료한 원격 인력의 법칙뿐 아니라 코테(Cotès)의 교리도 기꺼이 받아들이려 했다. 코테의 교리란, 원격작용은 물질의 일차속성 중 하나이며, 이 사실보다 더 명백하게 이해하기 쉬운 설명은 없다는 것이다.[17] 따라서 빛의 파동이론은 큰 반대에 부딪혔는데, 현상을 설명하지 못하기 때문에 반대한 것이 아니라, 빛을 퍼져나가게 하는 매질의 존재를 가정하고 있기 때문에 반대했던 것이다.

866] 우리는 앞에서 가우스의 마음속에서는 전기동역학 작용에 대한 수학적 표현으로부터, 전기동역학의 초석이 바로 전기 작용의 시간적 전파(*propagation in time*)에 대한 이론이라고 생각했음을 보았다. 우

---

17) Preface to Newton's *Principia*, 2nd edition.

리는 물질적 실체가 공간 속에서 날아가는 것이나, 이미 공간에 존재하는 매질 안에서 운동이나 변형력의 조건이 퍼져나가는 것 이외에는 시간이 걸리는 전파를 상상할 수가 없다. 노이만의 이론에서는 퍼텐셜이라 부르는 수학적 개념(이는 물질적 실체로 볼 수 없다)이 한 입자로부터 다른 입자로 발사되는 것으로 상정되며, 그 방식은 매질과는 전혀 무관하다. 노이만이 직접 지적했듯이, 그 방식은 빛의 전파방식과는 아주 다르다. 리만과 베티의 이론에서는 그 작용이 빛의 작용과 좀더 비슷한 방식으로 전파된다고 가정한 듯 보인다.

그러나 이 모든 이론에서 자연스럽게 질문이 떠오른다. 한 입자로부터 거리를 두고 떨어져 있는 다른 입자로 무엇인가가 전달된다면, 그것이 한 입자를 떠난 후 다른 입자에 다다르기 이전까지 그 사이에서는 어떤 상태일까? 이 무엇인가가 노이만의 이론에서처럼 두 입자의 퍼텐셜 에너지라면, 두 입자 중 어느 쪽과도 일치하지 않는 이 에너지가 공간의 어느 한 지점에 과연 존재하는지를 어떻게 알아낼 수 있을까? 사실상 에너지가 한 물체에서 다른 물체로 시간이 걸려 전달될 때마다, 어떤 매질이나 물질이 있어서, 에너지가 한 물체를 떠난 후 다른 물체에 다다르기 이전까지는 그 에너지가 그 매질이나 물질 속에 존재해야 한다. 왜냐하면 토리첼리가 지적했듯이,[18] 에너지는 "물질적인 것의 맨 안쪽의 실체를 제외하고는 어떤 그릇에도 담길 수 없는 미묘한 성질을 지닌 제5의 원소"이기 때문이다. 따라서 이 모든 이론들은 퍼져나감이 일어나는 매질의 개념에 이르게 된다. 이 매질을 하나의 가설로 받아들인다면, 우리의 연구에서 두드러진 위치를 차지해야 한다고 나는 생각한다. 또한 그 작용의 모든 구체적인 부분을 논리적인 표현으로 구성하려고 노력해야 한다고 생각한다. 이것이 이 논저에서 내가 줄곧 견지했던 목표였다.

---

18) *Lezioni Accademiche*(Firenze, 1715), p.25.

찾아보기*

---

* 이 포괄적 찾아보기는 제임스 클러크 맥스웰이 1873년에 간행된 초판에 편집
하여 포함시킨 것으로서, 찾아보기 항목 뒤의 숫자는 쪽 번호가 아니라 절 번호
다. 이 찾아보기는 1권과 2권 모두를 아우르고 있으며, 1절부터 370절까지는 1
권이고 371절부터 866절까지는 2권이다. 이와 같이 쪽 번호 대신 절 번호로 찾
아보기를 만드는 것은 19세기에 흔한 관행이었는데, 이후 윌리엄 데이비슨 니
벤이 편집하여 간행한 2판(1881년)과 J.J. 톰슨이 편집하여 간행한 3판(1892
년)에서 쪽 번호는 달라졌지만 절 번호는 그대로이기 때문에, 어느 판을 인용하
더라도 해당 항목을 쉽게 찾을 수 있다. 또 이 찾아보기는 포괄적이라서 단순하
게 주요 용어가 있는 절을 나타내기보다는 그 절 전체에 걸쳐 다루고 있는 용어
와 개념을 지시하고 있어 연구자가 활용하기에 편리하다—옮긴이.

에테르(Aether) 782 n.

여러 번 관찰하기(Series of observations) 746, 750.

역선(Force, lines of) 82, 117-123, 404.

역수관계(Reciprocal properties)

　동전기 역수관계(Reciprocal properties, electrokinematic) 281, 348.

　운동론 역수관계(Reciprocal properties, kinetic. 565.

　자기 역수관계(Reciprocal properties, magnetic) 421, 423.

　전자기 역수관계(Reciprocal properties, electromagnetic) 536.

　정전기 역수관계(Reciprocal properties, electrostatic) 86.

역제곱 법칙의 증명(Proof of the law of the Inverse Square) 74.

역학적 힘(Force, mechanical) 69, 93, 103-111, 174, 580, 602.

연속 방정식(Equations of continuity) 35, 295.

열전 전류(Thermo-electric currents) 249-254.

열전도(Heat, conduction of) 801.

열전류(Current, thermoelectric) 249-254.

영(零) 방법(Null methods) 214, 346, 503.

영상(Images):

　움직이는 거울상(영상)(Images, moving) 662.

　자기영상(Images, magnetic) 318. /

　전기영상(Images, electric) 119, 155-181, 189. /

오른손 좌표계와 왼손 좌표계(Right and left-handed systems of axes) 23, 498, 501.

옴 (단위)(Ohm, the) 338, 340, 629.

옴, 게오르크 지몬(Ohm, Georg Simon) 241, 333.

옴의 법칙(Ohm's Law) 241.

외르스테드, 한스 크리스티안(Ørsted, Hans Christian) 239, 475.

요흐만(Jochmann, E.) 669.

우선성 원형편광 광선(Right circularly-polarized rays) 813.

운동량(Momentum) 6.

운동론(Kinetics) 553-565.

운동방정식(Motion, equations of) 553-565.

움직이는 거울상(영상)(Moving images) 662.

움직이는 도체(Moving conductors) 602.

휘트스톤 브리지(Bridge, Wheatstone's)* 347, 756, 775, 778.

휴얼(Whewell, W.) 237.

흡수:

빛의 흡수(Absorption of light) 798.

전기흡수(Absorption, electric) 53, 227, 329.

힘의 선(Force, lines of) 82, 117-123, 404.

힘의 측정(Force, measurement of) 6.

---

* 찰스 휘트스톤경은 1843년 『런던 왕립협회 회보』(*Philosophical Transactions*)에 실린 논문 「새로운 장치와 과정」에서 이 배열을 공식 발표하면서, 원래의 발명가 S. 헌터 크리스티(S. Hunter Christie) 씨의 공로를 제대로 기록했다. 크리스티는 1833년 『런던 왕립협회 회보』에 실린 논문 「유도 전류」에서 이 배열을 '미분 배열'(Differential Arrangement)이라 불렀다. *Society of Telegraph Engineers*(1872년 5월 8일)에 실린 라티머 클라크 씨의 논평 참조.

도판

그림 XIV

388절

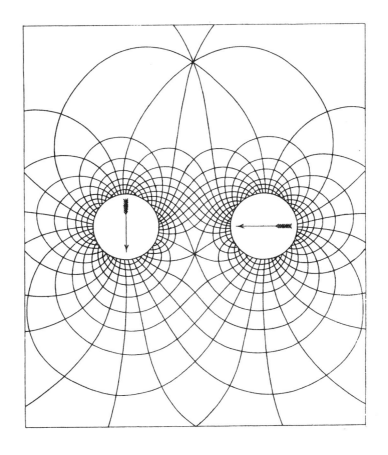

횡단면 방향으로 자화된 두 개의 원통

그림 XVI

436절

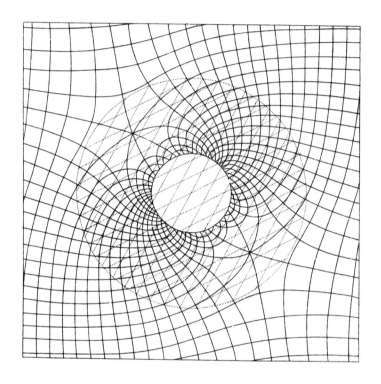

횡단면 방향으로 자화된 원통이 일정한 자기장 안에 동서 방향으로

놓인 경우

그림 XV

434절

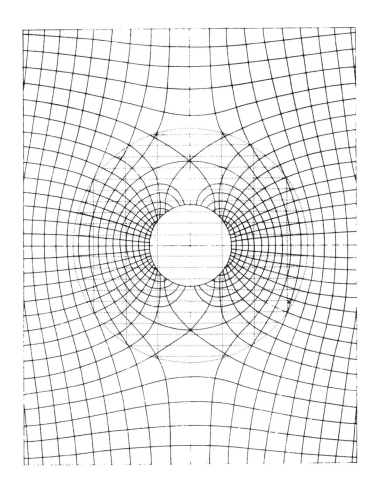

횡단면 방향으로 자화된 원통이 일정한 자기장 안에 남북 방향으로
놓인 경우

그림 XVII

496절

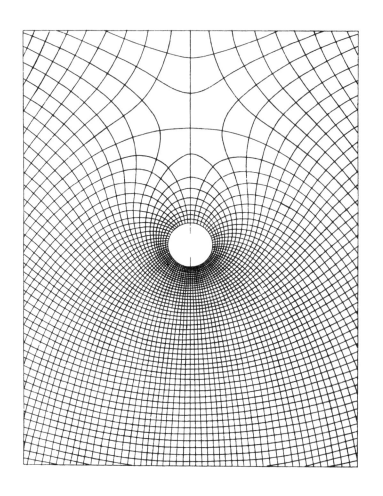

직선도선에 흐르는 전류에 의해 교란된 일정한 자기장

그림 XVIII

487절, 702절

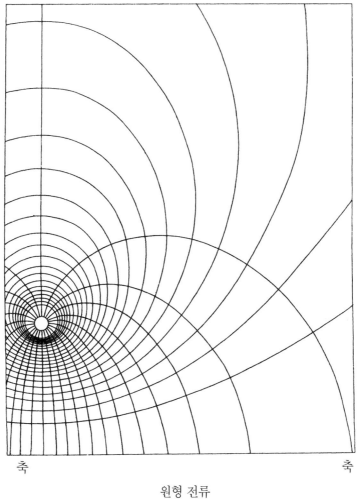

축   축

원형 전류

그림 XIX

713절

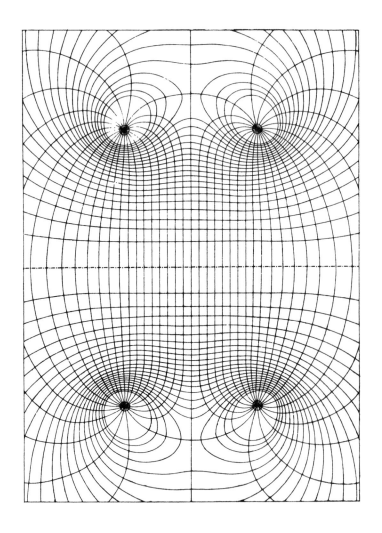

두 개의 원형 전류

그림 XX

225절

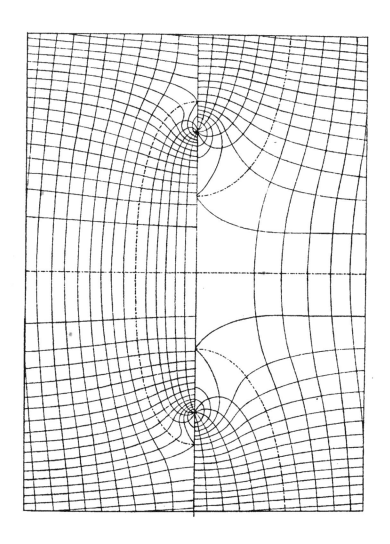

좌) 안정한 위치 우) 불안정한 위치

일정한 역장 안에 있는 원형 전류

지은이 제임스 클러크 맥스웰(James Clerk Maxwell)

제임스 클러크 맥스웰(James Clerk Maxwell, 1831-1879)은 19세기 영국 물리학자로서 현대 전자기학 이론의 기초를 놓은 인물로 추앙받고 있다. 맥스웰은 1831년에 스코틀랜드 에든버러에서 태어났고 1847년에 에든버러 대학에 입학했고 1850년에는 케임브리지 대학으로 옮겼으며 1854년에 수학 우등졸업시험(Mathematical Tripos)에서 차석(second wrangler)으로 졸업한 후, 트리니티 칼리지의 펠로우가 되어 수력학과 광학 강의를 담당했다. 1856년에는 에버딘 대학 물리학 교수가 되었고 1860년에는 런던 킹스 칼리지로 자리를 옮겨 1865년까지 있었다. 이후 1871년에 케임브리지 대학의 실험 물리학 교수로 초빙되었으며 1874년에는 신설 캐번디시 연구소의 초대 소장이 되었다.

옮긴이 김재영(金載榮)

서울대학교 물리학과에서 물리학기초론 전공으로 이학박사학위를 받았다.
독일 막스플랑크 과학사연구소 초빙교수, 서울대 강의교수, 이화여대 HK연구교수,
KIAS Visiting Research Fellow 등을 거쳐 현재 KAIST 부설
한국과학영재학교에서 물리철학 및 물리학사를 가르치고 있다.
공저로『정보혁명』『양자, 정보, 생명』『뉴턴과 아인슈타인』등이 있고, 공역으로
『아인슈타인의 시계, 푸앵카레의 지도』『과학한다는 것』『인간의 인간적 활용』
『에너지, 힘, 물질: 19세기의 물리학』등이 있다.

옮긴이 구자현(具滋賢)

서울대학교 물리학 학사와 서울대학교 대학원 과학사 석사 및 박사 학위를 취득했으며,
현재 영산대학교 성심교양대학 교수로 재직하고 있다. 과학과 음악의 관계, 과학 수사학에
대한 연구를 주로 하고 있다. 주요 저서로『공생적 조화: 19세기 영국의 음악 과학』『음악과
과학의 만남: 역사적 조망』『음악과 과학의 길: 본질적 긴장』『소리의 얼굴들』『음악적
아름다움의 근원을 찾아서』『Landmark Writings in Western Mathematics, 1640-1940』
『과학과 인문학의 융합: 19세기 음향학의 수사학적 분석』『앨프레드 메이어와 19세기 미국
음향학의 발전』『호모 무지쿠스는 뇌로 음악을 듣는다』등이 있고,
번역서로『자연에 대한 온전한 이해』등이 있다.

한국연구재단 학술명저번역총서

서양편 ● 92 ●

'한국연구재단 학술명저번역총서'는
우리 시대 기초학문의 부흥을 위해
한국연구재단과 한길사가 공동으로 펼치는
서양고전 번역간행사업입니다.

전기자기론 2

지은이 제임스 클러크 맥스웰
옮긴이 김재영 · 구자현
펴낸이 김언호

펴낸곳 (주)도서출판 한길사
등록 1976년 12월 24일
주소 10881 경기도 파주시 광인사길 37
홈페이지 www.hangilsa.co.kr
전자우편 hangilsa@hangilsa.co.kr
전화 031-955-2000~3 팩스 031-955-2005

부사장 박관순 총괄이사 김서영 관리이사 곽명호
영업이사 이경호 경영이사 김관영 편집주간 백은숙
편집 노유연 김지연 김대일 김지수 최현경 김영길
관리 이주환 문주상 이희문 원선아 이진아 마케팅 정아린
디자인 창포 031-955-2097
CTP출력·인쇄 영림 제본 영림

제1판 제1쇄 2021년 9월 24일

값 45,000원

ISBN 978-89-356-6364-4 94080
978-89-356-5291-4 (세트)

• 잘못 만들어진 책은 구입하신 서점에서 바꿔드립니다.

한국연구재단 학술명저번역총서

● 서양편 ●

● 한국연구재단 학술명저번역총서 서양편은 계속 간행됩니다.